U1002562

气象影视技术论文集

（九）

主　编：石曙卫
副主编：韩建钢　杨玉真

气象出版社
China Meteorological Press

内容简介

本文集从2012年4月在太原、10月在沈阳召开的气象影视与传媒委员会学术交流会征集的近300篇征文中选取了99篇，由多媒体环境下气象影视事业发展的探索、气象频道建设、节目改进与创新、主持艺术、新技术应用五部分组成。本书对从事气象影视与传媒工作有参考与借鉴作用，还可供农业、海洋、环保、教育、电视等部门制作人员和有关高等院校相关专业师生参阅。

图书在版编目(CIP)数据

气象影视技术论文集. 9/石曙卫等主编. —北京：气象出版社，2013.10
ISBN 978-7-5029-5817-6

Ⅰ.①气… Ⅱ.①石… Ⅲ.①天气预报-电视节目-文集
Ⅳ.①G222.3-53②P45-53

中国版本图书馆CIP数据核字(2013)第232243号

出版发行：气象出版社
地　　址：北京市海淀区中关村南大街46号　　邮政编码：100081
总 编 室：010-68407112　　发 行 部：010-68409198
网　　址：http://www.cmp.cma.gov.cn　　E-mail：qxcbs@cma.gov.cn
责任编辑：隋珂珂　　终　　审：黄润恒
封面设计：王　伟　　责任技编：吴庭芳
印　　刷：北京中新伟业印刷有限公司
开　　本：787mm×1092mm　1/16　　印　　张：29
字　　数：743千字
版　　次：2013年10月第1版　　印　　次：2013年10月第1次印刷
定　　价：100.00元

本书如存在文字不清、漏印以及缺页、倒页、脱页等，请与本社发行部联系调换

目　录

一、多媒体环境下气象影视事业发展的探索

二、气象频道建设

三、节目改进与创新

四、主持艺术

五、新技术应用

一、多媒体环境下气象影视事业发展的探索

新媒体时代气象影视如何应对机遇的挑战

吴金朝　黄凯安　陈玉吉

（福建省气象服务中心，福州 350001）

摘　要

电信网、广播电视网和互联网这三大网络相互融合，带动了电视媒体与其他媒体的融合，给受众获取电视节目带来前所未有的宽广渠道，也给气象影视节目阵地的拓展带来了极大的机遇。在新媒体环境下，积极探索与不同媒体合作方式，加快气象影视的创新与改革势在必行。既要在电视气象服务的节目形态和创作理念上进行大胆的创新，也要结合新媒体的特点细分受众、增强与受众的互动、关注受众的需求。

关键词：三网融合　气象影视　创新

三网融合和多媒体技术的迅速发展给气象影视带来机遇，更是带来挑战。三网融合并不仅仅是技术上的融合，更是传播理念的更新，是从传者到受众的角色调整。三网融合给气象影视节目创造了更加广阔的展示平台，但是不管是数字电视、网络电视还是手机电视，推动气象影视节目被不同媒体采用，得到不同受众人群青睐的原动力还是内容。长期以来，从中央到地方，电视气象节目形式和内容的高度同质化已经难以满足受众的需求，气象影视只有不断寻求理念与形态的创新才能在新媒体时代得到生存与发展。在多媒体融合的趋势下，必须结合新的媒体环境和受众需求，在管理机制、运行方式、信息采集与加工、节目内容和形式、技术和设备、人才培养等方面进行全面的改革和创新。

1　三网融合和多媒体技术时代的气象影视节目

三网融合是指电信网、广播电视网、互联网在向宽带通信网、数字电视网、下一代互联网演进过程中，三大网络通过技术改造，其技术功能趋于一致，业务范围趋于相同，网络互联互通、资源共享，能为用户提供语音、数据和广播电视等多种服务。这也就意味着“天气预报”节目不再是以电视频道为唯一或最主要传播载体。将来，受众在网络、手机的屏幕上能够更加方便地观看和点击天气预报节目了。

在我国，气象信息的发布早已经覆盖了电视、网络、电信三大网络，以及广播、报纸等各种媒体。只是因为国家对三大网络业务的区分和限制，以及网络带宽等技术尚未完全成熟，互联网和电信网的气象信息主要以图文方式来发布，画面精美、直观形象、内容丰富的天气预报节目仅在电视媒体上播出。随着多媒体技术的发展和国家对三网融合的推动，制约电视气象节目在互联网和电信网播出的因素将迎刃而解。而且，技术不断完善的 IP 电视、网络、手机电视，其强大的互动和点播功能将改变传统电视节目画面不能停留、一晃而过的缺点，使受众对气象节目的视频画面观看和气象信息的浏览更加随心所欲。

三网融合将使大众传媒的时代成为过去，小众、分众的时代即将到来，气象影视信息发布必须适应这种变化，才能迎合受众的需求。气象影视在节目制作的管理和运作、市场的经营与发展等方面都将迎来更加严峻的挑战。

2 多媒体环境下气象影视创作和服务的创新

“三网融合”意味着大众传媒占主导地位的时代逐步隐退，用户细分、服务细分的时代将浮出水面。目前受众的生活方式由单一到多元，信息传播由完整化深度化向碎片化转变，信息传播方式由“广播”向“窄播”的转变，受众使用的终端也由单一的电视、电脑等转向了多屏幕。在媒体融合与竞争交织进行的新的媒体环境中，电视节目要发展就必须依靠不断创新的节目理念和形态去吸引受众的注意力。为了适应不同媒体形态和受众群体的要求，气象影视必须在节目的信息和内容、节目制作技术和方式等方面进行认真研究、作出调整。

2.1 气象服务信息生产方式的创新

气象影视背靠强大的气象科技队伍和丰富的气象信息资源，需要抓住机遇、依托多媒体广阔的发布平台，为受众提供更加生活化、实用化，多元化、个性化的丰富多彩的气象服务信息。

目前，在电视屏幕上普遍发布的“通用”气象信息已经远远满足不了日趋个性化的受众需求。而气象部门研究和生产的大量各行各业急需，广大民众生产生活必备的气象信息却束之高阁。解决这种供求关系的失调，必须打破气象部门内部存在的利益隔阂，进一步树立公共气象服务的理念，畅通气象信息的共享渠道。气象影视制作部门需要加强节目编导和信息加工处理队伍的建设，认真研究不同受众群体、不同时间、不同环境对气象信息的需求，根据媒体发布的特殊要求进行气象信息的收集、细分、加工和整理，形成符合媒体发布特点、受众能随时得到的所需要的各种气象信息。

2.2 气象影视信息内容和制作方式的创新

与传统的电视媒体传播方式不同，在多媒体技术下，受众可以根据需要随时选择和点播所需信息和视频，受众不再会有耐心完整地观看完整个天气预报节目，而是直接选择他们感兴趣的内容和片段。因此，未来气象节目的结构应是“片段式”的、内容应是“多样化”的。简单地说，就是在节目中“天气分析预报”、“气象指数预报”、“城市天气预报”等应分别制作成片段。节目内容除了通用的天气预报外，还应有交通、旅游、农业、上下班(学)、出行等等细分的预报。同时，把更多的气象产品视频化，例如利用多媒体技术将卫星云图、雷达回波图、雷电预报图、实时单要素值等做成视频，丰富气象影视的信息内容，满足不同受众的特殊需求。

增加短时和临近天气预报内容，加快气象预报和信息的更新速度。目前，由于电视节目播出时间的安排，一天三次的预报更新往往赶不上天气的变化，也使观众常常认为我们的预报准确率不高，影响气象部门的声誉。因此，缩短预报更新时间，及时更新预报信息，才能满足未来媒体传播的需要。特别是在突发天气和重大天气发生时，采取主持人或专家连线直播的方式，与观众互动、直接回应受众的咨询；有重大事件发生时，开展精细化短时天气预报。这些都能充分展现气象影视的资源优势，体现气象影视的权威性和独有性。

在多媒体信息时代，交互式的信息交流方式大大提高了个人的传播地位，大量的普通受众从被动的信息接收者转而成为信息的生产者，他们可以在同一时间既是传播者也是受众。气象影视可以充分发挥受众参与传播的热情，建立气象新闻信息收集和发布的互动平台。鼓励遍及各地的受众利用手机随时随地将采集到的精彩气象新闻发给我们，通过我们专业的气象视角加以诠释和丰富，通过气象节目让更多的人共享，引起受众的共鸣。

在节目的制作技术上，应具有适用于不同信息传播媒体和观看方式的技术特点，采用丰富多彩的节目创作方式。如主持人演播室（外景）的视频拍摄、动画制作、自动读取气象数据的电脑语音视频生成等节目制作方式。同时，还可以结合网络信息发布技术实时发布预报和信息。采用多种技术手段不但可以大大地提高节目的制作效率，还能符合不同群体的收视习惯和爱好。

2.3 技术设备的创新

三网融合后，节目的信息内容将会极大地丰富，而内容的丰富必须具备大量的气象信息资源。福建省正在建设公共气象服务平台，该平台采用先进的 GIS 技术和多媒体技术，集气象信息采集、产品加工制作、产品在线编审、产品发布准备、业务流程监控、客户信息管理等功能于一体，能完成各种气象服务产品数字化、可视化的设计、包装、显示与发布，可基本满足气象影视业务对信息的需求，可满足社会经济发展对气象服务产品质量和种类不断提高的要求。然而，气象影视业务要适应多媒体技术的发展，尚需建立气象影视信息采集、细分、加工和处理平台，只有进行信息的再加工才能真正提供符合不同媒体和受众需要的气象影视服务产品。

节目制作内容和制作频次的大量增加，需要具有高效的节目制作设备。视频制作系统、媒体资源系统、制作监审系统、传输系统形成的网络共同构成了节目快速制作传输系统。

下面是基于三网融合下的气象影视产品生产的基本流程：

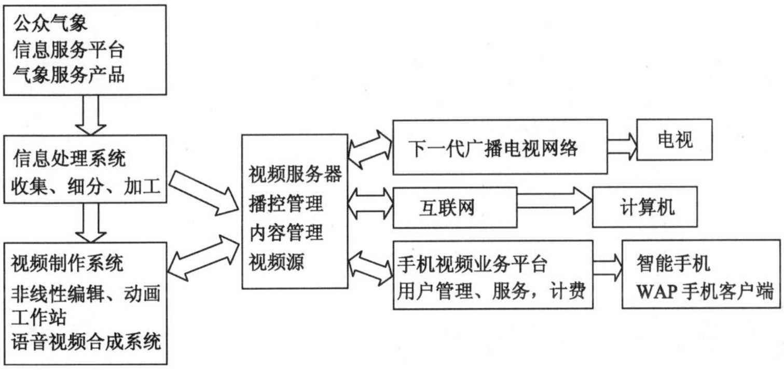

3 气象影视的媒体合作和经营

在三网融合和多媒体环境下，气象影视如何与不同媒体紧密合作，充分占领不同的媒体资源，是践行公共气象服务理念的需要，也是保持气象影视良性发展的需要。

首先要认识到，气象影视与电视部门之外的其他媒体合作并不仅仅是把原有的电视气象节目照搬到网络或手机等新媒体上播出，更多是体现在服务产品的创意、制作、内容、反馈等多个环节与新媒体的融合。在气象服务产品的创新设计上，在充分发挥气象信息资源的独有优势的同时，依靠多媒体技术的互动优势，建立气象影视服务反馈机制，把主动权交给观众，让观众参与产品的创意和设计。通过网络互动，建立气象主持人、编导以及其他有关的人员的博客和论坛，建立气象影视新的信息传播和服务阵地。把气象影视服务做成广大观众工作、生活不可或缺的伴侣，真实体现气象影视的价值。

4 结束语

随着多媒体技术的发展，“气象影视”这个词汇的内涵将不断丰富，不久的将来，气象影视产品的创作方式、媒体传输形式和接收方式、经营和合作方式与今天相比都会有很大不同，或许我们目前还不能完全想象清楚并做出充分的准备。但是，面对以网络为基础的新媒体，气象影视服务产品绝不仅仅是把我们今天制作的节目视频数字化后传输到互联网、电信网络去占领阵地那样简单。要想在多媒体网络的影视产品博弈中保持竞争优势，就必须适应移动化、多载体、便携式的发展趋势。而作为气象影视服务的核心，气象影视服务产品必须适时应变，在媒介融合与受众分化的洪流中找到自己的位置。随着受众注意力资源的分化和信息传播渠道的丰富，气象影视要创新地发展服务产品的形态和理念，在细分受众的基础上增强与受众的互动，并注重与网络媒体的合作和资源的独有与保护，从而在新的媒介生态环境中提高自身竞争力。

浅谈利用微博改善气象影视服务

张恒翀

（黑龙江省气象服务中心，哈尔滨 150036）

摘　要

随着多媒体技术的迅速发展以及国家三网融合政策的推出，我国气象影视事业的发展进入了一个新的历史阶段。各级气象部门在不断地改进气象影视节目质量和服务内容的同时，也在积极地探索气象影视服务的创新与发展模式。本文对新兴媒体微博的功能及特点进行了阐述，并结合气象影视服务的现状及问题，对如何利用微博改善气象影视服务提出建议和对策。

关键词：微博　气象影视　服务

随着互联网技术的不断发展，互联网用户的角色也在发生着改变，越来越多的互联网采取了与用户互动的方式。用户不再是单一的浏览者、使用者和消费者，同时也逐渐成为参与者、开发者和生产者。互联网上越来越多的信息和内容由用户产生和创造。伴随着 Web2.0 时代的到来，一种新型媒体形式应运而生，此即社交媒体(Social Media)。它不同于电视、广播、报纸、杂志等传统媒体，社交媒体是一种基于互联网的用来分享和讨论信息的工具，每一个用户都可以利用这种工具创造自己的内容，

微博是 Web2.0 里十分重要的元素，同时也是当下最为流行的社交媒体工具。目前国内外很多企业和部门将微博作为一种新的沟通和营销方式，希望通过微博改善客户关系并获得效益。2011 年 8 月 29 日，中国气象局应急减灾与公共服务司印发了《关于做好微博气象服务的通知》，要求相关气象部门通过微博强化互动交流，提高公众参与气象服务的积极性，充分利用微博开展气象服务工作。因此深入了解微博的功能和特点，并利用微博改善气象影视服务具有重要的现实意义。本文试就如何利用微博改善气象影视服务进行初步的探讨。

1　微博的功能及特点

微博是一个基于用户关系和用户产生内容的信息分享及获取平台，用户可以通过手机短信、即时聊天工具软件、E－mail、Web 等组件，以不超过 140 字的文字更新信息并实现即时分享。微博的基本功能包括：信息发布、转发、关注、私信等，集成了博客、社交网站、手机短信和即时聊天工具软件等产品的主要功能和优点。截至 2011 年 8 月，腾讯微博和新浪微博注册用户数均已超过 2 亿。根据 DCCI 互联网数据中心数据监测预测，中国互联网微博累计注册账户数在 2013 年底将有望突破 4.6 亿。

微博具有以下主要特点：

内容简洁：微博用户可以用不超过 140 个汉字发布信息，内容简洁精炼，易于阅读。

发布便捷：大多数微博网站都支持多种接入方式。用户可通过手机、因特网、即时聊天工具

软件等方式随时随地发布微博。

即时传播：微博作为一种基于互联网的媒体工具，在报道重大事件或突发事件的实时性上比传统媒体如电视、广播还要好。

传播速度快：微博信息的快速传播主要依靠粉丝们的转发，这是一个一对多的传播过程，又是多个一对多的传播过程。不断重复这个过程，信息会在关注群体中迅速传播，并且传播会以核裂变的速度增长。

交互性强：微博作为一种社交平台和新兴媒体，比传统媒体更加容易与用户进行互动。在微博网站中，只要有用户对某一话题进行回复，所有的关注者都可以看到，互动性极强。

2　气象影视服务的现状及问题

说起气象影视服务，人们马上就会想到电视天气预报。从1980年开始，电视天气预报逐渐成为广大群众关注度最高的电视节目之一。随着社会的发展，电视气象节目逐渐成为具有科学品质、生活情趣和人文关怀的电视节目，也成为气象为公众服务的主要手段和窗口。

2006年5月18日，由中国气象局主办，华风气象影视信息集团和全国各省级气象影视部门共同承办的中国气象频道正式开播。频道包含预报警报、气象新闻、重大灾害直播报道、气象生活资讯、科普专题、本地化节目、热点访谈等在内的多形态节目体系，在重大活动气象保障服务中气象频道发挥了显著作用，得到了各级政府和社会各界的赞誉和好评。

但是，气象影视的发展还存在许多需要改进的方面。气象影视队伍技术力量薄弱，多数节目制作人员未受过规范的专业培训，水平良莠不齐，气象影视节目制作设备老化，设备更新远远跟不上媒体发展的要求。因此，节目的形式单一，可视性、趣味性不强。尤其是随着社会各行各业生产方式的发展和人民生活方式的改变，人们对于气象信息的实时性、及时性和准确性有了更高的要求。而以互联网和微博为代表的新一代媒体的迅速发展，使得人们可以随时随地根据自己的需求查询相关气象信息，而通过电视获得气象信息的依赖性在逐渐减小，使气象影视服务面临着严峻的挑战。能否将微博与电视有机结合，使气象影视产生更大的社会效益和经济效益，已成为气象影视部门急需探讨的新课题。

3　利用微博改善气象影视服务

基于微博即时传播、快速传播、交互性强等特点，气象影视服务可以与微博很好地结合，更好地了解公众需求，进一步提高改善气象影视节目的质量，同时可以利用微博为节目搜集丰富的资料和素材，从而丰富节目内容和形式、提高节目的档次和水准，对气象影视的发展起到积极的推动和促进作用。此外，在与公众互动的过程中，可以塑造气象影视节目的形象，间接地对气象影视节目进行宣传。那么，如何利用微博改善气象影视服务呢？笔者认为可从以下几个方面着手。

3.1　建立并积极利用官方微博

作为气象影视部门，无论是国家级还是各省（区、市）影视中心，都应该选取主流微博网站如新浪、腾讯建立各自的官方微博。微博账户建立以后，首先要想办法通过官方认证，从而保证账户的权威性和可靠性，继而吸引更多的粉丝关注。其次华风气象影视集团与各省（区、市）气象影视中心微博账户应互相关注，互为粉丝。这样一来，任何一个气象影视部门发布的消息都可以在第一时间被其他气象影视部门获取，并迅速传播。这样既有利于上下级部门之间保持紧密联系和合作，也有利于同级部门之间相互沟通、交流学习。用户可以通过这些官方微博获得权威、专业、准确、及时的天气实况、天气预报、气象预警、气象资讯等信息。目前，中国气象局、中国气象局团委、中国气象频道以及一些省（区、市）气象影视部门已经在新浪、腾讯、人民网等主流微博网站上建立了各自的官方微博，微博的重要作用已初露端倪。例如在 2011 年 12 月 1 日晚间，新疆喀什莎车县发生里氏 5.2 级地震，次日凌晨，中国国际救援队在微博上联系中国气象局团委微博和中国气象频道微博，希望提供震区的气象信息及装备建议。中国气象局团委微博收到后迅速回复，积极与中国国际救援队沟通了解相关需求，并及时向局办公室和中央气象台等部门通报了相关情况。中国气象频道微博也及时提供了震区的气象信息。气象微博的快速反应为中国国际救援队赢得了宝贵的时间。气象影视部门也可通过官方微博了解受众的需求和反馈意见，进行收视调查，提供气象视频节目的链接等。官方微博会对气象影视服务起到很好的推广作用。

3.2 注重发布微博信息的内容和质量

微博使用起来非常简单方便，而且发布信息的方式也有很多种。但越是这样，越要非常谨慎和小心。因为气象部门发布的每条信息，尤其是天气预报和预警信息，为人们防灾减灾和安排生产生活提供重要参考。因此本着对国家和老百姓负责的真诚态度，气象部门应尽量保证信息发布的科学性、权威性、准确性和规范性。这样才能获得各方面的认可继而增强满意度和忠诚度，树立气象影视的品牌形象。

同时，广大人民群众发布的信息和反馈，对于丰富气象影视节目的内容也极为重要。我国幅员辽阔，地势复杂，天气情况多变。对于一些偏远地区的地质灾害和突发性恶劣天气，传统媒体很难在第一时间获得现场情况。而这时，微博的优势则尽显无疑。例如在甘肃舟曲特大山洪泥石流灾害中，在近几年的地震灾害中，广大人民群众都充分利用微博在第一时间发布现场信息，气象影视部门则可以根据群众发布的信息和素材，在最短的时间内制作出相应的气象影视节目，为人们获得及时救援提供有力的支持。

3.3 通过与公众互动改善气象影视服务质量

由于微博具有较强的交互性，用户可以作为参与者和生产者，为气象影视部门提供相关的新闻和节目素材。因此通过与公众积极良性的互动，提高公众参与气象影视服务的积极性，定期收集公众对气象影视服务的需求和意见，及早发现气象影视服务存在的问题，及时对公众关心、关注的问题作出回复和正面引导，从而进一步改善气象影视服务质量，提高气象影视服务水平。可以考虑建立气象影视微博群，这样可以让经常关注气象影视的一部分人群聚在一起畅所欲言，对已有的节目进行评价，同时为以后的节目献计献策，提出自己的观点和意见。用户可以直接和气象影视部门相关负责人对话，增加交互的平等性，促进了气象影视部门和用户之间的关系。另一方面微博的传播动力来源于人与人之间的口口相传，由于微博的传播特性，气象影视部门可以清晰地了解哪些人正在关注自己，并针对这些受众发布信息，聆听他们的需求和意见，保持与受众良好的互动，从而与受众建立长期稳定的关系。

微博是一个开放的平台，用户今天关注你，明天也可能就取消关注。因此，如果不注意维护建立的关系，粉丝随时有可能流失。因此一定要及时更新发布的信息内容，增强知识性、趣味性，从而吸引更多的人关注和参与。

3.4 通过名人明星提升微博人气，提高节目收视率

微博传播能够通过博主的社交圈和个人影响力引发大众的广泛关注，可以想办法让具有一定微博人气的名人和明星参与其中，让他们结合自身经历和故事，介绍一些气象常识和现象。名人和明星相对于普通民众更具有影响力，邀请名人和明星关注气象部门的官方微博，可以进一步提高气象影视节目的收视率。

3.5 组建专业的微博服务团队

气象影视服务官方微博开通后，国家、各省（区、市）气象影视部门要组建专业化的微博服务和管理团队，有专人负责微博的管理与维护，建立健全微博气象影视服务业务流程和职责，加强微博气象影视服务信息发布的安全管理。及时向公众发布最快、最新、最全的气象影视服务信息，并及时回复解答网友的留言和疑问。

应该注意的是，微博是一把双刃剑，用好了可以为公众提供方便，获得公众的信任。反之也可以带来负面影响。各地气象影视部门应当充分利用微博的特点和优势，加快气象影视信息在社会各个层面的传播速度，使其成为传播气象灾害预警信息的快捷平台，成为一些行业和老百姓日常生活的参考，成为气象影视部门与公众紧密连接的纽带，成为公众参与气象防灾减灾和气象科普的园地。同时应当将微博的优势与影视的优势有机地结合起来，使气象影视在国计民生方面发挥更大更好的作用。

气象微博初探

黄 亮 于庚康 徐 敏

(江苏省气象影视中心，南京 210008)

摘 要

近年来，微博异军突起，气象微博也应运而生，成为气象传媒中的重要组成部分，为提供更好的气象服务做出了重要贡献。本文阐述了气象微博的由来，分析了气象微博的现状，剖析了气象微博的特性，同时还对气象微博存在的隐忧进行了探讨并提出了应对措施和解决办法。对于更好地应用气象微博，提供优质的气象服务具有很好的参考和借鉴作用。

关键词:气象微博　气象服务　作用　隐忧　应对措施

1 引言

近两年，微博在网络盛行，风靡我国大江南北，成为互联网最具代表性的应用之一。气象微博也应运而生，并迅速成为气象传媒中的重要组成部分，在有效传递气象信息、普及气象知识、做好防灾减灾、展示气象工作、加强与公众沟通等方面起到了相当重要的作用。面对这样一个新兴的媒体平台，我们有必要加强研究，进一步了解它的特性，以防止和解决存在的隐忧和可能出现的问题，使其在气象服务中发挥更好的作用。

2 气象微博的产生

要了解气象微博，必须了解它的来由，这首先要从“微博”这个网络新贵说起。微博即微博客(MicroBlog)的简称，是一个基于用户关系的信息分享、传播以及获取平台，用户可以通过web、wap以及各种客户端组建社区，以140字左右的文字更新信息，并实现即时分享。微博最早起源于美国的twitter(2006年3月推出)，2009年开始以新浪为代表的国内门户网站陆续推出微博服务，随后便迅猛发展，势如破竹。根据艾瑞咨询网民行为监测系统最新数据显示，截至2011年10月，中国微博服务覆盖人数超过国内半数网民，达到2.8亿人；而月度有效浏览时间更是达到2.7亿小时，已经超越新闻资讯类服务，成为主流信息资讯平台之一。如此强大的影响力，使得微博不仅成为个人信息的散播地，也成为众多机构、企业和政府的宣传平台。将气象和微博相结合，气象微博便应运而生。本文中的气象微博是泛指包括以发布天气信息、气象科普知识、气象灾害防御措施等为内容的官方或非官方(包括个人)的实施了媒介行为的所有微博平台。

3 气象微博的现状

论规模，自2009年微博传入我国之后，气象微博开始显现，但基本上是个人和非官方的，而且数量相当之少。2010年和2011年，气象微博出现了暴涨式的增长。特别是2011年，被称为我国政务微博元年，官方微博大量涌现，气象微博也是遍地开花，从中央到地方都迅速开通。尤其是东部沿海等网络发达地区，气象微博基本开通到了区县。据统计，目前在新浪网与气象和天气有关的微博超过1000个，其中官方认证的在1/3左右，并且数量还在增长。而微博的关注人数，从几百人到几十万不等，其中最多的超过了50万，大多数气象微博的关注量都在几万左右，并在持续增长。

论影响，气象微博的影响力越来越强，目前已经成为气象部门及时发布和传播气象预警信息的重要手段之一。2011年8月29日，中国气象局应急减灾与公共服务司印发《关于做好微博气象服务的通知》，要求相关气象部门通过微博强化互动交流，提高公众参与气象服务的积极性，充分利用微博开展气象服务工作，并将其纳入公共气象服务业务，纳入对各单位的年度目标考核任务，使气象微博服务成为公共气象服务的重要组成部分，其重要性可见一斑。而在2012年1月腾讯发布的《江苏微博报告》中指出，截止2011年12月10日，腾讯微博共开通1510个认证政务微博，在全国的政务微博中，江苏省腾讯微博影响力处于全国之首，其中江苏省水利厅、江苏省工商局、苏州气象三个政务微博列全省腾讯微博影响力前三位。由此可见气象微博的影响之大。

4 气象微博的特殊作用

气象微博的规模和影响，说明了它确实起到了相当重要的作用，但是传递气象信息、发布气象灾害预警、普及气象科普知识等等这些功能通过报纸、广播、电视、网站等主流媒体也能够实现。而且在这些媒体当中，气象服务作为一类最基本的服务信息，牢牢占据着自己的一席之地。那么，气象微博何以在激烈竞争中脱颖而出，成为气象传媒的后起之秀？这都在于气象微博所具有的与众不同的特色和它起到的特殊作用。

4.1 主动推送，彻底改变传播方式，提高气象服务的有效性

不管传统的传播方式发送了多少信息，都必须由受众自己去搜寻，比如想通过电视了解天气，就必须换到相应的频道；想通过报纸去了解，就必须找到相应的版面；即使通过包罗万象的网络去了解天气信息，也得用鼠标搜寻点击一番。然而，气象微博的出现却彻底改变了这种方式，只要添加了气象微博的“关注”以后，这个微博发布的一切信息都会在第一时间自动地发送到你的平台上，再也不用自己动手去寻找了，相当人性化。这样的方式让很多因为种种原因没有时间收看收听或是查找天气信息的人群有了了解天气情况的可能，大大提高了气象服务的有效性。

4.2 互动交流，随时转发，极大提高气象服务的覆盖范围

传统媒体，如报纸、广播、电视等，一般只能针对受众进行服务，二次传播的可能性较小，而且传播范围极其有限。但是微博却不同，因为它具有转发功能，并且能以几何级数散发，传播速

度非常快，范围很广。如果一条重要的天气信息通过微博发送，哪怕你没有关注气象微博，但是这条重要的气象信息仍然可能很快就会被你感知。这在传统媒体当中是无法实现的。

4.3 既快速又准确，提高气象服务的针对性和及时性

对于重大突发的天气情况，或者特殊的决策天气服务信息，我们可以通过微博在第一时间传送到公众或特定人群面前，省去报纸的印刷时间，省去了电视节目的复杂流程，避免了为实时发布气象信息中断广播节目，只需一个网络，天气变化信息、灾害防御信息、预警信号信息等各种气象服务情况都可以及时、准确、有效地发布。而且值得一提的是，通过设置，气象微博可以一对一地进行消息推送，保证气象信息的不漏报，不错发。

4.4 打破界限，无所不在，解决气象服务“最后一公里”问题

由于通过手机等各类终端也可以登录微博，这也就意味着微博的出现不仅改变了人们信息传播的方式，而且彻底打破了移动通信网与互联网的界限，让信息无时无刻无所不在。这对于解决气象服务最后一公里问题起到了很大的作用。因手机早已进入寻常百姓家，而网络的覆盖几乎无处不在，通过手机上网我们就可以登陆气象微博，了解气象信息。所以，有了气象微博，我们的气象服务就可以无处不在。

5 气象微博的隐忧及应对措施

事物都有两面性，特别是新生事物，往往有些问题会让人忽视，气象微博也是如此。尽管目前气象微博发展势头良好，起到了越来越大的作用，但是同时也还存在着一些隐忧和问题，需要引起我们的注意，并加以解决。

5.1 气象微博良莠不齐

这里说的良莠不齐，主要是指非认证的气象微博比较多，混淆了大众的视听，容易引起不必要的误解。根据笔者的了解，以新浪微博为例，至少有半数以上的气象微博是非官方非认证的，它们所散播的气象信息并不准确，尽管影响力较小，但是仍然容易引发受众的误解，需要及时加以管理。此外，一些认证的气象系统内的个人，特别是名人，影响力较大，如果散播气象信息，也容易与官方微博产生误差，让受众不知所措。

笔者认为，要解决这个问题，一方面要及时做好宣传工作，通过我们的微博告诉广大受众，官方微博发布的气象信息才是最权威、最准确的。另一方面要加快我们信息的更新速度和频率，让公众了解最新最及时的气象信息，这可以让那些混淆视听的谣言不攻自破。

5.2 互动性偏低，不重视关注者的诉求

根据笔者的了解，目前通过认证的官方气象微博更多的还是把微博作为一个信息发布平台使用，而在与网友互动及解决具体问题方面做得不够。特别是针对一些比较尖锐的问题，往往是石沉大海，杳无音讯，与网友的期待还有一定的差距。

要解决这个问题，笔者认为一是要在体制机制上下工夫，派专人负责网友提问；二是加强学习培训，适当使用网络语言，更加合理合适地回答网友提问。

5.3 缺乏统一管理

气象微博的开通是大势所趋，但是气象微博的管理还有待加强。据研究了解，目前开通的"气象微博"名称花样繁多，如"中山市气象局"、"双流气象"、"佛山气象科技服务中心"、"中央气象台"、"中国天气网"、"甘肃气象"等等，让人眼花缭乱。也许我们不必统一名称，但是如何显示其气象权威身份是个值得考虑的问题。其次，各省（区、市）、各地市甚至各区县都有气象微博开通，如何有效合理利用资源值得探讨。第三，官方的"气象微博"可以由权威的气象部门作为主体，那些在气象部门工作的专业气象预报员，还有很高知名度的气象主播，他们是否可以作为微博的一部分，参与发布与气象信息相关的微博，都是值得商榷的问题。

对于这些问题，笔者认为需要形成制度。当然，制度如何制定需要进一步探索和实践，通过实践来制定最合适的政策和制度，从而更好地指引气象微博为大众服务。

5.4 服务产品不够丰富，形式单一

据研究，目前官方的气象微博大多仍以天气预报信息为主，而且以文字居多。事实上，微博是一个多媒体平台，文字、图片、音频、视频都可以发布。我们完全可以通过多种表达方式发布我们的天气预报，图文并茂，声画并举，使受众更加形象、清晰地了解天气的变化。此外，发布内容不应该局限于未来天气怎么样，温度多少度，而是更加的人性化，可以包括各种气象指数、预警信息，气象科普知识等等。

对此，我们一方面要解放思想，集思广益，多想办法；另一方面要培养负责气象微博的专业人才，不断丰富我们的产品，提供更好的气象服务。

6 结语

气象微博是近两年出现的新生事物，还处在向上发展的阶段，今后的微博会是一个怎样的变化过程，现在还不得而知。但是对于如何更好地利用气象微博这个平台做好气象服务，如何更加高效、快捷、准确、权威地传递气象信息，是我们必须思考的问题。笔者希望和大家一起，探索气象微博的应用之道，以期更好的发挥气象微博的作用。

在“云”端
——气象影视创新服务的几点思考

黎琮炜　孔毅民
（广西气象服务中心，南宁 530022）

摘　要

目前中国三网融合已是大势所趋，但真正实现尚需时日。与此同时，以手机、平板电脑为代表的新媒体改变着人们对资讯的接收和体验方式。一方面以电视为主要载体的局面在未来一段时间内不会改变；另一方面各种影视服务正在借助新媒体百花齐放。在这样的局面下，气象影视应该凭借行业优势继续立足电视媒体，根据电视媒体的发展与市场需求的变化来精耕细作，创新节目形式；同时在新媒体这片“蓝海”抢滩登陆，向公众提供新的气象服务与体验方式，抓住机遇获得发展。

关键词：气象影视　新媒体　气象服务

在拉斯维加斯刚刚结束的CES(2012 Consumer Electronics Show，国际消费电子展)大会，拉开了2012电子争夺战的序幕。传统的电视机开始整合与添加特色功能并创新应用，不少厂商纷纷推出“智能电视”、“云电视”，而以手机和平板电脑为代表的新媒体浪潮也依然来势汹涌。大量号称使用云分享、云应用等云技术的电子产品层出不穷，相信不少人会感到眼花缭乱，如坠云雾之中。

那么面对这个“在云端”的时代，气象影视人该如何自持？在新媒体强势冲击下，气象影视服务路在何方？本文通过对电视媒体和新媒体的分析，认为气象影视应凭借行业优势继续立足电视媒体，根据电视媒体的发展与市场需求的变化来精耕细作，创新节目形式；同时在新媒体这片“蓝海”抢滩登陆中，向公众提供新的气象服务与体验方式，抓住机遇获得发展。

1　继续立足电视媒体，占据气象服务市场份额

三网融合已是大势所趋，但真正实现尚需时日，以电视为主要载体的局面在未来一段时间内不会改变。这就要求，气象影视继续凭借行业优势立足电视媒体，根据电视媒体的发展与需求精耕细作，创新节目形式。

1.1　根据电视媒体发展趋势，调整服务方式

经历了平板化、高清化之后，电视机的互联网化、智能化已经成为家电产业的主要发展方向。部分国外电视机厂家已经将电视机定位为家庭智能平台，采用类似苹果的模式，开放SDK平台，允许任何通过认证的第三方将其开发的应用程序上传至其服务器，增强用户体验，为用户提供更多的功能。在三网融合的大环境下，基于开放软件平台的智能电视机将成为三网融合的重要载体，担当家庭多媒体信息平台的重任。

"智能电视",拥有传统电视厂商所不具备的应用平台优势,它将实现网络搜索、IP 电视、BBTV 网视通、视频点播、数字音乐、网络新闻、网络视频电话等各种应用服务。智能电视还将是一个"娱乐中心",用户可以搜索电视频道、录制电视节目、能够播放卫星和有线电视节目以及网络视频。

这意味着,电视机正在成为继计算机、手机之后的第三种信息访问终端,用户可随时访问自己需要的信息;电视机也将成为一种智能设备,实现电视、网络和程序之间跨平台搜索。

1.1.1 与服务商合作,增加服务方式

智能电视使得公众既能通过数字电视信号收看电视节目,又可通过互联网及内置程序观看服务商提供的视频和资讯,我们在做好电视气象节目的同时,可以考虑与服务商合作,向公众提供相应的影视服务。面对观众的多样化需求,我们可以在服务商的视频库中海量提供电视气象节目,为公众生产生活提供参考。也可以在智能电视的应用程序中添加天气预报的应用,通过视频技术,比如虚拟场景动画来传达预报信息等等。

1.1.2 电视节目注意满足"跨屏"需要

目前不少电子产品已经支持 DLNA(DIGITAL LIVING NETWORK ALLIANCE)。通过无线网络,利用多媒体串流网络技术就可以与家中支持 DLNA 的装置联机,电视、电脑、手机之间可以互相存取多媒体档案,电视可以直接看电脑、手机里的影片、图片等。这意味着我们所制作电视气象节目,要考虑观众在其他终端"跨屏"观看的需要,在节目内容、画面中信息元素的位置分布、色彩、分辨率等方面要适合电视机、手机、电脑共同观看。

1.1.3 制作 3D 电视节目

随着制作软件和裸视 3D 播出终端技术的成熟,我们可以实现从二维半到真三维的跨越,制作真正的 3D 图形和视频,节目能更准确地展示立体天气系统、地图地形等等信息,提升节目服务效果。2012 又是一个奥运年,在技术成熟的条件下,3D 电视节目在介绍现场气象服务时,可以带领观众走进奥运场馆,360 度全方位的感受现场氛围,这是非 3D 电视技术所不能实现的。

1.1.4 利用三网融合,体现服务优势

在三网融合后,电视、手机、电脑终端将互为一体,节目将支持即时信息的插入和外延拓展,主持人与公众之间的联系和互动大大加强,同时节目还将支持观众自主定制,使节目更贴近公众需求。目前传统电视气象节目的内容还比较粗始,以天空状况、气温等基础气象信息为主;播报模式也基本以"实况——预报——提示"的线性结构为主,不同信息之间是一维关联、单向顺序排列(图 1a)。在三网融合后,不同信息之间能实现多维关联,自由排序(图 1b)。通过定制与互动,观众可以直接跳过不想了解的信息,对感兴趣的信息方面则可以进一步详细深入,实现制播层面的固定序列到观众层面的自主选取。

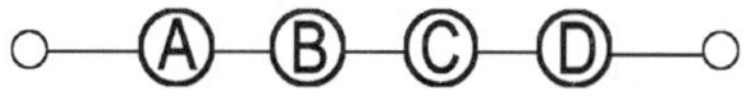

图 1a　单向顺序排列

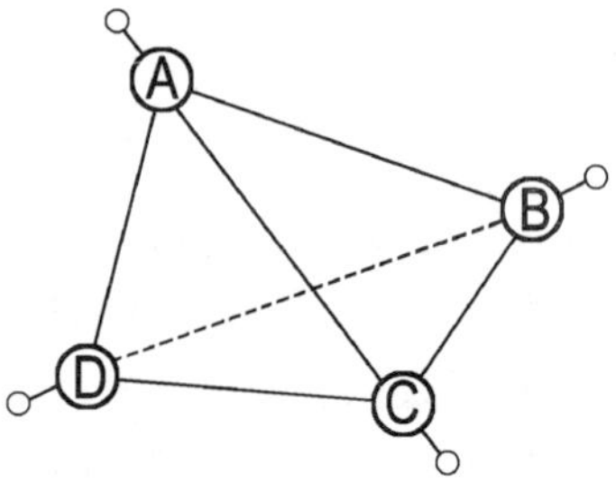

图 1b 自由排列

1.2 在现有环境下对节目进行优化和改进

尽管康佳、创维、三星、LG 等国内外传统家电厂商纷纷推出智能电视，联想、GOOGLE 等 IT 巨头也纷纷涉足智能电视领域。但实际上，在短时间内，目前国内消费者的电视传统观念还难以改变，同时“智能电视”、“云电视”的节目资源依然多不过互联网，电视机终端的各种智能化技术支持还不完全成熟。也就是说目前电视机在程序应用以及访问互联网方面，依然不能替代电脑或者手机，其主要功能，还在于接收广播电视信号，起到传统的播放终端作用。

在三网融合过程中，气象影视依然要以电视媒体为主要阵地，来为公众提供气象服务。当然在面对新媒体强大冲击的时代，电视气象节目也要根据公众接收资讯的习惯加以优化和改进。

1.2.1 优化节目结构

由于三网融合将支持不同信息间的多维关联，那么节目就可以摆脱现有的传统播报模式，向开放、快捷、功能细分等方面升级，具备多面平行和复级纵深的结构。在一个天气事件背景下，根据公众需求列出多个平行服务面，在每个服务层面上再逐级纵向深入——通过分析公众生产生活中容易受到该天气事件的高影响方面，抓住主要服务方向，加强解读与指导；突出服务点，加大服务深度和力度，使得节目内容更加多元，服务更直接有效。比如在冬半年冷空气来袭，节目先要多层次考虑冷空气带来的大风、雨雪冰冻等等，然后结合当地实际和公众需求深入分析，在农业生产、交通出行等多个服务面做出相关提示和预警。

1.2.2 节目播报注意语境回归，展示气象文化与人文关怀

在 2011 年全国气象影视服务业务竞赛中，浙江省级预报类节目对台风“梅花”从“梅超风”到“梅干菜”的描述令人印象深刻。电视气象节目语言在确保严谨的前提下，可以适当向网络语言、草根文化靠拢，通过回归公众生活语境来贴近生活，便于人们对信息的接受与理解。电视气象节目也可以由此逐渐发展出具有强烈科普性质和人文关怀服务特征的气象文化。

1.2.3 创新节目包装，打造友好型界面

新媒体对资讯的包装精美大气，简洁明了，这对传统的电视气象节目提出了新的挑战。纵观 2011 年全国气象影视服务业务竞赛，其中一个亮点就是创意节目在包装方面有了新的突破，节目的包装和美工向平面和网络兼容，表现形式更加多元。而同时预报类节目的包装和视效基本以 Weather Central 的风格为主，长此以往，公众将会产生审美疲劳。

在三网融合过程中，电视天气预报节目的内容和播报方式依然受到一定限制，可供改进的空间相对较小。在现有条件下，通过改进包装风格，突出有效信息，便于公众理解和识记，使得节目更加美观好看，是明显提升电视气象节目服务能力的一个有效途径。我们应该吸收多行业外元素，大胆创新，甚至可以与社会其他媒体机构合作，通过各类制作软件提升节目的视觉效果。

2 在新媒体领域抢滩登陆

在中国整合三网融合的同时，以手机、平板电脑为代表的新媒体，正改变着人们对资讯的接收和体验方式。根据中国网络信息中心（CINIC）的最新报告指出，中国现在有超过 37%（约 5.13亿人口）的网民，其中用手机等移动装置上网的人数所占的比例接近 70%。目前外国多家气象服务公司也开始通过新媒体终端进军中国市场，所以气象影视必须在新媒体这片“蓝海”抢

滩登陆，结合新媒体终端，向公众提供气象服务与新的体验方式，抓住机遇获得发展。

2.1 利用新媒体，实现“无处不在”的服务理念

气象频道实现了气象服务“无时不在”的服务理念，那么利用新媒体的便携性，可以实现气象服务“无处不在”的理念。目前有部分公众已经习惯在手机、电脑上看电视节目，这意味着人们把手机、电脑等新媒体当成电视媒体延伸和补充，作为走出客厅后，在其他地方收看电视节目、获取咨询的途径。所以在新媒体领域，我们可以制作手机电视、网络电视节目来满足公众需求。同时还要考虑到新媒体目前所依赖的网络传输特点和播放终端——手机或平板电脑的屏幕大小以及分辨率等等问题。内容必须简洁直观，而且应以图文信息为主，不一定非要由主持人演绎。

2.2 打造气象传媒，摆脱单一的影视服务

在苹果的 Itunes 上，名为“Weather HD”的 APP 应用(应用界面见图 2)，因其虚拟场景动画加气象信息的功能而拥有很高的评分。而目前无论是智能电视还是电脑、手机，都已经可以自行安装软件，获取相关资讯。实际上，气象影视正在向气象传媒转型，这意味着我们不再仅限于通过电视节目来向公众提供服务，同样可以通过软件在新媒体上提供气象服务。类似于“Weather HD”这样的通过虚拟场景来提供预报信息的方式，在目前的电视气象节目中早已有所应用，所以我们可以把制作电视节目的技术移植到新媒体中，通过一些简单成熟的产品，以软件或应用的形式，试水新媒体领域，摆脱目前单一的影视服务。

图 2 Weather HD 应用界面

2.3 利用新媒体终端，增加新的服务内容

手机、电脑等新媒体不仅仅是一个播放视频的终端，它们所搭载的特色功能给人们提供了新的体验方式，借用新媒体终端，我们就能增加新的服务内容。

2.3.1 建立推送功能，主动服务

新媒体时代，公众对于气象影视服务的需求依然存在，只是随着媒体终端的便携化，人们已

经习惯随时随地获取资讯的生活方式。同时公众对资讯的需求还与当下的活动密切相关——也就是说，人们对于资讯需求趋于碎片化的同时，还更加的零散和随机，公众不再需要未来24小时、48小时天气这样的传统播报模式，而是与自己活动有关并且能起到实际功用的气象信息。

三网融合的云优势，就是能在不同终端同步信息，目前手机和平板电脑等移动终端大多带有推送功能，所以除了通过公众自主查询外，我们还可以把气象信息与公众生活当中各个事件结合，建立多种触发机制，主动推送相关服务，把预警预报和防灾减灾信息的发布具体到个人。比如在幼儿园门口，向家长的便携设备推送第二天的天气预报，还可以结合幼儿园给家长的通知一起发送；在突发雷雨时（图3），对预警区域A范围内所有移动终端发送预警信息，同时向公众提供躲避和防范的安全指引；在高速路或者桥梁收费站，向过往车辆推送天气预报，提醒次日是大雾天气，公众要提前出门，错开出行高峰或者多预留路途时间，避免因为大雾天气出现堵车而导致上班迟到等等。

图3　推送预警信息

2.3.2　利用互动操作，增加节目“体验”模式

现有的节目形态主要是“讲述”和“对话”两种模式。那么借助新媒体的终端，我们就能为节目增加“体验”模式让观众以自己认识事物、接受知识的习惯来进行操作和识记，更好地实现节目科普功能。目前不少电子产品配备陀螺仪（ipad）、摄像头（Kinect）、传感器等等，可以让设备识别用户的操作方向、力度和空间深度，实现对用户的动作姿态感应功能。weather central中所使用的主持人手势功能，就是一种体感互动操作。节目“体验”模式，是让观众通过预先设定好的程序或者视频动画来进行全空间互动操作，从而以第一视角来获得主观感受。比如在介绍雷电成因时，观众可以操作雷雨云的移动来认识雷雨云不同空间位置与电荷分布的关系；介绍台风结构及其各部分所对应天气时，可以让观众通过操作加深对台风的认识，采取不同措施有效防灾避险；甚至在上文提到做奥运场馆现场服务时，如果结合3D功能，还能让观众“走进”奥运场馆，提高体验度。

2.3.4 利用GPS,识别公众位置提供相应服务

目前不少手机及平板电脑都带有GPS,在用户允许识别后,应用程序就会通过GPS定位用户所在位置,从而提供对应的服务内容。通过定位,我们同样可以根据用户位置来提供适合公众使用的相应内容,包括用户所在地的天气实况、未来的天气预报。再结合部门合作,我们还能进行拓展,为公众提供导航、生活资讯查询等综合服务信息。

3 结语

进入"云端"的新媒体时代,公众无论是在电视媒体还是新媒体,都开始趋于习惯快餐文化。在电视媒体方面,公众习惯的是"套餐"式的快餐文化,不喜欢的就会更换"餐牌"。而在新媒体方面,公众则习惯于"自助餐",在了解和定制资讯时完全自主。所以面对当前的公众需求,我们的节目内容无论是在电视媒体还是在新媒体领域,都应该分为两个方面,一方面是包含基础气象信息的节目,满足公众了解天气,安排生产生活的日常需求;另一方面,还要针对重大天气过程或重大服务来制作专题节目,深挖节目内容,满足公众进一步了解天气事件的需求,帮助人们趋利避害,有效防灾避险。

另外还有一个需要注意的,就是在三网融合的过程中,气象影视甚至气象传媒都不缺乏内容,而是缺乏相应的营销。所以我们在创新节目内容和形式,优化节目设置的同时,还要对市场加以引导和培育,让公众正确理解和使用气象服务,在这个"云端"时代,取得更好的服务效果。

参考文献

马珂珂等.2011.天气预报类节目受众贴近性调研报告.气象影视技术论文集(七).北京:气象出版社.

新媒体环境下气象影视节目的创新与发展

李 好 邓 玲

（湖南省气象服务中心，长沙 410018）

摘 要

本文首先分析了新媒体发展迅猛的现今，气象影视服务面临的机遇和挑战，之后通过分析影视气象服务发展的制约因素，最后阐明了气象影视节目要想在今后获得更好的发展，需要顺应网络、传媒发展趋势，积极拓展发展空间，并提出了打造气象节目品牌的改革思路。

关键词：新媒体 机遇和挑战 打造气象节目品牌

1 气象影视服务发展优势和面临的机遇与挑战

现代气象科学技术的巨大进步使得公共气象服务能力不断提高。如何在信息时代，借助开路电视频道、数字有线付费频道、网络电视和手机电视平台等，为公众提供权威、准确、及时的气象信息以及适合新媒体特点的气象服务，是广大气象影视从业人员不断探讨的课题。

1.1 现代传媒发展的特点

随着三网融合试点方案的敲定，我国三网融合在酝酿十余年后正式进入实质性发展阶段。根据国外三网融合经验，手机电视、IPTV、视频制作、VoIP 等将率先成为三网融合的典型业务。据 Point Topic 最新数据，从 2004 年至 2009 年第三季度，全球 IPTV 服务用户数量接近 3000 万，增速明显。纵观现代传媒的发展，主要有以下特点：

1.1.1 通过合理定位来追求其核心价值，树立品牌

目前中国媒体已经进入“大媒体”时代，在媒体之间的激烈竞争中如何制胜？媒体从业人员及理论界人士都给出了自己的回答。不约而同的是他们都认为要根据自身媒体的合理定位来追求其核心价值，来树立品牌。如凤凰卫视和上海东方卫视就以“新闻立台”、而湖南卫视则以“快乐中国”为理念，以“娱乐立台”。

1.1.2 通过资源的整合、扩充来壮大品牌及其实力

目前，报刊、网络、电视、电信相互联合、渗透，网络电视、手机报、移动电视正在兴起，无论是传统媒体还是新媒体，相互间并没有谁取代谁，而是呈现出资源捆绑联合、手段日益多元的格局。目前，电视办报纸、电台办电视、报刊涉足视频的现象十分普遍，媒体之间的并购与整合、资源重组是大势所趋。

1.1.3 追求海量信息，避开自身生产能力的不足。

现代社会是一个海量信息社会。通讯、互联网等科学技术的发展，使得人们可获得的信息量呈几何级数增长。通过联合实行“拿来主义”，（报纸上的很多东西，都来自网络）由此也将带

来传媒界的产品大融合、人才大融合。

1.2 气象影视服务面临的机遇和挑战

社会经济越发展，对气象服务需求越高。近年来在全球气候变暖的大背景下，极端天气气候事件所引发的气象灾害呈现多发趋势，气象防灾减灾面临越来越高的要求，我国经济社会快速发展对气象服务提出的需求也呈现出越来越多样化的趋势。应该看到，当前我国的气象服务信息传播，还难以满足气象服务快速增长的需求。气象灾害预警信息覆盖面还有待于进一步拓宽，海洋、偏远山区、牧区、农村等地区依然存在气象服务盲点，气象服务信息发布时效性还不能满足需求，气象预警信息即时播发等需要的部门联动机制也有待完善，传播手段还滞后于ITV、3G等新媒体发展速度。面对新的发展形势，一方面，我们应该清醒地看到，长期以来现代传媒一直在“逼”着气象影视发展，谋划着发展一个又一个新阵地。而随着各主流媒体竞争力的日益提升、品牌效应的日益增强、资源规模的不断扩大以及媒体间的联合与资源重组的完成，气象影视的发展将受到冲击和影响，面临着严峻的挑战。同时，我们也面临着难得的发展机遇。一是人们的生产生活越来越离不开气象；二是气象信息作为一种独特的服务资源、民生资源，无论哪家媒体都没有理由忽视不用；三是气象影视在求发展的过程中积累了一定的经验、提高了技术、集聚了人才，已经初具实力、规模和竞争力；四是气象事业的进一步发展必将为气象影视的发展提供坚实的基础。

2 制约发展的主要问题

新媒体迅速发展下制约气象影视节目发展的主要问题仍然是气象服务不能满足社会经济日益发展、增长的需要。这主要体现在以下几个方面。

2.1 预报与服务不分

多年来，气象服务一直以预报代替服务，把预报结论当做服务的终点，预报讲完了服务就结束了。这是制约气象影视服务发展的一个瓶颈。要想服务做得好，应该是把预报当做服务的起点尽量延伸，对预报产品进行满足服务需求的再加工。作为气象影视的一名工作者曾在工作中出现过一个误区，就是认为人们不光是想知道每天的预报结论，还想知道预报是怎么做出来的。所以在服务中专业术语用得多而频繁，陷入了很气象、很专业的小圈子。而全国有九亿农民，看不懂也听不懂这些专业术语，即使有人懂也并不感兴趣，这样的节目无论在质量上还是听觉上都大打折扣。归根到底，是没有搞清什么是服务。服务是预报结论出来以后另外的一种延伸。

2.2 需求把握不够

气象服务的根本目标，就是要能够满足需求。但是现在的气象服务在满足需求上还与国家、政府、人民群众的要求不相适应。

2.3 社会效益与经济效益之间的矛盾有待进一步协调

众所周知，现在的气象节目城市预报部分大多由很多版面组成，每个版面里除了气象信息外还有广告或旅游景点。这样一个广告窗口，客观上来讲相对于气象服务是一种干扰信息，但目前在各个气象部门，没有经济效益是不行的，气象影视的发展必须有巨大的经济效益作为支撑。所以如何协调处理好这个问题，既能突出社会效益，又能取得比较好的经济效益，实现双赢，值得探讨。

3 改革发展的思路及对策

为了进一步深化气象与传媒融合，围绕新时期气象传媒新发展，需要在以下三个方面取得突破。

3.1 带动气象服务形式、手段和服务效果新变革

网络媒体、传统媒体、内容供应商与宽带网将以新方式融合。互联网不仅是一种新的工具，更是一种思维方式和适应未来世界的手段，也使得内容供应商、技术供应商、产品供应商、服务供应商相结合乃至相融合。今天的气象信息传播不是单向或互动，而是多向传播、多点互动、移动获得、移动表达、即时传播、即时分享。这种即时分享正在与传统的传播渠道紧密结合，正在成为新产品的创新指向。所以，气象部门必须在新媒体上积极地去实践，而且打破以前的成规。

3.1.1 加强气象服务产品的开发

服务是否做得好，是否能根据预报做出更广、更宽的服务延伸，需要很专业的气象服务产品作为支撑和坚强后盾。目前湖南乃至全国专业的气象服务产品不多，只有一些常规的感冒指数、紫外线指数、旅游指数等，如遇到雾天，相关的行车指数，摩擦系数等专业产品很是缺乏。如何加强气象服务产品的开发，逐步建立与服务需求相适应、与核心预报相匹配的服务业务体系就显得极为重要。

3.1.2 积极迎接分众时代的到来

随着传媒业的迅猛发展、受众的分化和信息需求的多元化，各种大众传播媒体为了应对这种趋势纷纷实施市场细分和分众化策略。气象影视应该尽早准备，变被动为主动，开发权威性的分众化服务产品(目前气象现代化建设的成果在气象节目中的应用仍太少)，加强气象资源在传媒中的开发应用管理，努力满足社会需要。进一步加强全国气象影视资源、资料、产品的开发应用及其互通、共享工作，形成各级气象影视在当地独特、雄厚的资源优势，提升气象影视的核心竞争力。

3.1.3 提升、巩固气象节目的核心竞争力

气象影视保持竞争力的根本优势是资源独有。气象影视服务抢占“制高点”最强大的武器是“公信力”和“权威性”。现在是信息爆炸的时代，各种各样的信息为人们提供了巨大的选择权。“公信力”和“权威性”属于优质信息的范畴，所以必须坚持把社会效益放在首位，以“公信”、“权威”来赢得更多的受众。

3.2 提高气象服务信息发布时效性和覆盖面

随着多媒体和信息可视化技术的发展，公共气象服务的手段在不断地进步。公共气象服务中心(公司)要以电视、电台、报纸、手机、网络、户外电子屏等六大传播媒体为基础，集中优势传媒资源，联合打造公共气象服务传媒协作平台、新农村气象服务平台、中心防灾减灾应急公众传媒服务系统，逐步形成多样性、数字化、多媒体化的气象服务模式和多层次、广覆盖、无缝隙的气象服务网络体系，为社会公众提供及时、准确、详细的气象服务。

3.2.1　建立短时气象预报

气象部门应尽快建立多种观测资料相融合的平台,通过灾情情报和观测资料实施对灾害性天气的全天候监视。当有突发性灾害性天气发生时,实时制作和发布 3—12 小时的短时预警预报及服务产品,通过字幕或手机彩信等方式发布。整合气象传媒资源,大力拓展多媒体市场,由单一气象信息向多功能、精细化转变,实现气象服务高密度。发挥气象独家优势,占领各媒体黄金时段。任何人在任何时间以任何可能的方式最快、最方便的获取所需要的气象信息和服务。

3.2.2　增加覆盖范围

三网融合格局中,由于多终端和跨网络的传播,使得气象影视的内容供应不断增值,气象影视的服务影响力不断扩大。在全程全网、全业务承载、全方位服务的技术可能性上,对于实现公共气象服务理念中所倡导的"无缝隙服务理念",给予了极大的推动和落实。

气象部门应以需求为引导,构建全新的用户服务管理模式,加快服务创新步伐,在用户定制化、精细化需求的基础上围绕专业服务对象进行点对点服务,随时掌握用户动态,准确提供服务。由单一气象服务向综合化、多元化转变,实现气象服务高强度。满足社会多元化、多层次的气象服务需求,制作针对性强具有各行业特色的气象产品,实现时间上、空间上、领域上的无缝隙气象服务。

3.3　提升气象节目制播水平

3.3.1　气象节目新闻化

气象新闻充实气象节目内容。一般认为,气象新闻只有在灾害性天气情况下才有新闻价值,如台风,冰雹,沙尘暴等出现时,这类新闻才会大量出现,其实这是一个误区。气象新闻是最具贴近性的新闻源之一,非常符合地方电视台本地化、身边化的特点。在非灾害性的天气下,只要天气发生异动,都可以成为很好的新闻素材。如,大风、大雨、大雪、大雾,气温骤冷骤热,针对这些天气情况采制的新闻,只要抓住准细节,都应该会有很高的收视率。气象新闻的大量播出将充实气象节目的内容。

3.3.2　气象信息贴近性

从目前的情况来看,气象节目是地方台受央视影响最深的节目。可以说,全国绝大多数的地方电视台的气象节目,一招一式,莫不是央视的翻版,实际上这是一个极大的误区。在这点上,湖南的气象节目要格外注意摆脱央视气象节目形态的束缚,摒弃城市天气预报这种全景式的播报方式,走出一条在时间差异性上做文章的新路。

4　结束语

总的来说,气象影视应努力在现代传媒集群中扩大影响,增加分量,把原有的"一席之地"变成"不可缺少的重要的一席"。进一步强化公信力,随时关注最新科学技术在传媒中的应用,随时关注新媒体的发展态势和媒体间的分化组合动态,准确把握好气象影视的定位,充分发挥好自身优势,不断整合资源,争取气象影视的更大发展。

参考文献

陈艳彩.2009."公信力"-现代传媒的核心价值追求.新闻界,1.

新媒体时代气象公信力的“危”和“机”

张　毅　仇如英

（广东省气象影视宣传中心，广州 510080）

摘　要

随着社会发展，随着新媒体日趋深入，民众对气象预报准确性质疑的影响力越来越大，气象公信力受到挑战。作为气象部门宣传窗口的电视气象节目，可以做出一些改变，如解读更亲民；多进行科普宣传；增加微博互动环节；增加实况类节目；而气象频道作为气象部门自己的平台，可以发挥更全面的作用。新媒体时代，可怕的不是危机，而是被忽略，气象影视工作者可以抓住气象社会热点话题机会，灵活面对，化“危”为“机”，塑造气象部门新形象，提高气象公信力。

关键词：电视气象节目　气象公信力　气象频道　新媒体　微博

引言

2011 年 11 月 21 日中山大学岭南学院王则柯教授的一则评论“学乖了的天气预报”一经发表后被各大网站、论坛纷纷转载，激起不少回应评论，吸引到许多公众注意力。王则柯教授在阐述为什么在预报出现偏差以后，气象部门会表现出“往狠里报”的趋势后，结尾发出了狠话：如果天气预报也学得那么乖巧，还要它干什么？对气象公信力的质疑跃然纸上。广东省气象局紧急召开各部门联合会议，商讨应对措施。气象局职工们也被震住了，私下里众说纷纭。

1　气象公信力

公信力，《现代汉语词典》的解释是：使公众信任的力量。公信力的概念源于英文词 Accountability，意指为某一件事进行报告、解释和辩护的责任；为自己的行为负责任，并接受质询。

公信力经常和媒介公信力联系在一起，在气象领域中，气象公信力经常和电视气象节目的公信力联系在一起。电视气象节目在长期发展中日积月累形成自己的公信力，它是受众在接触传媒媒介（电视气象节目）的过程中，根据自己的切身体会所形成的对节目信誉度和影响力的一种判断和评价。电视气象节目涉及人们生活、生产、出行指南等等方面，满足实际需求，长期以来被受众信任、信赖，在社会中有广泛的权威性和信誉度，这正和气象节目的宗旨——准确及时高效地将气象服务传播出去相一致。

但是随着目前新媒体的发展，这种权威地位受到了挑战。新媒体其实是一个不断变动的概念，每个时代都会有新的媒体出现，一些媒体就会变成不再那么新。互联网一度被认为是新媒体，但现在新媒体主要是指微博、网络社区这样的新东西。它的特点是具有良好的移动性和双向互动。和以往媒体是内容的提供者不同，现在每个人都是内容的提供者，阅读式的互联网变成可写可读的互联网，每一个用户都能够参与其中，媒体内容得到极大的丰富。传播方面则具有社会化趋势，它的核心是人际关系，人际关系的基础是建立信任度，像前文提到的王则柯教授网上被冠名以岭南话题之王，他的微博有333405个粉丝，他的博文经常被南方都市报等报刊以及网络转载。

相比之下，气象部门在新媒体这一层面的应对就有些苍白无力。这也引起我们的深思，需要探讨在电视气象节目这个气象部门最主要的宣传和服务窗口层面，可以怎样发出自己的声音，应对质疑和挑战。可以做出怎么样的改变和提升，来更好地服务民众，

2 电视气象节目

2.1 解读更亲民

电视气象节目经过三十年的发展，各种类型的节目风格百花齐放，但无论哪一类型节目，共同的一个发展趋势都是更亲民，做老百姓看得懂的，喜闻乐见的天气节目。这需要对天气，不论是预报、实况还是形势分析都需要进行很好的解读。

解读的一个重要内涵是要进行天气评价和人性关怀。天气评价是一件看着似乎很简单其实很难做到的事情，有时候一句简单的评价却需要长期预报经验的积累。但是，这种直接的评价却是老百姓最需要最喜欢听到的东西，是整个预报的点睛之笔。比如说在某期节目里讲述"这次雨大主要是因为有较强冷空气南下与暖湿空气交锋造成，其实，现在这样的强对流天气并不异常，不过，确实它来得勤快了点，所以我们感觉雨水早了点，多了点。"简简单单的"雨水早了点、多了点"，而又"并不异常"就需要平时细心体会和积累，然后查找历史同期资料比较证实。人性关怀和天气评价密不可分，天气评价过后直截了当的人性关怀就足以说明问题，像"明天的气温不算低，但是风太大了，所以感觉并不暖和"一句话就说到了老百姓心里。

有些时候，不仅要解读，还需要进行解释工作。像前文提到的"学乖了的天气预报"起因正是因为11月份的两场雨水预报都出现了较大的偏差，遇到这样的情况，必要的解释和承认错误是需要进行的。虽然气象部门一直在宣传天气预报不能保证百分百正确，但民众毕竟是相信天气预报的，所以一旦出现较大误差，还需要进行诚恳的说明、解释。1999年12月发生的"宋英杰道歉"事件，第一次有人为天气预报的不准确而负责任，播出后，反映很好，并没有削弱天气预报节目的可信度、公信力。2007年3月，日本气象厅因为误报樱花开放时间公开道歉；2009年5月，他们又为误报日本南部发生地震再度道歉，这两次道歉被其国内媒体评价很高，甚至有人呼吁"与其说我们很在意天气预报的准确率，不如说我们更在意气象部门在准确率上的姿态与情怀"。

2.2 多进行科普宣传

天气预报确实是不可能百分百准确，这里有太多未知的科学因素，但民众都能了解吗？这需要我们多进行科普宣传工作。像夏季降水的局地性，夏季降水经常来得快也去得快，气象数据还没有分析出来，雨就已经开始下了。这种情况下一方面需要及时发布短时预报或预警信号，另一方面也需要在气象影视节目里多进行分析说明，讲述其特点，进行科普宣传。

天气预报的一些用语也与普通民众的理解有一定偏差，例如大雨，暴雨，有时候，人们看到雨下得又急、又大，就以为是大雨、暴雨，但也许因为时间太短，实际上降雨量只有几毫米。这种

认识的对接就需要在气象节目中长期进行科普宣传。尤其是需要在重大天气、高影响天气出现时增加篇幅，把受众注意力引导到科学方面来。

曾经有理论认为，电视天气节目的本质是科教功能，要向公众报道最新天气预报内容、传授相关气象科普知识，传播气象文化和科学精神。不过在实际操作中，在近年的日常天气预报节目中，科普内容占据的分量在减少。希望未来能充分发挥电视气象节目的科教功能，普及气象科学知识，引导受众。

2.3 增加微博互动环节

随着微博的兴盛，这两年不少电视节目都增加了微博环节，例如新闻类节目常常运用微博方式征集新闻资料来源，综艺类节目常常通过微博和观众互动，像湖南卫视的《快乐大本营》还增加了“微博墙”，节目现场设置的大屏幕直接将网友的微博评论导入，呈现最新鲜的观众反馈，形成现场互动。

相比之下，电视气象栏目中就很少用到微博环节，近月来气象影视工作人员也在探讨，并作出尝试，例如微博和栏目结合进行节目预告；节目话题(内容)征集；节目主持人与观众微博互动等等。如何能够运用恰当，这需要气象影视工作者不断学习，与时俱进。

2.4 增加实况类节目

随着中国气象频道在各地的落户，许多观众现在已经感受到它的贴心服务。例如广东气象频道为了提高信息量和加快浏览周期，采用在主屏下方采用游走字幕方式播出省内天气实况。

这样，除本地天气和直播的节目之外，观众都可以从中看到循环滚动播出的天气实况信息。观众评价不错。由此做出推广，在其他节目类型中增加实况的分量，例如推出的《天气快报》栏目，就要求节目三分之二篇幅讲述当天省内各地实况，以最新最快的信息服务受众，推出后由于内容和风格和省内其他各套气象节目差异较大，收视率反应良好。

更进一步思考，可以推出完全实况类节目，但这需要增加播出频次，需要和电视台进行良好的沟通。于是需要把目光投入气象频道。

2.5 气象频道发出气象部门自己的声音

气象频道是一个全天候提供权威、细分、实时气象信息、气象灾害预警、防灾减灾指引以及气象相关信息的专业化电视频道。气象频道是气象部门权威的声音，是气象部门宣传的重要窗口。

气象频道的节目有气象新闻类、预报服务类、生活服务类、农业气象类、交通服务类等多种类型的节目。气象频道的编排由气象局自身的影视工作人员决定。遇到有重大天气时，可做出特别调整，例如遇到台风天气，可以迅速增加采访预报员栏目，并且加密频次，如 2011 年《台风直击》热带气旋“洛坦”做到了一天七次采访，将最新最准确的预报信息带给了观众。

遇到社会热点气象话题时，气象频道可以专门作出特别节目，可以是采访，可以是访谈，也可以是专题，各种节目形式，多种时间长度，或正面或侧面、配合有序地对此话题进行阐述或者回应，共同营造气象局公众形象。

3 抓住公众热点,提高公信力

在新媒体时代,最可怕的不是危机,而是被忽略。当遇到如前文所提到的质疑,当遇到公众热点气象问题时,是危机,也是机会。如果能够处理得当,当可化危为机。

首先,如果需要回应,应该怎么回应?注意不要把自己放在受审台上,陷入别人说什么,自己就辩解什么的无力境界,这需要一个回应的技巧。

其次,在什么平台上回应,一方面可以在新媒体微博上短平快地回应,另一方面也可在气象频道里长篇累牍,多方位、多角度地进行回应。

最后,需要未雨绸缪,平时应该安排系列宣传活动,注意做好策划,甚至可以自己营造话题,吸引媒体注意力,吸引公众眼球。事实上,只有在吸引足够多眼球的基础上,提高公信力才不是一句空话。

4 结语

气象服务,不仅是“自然科学”,更是“社会科学”。在新媒体时代,需要抓住新媒体的传播特点,再结合传统媒体已有的优势,采用适当方法,进行良好沟通,才能提高气象公信力,更好地服务群众、安定人心。

参考文献

[1] 黄晓芳.1999.公信力与媒介的权威性,电视研究,(11),23-26.
[2] 喻国明.2005.大众媒介公信力理论初探(上),新闻与写作,(1),11-13.
[3] 郑保卫.2008.公信力的客观评估标准,新闻与写作,(10)22-23.
[4] 雷跃捷等.2008.提升电视媒体公信力的三部曲,新闻与写作,(10),18-19.
[5] 汤健萍.2011.当电视遇上微博,新闻研究导刊,(7).88-90.

浅析新媒体环境下气象影视服务的应对之策

马东雷　林　毅　邹倩倩

（辽宁省气象服务中心，沈阳 110015）

摘　要

随着电视产业化的不断发展，新媒体的日益成熟，气象影视行业也迎来了机遇和挑战。气象影视部门在新媒体环境下应扬己之长，接纳新技术，整合新媒体，注重频道包装，以谋求更好的生存和发展。

关键词：新媒体　气象影视　频道包装

1　扬己之长，发挥优势

在新媒体不断发展的今天，气象影视的核心竞争力在于专业性、权威性和公信力。在日常的天气预报节目中以及气象频道的节目中始终保护新闻的真实性，保持气象信息的准确性和及时性，在天气过程发生的第一时间抢占舆论的制高点。气象部门在获取天气信息方面具有得天独厚的便利条件。

1.1　以深度提升影响力

当下有许多新媒体正在发展壮大，大有取代传统媒体之势，但是新媒体都是基于传统媒体而衍生出来的，所以无论是传统媒体还是新媒体都有其自身的优势和劣势。以现在比较流行的微博为例，微博信息往往是个人体验式、浅表、碎片化的，并不具有权威性和公信力，而气象影视行业依托于专业人才和独有信息源，对天气事件深入挖掘，揭示事件的本质和发展趋势。在报道一次天气过程时，对过程的来龙去脉、前因后果深入剖析，并以专业手法展现。

1.2　气象新闻的深度可以通过三种方式实现

一，矩阵式新闻。对同一事件，采用多向度、多形式的报道和解读。2011 年 8 月上旬台风"梅花"来袭，中国气象频道不仅以多点连线的方式报道了"梅花"造成的影响，还介绍了台风的成因，"梅花"运行诡异的缘由，过去历次强台风对我国造成的影响等等，使报道丰富而厚实；二，线性推进式新闻。对某一事件不断追问"为什么"，连续的报道，直到事实真相的内核。比如去年冬天沈阳某小区突然停止供暖，三九严寒居民意见很大，记者前后两次对这条新闻进行报道，深入了解供暖单位停止供暖原因，直至最终解决问题；三，议程设置。按照既定策划，对某一事件或现象深入报道。比如，2011 年 7 月中旬沈阳频现短时暴雨天气过程，城市内涝问题严重，到底是雨量大还是城市排水设施不完善，就如何解决等话题记者进行了深入的报道。议程设置不是空中楼阁，是记者在对社会发展、民意趋向的精准把握和判断的基础上形成的。

1.3 以权威观点争夺对新闻的解释权

在独家信息日益稀缺的时代，气象影视服务应力求以独家观点制胜。近年来，很多气象服务类节目都加强了讲解力度，有的还引入气象专家，对正在发生或将要发生的天气过程进行讲解。对一些与市民息息相关、影响广泛的天气事件，主持人在报道中，或提出疑问，或引入思考，还以现场连线方式，邀请广大市民和权威专家发表观点、介绍背景，增强了报道的厚重和张力。

2 接纳新技术，与受众互动

2.1 利用新技术，增强报道及时性

如今，很多电视台都有卫星车，加之3G传输技术的应用，一台DV机加两张3G卡，就能实现现场连线报道，在硬件上具备了对重大突发事件的快速反应能力。因此，电视与新媒体对新闻时效性的争夺，关键在于对信息的新闻价值迅速作出判断的能力，以及直播报道的组织水平。就目前气象频道新闻素材的收集模式来看，大多是通过网络上传，各个省都能拥有卫星车和3G传播设备还不太现实，在这种状况下，气象影视部门就必须建立突发灾害性天气事件应急机制，以便在突发天气事件的报道中抢占舆论高地。NHK在“3.11”日本大地震1分钟后就开始发布有关地震的权威信息，5分钟后就有了多点连线报道，并开始用包括中文在内的5种语言连续播出灾情报告，显示了突发事件应急机制的完善与高效。

2.2 加强与受众互动

新技术的发展，使得电视新闻与观众的互动变得越来越便捷。很多气象服务类节目都设置了短信、微博互动环节，观众有了反馈信息和表达观点的渠道。根据节目内容和形式的需要，可以建立多媒体演播室，使得气象节目可以通过网络迅捷地收集到新闻当事人、相关专家、民间意见领袖对这天气事件发表观点的视频信号，比网络跟帖更加直观、生动。天气预报栏目还可以通过组织丰富多彩的线下活动，增强与观众的粘合度。

2.3 加强节目的贴近性

内容上贴近受众，满足受众需求。形式上可以着力的方面更多：一，强调天气事件的故事化表达，做到新闻故事化、故事人物化；二，强化现场报道，注重对天气现象发生现场细节的生动展示；三，发挥电视的综合优势，充分利用图像、语言、音乐、字幕、三维动画等元素，优化包装，扩大新闻的信息量，增强感染力；四，彰显主持人的个性魅力，增加电视新闻活力。

3 整合新媒体，为我所用

新媒体带来了传播渠道的更新和传播内容的丰富，其内容和渠道可为电视媒体所用。通过嫁接融合，成为气象影视部门应对新媒体挑战的重要策略。

3.1 精挑细选网络内容为我所用

气象新闻节目可将网络上经过核实的信息作为报道内容或例证，有的台专门开设了“读网”

类栏目，整合网络内容，使之成为电视气象新闻的一大资源。2011 年 8 月 21 日晚，沈阳部分地区突降冰雹，由于事发突然，气象频道记者并未拍摄到视频画面，但是在《气象资讯》的官方微博中有网友第一时间上传了图片和视频，经过栏目组严格把关，在确定了信源可靠的前提下，联系网友传来了冰雹视频，并通过电视节目向外界播放。由此可见，传统媒体完全可以整合新媒体的有效资源，形成优势互补。

3.2 主动嫁接新媒体，拓展气象影视的发展空间

中国气象频道已经覆盖了全国 263 个城市，而且在互联网上也有中国气象视频网，中央台的天气预报节目以及各种类型的气象服务类节目都可以在网上点击收看，弥补其在电视上转瞬即逝的不足。传输技术的发展使得以手机为终端的移动电视逐渐普及，气象影视人须及早谋划，节目制作在符合电视要求的基础上，还必须符合网络传播和手机传播的特点，这对气象影视人的业务技能提出了新要求。BBC 等西方媒体已实现了网络、广播、电视的“三位一体”，新闻制作实现了集约化。他们要求记者必须具备文字、摄影、摄像、现场报道等方面的综合技能。遇到重大突发事件，记者一般先以文字和图片的形式在网络上发布简讯，随即与广播连线，介绍事件的大体情况，然后投入电视现场报道，新闻事件得到全景式的立体展现。

4 注重频道包装，铸造行业品牌

在激烈的市场竞争中，节目包装尤为重要，作为中国气象频道这一专业权威媒介，不仅要创造优质的电视气象产品，它还应把媒介产品的优点告诉受众，认真地在受众心目中树立其频道的形象，好的频道包装和媒介宣传能够引起受众对其品牌的立即确认。所以无论是传统媒体中的节目还是新媒体中的节目，要想在竞争中站稳脚跟，其包装的水准至关重要。我们要从传统的气象节目＝天气信息＋广告，转换为频道＝节目(片头、片花、片尾)＋广告＋宣传片的新模式。设计出更加能够吸引人眼球的节目形式。

首先是频道的整体色彩定位，例如浙江卫视的中国“蓝”、黑龙江卫视红色的龙，事实证明简单的色彩体系能降低观众的识别难度。中国气象频道也应根据节目内容的角度出发，依据大众的视觉心理习惯，使节目主题色彩带给观众的联想和视觉心理感受与节目相同。此外，节目的色彩不应仅仅体现在台标上，它在整个频道的形象中都应该协调一致，包括片头、片尾、形象宣传片等。其次是听觉识别系统，频道的听觉识别系统主要包括主题音乐、人声和效果声。主题音乐应该符合频道的风格。新闻类的气象节目背景音乐节奏应当保持简洁明了，轻松愉快的气象服务类节目的音乐节奏应较快且凸显轻松元素。比如长久以来中央电视台新闻联播的片头音乐不仅仅是新闻片头音乐，更是一种象征。作为“年轻”的中国气象频道，应当在频道包装方面标新立异，这样才能深入人心，成为观众喜爱的频道。

结语

随着技术的发展，设备的更新，更多高水平的影视制作专业人士将进入新媒体领域，传统电视固有的优势将越来越不明显。因此，气象影视人要抓住机遇，迎接挑战。气象影视传媒也要抓住当前的时机，采用新的传播策略，尽快确立气象影视行业的传播形象，使之能够立足于百花盛开的新媒体时代。

互联网络气象视频服务的思考与策略

容　军
（广西气象服务中心，南宁 530022）

摘　要

通过网络获取气象信息越来越成为人们的一个重要选择，而随着信息技术的快速发展，网络视频正成为互联网信息传播手段的主要发展方向。建立起符合网络传播特性和广大受众需求特征的气象网络视频服务，对气象信息网站的建设具有重要意义。

关键词：网络　视频　气象　信息　传播

1　引言

近年来，随着信息技术革命的步伐大大加快，以互联网络为代表的新媒体出现了蓬勃发展的势头。网络已成为人们获取信息的一个重要来源，而且网络独特的传播优势将使其由边缘媒体走向主流，在人们的信息生活中占据着越来越重要的地位。网络气象信息点击率的迅速增长，也昭示着通过网络获取气象信息正成为人们的一个重要选择。

随着数字媒体的发展和国内网络视频服务水平的提高，网络视频正迅速成为互联网的重要传播手段，视频具有真实、直观、生动、视觉冲击力强等天然优势，其与网络的即时发布、海量信息、交叉互动、多媒体集纳等优势结合，能够为受众提供更快、更全、更新、更愉悦的视听体验。根据中国互联网络信息中心（CNNIC）发布的《第 29 次中国互联网络发展状况统计报告》显示，截至 2011 年 12 月底，我国网络视频用户的使用率呈上扬的态势，用户规模较上一年增加 14.6%，达到 3.25 亿人，使用率提升至 63.4%。近年来涌现了大批专业视频网站，各大门户和专业网站也在大力发展这一领域，传播内容的视频化呈现已成为包括网络、手机等在内的新媒体的主要发展趋势。

回过头来审视我们的网络气象服务，依然以发布图文信息为主，不多的视频内容主要为转载的电视气象节目，缺乏因应网络传播特点专门制作的视频服务产品，与当今网络发展的水平及公众服务需求的增长产生脱节。基于现代网络技术发展水平，建立起符合网络传播特性和广大受众需求特征的气象网络视频服务，是我们网络气象服务面临的一个重要课题。

2　发挥视频传播优势，充分利用互联网资源，制作专业的网络气象视频服务节目

在气象网站上增加视频节目，可使我们的信息传播方式更为活跃、形式更丰富；视频传播的直观性和真实性，还可使我们的专业网站摆脱由于互联网信息发布和传播的“低门槛”以及信息

渠道的多样性、海量信息的过度冗余等互联网传统的传播“劣势”，更便于引导受众获取其所需的信息。同时，网络视频气象服务的推出，也可使我们的气象影视服务克服在电视媒体传播上瞬间即逝、时段固定、节目时长受限等缺点，为受众提供更详细、准确的服务，受众也可以根据自己的个性化需求，随时获取自己想要的信息，反馈自己的意见。

2.1 制作“导视”引领受众快速浏览网站获取“目标”

在网站主版面设立网站(各版)简介、今日看点、使用帮助等视频点播栏。目前，我们的气象网站按不同的服务方向设有多个子版块，提供了大量以数据、文字、图表为主的观测和预报信息。对于普通受众而言，很难理解其中的含义，更不甚了解其对自己生活的指导意义，也就失去了进一步了解的兴趣。受众只从我们的网站获取简单预报信息，将使我们与其他提供类似服务的普通网站无法形成有效区隔，很难培养忠诚的用户群体，在普通用户群体中扩大影响力。《网站介绍》、《各版面简介》、《使用帮助》等视频节目可以使初访者直观、快速地了解网站提供的服务内容、各种图表数据的含义、网站的使用方式，使受众能够快速寻找到所需信息的位置，准确地获取所需的服务项目。《今日看点》节目则通过预报员或网站编辑的视角，对当天气象的关键、重点信息进行解读，发挥传统视频媒体对信息进行分类提炼、深度解读这一传统优势。通过专业的分析，使受众能够从海量的信息中摆脱出来，迅速把握当日气象信息的关键点、新闻点，指引他们获得深层次的信息需求。

2.2 在不同服务子版块中提供不同内容和风格的视频节目

以往我们的视频点播节目都是由电视节目采集上网，集中在一起由观众进行点播，节目信息容量有限，观众收看的针对性不强。我们按照新闻、生活资讯、农业、交通、旅游等服务版块的划分，分别制作针对性的视频服务节目，在内容、包装、风格、服务方式上有所区别，依照用户的不同需求细分节目、实行分众式点播，以满足观众的个性化服务需求。节目内容还可以与版块中发布的信息进行互动和补充，指引观众通过浏览同版块网页方式对节目中不够详细或没有涉及的其他相关信息进行补充了解，可以满足他们的精细化需求。

2.3 每天分多次开设以直播方式进行的预报员或编辑点评节目

学习借鉴财经门户网站在股市开(收)盘时段进行的分析、点评节目，在每天会商、各时次预报结论发布后，由预报专家对天气发展的新信息进行分析、点评，同时，对观众通过“边看边问”窗口或其他方式反馈的具有代表性和关注点的问题进行分析答复。这就如同一场及时的小型新闻发布会，可以发挥网络媒体快速传播的优势，让受众及时了解最新的气象信息，并获得“一对一”式的信息服务。预报员采用视频直接交流，可以避免文稿传播中容易出现的歧义，树立起网站信息的权威性、科学性特征，提升信息的可信度。

2.4 突发重大气象事件设立专版，制作滚动式视频“快报”，直播最新气象信息和新闻

网络的快速传播和信息容量使其成为广大受众在重大事件中获取信息的一个重要途径。在台风、暴雨等突发重大气象事件发生过程中，建立滚动视频节目，利用我们气象部门站点众多和信息的及时性，将气象信息服务产品快速、直观、连续播出，可以让各级政府及社会人群及时地获取现场天气实况、预警信息、防灾指导等视频服务信息，进而把网站打造成为防灾减灾体系

的一个重要环节。

2.5 联合相关部门专家，制作直观、实用的视频服务节目

在各专业服务板块，联合气象、农业、环境、医疗、交通、旅游等方面的专家，制作教程式的服务节目，利用视频的直观性把灾害现象、原因及防灾减灾操作方式一一展示出来。让观众看了明白，并能够照着操作，把网站打造成科普宣传最实用、最广泛、最方便的平台。

3 发挥互联网的传播特点，打造符合新传播环境的先进视频传播模式

相较于传统影视媒体，网络视频的主要优势在于其传播的时空分布、立体化、互动性和开放性上。网络可以便捷地随时随地向"世界"发布信息。网上的信息是双向流动的，既可以从媒体到受众，也可以由受众返回到媒体，还能够通过分享和开放的论坛实现受众与受众之间的传播，它打破了传统电视"你制播，我收看"的单向传播模式。信息的受者与传者之间的界限变得模糊，网站越来越成为一个信息交流和分享的平台，而不是一个单纯的"发布者"，这里"受众"更准确的称呼应该是"用户"。

3.1 利用网络信息快播的时空分布优势，构建我们网站视频信息采集和发布渠道

网络传播信息的速度、规模和影响的地域范围以及表现形式等有着传统媒体所不能比拟的优势。在气象事件或新闻发生时，无论发生地多么偏远，我们的现场气象服务人员只需有一个摄像头、一部笔记本电脑和无线上网工具，就可在第一时间、第一现场将大量视频资讯通过网站传递给受众，并能够与网站特邀评论专家及收看的网友进行交流，实现气象灾害的实时报道、即时更新。

3.2 利用多媒体传播手段的组合运用，加强互动式信息播报方式，增加受众的参与度

网络传播的优势之一就是多媒体融合，根据网络受众接受信息趋向于主动、积极、个性化需求的特点，网络视频节目在表现手段上应该注重整合视频、动画、游戏、音频、文字、图片等媒介的传播优势，推出新型的播报方式，形成多媒体的传播合力。

3.2.1 "实景＋动漫"的组合播报方式

由主持人和动漫形象一同主持播报节目或由实拍画面与卡通画面叠加演示，既保持视频画面的真实感染力，又兼具动画的活泼性。

3.2.2 "游戏＋视频（动漫）"的组合开发交互式的播报方式

在播报"穿衣指数"时，我们可以让用户根据自己对天气的感受玩一个"装扮搭配"的游戏，游戏结束后，再链接出主持人视频对用户的"穿着"点评，并发布相关的服务信息。对注册用户的信息订制模块，可以借鉴网游"开心农场"的模式，让用户在查询地点上开荒、种下需要的信息种子并维护，最后通过动画表现方式获得信息。

3.3 鼓励、组织广大网友、"拍客"参与网站建设，成为我们信息传递的一个重要环节

广大网民既是网络信息的接受者，又是网络文化的创造者，目前，我国"DV 拍客"每天上传

的视频影像数量可以用千位数计算。通过建立专门的社区论坛等方式，让网友把他们在生活中遇到的天气现象或天气事件视频分享到网站中，既可以丰富网站的内容，还可以拓宽我们的信息收集来源。这些视频还可以作为节目中专家分析天气现象的素材和资料。

3.4 加强与观众的互动，建立更加方便和及时的反馈机制

在我们的网络视频服务中，在视频播放页面旁设计内容评价功能，用户可以为该节目打分，也可以把自己的观点发表在评论区，更可以与其他观众进行讨论，主持人还可以从中选取具有代表性的问题进行释疑和评论。设立论坛、交流区供用户进行交流，由网站管理员对用户意见进行反馈。

4 以优质视频服务树立品牌网站，为气象信息服务打下坚实基础

现代的市场竞争可以说就是品牌的竞争，对于网站的推广也是如此。要想使用户在浩如繁星的众多网站中认识和使用自己，必须以品牌战略为引领，打造优质网站。视频内容强大的表现优势，可以在网站品牌建设中发挥很大的作用。

4.1 在网站整体形象设计中利用先进的视频化元素打造独树一帜的风格

网站的整体形象包装是网站品牌战略“差异化竞争”的重要一环，它是网站塑造自身形象和服务理念，起到与竞争对手相区隔、从而获得竞争优势的作用。除了上述两个大点中论述的采用视频优势进行网络传播，以视频内容为主要服务方式建设网站特色之外，在网站版面设计过程中大量采用视频和动画元素可以使网站摆脱传统科技服务网站严肃有余活泼不足的一贯形象。例如，采用真人(或卡通)导游，引导用户进行虚拟巡航的方式来浏览网站内容等。

4.2 利用重大气象事件视频直播报导树立“防灾减灾”传媒品牌

重大气象事件的发生和发展，牵动着上至各级政府下至广大群众的关注，通过建立专题子版块，将气象现场报道和信息服务产品快速、高质、滚动地播出，可以让各级政府及社会各类人群及时地获取现场天气实况、预警信息、防灾指导等视频服务信息，为防灾减灾提供强大的宣传和服务手段。可以说，日常的优质服务是我们建立品牌网站的基础，而对重大专题事件的报道则是创立品牌的“突破口”。

4.3 抓好网站视频社区论坛建设培养忠诚用户群体

网络论坛是用户使用较普遍的互动工具之一，也是网络中最活跃、富有创造精神的平台，按照用户偏好进行分类设立不同的专题论坛，是培养“忠诚”用户的重要途径。通过调动论坛用户的积极性和创造力，利用目前普及的 DV、手机等拍摄所经历的天气现象，既可以成为论坛交流的话题，活跃论坛气氛，吸引更多用户加入论坛；同时，这些画面也可以弥补网站采编人员不足的缺陷，成为节目的素材来源和气象知识的分析对象。

4.4 建立标准化的运作机制

品牌产品的培育需要建立在一整套科学的、高效的节目运行机制之上，必须形成统一的生产模式以确定稳定的制作标准、技术和艺术品格。

建立配置合理，结构稳定的人员队伍，包括网站设计、气象信息处理、视频采、编、播及动画设计人员等。

建立标准化生产流程，是品牌网站确立产品信任度的重要保证。优质的品牌网站，在其节目的艺术质量、技术标准、节目形态和创作水平上应当保持稳定，不能因时、因地、因人而异，否则将无法与受众建立持续的契约关系。

塑造优秀的气象品牌视频主持人（或专家）。从某种角度上说，主持人就是一个品牌的人格化身，是品牌栏目的重要组成部分。在节目形式和内容相对固定的情况下，主持人的表现和发挥，以及他们在长期传播过程中与观众建立起来的情感纽带和美好印象，将成为影响传播效果的一个重要因素。

5 结束语

通过视频服务构建优质的网络气象服务，我们还有很长的路要走，面临的问题也很多，比如人员、经费短缺的问题，技术上不成熟的问题等等。随着信息传播工具和手段的迅猛发展，我们气象服务工作在发展的过程中将面临更多、更大的挑战，我们只有通过不断学习、不断创新，敢为人先，才能使我们的气象服务方式跟上现代传媒的发展速度，以优质的服务推动气象公共服务事业的发展。

参考文献

[1] 孟君.2005.网络与传统媒介传播的比较研究.科学新闻.(4).
[2] 王建磊.2010.网络电视走向.网络传播.(8).
[3] 聂建成.2011.网络视频传播冲击下受众心理需要的嬗变.影视镜像.(3).
[4] 张国伟.2011.传统电视与互联网媒体的融合初探.声屏世界.(5).
[5] 中国互联网络信息中心(CNNIC).2012.第29次中国互联网络发展状况统计报告.

浅谈三网融合给气象影视发展带来的机遇与挑战

胡少校

（重庆市气象服务中心，重庆 401147）

摘　要

三网融合是我国信息服务产业的发展趋势，本文从传统气象影视发展的角度分析了目前气象影视发展面临着收视率下降、不能随需求变化、时效性不足、科普片播出难等几个关键问题，阐述了三网融合对上述问题的解决带来了新的机遇以及未来可能面临新的挑战。

关键词：三网融合　气象影视　机遇与挑战

1　引言

2010 年，为促进国内经济社会快速发展和应对国际金融危机冲击，适应信息化发展趋势，我国政府作出了一个重大战略决策，全面启动三网融合计划，通过两个阶段的试点和总结，最终在全国范围内推广实施。2011 年底，随着三网融合第二阶段试点地区的公布，重庆有幸名列其中，我们明显感觉到三网融合的脚步声越来越近了。

三网融合是加快对我国现行的电信网、广播电视网、互联网进行全面的改造升级，探索电信部门和广电部门双向进入、跨业经营、规范管理的全新体制和机制改革，推动技术创新、培育战略新兴产业，服务经济社会发展，满足人民群众日益增长的物质文化需求。三网融合不仅是网络技术的融合，也是行业部门业务的融合，更是公共信息服务方式的变革，我们相信三网融合的实现将会对我国经济社会相关领域发展产生重大的变革和深远的影响，当然也包括我们从事的气象影视服务工作。

2　气象影视发展面临的几个关键问题

长期以来，气象影视是依托电视媒体传播气象信息、宣传气象防灾减灾知识，是气象部门向社会提供公共气象服务的一种重要手段，经过三十年的发展，取得了不错的成绩，但目前气象影视也面临着几个关键问题。

2.1　电视天气预报节目收视率呈下降趋势

众所周知，天气变化与人们工作、学习和生活密切相关，天气信息是广大百姓日常不可或缺的重要信息，因此，借助电视媒体影响力大、覆盖面广的优势，进行气象信息传播服务效果不言而喻，制作播出的电视天气预报节目深受广大观众欢迎。自二十世纪八十年代开展气象影视服务以来，电视天气预报节目长期保持较高收视率，也取得了较好社会效益和经济效益。但是，近年来随着各种新媒体的不断涌现,电视天气预报收视率不断增长的趋势却悄然发生了改变。现在除了传统的电视、广播和报纸以外,通过手机短信、互联网、电子显示屏等到处都能方便地获取及时的气象信息,而且随着人们工作方式的改变和生活节奏的加快,大多数人与电视机相伴的时间在不断减少,愿意每天定时守候在电视机旁通过收看电视节目来获取气象信息的人越来越少,更多的是通过其他更加便捷的手段去主动搜寻或查询得到。

2.2 气象影视服务不能随需求变化而变化

当今,气象服务已经深入社会各个领域,天气变化对各行各业都有或多或少、直接或间接的影响,因此,气象服务需求与天气变化密切相关,例如:天气好、影响小,需求相对较少;天气不好、影响大,需求相对较多。目前,大部分的气象节目在相关电视频道定时播出,为了便于频道节目编排,气象影视节目播出时间和时长相对固定,很难灵活机动地随着天气的变化而及时改变,这样使得我们在实际工作中面临两难:如果天气较好或变化不大,节目服务内容相对较少,感到节目播出时间过于充足;如果天气较差或变化复杂,节目服务内容相对较多,感到节目播出时间明显不足。如果节目数量太多,节目内容平淡或重复会影响栏目的关注度和收视率,如果节目太少,气象服务不到位同样也会影响气象部门的社会形象。

2.3 气象影视服务时效性不足

电视节目制作相对复杂,从节目制作、审核、传输、上载到播出需要一段时间,这样单从信息传播速度来看,相比其他媒体略显劣势。目前,大部分电视节目是采用录播方式,由于节目的播出时间是相对固定的,一般不好随意调整,很难随着天气的变化以及气象服务需求而临时改变。即使实现节目直播可以解决时效性问题,但考虑到收看电视节目的环境要求和人们的生活习惯,除了每天早中晚等收视效果较好时段外,其他时间大多数人都不在电视机旁,通过电视传播信息到达率很低,不能像手机短信和互联网那样可以快速便捷甚至随时随地接收和查询相关信息。因此,气象影视服务相比其他服务手段在时效性方面显然不具有优势。

3 三网融合带来的发展机遇

3.1 手机电视

手机现在已经非常普及,利用手机短信功能开展气象信息服务,在时效性方面具有突出的优势。但是,仅用文字或图片是很难清楚地描述天气变化的复杂程度,而视频节目由于可以通过丰富的活动画面、详尽的声音解说、生动的场景、条理性的情节构思等手法,使得观众更容易理解和接受,因此,视频永远是信息传达最有力方式。

目前,手机电视的国家标准虽然还没有最后确定,但手机电视的技术标准早已成熟。随着三网融合的推进,通过对电信网的改造升级、手机电视的国家标准体系的建立和完善以及手机电视终端的推广普及,手机除了通话、短信、上网等功能以外,还将成为便携式微型电视接收机,用户可随时随地通过手机直接点播或收看视频节目。利用手机电视开展气象服务能够进一步拓展气象影视服务的受众,不但可以提高电视气象服务信息到达率,同时也能满足气象服务时效性要求,使气象服务效果和气象服务质量得到更大的提高。

3.2 网络视频

与电视频道节目播出不同，网络视频节目点播基本不受播出时间和频道资源的限制，只与网络带宽和视频服务器性能相关。除了电脑作为网络视频的终端设备以外，现在的高档智能手机也能实现网络视频点播功能，非常适合现代人们快节奏的生活方式。随着三网融合的推进，通过对互联网网络带宽和相关设备资源的全面提升，将会彻底解决目前网络视频节目播出速度慢的不足。视频网站会越来越多、越来越好，网络视频点播将成为未来一种全新的信息传播手段和公众服务方式。

利用网络视频开展气象服务是值得我们大胆探索的一种重要服务模式。将制作的气象影视节目上载到网络服务器上，通过用户的网络点播，不仅能够解决人们因为时间和地点的限制影响收看气象影视节目而造成信息到达率低的问题，而且还能够有效解决气象影视节目不能随需求变化而变化等问题。气象部门既可以与电信、广电联合开展网络视频服务，也可以自己独立建设网络视频服务器对外开展视频服务。未来互联网视频点播将会极大地促进气象影视的快速发展。

3.3 数字电视

与传统的电视相比，数字电视的优势显而易见。数字电视可以使节目接收画面质量得到明显提升，甚至可以传输高清标准的视频信号。传输的电视频道容量也会大大提高，由过去的几十套达到现在的百套以上，并且能够实现信息双向传输和网络用户智能化管理。用户不仅可以收看电视节目，而且通过数字电视网络还可实现互联网的接入和视频节目点播，实现远程信息交互。随着三网融合计划的推进及对传统电视网的数字化改造升级，新型的数字化电视网络将会得到更大层面的推广和普及，逐步提升城乡电视网络覆盖率，扩充气象影视服务平台。这不论是对其他频道的气象节目还是基于数字电视频道的中国气象频道都是千载难逢的发展机遇，对有效提高气象影视服务节目的播出频次、终端用户到达率、社会影响力和关注度都有极大的促进作用。

3.4 媒体互动

现代社会是一个信息爆炸时代，信息的快速传播是关键。处于不同时间、不同地点、不同环境的人有不同的信息获取渠道，仅靠单一媒体是很难达到最佳传播效果的，要充分发挥不同媒体的优势，实现多种媒体的互动才是最佳选择。

三网融合推进电信、广电网络的升级改造以及部门间的跨业经营，不仅是技术的融合，同时也是业务的融合。比如：手机可上网、看电视；网络可通话、看视频；电视可上网和信息交互。随着市场服务业务的竞争加强，三大媒体的互动是三网融合的未来发展趋势，这样也将促进气象影视服务方式转变。比如可以通过手机或网络第一时间告知用户及时点播或收看视频节目，在电视节目中可通过手机或网站与观众进行互动。不同媒体间的互动可使气象服务更及时更有效、服务手段更多更灵活、服务内容更广泛更深入，气象影视服务水平和质量将会得到大幅度的提高。

4 三网融合可能带来的挑战

4.1 气象影视服务能力亟待提高

不论从专业性角度还是从行业管理的角度来看，作为气象影视节目的制作单位我们的优势不可替代，但是在媒体竞争日趋白热化的今天，特别是三网融合背景下，要让气象影视服务脱颖而出，引起人们的关注，得到更多的人认可，必须大力提高气象影视服务能力。

目前的气象影视服务一般还是属于比较简单的信息服务，内容和形式比较单一，节目内容的服务精度、广度和深度不够，节目形式的生动性、通俗性、观赏性有待提高，不能适应信息服务精细化、多元化、娱乐化的发展趋势。在三网融合的背景下，气象影视应该针对不同媒体和不同的受众群体，制作内容和形式有别的气象影视节目，满足不同年龄、性别、职业和文化层次等受众群体的需求。要达到这样的目标，对我们的气象影视服务能力是一个挑战。

4.2 气象影视发展方式亟待转变

从上面的分析可以看出，传统的气象影视仅依托电视媒体开展气象服务现在也面临着发展的瓶颈，并且随着经济社会发展和三网融合计划的推进，人们对气象服务也不仅仅局限于天气信息范畴，还应该涉及与气象相关更广泛更深入的行业和领域；气象影视的服务内容需求会更广、服务形式需求会更多、服务质量需求会更高，气象影视将会从单一媒体转变为多种媒体同时向社会提供气象服务。因此，我们的气象影视不能再像以前那样“闭门造车”，要“走出去、请进来”，以需求为牵引、以需求为目标，变“我能做”为“我要做”，尽快解放思想、转变发展方式，从封闭式制作向开放式制作转变，从过去的被动式服务向主动式服务转变，从单一媒体运作向多种媒体协作发展，进一步提高气象影视服务的有效性、时效性、针对性和灵活性。

4.3 气象影视服务业务亟待整合

三网融合是对国家信息产业基础设施和服务能力的全面提升，气象影视服务业务也应该充分利用好这个环境条件。

目前，国家、省（区、市）、市、县各级气象部门都开展了气象影视服务，虽然节目质量略有差异，但服务内容、形式差别不明显，基本都是各自为营，单打独斗，没有发挥气象部门的整体优势，形成全国气象影视整体“一盘棋”的格局，存在小而全、重复建设、重复劳动现象。在三网融合背景下，媒体的互动、网络的互联、业务的融合逐渐打破服务对象、服务时间、服务区域的严格界限。因此，为了提高气象影视业务运转效率，应该对我们各级气象影视服务业务进行整合，根据各级气象影视的业务能力和分工要求，有所为有所不为，建立全国统一的气象影视素材和气象服务信息的采集、加工、处理、存储、分发业务平台，实现人才、技术、资源的全面共享，达到节目制作集约化、规模化和标准化。只有这样，才能满足人们对气象影视服务的需求。

5 结束语

手机、互联网和电视已经逐渐成为当今社会的三大强势媒体，仅仅依靠电视媒体开展气象影视服务面临诸多关键性问题难以解决，不能满足气象服务需求。手机电视、网络视频以及数字电视都是未来气象影视新的发展阵地，对气象影视发展带来新的机遇。随着国家三网融合计划的推进，提前做好准备，加强自身能力建设，转变气象影视发展思路。结合手机电视、网络视频和数字电视等多种媒体平台，充分认识和发挥各种媒体优势，取长补短，采取多种方式开展气象影视服务是未来气象影视发展方向。

“云媒体”下的万千气象

张　宇　蔡夏影

（海南省气象服务中心，海口 570203）

摘　要

集有线电视、通讯、互联网三大功能于一体的“云媒体电视”的成功上线，标志着三网融合时代的美好数字生活终于开始了。海南作为我国最大的热带海岛，在推进海南国际旅游岛建设的今天，旅游气象类节目也应当依托“云媒体”这类更新颖更时尚的媒介，以最便捷的方式向社会公众展示海南旅游的独特魅力和万千气象。

关键词：云媒体　国际旅游岛　旅游气象

1　云媒体的概念

所谓“云媒体”，指的是云计算时代下的所有媒体的总称。而这一媒体所带来的，是随时、随地、无限量地自由选择自己所需要的各种资源，也就是所谓的“云媒体”收看。众所周知，传统的主流媒体往往具有较强的区域影响力，要想使我们现有的气象服务信息彻底摆脱电视以及收音机的原有禁锢，能够在网络上得到更为及时、更为便利的完美融合，使得气象真正融入百姓的寻常生活，就是“云媒体”这朵云。依托“云媒体”这个介质，我们能够汇聚数字化信息，打破传统媒体的采编模式，实现内容采编的互动、透明以及个性化。

正所谓：“云：分则为朵，可以观其美；聚则为幕，天下慑其威”。相信云媒体可以为我们的气象节目带来更为动感、强劲以及全面的改观。

2　云媒体的相关发展

2.1　云媒体与电视、周刊

云媒体的发展历程是在一群“草根”提出“云媒体”这一虚拟概念之后，逐步得到真枪实战的演练；作为与观众通过荧屏等各种介质交流信息的媒体行业，率先挤进“云媒体”领域，敢于第一个吃螃蟹，迈出探索步伐的是浙江杭州的两家媒体——杭州电视台“新闻 60 分”栏目以及《淘宝天下》周刊。下面分别简单介绍一下，他们如何运用“云媒体”这一手段，获取其所属领域的超前成功。

首先，杭州电视台“新闻 60 分”栏目，它结合了新闻节目模式创新的商业因素以及媒介环境多元这两个特征，把“云媒体”这一新概念应用到新闻节目的制作与传播过程中。这一点，是我们在气象节目的策划以及后期制作过程中能够有所借鉴的。比如，重大新闻现场 SNG 卫星直播的常态化，“掌视无限”手机直播系统的开发运用，“旺旺互动平台”和“淘宝新主播”环节的网络互动，对数字电视互动功能的不断开发和利用等等。而实际上，“新闻 60 分”这个栏目也不过只是在新闻节目的制作过程中融合运用了多元化的新媒体手段，当时他们也不过是把“云媒体”的部分理念和原理用于其中，与建立一个具有强大聚合功能的媒介集群、信息资源集成共享平台，显然还有一大段距离。

《淘宝天下》所提出的“云媒体”战略，不仅仅包括了跨媒介的内容数字化聚合，还进一步延伸到了理事模式的云发行聚合、跨受众的云媒体聚合、跨媒体的云推广聚合、跨行业的云品牌服务聚合，以及依托淘宝网平台推出的云零售聚合。这一系列的云字代表，更为贴切地展现了“云媒体”的本质精神和应用框架。

事实上，“云媒体”所涉及的领域越来越宽泛，并得到越来越多的认可和运用。

2.2 云媒体与三网融合

与此同时，2011 年的 9 月份，江苏有线自主研发的第三代数字电视——云媒体电视在南京全面推广，云媒体电视成为江苏有线继单向数字电视、互动数字电视之后，顺应“电信网、计算机网和有线电视网”三网融合要求自主研发的第三代数字电视。2012 年初，南京地区将正式步入三网融合时代。由于有了云媒体电视这个强大的后盾，从气象角度来讲，观众朋友以后更为直观地将全省各市县的天气实况、天气预报、气象指数等气象信息尽收眼底。在此基础上，各种重要天气提示、气象预警以及防护指南等服务也可以在这一平台及时上线更新，与观众产生更广泛地互动。

3 旅游气象服务与云媒体相互依赖的展望

3.1 旅游与气象

海南岛是我国最大的热带海岛，独特的地理位置和气候特点决定了其具有优越的光热条件，与中国其他城市相比，这里光照充足，气温宜人，宜人的气候再加上水温适中的热带海滨风情，使得这里成为许多候鸟老人年复一年不约而同奔赴的度假胜地。具备得天独厚气象条件的海南，以其多面的旅游面貌以及这张已经被贴上了国家旅游岛标签的清新面孔，向世界各地的游人们张开了友好的怀抱。而这里一年只有两季的气候也成为了越来越多前来游玩的人出行关注的重点。事实上，海南旅游受气候及人体舒适度的影响，一直存在着淡旺两季，旺季在 10 月到次年的 3 月，淡季在 4 月到 9 月。因此，以公共气象服务为核心的海南气象影视，应该以需求为引领，优化旅游气象服务产品和手段，加强旅游气象服务能力建设，为公众提供更好的旅游气象服务。旅游类的节目作为国际旅游岛建设的风向标，是一个向不熟悉海南的朋友做推介的一种最好方式，而我们应当从依靠主持人说旅游天气的单一模式中摆脱出来，应当在云媒体的渲染下，让百姓直接点击电视传媒等媒介物就可以动态地了解当地的一切气象状况。

3.2 云媒体与气象节目结合的构想

云媒体这一概念，强调的本身就是融合、聚合。而在气象节目的采编、制作以及传播过程中，如何围绕这一核心概念，如何真正吃透“云”的内涵，并通过一系列的创新策划实践和阐释云媒体的运作特征成为首先以及必然要解决的问题。除了让各市县之间在气象资源载体模式上实现互通、互用、互利，还应该在气象节目内容延伸上实现多层次的聚合与共享。云媒体时代带给老百姓的气象节目，不应该仅仅是未来一天、未来一周当地的天气。在国际旅游岛建设的大背景下，我们应当让我们的气象影视节目活起来，动起来。我们应该能够让老百姓在足不出户的条件下，就能在第一时间、第一感官地看到旅游目的地的实测温度、降水实况、穿衣指数等等这些气象服务行业所能够提供的第一手全面、详尽的资料。哪怕走在街角巷陌随手拿起手机或者身上的任何通讯工具，又或者是在公交车站只需要手指随便一触，各类气象信息尽收眼底。云媒体带来的气象服务，就是这样便捷和简单，甚至随时能够根据阴晴冷暖，昼夜温差直接将天气信息折射到马路地面，让公众随时知晓临近天气变化，做好及时应对的措施。近在国内，远在国外，所有共享的气象信息，能够让你随时了解远在天涯海角或是远在异国他乡的气象动态。

首先，应该解决的是气象信息资源的内容聚合与共享。所有的数据以及百姓对于节目内容的反馈，这些都将成为一种基本的选题资源。让更多的合作媒体能够实现真正的气象数据库系统共享，使广大受众群体可以通过多渠道第一时间了解到新鲜的气象信息动态。在重大气象灾害面前，可以第一时间通过“云媒介”直击气象新闻的首发现场，让云纽带连接百姓与气象服务行业，让云信息携着动态气象走入千家万户。

其次，天气的最精髓之处，就在于它的多变，我们应该利用“云媒体”，使得正常气象节目与特殊天气新闻的无缝嫁接，使得两者互补，让百姓随时随地能够了解多变的气象状况，形成“云气象”“云新闻”。尤其是在气象新闻方面，应当利用云的媒介，使得新闻形成专题。

最后，要在气象节目的内容制作上打破传统媒体的采编模式，实现内容采集的透明、互动、个性化；在载体模式上实现互通、互用、互利，将平面媒介、网媒、论坛、SNS、电视、广播、手机、户外等不同载体进行汇聚应用；让不同载体、不同受众、不同信息、不同发行渠道融会贯通。

气象信息全彩电子显示屏传播的实践与思考

杨利敏　唐　琳

（重庆市气象服务中心，重庆 401147）

摘　要

本文通过重庆市气象信息全彩电子显示屏传播的实践案例，分析了全彩电子显示屏传播气象信息的系统组成、建设内容、系统功能、特点、系统信息发布流程，发现目前在应用全彩电子显示屏传播气象信息还存在的一些不足，并为此提出了整改完善的建议。气象信息全彩电子显示屏发布系统的建设与应用为“公共服务的连续滚动、灵活迅速、个性化、数字化、多媒体化及动态跟踪全程服务”的实现提供了宝贵的实践经验，是气象影视在新媒体环境下向多媒体综合集成传播转变的重要途径。

关键词：气象信息　全彩　显示屏　传播　实践与思考

引言

随着社会经济的发展，气象信息与人民生活、工农业生产、商业贸易、国防建设、国家安全、防灾减灾等方方面面越来越密切相关。气象工作从来没有像今天这样受到各级党政领导的高度重视，受到社会各界的高度关切，受到人民群众的高度关心，受到国际社会的高度关注。由于重庆特殊的地理、气候背景，使重庆地形复杂，自然生态条件脆弱，灾害天气种类繁多、发生频率高、突发性强，暴雨、洪涝、干旱、高温、冰雹、雷暴、低温冷害、雾害等气象灾害一年四季交替发生，给人民的生命和财产造成重大损失。面对如此严峻的气象灾害形势，气象灾害的防御工作显得十分重要，要做好气象灾害防御的前提必须让政府和有关部门、单位以及广大公众在突发气象灾害天气来临前，提前知晓气象信息，及时采取有效的防御措施。因此，建立畅通的气象信息服务渠道，以文字、声音、图片、影像方式及时准确地发布气象信息是社会各界对气象信息服务提出的新要求。为此，重庆市气象局 2011 年的重点工作任务就明确要用依托计算机信息处理技术、网络技术的新媒体——全彩电子显示屏传播带有文字、声音、图片、影像的气象信息。本文以重庆市万州区气象局 LCD 气象信息多媒体发布系统建设为案例，分析了气象信息全彩电子显示屏发布系统的组成、建设内容、特点、信息发布流程、获得了一些有益的启示。

1　气象信息多媒体发布系统组成

气象预警信息多媒体信息发布系统是结合气象业务特点研发的基于 B/S 与 C/S 架构的网络智能多媒体信息发布系统，主要由多媒体信息发布系统软件、终端播放机、中心管理服务器、终端显示屏四部分组成，其系统结构如图 1 所示。

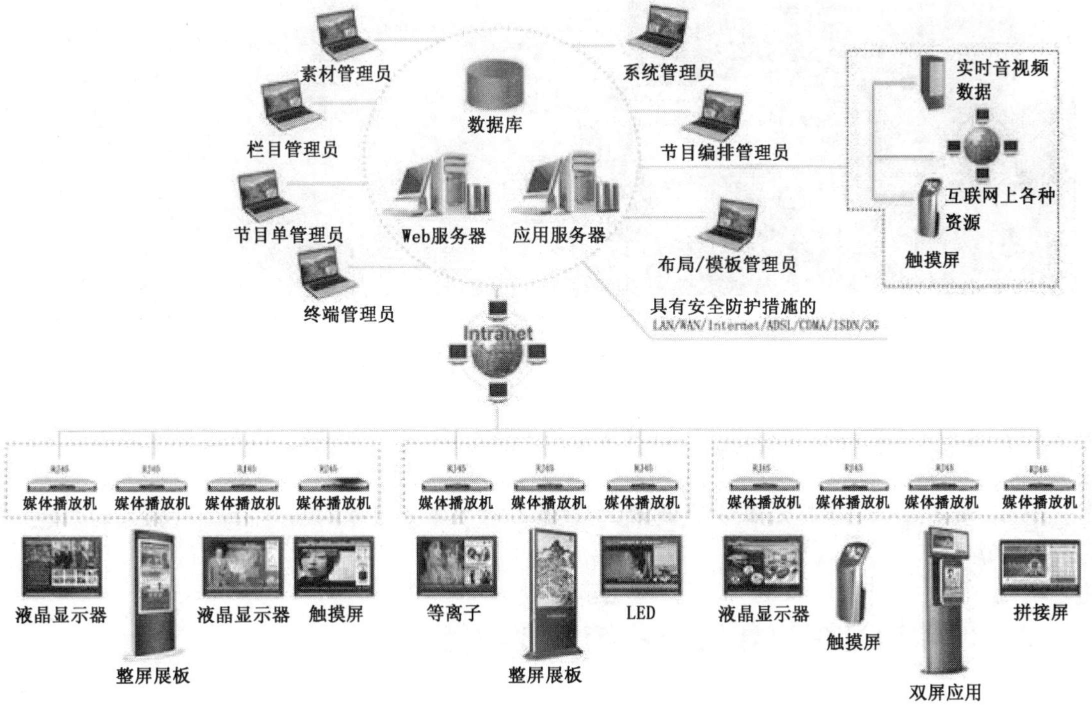

图 1　气象预警信息多媒体信息发布系统结构图

多媒体信息发布系统软件的优点是：方便管理，无需管理端安装任何软件，使用 WEB 页面登录即可进行管理和控制，同时可以进行所见即所得的编辑功能，屏幕显示区域可任意分割，自由调整及修改，操作十分简单方便；终端播放机采用 X86 架构的工业级的终端播放机，其优点是：功能十分强大，运行稳定，应用广泛，具有上电自启和远程开关机控制，功耗超低，无风扇静音；中心管理服务器可实现多媒体信息发布系统管理、数据节目管理和素材管理功能，对各显示终端进行全天候 24 小时控制；多媒体信息发布系统及播放机支持各种视频接口的显示屏和 VGA、VDI 及音频输出，同时可以横屏及竖屏安装。

2　气象信息多媒体发布系统建设内容

气象信息多媒体发布系统构建了一个新型的气象多元化信息发布平台，其主要建设内容如下：

2.1　建设中心服务群组

在万州区气象局建立数据采集 ETL 服务，实现实况、预报、预警等多种气象信息的自动采集、自动发布；建立节目制作平台（图 2），实现节目快速制作 ；建立信息发布系统，节目可实时发布、离线发布；建立终端监控平台，可监控终端网络、节目、设备启停等；建立流媒体服务，实现实时视频、会议发布。

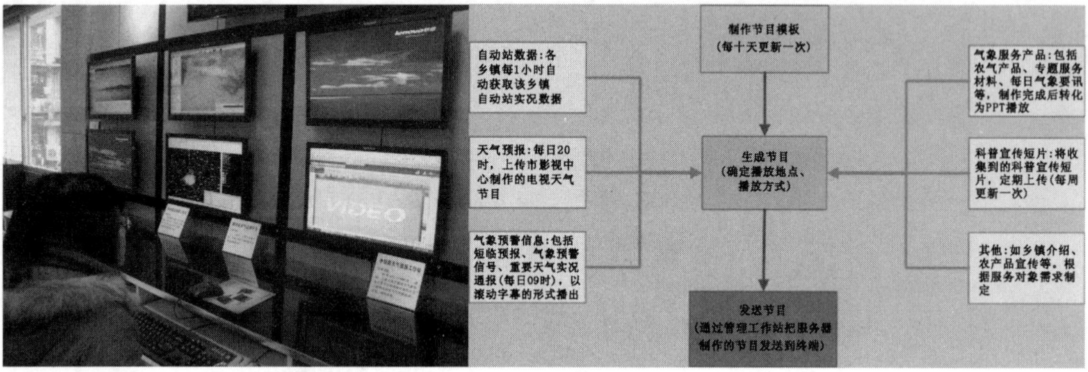

制作平台　　　　发布流程

图 2　气象信息节目制作平台及发布流程

2.2　建设智能播放设备

在万州区近三十个信息发布点借助互联网、专线宽带、3G 无线网等,建立 LCD 电子显示屏播放终端。

3　气象信息多媒体发布系统主要功能

气象信息多媒体发布系统主要功能如下。

3.1　节目制作管理功能

系统基于 Web 的特有先进编辑制作系统,屏幕区域可自由分割,掌握 WORD、PPT 基本操作的人员即能进行节目内容编辑制作;系统灵活组合网页、视频、音频、动画,图片信息和字幕等信息。系统提供天气、时间、文本、视音频等几十个节目元素组件,实现气象预报、实时气象观察、气象电视节目、气象预警信号、气象生活指数、活动通知、新业务介绍、宣传活动、广告宣传、农网信息、招聘信息、供求信息等的发布。用户可根据自己需要,任意组合视频、图片、文字等多媒体节目。

3.2　信息发布管理功能

系统管理端可将制作好的节目推送到指定的播放端或组,每个播放端可以设置由哪个用户或哪个 IP 电脑来更新自己的节目,非指定用户将无法更新播放端上的内容。系统中的操作员分为系统管理员、发布管理员、节目审批管理员,并对不同的管理员设置不同的权限。系统管理端可设定各播放端自动定时更新服务器端节目。各播放终端也可根据权限设定在网络空闲时间进行节目更新。系统端管理远程对指定的播放端或播放组进行节目播放管理等。

3.3　信息审批管理功能

节目制作后可设定一定的审核流程,只有经过审核的节目才可以发布,以保障信息发布的安全性和精准度。

3.4 节目播放管理功能

远程指令各个终端播放器按照播出单顺序自动播放。系统可管理各播放端显示屏的播放内容,并可依据编辑播出单和设定的时间播出节目和按设定的组分别编辑和显示不同内容。用户按分钟为单位编排一天或多天的节目时间表,真正做到每个时间段播放不同的节目。工作人员通过设置节目的播放日程预先设定好一天或多天的节目,并且在已有的播放日程中可进行节目的插播。播放器有快捷控制菜单,可选取播放器播放的节目、控制音量大小、静音、播放停止和重新启动。为确保播放端的播放时间与管理端设定的播放时间一致,系统具有时间校对功能,开机时自动同步时间。

3.5 系统监控管理功能

发布端通过实时状态监控及远程截屏有效结合的方式对系统内每台播放端的播放内容进行实时监控,确保播放内容的准确安全。系统能对所有显示终端设备进行有效的管理,包括电源管理、IP 管理、时间校对管理、显示终端分组管理等。控制中心主机能随时展示任何一个网络控制器的节目,进行实时监控。当出现情况时,系统管理端将自己预警提示,管理人员还可远程实时截取该屏幕显示画面。

3.6 用户管理功能

一是账号管理,实现用户账号的添加、删除,对用户设置管理权限和初始化密码,用户凭用户名和密码可进入系统管理端;二是分组管理,可以对播放终端进行分级、分区、分功能管理和授权管理;三是权限管理,系统可以根据用户的组织架构进行多级别管理,不同的用户可以设定不同的操作权限,确保播出安全性。

4 气象信息多媒体发布系统特点

气象信息多媒体发布系统有以下特点:

(1)组网灵活:基于 TCP/IP 网络平台,实现总部、分支机构多级部署。凡是有计算机网络的地方都可以部署播放终端,终端设备可以是专用设备、普通 PC+显示设备等。

(2)管理简洁:实现分布式实时远程管理,借助 internet 管理更轻松。并且能够实时自动采集气象信息和自动发布气象信息,非常节约人力成本。

(3)智能播放:支持基于策略的多种智能信息发布、播发,可根据不同设备、不同场合把不同类别的信息发布到部门、乡镇、学校、特色农业基地等对应的播放设备上去,使发布的信息类型更灵活、更丰富和宣传效果更突出。

(4)智能终端:自主管理,在线、离线均能正常播放;

(5)节目制作方便:简单、灵活、高效;采用定制模板能快速完成节目制作,可做天气实况、预报、重要通知、重要会议直播、新闻、天气预报、雷达图、降水分布等专业气象服务。

(6)气象组件丰富:天气预报,中国气象频道,实时自动采集的气象信息,实况、预报、预警等气象信息。

(7)多媒体化:支持播放中国气象频道等多种视频、图片、PPT、天气预报等流媒体,可以直接显示文本、动态文本、动画视频、图片等。

(8)终端兼容:LCD、PDP、LED气象屏、LED全彩屏、户外广告机等都可作为播放终端。

5 气象信息全彩电子显示屏传播实践的启示

通过重庆市万州区、北碚区、黔江区等气象局的气象信息全彩电子显示屏传播具体实践,我们获得了以下有益启示。

(1)气象信息全彩电子显示屏传播实践,体现了气象信息服务内容从文字、声音、图片、影像单一独立的服务方式向文字、声音、图片、影像有机融合的服务方式转变,探索了气象影视在新媒体环境下向多媒体综合集成传播转变的实现途径,为重庆气象影视"视听、互动、多终端"发展战略的实施提供了宝贵的实践经验。

(2)气象信息全彩电子显示屏传播实践,是依托计算机信息处理技术和网络技术,充分发挥新媒体传播文字、声音、图片、影像的优势,将气象信息和防灾减灾预警信息更广泛、更有效、更及时传播的具体实践,为"公共服务的连续滚动、灵活迅速、个性化、数字化、多媒体化及动态跟踪全程服务"的实现奠定了坚实的实践基础,有效地提升了重庆防灾减灾能力、扩大了气象部门的影响力。

(3)气象信息全彩电子显示屏传播实践过程中发现了一些不足之处。由于受现阶段互联网的带宽过窄、数据传输率等技术问题限制,使文字、声音、图片、影像等有机融合的气象信息不能很顺畅地在网络传输,影响了气象信息的及时性。今后在技术升级改造中,应采用共享下载的方式,让每个用户终端不仅可从服务器下载气象信息,同时还可分享其他用户终端已下载的气象信息,从而有效减轻管理中心服务器压力,进一步提升气象信息传输速率。目前发布的气象信息产品比较简单、重复,几乎是将电视天气预报栏目的内容和手机天气信息的内容原样照搬,未能充分发挥气象信息多媒体发布系统的优势。因此,根据新媒体的特点,制作出更具针对性、实效性的气象影视节目,使气象信息的传播更广泛、更有效,是我们每个气象影视人应该努力的方向。

新媒体背景下气象影视资料开发利用初探

朱定真　窦志钢　刘银峰
(华风气象传媒集团,北京 100081)

摘　要

气象影视资料是各气象影视制作机构投入大量人力、物力、财力制作的珍贵影像资料,其最重要的特征是具有开发利用价值。在新媒体背景下如何抓住良好契机,加速气象影视资料的产业化开发利用,已是摆在气象人面前的一个急需解决的问题。

关键词:新媒体　媒资开发　气象影视资料　内容资源　资源共享

1　引言

随着信息技术和网络技术的飞速发展,基于数字技术和网络技术基础上发展起来的互联网电视、手机电视、有线互动电视、楼宇电视、移动电视等新媒体,越来越受到人们的青睐。新媒体多样化的传播方式和内容形态,使传统媒体的传播功能得到了极大扩展。近年来,广播电视充分发挥内容资源等方面的优势,积极发展新媒体,占领了新媒体的舆论宣传阵地,同时新媒体业务的开发,为广播电视开辟了新的经济增长点。2008 年北京奥运会,新媒体首次作为奥运会独立传播机构与传统媒体一起被列入奥运会的传播体系。互联网等新媒体平台被正式纳入赛事转播渠道,充分表明新媒体作为一种新传播渠道的社会价值和商业价值。

近年来互联网等新媒体用户以每年超过 20%的增长速度飞速发展,互联网的用户规模已达到 1.37 亿,约占中国总人口的 10%。尤其在 18～30 岁年龄段的群体中,互联网日平均访问时间已经明显超过电视媒体,成为中国第二大传媒产业。手机 WAP 网站用户约 1.5 亿,占中国总人口的 11%,日活跃用户约 400 万,预计 2015 年中国手机视频用户规模将达到 2.8 亿,未来有向中国第三大传媒产业演变的趋势。根据全国未来数字电视用户总规模、高清互动数字电视渗透率(按 70%计),未来高清互动数字电视业务将覆盖全国近 1.5 亿家庭。

随着新媒体产业的发展以及占有市场规模的不断扩大,引发了对广播电视节目资源的巨大需求,传媒产业正由“渠道稀缺”向“内容稀缺”转变。对于传统媒体来说,核心资源莫过于拥有的大量节目资源。全国各气象影视制作机构作为气象影视节目的制作者,其拥有国内最多的气象影视节目资源,在新媒体背景下如何抓住良好契机,加速气象影视资料的产业化开发利用,已是摆在气象人面前的一个急需解决的问题。

2　气象影视资料的开发利用可以丰富新媒体的内容资源

气象影视资料的开发利用对于丰富新媒体业务的内容资源具有重要的作用,一方面它可以提高视频画面的说服力、真实性及竞争力；另一方面使节目制作人员在构思之中有广泛的资料可以借鉴，以利用气象影视资料进行二度、三度创作，使老资料编辑出新节目，使新节目通过老资料的点缀而变得丰富多彩。例如，中国气象频道的《气象万千》栏目已经依据对于节目内容的划分，建立了气象短片资源库。栏目组将生产的各类节目依据不同内容分到不同类别，在不同的类别中还细分了不同的节目形式。比如，首先将库的内容划分为防灾减灾、气候变化、科技服务、天气生活这四大类，而在防灾减灾这一大项内容中，包含了台风系列、暴雨系列等内容，而在台风系列节目中，又包含了台风科普知识、台风防御措施、风暴故事等等。比如，就雾这一主题来说。可以制作1分钟短片介绍雾是如何形成的；2分钟短片介绍雾的危害；2分钟短片介绍雾的预警符号；3分钟短片介绍雾天行车技巧；2分钟短片介绍雾天行船技巧；2分钟短片介绍雾凇美景；1分钟短片介绍收集雾水解决干旱问题的技术。这样，不同时长、不同内容的短片就可以相互自由组合，产生不同类型的新节目，从而满足新媒体观众多样化的信息需求。

3 气象影视资料的开发利用可以缩短新媒体节目的制作周期

根据生产过程的一般理论，新媒体节目的制作过程，是节目制作人员根据预先的设计方案与摄制工具相结合的过程。节目具有的二重性理论，其中有一部分节目就是商品。例如，节目的制作，从一个节目开始构思，节目制作的周期就开始了，一人或多人开始构思相关主题，搜集相关资料，写出节目脚本，然后进入拍摄录制，而后进行编辑混录直至所有工作全部结束，完成整个工作所需要的时间就是节目的一个制作周期。但由于种种原因，也许会在某一个阶段停下来，而停顿的时间越长，停顿的次数越多势必延长节目的制作周期。延长节目的制作周期，就意味着要付出更多的人力、物力及财力。因此，制作新媒体节目就应当考虑气象影视资料的开发利用问题。因为气象影视资料的开发利用，一方面省去了外拍时所花的时间、人力和物力；另一方面也使缩短新媒体节目制作周期成为可能。

4 气象影视资料的开发利用可以削减新媒体节目的制作成本

从一般意义上讲，产品成本是生产消耗掉的生产资料的价值和劳动者为自己的劳动创造的价值。即：物化劳动和活劳动中必要劳动的价值组成。

生产任何一种产品，不论是物质产品还是精神产品总要消耗一定量的生产资料和劳动，即物化劳动和活劳动。这就是说，任何一种产品都有成本问题。对于商品性的内容资源，计算成本的目的是为了节约开支，取得较多的盈利；对于非商品性的内容资源，计算成本的目的是为了提高有限资金的利用率，做到少投入多产出，科学地使用资金。在新媒体业务上，同样分为物质产品和精神产品。虽然在理论上，物质产品的成本构成和精神产品的构成差不多，但实际上二者是有区别的。新媒体中的精神产品多以节目的形式表现出来，由于节目的内容、长短、制作等不同，其成本结构也不完全相同。

节目制作成本对于新媒体的发展具有重要意义。因为，一个节目从拍摄至发行涉及人员工资、设备的折旧、材料耗费、差旅费、宣传费等，所以在节目制作过程中就要注重成本分析，树立成本意识，明确成本的含义及其构成，正确处理投入与产出的关系。以此提高节目的成本利用率，实现节目社会效益和经济效益的最优组合。

那么，对于新媒体业务来说，怎样才能更好地削减节目内容的制作成本呢？笔者认为只有对各气象影视制作机构长期积累的气象影视资料进行重新的整合、开发和再利用，才能真正意义上削减新媒体节目的制作成本。因为气象影视资料最重要的价值在于它的可开发性和重复利用上，使用频率越高的气象影视资料，在价值上往往也是越高的。对库存资料进行反复地、多方面、多层次地开发利用，是新媒体节目制作成为一个既省钱又省力的好方式。

5　气象影视资料的开发利用可以扩大节目发行、发布的渠道

每年，我国各气象影视制作机构都会制作大量的气象节目，如气象新闻节目、气象预报节目、气象科普节目、气象专题节目、气象访谈节目和纪录片节目等等，在这些节目类型当中，除了气象科普节目、气象专题节目因为其市场化程度较高能够被多次发行之外，其他的节目基本上在首播和重播后，就被存入节目库不再使用了，造成资源的极大浪费。所以各气象影视制作机构要充分利用好长期积累下来的气象影视资料，在注重利用本单位气象影视资料的同时，也利用外台，其他电视节目制作单位的气象影视资料，互通互享，从而拓展己方、对方的节目发行、发布渠道，以此来扩大受众面。例如：北京华风气象影视信息集团以出版 VCD、DVD 的形式，对其制作的大型电视专题片《徽州》、《中国地理探奇》、《气象百问》、《四季养生堂》等影视资料进行二度开发。这不仅有效地扩大了气象影视节目的影响力，而且以出版物的形式使气象影视节目真正进入了商品市场。

6　气象影视资料的开发利用可以增加新媒体的横向联系，资源共享

气象影视资料最重要的特点是具有开发利用的价值。随着新媒体信息发布量的增大，新媒体制作要求和能力的提高，气象影视资料开发利用也越来越频繁，相应的人们对气象影视资料的方便利用的要求也越来越高。在新媒体业务中，人们还迫切需要共享和交换气象影视资料，因为传统管理方式下，同一份气象影视资料只能轮流使用而不能同时使用，各个部门的资料很难相互共享，这就限制气象影视资料发挥自身价值，增加了制作成本、降低了制作效率。

如今，互联网的出现为气象影视资料共享创造了很好的技术条件：一是互联网支持的多媒体气象影视资料格式解决了信息的统一格式问题；二是互联网为跨地域的信息共享提供了通信网络环境；三是互联网解决了不同硬件平台、操作系统及网络设备的兼容问题；四是互联网提供的浏览器，使大家有了共同的用户界面。

气象影视资料的存在价值在于开发利用，再好的资料如果深藏闺中，是实现不了它的价值的。以往各气象影视制作机构的影视资料管理，往往是重“收集”轻“使用”，收归收、管归管、用归用，“管”“用”两张皮，没有很好地结合起来，使一些有价值的气象影视资料一旦收集起来就“束之高阁”，失去了收集的意义。其中原因很多，有些是因为查找不方便，有些是使用者不了解，有些是服务不周到，有些是气象影视资料不齐全等。资料的“收”与“用”是辨证的统一，收多了自然好用，用好了自然促收，两者不可偏废，而要相互促进。

总之，随着数字化进程的加快和信息技术的不断发展，各气象影视制作机构只有更好地更有针对性地开发利用好长期积累的气象影视资料，才能在以后的发展中提高工作效率，在新媒体背景下更好地开展多种业务，使自己特有的无形资产——气象影视资料，成为新的经济增长点。

参考文献

[1] 王刚.2002.论电视节目制作中的资料管理,西部电视,(2).

[2] 冯敏园,周建.2003.网络时代的新闻资料工作,当代电视,(12).

[3] 陈川予.2002.广播节目制作成本管理分析,声屏世界.(6).

[4] 章继锋.2002.优化资源利用　实现多方共赢,声屏世界.(4).

[5] 汪根树,毛晓玲.2002.广电档案的利用,视听纵横,(5).

智能互联网电视气象服务的研究与设计

谢坚柏　司　研　陈默涵

（华风气象传媒集团，北京 100081）

摘　要

随着互联网技术的快速发展，以及三网融合政策的到来，广播电视行业的发展受到了根本性的影响，尤其是传统的气象影视行业，其独特的传播方式以及推广思维均需要与时俱进。作为IT行业下一个爆炸性增长点的互联网电视在新媒体市场中即将拉开帷幕，气象影视行业如何在新媒体产业空间中立足，直接影响着整个行业的发展。本文探讨了天气应用软件在智能互联网电视上的设计与实现，以及如何借助新媒体技术实现气象信息传播方式的创新与发展。

关键字：互联网电视　新媒体　气象影视　互动传播

1　引言

从1980年的中央电视台天气预报节目开始，通过电视节目获取天气信息便成了民众最喜欢的方式之一，同时电视节目也是气象影视行业最重要的发布终端。目前，虽然受到了来自互联网以及3G移动通信的巨大冲击，民众获取天气信息的途径大大增多，但是观看电视气象节目仍然是民众的最佳选择，各个电视台的天气预报节目也跻身常规节目最高收视率之列，其在气象传播媒介中的王者地位可见一斑。但不可否认，随着以互联网视频为主的新媒体的大力进军，传统电视节目的时限性以及缺乏互动性将难以保住其王者地位，故如何利用互联网技术进行电视传媒的改革与创新，将直接决定了气象影视行业的发展命运。可以预见，互联网电视将在三网融合政策的布局下，以其强强联袂的背景，传统电视节目借助互联网技术必将得到井喷式发展。

2　互联网电视的应用概述

所谓互联网电视，是一种利用宽带有线电视网，集互联网、多媒体、通讯等多种技术于一体，向家庭用户提供包括数字电视在内的多种交互式服务的崭新技术。其最重要的终端载体是带有网络机顶盒的普通电视机，以其视频直播、有偿点播、节目源制作以及互动性、个性化等特点而成为下一代智能互联网电视发展的方向。智能互联网电视是在数字化和网络化背景下产生的，是互联网络技术与电视技术结合的产物。在整合电视与网络两大传播媒介过程中，网络电视既保留了电视形象直观、生动灵活的表现特点，又具有了互联网按需获取的交互特征，是综合两种传播媒介优势而产生的一种新的传播形式。

智能互联网电视作为巨大的新媒体产业，对气象影视行业的影响是举足轻重的。如何在该平台上谋求发展，以拓展气象影视服务的市场，是气象行业的创新需求。互联网电视气象应用软件正好满足了这种创新需求。而在智能互联网电视平台上开发气象应用软件，有别于PC端以及移动终端等开发，具有其独特的方式，所以在开发软件时如何把握住这些特性极为关键。要想在智能机顶盒平台研发出体验优秀、性能稳定的天气软件同样需要独特的创新理念。以下将以华风集团为上海东方传媒集团智能机顶盒平台所研发的气象频道软件为例进行说明。

3 威盛互联网电视气象软件的架构与设计

借助三网融合政策以及小区宽带的普及，互联网电视软件的通信速度是可靠且稳定的，这为网络视频播放提供了有力的保障。智能机顶盒采用的是威盛集团的VIA Nano U2257处理器，其性能接近于PC机，互联网电视平台是上海东方传媒集团的，这些都为气象频道软件提供了非常优秀的硬件支持。威盛集团所提供的机顶盒芯片是在Linux内核基础上修改而成，它采用javascript引擎技术的嵌入式软件平台。鉴于以上软硬件性能以及互联网电视平台发展趋势的考虑，气象频道软件整体架构采用的是基于网络的B/S架构，利用HTTP协议进行数据通信，采用javascript所提供的异步通信技术进行事件操作，由标准的xml语言进行前端表示，整体架构如图1所示。

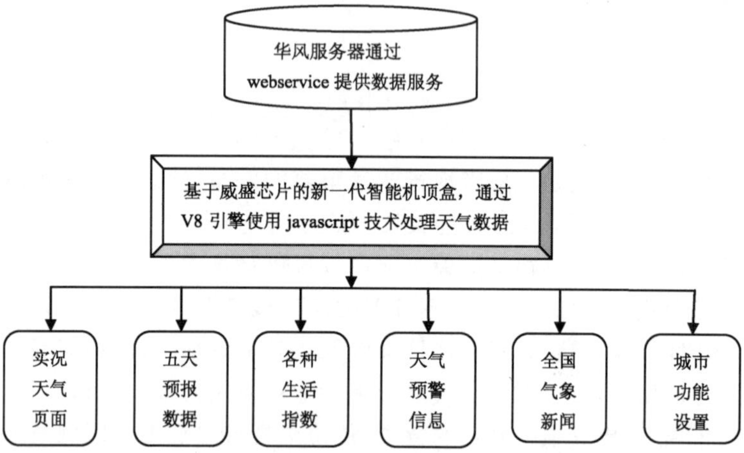

图1 气象频道软件整体架构图

交互性是互联网电视区别于传统电视的最大特点也是领衔优势，如何利用交互性进行气象频道软件的设计与实现，是技术创新的亮点。由于智能机顶盒是基于传统电视进行改造的，就是说交互性会受到少数按键等硬件上的限制，大大约束了交互功能的设计与扩展。研发全国性的统一天气应用软件，必然得考虑到本地化服务的特点，同时使得用户可以在电视上选择想了解的城市天气，这是本应用软件最基本的交互所在。就是说，经过用户的本地化设置后，当用户在打开天气应用软件的时候自然而然地觉得，该应用软件是为本地所研发的。不论是UI设计还是底层数据结构，都需要针对这种服务进行研究，同时，由于目前javascript技术并不具备多线程研发，所以在数据处理上也具有一定的难度。以下将对本天气应用软件在研发与创新方面做一些阐述。

3.1 首页设计

经过针对互联网用户对天气应用软件需求的调研与数据分析，发现用户打开天气应用软件最主要且最关注的是当前的实况天气数据。作为实用性应用软件信息传递是根本目的，所以在该软件中把实况数据作为首页数据信息进行展示。从整套软件的架构与设计来说，该模块的处理至关重要，直接关涉到软件性能与用户体验，上面说过，由于基于 v8 的 javascript 引擎以及 javascript 技术本身作为脚本技术，并不具备多线程的功能，所以我们采用在页面展示数据后的空隙在后台进行数据处理的方式，这是该软件的创新之处。具体操作如图 2 所示。

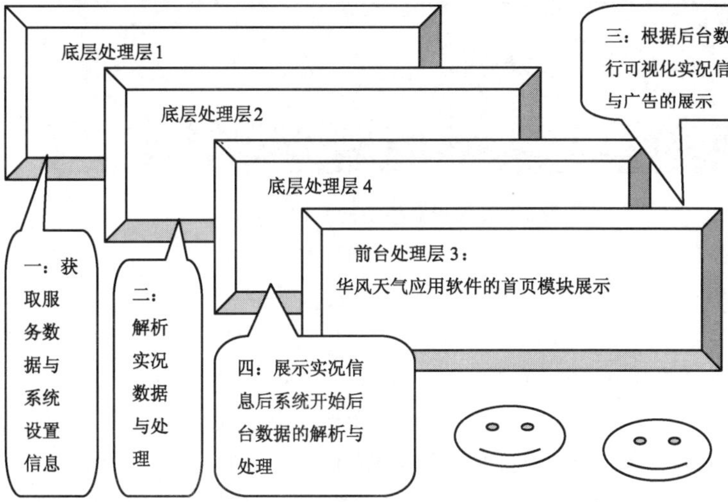

图 2　华风天气首页模块功能

3.2 静态界面设计

静态界面设计即要求单屏即能展示所需要的天气信息，并且保证用户的良好体验。由于在机顶盒电视有限按键中要求简约的用户操作，即在最少的操作过程中获取足够的目标信息，所以单屏展示页面是整套程序的首选，在本程序中静态界面设计主要以天气预报模块为主。本软件提供五天的预报数据，并且分白天与晚上进行设计，在整个屏幕下分割五块，上面展示白天信息，下面展示晚上信息，同一天在一个框里面，这样的设计有利于用户快速获取天气信息，在首页处理完整套 UI 框架后，剩下的模块设计只需要进行局部刷新与更改。由于天气信息文件经服务器下载后已经在后台处理完成，所以在用户选择首页外的其他模块时会速度很快。

3.3 动态界面设计

在信息量偏大的情况下，又要达到简约的操作目标，这就需要在程序设计中很巧妙地进行处理。根据电视行业对电视用户使用习惯的调研，上下与左右键是用户最喜欢使用且方便快捷的按键，所以在本程序中，左右键主要是菜单选择，同时在具体模块中进行局部使用。在动态界面设计中，指数信息模块是经典的创新之作，由于气象指数数据比较多，单靠一屏是无法完全显示的，需要多屏显示，而且由于机顶盒遥控按键的限制，用户在翻屏时的体验并不好，加上翻屏时需要加载整个数据量，本应用程序决定采用单屏动态显示，即采用体验优越的动画式处理手段,用户只需要左右键即可完成信息的滚动阅览。在新闻模块以及预警模块设计中,均采取了这种表现形式。天气指数模块的具体实现如图 3 所示。

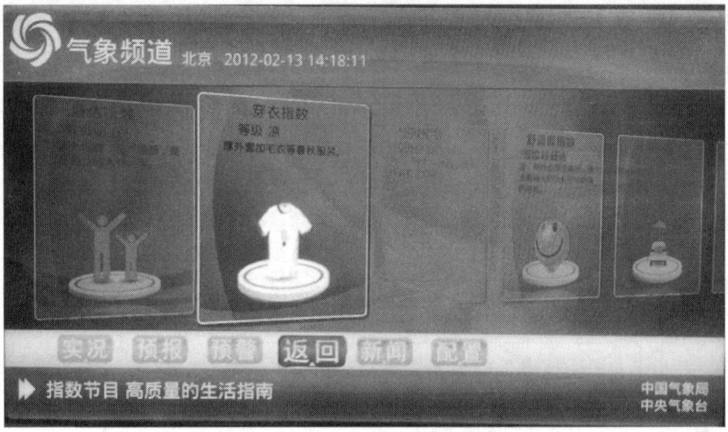

图 3 天气指数模块的具体实现

4 结语

互联网电视行业目前属于发展前期,是公认的下一个 IT 行业爆发点,具有巨大的产业空间。如何在新媒体环境下开拓互联网电视,关乎气象服务行业的走势。作为全国最大的气象服务提供方,提供全方位的气象服务是我们的承诺,做好每一个新媒体的气象服务,是我们气象人的责任与荣誉。本程序就是在以上指导思想下完成的,不论从性能上还是体验上,本程序都力求达到最佳的状态,为用户献上新媒体气象服务的最佳体验。

参考文献

[1] 王亚娟,葛亦敏.2011.对电视天气预报未来生存空间的思考,气象影视技术论文集(七),北京:气象出版社.

[2] 周爱民.2008. JAVASCRIPT 语言精髓与编程实践.北京:电子工业出版社.

浅析自媒体时代气象网站如何加强内容建设

田 曼

（华风气象传媒集团，北京 100081）

摘 要

互联网发展日新月异，依托于互联网技术，利用微博、博客等多种平台，公民新闻蓬勃发展，对传统媒介形式带来了巨大的冲击。进入到自媒体时代，气象服务的网络化传播面临挑战。深刻认识和分析新的传播方式，找准自身的优势和定位，是新形势下气象网络内容建设的重要工作。

关键词：自媒体时代　气象服务　网站内容建设

引言

互联网技术的高速发展，将我们从Web1.0时代引领到Web2.0时代。Web2.0引发了一场新的媒体变革，特别是博客、微博、播客、论坛、即时传播等载体的出现，让传统的传播方式发生了显著改变，对于这些网络用户而言，他们不再是被动的信息接收者，而是主动的信息创造者、传播者和接收者。在这样的网络平台中，人人都能成为记者、人人都能成为媒体，一个被称为自媒体的时代应运而生。俗话说，造势不如顺势，气象信息传播需要这样思考：自媒体时代需要怎样的气象资讯？面对公民新闻这个强大的对手，气象网站的内容建设该如何发掘和创造自身的核心价值？气象信息在网络化传播中，又该如何利用Web2.0时代下特有的用户的参与性和交互性？对于这些问题，笔者将结合自身的实践经验，进行简单的探讨。

1　网络传播进入自媒体时代 气象信息服务面临挑战

作为一个网民，很难不接触到BBS（电子布告栏系统）、podcasting（播客）、Blog（博客）和microblog（微博）、SNS（社会性网络服务）、groupmessage（手机群发）等等这些带有自媒体性质的应用平台，而一旦你拥有一个账号，并且有发贴、评论、转发等等行为，意味着你已经参与到自媒体传播中来。由中国互联网络信息中心发布的第28次中国互联网络发展统计报告显示，2011仅中国大陆地区微博用户由年初的6000多万人到6月底爆发式增长到1.95亿。博客用户增长至3.18亿人，社交网站用户也达到2.3亿。自媒体传播方式的迅猛发展，不仅全面进入并影响着普通公众的生活，更深深触动了其他媒体的神经，对于气象信息传播工作者而言也一样，我们都需要面对和思考这样的问题——如何突出我们的气象服务优势？如何顺应网络传播发展的新潮流。

1.1　自媒体传播的强大优势

2003年7月，美国新闻学会媒体中心所出版的由谢因·波曼与克里斯·威理斯联合提出的研究报道中说道:一种普通大众经由数字科技强化、与全球知识体系相连之后,开始理解普通大众如何提供与分享他们本身的事实和新闻的途径出现了。即 We Media 自媒体时代来临。

从 1995 年起步,到成为今天中国的主流媒体,新闻网站曾经以其"短、平、快"的传播方式创造了自己的辉煌。可是进入自媒体时代的今天,面对庞大的"公民记者"队伍,专业的新闻记者、新闻编辑队伍似乎已经无法做到新闻发布的"更短"、"更平"、"更快",相反,微博反而成为新闻来源,"微博自媒体,新闻第一报"的口号也见诸网络。

回顾 2011 年的重大气象新闻,都少不了网友的参与,甚至可以说,正是有了网友的关注和参与,气象新闻才具有影响更大、为更多的媒体所关注。如果没有网友的上传照片和热烈讨论,2011 年夏天多个城市短时强降雨所引发内涝又怎会演变成轰轰烈烈的"看海";如果不是网友灵机一动赋予台风梅花一个"梅超风"的名号,这个台风可能也不会给大众留下深刻的印象;如果不是网友热议"PM2.5",雾霾可能仅仅只是一种天气现象......

在自媒体时代下的网络传播,以其平等的传播理念(每个公民都是记者),与网友同向的传播价值(传播主体和传播客体为同一全体),网状的传播结构(新闻的生产者、发送者与接收者不再有身份区别)和高速的传播时效(新闻第一现场的任何一个人都可以是记者),彻底颠覆了传统的传播方式,显示出巨大的优越性。

1.2 气象新闻网络传播面临挑战

2011 年,由国家广电总局举办的网络视听业务总编辑培训班上,国务院新闻办网络局相关领导在发言时引用了美国的一项调查,研究发现影响互联网发展的三类信息:排在第一的是新闻、第二的是股票,第三则是天气预报信息。气象无处不在,人们自然关心天气对日常衣食住行的影响;同时由于全球变暖,极端天气气候事件日益频繁,人们也关心气象防灾减灾、关注气候变化对生存环境的影响。在报纸、广播、电视等传统媒体领域,气象服务已经取得了长足的发展,但是进入新媒体的今天,气象信息如何以服务为导向,利用各种新媒体的各种传播手段,实现对目标受众更加及时、精确、到位的气象服务,是气象传播工作者必须面临的挑战。

进入自媒体时代,这种挑战变得更加严峻。一方面,任何一个网友都可以拿起手中的 DV、相机拍摄当下的天气(实况),并且利用微博、博客等多种平台实现即时分享;同时我们也注意到,在微博平台中,不仅仅是气象专业媒体,一旦有预报结论,任何一个用户都可以发布或转发气象预报信息,这就意味着网络获取气象信息的手段越来越多样化、便捷化。在这种形势下,对于一个专业的气象网站创建来说,面临的压力和挑战无疑是巨大的。

2 气象网络服务内容质量提升

在自媒体时代的网络环境中,气象网站的内容建设既面临挑战,也充满了发展的机遇。自媒体时代,是新闻从传播到互播的转变,在这样的时代里,需要什么样的气象新闻?在这样的时代里,专业气象网站该如何保证自身的优势?在探索种种方法之前,首先我们要认识到,自媒体时代新闻传播存在的缺陷和我们气象专业网站可以发挥的独家优势。

2.1 了解自媒体传播的先天缺陷

自媒体虽然以其巨大的优势对传统媒介形式带来冲击,但它自身也存在着无法克服的缺陷。在博客、微博等平台中,人人都可以发布最新消息,都可以上传图片,准入门槛的消失使自媒体新闻的真实性失去了专业和道德的屏障;同时,目前无论是微博还是博客等自媒体平台,仍然缺乏新闻传播机制监管,这也是自媒体新闻的真实性失去了制度保障。还有的新闻发布者为了追求点击率,不惜采用夸大甚至扭曲事实的做法,而往往这样的新闻又能引起人们的关注和转发,一传十、十传百,裂变式的传播机制本身也成为虚假新闻传播的“推波助澜者”。种种原因,导致“自媒体新闻”可信度降低。没有真实性的新闻,对于一个新闻发布者而言,结果会导致公信力下降。而所谓“媒体公信力”是新闻媒体本身所具有的一种被社会公众所信赖的内在力量,是衡量、评判其舆论影响力最重要、最根本的标准之一。对于网友来说,在具有海量信息的“自媒体时代”容易带来选择上的困惑,一些大量的无用信息会造成时间和资源的浪费,同时也容易人云亦云,缺失自我的价值判断。

气象网站的行业网站性质,使其在传播气象新闻上本身就是以真实性和专业性为保障的,因此对于一个专业的气象网站来说,需要不断发掘和充分利用自身的优势。也正是这种独家的专业性,在面对微博平台海量的信息时,气象新闻还能担当辟谣者的角色。我们以一则气象新闻为例:2011 年 7 月 26 日,静安、浦东及黄浦多个区县的网友曝料称,上海下午下起雪和冰雹,并且有网友在微博上传了照片和视频,但是上海市气象局立马澄清了这一传言,根据气象资料分析当天上海降下冰雹的可能性并不大。这样的气象新闻正好弥补了自媒体平台新闻传播的缺陷,并且根据网友关注的一则假信息给出了专业权威的解释和答案,这样的气象新闻资讯自然能引起网友的关注。

对于自媒体时代公民新闻存在的种种缺陷,需要专业网站来进行弥补,这其中就包括海量的、分散的微新闻内容需要网络编辑的引导,以提高传播效率;新闻的真实性需要网络编辑来把关,气象新闻也是如此,需要审核和求证;社会舆论中心需要网络编辑有意识的设置,避免网络成为一盘散沙,听不到主流声音。

2.2 气象新闻由“快新闻”向“深新闻”发展

新闻网站与传统媒体竞争最早的杀手锏之一,是它的快速。而在自媒体时代,新闻网站已经难以靠“快”来取胜,对于气象网站而言也是如此。所以,气象网站的内容建设要考虑“快新闻”向有深度的新闻转变,大而全的门户网站编排模式要有意识地向精品频道靠拢。

如何提升现有气象报道的深度?如何打造精品气象资讯呢?在解决这两个问题之前,需要清楚气象网站的定位:服务的对象是谁?内容建设要满足网友哪方面的需求?只有精准的定位,才能有的放矢,形成网站自身的核心竞争力。我们以中国气象网络电视台资讯频道为例,目前在资讯内容建设上要求对于重大气象预报预警信息进行发布、对于重大节假日、重大活动做好及时的气象服务,另外对于与气象有关的社会热点新闻进行分析和解读。目前,网站资讯在提升内容质量上不断尝试和探索。就拿预警预报信息的发布来说,气象台发布一则预报预警信息,网站可以在第一时间拿到,并且发布到网站上;但是这样的快速并不一定能满足需求,比如冬季常见的冷空气来袭,在网络文稿的处理上可以更全面、更细致,一则气象公报可能只有影响区域,通过网络编辑的加工和解读,可以给出哪些地方受冷空气的影响最为严重?又有哪些地方有重大活动可能会受到冷空气的影响?加上这些内容,是让服务变得更加精细,是站在网友的立场和角度来考虑问题。

人民大学新闻学院的彭兰教授认为:网络新闻的“深”,是通过对多源信息的关系的挖掘、结构化的整合来实现对新闻的全面展现、深层解读。多源关系的挖掘对于气象新闻的解读同样重要。2011 年 10 月,内蒙古土豆滞销引起社会的普遍关注。这一热点事件是否与天气有关呢?

答案当然是肯定的，丰收的土豆销售不出去，放置在地里，一旦降温，土豆受冻可能会腐烂。挖掘到这一关联点，气象新闻也就有了明确的服务点。另外结构化的整合主要体现在网络专题制作上，气象网站应加强专题制作。因为天气影响往往是过程性的，比如台风、寒潮、大雾等天气，一般都会持续好几天，这就非常适合用专题来表现和展示，通过编辑的加工整合，利用专题页面加上互动等多方面的内容，来体现新闻的深度。

对于气象网站的内容建设来说，还要重视推广和用户体验，建立与网友的某种关系。因为在网络中，人与内容的关系往往不够稳定，网站内容的界面风格、用户体验等等反而会对网友产生较强的依赖，所以要能有意识地了解网友的心理，并且进行内容推广，否则内容再好、资源再多，也不可能带来高的访问量。

结语

进入自媒体时代，对于气象网站的建设来说，有挑战，也是机遇。纵观传媒的发展，从报纸到电视、广播，再到今天的互联网，公众气象服务从未停止探索和前进的步伐。在大的传媒环境中，需要清楚地认识到新兴媒体的发展方向，明确定位，找到正确的方法，加强内容建设，从而推动气象服务顺应潮流，不断进步。

探索气象影视网络媒体的内容生产之道

刘 沙

(华风气象传媒集团,北京 100081)

摘 要

随着网络媒体技术和信息内容的飞速发展,网络媒体信息的竞争更加残酷多变,网络受众更加“草根”、“平民”,气象影视网络媒体内容的生产需要更加贴近“民心民意”。本文作者将在气象影视网络媒体工作中的一些心得体会整理出来,奉献给同行。本文浅显地探索了气象影视网络媒体应该做什么样的气象影视信息,如何结合受众需求做气象影视信息,以及网络编辑容易出现哪些认识误区等。

关键词:网络媒体 受众需求 近距离

在跨入21世纪20年代的今天,气象影视信息作为一种专业信息,相对于电影、电视剧、娱乐节目、热点新闻等影视信息而言,对受众的眼球吸引力也许还十分羸弱。但是,当看到新闻联播栏目后播出的天气预报长年拥有上亿观众的收视人群,当看到每次国际国内有突发性天气灾害或重大天气变化出现各大电视台、网络媒体均将其作为头条进行报道时,我们必须承认,纵使在当下,即使各式各样的影视信息五花八门、令人眼花缭乱,气象影视信息内容依然是人们生活中不可或缺、宝贵而珍惜的资源。

为什么气象影视信息内容能够在这些琳琅满目的信息种类中占有一席不可或缺的地位呢?从电视气象节目30年的发展历程,我们大概能够分析出,气象影视信息具备了一个其他任何影视信息都不可能具备的功能,就是能够给广大居民的生产、生活提供天气方面的指导和参考,这种实用功能成为气象影视信息的存在和发展的根基。

随着影视技术和市场环境的不断进步,气象影视信息有了飞速发展。如同对其他内容需求一样,人们对气象信息的需求也不满足于单一的文字或声音传播,而渴望更直观形象的音、视频结合传播,因此,各式各类的气象影视节目“应需而生”。如今从中央到各省(区、市)电视台都有自己的天气预报类节目,题材篇幅不一的气象影视专题片、科普片也在各个电视台不乏亮相;2006年第一个气象专业数字频道——中国气象频道也令人欣喜地诞生。

气象影视信息的不断丰富与发展,为气象影视网络媒体的建立提供了很好的平台。2010年,中国气象视频网正式成立。虽然一个网络媒体的发展依托于政策、技术、市场环境等多方面因素,但能否给受众提供所需的产品内容无疑才是存在和发展的关键。因此,包括中国气象视频网在内的气象影视网络媒体能否与气象电视媒体的蓬勃发展取得同步,能否在竞争激烈的网络媒体环境下占有一席之地,需要从业人员认真地进行研究。

1 无限接近受众的基础需求是气象影视网络媒体内容生产方向

当今时代,每个人都好似孤帆扁舟般,每日被海潮一样汹涌的信息包裹、冲刷着。作为一个网络媒体人，我甚至有时会感到悲观，当有些受众已经开始选择屏蔽某类信息，就好像QQ上把某些人拉入黑名单一样，媒体人的工作越来越不好做。人们对信息的选择越来越挑剔，信息能够进入受众视野的门槛越来越高，在这种环境下什么才能够令气象影视信息在琳琅满目的信息种类中不被“屏蔽掉”呢？

气象是一门科学，伟大而严谨。在从事气象影视信息的内容生产过程中，体会到气象的学科属性和与生俱来的严谨性，决定了气象影视信息不可能做成娱乐节目，也无法加工成文艺作品。我们很难在大多数的气象影视信息中掺入时下热门的明星八卦，或是描写进令人心醉浪漫的风花雪月。但没有了上述这些内容的气象科学，并不意味着就是一些枯燥乏味、遥不可及或是事不关己的“被屏蔽”的信息。气象科学研究与发展的意义正是在于指导帮助人们更好地从事生产与生活，这才是它对于人类最宝贵的价值。

因此，气象影视网络媒体的内容生产者有责任将气象信息的价值完美地体现并传播给大众。当严谨的气象信息经过编辑之手改编描绘后，能够被普通的网民广泛接受，不感觉枯燥、空洞，甚至感到有趣味、有用、有吸引力，这才是气象影视网络媒体的内容生产人员需要去努力做到的。

气象影视网络媒体编辑要想把气象信息做到令受众爱看、需要看，首先应该解决两个问题，就是要做什么样的内容给受众？并以什么样的方式传递给受众？

1.1 受众最基本的需求，是媒体最有价值的努力方向

我想举《天气预报》这个大家最熟悉的气象影视内容为例，来做一下探讨。从1980年中央电视台第一档天气预报节目诞生，至今已经有30多年的历史，虽然播出了30年之久，仍然有上亿的电视观众每天收看这档节目。《天气预报》中没有明星效应，也极少涉及时事新闻的热门话题，赢得如此多受众的原因是什么？我认为，根本原因在于受众关心自己所在城市和地区的天气变化，想知道未来几天自己家这块儿的天气怎么样，是该添衣还是减衣，要不要备着伞在身边，骑自行车要不要带上防风沙眼镜等等。这些看似家常琐碎的细枝末节，说明人们对天气预报这类的基础信息充满需求。

1.2 时间空间，生理心理，只为拉近与受众的距离

从另一个角度来看，《天气预报》能够30年始终成为人们的收视热点，还取决于它做到了以受众普遍接受的方式传递给受众有用的信息。《天气预报》节目在30年的时间长河中也经历过数次改版，但每天固定的主要城市天气预报内容却始终没有被改换过，这又是什么原因？因为城市天气预报被证明是受众普遍接受的气象服务方式。根据华风集团《联播天气预报》的收视率调查统计发现，《天气预报》节目中后半段的城市天气预报收视率经常高于前半段主持人对未来天气趋势的分析。对于一档收视率始终很稳定的栏目而言，这个数据可以说明，人们关心天气，其实关心的是与自身相关的内容，也可以看出，在空间和时间上与受众越近的信息越能够为人们所钟情和关注。

其实，上述两点结论在网络媒体上亦有所体现。通过目前国内一家最大的天气网站的流量统计数据分析我们发现，对该网站流量贡献最大的始终是城市天气预报。我在工作中也发现，当我们与其他网站洽谈合作时，对方往往首要需要的也是最基础的天气预报图文视频信息和产品，其次就是具体城市天气变化的信息内容。并且现在大多数的气象网络媒体或者与天气信息紧密相关的网络媒体(旅游、农业、户外体育等)都提供了天气预报数据、图形乃至视频服务内容。

从《天气预报》栏目的长青不倒，到网络媒体市场体现出的老百姓对天气的切身需求，我们

可以受到启示，气象影视网络媒体的内容生产应该紧扣受众对天气的基本需求，做好气象基础信息的服务，而在生产气象影视网络内容过程中应该尽可能采取多种方法在时间和空间上做到务实、贴近受众。事实证明，越能够与受众基础需求相吻合的，越贴近受众生理和心理需求的，越能够为受众乐于接受并不离不弃。

2 如何生产出无限接近受众基础需求的气象影视网络媒体内容

在如何行动方面，我想在上面的探讨中已经得出了一个用以指导气象网络媒体内容生产的行为准则，就是抓住受众对气象信息的基础需求，努力从生理、心理层面与受众贴近。

道理易懂行动难。怎样做才能够“抓住”？怎样做才能够“贴近”呢？

2.1 从生理机能出发，调动受众视觉、听觉、触觉全方位感受

我们常常会遇到这样的情形，在描述某个城市的天气变化时，最基本的信息会是某地将出现什么样的天气状况，气温出现怎样变化。如果我们将这段内容这样描述：“某某城市今天夜晚将出现 5 到 6 级偏北风，气温会出现 2 到 3 度的下降”。这样的表述没有问题，可这种表述是否做到贴近受众的生理需求？夜间究竟指的是几点？5 到 6 级的风究竟有多大？2 到 3 度的气温下降会给身体带来怎样的变化感觉？不够清楚。如果我们换一种描述：“某某城市今天夜晚因为出现 5 到 6 级偏北风，再加上 2 到 3 度的降温，会给人体造成比较寒冷的感觉。气象专家预计偏北风出现时间可能在晚上 8 点钟以后，如果您白天在外没有戴手套围巾等保暖品但并没感觉冷的话，晚上您还这样一定会感觉到冷的”。

对比上面两段描述以后不难发现，后一种描述相比前一种，让某某城市的人们对今天晚上出现的天气变化有更为直观切身的认识，人们更加清晰地获知即将到来的天气变化对自己会产生哪些影响，比如会有寒冷的感觉等细节形容，令气象预报的基础信息变得十分生动形象、具体务实。这就是因为后一种对气象基础信息的描述注重了人们的视觉、听觉、触觉感受，更贴近了人们的生理需求。

2.2 兼顾受众的知识结构，有特点的语言能给受众留下好感

再比如，编辑在介绍某一天 11 时的气温实况。来看第一种表述：“相比早晨，11 时我国北方降温的区域明显增多。东北、华北东部、黄淮一带气温普遍下降，其中降温明显区仍集中在东北东南部，像吉林东南部、辽宁东北部相比昨天同时次降幅普遍有 5～9℃”。听完这段介绍，对于没什么地理概念和常识的人来说，基本感觉是云山雾罩，不明所以。如果补充下面的描述，“11 时，黑龙江、吉林大部的气温还都在－10℃或以下，像省会城市哈尔滨－13℃、长春－10℃，人体感觉都比较冷。而京津地区到 11 点时气温也只有 0℃左右，像北京到现在气温还在冰点以下，为－1℃，相比昨天 11 时下降了 4℃，中午外出吃饭的时候会明显感觉比昨天要冷。”

第二段描述的补充将地理上的区域概念转化成为具有代表性的省及省会城市，毫无疑问，普通大众对省及省会城市的认知要高于对地理区域的认知，而清楚说明下降后的气温具体是多少度，也是对降温变化这一基础信息十分必要的补充，否则对于不知道昨天 11 时气温是多少的大多数人而言，第一段描述仅仅是让他们了解了一个概念，而缺乏感知，缺乏让他们能够具体记住和留下印象的东西。这个补充描述的实例就是告诉我们，在进行内容创作时，更接近受众的知识层次，遵循普通人的一般记忆规律，也是贴近和满足人们生理需求的行为。

2.3 受众对气象信息的心理需求，可总结为猎奇、同情、审美、求知四类

猎奇——当出现异常天气现象和天气变化，比如罕见的大幅度降温、升温，刷新有气象记录以来的高温或低温极值，数十年甚至上百年一遇的暴雨、高温、沙尘暴等。这样的基础气象信息本身就具有爆炸性，很自然地引发受众的关注，因为人们对没见过的、没听过的、难得一见一听的内容都会充满好奇，然后会像大自然其他动物一样自发地捕捉信息。

同情——天气灾害时有发生，由此引发的各类事故不可避免。洪水、泥石流等导致家毁人亡的惨状基本都是登至各大媒体的头版头条。基础的气象信息这时珍贵得几乎成为“救命稻草”。在有规律的天灾发生前，人们盼望能够知道天灾什么时候会来，以便做好防御；当天灾真的不可避免发生时，人们更渴望了解天灾什么时候能结束，老天爷何时能变回“慈祥容颜”。普通大众在对待残酷事件时，都会有一颗祈祷平安、积极向善的同情心。

审美——天灾固然残酷，可万千气象也不断孕育着万千风情。冰雪、树挂、云海、雾凇、冰圈……神奇的气象景观可谓美轮美奂。没有人会无缘无故抗拒美的事物。醉人的美，是气象科学向人类展现的另一面。

求知——人人都有好奇心理，求知伴随好奇而生。当各类天气现象、天气灾害、天气景观发生之后，人们自然会思考发生的原因和规律。气象信息服务不仅做预报、下结论，还需要兼顾答疑解惑，满足人们对气象科学的求知心理，也是满足人类对自然认知的基本需要。

以上四类心理需求，可以成为气象影视网络媒体进行内容生产和加工的指导方针。无论是素材选择、标题编写、图片使用、文字加工，衡量对这四类心理的满足程度，就能初步判断出它对受众的吸引程度。当然，我们在撰稿时，同时要避免夸大其词、哗众取宠，否则可能弄巧成拙、得不偿失。

3 气象影视网络媒体内容生产中，编辑会陷入的苦恼与误区

从事气象影视网络媒体编辑工作以来，我和我的同事们不断学习到很多前辈、专家的方法，获益匪浅。虽然如此，还是听到看到一些同事有这样那样的困扰和疑惑。针对这些问题，我也想在此跟大家做一下分析，给出自己的解决办法。

3.1 困扰一：学不会说“大白话”

由于目前很多天气预报类节目时长有限而又要求覆盖全面，受此限制，一些电视媒体的内容编辑不得不使用覆盖广泛的地理区域名称（华北、东北、西南等）作为最小单位进行预报，且缺少生动形象的描述性语言。对于经验不足的气象影视网络编辑由于缺少创作加工能力，常常以这类天气预报节目文稿为范本进行模仿，造成语言单调晦涩，不符合网络媒体传播通俗易懂的基本要求。

解决办法：把受众当做你的朋友

在气象影视网络媒体上，编辑们基本不受内容篇幅的限制，无论是文字图片还是视频，只要不是超大格式或容量，网络都可以承载，并且即使有些大容量超过范围的也可以通过技术手段解决。因此，网络编辑应该解放思想，而不应该照搬硬套别人的做法。我们的受众就是我们身边普普通通的人，他可能是你的朋友、你的同学、你的家人。试想一下，当你的好朋友向你询问天气情况时，你会怎样回答他呢？会像主持人播报天气预报那样跟他说么？你一定不会。你会

用你朋友能够听懂和可以理解的语言告诉他，那么，请你把受众当做是你的朋友吧。

3.2 困扰二：想不到说什么

很多编辑有这样的苦恼，当已经通俗易懂地说明白了天气预报结论等信息以后，想不到还有什么可以说的？如何才能说出对受众有价值的其他信息而又避免说出一些无关痛痒的废话呢？

解决办法：发自内心地关心你的受众

如果你解决了第一个困扰，能够把受众当做你的朋友，那么请问你是否关心你的朋友呢？如果你真心关心他，你就会知道作为一个气象影视网络媒体的编辑，该为他做些什么，你会给他哪些提醒，哪些叮嘱，或者是哪些建议，哪些指导。这些内容就是对他有价值的信息，对于你的受众，亦然。

3.3 困扰三：不能尽情张扬自我个性

有些气象影视网络编辑喜欢表现自我、展示自我，特别愿意强调突出自我个性与兴趣好恶。当然，网络编辑也的确是一个需要有内容创造、有思维想法的职业。可如果为了个性而个性，或者坚持以个人喜好挑选编辑气象影视信息内容时，把握不好就会犯“丢了西瓜捡芝麻”、“文不对题”或者“不伦不类”“四不像”之类的错误。

解决办法：记住，这不是你的个人博客，不是所有的特点都能成为特色

如果你有自己的个人微博或者博客，那么就请在自己的空间里尽情释放你的个性吧，因为那里就是一个需要张扬个性的舞台。而气象影视网络媒体是一个面向公众的媒体平台，编辑的一字一句代表着这个媒体的声音，职业操守要求编辑必须谨慎对待自己的个性。当然你可以有自己的语言风格或者是切入选题的独到角度，但这需要符合你所从业的气象影视网络媒体一贯树立的姿态和形象。你的个性特点经过工作实践的打磨之后，也许会成为这个媒体平台中闪耀的特色亮点。但在没有经过良好的打磨之前，切记不是所有的特点都美好。

3.4 困扰四：东西不能瞎吃，话不能随便说

即使不涉及政治、不牵扯敏感话题，仅仅是看似简单的天气预报也会有不能触碰的“雷区”。因为，气象关乎着天灾，天灾酿成人祸，即使是寥寥数字也可能造成“失之毫厘差以千里”的不堪后果。因此，气象影视网络编辑要绷紧一根弦，不论是预报结论、预警信息、事件分析、科普知识任何方面，都需要谨慎用词造句，决不能曲解结论或者出现明显偏差。有时甚至要做到斟字酌句，对每一个字都需要拿捏推敲，而不能随心所欲，只求一吐为快。

解决办法：学习扮演舞台上的“角色”

任何一个媒体，只要是媒体，都会受到约束。而作为气象影视网络媒体编辑，需要学会在一个既定空间的“舞台”上演出，这也是一个职业编辑的体现。所以我们需要学习气象影视网络编辑规范的表达方式、表达技巧，不断创造更优质的表达方式，努力把自己培养成一名优秀的网络编辑。

本文对气象网络媒体的内容生产之道的探索，仅仅是抛砖引玉之举，相信很多有价值的“路”还未能在文中“探索”到。希望随着工作实践与经验的不断积累，我们能够一起将“生产之道”越“探”越准确，越“索”越丰富，以供更多同仁探讨切磋。

气象电视媒体如何借用网络媒体优势的思考

卞 赟

(华风气象传媒集团,北京 100081)

摘 要

随着社会经济的高速发展,继报纸、广播、电视三大传统媒体之后,“第四媒体”——网络媒体正在蓬勃发展起来,大有赶超传统媒体并成为媒体龙头之势。本文结合北京华风气象影视信息集团自身业务特点,围绕“电视媒体如何借用网络媒体优势”这一话题展开分析讨论,进一步提高气象电视媒体在传媒行业中的核心竞争力。

关键词:电视媒体 网络媒体 第四媒体

1980 年至 2012 年,电视天气预报节目已经走过了 32 个年头。特别是 2006 年 5 月 18 日,中国气象频道正式开播,标志着气象电视媒体的概念已经应运而生。借助电视媒介,传递气象以及气象相关的服务类信息,已经成为人民群众耳熟能详、喜闻乐见的获取气象信息的渠道。截至目前,中国气象频道在全国 207 个地级以上城市实现了信号落地,覆盖用户超过 2800 万,呈现出良好的发展势头。

然而进入 21 世纪以来,网络媒体呈几何倍的速度迅速发展起来,据中国互联网络信息中心(CNNIC)2011 年 1 月 19 日报告显示,截至 2010 年 12 月底,我国网民规模达到 4.57 亿,较 2009 年底增加 7330 万人,凭借其即时、海量、互动以及多媒体等特点,已经成为人们日常生活中最便捷同时也是最不可或缺的信息获取平台,报纸、广播、电视三大媒体受到了不小的冲击。因此,如何借助网络媒体,巩固气象电视媒体现有地位,并进一步提高传统媒体自身的竞争力成为了不可回避的话题。

1 何谓“第四媒体”

关于“第四媒体”——网络媒体,中国互联网络信息中心(CNNIC)给出的定义是这样的:一定的组织或个人,在以计算机为核心的各种多媒体交互式数字化信息传输网络上,建立的提供各种新闻与信息服务的相对独立的站点。

换言之,网络媒体与传统的音、视频设备采用的工作方式不同,它是依赖 IT 设备开发商们提供的技术和设备来传输、存储和处理音视频信号。最流行的传统的 SDI(串型数字)传输方式缺乏真正意义上的网络交换特性。需要做大量的工作才可能利用 SDI 创建类似以太网和 IP(因特网协议)所提供的部分网络功能。所以,视频行业中的网络媒体技术就应运而生。

基于互联网的网络媒体是集三大传统媒体的诸多优势为一体,是跨媒体的数字化媒体。网络媒体信息传播除具有三大传统媒体信息传播的共性特点之外,还具有鲜明的“个性”特点,主要有即时性、海量性、全球性、互动性、多媒体性、新媒体特性等六大特征。

2 网络媒体的一般优势

2.1 传播范围最广——全球性

传统媒体无论是电视、报刊、广播还是灯箱海报，都不能跨越地区限制，只能对某一特定地区产生影响。但任何信息一旦进入 Internet，分布在近 200 个国家的 Internet 用户都可以在他们的计算机上看到。从这个意义上讲 Internet 是最具有全球影响的高科技媒体。

2.2 保留时间长——全天候(常年)

报纸广告只能保留一天，电台、电视台广告甚至只保留几十秒，几秒，Internet 上发布的商业信息一般是以月或年为单位。一旦信息进入 Internet，这些信息就可以一天 24 小时，一年 365 天不间断地展现在网上，以供人们随时随地查询。

2.3 信息数据庞大——全面性

影像、动画、声音、文字；涉及政府、企业、教育等各行各业；写文章、搞研究、查资料，找客户、建市场、信息流、物流……。

2.4 操作方便简单——傻瓜化

仅鼠标点点，浏览、搜索、查询、记录、下单、购物、聊天、谈判、交易、娱乐、报关、报税等轻松实现，像发传真、打电话一样简单。

2.5 沟通性强——交互性

交互性是互联网络媒体的最大优势，它不同于电视、电台的信息单向传播，而是信息互动传播，用户可以获取他们认为有用的信息，厂商也可以随时得到宝贵的用户反馈信息。以往用户对于传统媒体的广告，大多是被动接受，不易产生效果。但在 Internet 上，大多数来访问网上站点的人都是怀有兴趣和目的来查询的，成交的可能性极高。

2.6 成本低、效率高——最经济

电台、电视台的广告虽然以秒计算，但费用也动辄成千上万，报刊广告也不菲，超出多数单位个人的承受力。Internet 由于节省了报刊的印刷和电台、电视台昂贵的制作费用，成本大大降低，使大多数单位、个人都可以承受。网上访问，去杭州跟去纽约，没有区别。

2.7 强烈的感官性——全接触

文字、图片、声音、动画、影像——多媒体手段使消费者能亲身体验产品、服务与品牌。这种以图、文、声、像的形式，传送大量感官的信息，让顾客如身临其境般感受商品或服务，并能在网上预订、交易与结算，将更大增强网络广告的实效。

2.8 品牌形象——全效应

它更为全面地反映企业的形象，是企业的网上门牌号码、通行证、户口本、身份证、无形资产。

3 气象网络媒体发展现状

气象信息的传递，及时、准确、高效是三大核心标准，网络媒体可以很好地解决这一问题。例如，一般北京市气象台一天会发布3次天气预报，分别是07时、11时和17时三个时次，倘若只是告知人们预报的内容，完全可以依靠广播或者电视的途径来传播，人们通过身边的电视或者收音机可以轻松获知。但是，随着社会经济的高速发展，仅得知定时的预报信息是远远不够的，北京市的实况天气信息对公众发布是一小时(精细化的服务可能达到5分钟一次)，而临近短时预报可能是突发的。这样的话，电视、广播如何不断滚动播放，一方面，观众们看到会有厌恶感；另一方面，也较容易错过自己关注的重要天气。网络媒体的出现就大大解决了这个问题，利用手机、笔记本、平板电脑等设备连接互联网后，一个刷新就能得到最新的天气实况和预报信号。

从例子中可以清晰地看到气象信息利用网络媒体传播的巨大优势。2008年，为了适应人们日益增长的生活需求，中国气象局全力打造了属于自己的网络媒体——中国天气网。作为中国气象局面向公众提供气象信息服务的核心门户，中国天气网集成了中国气象局下属各业务部门时时更新的气象业务服务产品和及时丰富的气象资讯。通过实时化几乎1分钟一次地更新效率，大大保证了各项气象信息及时、准确、高效传递给公众，包括人们日常看到的电视天气预报节目，以及专业人士接触的500、700、850百帕天气分析图等等，为大众提供了丰富的天气信息。

短短的3年时间，中国天气网的日浏览量就已经达到千万量级，最高日访问量甚至是接近2000万大关(统计于2011年10月底)，成功坐上了全国服务类网站的头把交椅，在世界气象网站排名中，仅仅次于美国的www.weather.com，排名第二。

相比而言，中国气象频道的门户网站——中国气象视频网，就要显得逊色许多，缺乏前期缜密的网站底层程序构架，没有优质的搜索引擎，缺乏广泛的社会认知度等等都是明显的问题，有待进一步提高和改善。

4 气象电视媒体如何借用网络媒体的优势

通过上述简单的分析，我们了解到网络媒体自身具有巨大的优势，电视媒体想通过自身能力对抗甚至赶超是没有任何意义的。如何利用网络媒体更好地拓展电视媒体市场，成了切实可行的措施。

4.1 电视品牌需要拥有自己的网站

以著名的中央电视台为例，就开拓了CNTV(中国网络电视台)这一品牌，不仅具有门户类网站的一般职能，也将所有中央电视台播放过的电视节目一一网罗，利用强大的搜索引擎和高性能服务器，带给网民与电视节目丝毫不差的感官体验。借助于互联网的强大号召力，大大加深了人们对于中央电视台的认知度，也带来不菲的经济效益。

4.2 拳头节目更多在网络上展示

以中国气象频道为例，人们收看时，在关注天气预报信息的同时，也同时想获得一些生活类、健康类等等的服务信息。想靠观众们坐在电视机前苦等若干小时收视所需的节目，对于一个相对于偏冷的电视频道而言是不切实际的，也会渐渐流失大量观众。通过自己的网站，制作一些别具一格的专题，吸引人们关注反而更为靠谱。加上一系列的相关活动，会给电视带来不少的热心观众。

4.3 网站开拓更多吸引眼球的内容

仅仅靠自身电视频道的节目支撑品牌网站是远远不够的，希望学习一些国内外的知名网站，自主独立开发新的内容，比如配合电视节目的 GIS 演示、3D 图形动态演示等电视中不易实现的东西。以百度地图为例，通过放大、缩小、旋转、测距等功能，尽可能最精细地为人们提供地理信息服务。

4.4 加强网络互动性

调查、投票是我们常见的网络互动形式，效果非常好，可以加以网罗电视观众人气。

4.5 电视媒体通过网络便携化

现在上网的载体是越来越小，从一开始的台式微机上网到现在的手机上网，可以说只要是一个可视化电子设备，借助无线终端都可以轻松实现上网功能。换言之，为何我们的电视节目不可以通过手机或者平板电脑等设备实现即时播放？好在目前我国已经出现移动电视等相关业务。

4.6 微博、SEO 等等不能忽视

微博，是一个基于用户关系的信息分享、传播以及获取平台，用户可以通过 WEB、WAP 以及各种客户端组建个人社区，实现即时分享。

SEO(Search Engine Optimization)，汉译为搜索引擎优化，是较为流行的网络营销方式，主要目的是增加特定关键字的曝光率以增加网站的能见度，进而增加销售的机会。

如果单纯地利用网站来提高电视媒体品牌效应，那就彻底走进了死胡同，我们需要更多的网站优化及相关产品。目前微博和 SEO 都是互联网的热门名词，微博是网聚人气的高效手段，而 SEO 则可以更好地整合自身资源，缩短信息获取时间等等，都是网站建设的必要手段。

5 小结

当今社会，没有任何媒体是可以单独存在，他们之间存在着互相促进、互相发展的必然联系。目前华风集团在充分开发气象电视媒体市场的同时，应当根据自身情况，整合各方资源，借助于网络媒体的形式，更好地提高气象电视媒体的核心竞争力。

新媒体气象数据云服务平台的应用

宋瑛瑛　司　研　曹　宇

(华风气象传媒集团,北京 100081)

摘　要

气象服务信息在移动终端的应用具有系统迁移代价小、应用安全性高等特点,便于用户使用移动设备方便快捷地获取最新的天气资源。本文主要讨论如何整合现有服务,为智能手机终端应用以及其他应用提供数据服务,推广天气信息服务共享。

关键词:气象　移动终端　信息共享

1　概述

互联网是一种能够相互交流,相互沟通,相互参与的全球性互动平台。随着网络与3G时代通讯技术融合的不断加剧,互联网即将在中国书写新的篇章。互联网将会“运动”起来,而移动的互联网将会更加具有生命力,它所带给电子工业的将是翻天覆地的变化。智能手机为用户提供了足够的屏幕尺寸和带宽,既方便随身携带,又为软件运行和内容服务提供了广阔的舞台。

基于智能手机终端的气象客户端软件集天气信息数据处理、网络数据接口服务、客户端软件应用于一体,通过GPRS、WIFI无线网络访问服务端数据,以天气信息为基础,华风视频为特色,实现随时随地为各种人群提供包括天气实况信息、预报信息、指数信息、云图、雷达图、天气视频、天气新闻等产品。同时,作为一款权威预警信息平台,在灾害气象频发、气候异常的情况下,为大众有效防范和应对自然灾害可能引发的事故灾难提供有力帮助。

2　系统设计

要在用户移动终端显示天气信息,依赖于用户移动终端智能操作系统和服务器数据获取。用户智能手机终端应用软件分为4个模块:用户界面、后台服务启动、数据获取、服务器数据接口。各模块之间的关系如图1所示。

从模块结构图中可以看出,后台服务是整个应用的核心,启动应用后主要是通过“数据获取模块”,根据设置相关信息,负责周期性的从数据服务接口中获取天气信息。它采用从数据文件中读取天气信息的方式,而不是通过网络直接访问服务器数据接口。一方面可以避免因网络通信不畅造成界面失去响应,另一方面,后台服务可以异步启用更新数据,保证数据的及时更新。

3　数据服务

Web是一种面向服务的架构技术,通过标准的Web协议提供服务,目的是保证不同平台

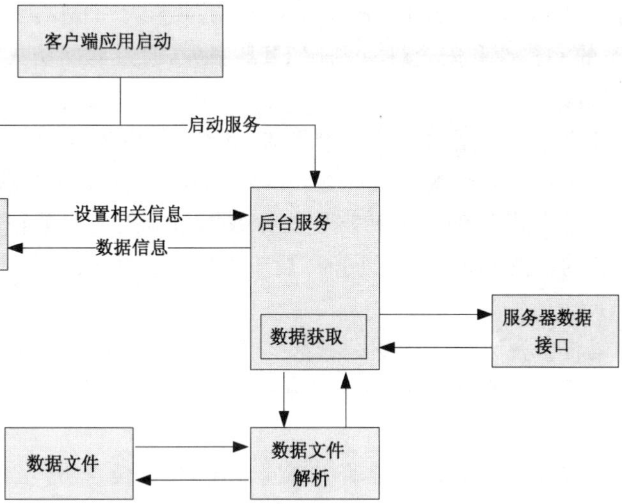

图 1　移动终端模块结构图

可以互操作。Web Service 采用 XML 标准进行系统间的数据传输,其优点在于松散的处理异构系统之间的通信和数据交换,可以随机应变地处理企业各个系统之间的整合问题。

根据数据来源以及类别,将数据接口分为天气基础信息数据接口、预警数据接口、图形图像产品接口、视频接口、天气新闻数据接口、客户端版本更新控制接口、广告接口、城市列表数据接口等。如图 2 所示。

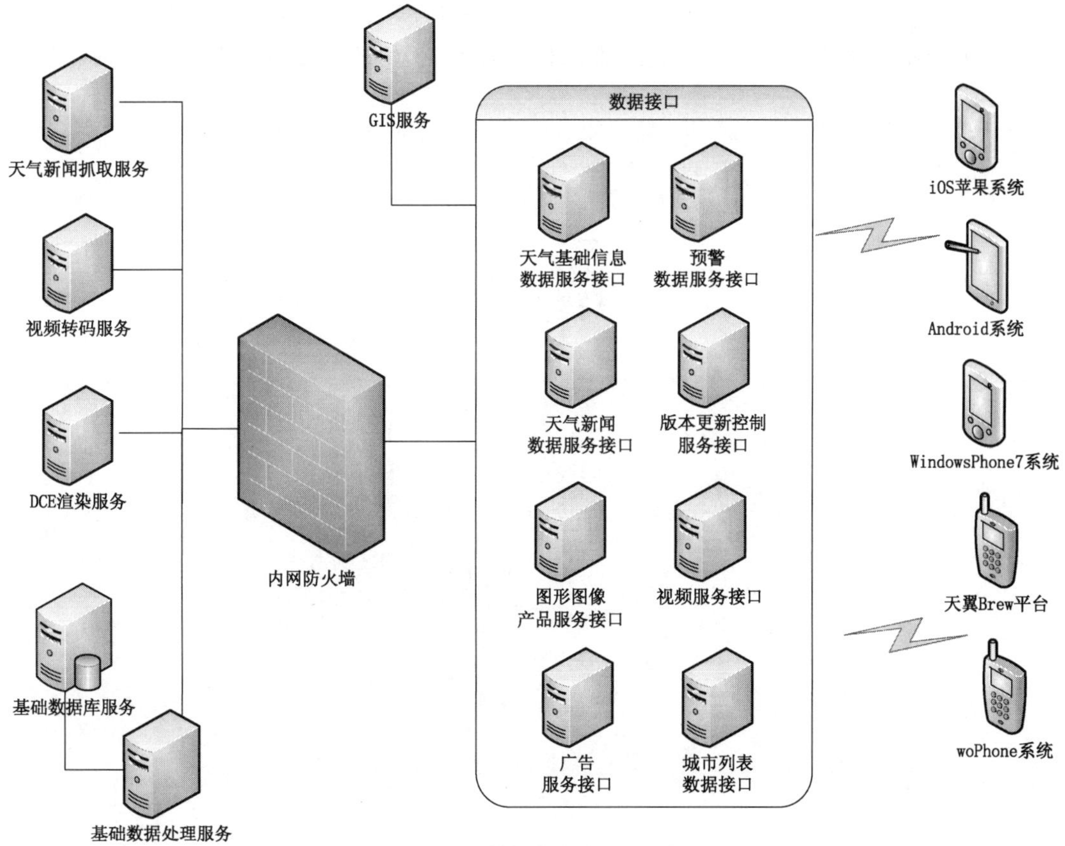

图 2　数据服务流程图

采用内网与 DMZ 区相结合的方式架构服务端，将位于 DMZ 区的数据接口作为数据缓冲区，以保证数据源的完整性和安全性。利用 FTP 服务，通过内网防火墙推送至 DMZ 区，为各数据服务提供数据来源。

基础数据处理将基础数据库中的数据整合、出库。DMZ 区的数据接口根据各手机客户端配置以及厂商要求等对天气要素进行配置，并结合 GIS 位置服务提供数据服务。

DCE 渲染将源自气象局的云图和雷达图源数据与地图矢量数据相结合，每 30 分钟渲染成一张便于大众了解的云图和雷达图。同时，位于 DMZ 区的数据接口为手机客户端应用提供图片字符流服务。

天气视频转码将影视节目中应用的视频文件根据配置定期抓取，并将高码率视频文件自动转码为适用于手机客户端的低码率视频文件。视频文件推送至视频接口为手机客户端提供服务。

天气新闻抓取服务将气象频道滚动字幕同步抓取、整合、推送至 DMZ 区新闻接口服务。

广告接口可根据广告商要求配置广告投放平台、投放时段、投放内容、表现形式等进行投放。同时，充分考虑手机客户端网络状态，研发了适用于手机客户端的广告接口。

版本更新控制是控制手机厂商、类型、操作系统等信息的，为版本统计、升级控制提供服务。

4 气象产品架构

充分考虑软件应用设计过程中的低耦合性、高重用性、可适用性以及较低的生命周期成本，将天气信息（实况、预报、指数）、云图、雷达、视频、新闻等设计成分模块进行管理，并将每个模块设计架构分为数据模型层、控制逻辑层、视图模型控制层，以实现业务与代码的分离。如图 3 所示。

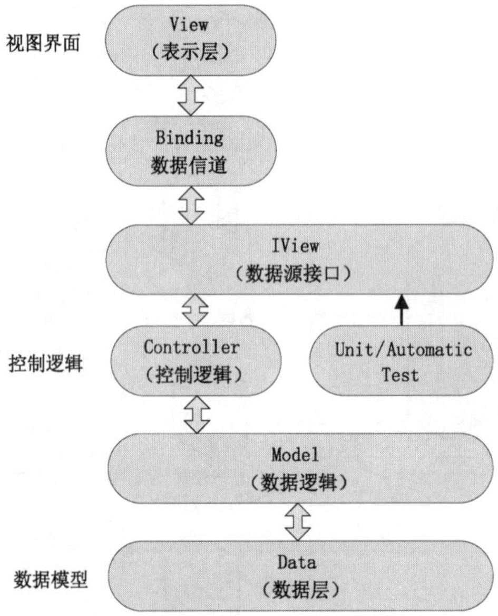

图 3 数据模块架构图

4.1 数据模型

数据模型表示企业数据和业务规则，拥有最多的处理任务。例如它可以用 EJBs 和 ColdFusion Components 这样的构件对象来处理数据库。被模型返回的数据是中立的，就是说模型与数据格式无关，这样一个模型能为多个视图提供数据。由于应用于模型的代码只需写一次就可以被多个视图重用，所以减少了代码的重复性。

根据各个模块封装，建立业务数据对应模型，包括实况数据、预报数据、指数数据、气象图形产品数据、气象视频产品数据、气象新闻数据、城市信息数据、更新设置等模型。

实况数据模型包括城市信息、更新时间、天气数据、温度、风力、风向、风速、湿度、气压、体感等。预报数据模型包括城市信息、更新时间、天气数据、温度、风力、风向等。指数数据模型包括城市信息、更新时间、指数名称、指数等级、指数详细说明信息等。气象图形产品数据模型包括气象图形产品名称、更新时间、气象图形产品字符流等。气象视频产品数据模型包括气象视频产品名称、气象视频产品图形缩略图、更新时间、气象视频产品详细介绍等。气象新闻数据模型包括气象新闻数据标题、更新时间、气象新闻内容等。城市信息数据模型包括城市名称、城市 ID 号等。更新设置模型包括是否自动更新、更新时间频次设定等。

4.2 控制逻辑

控制逻辑本身不输出任何东西和做任何处理，它接受用户的输入并调用模型和视图去完成用户的需求，选择执行相应的业务逻辑，并决定调用哪个模型去处理请求，然后把响应显示结果数据返回给显示的视图。

网络逻辑获取数据后通过一系列解析方案，根据业务需求与对应数据模型解析成实际数据对象，把数据对象在界面中进行显示或者保存与移动终端中，以便下次调用。例如网络异步获取到的城市天气信息为 XML 格式，通过解析 XML，同时调用实况数据模型、预报数据模型、指数数据模型构件，将数据依次解析为天气信息数据模型中对应的属性信息，最终将天气信息对象数据展示在天气信息视图中。

4.3 视图界面

视图界面作为一种输出数据并允许用户操纵的方式，是用户看到并与之交互的界面。

根据用户使用习惯设计界面包括天气基础信息、云图、雷达图、视频、新闻、设置等。以天气基础信息为例，将实况数据模型、预报数据模型、指数数据模型通过控制逻辑解析为实况数据对象、预报数据对象、指数数据对象，作为天气基础信息界面的数据源，通过推送绑定数据信道方式将对象展示于界面中，供用户浏览使用。

5 客户端实现

将天气信息(实况、预报、指数)、云图、雷达、视频、新闻、设置等设计成分模块管理，并将其集中至 TitlePage 桌面，方便用户自主、快捷地选择所感兴趣的信息。TitlePage 桌面同时集成了日期、时间、天气实况等信息，用户可将此作为手机的桌面信息。

每个模块启动时，首先读取本地旧有数据信息，以减少用户的等待时间。同时，读取设置信息中自动更新配置，如果勾选自动更新，则异步网络获取最新天气信息，等待异步完成后将最新信息推送更新至界面。

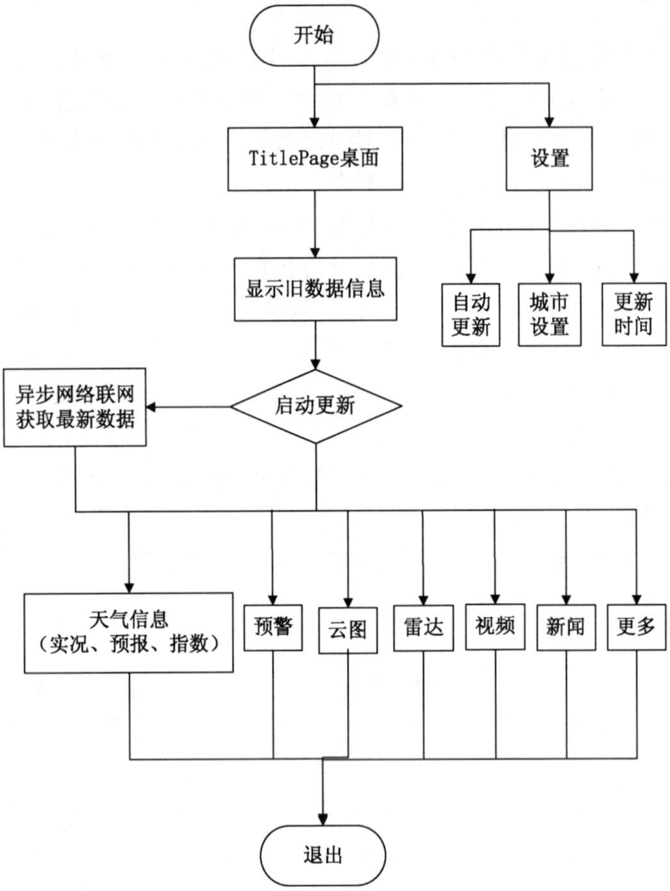

图 4　客户端架构图

5.1　基础天气信息

基础天气信息主要包括“天气实况”、“天气预报(五天)”、“天气指数”、同时显示城市信息以及天气更新时间。“天气实况”界面包括城市名称、天气状况、温度、风向、风力、气压、湿度等，并且根据实际的天气状况信息，动态显示背景。“天气预报”界面分条显示预报城市的天气现象、最高温度、最低温度、风力、风向列表信息。“天气指数”界面显示指数图标、指数名称、指数数据、指数详细信息等。

5.2　气象图形图像产品

针对移动终端在数据流量和显示等因素的局限性，设计在移动终端展示卫星云图和天气雷达等气象图形图像产品，利用智能移动终端平台特性实现拖拽、放大、缩小等多点触控操作。

5.3　气象视频产品

依据需求和拥有的节目资源可动态配置视频节目列表和显示内容，目前选取了 5 类视频节目，包括朝闻天下、午间天气、新闻联播、四季养生堂、风云进行时，采用流式传输方式和 Internet 播放格式进行视频播放。针对智能平台制作视频列表特效显示，每档节目提供视频标题、视频缩略图、视频介绍等。

5.4 气象新闻产品

将气象频道每小时更新的新闻滚动字幕信息同步与移动终端服务接口,并在移动终端显示播放。

5.5 设置

移动终端获取天气信息的方式可由用户自行配置,包含更新设置、城市设置、更新时间设置等。

更新设置便于用户选择是否每次进入城市时进行数据更新。分为手动更新和自动更新两种。如果用户选择自动更新,则每次进入信息节目后即会启动异步网络服务进行数据更新,更新完毕后同步更新界面,避免造成用户等待、响应速度慢等等。

更新时间设置用来设定 TitlePage 中天气信息更新时间。一旦设定,则每到设定的间隔时间即启动异步网络服务进行数据更新。

城市设置包含默认城市设置和城市列表管理。默认城市的选择可以从已选城市列表中进行选择,作为 TitlePage 显示或者首次进入时显示的城市信息依据。在城市列表管理对城市进行添加、删除等管理。

6 结论

基于 WEB 服务和智能移动终端平台,为用户了解天气、认识天气提供周到、全面的服务,打造一个全方位的气象信息服务平台。随着国内第三代移动通信网络技术的普及以及移动终端的广泛推广应用,气象传媒服务必将跃上更加广阔的平台。

参考文献

[1] 和凌志,郭世平.2009.手机软件平台架构解析,北京:电子工业出版社.
[2] 聂明.2009.移动增值应用开发技术导论,北京:电子工业出版社.

三网融合下省级气象影视服务面临的机遇和挑战

黄　亮　于庚康　方　珂

（江苏省气象服务中心，南京 210008）

摘　要

本文描述了三网融合背景下省级气象影视服务的发展现状，并详细论述了三网融合给省级气象影视服务发展带来的机遇和挑战，同时对面临的种种挑战给出了具体的对策和建议，对气象影视从业者有一定的参考和借鉴价值。

关键词：三网融合　省级气象影视服务　机遇　挑战

1　引言

三网融合是指电信网、广播电视网、互联网在向宽带通信网、数字电视网、下一代互联网演进过程中，其技术功能趋于一致，业务范围趋于相同，网络互联互通、资源共享，能为用户提供语音、数据和广播电视等多种服务的通信业务。2010 年 1 月 13 日，国务院常务会议作出了"加快推进电信网、广播电视网、互联网三网融合"的决定，我国三网融合发展进入实质性推进阶段。近几年来，三网融合当仁不让地成为广电、电信和计算机等相关行业关注的焦点话题之一。毫无疑问，三网融合是信息技术进步引发的一场革命，作为极其重要的外部条件，形势变化对行业的影响是重大深远的。这一点，对于气象影视行业尤其是省级气象影视服务来说表现得更为明显。三网融合带给我们的，是一种机遇和挑战并存的复杂局面。如何面对这样的机遇和挑战，是我们每个气象影视从业者必须思考的问题。

2　省级气象影视服务发展现状

省级气象影视服务始于上世纪 90 年代中期，随后如雨后春笋，迅速发展，遍及全国。从只能进行简单的配音到复杂的背景切换，虚拟场景的应用，现场直播和精致的气象专题，一步步走来，已经过去了十多个春秋。在这十几年的时间里，经历了初生发展，迅速扩张，全面开花等多个阶段，目前正处于一种相对稳定的状态。其实就自身的对比而言，省级气象影视服务并未停滞不前，因为节目数量还在不断增加，播出时间是有增无减，节目形式也更加多样，收视率仍旧名列前茅。但是值得注意的是，和各大媒体各大电视台相比，他们推出的节目数量和质量，增幅都要高于我们。而且在三网融合的背景下，各大运营商抓住机会，新媒体不断涌现，节目形式多种多样，收视率步步紧逼。在这种发展速度面前，省级气象影视部门的步伐略显沉重和迟缓。

3 三网融合下的机遇与挑战

3.1 省级气象影视服务面临的机遇

3.1.1 公共气象服务需求不断增长

三网融合说到底，是一次信息技术进步引发的变革。它进一步释放了公众对信息的需求，这里面也包含了对公共气象服务信息的需求。而气象影视服务是公共气象服务中的重要组成部分，肩负着气象灾害预警预报媒体权威发布、公众气象服务和气象科普宣传等重要任务。需求的不断增长就是向前发展的根本动力，随着三网融合的继续推进，随着经济社会的不断发展，公众对气象服务的需求也会更多地释放出来，这将为气象影视的发展提供大量的机会和足够的动力。

3.1.2 媒体不断发展增添合作渠道

近年来，借助于三网融合的推进，广电业务不断发展，电视频道不断增多；技术上也突飞猛进，虚拟演播室，现场直播已是家常便饭，数字电视、高清节目也进入了寻常百姓家。而区别于传统电视的 IPTV，互动电视和手机电视(CMMB)也相继出现并迅速蔓延。随之而来的是气象影视节目播出的套数、次数和时间都在不断增加和延长(中国气象频道的开播，本地化节目的上线就是一个鲜明的例子)，气象影视服务成为覆盖面最广、受众最多的气象服务项目。可以预见，随着三网融合的进一步推进，未来通讯、多媒体和网络等技术必将进一步发展，这不仅会为气象影视服务的发展提供更多的传播手段，而且会为开拓新的服务领域，形成新的服务项目提供基础和条件。

3.1.3 气象现代化进程提供科技支撑

《国务院关于加快气象事业发展的若干意见》(国发〔2006〕3 号)明确指出“到 2020 年，建成结构完善、功能先进的气象现代化体系，使气象整体实力接近同期世界先进水平，若干领域达到世界领先水平”。近年来，中国气象局一直在不遗余力地推进气象现代化建设，并确定了江苏、上海、北京、广东、重庆、浙江和宁波等省市为率先基本实现气象现代化试点，其他省市也在积极跟进。在气象现代化指标体系中，提高气象信息和气象预警的覆盖率，提高气象科学知识普及率，提高气象科技含量等等都是不可或缺的重要内容。而这些都与气象影视服务有着密不可分的关系，它们的提高必将对气象影视的发展起到巨大的促进作用。三网融合如火如荼，气象现代化也在阔步向前。可以肯定地说，气象现代化进程的不断推进，将为气象影视在三网融合时代下的发展提供强有力的科技支撑。

3.1.4 多年发展形成固定服务人群

省级的气象影视事业经过十多年的发展，积累了相当深厚的经验；同时也收获了非常庞大而且相对固定的收视人群。这个群体既是我们的服务对象，也是我们的忠实观众；既是我们产品的检验者，也是我们不断前行不断发展的动力。在三网融合的大背景下，这个固定群体一定会有新的需求，而这些需求就是推动气象影视发展的原始力量。

3.2 省级气象影视服务面临的挑战

3.2.1 服务需求与实际供应能力的矛盾

随着社会经济的不断发展和人民生活水平的提高，社会公众向气象服务提出了更多、更新和更高的需求，但是气象服务的能力和水平还存在着一定的差距，气象服务无限需求与有限能力之间存在着矛盾。就气象影视服务而言，存在着播发时间固定、播发次数有限、服务信息更新不及时、发布信息受限制等问题。而且随着三网融合的推进，气象服务需求将进一步增多，IPTV、手机电视、公交楼宇移动电视等气象服务手段需要拓展；气象服务的领域也不断增加，比如地质、交通、水文、海洋、农业、医疗等等。这不仅给我们制作影视服务产品带来困难，同时也对省级气象影视人员队伍提出了要求。因为在省级层面，气象影视人员普遍缺乏。人员队伍数量的缺乏和人才质量的缺失，也成为气象影视发展的一个瓶颈。在未来很长一段时间，气象服务不断增长的需求和实际能力的矛盾将更加突出，这是我们面临的一个巨大挑战。

3.2.2 媒体排他性

竞争无处不在，媒体似乎更胜一筹，具有明显的排他性。且不说在三网融合的大背景下，各大运营商为了抢占地盘，争夺用户大打出手；即使同在广电系统的各个省级卫视也为了收视率相互竞争，互相拆台。而作为完全不在同一体系下的气象部门，在人家地盘上开辟了一块阵地，无异于虎口夺食。这里面的历史原因我们不作深究，但是那些自视为嫡系正统的媒体们，往往不把我们放在眼里，甚至是持敌视的态度。他们总想把气象节目的制作权攥在自己手里，尽管有法律明文规定气象信息须由气象部门权威发布，但仍有不少电视台置若罔闻，自制气象节目，混淆视听。即便在双方合作的过程中，也往往摩擦不断，相信不少省级同行会有同感。所以，尽管三网融合过程中会涌现出很多新媒体，但是就省级气象部门而言，要想开辟新的阵地，也是一件相当困难的事情。

3.2.3 对新技术新事物缺乏敏感性

对新技术新事物缺乏敏感性是很多省级气象影视部门的缺点。常常是慢了半拍，这往往让我们在和其他媒体竞争或合作时处于下风。其实，缺乏敏感性这个问题是主客观两方面原因造成的。客观原因来说，气象事业管理是国家、省、市、县 4 级的格局，管理格局决定了气象服务的属地化特征，省一级的气象影视部门毕竟所处位置有限，对于很多国家级的新政策、新办法、新技术并不能在第一时间了解、吸收和应用。而从主观上来说，省一级的气象影视部门人少事多，在技术尚未成熟和普及的情况下，往往不愿意多派人手，也没有精力去进行过多的研究和开发。但是媒体是没有界限的，尤其在三网融合的背景下，各大媒体都在向新技术新事物靠拢，落在后面就要被淘汰。他们在不断向前，如果我们还停滞不前或者发展缓慢，结局就不容乐观了。

3.2.4 公众选择的多样性

对于气象影视服务而言，确实有固定的收视群体，但这并不代表这个群体是牢不可破的。从以往的经验来看，如果不提高水平，不创新产品，不掌握新技术、新媒体，固定的群体也会不断流失。这就如同电视的出现获取了绝大部分的广播用户的青睐，而电子邮件的面世在很大程度上取代了纸质信件的发送一样，是一种趋势。随着三网融合的推进，必将出现更多的新媒体和新的传播方式。公众选择的余地更多了，如果有比电视更好的服务产品出现，他们便会选择更好的。这对我们来说是一个相当棘手的挑战。

4 对策及建议

4.1 提高能力，整合资源，优化配置

社会产品供需之间的矛盾，必须依靠发展生产力来解决。气象影视服务需求和供给能力的

矛盾，必须靠努力提高节目生产能力和制作水平来解决。一方面，要明确大力发展公共气象服务的宗旨，坚持以防灾减灾、经济社会发展等重大需求为牵引，坚持以防灾减灾和应对气候变化服务为重点，坚持以提高公共气象服务业务能力为突破口，坚持以丰富产品和节目创新为重要途径，加强协调，广泛合作，不断夯实气象影视服务的业务基础和延伸气象影视的服务范畴。另一方面要整合资源，优化配置，减少重复劳动，减少低水平劳动，不断提高节目质量和水平，让现有气象影视产品发挥更多更大的作用。

4.2 提高产品质量，塑造产品特性

对于媒体排他性这个挑战，我们应该做的就是提高气象影视服务产品的质量，形成自己的独有特性，不可复制，甚至无法模仿。众所周知，气象信息早已成为日常生活中必不可少的信息资讯。公众需要天气预报，需要气象灾害预警，而电视气象节目是传播这些信息最好的途径之一，各大媒体对电视气象节目是有需求的。通常情况下，媒体表现出不合作的情绪，一方面是因为他们在保护自己的阵地，另一个重要原因是我们制作的一些节目水平有限，授人以柄。我们只有不断提高自己产品的质量，打造自己的特色，形成独有的特点，这样才能化解不满，消除排他性。比如说，我们用 Weathercentre 系统，用卫星云图，用台风路径的时候，在各大媒体都很受欢迎，因为这些是我有人无的东西，不可复制，也无法模仿。可以说，独具特色的气象节目，不仅不会有排他性问题存在，而且会成为媒体竞相争取的对象。

4.3 紧跟趋势，大力发展新媒体气象服务

要解决对新技术新事物缺乏敏感性的问题，必须要紧跟三网融合的大趋势，大力发展新媒体气象服务。可以从三个方面着手：

其一是寻求更多国家级层面的指导。要主动加强与中国气象局相关部门的沟通，争取更多培训和学习。因为上级部门对政策和新技术的了解和把握要比我们来得早，来得快。我们可以在中国气象局相关部门的指导下，更早更好更快地把握趋势，创新服务。也可以在中国气象局的领导下，共同研发新产品，推广新服务。

其二是寻求省级层面的政策支持。这一点首先需要得到省局党组的支持，由他们出面在省级层面去争取更多有利于气象影视发展的政策和行动。省级气象影视的落脚点最终是在各个省辖范围之内，如果有好的政策，甚至可以与新技术的发起者处在同一起跑线上。举个例子，近来江苏省气象局与中国移动江苏分公司签订了战略合作协议，江苏省气象服务中心(影视中心)是重要的受益者之一。通过与两家运营商的合作，可以共享新技术新产品，为今后气象影视服务产品创新助推助力。

其三是寻求自身的突破，提高认识，转变观念，从行动上着手。一方面给自己压力，不创新不发展就会落后甚至被淘汰。另一方面要给自己动力，因为创新的投入和所取得的成绩很大程度上是成正比的。以笔者所在的江苏气象影视部门来说，2011 年 8 月与江苏有线合作，成功推出云媒体互动电视气象服务栏目，取得了良好的效果。而且这在全国省级部门可能是首次，除了社会经济效益，还起到了一定的示范作用。尽管其间投入了不少精力，但是取得的收获也是让人满意的。

4.4 更多产品更多选择

想要留住收视人群，或者有更进一步的突破，需要提供更多的产品更多的选择。为此，作为

省级的气象影视部门，应该努力做好下面两件事情。

第一，努力提升现有气象影视节目的制作标准。随着经济的发展，科技的进步，人们的视野也在不断的开阔，审美水平与日俱增，平庸的节目难以满足人们的需求。与此同时，各大媒体各大电视台在激烈的竞争中，节目水平确实在不断提升，如果我们不提高制作标准，收视人群的视线早晚会转移。只有在节目中多花时间，多下工夫，多借鉴，多创作，取长补短，提高水准，才能牢牢吸引住观众的眼球。

第二，努力创新服务产品，拓宽服务渠道。三网融合前，传统的电视、手机、互联网等各渠道服务方式相对独立，各渠道的服务产品也是互不交错的。我们制作的气象影视节目除了在电视上播出，很少能在其他渠道上与观众见面。三网融合后，电视、手机、互联网的视频互相渗透，特别是手机等移动视频终端，由于其方便携带，用户数量急剧增长，大有赶超传统电视的架势。气象影视服务想要长足发展，必须在这个阵地上占据一席之地。此外，IPTV 和互动电视(包括公交、地铁等移动电视)都是不可忽视的服务领域。对于省级影视部门来说，应该根据本省实际情况加强合作，加强开发创新，尽早推出自己的服务产品，不断拓宽服务渠道，在用户想要选择的主流渠道上都有气象影视的服务产品。值得一提的是，在三网融合的背景下，视频产品可以统筹兼顾，在各有侧重的前提下重复利用，实现多渠道覆盖。

5 结语

历史的洪流总是滚滚向前，三网融合的趋势不可阻挡，面对这一变革带给我们的机遇和挑战，每一位气象影视工作者都应该顺应潮流，牢牢把握机遇，勇敢迎接挑战，以我们的智慧和勤劳，把气象影视事业做大做强，把气象影视服务水平不断提高，为气象现代化进程增强动力，为大众百姓的福祉安康保驾护航。

参考文献

[1] 于丽娟.2011."三网融合"对广播电视系统的冲击与影响，山西电子技术.(4).
[2] 丁颐，王厚芹.2011.中国三网融合回顾与总结，电视技术，(10).
[3] 程莹，冯国标.2011.浙江气象服务在新传媒时代的生存与发展，浙江气象，(1).
[4] 宋靖涛，谭新庚.2011.对三网融合的思考，移动通信，(5).
[5] 何伟，马伟华.2011.传统电视媒体打造网络电视台浅析，现代电视技术，(2).
[6] 沈奕霏，高彩彬，欧阳经政等.2012.中国三网融合的发展现状与前景，科技传播，(1).

气象影视全媒体联动策略探析

程 莹 雷 俊 李 倩 姚菊祥
（浙江省气象服务中心，杭州 310017）

摘 要

全媒体时代的到来，对于气象影视服务既是机遇又是挑战，加强媒体联动势在必行。本文就浙江省气象影视部门近年来尝试的气象影视与全媒体的联动策略进行了初步分析。

关键词：媒体联动联合报道重大天气事件

1 气象影视全媒体联动产生的动因

从报纸、电视、广播等传统媒体，到网络媒体、移动媒体，再到更加强调互动和参与的社会化媒体，媒体业正在经历着自印刷术发明以来的又一次全新的变革。当下，微博、手机客户端等新媒体有如雨后春笋迅速发展，目前全国手机 QQ 用户超过 3.5 亿，仅浙江手机 QQ 用户就超过了 2500 万，可谓影响力巨大。这些现状让依附于电视这一传统媒体的气象影视服务，和其他传统媒体一样面临着强烈冲击。

现任美国第八大报业集团总裁杰克·富勒认为：每一种媒介都有自己的优势和劣势，它也会将这些强加在所携带的讯息上。微博、手机客户端等新媒介通常不会消灭旧媒介，它们只是将旧媒介推到它们所具有的相对优势领域。报纸、广播、电视等传统媒体并没有如人们起初预想的一样发展，以电视为代表的传统媒体并没有也不会消亡，而是逐渐呈现与以网络、手机为代表的新媒体互融互通、取长补短、合力运行的态势。

单个媒体的新闻资源占有能力非常有限，信息来源也比较单一，难以满足受众对新闻信息的多元需求，而媒体联动无论是在报道形式上，还是在报道内容上，都能提供给受众全方位、立体化的信息。因此，全媒体时代的到来，对于气象影视服务既是机遇又是挑战，加强媒体联动势在必行。

媒体联动是大众传媒的一种主体行为，是指在一定时间内，媒体个体之间围绕同一主题，根据媒体自身特点，采取不同的报道方式，相互配合，协同一致地进行多种形式的联合报道的活动。近几年来，浙江在台风“海葵”、第八次全国残运会、新世纪以来新安江首次泄洪等多次重大天气事件中，积极推进省市气象影视各级部门以及气象影视与其他各类媒体的联动反应，形成气象服务合力，在第一时间内将真实客观的气象新闻消息传达给广大民众，起到了良好的宣传服务效果。

2 气象影视全媒体联动的类型

2.1 气象影视部门上下联动

利用各级气象影视部门相互之间操作的接近性、沟通和协调的便捷性等特点进行新闻联动，目的是为了更好地发挥气象影视的“相对优势”，提高核心竞争力。

为做好中国气象频道的气象新闻工作，目前华风集团已经建立了全国气象新闻平台，和各省建立了约传关系，每天通过多种传输方式获取最新的气象新闻视频和稿件。

为加强浙江气象影视新闻服务，浙江也建立了省市电视气象新闻联动机制，制定了浙江气象新闻地市联动采编工作手册，并建立了包括上传系统、QQ群等在内的全省气象新闻平台，形成联络网，完善了全省气象影视采访、共享、服务等联动网络，有效地推进了浙江省电视气象新闻采编工作。同时，针对地方影视工作人员气象新闻采编基础薄弱和地区不平衡的现状，利用QQ群、电话、网上会议等途径，对地方影视工作人员进行气象新闻采编的讲座和培训，培养全省上下联动、分工合作、响应迅速、运行高效的气象影视新闻记者队伍。

经过近两年的经验积累，探索出了省级服务中心与各地市县气象节目有效结合、与气象部门形象宣传有效结合、与气象防灾减灾工作有效结合等多种联动方式。目前，浙江11个地市中有9个地市(包括慈溪、德清等县)均已安排包括编导、摄像、主持人等专业人员负责电视气象新闻联动工作，这些人员也基本加入到浙江省电视气象新闻采编QQ群，积极沟通交流，并通过上传系统及时上报气象新闻的视频和文稿。

台风“海葵”对浙江省各地市都造成了不同程度影响，省市联动在此次过程的气象影视新闻报道中起到了关键性作用。坐镇省气象服务中心的记者组，积极赶赴杭州的气象现场拍摄制作相关新闻，同时，与地市气象影视部门联系，联动报道各地防御准备、风雨实况、灾情等气象影视新闻，近3天共计传送中国气象频道视频新闻27条。

2.2 气象影视与其他媒体联动

气象影视与其他不同类型媒体合作，可以从自身的特点和优势出发，取长补短，形成报道合力。主要有报纸和电视、电视和广播、电视与网络，甚至是报纸、电视、广播与网络同时进行联动。需要注意的是，气象影视与其他媒体联动不是对各类气象新闻信息进行简单拼凑、组合，而是不同媒体在达成一定理念共识的基础上建立起一种相互促进的合作关系。尤其是在重大天气事件报道中，媒体的价值理念、社会责任感、新闻专业精神等理念共识更是与异类媒体联动的先决条件。

2.2.1 广播

多次大型活动和追风等重大天气事件的气象服务中，浙江省气象部门会邀请“FM93交通之声”记者全程参与，乘坐气象应急车同赴台风一线。海葵台风服务期间，“FM93交通之声”记者电话连线25次，在报道台风影响时，突出应急气象服务。和浙江卫视合作，以浙江气象应急指挥车的名头，三次播出追风小组的现场出镜，讲解风雨及气象应急服务情况。接受央广记者采访1次，了解追风情况及应急指挥车功能和意义，有力地扩大了社会影响力。

2.2.2 报纸

浙江省气象服务中心积极与当地各大报纸联合宣传气象服务信息。台风影响期间，《浙江日报》通过整版、利用台风路径图等形式发布台风消息、宣传防台知识，其他省级报刊、电视、广播节目利用台风专题、专家连线和新闻等形式发布台风消息，提醒船只及时回港避风，同时普及宣传“防、避、抢”三字策略，关注台风对浙江的影响，致力于提高公众应对台风的防御能力，尽量减少台风带来的损失，大大扩大了气象宣传影响面。

2.2.3 微博

微博这种新兴的网络传媒形态具有及时发布、实时传播、人人共享等优于传统媒介的传播特点，使其在重大天气事件报道中能充分发挥自身优势。台风“海葵”期间，跟随浙江省气象应急车奔赴台风一线的追风记者在百忙之中挤出时间撰写的追风日志和拍摄的现场灾情图片、工作图片、现场视频等均及时回传到服务科后方，通过各方媒体及时进行发布。海葵的追风日志14条（包括视频）在浙江天气网的台风专题、浙江天气官方微博以及浙江省气象局多轨道业务网、省气象服务中心业务平台第一时间发布，让受众以最快的速度了解台风一线的影响实况。

2.2.4 手机客户端

为更加及时、便捷地向公众传播台风、暴雨等灾害性天气信息，浙江省气象服务中心联合腾讯公司，利用面向浙江地区的Iphone和Andriod版本的手机QQ推出手机气象播报平台。

系统将浙江天气官方QQ账号置顶于“附近的人”这一功能模块中，同时设置了自动回复功能，当用户对“浙江天气”账号发送信息时，系统可以自动将最新的台风动态推送给网友，并进行台风防御避险的气象知识科普。

此外，省气象服务中心还联合腾讯公司开通了腾讯微博专属话题“海葵台风来了”，这是一个集文字、图片、视频、调查、话题于一体的内容高度集中的页面。网民不仅可以获取台风“海葵”的最新情况以及各类防御措施，还可以看到气象部门“追风小组”记者从一线发来的视频报道，也可以论天气，聊台风。

多媒体联动，以多层次、全方位的报道手段和方法全面、深刻地跟踪、报道、解析气象灾害的详细情况。这种集文字、图像、音频、视频、动画、微博等多种信息表现形式为一体的网络联动报道充分彰显了新媒体的信息量大、时效性高、互动性强等特点，使媒体联动在天气事件中发挥了极其独特而重要的作用。

3 媒体联动在重大天气事件报道中的功效

3.1 气象影视部门上下联动，形成全省一张网

曾几何时当重大天气事件发生的时候，由于各种原因，报道的地点只能有华风集团的记者，或者省级气象影视中心一路，即便是台风等重大灾害性天气一个省一般也只能分出两路报道，而现在由于加大了省市县各级联动，报道的地点遍及受影响的各个市、县级区域，由原来的单打独斗变成了全网运行，形成了气象影视服务的合力，报道内容更加全面、丰富。

3.2 跨媒体联动，实现信息传播的最大化、最优化

在媒介生态系统中，不同介质的媒介群落具有自然有机整体性。平时，媒介似乎有些散漫，甚至各自为阵，然而一旦面临危机，同质媒体和异质媒体自发地形成联动，形成任何单个媒体都无法达到的传播合力。

媒体由于自身性质和所处地域、层次的不同，其特色也存在差异。然而通过媒体间资源的

整合与共享，可以达到发挥各家之长、提高资源利用率的目的。

网络、报纸、杂志、电视等自发形成的媒体联动报道，充分发挥出各自的媒体特长，弥补了各自的不足和局限性，从而扩大了重大天气事件传播的深度和广度，呈现给受众一个更全面、客观、立体的多层次报道。

台风海葵影响期间，浙江天气网、“浙江气象”微博以及手机 WAP 网在第一时间开设台风专题，向公众提供台风各类重要资讯。浙江天气网台风专题自 7 月 28 日以来用户访问量迅速激增，其中 8 月 2 日台风专题日访问量达到了最高峰的 600 多万次。据统计，从 7 月 28 日凌晨到 3 日 17 时浙江天气网点击率超过 2000 万次，其中台风专题点击率超过 1800 万次。

本次微博气象服务引起了省委省政府领导的高度重视。省委常委组织部长蔡奇、副省长郑继伟相继通过腾讯微博平台关注浙江天气官方微博的“直击台风苏拉”话题，并指导台风防御工作。省委常委组织部长蔡奇 8 月 2 日转发浙江天气网官方微博并指出：“两个台风同时登陆少见，沿海地区要及早做好防台各项准备，保障人员安全！”该微博迅速被网友转发 640 次，覆盖粉丝约 2000 万。副省长郑继伟从 7 月 30 日开始通过浙江天气官方微博密切关注台风“苏拉”动态，并 4 次转发浙江天气官方微博有关台风“苏拉”的相关信息。

4　未来气象影视的全媒体联动展望

4.1　与网络的联动展望

在各个不同的气候阶段、天气灾害前后及期间、甚至抓住推出新的气象影视节目、新的气象主播等契机，制作相关的气象服务视频宣传片，或者将现成的气象影视节目进行碎片化处理，编辑成一段段气象信息的微视频，通过气象官方微博以系列形式进行发布，并由其他官方微博和各个气象主播个人微博参与转发互动，覆盖更广的粉丝面。

同时，可以结合广播、电视、报纸、声讯、短信等各类方式进行宣传，呼吁公众积极参与微博互动，扩大影响面，深化传播效果。这样可以在较短的时间里，迅速实现气象服务相关信息的几何量级增长的网络传播，极大地增强信息的有效传播。此外，微博可以满足电视的立体化组合传播，补充电视显性和单向传播的不足，把被动接收信息的传统模式转变为互动产生共鸣。另外，在气象节目中也可以加入网友在微博互动中的提问、建议等，把网络互动转变为网络、电视联动互动，为气象影视服务增加内容，丰富形式，吸引受众。

另外，作为视频媒体，网络电视更贴合现代观众对节目的需求，相对传统媒体所制作的节目更倾向娱乐性和互动性。整合网络与电视的专业力量，强强联合，推出全新的气象类节目制作模式，可以结合天气事件推出全民参与类的票选活动等，从而进一步引爆品牌效应，释放联动价值。

4.2　与平面媒体的联动展望

平面媒体的优势往往在于对事件的深度报道和解析，但同时也存在发行周期长、时效性差等弱点。气象影视通过加强与平面媒体的联动，一方面可以增加气象影视服务对气象事件的专业剖析和后续报道力度，另一方面也为平面媒体报道提供诸多具体的切入点。从群体心理学的角度看，气象事件刚刚发生时，民众急切地想要了解最新的情况，人员安全、伤亡人数、物资储备等方面是民众关心的热点。等到救援活动基本接近尾声时，民众的注意力则逐渐转移到对事件本身的思考层面上来，挖掘更深层次的内涵、冷静客观地总结在处理事件过程中的不足以及在今后遇到此类事件时值得借鉴的方法和手段。平面媒体可以利用其读者针对性强、阅读效率高、知识性强等特点挖掘灾害背后鲜为人知的故事，与气象影视建立可行的资源共享机制与定期发布模式，以实现资源共享、信息整合。其次，在联动过程中建立有效的协作关系，面对共同关注的热点能够做到相互协作、明确分工，充分发挥各自媒体的优势，以达到传播效果的最大化。

4.3 与客户端的联动展望

越来越多的电视台、知名栏目已经陆续开始进行手机客户端的尝试，无论是 PC 用户、平板电脑用户、手机用户只要通过网络下载，就能享受到优质便捷的视频体验。目前，浙江气象天气通手机客户端已经在探索建设中，相信不久的将来，气象影视也能实现对视频用户全天近似无缝的跨媒介包围覆盖。除了传统的下载、播放功能外，客户端还将能实现视频上传、共享功能，增强与用户的互动沟通。同时，客户端将通过推荐功能在首页推荐热门和实时更新的视频，随时向用户推荐最新精彩内容，并支持用户在线对资源库视频的关键词搜索，帮助用户精确定位查找结果。

除此之外，新兴的二维码扫描功能也使得通过手机实现电视与网络的新型互通更为轻松便捷。通过二维码“一拍入网”，可以实现手机—电视—网络直接互动交流。目前，二维码已经在日本、韩国、中国香港获得广泛应用，中国内地部分城市也已经开始推广。今后，可以将涵盖视频信息的二维码，在电视屏幕上展现。感兴趣的观众可以随时用手机将二维码图标拍摄下来，并通过手机中下载的解码器进行实时解码，得到相关信息。当电视通过手机与网络实现互通后，用户就可以进行更多的互动，如进入在线聊天室、对节目实时评论等。网络又可以拓展更宽的空间，如论坛、微博、圈子，从而实现手机网、电视网、互联网的三网合一。

气象影视节目“微”发现
——探讨网络气象节目发展新思路

黄　路　顾叶挺　陈蕾娜
（宁波市气象服务中心，宁波 315012）

摘　要

微博客作为传播的新载体，极具时尚性、娱乐性以及专业性，微博客短片会得到对这种信息感兴趣的人的转载和评论，可达到广泛传播的目的。本文简述了微博客信息传播方式，分析了气象微博客的特点，阐述了何类网络气象节目适合于微博客传播方式，并指出气象影视传播应充分利用微博客瞬间裂变式的精准传播增强社会动员和号召力。

关键词：微博客　网络传播　气象节目

1　引言

在今天这样一个信息化的社会，在“传播就是力量”的趋势之下，媒体对于社会发展、生活方式的改变和进步的影响，都有着比以往任何时候都更加重要的意义。现在媒体的发展日新月异，各种信息传播方式层出不穷。

微博客作为一种新型的信息传播方式，是电信网与互联网的融合，是无线网络与有线网络的嫁接，是第五媒体手机与第四媒体互联网合二为一。任何手机用户、互联网网民能在任意时间、地点，用任意语言形式对微博信息随意拼接、分享、点评，微博客不是WEB2.0的一个种类，而是WEB3.0的开山之作。每一位微博客都是存在于手机和网络中的私人好友，他们分享着各种对于整个社会生活的全部体验。

微博客以及3G手机的发展，对气象信息的传播又给出了一个新的课题。当然对于气象影视的发展更是提出了新的挑战，我们的节目不再只是在电视媒体上定时定点的播出，更多的时候人们会在闲来无事时，翻看手机微博客，或是无聊挂网看视频、看帖子，微博、QQ是每一个网民都在做的事情。我们的微博我们的影视作品怎样去发展才能抓住人们的眼球，会让他们记住有这么一个微博，随时会来点击关注或者是吸引其他网络媒体的转载呢？

2　微博客信息传播方式

要做出符合网络传播特点的影视作品，就要全方面地了解微博客的特点、网络视频的特点、手机用户的特点。

2.1　气象信息手机文字传播

首先手机不再是只能传播到亲属、朋友、同事等熟人的通讯工具，微博客让手机变成了名副其实的大众媒体。我们对于这个第五大众媒体——手机的利用实在是太少了,现在只是停留在发送短信,内容无非是一些特殊天气的预报和预警,当然这个是必要的。但特殊天气毕竟比例很小,大多数都是一般天气,这个时候微博客的作用就体现出来了。

2.2 气象信息微博客裂变式传播

内容上的创新,增强气象节目的时尚性和娱乐性将是一个很大的课题。通过内容制造独特的视角,相信关注量将会进一步增加。这是微博客的社会动员:微博客可以转发或者是@,每一次@和转发,凝聚的是对这个信息感兴趣的人。严格地说,微博客算是精确传播的“窄众”媒体,但是这个“窄众”微博客瞬间裂变式的精准传播,其社会动员和号召力是很大的。大家对于好的、感兴趣的、有认同感的东西将给予很大的关注,而且关注量会瞬间增加。这样,微博客的多级传播瞬间完成。大众传播的多级传播是靠人际传播完成的,而微博客的多级传播是靠转发、跟帖瞬间完成。后续跟进的大众媒体和人际传播则是多次反射的余波。这样的传播速度是相当惊人的。如同一个细胞裂变式的大量扩散开来。

2.3 气象信息微博客传播没有侥幸性

同时我们也面对淘汰和落后。微博客的议程设置,是大众瞬间的共谋。微博的信息过滤是靠大众共同完成的,有价值的、能得到共鸣的微博客的信息被大量转发,瞬间出现在你的粉丝和粉丝的粉丝……的首页。没有价值和认同的信息则很快走出你粉丝的视线。所以这样的传播媒介不会留给你多少的侥幸,一丝不苟、极富创造性将是生命。同时,对我们而言微博起着很好的社会监督作用,我们的责任感和成就感会进一步增强。

3 微博需要私人化

3.1 微博客具有私人化特点

微博客的一个特点就是私人化。这里所谓的“私人化”就是用朋友的语言相互交流,而不是把我们拖到一个“八股”的道路上。现在的人们对于文字是很挑剔的,对于“八股”是厌倦的。使用规范的语言对于崇尚自由与时尚的大众来说,只能是符合老一辈人思维定式的“八股人”,毫无生命力可言。更何况微博客本身是一个私人的媒体,它不像报纸是一个公众媒体。那么在家里你还会用领导方式说话吗?还会用一种让人厌倦的一板一眼的语言模式说话吗?

3.2 微博客拉近人与人的距离

微博客更是体现了和名人为邻,和专家面对面的功能。所以这个特点决定了我们发布信息的语言需要有生活的气息,是一个活生生的人在和广大的微博客交流,而不是每天都重复着相同的语调,相同的语言模式。

3.3 微博客将气象贴近生活化

气象微博客,不应该只有单纯的气象文字表述,作为一个时尚的新兴传播媒介我们应该积极地将其丰满起来。当今世代,时尚娱乐崇尚自由是中青年一代的主旋律,受众所要看到的不是每天都一样的“八股”。我们需尝试和探索将得出的天气预报结论作出一个简明的分析分享给大家。在发布微博的同时，贴上与之相关的云图、雷达回波，甚至制作一段 gif 动画直观地展现给大家。这样就会使大家一起评论转载和讨论。

3.4 微博客让气象变成世人口中的话题

微博客作为一种评论文体为主的碎片化信息集成的媒体传播模式，微博发布后没有一条评论没有一个转发将是很可怕的一件事情，宁可引起争议也不要平庸。在你的分析后大家会学习议论，有了学习议论就有评论、转发和@，传播的效果会瞬间扩散。通过大家的转发和关注，你的信息一直会是大家关注的焦点，一次次被关注到，一次次地刷新后，你粉丝的粉丝的微博客的首页，会一直挂着你发布的消息，学习和讨论的范围会进一步扩大，这样的微博客发布内容也就有了意义。在这样的氛围下，发展到后期说不定将是一个头脑风暴的学习型网络社区，这样的未来不是很值得期待吗！

通过微博客，大家会随时把自己所在地区的天气情况发来共享。比如：我们报某日宁波局部有雨，余姚的某个点下雨了，一个微博客将自己的信息转发并@自己关注的宁波气象，接着给出自己的评论转发：余姚下雨了，搞不好过一会就要到慈溪啦。然后另外一个微博客在慈溪同样@宁波气象，发布评论，天空上的云渐渐变重啦。如此，大家集合在一个社区好像朋友一样一起在探讨着天气，这也是一种微博客集合效应，一个微博客接着一个微博客像一个相互吸引积聚的过程。当然这还是需要我们做出有特点并具有时代、时尚性的微博内容来吸引大家，原则是不失气象的准确和基准。

4 怎样的网络气象节目适应微博客传播方式

对微博客有了一定的了解之后，网络气象节目主要发展方向最值得探讨。

4.1 微博客发布日常气象节目

最简单的是把日常节目放进微博客，增加与观众的交流互动。目前宁波市气象局影视中心制作的《约会新气象——高速交通与气象》已经上载到网络。然后通过微博发布，这个节目还会@高速交警宁波支队，不仅增强了气象部门与其他部门的沟通了解，也让交警部门了解到节目的价值，同时丰富了节目的内容，而且起到了很好的节目传播扩散作用。

4.2 微博客气象节目可具有时代性自由性

日常气象节目不是针对微博客网络特点制作的短片，远远没有达到时尚创新娱乐受众的效果，还是一板一眼的讲天气，受众的传达还是有限的，大家的关注度也不是很高，转发和评论的效果依旧没有达到理想值。但是节目的上传是一个突破，至少给了网络受众一个可以了解这些节目和与我们互动的平台。节目的好坏，褒贬都可以无拘无束地拿出来讲。大家可以像朋友一样，可以对主持人的服饰发型提出自己的建议，对于节目的整体包装给出自己的看法，对节目内容可以给予意见和建议。这样在交流中我们可以从中学习到很多没有考虑到的内容，可以汲取营养充实自己。同时可以积极推介主持人，提供主持人与大家聊天的微博通道，增加主持人与大家互动的机会，提高主持人的知名度。主持人进入网络受众生活的同时，气象节目的传播也获得了一定的效果。

4.3 微博客气象节目创作方向

4.3.1 极端特殊天气下反映实况的短片

针对极端特殊天气创作的短片，其主要特点是即时、高效反映极端天气的实况。主持人在现场高度概括的自己的第一感受，可及时上传微博客。

这是现场实况，我们应将第一时间、第一现场、第一感受快速地传递给公众，微博客就是我们的一个很好的传播途径。通过微博客的网络传播，打破了电视时间和空间上的限制。我只需要一个镜头，一段出镜，一个联网的视频编辑软件，就能完成我们的工作。而且可以第一时间让受众了解我们所面临的气象实况，给人以资讯、提醒甚至是警示。

2012 年的第 11 号台风“海葵”在宁波象山鹤浦登陆，我们宁波气象服务中心追风小组在北仑就有了这么一次尝试。当天凌晨 3 点多，我们录制了一段关于“海葵”影响北仑的出镜，然后直接通过宁波气象微博客将视频传送到网上。一石激起千层浪，视频不仅在新浪微博上广泛被点击转载，更是被网易、优酷、腾讯、人民网等各大传媒在首页头条广泛地引用和转载，传播效果极佳。这种第一时间极具现场感的短片是极具感染力的。

4.3.2 日常规律性创作的节目

日常规律性创作的节目，是针对手机、网络用户创作的短片，首先要以短小精悍吸引人。当然除了短小，还必须是直指人心、不失娱乐、时尚和专业性的。过去认为，观众是不关心天气预报结论由来的，而且他们也听不懂这些“非常专业”的内容。其实事实并不是像我们想象的那样，现在也有一些想了解气象的朋友们，他们想学习专业的气象知识。然而由于考虑需照顾到更广的受众，在电视上播出节目的特点必须通俗，我们暂时也无法突破这个局限性。

不过对于网络视频我们完全可以放开手脚。我们可以自由发挥制作一档“非常专业”的气象节目，但要注意需适应微博客受众和载体的特点，把节目做好做强做新颖。

5 微博客气象节目受众群体

5.1 微博客气象节目 4 类受众

关注我们节目的受众可分为四类：第一类，只看天气预报结果，他们只是需要知道未来的天气情况（看微博文字即可），作为“我知道了”。第二类：详细了解天气变化趋势，并根据天气情况来详细安排自己的工作生活计划，他们需要达到“我了解了”的程度。第三类，他们是出于对气象节目的兴趣，不仅是“我知道了”，“我了解了”，他们更需要的是“我理解了”，“我想学习气象知识”，我想懂得天气的来龙去脉。第四类，以年轻人居多，他们看了天气预报，了解了天气情况后，会随时关注天气实况，而后会根据实况评价天气预报的准确性，以“我评论了”为主要目的。这是一个全新的领域，一个崭新的受众群，而且他们大量存在于这个网络世界中。

5.2 针对适宜人群，变“窄众”为“宽众”

我们网络视频的开发主要是针对第三和第四类受众进行开发的。如前文关于微博客的特点中谈到，微博客信息的传播是关注气象、对气象感兴趣的精确的“窄众”传播，我们首先就要抓住这一批“窄众”。他们不能从一般的渠道获得气象专业知识，因为面向大众的气象产品往往都是浅显的，少有专业气象术语，对各种专业名词的解释更少。而专业网站上的解释说明又难免枯燥乏味。我们的节目就要通过各种诙谐幽默的动画或演绎手段，去解释各类气象专业知识。让大家在明了知识的同时也能得到一定的快乐，而且产生共鸣和转载欲。就如上文提到的："窄众"微博客瞬间裂变式地精准传播，其社会动员和号召力是很大的。一个"窄众"转发一次又将引来更多人（他的粉丝）的点击，同时又能发现一批对于气象感兴趣的新的"窄众"。

6 微博客气象节目形式变化

6.1 微博客气象节目——动画形式故事性讲述

动画形式故事性讲述的气象短片，是对传统意义上的科普教育专题片的一种颠覆。这类气象短片既脱离了说教形式，增强了故事性，简化处理了知识点，又不失科学性。如：《晓说》中有一期是讲镖局的故事。里面要解释一个专业名词：亮镖台。传统的模式可能就直接详细解释名词了，哪年出来这个东西的，又有什么作用等等。网络视频不是这么做的，而是通过故事性的解释说明：小李开了一家镖局要接小黄的单，小宋开了家镖局也要接小黄的单。然后他们谁都不肯让生意，没办法只能比谁的本事大，然后他们就在一个台子上展示自己的武艺，看看谁的武功更高本领更大。有了这么个故事，再通过漫画方式画个 Q 版人物在台上舞刀弄枪，最后圈出来一个小方块——亮镖台。而漫画小人物式的解释说明、配音、语调、动画的设置都符合现在大众需要的时尚和娱乐的特点。这样《晓说》一出来就得到大家的极大支持，当然除了高晓松的个人魅力外，这个短片的动画创作也为整个节目增加了不少的趣味性，大大提高了节目的可看性。我们的微博客节目也应该向这个方向转变。

6.2 形式让气象节目变得更精彩

用娱乐的方式看待气象专业知识。这是一个新型的影视发展思路，具体的操作和研究还需要进一步的探讨，目前只能大胆地提出这样一个思路。这种专业性极强又时尚又幽默的气象视频短片创作尚需大家共同努力。

百家讲坛出来之前，大家可能不会想到这样一个学术性如此强的节目会引起大家巨大的关注，收视率会如此之高。这是实例，形式是可以让内容变得更精彩的，有了趣味的东西，大家都是乐意去接受的。只是这里有一个讲法和寻找趣味点的问题，还有一个形式的创意问题。而具体"讲法"和趣味点如何找寻，形式如何构思这里就不再深入下去了。因为针对网络气象专业视频的讲法、趣味点和形式的研究又需比较大的篇幅了。

7 结束语

德国有位戏曲理论学家在谈论戏曲的社会效果时曾说："它应该使人们得到娱乐、教育和鼓舞，作品的关键不是在于解释世界，而是认知世界。"

当然这里谈论的戏曲，其实对我们这个新形式的气象节目也是一样。电视平台上的节目形式早已是种亘古难变的"八股"。而微博客早已给我们提供了一个新型的舞台，等待着我们气象影视人站上台拉开那华丽的帷幕！

新媒体如何实现气象信息的靶向传播

黎琮炜

（广西气象服务中心，南宁 530022）

摘　要

目前我们在新媒体领域开展的气象服务刚刚起步，新媒体只起到传播基础图文气象信息及播放影视节目的作用，新媒体特性没有得到有效发挥，服务领域依然存在较大的市场缺失。本文从服务定制实现个性化服务匹配，主动式和即时性服务实现气象传媒使命必达，气象服务产品与受众的关联设计等三个方面，探讨了如何用新媒体实现气象信息靶向传播的一些思路，以使新媒体领域的气象服务更加直接有效，进一步完善气象传媒的服务能力。

关键词：新媒体　气象服务　靶向传播

在未来一段时间，电视气象节目将逐渐转变成公众资讯服务的一个重要组成部分，承担着向公众解读重大天气事件、介绍防灾减灾知识的重要职责，其传统的气象信息搭载功能更多的将交由即时灵活的新媒体接力。同时新媒体还将按照自身特性发展，带给公众与传统媒体不一样的使用体验。然而目前我们在新媒体领域的气象服务，没能发挥出新媒体的优越性，所以新媒体气象服务最重要的发展重心在于凸显新媒体的服务优势和弥补传统媒体以外的服务空白。这就要求我们对服务流程、服务方式和产品设计等方面做出优化，最终形成新媒体与传统媒体各有侧重、相互补充的格局，完善气象传媒的服务能力。

1　设立定制环节，通过受众前期自主分流实现细分，后续匹配个性化服务

1.1　设立定制环节的意义

我们在服务中一直强调受众本位的思想，但是电视气象节目由于受到本身媒体限制，无法确定所服务的受众情况，只能大致通过节目依附的电视频道，节目播出时段等来划分受众，无法做到受众细分。同时在这样的情况下，节目为了满足受众整体需要，服务往往侧重于求大求全，保证了服务广度却缺少服务深度，服务针对性受到削弱，使用大量公共资源所制作的服务信息，最终不一定能满足受众个体需求。

新媒体允许受众个体通过终端访问服务器，自主了解所需信息，我们可以在服务过程中加入受众自助环节，设立服务定制，当天气满足受众设定的条件时，新媒体将自动触发反馈机制，向受众提供所需要的气象服务。

Google 为了更好地推广自己的广告业务，他们最近在加拿大一份名为 Globe and Mail 的

报纸上出现了「Google 广告」的广告。「你知道谁需要理发吗？就是那些在搜索理发的人啊」。很简单的两句话，就能很好地体现出「Google 广告」的作用和价值。

这则广告很好地利用了传播学中的“使用与满足理论”（庞兰 2011）——受众接触和使用传媒都是为了满足自己的需要，即受众只会主动去了解与接受那些与自己有关的信息。那么通过开放气象信息服务定制，一方面受众会加大对定制服务及信息的关注度，提高使用率，使气象服务在受众层面获得更好的服务效果。另一方面，我们可以在服务前就了解到受众需求，实现受众细分，提供个性化服务以满足个体需求；同时，在制作环节还能有的放矢，以节省制作成本，避免公共资源浪费；甚至，可以通过数据库对受众的产品使用习惯进行记录和分析，主动向受众推出相关服务及产品，以更好地满足市场需求，并且占据更多市场份额，拥有更多话语权。

1.2 定制服务设立探讨

在定制环节的服务设立方式有很多依据，在这仅以服务属性为例，按受众需求初步把定制服务设为三个方面：防灾避险、趋利参考、科普教育及娱乐。

1.2.1 防灾避险是核心需求

面对恶劣天气防灾避险，保护自己人身财产安全是公众的核心需求，也是我们气象传媒的服务核心。在这个方面，以预警预报信息为主，可以围绕台风、暴雨、雷电、寒潮等高影响天气，按不同季节和不同的天气确定服务重心，注重服务提前量，给公众采取防范措施预留时间。

比如在台风来临前夕，通过定制反馈，我们可以向受众提供与其相关的风雨情况、台风动态、气象预警预报信息等等，让受众在心理预期和生活状态中都做好相应防范准备。

1.2.2 趋利参考是日常需求

除了防灾避险，公众在日常生产生活中的方方面面都少不了和天气打交道，如何根据天气来合理安排自己的生产生活，是公众的日常需求。在这个方面，我们服务重心是根据天气情况为公众生产生活提供参考依据，服务产品以各类气象生活指数、未来天气趋势（特别是精细化预报和延伸期预报）、与公众生产生活相关的指导类产品和信息为主。比如在节假日，我们可以向公众提供假日天气趋势、外出旅游防暑措施介绍、道路状况及机票等出行信息、各大旅游景点活动资讯等等。

1.2.3 科普教育及娱乐是前两种需求的有力补充

通过向公众提供科普教育及娱乐服务，一方面可以让公众更好地掌握防灾避险知识，并根据气象服务信息及产品来合理安排自己生产生活；另一方面可以提高公众科普知识水平，把气象服务延伸为一种文化传播。这个方面的信息主要强调通俗有趣，可以利用新媒体特性，设置一些 flash 动画展示气象原理，也可以放置一些天气趣闻及科普信息，强化公众防灾避险知识，并且更好地引导公众正确使用气象服务产品。

1.3 定制界面使用引导式设计，加强受众与服务产品关联

受众对新媒体定制服务的使用习惯，往往是事件触发式的服务体验，这就要求我们在定制服务界面设计上，要和互联网站的单纯信息分类有所区别。我们需要使用引导式的定制设计界面，通过递进深入或者横向联系，来加强受众与服务产品与关联。

2 通过云同步提供主动式和即时性服务，实现气象传媒使命必达

在气象服务发展过程中，一直在强调解决“最后一公里”的问题。而新媒体具有移动便捷的特点，受众能随时随地获取气象服务信息，我们可以通过新媒体云同步技术，提供主动式和即时性服务，为公众争取防灾避险的“窗口时间”，实现气象传媒的使命必达。

气象服务产品在受众层面响应时间的长短，会使服务因为量的积累而出现质的差别。防灾避险作为气象服务的核心，那么气象预警信息让受众即时知悉就至关重要，特别是一些局地性的恶劣天气。比如雷暴、冰雹，因其发生突然、过程时间短且结束快、局地性强等特点，给灾害防御更是带来一定难度。

在灾害防御与救援中，有一个“窗口时间”理论，即针对某个灾害或者事件，都存在最佳救援时间。以地震为例，地震发生后 72 小时是最佳救援“窗口时间”，因为人的心理和生理能支撑 72 小时，超过这个时间，生还的可能性就很小。再以抢救呼吸心跳停止的病人为例，发病后 4—6 分钟内是采用心肺复苏术抢救的最佳时机。那么对于我们应对恶劣天气为公众提供防灾避险的气象服务来说，最宝贵的“窗口时间”应该是在灾害发生之前，哪怕是提前预留 60 秒，睡梦中的人可以及时从洪水中逃生；车站控制中心信号系统被雷击毁后，奔驰的火车可以刹车缓行……

新媒体云技术可以让信息在不同的终端同步存储和展示，并且同步更新时，不存在气象预警手机短信大量集中发送所遭遇的排队瓶颈。这意味着我们可以在智能电视、电脑、平板、智能手机等无数个新媒体终端，即时推送预警信息，提前提醒，为公众预留充足的响应时间以采取防范措施。

3 新媒体服务产品与受众关联设计探讨

目前国内在新媒体气象服务领域依然存在较大的空白，如何根据新媒体技术，设计出新的气象服务产品，强化现有的气象产品功能，是我们未来一段时间需要努力的方向。

3.1 利用识别功能，增强产品对受众的针对性

3.1.1 属地识别

利用带地理信息的气象数据，加强受众对服务产品的理解和体验。

一些制作系统，比如我们所熟悉的 weathercentral，开始普遍使用带有地理信息的专业气象数据，来体现服务产品与受众的关联。在 IOS 一些热门的气象应用中，可以在地图上标注出受众所在地，同时展示雷达回波的移动情况，配合逐小时的精细化预报，加强受众对服务产品的理解和体验。

利用新媒体终端定位受众位置，增强服务区域化特征。

天气系统具有空间和时间维度，公众的生产生活也具备空间和时间维度的特性，利用新媒体终端的 GPS 定位功能，就能对受众位置进行定位，一旦出现重大天气或重大事件时，我们可以识别并针对特定区域人群提供预警和防灾指导服务，体现更精细的区域化服务特征(李敏等 2011)。比如闹市区出现局地雷暴，我们就能以小区广播的形式，点对点发布客户端信息。另外，在公众使用气象产品时，也可以识别公众所在地，从而提供属地服务。像一些手机安卓应用，可以根据用户所在地来提供当地的气象实况数据和预报，以及当地的相关服务资讯，大大方便经常出差的人群。

3.1.2 身份识别

Google 申请了广告彩铃的专利，能在确认被呼叫人身份及呼叫人位置后，在电话接通前播放相关的广告彩铃。举个例子来说，我们给妈妈打电话，在电话被接通前，可能会听到附近花店的广告彩铃，提醒我们回家时不要忘记给妈妈买一束鲜花。对于我们新媒体气象服务来说，在受众允许并授权的情况下，我们可以通过识别受众的身份，针对特定年龄的群体，比如说老年群体提供相应的提示与服务。在冷空气来临时，普通人可能需要注意预防着凉，而老年人更要注意预防冷空气引发的心脑血管疾病。

3.1.3 使用习惯识别

新媒体允许对用户使用喜好和习惯进行学习和记录，并调整自身服务产品，以契合受众日常所需。那么新媒体气象产品设计中，就应当注意记录受众对服务产品使用习惯，并做出相应调整。一方面可以培养受众忠诚度，另一方面可以使得产品更加契合受众日常所需。比如对于自己开车的上班族来说，一般最想了解的是上班途中的天气情况，以便合理安排时间。这样就可以根据受众对产品的使用频次来调整气象信息的分布和排版，为受众突出显示上班途中的天气预报。其次，还可以根据受众对产品的喜好进行分析，像淘宝网一样推出一些“猜你喜欢”、“喜欢这个产品的人也喜欢……”之类的关联推荐。

Nokia Drive 3.0 with Commute 是一款针对自驾车司机的手机应用，在功能上它会学习用户的使用习惯，懂得在用户上班之前，取得上班路线的交通状况，计算预计会用的时间并显示在主页的 Live Tile 上。在驾车上班的途中，它更会持续监察路面情况，例如前方有交通意外时，它会有「红色警报」通知用户。Nokia 指出用户用得这个 app 愈多，它的 commute 功能就会愈精确。

3.2 利用增扩实境技术，增强产品与受众现实生活的关联

“增扩实境”技术(Augmented Reality，AR)又叫虚拟实境技术，在上个世纪 60 年代诞生，但只在近两年 iOS 和 Android 大力推进移动互联应用后，AR 技术的商业化价值才得以凸显。简单地说，扩增实境的技术原理，就是用摄像头拍摄实际场景，建立实际场景坐标系，同时虚拟构造一个 3D 模型放入实际场景坐标系中想要的位置上，将叠加的图像通过显示屏显现出来。

CCTV5 在转播南非世界杯期间，《豪门盛宴》中的 3D 虚拟球场，奥运会转播游泳比赛时在泳道上标注国旗，都用了 AR 技术。近来最出名的商业应用就是 Google 的智能眼镜，查询天气等功能可直接通过 AR 技术实现，抬眼望天即自动显示天气。

增扩实境技术最普遍的功能就是用于实景导航应用，通过虚拟信息与现实环境的叠加，在现实环境中对使用者提供服务。我们在这个方面的气象服务产品设计，除了日常基础的气象数据信息(包括实况数据和预报数据)外，还可以开发导航式的服务产品，增强产品与受众现实生活的关联，在公众紧急防灾避险、日常生产生活等方面，发挥专业气象产品的效用。

3.3 注重产品分享与发布功能

新媒体的一大特性就是受传关系能互相转换，新媒体服务产品具有开放性，允许受众对产品进行添加编辑及分享发布，公众在接受资讯的同时，又可以成为资讯的发布者。同时，新媒体的分享体验又有别于传统媒体，在收看流媒体视频节目时，受众甚至可以视频通话，对节目内容进行探讨。另外在新媒体上，受众通过目击内容的发布与传播，可以对服务器数据进行补充，并且可以对周边人群进行信息共享及提醒。比如在遭遇暴雨导致路面深度积水时，公众微博上就能发布并提醒自己指定的用户，还可以看到周边的用户，并通过@提示道路积水，需绕行。在北

京遭遇强降雨期间，网友制作北京内涝地图就体现了这一点。

3.4 与外部门合作，增强产品服务能力

我们要做好新媒体服务，就必须联合外部门利用其服务产品，以增强产品服务能力，在这里举几个简单的例子。

3.4.1 气象产品与地图结合

搜搜地图在台风“启德”影响期间，推出了“台风启德实时新闻播报地图”，让公众不仅可了解台风“启德”实时动向，还显示了广东、广西、福建等受影响城市的当前天气情况，最重要的还可以帮助公众定位周边最近“应急避难场所”、“医院”和“防汛指挥部”等等。以此为延伸，我们可以把气象服务与地图功能结合起来，为公众提供更好的指导。比如在雷暴天气里，我们可以结合地图，标注出容易被雷电击毁地方，警示公众，同时显示防雷避险的安全场所。

3.4.2 新媒体技术增强信息传输

Yamaha 的 InfoSound 技术，可以用高频信号产生声音来传输信息。现在 Yamaha 和 Fuji Television Network 电视网络公司合作，做出了使用这种技术的智能手机和平板电脑 app。虽然目前用声音传输的信息比较有限，但可以传播超链接地址，用户拿着手机靠近可以播放信息的电视旁，就能收到相关的信息；比如看到演唱会视频可以收到相关介绍。

InfoSound 技术可以增强信息传输，从而提高视频内容的互动性，气象流媒体节目可以此来搭载更多相关信息。

3.4.3 应用探测终端加强靶向传播

很多新媒体服务商开始针对移动设备各种感应器推出应用，通过收集用户的环境信息（温度、湿度、声音、空气成分等）来提供对应的服务，增强后端服务与前端需求的匹配力度。Google 在几个月前申请了可根据周围环境状况投放广告的专利，使广告的投送更符合用户的需要。在夏天探测到高温的时候，Google 可以向受众发送空调等消暑商品的广告；受众在听演唱会间歇上网时，Google 可以根据手机麦克风收集现场音乐来判断使用者的音乐喜好，推荐相关音乐产品。对于与温度、湿度等环境信息关系更加密切的气象服务来说，这无疑是我们实现靶向传播的有力参考。在探测到高温天气的时候，可以推送气温实况、气温预报、防暑降温措施等等。

4 结语

综上所述，首先，通过加入定制环节，我们可以在前期通过受众主动分流来划分受众，在后续提供相应的气象服务，让服务匹配需求。其次，我们通过主动式和即时性服务，就能在受众层面缩短响应时间，为公众防灾避险争取更多的“窗口时间”。第三，通过加强新媒体产品与受众关联，就能凸显新媒体的服务特性，从而实现气象信息的靶向传播。目前新媒体领域的竞争已经日趋白热化，各种新媒体应用与服务层出不穷。在未来发展中，我们不能随波逐流，而是要坚持自身气象专业性质和服务属性，这样才能获得长远的发展。

参考文献

庞兰.2011.带着镣铐 舞出精彩——新形势下关于气象节目创新的再思考.气象影视技术论文集(七).北京:气象出版社.

李敏,李强.2011.电视气象服务的区域性特征.气象影视技术论文集(七).北京:气象出版社.

气象视频网建设设计思路

黄善斌

（山东省气象服务中心，济南 250031）

摘　要

本文分析了在网络迅猛发展及三网融合政策大背景下建设气象视频网的必要性，阐述了气象视频网需运行的业务及应具有的功能实现，并对气象视频网建设的原则、规模、风格、运营思路提出了意见和建议。

关键词：气象视频网　建设原则　业务功能　风格　运营

引言

网络电视以其服务的个性化、传播的分众性、用户的互动性以及对传统媒体的包容性的特点，将文字、图片、声音、动画及图像融为一体的立体视听信息传播给公众。改变了传统电视节目只能被动收看的模式，得到广大公众的追捧，发展及其迅猛。在三网融合的大背景下，作为依赖传统电视的气象影视节目也应适时应对新的挑战，寻求新的发展机遇。

1　建设必要性

网络电视是网络迅猛发展及三网融合政策大背景下的必然产物，也是公共气象服务在新环境、新政策下所面临的发展新机遇。

网络电视是提高公众气象服务能力和水平的新手段。气象影视服务一直是公众气象服务的重要手段，气象网络电视的发展将使公众气象服务呈现出服务的可视化、个性化、分众化以及超强的互动性等特性，将会在公共气象服务手段、服务内容及服务领域上有创新，大大提高气象服务的能力和水平。

网络电视是增强气象防灾减灾能力的有效途径。除利用图文视频发布预警信息外，利用网络及智能手机的插件技术、弹窗技术等传播预警信息将会更加及时准确，直观快捷。

网络电视是加强气象科普知识宣传的重要平台。新媒体的数字化、互动性、全方位的立体视听信息，极大地缩短观众与事件现场的时空距离，增加参与感，寓教于乐，让公众更能直观触摸到气象科技迅猛发展的脉搏，了解气象科学以及防灾减灾科学知识，进而提高科学素养。

网络电视是解决制作播出电视频道天气预报节目资源不足的有效途径。

2 气象视频网可运行的业务及可实现的功能

2.1 直播业务

直播业务将气象频道(本地化节目)、大型会议、天气会商、重要活动、嘉宾访谈、气象预警信息等现场信号通过编码后进行网络直播,直播具有实时性强、现场感强的特点。通过查看节目预告(电子节目单),观众可以方便地找到自己喜爱的节目的播出时间。

实现、气象新闻、形式多样的电视天气预报节目、重大天气过程会商在网上播出,同时实现与网络用户的互动,培养用户群,适应三网融合的发展趋势,培养新的增长点。

2.2 点播业务

用户使用电脑、手机等终端,通过网页或客户端浏览等方式点播自己感兴趣的天气预报节目、新闻节目、科普节目等,也可以搜索点播存储在视音频库中的影、音资料。用户在点播过程中能够执行快进、快退、暂停、全屏等各种交互操作。

可以将已有的节目资源(如媒资系统中的节目、气象科普宣传片、公众互动上载的视频资料)进行发布,向观众提供点播服务,挖掘历史资料的价值。同时可让错过电视播放时间和希望重看节目的观众可以直接点播收看,实现台网联动。

2.3 新闻业务

除了提供视音频直播、点播业务外,通过网络电视还可以发布图片文字新闻、预警、公告、活动通知等,让气象视频网成为观众获取信息的重要门户。新闻条目可以通过后台管理系统进行动态添加、修改、删除。

2.4 用户互动

利用网络的双向性特点,采取多种多样的互动形式,让用户不仅仅能收看气象节目,还可以对收看的内容进行收藏、推荐、评论、投票等,也可以开展社区服务或让注册会员上载和分享视频、图文等。通过各种互动形式,能够大大丰富用户的使用体验,提高忠信度和点击率。

2.5 手机视频

支持手机视频功能,利用手机客户端或 wap 页面浏览或下载气象视频、图文节目等。

2.6 会员注册

支持会员注册、登录功能。注册用户支持下载功能,可选择高清、流畅、低码率等各种版本下载,也可以上载分享视频,或者好友视频分享。注册会员可以与气象短信、彩信、手机客户端会员联动或绑定。

2.7 后台管理

要具备完善的后台管理功能。通过后台管理软件,即使不具备专业网站制作能力的工作人员,经过简单的培训后也可独立维护网站,可以非常方便地管理节目、新闻、用户资源,实时监测用户的评论信息、上载信息，也可以进行相关统计分析等。

3　建设原则

山东省气象视频网（网络及手机视频系统）将秉承并遵循依托气象、权威发布、互联互通、资源共享、规模适度、重点突出、易于管理、安全可靠的优先原则，即实现中国气象视频网在省（区、市）延展，又突出山东地域特色，充分发挥网络电视、手机电视业务的整体优势和规模效益。

系统解决方案全面遵循以下原则：先进性、可靠性、安全性、兼容性、扩展性、开放性、时效性、易维护性、智能化和自动化。

3.1　先进性

本系统的设计、设备选型及工程施工，必须首先符合互联网发展潮流，完全适应视音频编解码技术、计算机技术、网络通信技术及系统中其他技术发展的要求。

3.2　可靠性

本系统应具有很高的可靠性。系统应采用稳定、成熟的先进技术和高质量的设备，确保网络 7×24 小时无故障工作。

3.3　安全性

本系统必须遵循安全性的重要原则，系统硬件选型要以安全性、稳定性为主。在软件设计、网络设计方面要充分考虑互联网的复杂性，设计完善的防病毒、防入侵方案。要具备完善的用户操作授权管理，对操作者设置不同的权限。

3.4　兼容性

本系统中的所有硬件设备在选型过程中，要能实现硬件兼容；系统软件界面统一，能够支持流行的第三方软件和插件，不同硬件平台间节目可以无缝共享。

3.5　扩展性

本系统应充分考虑整个系统将来用户访问量大规模增加的情况，并力求做到在整个系统结构基本不变、现有设备基本无须替换的情况下具有大规模扩展的能力，并同时满足存储容量及带宽大幅度增长的需求。软硬件结构应具备良好的可扩展性和可移植性，采用模块化设计思路。

3.6　开放性

本系统必须具有良好的开放性，系统必须能够支持主流的文件格式、压缩格式和相关的主流设备，必须满足节目素材的传输、数据交换等需求。

3.7　时效性

本系统为了提高系统工作效率，网络设计过程中应尽可能减少人机等待时间。与外系统互联应尽量实时，避免由于系统之间元数据不统一或者素材压缩格式不统一而引发的格式转换。

3.8 易维护性

本系统应具备完善的功能，操作简单、直观、维护管理方便。

3.9 智能化和自动化

本系统应充分采用先进技术，尤其是在数据库管理、检索技术等方面，要采用领先的智能化技术。在管理、转码、共享、数据调度等方面充分体现智能化和自动化。

4 建设规模

运营初期该系统支持 2000 个网络视频的直播、点播流，2 个频道(演播室或室外节目支持 4 个机位)信号的直播、时移、点播。实现 7 天以内的节目内容时移；未来可扩展到数十个频道，上万用户。

支持 2000 手机用户时移、点播，未来可扩展到上万用户。

为满足新媒体业务发布的需要，建设一个面向多业务的内容生产与运营平台，建设一套网站内容管理发布系统，进行统一的内容生产与管理。

新建的内容平台要与现有媒资系统进行对接，充分利用现有节目资源，并实现用户原创内容的上传。

5 设计风格及页面功能

设计具有气象特点与地方特色的台标 Logo 等。

设计界面美观、用户体验良好的前台页面、操作方便、信息展现直观。

链接层少，三次操作以内访问到最终视频内容。

针对网络视频实时叠加高清晰的信息、图片、广告等。

网站主页面要具有用户注册、登录、查找搜索、分类列表显示、节目预告浏览、收看直播节目、收看点播节目、收看新闻节目、节目详细信息显示、用户收藏、用户互动、用户评论等功能。

6 运营思路

通过对网站的运营，既能够体现内容的价值，又可以补充内容生产及平台运营方面的投入，实现良性的发展。

首先利用视频植入广告、网站植入广告等多种形式向前端收费，支持图片、视频、文字、图文链接等各种广告形式；在为免费用户服务的基础上注册专业服务会员；播放器支持移动、联通、电信等接入点，方便用户包月观看节目，也可以按次点播或下载节目。

利用手机支付功能，通过移动运营商协议，实现用户的认证、定制、关联、计费、统计、管理、提醒、内容推送等功能。例如与气象彩信、手机客户端、短信关联，为用户提供超值服务，也可增加短信互动功能、手机好友分享功能等。

与其他网络电视台、有线电视台、手机电视、CMMB 等合作发展。

7 结语

气象视频网建设可以有效解决当前面临的在省级电视频道播出天气预报资源不足的问题，拓展了气象影视宣传及打造气象影视服务品牌的阵地，其社会效益及业务效益远远大于经济效益。伴随视频网的建设，必须组建一支强有力的技术团队，不断开拓创新，确保信息量和节目的互动性，确保节目保持可持续的活力，才能保障气象视频网健康发展。

浅谈气象影视节目在互联网上的传播优势

梁　晨

(河南省气象影视和宣传中心,郑州 450003)

摘　要

本文通过对气象影视节目在公共服务中的发展现状以及互联网的高速发展的分析,探讨了应将二者紧密合作的趋势。并从百姓对天气预报节目关注度非常高;在互联网播出可以不受时间段约束,增强时效性;扩充预报内容,节目更丰富;风格多元化,吸引观众群等方面对气象影视节目在互联网上播出的传播优势进行了阐述,进一步分析了拓宽传播平台的重要性和对新时期气象影视在公共服务中的作用的提升。

关键词:气象影视节目　公共服务　互联网　优势

1　引言

随着我国经济社会的快速发展,新时期气象影视节目在公共服务中的作用越来越大。它不仅对人们的日常生活提供参考,还能为安全生产保驾护航。但同时,许多地方的电视天气预报节目收视率却远不如从前,受众群体也大大流失。究其原因,与互联网的兴起不无联系。

随着网络时代的到来,越来越多的人开始利用互联网来获取与外界的联系、了解信息,智能手机、平板电脑的广泛使用更使这一现象普及,尤其以越加依赖网络的中青年人最甚。同样,天气预报这种信息量大、即时性强的消息源,也被越来越多的互联网使用者用网络所获取。传统的电视天气预报类节目播出的时间相对固定,如今忙碌的生活节奏让许多人可能错过了电视气象节目的播出,于是便捷的网络就会变成他们了解天气情况的首选。

在传媒行业高速发展的今天,气象影视节目也应该积极扩展传播方式,在网络如此强盛的背景下,有效利用自身的优势,使公共服务的效率更高、影响力更大。

2　气象影视节目在互联网上播出的现状

目前在我国比较有名的天气网站有:天气在线、中国天气网、中央气象台网等等。这其中不乏我们气象系统的门户网站,网站的数据更新及时、数据信息量大,点击率和受关注程度高;但是我们不容忽视的一点是:如果由主持人出镜,通过生动形象的文字语言和丰富的肢体表达,把生硬的天气数据传达给网络受众,要比只看到单一的数据会更有说服力,也更吸引人。

现在有的气象系统的门户网站中也有出现气象影视节目视频的,但往往都没有放在打开页面后比较显眼的位置,有视频链接的往往也不太醒目,不容易在第一时间被发现。这在一定程度上说明,气象影视节目在网络上的发展还没有被大家重视。

另外还有一个现象也值得深思：在现有的有气象影视节目视频的气象系统网站中，许多视频也往往都是把在电视台播出的日播栏目直接拿来使用，我认为这一做法是不太可取的。首先每档气象栏目在策划之初都会有不同的栏目定位，会根据不同的播出平台、受众群体、播出时间设定栏目的方向和内容；不同的栏目定位决定了不同播出背景下的栏目内容是不尽相同的。其次之所以要利用互联网来扩充气象影视节目的传播途径，很重要的一个原因是因为在互联网上播出有它特有的优势。接下来我们就来分析一下气象影视节目在互联网上的传播优势。

3　气象影视节目在互联网上播出的优势

2.1　百姓对天气预报类节目的关注度非常高

衣食住行是与人们生活联系最为紧密的事情，而天气会直接影响人们的穿衣、出行！打开全球最大的中文搜索引擎—百度，在网页搜索栏上任意输入一个城市的名称，网络就会随机出现一连串关于这个城市最热门的相关搜索，相信使用过的朋友们都有体会："天气"一般都是出现在最前面的词！这说明天气是百姓非常关心的话题，而天气预报类的电视节目也势必是最受关注的节目类型之一。

表1是2005年7月份北京地区主要频道的收视率排行，从这个图表不难看出北京卫视的天气预报节目以17.4%的超高收视率位列第一，不仅远远高出排名第二的电视节目，甚至连中央台的新闻联播也望尘莫及。

表2是2010年7月份北京地区主要频道的收视率排行，在这张排行表上，天气预报节目的收视率仍是第一，但当年大幅领先的优势已不复存在，这和我们前面提到的网络的快速发展有一定的联系，但也有自身的原因。这几年电视传媒业在快速发展，各家电视台都在为争抢收视率不断创新，而气象影视节目由于处在气象系统与电视台中间，二者关系十分微妙，所以若想留有足够的空间去发展，不是易事。所以这就需要我们拓展传播平台，而网络相比电视台能够给我们更大的空间。

表1　2005年7月北京地区主要频道节目收视排行

排名	节目名称	播出频道	平均收视率(%)
1	天气预报	北京卫视	17.4
2	实况足球－2005德尔皇马中国行中国校园绿茵杯皇马北京现代对抗赛	中央台五套	10.4
3	城外诚法治进行时	北京台三套	10.3
4	北京新闻	北京卫视	9.5
5	转播中央台新闻联播	北京卫视	7.6
6	特别关注	北京卫视	7.5
7	黄金强档－前门楼子九丈九（1－36）	中央台八套	6.5
8	电视剧－武当（15－30）	北京台二套	6.4
9	电视剧－仙剑奇侠传（1－33）	北京台四套	6.1
10	黄金强档－国家机密（1－14）	中央台八套	5.9

表 2　2010 年 7 月北京地区主要频道节目收视排行

排名	节目名称	播出频道	平均收视率(%)
1	天气预报	北京卫视	13.94
2	2010 年世界杯 1/4 决赛:德国 VS 阿根廷	中央台五套	13.52
3	治安播报	北京电视台科教频道	8.04
4	大家说法	北京电视台科教频道	7.42
5	北京新闻	北京卫视	7.13
6	法治进行时	北京电视台科教频道	6.91
7	穷妈妈富妈妈（7－27 集）	北京卫视	5.62
8	杜拉拉升职记（1－20 集）	北京卫视	5.14
9	尖峰时刻第二部	中央台六套	4.95
10	你永远不会独行（20－25 集）	北京电视台影视频道	4.69

2.2　不受时间段的约束，增强时效性

天气预报具有很强的时效性，阴晴冷暖瞬息万变。而通常在电视台播出的天气预报节目只有固定的时间段，时效性就会变得相对滞后。在互联网上播出天气预报节目，可以实时更新预测结果，充分利用天气预报的时效性，在第一时间通过生动的视频节目把预测结果及时传达，进而更好的发挥天气预报的作用，提高气象影视在公共服务中的质量。

2.3　可以扩充预报内容，使节目更丰富

许多气象影视节目的工作者都有这样的苦恼：每天在电视台播出的日播节目时长短，觉得还有好多内容没有表达完，时间就不够了。电视台留给气象节目的时间相对较少，而如果利用互联网播出是没有这方面的困扰的。

在电视台播出的内容由于受到时长的限制节目大都只有几分钟的时间，节目内容很难有所发挥。但天气预报所涉猎的范围信息量极大，预测结果也可能瞬息万变，这显然不是每天几分钟的节目就能传达给观众的。但是如果气象部门能够在互联网这个平台上制作气象影视节目，就可以有更多的题材、更多的内容能够选择。例如，现在在电视台播出的气象影视节目其内容大都只涉及短期预报，如果在互联网这个平台上做气象影视节目就可以更多地从天气的相关背景、天气可能带来的具体影响（甚至是精细化预报）、更多更全面的预测数据、科普气象知识、生活提示、加强与观众的互动等方面去展开。这样不仅能使公共服务的作用更大，还能拉近与受众之间的距离，增强互动与交流。

2.4　风格会更多元化、吸引更多的观众群

随着社会的发展，传媒节目的风格在不断地发生着变化。更具亲和力、轻松、生活化都是观众收看节目的需求。经常收看电视节目的人不难发现，近几年包括中央电视台的新闻联播在内的许多王牌节目，都在不断寻求创新和改变。从主持人的播报风格、服装造型、文稿内容、编排顺序等都有着向更具亲和力、更加人性化的方向发展。

在此期间，各地的气象影视节目也在不断地寻求突破。以央视的天气预报为例，增加新主持人、女主持人尝试穿裤装，改用“黑匣子”更换背景图、在文稿措辞上更加注重口语化等。这些

改变都获得了不错的效果，但如果论及节目风格改变却不大，虽已形成固定观众群对它的喜爱，但也有部分观众期待着有些新鲜感。

目前我国电视台播出的气象影视节目，风格相对单一，这就需要另寻一个新的传播平台供其他风格的节目发挥。互联网是一个相对自由的传播平台，它对传播作品的风格没有过多的约束和限制，不论搞笑、夸张、严肃、活泼都可以大胆地进行尝试，这样既可以满足一些观众多样化风格的需求，也可以吸引更广泛的观众群，从而进一步提高气象影视节目的关注度。

2.5 互联网已成为大多数人获取消息的首选方式

如今互联网的载体更为多元化，除了电脑外，智能手机、平板电脑的使用越来越广泛。这一方面可以扩大互联网的使用群体，另一方面智能手机、平板电脑便于携带的特性也使网民可以随时随地地使用网络，增加了人们对于网络的依赖性。在生活中可以看到这样一幕很有意思的画面：人们随时随地都在低着头生活，下至3、4岁的儿童，上到40、50岁的中年，不论是走着、坐着、吃着饭，都低着头摆弄手中的数码产品，因为他们都在依赖着这些网络载体获得资讯。

通过这一幕就可以看出，当下的人们有多么的依赖网络为他们提供的便捷。互联网与人类的生活越来越紧密了，而且趋向于生活化的发展，而天气作为影响生活的重要因素，势必与互联网应有更加紧密的联系。人们选择通过互联网了解天气，而天气预报节目也应选择互联网作为将气象信息传播给受众的重要平台之一。

3 结语

综上所述，通过互联网获取天气预报的信息将是未来的趋势。各地的气象服务中心应积极打造自己的门户网站，重视网络视频的播出，重视气象影视节目在互联网这个高点击率平台上的传播。也只有有了自己的播出机构作为有力的依靠，有一个能自己掌控播出的平台，才能更便于气象影视节目在公共服务中发挥作用，提高其影响力和公信力，为社会的发展做出更大的贡献。

气象微博在公共气象服务中的发展初探

罗　艳　璩　瑛　王传辉　朱　桦　杨关盈

（安徽省气象局，合肥 230061）

摘　要

微博为信息传播带来了新的方式与变革，气象微博基于微博这一平台发布与传播天气信息，是气象影视服务的新发展。通过对气象微博具有的特定用户群、时效性强、形式与风格个性化、互动性强的特点进行探讨，提出气象微博在新时期气象服务中的发展建议：针对社会公众需求，开展气象微博工作，加强气象微博管理，加大重视力度，充分发挥微博优势，开发新的气象微博产品，推动气象服务事业的发展。

关键词：气象微博　受众　公共气象服务

1　引言

微博，作为一个新的媒体传播方式，正在中国兴起与发展起来，这场“微革命”改变了传统的信息传播格局，使得微博成为重要的传播方式和途径，其社会影响力也在逐渐增强。

现阶段，电视天气预报节目、气象短信、报纸、广播等都已趋于成熟。随着社会的发展，气象影视服务也在不断创新。气象微博的兴起为气象影视服务带来新的发展空间，对微博的气象服务工作探索与创新，发挥其特色和作用，是今后公共气象服务事业的发展重点。可以预见，作为新时期气象影视服务的创新，气象微博为社会和公众将会创造潜在的价值，带来气象服务的社会效益、经济效益和生态效益。

2　目前国内气象微博的发展

目前天气预报与气象信息的传播方式与媒介主要有：电视、报纸、网络、广播、短信、电子显示屏等方式。而在网络这个大的信息媒介中，随着微博的兴起，气象微博也随之孕育而生，并开始发展起来。

微博，是一个基于用户关系的信息分享、传播以及获取平台，用户可以通过 WEB、WAP 以及各种客户端组建个人社区，以 140 字左右的文字更新信息，并实现即时分享。气象微博，基于微博这个新平台，向社会与公众发布天气预报及气象信息。

当前国内气象微博主要有气象部门建立的官方气象微博、新闻媒体的微博、气象主持人和气象工作人员的微博等。内容上，官方气象微博以天气预报、气象知识为主，而相关新闻媒体发布的气象微博、气象工作人员以及气象主持人的个人微博以传达相关气象信息为主，风格上也存在着差异。总而言之，气象微博是基于网络在微博这个平台上发布天气预报等气象信息，为社会和公众提供气象服务。微博是时代的产物，在深入公众生活的同时更在改变着人们的生活方式，成为新的信息共享、传播及获取的平台。气象微博逐渐成为气象媒体传播的“新宠儿”。发展气象微博也成为公共气象服务事业的一项新课题。

3 气象微博的特点

气象微博作为一个新兴的气象传播媒介，与传统媒体相比，有其自身的特点，利用其独有优势的同时，也为公共气象服务事业和媒体传播的发展引领了新航向。

3.1 拥有特定的用户群

微博，存在着关注与被关注的关系，而是否关注则是由用户群自由选择与决定。这一设定说明微博的用户群是信息的主动获取方，因此很大部分的气象微博关注者即“粉丝”都是气象信息的需求者，能够并且希望通过微博来获知天气信息。

同时，网络的发展、智能手机的广泛应用、微博相关技术的发展等都为微博的发展提供了技术支撑，不断增加了微博使用的用户群和便利度。微博的迅速发展使得微博的“粉丝”数量是可观的，且通过转发又能将信息传播给更多的“粉丝”，在微博这一平台上信息在更大的范围传播。

3.2 时效性更强

除了直播节目外，电视天气预报节目大多是提前制作的，每天的报纸也同样如此，因此天气预报信息存在“过时”的问题。但天气预报本身又非常讲究时效性，微博在发布天气预报信息时能很好地解决这一问题，其不受时间限制可以实时发送，时效性更强，并及时更新及变更重大气象信息、气象预警信号等，相应也提高了天气信息的时效性和准确度。

3.3 个性化

电视天气预报节目采用的是视频和图片，报纸和短信采用的是文字和图片，其他传统媒介发布天气预报信息的形式也是单一的。而气象微博则能够在微博这个平台上采用文字、图片、视频等多种形式结合的方式，并且微博语言表达多样，在风格上也有别于电视天气预报和短信天气预报等，以新颖的角度和个性化的方式去发布天气预报和传播气象信息。有这样一条很有意思的微博：“被台风中断的暑期热播剧‘盛夏季’又开始不断重播了！男主角‘高温’热情四射，女主角‘午后局部雷阵雨’让人捉摸不定，虽然他俩缠绵悱恻的爱情令人为之动容，但这样的苦情戏一再重播，实在让人受不了”（@上海市天气（上海市气象局官方微博））。这条微博的语言表达是当下流行的网络语，用时下流行的语言来表现天气预报个性化的话题，风格活泼清新，是目前微博的一大特色。

个性化不仅在传播主体，即微博的发布上体现，同时其“粉丝”也能对信息进行评论，表达个人意见，从另一角度体现了个性化，这也是微博另一特点“互动性”的产物。

3.4 互动性更强

目前的电视天气预报、报刊等媒介都是单方面向受众传播天气信息方式，难以及时获取受众的真实想法与反馈信息。而基于微博平台，受众不是被动的获取天气信息，而有其主动询问和质疑权，将其疑问、需求等通过微博的评论与转发功能予以反馈，增强了互动性。在互动过程中，进一步了解大众需求，及时对现有形式和内容进行改进，这也是气象微博事业发展的驱动力。

4 气象微博在公共气象服务事业中的发展情况与建议

气象微博的特点突出了气象微博的作用，体现出其在当今社会的地位和发展趋势。目前，我国多数地区气象微博工作处在起步和摸索阶段，如何开展气象微博工作和发展气象微博，将气象微博融入新时期气象影视工作中，如何通过气象微博来实现气象服务，这些都是气象服务工作人员需要思考和探索的问题。

4.1 调查公众需求，是气象微博开展的前提

作为公共气象服务部门，所提供的服务必须是以满足社会总体的最基本需求为第一前提，而社会整体对气象信息的使用和需求状况在特定的环境和时间下是有规律可循的。积极开展气象微博需求调查工作、了解公众需求是发展气象微博事业的前提和基础，各方面的工作仍需继续做，同时发挥气象微博的形式和内容的多样化和灵活性，更好地去遵循需求、满足需求。

4.2 加强规范化管理，提升气象微博影响力

当前国内微博存在着管理规范化不够和缺乏合理运行机制的不足，对于气象信息的发布，不仅有气象部门的官方微博，还存在其他新闻媒体以及个人传播的气象信息。官方的第一手资料在由其他媒介传播时可能会经改动或被延时等，对气象信息的准确度、时效性可能存在一定的偏差。气象微博发展作为公共气象服务事业的重要组成部分，气象部门应加强管理，安排一定的工作人员发布与管理微博，对于评论中的疑问等一些反馈信息给予回复及重视，将微博其互动性的特质发挥好，更好地为公众与社会提供气象服务，提升气象微博在社会和公众中的影响力。

4.3 加大重视力度

电视和手机覆盖率高，这一类传统媒体的发展已比较成熟与完善。在影视服务工作中，一些地区的气象微博只是附带工作，与电视天气预报节目和气象短信服务工作相比，重视度不够，但随着网络的发展与微博的兴起，气象微博在公共气象服务工作中的贡献度在逐步提高，加大对气象微博的重视力度，将气象微博作为独立的一项工作予以实施，是气象服务事业的发展需求。

4.4 充分发挥微博优势

微博拥有特定的用户群，时效性和互动性强，功能多样，对于发布天气信息的气象微博而言，如何充分发挥这些优势是气象微博工作的研究重点。

4.4.1 抓住时效性，贴近公众生活

目前在国内，除了气象频道可以实时更新短期、短时天气预报，电视天气预报、报纸等都不能够及时更新，而气象微博可以随时更新气象信息，第一时间发布短期、短时天气预报、气象灾害预警信息以及相关防御指南。气象微博在传播短期、短时天气预报以及气象预警信号等时效性较强的气象信息时具有相当大的优势，气象服务工作应充分利用和发挥微博平台的优势，发

展气象微博。

据调查，公众关注气象信息的高峰期是在晚间(18:00－20:00)，次高峰期在早晨(6:00－8:00)，这与公众的生活方式有关。在早晨这个次高峰，早间电视天气预报节目的时间是固定的，这样的电视节目对于上班族而言，在时间和便利度上存在不足；早间报纸天气预报的信息又可能“过时”，大部分气象网站也是在固定时间更新天气预报，微博平台则提供了一个时间域较为宽广的媒介，可在早晨第一时间更新天气预报信息，为上班族等特定人群提供可靠的、及时的气象信息。气象微博几乎不受时间限制，只要社会公众有意愿，通过微博这一途径，就能获取最新的气象信息，为其做生活安排和计划出行都提供了参考。因此，充分利用微博的优势，抓住时效性，不仅提供最新的天气实况资料，同时可以加入其他生活元素，使得微博成为“让气象服务更贴近生活”这一目标得以实现的途径之一。

4.4.2　充分利用微博功能，丰富气象微博产品

目前电视天气预报大多以天气实况和天气预报为主要内容，气象知识和气象专题多见于气象频道、报纸、气象网站上。气象知识的发布与宣传也是气象微博的发展中不可或缺的一个内容，目前社会和公众对于气象知识的需求呈上升趋势，受众不再局限于对天气预报信息的获取，也逐渐有广大公众群对天气预报的预报理由及相关气象知识产生兴趣，公众对气象知识的需求度提高也就对气象服务有了更高的要求。气象微博是一个很好的普及气象知识和展开气象话题的平台，利用其互动性和个性化的特性，让更多的受众了解气象、认识气象、理解气象、支持气象。

目前国内的一些气象微博如@气象论坛、@中国天气网等等，其作为气象信息的一个传播途径和平台，主要将电视天气预报视频、天气信息文稿、重大气象灾害预警信息等整合在微博平台上，加入对气象知识的宣传。作为气象服务事业的一个重要组成部分，气象微博在此基础上应发挥出自己的特色，更要有新的发展。对于气象微博的发展，除充分利用微博优势传播传统气象产品，包括短时预报、短期预报、上下班天气预报，完善生活、健康气象指数外，更要丰富气象微博内容，加入气象知识的宣传与普及、气象新闻事件、气象专题等，集文字、图像、视频等多种元件，添加生活、生产、专业性等元素。开发新的气象微博产品，是今后气象微博发展的动力和重点。

微博功能的多样性为气象微博的发展提供了条件，当下热门的微博直播、微话题的讨论、微访谈等为气象微博提供了发展空间，对于新的气象产品的开发和气象服务发展提供了一个新的方向。电视直播实现了高时效性，微博直播增添了互动性，受众可以根据直播内容实时提出疑问与意见，及时反馈，微博直播可以更好地实现服务宗旨。

4.4.3　引导社会舆论，获取社会支持

北京“7.21”暴雨事件在社会上产生了很大的反响，但也有对气象部门不利的舆论，反映出社会与公众对气象部门及气象工作的了解不够全面。此时，官方气象微博向公众传递了正确信息，对于公众存在的认识误区给予官方的说法，许小峰副局长也在其微博上就社会质疑给出相关说明及解释，正确引导网络舆论，让社会和公众对气象有一个全面、正确的认识，以取得公众对公共气象服务工作的理解和支持。

总而言之，微博语言、形式的多样化，不像电视天气预报和短信那样受约束和局限，不仅发布气象信息，同时能向受众展示气象人员的工作及相关信息、气象事业的发展情况，让社会和公众通过这样一个有效突进以一个全新的角度去了解、认识气象和气象事业，促进理解和沟通，有助于树立良好的气象事业形象。

5 结语

(1)微博为气象信息的传播提供了一个新平台,微博拥有特定的用户群、时效性更强,体现个性化,增强互动性,这些微博特点让气象服务更贴近生活,满足需求。

(2)目前国内气象微博工作尚处于起步与发展阶段,存在一些不足,如何将气象微博工作做好,发挥其在新时期气象影视服务工作中的作用,仍需要进一步的研究与探索。对于气象微博工作的开展,做好社会公众需求调查是前提,加强微博管理和加大重视力度,认识到其社会重要性,充分发挥微博优势,得以创新,最终实现气象微博的价值和在社会上的贡献,促进气象影视服务的发展。

把气象微博作为一个新兴的传播媒介对待,使其成为气象传播事业的一个重要组成部分,是气象影视服务工作义不容辞的责任。目前气象微博正处于探索和发展阶段,还需进一步完善,使其与电视天气预报、短信等传播媒介相辅相成,推动公共气象服务事业的发展。

参考文献

[1] 骆月珍,谢国权,钱吴刚,等.2011.对气象微博发展的几点思考.浙江气象,**32**(4):29-31.

[2] 韩佳芮,叶谦,田青.2007.公众对气象信息需求的规律与公共气象服务.干旱气象,**25**(2):82-89.

[3] 雷瑛.2012.气象微博及其在公共服务中的发展建议.安徽农学通报,**18**(6):138-139.

[4] 高晓斌,翟娟,闫靖靖.2011.气象微博在陕西公共气象服务中发挥的作用.陕西气象,(6):40-42.

[5] 梁晓妮,雷 俊,周亦平.2011.微博在气象服务中的应用探析.浙江气象,**32**(3):37-40.

[6] 陈红玉.2010.由突发事件看微博的传播机制.传媒观察,(8):45-46.

[7] 黎健.2009.公共气象服务的认识和思考.浙江气象,**30**(4):7-13.

[8] 陈恒明,朱平,陈静等.2011.广东天气微博传输气象信息服务的效益研究.安徽农业科学,**39**(31):19478-19480,19501.

[9] 徐弋加,周雅,杨守伟等.2012.微博问政若干问题的研究综述.教育教学论坛,**20**:1-3.

[10] 将洪梅.2011.微博客的特点及其舆论影响力.新闻爱好者,(5):85-86.

公共气象服务的“微”思考

罗永夔　韩世刚

（重庆市气象服务中心，重庆 401147）

摘　要

在微博开始流行后，信息传播的方式也在悄然变化，各地气象部门纷纷开辟了自己的官方微博作为新的服务阵地。不过从目前情况来看，我们的服务方式和效果还需要进一步加强，同时它与传统传播渠道之间还缺乏融合。本文主要论述扩大微博影响力，加强传统服务媒体与微博的融合，从而提高公共气象服务的效果。

关键词：公共气象服务　微传播　传统服务渠道　融合

1　引言

新媒体时代，“微”字当道，微博、微信、微电影等等新的网络传播方式如雨后春笋般涌现，传统媒体面临着“微”的挑战。微传播流行有其原因：社会受到海量信息冲击，然而对个人而言，如何迅速找到自己感兴趣的有用的信息呢？微传媒为大家提供了一个便捷的途径。它的传播是将信息进行精炼的剪辑，只保留最有吸引力的一句话、一张图片或一段音频或视频，方便接收，也方便在更大范围内传播；同时微传播因其载体的特点，还拥有强大的互动性，每个人既是传播者也是受众，大家处在一个平等交流的平台上。所以，也有说法称微传播开辟了一个“自媒体”时代。

目前，全国气象公共服务的主要渠道仍然是传统媒体——电视、报纸、手机短信等。虽然传统媒体仍然是主流媒体，但是目前微传媒依靠其鲜活、直接、开放、平等的特点有逐步壮大之势。据第十一届中国网络媒体论坛透露，截至 2012 年 3 月，中国微博客用户已经超过 3 亿，微博已经成为微传播的主流。各媒体早已意识到微传播的冲击，纷纷开始在“微”时代中抢占自己的一席之地，几乎所有媒体都在微博中，开辟了自己的官方微博。全国各地气象部门也不例外，大家也在积极拓展公共服务领域，开辟各自的官方微博。

意识有了，阵地有了，如何开辟新媒体时代传媒领域的“蓝海”是我们做好气象公共服务值得思考的问题。

2　扩展“微”领地 扩大影响力

目前，在全国影响力最大的新浪微博中，和气象相关的官方微博有近百个，但是关注度最高的不是气象部门的官方微博，而是有专业服务团队的“新浪天气”，其粉丝数量超过了 85 万。在气象部门的官方微博中只有广东天气超过 50 万，包括国家局在内的大部分气象部门官方微博粉丝数量都在10万左右。当然，微博的影响力不只是与粉丝数相关，不过粉丝关注度也是影响力的一个重要指标。

与其他成熟的官方微博相比，公共气象服务的“微”影响力更显得不足。要更好地做好服务，在微传播中把微博变成“威”博，我们还需不断提高自己的“微”影响力。

2.1 抓住重大气象事件 让微博变成“威”博

第一支专业的追风队伍，曾经在全国引起热烈的讨论，当时人们认识了华风集团，知道了气象频道，同时也树立了自己的气象权威。同样，我们可以利用重大气象事件的传媒活动在微博中树立自己的气象权威。当有重大天气过程时，我们的官方微博能够立刻建立相关话题，及时发布全方位、多角度的专业气象服务信息及产品，在第一时间抢占注意力高地，赢得关注。另一方面，在真假信息漫天飞的网络传媒中，我们也要树立自己的权威，给受众正确的引导。这就要靠我们的专业，在微博上，气象专家要积极与受众之间进行互动，为他们答疑解惑，同时也可以通过展示我们的各种专业技术服务手段，来建立自己的官方权威，获得更多的关注。

比如7·21北京特大暴雨，现场信息由微博率先发出，其中新浪天气微博对此持续关注，并通过微博实时收集整理现场资料，发布最新气象、交通等信息，并与粉丝互动交流，解读天气，获得了微博用户的积极响应，粉丝数量迅速上升。

2.2 积极互动 连续跟踪服务

平等、互动，作为“自媒体”的微博有自己独特“亲民”特点，这一特点还被用在美国总统竞选拉票当中。2008年，作为竞争对手的奥巴马和希拉里都在Twitters上建立了自己的微博。奥巴马粉丝有近15万，而希拉里只有不到1万人，是什么造成这种差距呢？奥巴马在粉丝关注他的同时，也关注自己的粉丝，而且还会参与粉丝互动，而希拉里几乎没去关注自己的粉丝。我们看到在微博阵营当中，奥巴马胜利了，最后他竞选也成功了。微博的传播是“裂变式”的，15万的粉丝会为他裂变出多少支持的票数呢？

虽然我们是官方微博，但是在微博这个“全民媒体”的平台当中，我们必须放下身段，积极参与、平等交流。特别是在当前我国气象科普工作并不深入的情况下，互动交流显得尤为必要。比如，经常我们在微博的评论中看到关注者觉得我们的实况气温与他们自己测量或者体感温度相比偏低不少。这在气象部门看来是一个很简单的问题，但是大众并不了解，我们就可以抓住受众的普遍疑惑积极回应，以网友身份交流，同时普及温度测量的科普知识，持续解答他们的疑惑。这样真诚的交流，会在获取更多关注的同时，树立官方形象。

2.3 利用自有传统媒体 造势宣传

我们的传统媒体有我们固定的受众，我们可以在节目中宣传我们的微博，让我们的受众成为我们微博的粉丝，同时他们也可以成为我们重要的宣传力量。目前热播的大型节目《非诚勿扰》和刚刚开播的《中国好声音》都在加强自己的微传播宣传，目前关注《非诚勿扰》的粉丝已经突破350万。但是这些宣传都不是为了宣传而宣传，他们利用大型活动可以把传统媒体和微博结合起来进行宣传，让受众有参与感，自然会对传播对象进行持续关注。

我们也可以做类似的活动宣传，比如我们每年在做的重大气候事件评选活动，可以在传统媒体上宣传，由微博投票进行参与。利用重大天气事件，让大家加入微博，参与讨论，这样也可以起到扩大粉丝数量的作用。

3 利用“微”的特点为传统媒体造势

3.1 用微博包装节目

央视著名财经节目主持人芮成钢在新浪微博中拥有超过 400 万粉丝，其中也不乏名人政客，他在每次节目播出之前，都会把本期节目的重点、要点、播出时间在微博中提前宣传。从粉丝中挖掘铁杆观众。

目前，我们的官方微博往往是以预报和实况内容为主。对于我们自有的传统媒体很少提及和宣传。其实，我们完全可以在微博中发布一些主持人现场出像、节目录制的现场画面，这些是一般受众平时看不到的内容。利用微博的特点，宣传我们一些天气预报节目台前幕后的工作，既让大家有了新鲜感，也达到了宣传节目的效果。

3.2 用微博解释节目

2005 年《人民日报》发表的重要评论《论三贴近》中就讲到，“贴近群众”，就是“说群众想说的话、想听的话。”时代在变，媒体载体在变，群众想说的和想听的话也在变。这种变既体现在话语内容上，也体现在话语形式上。有些不便或不能及时在传统媒体上发表的言论，我们可以通过微博来完成。

比如对天气预报误差的解释，我们就可以充分利用微博。现代天气预报是通过一系列数理方程通过大型计算机复杂计算而得到的预报结果，由于建模过程总有一定的误差，不能完全消除，因此没有 100%准确的预报结果。这时候，我们可以利用微博平等、灵活，亲近性强的特点，就误差做出科学的解释，并且放下身段，与他们互动交流。这样，我们有了一个及时解释偏差的官方阵地，同时也多了一个新的服务渠道。

3.3 用微博和节目互动

微博之所以流行，是因为它开辟了“自媒体”时代，人可以在这个平台发出自己的声音，为多元化社会的个性化表达找到了适当的宣泄空间。传统的传播方式，大多是单方面的理解和接受，很难得到受众反馈的感受，缺乏交流感是传统服务方式的一大缺陷。微博中，人际传播不分主从，只是平等的点对点的传播，受众和传播者都是双重意义上的。可以说，微博中的人际传播和传统媒体的传播方式相比，更具有交互性。受众可以在几乎同一时间内表达自己对某一事件的意见，并且同时又可以作为传播者，把自己的感想传播出去。

对于我们传统的公共服务渠道而言，适应多样化的社会和个性化的需要，在保持自己权威性的同时，利用自己的官方微博，第一时间倾听受众的声音，接受他们建设性的意见，及时解答大众疑问，这样的交流、互动显得尤为重要。通过“微”传播与传统传播方式的交互，不仅可以形成涵盖虚拟空间与现实世界的媒体话语体系，将媒体在现实世界的影响力扩展到网络的虚拟空间，而且可以通过微博传播，将网络中潜在的粉丝转化为现实世界的观众。可以形成更大的影响力平台。

前不久在报道伦敦奥运的直播节目中，央视体育频道已经开始了这一类型的节目。在奥运报道中，加入微博参与板块，与观众和网友互动。既活跃了节目形式、丰富了节目内容，也引得了观众的关注。

4　加强媒体融合 提升服务效果 扩大服务领域

在信息技术不断发展的时代，我们公共气象服务传统媒体变革是必不可少的，传统的手段也必须更新。在服务的渠道上要与新媒体，尤其是要与拥有大量受众资源的网络进行融合。气象公共服务的传统媒体与微传播的融合也是其发展过程中至关重要的一步。在信息获取能力方面，微传播的代表微博，凭借着网络的快速传播能力、裂变传播方式、广泛的微博用户等优势掌握着相当丰富的信息资源，而且这些信息资源对于公众来讲是全面可知的，是公开的，而且整个微博的信息发布平台对于任何一个人来说是平等的，它对所有人全面开放；在信息接受程度方面，虽说传统媒体所承载的信息量少，但是基于人们对其高度认可的态度，传统媒体对于公众来说有着较高的权威性。所有，总的来说，二者在信息的传递过程中均有利弊，我们在公共服务上要将微传播与传统媒体进行融合发展，不仅可以让传统媒体在信息时代更具竞争力，也提升了服务的效果和扩大了服务的领域。同时也可使微博得到更好的发展，更具生命力。各个媒体在发展过程中都有自己的特性或信息传播的模式，在融合的过程中，必须确保自己的特性与优势，才能优劣互补，共同发展，提高公共气象服务的效果。

参考文献

[1]　李玲.2011.微博时代传统媒体的挑战、机遇与对策.理论研究，(3).

[2]　张建军.2011.传统媒体如何开微博——媒体微博应用的战略和战术.新闻战线，(3)：16-19.

[3]　李良荣.1997.西方新闻事业概论.上海：复旦大学出版社，121.

[4]　刘杨.2010.微博客：自媒体时代的话语快乐.今传媒，(1).

[5]　刘建明.1988.基础舆论学.北京：中国人民大学出版社，151.

新媒体对新型电视气象信息服务模式构成的影响

董丽丽　朱定真

（华风气象传媒集团，北京 100081）

摘　要

新媒体是数字技术革命和媒体变革大趋势中的产物。气象信息作为实用性最强的信息之一，新媒体技术必将对它的传播造成巨大影响。气象信息要想广泛传播，必须顺应潮流，丰富信息，提供个性化人性化服务；同时气象电视媒体需要开拓传播领域，利用全媒体平台，采用新技术手段为受众提供更贴心更精细的服务，带来新型服务模式。

关键词：新媒体　瞬时传播　群体传播　全媒体　服务模式

上世纪传播学大师麦克卢汉曾经提出"媒介即信息"，在传播学界引起热议。21 世纪新媒体的崛起从另一角度补充了该定义——新媒体以技术手段为核心——这就决定了媒介信息从初端到终端都已经成为新技术的受益者，也是被制约者，技术手段成为了媒介的一部分。新媒体已经成为媒体格局中的生力军，互联网、手机报等新媒体的异军突起，不仅打破传统媒体一统天下的格局，而且在覆盖面、到达率乃至影响力方面，渐渐呈现出后来居上之势。

气象信息作为实用性最强的信息之一，新媒体必将对它的传播造成巨大影响。顺应新媒体发展潮流，利用新技术手段为受众提供更贴心更精细的气象信息，是气象更好地为百姓生活起居，防灾减灾服务的必然趋势。本文将对新媒体对电视气象信息传播带来的新型传播模式做出论述。

1　新媒体潮流中，气象信息指向性群体快速传播将成为常态

在三网融合背景下，手机、平板电脑更是信息传播的重要途径。仅就天气信息一项，手机新媒体就有多种传播方式。除常见的天气手机报外，某些品牌手机都安装了内置天气软件如苹果手机的天气插件、HTC 内置的 Google 天气软件等。其中 Google Maps 地图服务除查询地址、路况、卫星照片等，特地增设"天气图"功能，该功能可以实时显示全世界各地的天气概况、温度、风雨、卫星云图等信息，受众点击地图瞬时就可以得知世界各地的主要温度、风雨等天气概况，简单方便。新浪微博首页也经常会有天气预报软件下载或者购买提醒。这些新媒体技术使得预知天气只需手指点击、触碰，与卫星发射同步，大大改变了传统气象信息传播的方式。

总体而言，手机、平板电脑、网络等新媒体让受众得到气象信息的渠道更多，速度更快。除了以上常规的气象服务之外，新媒体技术的应用对防灾减灾也提供了更好的服务。每当遇到突发灾害性天气如台风、强对流、寒潮来袭，当地政府和相关部门都会对该区域内的居民群发预警信息，尤其在受天气影响较大的我国东南沿海地区手机短信已经成为通知当地渔民安全转移、回港避风的重要手段。

适应新媒体潮流，建立全方位的新型气象服务模式，更好地服务百姓，这就要求气象信息发布部门应该加强与电信公司、手机生产商之间的联系。“惰性”的气象信息通过“主动”的传播渠道变被动服务为主动服务，从信息源到信息传播途径实现多方位绑定服务，“指向发布”更是能够第一时间直接向受影响区域“贴身”服务。同时，电视媒体直观、权威还可以和网络媒体快捷方便构成双重优势。

2 新媒体的分众服务能力，促进气象信息更个性化、人性化

虽然传统电视天气预报节目依然深受百姓欢迎，每晚中央电视台七点半新闻联播后面的天气预报依然是亿万家庭的必然守候，天气预报也依然是国内收视率最高收看人数最多的电视节目，但是电视观众年龄构成越来越呈现出老龄化。通过电视收看气象节目已经逐渐成为中老年观众的选择，年轻人更加倾向于更快捷方便的手机、网络等新媒体，随时随地得到想要的信息。

面对具有“全天候”实时传播能力的新兴媒体，气象信息传播必须改进思路。首先信息本身应该更加丰富，针对新媒体用户的特点，增加发布数量和发布频次，让各类用户都能及时接收到最新的，多频次、精细化的气象信息服务。除此之外，增加多个部委合作的气象衍生灾害信息的发布。2008 年 5 月汶川地震之后，很多观众打电话到中国气象局，询问地震信息。这虽然源于部分百姓混淆了各大部委职能，但也说明在百姓心中气象、地震、海啸、地质灾害、病虫害等自然灾害没有职能界限，都是公众服务的一部分。气象信息发布机构应该加强对气象衍生灾害的防灾减灾，服务百姓的意识，加大与民政部、国土资源部、水利部、农业部、地震局、海洋局等相关单位的合作力度，打造一个主综合服务的权威平台。

新媒体的崛起，既给气象信息传播带来了压力，也带来了动力。虽然目前受众获取气象信息的途径变多了，但大部分信息都比较同质化，并没有体现气象现代化带来的专业气象信息产品的多元化、精细化的真正水平。这就暴露了一些问题，第一，大城市比如省会、直辖市、景点城市提供有当地预报，但是县级市和更小的区域普通受众就无法搜集到准确天气信息。第二，目前气温预报多以一天三次的最高最低气温为主，没有更精细化信息。很多观众都会认为最低气温会出现在夜里或早晨，白天气温逐渐升高，因此出行之前会大多根据早上天气情况选择着装。但遭遇突发情况往往令人措手不及。2012 年 2 月 6 号北京市最低气温恰恰出现在白天并且是中午前后，当天 4 到 5 级风让气温白天持续下降，这使得一早出门没有准备的人叫苦不迭。该类不规律性天气的服务点恰恰是为公众服务的增值点。个性化服务，不仅内容要更加丰富，也应该更加专业化人性化：专业化就是做到人有我精，个性化就是人无我有。“只要有提供信息的地方，就有天气信息的提供”，事实上，随着人民生活水平的提高，公众对天气信息比一般的信息要求更高，因为该类信息的实用性以及对公众工作生活的指导性更强，也正因如此，建立全方位的满足公众多元化需求的新型服务模式刻不容缓。

气象信息利用专业优势，对客户提供有针对性服务方面是可以学习一些国际经验的。在这个领域，美国天气网和天气频道做得比较到位，他们大多都有订购用户服务：大部分预报服务是面向订购用户的，非订购用户不能享受该类服务。用户通过 E-mail 账户和密码进行登录，登录后才能看到这些服务，在设置兴趣点时，用户可以设置多个地点，输入不同的街道、城市和邮政编码，这些地点可以起一个名字，例如家、办公室、运动场所、学校、旅游点等等，系统保存这些地点，方便用户查看这些地点的天气信息。除此之外，笔者还研究了美国天气网站和频道往往包含预报、重大天气、旅游、户外运动、手机下载等十几个频道；预报内容包括疾病预报、农业预报、

海洋预报、美容预报、瘦身预报、家庭计划预报、花粉预报等。户外活动更精细化到了露营、钓鱼、野餐、烤肉甚至校园足球等。目前国内唯一的专业气象频道即《中国气象频道》在精确化服务上做出了很多尝试和努力，该媒体应该借鉴美国等发达国家较为成熟的气象专业媒体经验，提供更加人性化的分类服务以区别于其他的非专业类媒体，以便在竞争中占据优势。

3 新兴的媒体传播途径，推动新型电视气象信息服务模式的完善

面对新媒体发展，气象信息除了丰富内容之外，必须“借路跑车”以增加传播渠道，提高服务影响力。比如“来自手机短信这种信息提取会非常便捷，而且它是一种人情味十足的一对一的指向服务。”而传播速率的大幅提高使得视频信息也能够让手机用户及时分享。电视、移动媒体、网络共同享有信息的局面正在形成。

所有技术手段的使用和创新都是为了受众能够得到更多的服务。气象信息发布尤其是中国气象频道这类专业电视媒体平台在重视内容建设的同时，应该注重加强技术保障和渠道建设。比如，气象频道的电视服务内容应该向适宜传播视频信息的不同媒体渠道提供分类服务，达成“内容集约”，“成本节约”的良好制作、传播态势。电视本身是传统媒体，而数字电视是新媒体，所以气象频道兼备传统媒体和新媒体的双重特性。这就要求频道的后台技术建设必须过硬，网络、3G 先进技术同步应用。技术手段过硬才能使得用户获得良好的视听感受，新媒体对新技术运用提出了前所未有的高要求，满足受众的感官需求和内容需求变得同等重要。

视听新媒体是数字技术革命和媒体变革大趋势中的产物，新媒体的产业规模即将步入高速发展期。据预测，2012 年公共视听载体收入将超过 100 亿元，年均增长 20%左右。“十二五”规划提出，要加快转变经济发展方式，推进经济结构调整；实现电信网、广播电视网、互联网“三网融合”，构建宽带、融合、安全的下一代国家信息基础设施。在视听新媒体产业内部，产业合作将更加广泛深入，共同推动产业发展迈上新台阶，走向新繁荣。在此大环境下，新媒体新技术与气象信息一经结合，必将对气象信息传播产生巨大变化，迎来飞跃式发展。

参考文献

朱定真等. 2010. 气象服务信息有效传播能力探讨. 气象科学，(4)，522.

二、气象频道建设

浅析气象生活类节目的多样化发展

马艺菲

(华风气象传媒集团，北京 100081)

摘　要

本文通过对中国气象频道一年来，气象生活专栏节目在表现形式、气象知识与节目的结合等方面的创新、发展进行了分析。根据气象频道生活专栏节目所呈现的活泼、市场化、气象与生活结合的多样化的特点，以气象频道的《四季养生堂》、《风雨名人汇》、《谈风说水》节目为例，提出了气象生活类节目在创新方向、方法、方式上的一些粗浅看法。

关键词：气象生活　市场化　多样性　发展

1　气象频道生活专栏节目的多样化发展过程

自 2006 年，中国气象频道成立以来，就有了分析、报道重大天气气候等自然灾害事件，在第一时间准确、科学地发布灾害性天气气候事件的预警预报信息，为减灾防灾服务的定位。六年来，通过及时传播天气、气候在内的地球环境监测预测及影响评价信息，达到了为社会公众提供日常气象及相关信息咨询服务的目的。然而这些传统气象节目的形式，如天气预报类节目、天气新闻类节目、气象访谈类节目，在电视节目的传播过程中显得程式化、缺乏生动性、灵活性、趣味性。在这样的需求下，气象生活专栏节目诞生了。

2008 年，作为气象生活专栏的第一个成员，《四季养生堂》节目在秋分日和观众见面了。这档节目以 24 节气天气物候变化为线索，由知名中医专家、中医文化传播人徐文兵大夫讲解了天气、气候与人体健康之间的关系，通过解读传统中医养生法则，让观众了解到自然对人的重要影响、人类活动恶化自然环境后对自身的反作用，使观众树立起人与自然和谐发展的观念。节目面世以来受到各地观众的欢迎，几年来，询问节目内容的热线电话千余通。《四季养生堂》节目的相关书籍、影音产品已于 2009 年度出版发行，迄今书籍加印 2 次，并在香港出版发行。

2010 年，气象频道大力推出了“四季”生活服务短篇系列共约 220 期，其中《四季爱车行》通过生活中常见案例，分析不同天气条件对爱车的外观、性能方面的影响，并请专业人士提供简单易行的解决方案；《四季妙家居》列举了四季变换中、温度、湿度、紫外线强度影响家居生活的实例，分析了不同类别的家居产品所具备的不被人们了解的特质，指导观众正确选择适合全家的家居产品；《四季真美丽》则更为贴近年轻爱美女性的需求，将不同的天气类型进行进一步细分，教女性朋友正确选择和制作护肤用品，提倡自然美的观念。

2011 年，又一档全新的栏目《风雨名人汇》，在气象频道和观众见面。名人，包括艺人、运动员、艺术家、作家等等，他们的名字观众耳熟能详，他们是观众银幕上的朋友，特殊天气条件往往给他们的事业起到了推波助澜的作用，或者是为他们的生活增添了画龙点睛的感悟。这样的电视节目，观众喜欢看、容易接受，是具有观众缘和市场的，而它的定位本身，又不脱离气象频道大的定位。因此，这个讲述名人背后天气故事的栏目，引起了一些媒体投资人的兴趣。在整个频道中，虽然不是中流砥柱，但却令人耳目一新。

2 浅析气象生活节目的多样化

在电视行业内，气象影视并不像其他电视类别一样被人们熟知。中国气象频道成立以后，一直以数字媒体的方式传播，相对于传统的公共频道而言，目前，除了个别娱乐性特别强的频道，如高尔夫频道、HBO 家庭影院等之外，数字媒体并不占明显优势。

相对于其他数字频道来说，气象频道，因为其专业性的特点，而具有一定的特殊性。加之在企业立足点和企业经营方面的特殊性，决定了气象频道并不是完全以市场作为主导。然而，即便如此，走向市场、开拓市场、拥有自己的市场份额，依然是气象频道始终不变的目标，在气象生活类节目几年的成长、发展之后，事实证明，市场也需要气象生活类节目。

2.1 气象生活节目多样化的市场需求

2011 年 8 月，由中国广播电视协会主办的第四届中国广播电视传媒论坛"主流媒体的社会责任"在黑龙江省大庆市举办。中国气象频道气象生活组作为全国健康生活节目联盟的一分子出席了此次论坛。在全国各地的保健养生类广播电视节目大放异彩的形势下，中国气象频道，这个最为年轻的电视媒体，凭借虽然时长只有五分钟，却短小精悍、内容丰富的《四季养生堂》吸引了兄弟媒体的目光。在会上，栏目出版的书籍《四季养生法》被其他生活类节目的主创人员争相传阅，也有一些媒体高层经营者，对未来与气象频道的合作产生了兴趣。

中国广播电视协会生活类节目分会的董会长，再三对中国气象频道的气象生活节目作为崭新的力量加入中国健康生活联盟表示了欢迎。

事实证明，即便数字平台的专业化频道具有自己一定的特殊性，但是依据自己的频道资源打造出来的具有气象频道特色的生活服务类节目，同样可以得到同行业兄弟媒体的认可，得到观众的认可。而拥有更多样化的优质气象生活类节目，对气象频道知名度的提高、对于频道整体节目质量的提升、对于气象频道品牌的打造，都有非常现实的意义。

2.2 打造多样化的品牌栏目

想要在市场的竞争中赢得一席之地，优质的节目才是重中之重，只有将现有知名度高的节目质量加以巩固，并有更令人眼前一亮的新节目的诞生，气象生活类节目才能在百舸争流的形势下异军突起。对于中国气象频道气象生活组来说，一巩固、二创新，这两个动作，让未来的道路清晰而明确，

2.2.1 节目形式的多样化发展

从 2008 年到 2011 年，《四季养生堂》走过了第四个年头，四年中，制作节目约 500 余期，拥有自己的固定收视群体，拥有书籍、光盘等出版发行物，也获得过中国广播电视总局颁发的奖项。然而对于大的电视市场来说，仅有的这些还是不够的，节目还存在如下问题：

节目时长过短，在创立之初，过多地考虑新媒体的营销需求，而限制了节目的篇幅，造成了节目虽短小精悍，却不能将更为复杂的问题说透，也没有举一反三的空间。

节目制作手段过于简单，整个节目使用的拍摄手法、电视表现元素、包装手段都趋于简单，

在一个简约的节目中，虽然明晰，却也有“不足”之感，仍待加强。

互动不够。市场上的健康生活类节目，无论是广播节目还是电视节目，都具有很强的互动性，这是赢得观众的有效手段，而对比之下，个人宣讲式的节目仍不免稍有自说自话之感，需要进一步的改进。

针对以上问题，2011 年《四季养生堂》在保证日常节目运行的情况下，在增加时长、改变形式、启用虚拟包装等方面都做了长时间的尝试，不断根据尝试的结果来调整节目改版的方案，也在此过程中明确制作人员自身提高的方向。

2.2.2 节目内容的多样化突破

2011 年，在老牌气象生活节目《四季养生堂》从成熟走向再创新的同时，另外一档气象生活类节目《谈风说水》也进入了筹划阶段。风水学，古代也称为堪舆学，现称居住环境学，几千年甚至上万年来人们不断地总结居住环境的优劣到了汉唐时期就形成了很成熟很系统的中国风水学理论。通过风水，人们把流动的能量聚集起来，为生活创造更为良好的环境。

在人民生活水平不断提高的今天，人们除了温饱更加关心起生活质量和精神世界的提升，例如媒体上的国学热、养生热就是这一需求的体现。同理，关心居住环境，改善居住环境，也必然是人们生活中重点关注的内容。有需求便有了市场，中国气象频道作为一个专业的平台，没有谁比这里更了解“风”和“水”，没有谁比这里更懂得自然环境对人居的影响。因此，在集团以及频道领导的带领下，这档由风水学者和气象专家碰撞，用气象科学知识来解析传统风水禁忌的大型访谈节目应运而生。这不仅是中国气象频道的创新，也是中国电视行业的第一次。

2.2.3 传播平台的多样化应用

2010 年，中国气象视频网成立，内部资源的有效共享，使中国气象视频网和中国气象频道成为了同气连枝的两个并列的气象类节目播出平台，也正因为如此，气象频道所制作气象生活类节目被大量的网民所熟知。2011 年，中国气象视频网“天气拍客在行动”活动正式启动，这个活动提倡人人拿起手里的手机、相机来拍摄自己身边的天气实况，讲述自己和天气的故事，人人都来做天气拍客，人人都来当气象达人，从天地万物变换的细微之处，了解世界之美、感悟生活之美。活动启动后，应者云集。为此，气象频道又利用气象视频网这一资源，策划了全新生活科普类节目《天气拍客》。

依靠新的媒体资源展示自己的节目，利用新的媒体资源创造新的栏目。提供气象生活服务产品的同时，又将对方的资源作为自身的养分去开发新的可能性。新媒体既是传播平台，同时又成了生产资料的提供者，这种内部资源的整合方式，也是一种多样化应用的体现。

3 气象生活类节目多样化发展趋势

随着中国气象频道的发展，更多类型的气象服务类节目将进入观众的视野，并为人们所熟知。对于形式、内容都最为丰富多样的气象生活类节目而言，在节目各个层面的多样化发展都有着宽阔的可操作空间。不同角度、不同侧面、不同受众的细分也为我们节目未来的发展提供了更多的可能。这要求从业人员具有更高的素养，不仅要在节目所涉及的专业上下工夫，更要开拓思路、涉猎广阔，将专业的气象学知识以最恰当的方式切入节目之中。虽非通篇都在讲气象，却能成为画龙点睛之笔，并且把气象服务内容成功地转化为观众喜闻乐见的表现形式。唯其如此，才能使得气象生活类节目保持已有水准，并不断提高自身向着个性化、分众化、多样化的方向迈进。

让我们的气象预报节目“炫”起来

郑 君 王 蕊 郭 伟

(华风气象传媒集团,北京 100081)

摘 要

气象影视节目制作和发展已经有30年的历史了,但是随着节目制作水平、技术设备的不断提高,天气预报节目依然没有摆脱过去固有的模式。本文是对中国气象频道参加第八届全国气象影视服务业务竞赛创意预报类一等奖节目《非常连线》创新的总结与思考,包括内容方面和技术方面。希望能从这档基于气象频道的播出平台而打造的创意类节目身上,探索到更多的气象节目创新的模式和意义,以及对未来气象预报节目的影响。

关键词:创新 内容 技术 气象预报节目 思考

我国气象影视节目从20世纪80年代初诞生至今,已经经历了三十年的发展历程。在这三十年中,节目种类不断增多,制作水平不断提高,技术设备不断更新。然而由于开路频道受到节目时长、节目定位的限制,无法承载越来越的气象信息产品,节目形式也比较传统和单一,不但出现节目内容同质化的问题,很多气象预报节目也只是简单的信息罗列和堆砌。

而作为观众来讲,虽然天气预报在生活中很重要,但是由于节目信息传递的简单性,让观众感觉更像是在“听”天气预报,而不是“看”电视天气预报节目。尤其是近几年,随着网络和通信技术的发展,天气预报获取手段也在不断拓展,相比传统的电视和广播,网站和手机反而能够更方便、快捷、迅速地获取最新最快的天气预报信息。

内容上失去吸引力,时效性也相对滞后,已经大大降低了天气预报节目的竞争力。可以说,电视天气预报正在面临着制作的瓶颈期,需要更多的创新才能保持持久的生命力,才能给观众提供最及时、有用的电视气象服务。

1 节目制作背景

相比开路频道,中国气象频道作为全天候播出的、以“防灾减灾”为宗旨的公共气象服务重要平台,无疑在节目时长、节目形式等很多方面拥有更大的空间。

目前,中国气象频道的节目设置是以直播大时段为主体节目框架,同时融合气象生活资讯、科普专题、本地化节目、热点访谈等在内的多形态频道节目体系。特别是依托中国气象局省、市、县的气象影视队伍,建立了覆盖全国的气象新闻采集网,31个省(区、市)最新的天气信息和气象新闻素材,可及时传递给中国气象频道播出。

而直播大时段节目作为预报预警信息的主要发布平台,在地方记者站的协助下,遇到突发天气可以随时直播并与前方连线,将天气现场的画面实时传递给观众。

不仅如此,气象频道目前无论是图形图像还是制作技术都是处于世界先进水平,这样的节目设置、制作平台，无疑为电视气象预报服务开拓了思路，为节目形态创新提供了广阔的空间。

而2011年举办的第八届全国气象影视服务业务竞赛所设创意类节目评比，给我们提供了试验平台，让我们对节目的创新可以有更多的思考和尝试。

2 节目内容介绍

中国气象频道的天气预报节目究竟如何创新？如何充分发挥电视节目特点，增强气象预报节目的可视性？如何利用好气象频道这个大平台呢？

华风集团副总经理朱定真认为，节目一定要立足中国气象频道的特点：第一，要能表现频道第一时间发布预报预警信息的迅捷；第二，要能体现专业气象频道的权威；第三，立足防灾减灾的宗旨，节目内容设计围绕突发灾害性天气事件展开。

根据该思路，我们开始对《非常连线》节目进行构思。利用目前频道现有的演播室条件和直播大时段的经验，我们将这档节目设计成新闻性较强的直播气象预报节目，由演播室主持人、气象专家和追风小组现场报道记者三方相互配合、从不同角度向观众传递最新信息。由此，为这样的三点连线式的信息传递节目起了一个《非常连线》的名称。同时我们还设计了如下主题：一个预计最大风力达18级的超强台风"银河"将在我国台湾登陆。一个超强台风将带给登陆区域什么样的影响？下一步的发展趋势如何？利用最权威的专家和数据将这些观众最迫切想了解的问题解读出来，利用最先进最炫的技术将这一切向观众展现出来，让观众在需求信息获得满足的情况下得到最大的视觉享受。这就是时长为3.5分钟的《非常连线》所要呈现给观众的。

3 把握观众收视心理，实现针对性的内容创新

受众定位是节目创新的基础，任何一档电视节目在制作之前，首先都要有一个明确的受众定位，才能依据受众需求决定节目的内容。

在《非常连线》中，我们将自己设计为观众，并且给自己设定了这样一个身份，那就是"身处台风将登陆区域、被一种未知的灾难情绪所笼罩的观众"。传播学理论认为，人们会选择那些跟自己意见接近或者自己感兴趣的信息接触，这个叫做"选择性接触"。从这个角度出发，很多包装和内容上的选择便迎刃而解。换位思考，作为这样一个观众，他收看气象预报节目的心情是紧张、不安而略带急躁的；将这种心情分解开，就是观众迫切地想知道最新的台风动向以及未来的发展趋势，因为这和他的生活息息相关；当然，他还会分辨这个资讯是从哪里来的，因为他需要最权威、最准确、最专业的气象预报资讯。

需求牵引服务，沿着观众这样的收视心理和心情脉络，《非常连线》的节目节奏风格明确了，信息传递的脉络清晰了。

3.1 与观众建立共鸣

我们确立了稍快略带紧张感的节目节奏，并将这种节奏感贯穿于整档节目，不但表现台风到来前形势的紧张感，并与观众收视的心理状态尽可能吻合，建立一种信任感。"节奏源于观众的心情"，这样的共识在节目创作初期就已经在创作团队中达成。作为一档灾害直播节目，这样的快节奏不但能体现出新闻事件的重要性，同时也能体现第一时间发布的快捷性。

3.2 权威发布，权威解读，请观众放心

在节目一开始，我们即把处在气象预报信息观测、分析、发布等中国气象局气象服务各个业务环节的职能单位以及追风小组的现场画面，通过一组“短平快”的镜头剪接组合。

中国气象局——卫星气象中心——台风与海洋气象预报中心——大气探测中心——中央气象台——追风小组——演播室——导播间，在这一连串的业务单位繁忙的工作画面中，辅之以字幕线条导引，告诉观众节目的气象信息源自权威的中国气象局，预报信息准确，请观众放心。同时，这样的镜头组合也寓意了中国气象局“政府主导、部门联动、社会参与”的灾害预警防御机制。

这样的设计，体现出我们直播中的所有数据都是国家最权威的气象信息发布机构刚刚新鲜出炉的，不仅如此，节目直播中还不断有最近的数据和信息送到，更能体现出气象频道“第一时间、最新数据、实时发布”的特点，而对于一些主播来不及口播的信息，通过字幕完成发布。

在节目中，通过主播和专家互动的形式引出对气象信息的分析。由台风专家进行权威的解读，从台风的移速、结构到带来的风暴潮和暴雨的影响，进行一一说明，特别是在节目中引入增水风险评估模型和城市内涝风险评估模型(虽为设想，但也是观众的实际需求)。作为还在设想中的最新预报数据产品能应用于节目中，不但体现了气象频道作为国家的防灾减灾的重要信息发布平台人无我有的权威性，同时还能促进该数据产品尽快地研发应用。

3.3 丰富的信息量，尽可能满足观众的各种需求

目前随着气象产品的不断丰富，我们有越来越多的信息可以发布，但由于节目时间有限，而且出于对节目可视性的考虑，即使在气象频道这样一个较为广阔的平台上，也不可能将信息完全的罗列出来，一一地详细解读。

但是，为了尽可能多角度传递信息，满足不同观众的不同需求，我们在主屏上开辟了三个小视窗，将三维雷达图、追风小组现场同步画面、台湾地形图、24 小时累计降水预测图、台湾宜兰现场实况画面等大量不同形式的信息从三个小视窗中同步向观众传递。其中也包括主持人等工作人员繁忙的节目录制准备画面。同时通过字幕条将一些预报预警信息展现。借此也向观众传递一种信号，我们气象预报人员的心情和你们一样，我们迫切地想第一时间告诉你们尽量多的关于该台风的各类信息。多视窗的应用极大地提高了信息传递效率，也使得演播室主播画面充满了节奏感。

3.4 全面展现演播室和节目制作场景，满足观众的好奇心

节目开头，展示了气象节目制作的各个环节；节目录制过程中，不断有工作人员与主播繁忙的工作画面通过小视窗展现给大家；而在节目最后，以主持人和气象专家面对面沟通的小全工作场景逐渐拉开至演播室大全景结束，演播室工作人员尽收其中。观众在获得信息的满足感的同时又发现，原来节目的制作环境是这样的，进一步增强观众对节目信息的信任程度，同时也凸显中国气象频道制作实力。并且，节目头尾画面呼应，中间又有小视窗的画面贯穿。在节目结束时，同样以三个小视窗将中国气象局另外三个公共气象服务重要平台：中国天气网、中国气象视频网以及移动气象终端一一展示，既宣传了公共气象服务的三大平台的品牌形象，又彰显了中国气象局多渠道服务社会的能力。

4 技术创新,全新技术支撑,预报效果更直观

该节目在第八届全国气象影视服务业务竞赛赛场播出后,几乎所有评委和同行都认为,节目观赏性极强,图形比较炫。而这正是我们创作这档节目的初衷:就是要充分利用电视的画面感,抓住观众的眼球,让观众从"听"天气预报,转变为"看"天气预报,让气象预报节目有用、好看,这也是广播、网站、手机所无法取代的电视节目的独特优势。

为了达到这样的效果,我们会同图形制作专业人员,对目前采用的 weathercentel 软件功能进行了深度的开发应用,同时利用三维动画技术制作了模型,对灾害后果进行模拟,将大量的气象数据通过电视直观的手法表现出来。虽然是短短 3.5 分钟的节目,但我们在节目制作过程中开发应用了多项技术:3D 雷达反演的台风结构内部降雨展示,红外云图的动态、立体显示,台风流场数据动态演变,利用全球高分辨率地形高程数据模拟洪水淹没区域的三维图像,利用三维动画模拟城市内涝情况等。尤其是建立的增水风险评估和城市内涝风险评估三维动画模型,让观众对于气象专业数据的认知和理解更直观。

5 《非常连线》的意义、不足与思考

作为基于气象频道这个大平台上对节目创新的一次尝试,通过《非常连线》节目的制作,也让我们得出一个结论,其实制作这样一档非常炫的天气预报,从技术水平、制作能力、数据支持这几个角度,我们都已经具备。也就是说,以现有的实力,我们完全可以打造出这样一档节目来,只是这样的节目相对制作周期较长,目前还不适合用在日常节目中,但是作为特别节目播出是可以尝试的。

而在内容方面,这档节目让我们明白了一点:天气预报节目完全有可能在时长有限的情况下表现出更多更丰富的内容,只要通过精心的设计和布局,即使信息量非常大,也可以做到不是简单的内容堆砌,而是有条理有脉络、有主有次的信息发布和解读。同时,面对着广播、网络、手机的竞争,依托中国气象局的信息资源,利用气象频道这个平台,我们同样可以做到第一时间发布,保障节目的时效性。

而作为电视节目,其独特性和竞争力就在于画面。我们一定要利用好电视本身的功能,丰富地展现各种信息和图像,吸引观众的视觉,这是广播、网站和手机都不具备的功能,也是电视天气预报节目所独有的核心竞争力。如果不能充分利用视觉元素,还是像以往让观者以听为主的"看"天气预报,只能弱化电视节目本身的功能,从而让我们的竞争力越来越弱。

作为一档创新的节目,《非常连线》带给了我们很多收获,我们更希望将此次尝试的结果应用到以后日常的节目中去,而不仅是单纯地参加比赛。希望这次尝试带来的经验,能让我们以后的电视天气预报节目真正的"炫"起来。

参考文献

庞兰.2011.带着镣铐 舞出精彩.气象影视技术论文集(七).北京:气象出版社.

天人合一　共谋养生大计

张小怡

（华风气象传媒集团，北京 100081）

摘　要

随着传媒竞争的加剧，气象影视节目在发展的道路上有巨大的操作空间，我们在满足观众个性化收视需求的基础上，还要针对观众越来越精深化的兴趣提供更深层次的节目内容，创造更多更好的品牌节目。本文以气象频道比较受关注的气象健康类节目为研究对象，从节目的定位、策划，以及市场推广等方面做出分析，希望根据受众需求从不同角度制作出精良节目，发展繁荣气象影视。

关键词：气象影视　天气　健康　市场

天气是个大舞台，气象影视节目完全可以加料做"大菜"。中国人民大学舆论研究所所长喻国明先生曾指出："从市场角度来讲，天气预报是人们必看的一个信息资源，将天气预报拓展开的节目自然能吸引观众，这是一个不争的事实"[1]。可见，丰富气象影视节目是大势所趋。

从目前的气象节目市场研究来看，现在越来越多的人不仅仅关心天气预报节目，更多的关注气象科普、服务类节目，像农业气象、交通气象、军事气象、旅游气象、健康气象等等。而与其他气象影视非主流节目相比，现在气象健康节目，如《健康物语》、《四季养生堂》等备受宠爱和关注。为什么气象健康节目会独领风骚？它们有怎样的特色和特点？本文就当前气象健康影视节目发展现状，提出几点粗浅的看法。

1　气象健康节目首先要有充足的市场分析和明确的市场定位

老、病、苦、痛是从古至今生命的重要命题，而养生活动更是受到从古至今所有人的重视，在不同的时代环境里，呈现出不同的面貌。

中国古代著名的《黄帝内经》是一部医学典籍，它着重说明了人类的疾病从何而来，来自气象变化？来自行星运动？然而行星运动决定着气象变化，气象异常则会发生流行性疾病，可见《黄帝内经》的神妙世界不是"养生宝典"这四个字所能概括得了的。其"神妙"之处更在于"天文"与"气象"这四个字。健康，永远都是一个时髦的话题。健康节目是一个巨大的市场。

其实，不管是从古至今，还是从国内到国外，普天之下人们的共同愿望都是追求健康长寿、远离疾病困扰。这没有国别之分，在各国均面临老龄化的今天，人们追求健康长寿的心更加急迫。当前，我国养生电视广播节目超过千家，受众关注度极高。眼下养生节目最红的北京卫视《养生堂》，已拥有接近 6 亿人次的收视人群。

据调查，在日本，养生类节目收视率一直高居不下，播出时长达 90 分钟的《电视加油站》（日本电视台第 4 频道）的健康节目，收视率曾一度高达 33.1％。在德国，140 多家电视台几乎都有养生类节目，每天至少有 10％以上的播出时间涉及健康话题。美国与英国还设置了专业频道，美国健康专业频道和英国的探索健康频道对每个健康主题的节目都会做详尽的再分类[2]。可以说，各国健康市场都呈现出一派繁荣的景象，各种养生信息、理念近乎爆炸。正因为中国气象频道播出的《健康物语》、《四季养生堂》节目，有了充足的市场分析，抓住了健康这个永远不会过时的话题，明确了市场受众定位，因此，在气象影视节目中占据了自己的一席之地。

2 天气是根本，气象健康节目必须立足“天气”

天气预知冷暖，天气也决定健康。阴晴雨雪、风云变幻，自然界的大宇宙时时刻刻都在影响着我们人体小宇宙。天热高温会中暑，天冷风寒会感冒。那么，气象健康影视节目更应该立足天气这个基本点。

如何立足天气，时刻变化的风、雨、阴、晴等天气现象、要素是一个方面；另一方面，一年二十四节气、春夏秋冬四季分明也值得注意。而这也与古人推崇的健康养生法不谋而合。养生必须遵照一定的准则：首先，顺其自然，养生是靠我们每个人按规律一点点地去做的；再者，掌握四季契机。春：生发之机；夏：生长之机；秋：收敛之机；冬：收藏之机。

气象频道播出的《健康物语》、《四季养生堂》节目，立足于四季气候规律，将健康与气候结合。如，春天告诉大家二月二放风筝；夏天如何清凉消暑；秋天如何贴秋膘防秋燥；冬天如何冬藏进补等等。

人与自然和谐的方法论，是中国优秀传统文化和中医学的重要组成部分。可以说，气象健康影视可能比天气预报更加重要，因为它直接关系着广大民众的身体健康。这也更能突出自身节目定位的优势。

3 气象健康影视节目要有自己的标志与特色

气象影视节目众多，要突破“重围”，在众多节目的竞争中占优势，就必须拿出自己的“特色菜”。气象健康节目《四季养生堂》关键之举在于创新。

3.1 创新之一：四季包装清新悦目

在包装这一点上，《四季养生堂》做足了功课，栏目包装，以凸显“四季”为特色，按照鲜明的四季特色，设计了整体包装，包括栏目片头、主持人背景、片花、字板等。既体现了栏目个性，又灵活的突出了四季分明的特点；既避免了审美疲劳，又使人入眼便能感受到身临其境的四季气息。也正是由于这种个性化的包装，成为《四季养生堂》区别于其他气象影视节目的特色。一贯的风格，一贯的清新，引起了受众的关注。

3.2 创新之二：“内容为王”——特色版块、特色主题

《四季养生堂》每期节目最后，会推出一个特定的版块——养生秘籍。这个小版块的创新之处，就在于将专家的独到观点进行总结，传递给观众，内容虽简短但精辟，让观众一看就能理解并且记住。在这个时长只有五分钟的节目中，此版块属于画龙点睛之笔，此环节的设置可以说是整个节目精巧的设计之处。

3.3 创新之三：主持人的个性与节目风格有机融合

与很多健康和访谈类节目形式不同，《四季养生堂》节目是单人宣讲式。主持人所拥有的知

识含量很自然地会表现在主持人外在的情态气质上。《四季养生堂》的堂主大多出生于中医世家，中医造诣非常之深厚。他们的出镜服装与演播室的景别布置、中医药文化的内在气质一脉相承。这让受众对节目的认同度和关注度有了更加深刻的印象。

4 气象健康影视节目的市场化发展和思考

4.1 打造精品节目，才有市场出路

现如今，电视媒体竞争激烈，养生话题异常火热，养生节目异常火爆，它一方面传播了健康知识与养生理念，提高了人们健康素养。另一方面，从目前国内现状来看，由于大家意识到养生节目的潜在上升力，都想努力打造自己的养生栏目，一窝蜂地跟进，使得健康养生栏目在样式和资源上呈现同质化趋势，一系列养生电视节目的"非健康"问题也开始暴露出来。如何做出令人眼前一亮的养生节目，如何做出健康有益的养生节目，如何吸引受众市场有限的注意力资源，最重要的还是要满足观众对于精品节目的需求。做到将节目的教育功能与文化内涵融合起来，才能达到寓教于乐的效果，这才是真正的市场出路。

4.2 找准自己的卖点和特点，寻找不同的推广方式

一个好的电视节目不仅关注电视媒体所能提供的资源，更希望以跨媒体的方式形成全方位的推广效果。比如，会考虑电视媒体在主要报纸和门户网站的信息发布量、在新媒体的点击情况、对手机短信及声讯电话的参与热情等等，希望借助这些媒体形式将宣传触达到各个年龄段、各个层面的消费群体[3]。找准气象健康影视节目最便捷和最有利的推广方式，是将市场与自己栏目特色相结合。比如将《四季养生堂》、《健康物语》等节目可以与广播、网络等媒体结合，建立良好的合作关系，进行有效的宣传与互动，不仅会更广阔和有效地提高信息覆盖面，也提高了声誉度。

4.3 打造自己的明星和代言人，维护好合作关系

创造市场价值，气象健康影视节目可以多合作或者培养一些气象明星或者气象专家，对他们进行包装和推广，参加频道宣传活动等等，并成为一些产品的代言人，这也不失为一种气象节目和气象频道开发市场的好办法。

5 结束语

气象影视节目是一个需要不断开拓和创新的大舞台。希望我们的气象影视节目在保持它权威性的同时，更要充分体现它的大众性；在保持专业性的同时，更要发挥它的服务性；在保持可信性的同时，更要加强它的多样性！

参考文献

[1] 魏峰.2005.电视气象节目的创新.新闻爱好者.(9).
[2] 张瑞红.2011.公益形象下少儿频道的市场化运营.视听界.(6).

气象频道插播风险及控制

马辛宇　王叶仙　程　莹

（浙江省气象服务中心，杭州 310017）

摘　要

随着本地化节目的插播，气象频道的播出安全问题也是比较突出的。本文从气象频道的插播风险及控制方面谈谈如何建立一个完备的播出系统，减少故障出现概率，缩短故障发现和处理时间，建立应急预案，增强故障控制和处理能力，提升安全播出水平。

关键词：气象频道　本地化插播　播出安全　风险控制　应急预案

引言

经过多次协调磋商，中国气象频道 11 月 1 日正式在浙江落地试运行并实现本地化节目插播。杭州的所有华数数字电视用户，只要打开 121 频道，就可以每天通过中国气象频道免费收看最新的天气信息。

浙江省气象服务中心秉承“以人为本、无微不至、无所不在”的公共气象服务宗旨，制作并插播了浙江本地化气象节目。浙江本地化气象节目每天从上午 7 点 26 分开始逢 26 分和 56 分播出一次浙江的最新气象信息，至晚上 22 时 59 分结束。节目内容包括浙江全省天气概况、未来天气预测、交通气象、旅游气象以及生活气象等。每当有重大灾害性天气影响浙江时，浙江省气象服务中心将随时在气象频道插播浙江本地的预报预警信息，这将极大地提高浙江重大气象灾害性天气的预报预警信息覆盖面和及时性，有效的提高浙江防御重大气象灾害的能力。

随着本地化节目的插播，气象频道的播出安全问题也是比较突出的。因为安全播出是电视技术发展的永恒主题之一. 如何建立一个完备的播出系统，尽量减少故障出现概率，缩短故障发现和处理时间，增强故障控制和处理能力，提升安全播出水平是每个气象影视技术人员必须深入研究的课题。本文从以下几点谈谈气象频道的插播风险及控制。

1　提高安全责任意识，规范日常操作流程

安全播出，指在广播电视节目播出、传输过程中的节目完整、信号安全和技术安全。其中，节目完整是指安全播出责任单位完整并准确地播出、传输预定的广播电视节目；信号安全指承载广播电视节目的电、光信号不间断、高质量；技术安全指广播电视播出、传输、覆盖及相关活动参与人员的人身安全和广播电视设施安全。

对于省级气象影视中心来说，节目播出是一个新的领域。在过去十多年间，气象影视部门都是以制作气象节目为主，确保每日气象节目安全地制作并传输。“安全意识”也仅仅处在“节

目制作安全"层面，播出责任则是由电视台承担。随着气象频道本地化节目插播业务的开展，如何保证节目安全播出也成为气象影视部门必须重视的问题。

首先必须提高安全责任意识，确立"安全是广播电视生命"的思想，加强安全预防和监督管理。严格执行《中国气象频道本地化节目安全播出管理暂行办法》(气减函〔2011〕73 号文)的规定，建立健全一整套关于本地化节目插播的组织、制度、业务规定和流程。

其次日常值班人员必须严格遵守相关的规章制度和操作规范，坚决杜绝一切随意和不规范的操作方法。节目加载(追加)后，认真核对检查节目播出串联单，查看节目素材名称、ID 号、信号源，播出顺序、时间等是否相符，转(直)播时要查看节目信号源是否正确等。随时关注、检查播出设备相应开关是否到位，线路是否正常，并及时备好应急画面或垫片等。如遇突发事故按相关应急预案处置，及时请示和汇报，做到不漏报不瞒报。发现问题，及时交流解决。认真与同事做好交接班工作，填写值班日志，对播出情况详细说明，以便下一班同事的正常工作。通过以上这些流程，从业务规范上确保气象频道及本地化插播节目正常播出。

2 加强值班人员培训，做好播出系统维护

气象频道本地化节目插播系统为全硬盘播出系统，由视频服务器、上载工作站、播出工作站、预监工作站和数据库服务器等子系统组成。系统主要以视频服务器为核心，完全采用网络化控制和管理。也正因为整个插播系统建立在数据库和服务器的基础上，计算机网络所面临的硬件安全、数据容灾等风险控制方法同样适用于插播系统。

对于插播系统来说，日常维护的最大难点就是在不中断正常插播的状况下完成对数据、网络的维护和管理，包括系统硬件、软件的维护和对系统的报警处理。为了做好这些，规避风险，必须做好以下几点：

2.1 坚持日常巡检

制作人员必须每月定时对各种服务器和相关设备进行有序巡视和检查，通过对设备面板的状态指示灯来观察设备运行情况，风扇、电源模块及镜像磁盘的工作状态。作好巡检记录，发现隐患及时维修。

2.2 做好视频服务器的维护

硬盘阵列的每一块硬盘的状态必须时刻得到密切关注。

2.3 数据的维护、服务器的巡检也是每月的规定动作

数据库服务器是硬盘播出系统中数据管理和存储中枢，系统的用户管理、权限管理，编单、上载、播出的全流程协调运营都是数据在应用层面的具体表现。对其进行科学的管理和维护是整个硬盘系统正常运行的必要保障。

另外，注意检查网络连接是否通畅，杜绝外来数据对网络的侵害。

3 建立播出应急预案，提高系统安全级别

中国气象频道本地化节目插播系统是一个 24 小时不间断播出的系统，为了提高系统安全

级别，插播系统中的主要环节都设计有一主一备的备份措施，这样就大大地增加了系统的安全性。但是仍然存在着主频道信号源、光纤链路、节目上载、信号切换等隐患环节。考虑到在日常播出中存在突发不安全因素，播出人员不但要熟悉整个系统结构和流程，还要按照事先建立的应急预案，灵活使用各种应急功能。能够在最短时间内采取正确的应急措施，处理好突发情况，保证信号不间断。以下主要讨论在这些播出隐患环节中遇到异常情况时 播出人员应采用哪些有效的应急处置，确保安全播出。

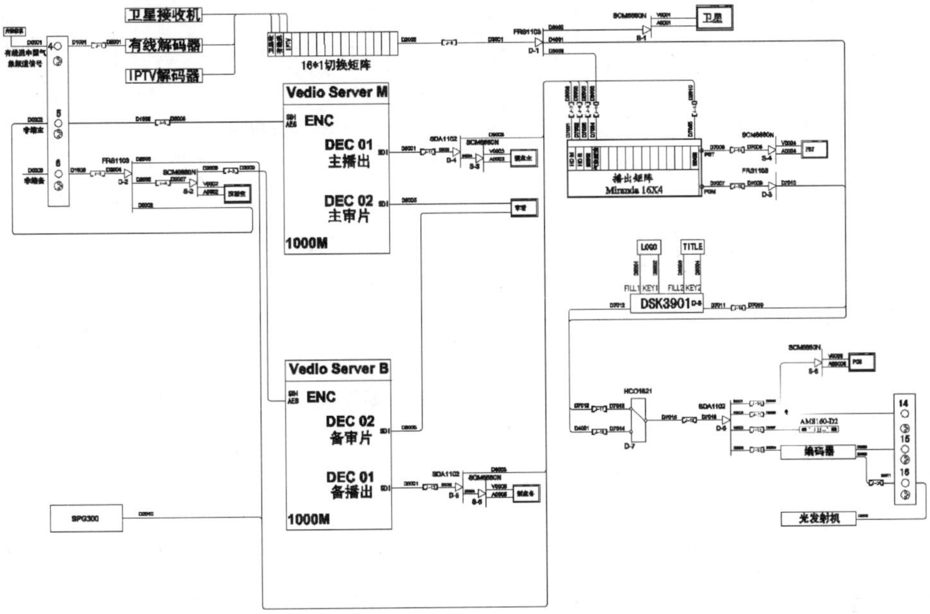

图 1　浙江省本地化节目插播系统视音频线路图

3.1　主频道信号源应急

在正常情况下，主频道信号都是我们通过卫星天线接收的，但是卫星信号容易受到雨雪天气、太阳活动等多因素影响，造成信号中断。为做好应急备份，有线数字网络公司同时接收卫星信号，通过地面光纤向我方同步传输主频道信号，一旦出现卫星信号中断等紧急情况，可通过16＊1矩阵切换信号源，保证气象频道主信号和插播节目的正常播出。

3.2　光纤链路应急

由于系统中光端机和编码器只有一套，造成光纤链路也只有一条，尽管我们租用了两条裸光纤，但是一旦上述设备出现问题，由于没有实时备份手段，插播后的频道信号仍然无法传送出，本地化节目的插播就更加无法实现。有线数字网络公司接收的卫星信号同时可以作为光端机、编码器、光纤链路等设备故障时备份应急处理，由数字网络公司直接将卫星信号进行播出，至少可以保证主频道信号的正常播出，尽量减少播出故障影响。

3.3　节目上载应急

在系统中另一个薄弱环节是节目上载。系统设计时仅配置了一台上载工作站，如果出现软件或硬件问题，则本地化插播节目完全无法上载，无法实现插播。事先制作几个科普片或风光片作为垫片，长度与本地化插播节目时长相同，一旦上载工作站无法正常工作，通过编辑修改主播出单，在插播时段播出垫片，可保证频道播出正常。我们在开播不久就不幸发生一次上载工作站硬件故障，由于及时采取上述应急方案后，避免了严重影响播出事故。事后，又多备份了一台安装了上载软件的工作站，可很快解决因硬件故障造成的上载问题。

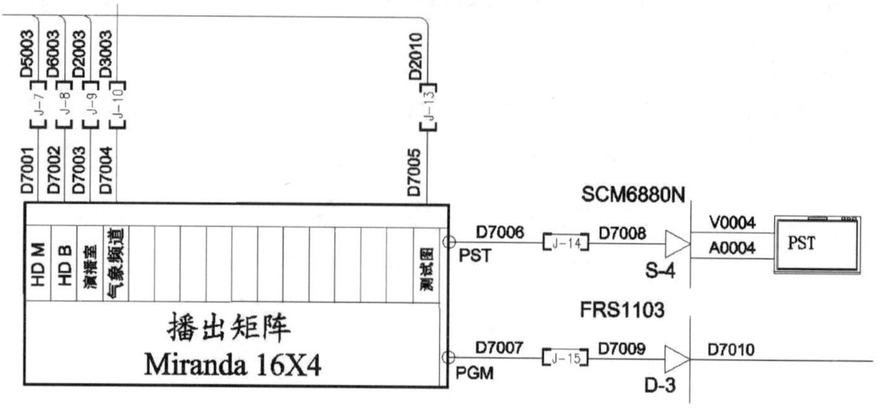

图 2　播出矩阵切换线路图

3.4　切换矩阵应急

切换矩阵的核心作用和硬件的唯一性造成在所有的应急方案中矩阵切换应急是最麻烦的。由于没有备份的切换手段，一旦出现问题，只能放弃本地节目插播，或者通过手工跳线进行节目插播。这点希望气象频道能早日修改系统设计，实现播出信号的切换应急。

4　结束语

加强播出系统的科学管理，确保中国气象频道本地化节目插播的安全播出是我们气象影视人员的神圣职责。安全播出管理的策划、建立和运行过程是一个复杂而艰苦的工作过程，也是一个探索、更新传统的管理理念和模式，不断创新的过程，相信通过我们不懈地努力，一定会建立起一个有效的管理体系，防御各种可能的安全播出风险，我们应该不断加强学习和完善管理，在业务熟练的基础上更要有丰富的经验，从工作中获得启发，扬长避短，努力做到安全播出，确保万无一失。全面提高安全播出管理水平，防范并控制好频道插播的各类风险。

参考文献

[1]　李欣. 2011. 于细节处见安全——浅析播出系统建设过程中的细节考虑. 现代电视技术.(1):137-139.

[2]　穆鹏，武旸等. 2011. 安全播出监测系统的设计与实现. 广播与电视技术.(1):89-91.

[3]　赵菊. 2011. 播出系统安全策略. 电视技术.(12):61-63.

[4]　张艳莹，赵学平等. 2011. 电视台硬盘播出系统的安全保障. 内蒙古广播与电视技术.(2):55-57.

[5]　陈煜，邓永斌. 2011. 广播电视安全播出管理体系建设. 中国传媒科技.(5):38-41.

[6]　徐俭. 2006. 省公共频道插播系统选择与构建. 有线电视技术.(2):51-56.

[7]　盛铁骏，张剑等. 2011. 提高电视节目的播出安全和播出质量的探讨. 现代电视技术.(5):44-45.

[8]　戴宏斌. 2011. 提升电视安全播出质量的新技术. 现代电视技术.(4):140-143.

多媒体环境下气象分析员现状分析和发展前景

黄蔚薇　吴　振　李　强

（华风气象传媒集团，北京 100081）

摘　要

近年来，电视气象服务受到新媒体的巨大冲击，电视天气预报的收视群体不断流失，急需寻找新的收视突破点。多媒体的大环境下，传统电视气象节目既面临新媒体的挑战，也恰逢机遇，气象分析员由此应运而生。本文从气象分析员的催生背景入手，分析气象分析员的现状和未来的发展道路。气象分析员需要加强气象信息服务的转化能力，增加气象信息时效性，借助新媒体平台提高影响力和传播效果，强化传统电视气象优势。

关键词：新媒体　气象分析员　电视气象服务　多媒体环境

1　气象分析员的催生背景

20 世纪 90 年代，随着我国第一位气象电视节目主持人的出现，电视气象主持人这一行业得到了迅速的发展。随着社会的进步，天气对公众的影响日益加大，观众对气象信息需求也在迅速增加。因此单向传输和侧重介绍结果的气象节目已经不能完全满足观众的需求，气象分析员这一崭新的分支应运而生，在越来越多的气象电视节目中担任天气解读工作。不过早期的气象分析员节目，并不是气象电视节目的主流，充其量只是有益的补充或点缀。

随着时代的变迁和科技的发展，网络、手机短信、手机电视、车载电视等越来越多的新媒体进入了普通人的生活，媒体之间的竞争也日益加剧，传统电视气象节目观众正在悄然流失。网络媒体作为一个拥有高技术含量的新生事物，有着与生俱来的优势，它同时集声、像、文字于一体，是一种真正意义上的“多媒体”，它的时效性、交互性、开放性，还有空间的覆盖能力，都是媒体竞争中的“杀手锏”。比起电视媒体，互联网完全不受播放时间和频道的限制，天气信息查询更加方便、全面，大众能够随时随地获得气象信息。中国气象局 2008 年进行的公众气象服务调查报告中显示，虽然气象服务行业里依然保持着电视天气预报一家独大的局面，但在某些观众群体中新媒体更具吸引力。30 岁以下的受访者里，有超过 30％的年轻人最常使用手机或网络来获取所需的气象信息。随着学历的提高和收入水平的增高，新媒体使用的比例趋向增大，将近 40％的本科及其以上学历的被调查者表示最常获取气象信息的渠道是手机和网络。

除了新媒体的挑战，电视气象服务行业内部也存在一些不容忽视的问题。大多数公共频道播出的天气预报节目存在气象服务产品结构单一，含金量不足，天气预报节目内容和形式单一等问题，再加上受到节目时长的制约，节目中的信息量不是特别大。并且我国气象服务的深度和广度都很有限，传统电视天气预报节目中，气象服务信息加工转化能力不强，从用户需求出发的产品开发工作相对滞后。

在新媒体和传统电视媒体之间竞争日益明显的大环境下，电视天气预报节目急需突破，寻求新的收视亮点。在这样的传媒背景下，气象分析员在电视气象节目逐步从非主流向中坚力量转变。气象分析员集气象编导、电视编导和出镜主持于一身，能够更快地发布和更新气象信息，提高传统电视媒体的实时性，增加媒体竞争力。如何捍卫传统电视气象服务的主导地位，强化电视气象节目的传播优势，既是电视人需要正视的挑战，也是气象分析员难得的发展机遇。

2　气象分析员的发展现状

2006 年中国气象频道开播之后，为气象分析员提供了一个非常好的专业电视媒体平台。从最初的《国家气象播报》、《天气快报》一直到 2011 年 7 月 1 日开播的《风云进行时》等节目，中国气象频道的出镜气象分析员队伍得到了越来越多的锻炼，几年里无论是出镜人员数量和节目质量都得到了长足的进步。

2.1　专家出镜节目时效性越来越强

早期的专家出镜类节目《国家气象播报》为录播节目，《天气快报》为主持人和专家互动的直播节目，而到后来的《风云进行时》已经演变为专家独自出镜的直播节目。节目制作周期越来越短，时效性则越来越强了。

2.2　专家出镜时间与频次大大增加

《国家气象播报》和《天气快报》专家出镜部分的时长大概在 2 分钟左右，每天的播出频次在 1～2 次。而到了 2011 年 7 月 1 日《风云进行时》上线后，直播节目的时长一下增加到 5 分钟，而且每天直播次数达到 5 次，直播总时长达到 25 分钟。

2.3　专家出镜节目的制作越来越集约

之前的气象分析员出镜节目中，需要电视编导制图方面的辅助。2011 年 7 月开始，气象分析员开始独立承担直播节目的制作，集电视编导、气象编导和主持人三种角色于一身，利用自身的专业优势和出镜技能，完成日常节目的制作，大大节约了节目的制作成本，也提高了直播的机动性，强化了突发性天气事件报道的实时性。

2.4　专家出镜队伍越来越庞大，经验越来越丰富

目前中国气象频道的气象分析员从之前的寥寥数人扩充到 14 人之多，其中 4 人还参与央视、凤凰卫视等公共频道的气象直播中。高密度的直播出镜锻炼使得分析员在面对各种突发天气变化和临时增加的直播的压力，都能从容应对。

3　专家出镜类节目存在的问题

在中国气象频道以及在报道突发天气事件的公共频道节目中，气象专家出镜已经不算少见。和非气象专业的主持人相比，出镜专家由于具备气象学专业的背景，往往能将更专业的气象信息传达给电视观众。但沟通和传播方面的欠缺、节目形态的老旧，使得不少气象专家出镜节目没有跟上日渐亲民的电视节目风格，白描叙述显得十分乏味，造成节目的观众满意度并不

高。就目前中国气象频道14个直播分析员自身的特点来说，已经具备自身独特讲解风格和专业气质的分析员寥寥无几，除了先天性格的制约以外，后天缺乏主持方面的训练，气象专业素质参差不齐也是重要的原因。

3.1 气象分析员还没有完整的选拔、培养，以及准入机制

作为气象电视节目的新兴力量，气象分析员完全是凭借摸索逐步培养出来的一支队伍。由于没有建立完整的选拔、培养机制，导致新人素质的提高全凭自身摸索，有经验的分析员素质的继续提升也遇到了瓶颈。分析员准入机制的欠缺，则导致专家出镜类节目水准存在波动。

3.2 气象分析员专业综合素质亟待加强

由于分析员队伍甫立不久，没有建立完善的选拔、培训体系，目前的气象分析员们无论在气象专业素质，还是节目主持技巧方面都存在可以提升的空间。

3.3 气象图形产品自动化程度低、美观度不足、种类不丰富

目前在专家出镜类节目中，使用到的图形自动化程度还是较低，这使得气象分析员在遇到突发性天气时，可能会因为图形自动化不高的影响分散精力，从而耽误了对灾害性天气报道的第一反应时间。在直播节目中，图形美观度的欠缺也使得节目看上去不够精致，专业程度打了折扣。另外，目前各类出镜节目中，气象图形产品种类偏少也使得节目看上去不够专业。

3.4 气象专家出镜类节目形式单一

目前气象专家出镜类节目最为常见的就是中国气象频道的《风云进行时》，形式较为单一。出镜的气象专家单向传播的效果难以满足此类节目受众的需求。

3.5 气象专家出镜类节目很难得到观众满意度的反馈

《风云进行时》这种专家出镜类节目在节目编排上缺少有效触点，好比在对摄像机说单口相声，无法从合作伙伴或者观众那里得到足够的反馈。

4 气象分析员的发展前景

在专家出镜节目中，气象分析员一人肩负气象编导、电视编导、出镜主持三种角色，负责天气信息分析和解读、信息组织、图形设计制作以及节目主持等全方位的工作环节。气象节目属于服务类范畴，气象服务水平和节目质量的提高某种意义上就是气象信息解读和有效传播能力的提高，而这些归根到底是由处于节目核心地位的气象分析员专业综合素质所决定的。因此作为一名出色的气象分析员，既是具备气象背景和气象行业工作经验的气象专家，又是懂得传媒规律具有丰富出镜经验的媒体从业人员。气象分析员要善于积累天气经验，不断提高气象专业水平，也要在实际出镜工作中总结传媒规律，做到更有效的信息传播。

4.1 提升气象专业实力

4.1.1 扎实气象功底，苦练气象内功，加强科普研究

气象分析员首先要具备扎实的气象功底，这是做好气象分析员的最基本条件。气象分析员

的业务核心是对各种天气现象的分析和解读，对天气的实际分析能力更是不可或缺的，而这方面的提高没有所谓的捷径，必须依靠在日常值班中对天气过程的点滴积累和总结。因此气象分析员培养周期比较长，需要经过一个相对漫长的积累分析能力、增强气象内功的过程。

我国气象灾害种类多，发生频率高，影响范围广，造成灾害重。其中有十三类灾害性天气影响特别重大，分别是热带气旋、暴雨、暴雪、寒潮、海上大风、沙尘暴、低温、高温、干旱、霜冻、冰冻、雾、霾等。因此气象分析员还应该是个"杂家"，对这十三类灾害性天气需要足够的分析和解读能力，加强这些灾害性天气的科普研究，将防范应对的科学性融入节目中，加强公众对灾害性天气的防范和应对，发挥电视天气节目的服务价值。

4.1.2　开展多种行业领域的气象应用研究，术业有专攻

随着生活水平的提高，公众对气象服务需求的范围和深度都在不断扩大和加深。并且随着新媒体的蓬勃发展，和十年前相比，现在的人们可以轻易通过网络等方式随时获取天气预报。气象分析员既要发挥传统电视气象媒体的优势，又要满足公众对气象服务信息更深入更专业的诉求，并且针对各行业应用气象服务进行开拓性研究，特别是公众关注的环境、旅游、农业、医疗、建筑、海洋、生态等等相关行业领域的气象应用。气象分析员在日后的专业发展过程中，可以根据自身专业特长或兴趣等入手，加强行业应用气象的钻研，成为某一领域的专家，在节目中发布更具有专业深度的气象服务信息。利用差异化和专业度增加节目的核心竞争力，凸显气象分析员在专业领域的不可替代性。例如可以根据需要在节目中发布、解读和分析极端气候、生活环境气象、交通气象、单站大气颗粒浓度分析、气象资源利用、雷电监测、酸雨监测、空间天气监测、电力需求指数、公共卫生气象等气象预报产品或服务信息，满足公众多元化的气象需求，提升专业气象媒体的专业内涵。

4.2　修炼电视传媒功力

作为气象专家出镜节目的主创人员，除了气象人的身份外，气象分析员也应该是媒体人、电视人。除拥有扎实的气象功底外，气象分析员还必须掌握足够的电视传播理论，强化气象信息的有效传播，提升气象信息的服务效果。

4.2.1　把握节目定位，强化电视气象服务优势

同样作为专业气象频道，美国天气频道节目设置与编排有这样的五大原则：新闻价值；与观众的相关性；有效传播，观众能够听得懂；. 完全性，满足观众需要；节目新颖。参考美国天气频道的编排原则不难看出，根据受众特点把握节目定位，是气象服务信息有的放矢的重要前提。

气象专家出镜节目的收视群体应该是大众与小众的结合，两者并不相冲突。首先中国气象频道承担着面向公众提供气象资讯与服务内容的重任，承载着政府防灾减灾宣传职能，收视对象理应是大众化的，全民性的。但是作为一个气象专业频道，中国气象频道的观众群体肯定会与一般公共频道有比较大的差异。从美国天气频道的受众调查分析来看，超过40%的观众是气象痴迷者，相对而言属于小众群体。对于这类既小众却忠实的观众群体而言，他们更注重的是气象节目的深度需求，而这一群体也恰恰是气象专家出镜节目的主要受众。

针对中国气象频道特殊的受众特点，气象分析员既要根据大众群体提供快捷及时的气象信息，又要面对小众的收视人群做到气象服务内容、角度更深入，天气分析更专业。如何将两者的需求完美地结合在一起，是下一步气象分析员亟待思考和解决的主要问题。

4.2.2　气象信息的去"原生态"

气象服务的重要评价标准就是气象信息有多少真正转换为服务信息，气象信息到达率的高

低。气象分析员作为节目的主创人员，必须加强气象信息的解读和包装。

首先换一种角度看天气。从气象专业人士转换为观众的立场，转变思维和观察角度，从普通人的角度看待天气，善于观察生活细节，并能从枯燥的数据中解读出对天气的感受。避免惯性思维，减少专业术语的使用，传播语言转换为更通俗化、形象化、趣味化的语言，也就是普通观众听得懂的语言，摒弃所谓的套话和“八股文”。在天气事件的介绍和分析中，改变理科思维逻辑，善于用悬念、重复等手段，增加公众的关注度和兴趣点，将气象信息以讲故事的方式传播出去，增加气象信息的到达率。从而真正做到气象信息向服务信息的转变。

此外，气象分析员还应利用电视媒体的传播规律，充分应用电视包装手段，对“原生态”的气象信息进行加工包装，深化气象信息内涵、扩大外延，充分利用声、画、人的综合使用，直观、通俗、清晰地将信息传达出去。

4.2.3　气象信息的可视化

电视可以说是一种最接近生活原生态的传媒方式，它的最大优点就是直观，也最容易为所有观众接受。其中气象信息的可视化就是突破点，一个富有表现力的画面胜过千言万语。气象分析员要提升节目的观赏性和服务性，必须在这方面进行强化，突出电视媒体优势。因此在增加气象预报和服务产品的基础上，气象分析员应不断扩宽思路，提高气象图形产品的表现力。例如开发更多美观、简洁、形象的天气系统元件，借鉴国外的天气图形产品的经验，开发符合我国国情的灾害性天气科普动画等，并建立图形产品库，随时调取动画产品，将动画产品第一时间呈现在观众面前。

4.2.4　取长补短，增加天气敏感性，借助新媒体提高影响力

对于新媒体的崛起，单纯的竞争并不是最佳的选择，学会利用对方的优势取长补短才是正道。气象信息的交互性、实时性和多媒体的特性都是新传媒最为突出的优点。气象分析员可撷取这些长处增加电视节目的竞争力。

首先加强节目实时性。气象分析员可以利用像《风云进行时》这种准点滚动直播节目，增加天气实况的更新速度，并根据天气形势第一时间做出反应，必要时可以灵活增加直播频次，抢先发布灾害性天气实况和预警。当然这首先需要气象分析员具备足够的天气敏感性，除了灾害性天气预警本身的解读外，更多地考虑天气对各行各业造成的影响，对天气新闻事件保持高关注度，利用微博等手段迅速获取天气现场实况资料。

其次借助网络平台，和观众建立良好互动，满足个体的碎片化需求，将气象服务做得更具亲和力、个性化、精细化，扩大节目影响力，吸引更多收视群体，养成收视习惯。通过网络平台发布节目信息或其他服务信息，特别是公众高度关注的高影响天气信息，吸引门户网站转载，利用多种渠道发布气象服务信息。

参考文献

[1]　练江帆. 2008. 电视气象节目的服务性与竞争力的提升. 广东气象，(2)：45-48.
[2]　侯亚红，李党红. 2005. 电视气象资讯类节目可视性探讨. 辽宁气象，(2)：38-39.
[3]　吴丹娃，刘爱萍. 2004. 电视天气预报发展中的问题和对策. 安徽气象，(5)：32-33.
[4]　张庆阳，王亚光，曹学柱，等. 2002. 加入 WTO 后气象服务对策研究. 软科学，(3)：21-24.
[5]　谢明伦. 1998. 气象服务业：经济生活的新宠儿. 发展论坛，(4)：47-48.
[6]　韩佳芮，叶谦，田青. 2007. 公众对气象信息需求的规律与公共气象服务. 干旱气象，(2)：82-89.

关于专家类气象节目的调查分析和思考

庄　婧[1,2]　袁东敏[2]

(1.南京信息工程大学,南京 210044;2.华风气象传媒集团,北京 10081)

摘　要

中国气象频道自开播以来,各种类型的气象节目层出不穷。随着频道的发展,“专家型主持人”也逐渐进入我们的视野中。出镜方式也从刚开始的连线、访谈等到现在的一人主持整个节目,变得更加多元化。本文选取目前正在开播的气象专家类直播节目《风云进行时》作为基础样本,通过网络微博投票方式,从观众的角度审视节目目前存在的问题以及解决方案。此外,本文随机选取2011年12月6、7日10档直播节目,主要针对其制作现状和内容进行量化分析,对专业气象节目的改进和气象分析员的培养提供一些意见和建议。

关键词:《风云进行时》　调查分析　气象分析员

1　专家类气象节目的优势

自天气预报节目诞生以来,站在天气图前指点风云的往往都是播音专业主持人,很少是有气象专业背景的人去播报天气。从2005年开始,由于社会的发展,拥有气象专业背景的主持人逐渐从幕后走到台前,并且取得了一定的社会正反馈。随着时间的推移,专家类节目的制作方式不断改变,专家主持人的出镜方式也在不断变化,从刚开始的连线、访谈等节目发展到现在的一人独当一面地主持整个节目,变得更加多元化。专家型主持人的出现可以说是气象节目发展到一定阶段的产物。

与普通的天气预报节目主持人相比,专家型主持人的出现无论在节目制作还是在传播功能上都占有一定的优势。主要体现在三个方面:首先,专业的气象背景及丰富的资源优势,使得节目传播更有权威性;其次,由于从节目制作到准备播出,可以做到无中间环节,真正做到采、编、播一体,因此大大节约了资源;最后,依托中国气象频道优势,可以应对每天多档节目甚至直播节目,真正做到第一时间传递气象信息,尤其是发生灾害性天气的时候更有利于灾害天气信息的及时传播。

2　《风云进行时》观众调研分析

自2011年7月起,中国气象频道开始实现全面直播。除了由主持人主持的常规预报类节目外,一档由专业气象人员采编播一体的直播节目《风云进行时》应运而生。《风云进行时》是华风集团公共信息部单独制作的一档直播气象节目,时长5分钟,在中国气象频道07、10、12、16、19每个整点直播,其余整点时次重播。专家型主持人单独主持一档5分钟的直播节目,在所有气象节目中尚属首次。这档节目的推出是气象专家类节目发展的一个里程碑。

但是这档节目到底做得如何？观众最有评价的权利。下面来自网络微博的调查或许会给出一个初步的答案。从对看过这档节目的观众调查中可了解他们是如何看待这档节目的？他们最关注的气象信息有哪些？他们最期待的主持风格是怎样的？一档节目到底有几位分析员合适？

2.1 观众评价

一档节目的好坏，观众最有评判的权利。参与此项投票的都是看过《风云进行时》的观众。认为节目很好的有13票，一般的有5票，而觉得我们的节目还有待提高的有33票，占到投票总人数的近70%(图1)。

2.2 观众认为存在的问题

投票共设置6个选项。从投票结果来看，认为节目存在一定问题的(前4个选项)占据绝大多数，仅有少数人认为目前节目“挺好的”或者“多数时候挺好的”。在存在一定问题的选项当中，认为“节目重复太多太啰唆”的有28人，占投票总人数的76%。认为“节目信息太多记不住”的有8票，占22%，此外觉得气象分析员没有自己的特色有3票(图2)。

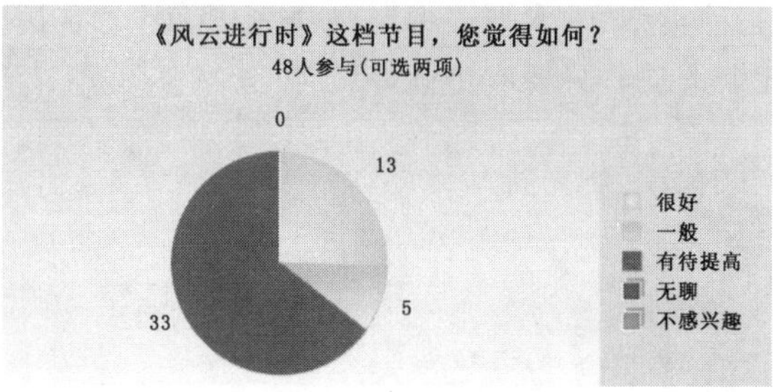

图1 观众对《风云进行时》评价情况

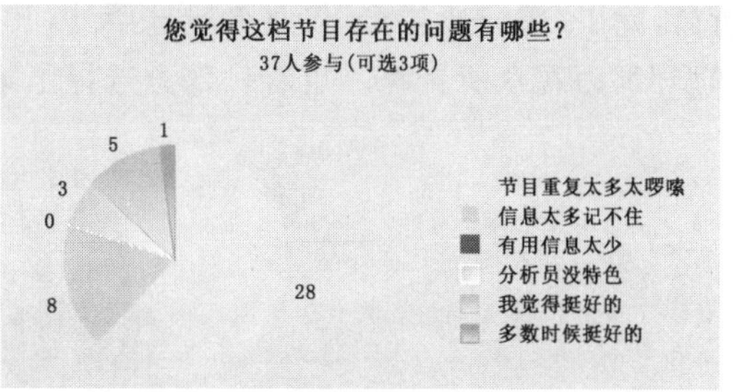

图2 观众对《风云进行时》提出的问题

2.3 观众最想获得的信息

目前，所有的气象类节目，包括由气象专业人员制作的专业类气象节目普遍都是侧重于关注预报信息，而实况信息关注的较少。

从投票结果来看，49个人参与投票，其中有41票投向“重要实况以及正在发生的实况”，得票率稳居第一，达到88%。“预报类信息”和“跟天气相关的服务信息”这两选项各有9票，并列第二，投票率明显少于前者。“重要天气过程”的有7票，“天气原理的解释”和“其他”分别有3票和2票。

从调查结果来看，观众更加关注的信息并非我们认为的预报类信息，而是被我们忽略的实况类信息。

2.4 出镜气象分析员的人数

出镜气象分析员是不是越多越好？从集团和部门的发展来看是的。一个专业频道必须有一个庞大的专业团队做支撑才能得以生存和发展。无论是幕后还是台前，都需要储备一定数量的专业气象分析人员。

经过最近几年的发展，目前华风集团可以出镜的有气象背景的年轻分析员由原来的2人发展到目前的14人，从数量上已经明显填补了前几年的空缺。

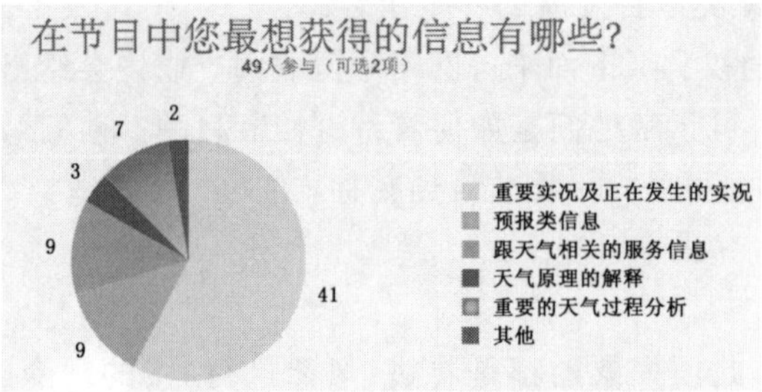

图 3　观众希望在节目中获取的信息

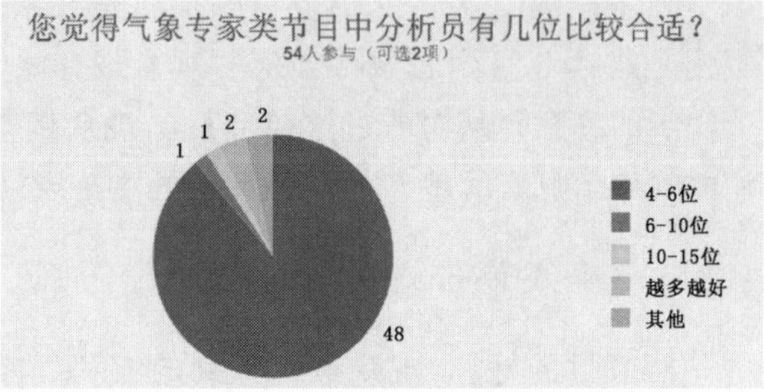

图 4　观众认为气象分析员的合适人数

一档专业类节目的制作，人数是越多越好吗？从网络投票结果来看，多数人认为分析员人数在 4—6 位较为合适。目前华风集团 14 个有气象背景的出镜人员全部参与《风云进行时》这档节目的制作。人员数量远远大于观众认为的最为合适的人数。

2.4　气象分析员的风格

气象分析员往往也需要有自己独特的风格。从网络投票来看，所列举的四种风格的气象分析员，除了“墨守成规型”仅有少量选票外，其余三种类型“学术严谨型”、“谈吐幽默型”、“言语亲和型”都为观众所青睐。也有一部分选择了第五个选项，“只要有型就好”。

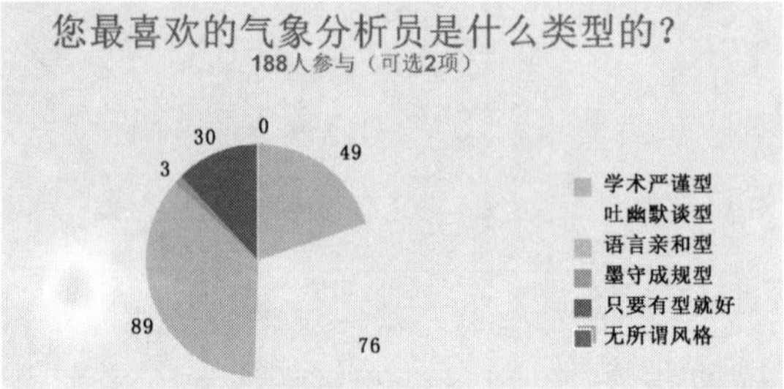

图 5　观众喜爱的气象分析员类型

3　《风云进行时》节目样本分析

通过调查，我们大致了解观众对于气象专业节目的评价和期待。以下从 2011 年 12 月份节目中随机选取相邻两天的 10 档节目作为样本，从实况、预报、天气形势、科普、服务提示等内容进行定量分析。看看《风云进行时》这档节目内容结构现状到底如何？

选取的节目是 12 月 6 日和 7 日两天 10 档节目(表 1,2)。

表 1　12 月 6 日 5 档节目分类量化分析

6 日	07 时	10 时	12 时	16 时	19 时
实况	0%	13%	0%	0%	0%
预报	93%	50%	93%	93%	93%
天气形势	0%	20%	0%	0%	0%
科普	0%	0%	0%	0%	0%
服务提示	0%	0%	0%	0%	0%
片头片尾	7%	7%	7%	7%	7%

表 2　12 月 7 日 5 档节目分类量化分析

7 日	07 时	10 时	12 时	16 时	19 时
实况	0%	31%	35%	0%	0%
预报	93%	50%	40%	93%	93%
天气形势	0%	0%	0%	0%	0%
科普	0%	12%	18%	0%	0%
服务提示	0%	0%	0%	0%	0%
片头片尾	7%	7%	7%	7%	7%

从统计中不难发现，在两天 10 档节目中，仅有 3 档节目提及实况，有 7 档节目实况没有提，或者只是极少提及。这说明在节目制作过程中，对实况信息的解读明显重视不够。天气形势、科普、服务提示等方面也很少提及。预报方面，是内容的重心所在，但是重复过多，尤其在分析员换挡期间，由于分析员之间相互沟通较少，因此重复分析现象严重。从服务方面来讲，对于一次天气过程，天气分析较为单薄，气象外延没有扩大，服务性不足。此外，由于气象分析员本身的不足也使节目的可视性大大减低。

4　节目改进方向

美国天气频道的创始人弗兰克·巴顿先生曾有一个伟大的观念——“我们的频道要满足观众需求”。这对于中国气象频道，甚至是各个栏目而言，也都是金玉良言。之前做的网络调查，目的在于了解我们的观众，研究他们的需求，是为了节目更好地改进。关于改进，也是仁者见仁、智者见智。通过这些调查和数据分析，笔者认为目前在专业类气象节目中有 4 个方面存在较大的改进空间。

4.1　增加重要实况类信息的比重，天气原理需恰当贯穿其中

以往的调查显示，人们关注天气预报信息主要以关注一些本地的城市预报信息为主。而这类预报信息通过普通预报类节目后的城市预报或者网络等传媒方式可以轻而易举地获得。作为一档专业类气象节目，实况类信息的分析和解读，则显得尤为重要。从上述网络调查中我们已经知道，相比预报类信息，观众对实况类信息更为关注，这在一定程度上可以满足观众知情权的需要。因此在气象专业类节目中，对已经发生的天气进行盘点和总结，是不可或缺的内容。而关于实况这部分的内容，目前我们做得并不到位，或者说不是所有人都能到位。因此需要加强实况分析总结的能力。

并不是所有的实况信息都值得关注，我们需要关注的是一些重要的实况。此外，根据直播节目的特点，一些正在发生的天气事实，也值得一提。但是实况怎么说才体现它的价值呢？

首先，需要打破常规的模式化描述。一般而言，气象分析员对于实况的分析总是“由面到点”。以降水为例，最常见的说法就是“首先我们看一下昨天的降水实况，昨天早晨 8 点到今天早晨 8 点，什么地方出现了雨雪，其中哪里出现了大雨”等。这样简单公式般地陈述，自然不能提起观众的兴趣。其实大家最为关注的就是那个“点”。如果在“面”很大的前提下，不如直接先“点”后“面”。这个“点”有很多，可以是纯粹的天气，比如说北京的第一场雪。也可以是由天气已经引发的新闻，比如一场突发的降雨而导致的一些灾害等等。抓住了点就是抓住了亮点。找好点后，是不是就可以了呢？当然不是。这就好比讲故事，材料已经想好，但是你如何讲出来？

平铺直叙是一种，而最好的传播方式就是先设置悬念。

《华尔街日报》资深头版撰稿人威廉·布隆代尔曾经说过，新闻报道的误区在于"大多的记者都没有把他们自己看做是讲故事的人，而当成了其他人，比如律师或者学者"。而我们做节目传播气象信息时，就要把自己当成一个讲故事的人。而悬念的存在，是听故事的人能够继续关注讲故事人的关键。这样一来，我们在讲解实况找好亮点后，一定要注意把悬念设置好。只有悬念设置好了，观众才有兴趣继续听下去。设置悬念，对于预报也同样适用。

有了点，有了悬念，最后一个最为关键的就是如何解读这个悬念。比如出现如此让我们关注天气的原因是什么？在这个时候，可以适当加入一些深层次原因分析，那么就可以使得实况的解读既有故事性，又有知识性，满足了观众的好奇心和求知欲，也使得实况信息的传播更具有完整性。

4.2 做足气象外延服务信息，体现人文关怀

气象类节目的根本属性还是服务性。首先要明确的是，气象信息不等于气象服务信息。我们不只是把单纯的气象信息传递给观众，而与之相关的外延信息也需要捆绑传递。增加服务性，不是简单描述阴晴冷暖，而是在描述阴晴冷暖的同时能够提供一些有效的防护措施或者有用的提示。毕竟大部分观众并不是气象专家，对于已经发生的重大灾害性天气和即将发生的灾害性天气，恰当而有用的气象服务提示或许更能提高他们的兴趣。从对主持人风格的调查中显示，目前言语亲和、注重服务传递的主持人更受欢迎。

在短短5分钟的节目里，我们不仅要传递气象信息，更要做好服务。而服务如何做是我们需要下工夫的地方。

首先要明确的是服务不能只是停留在简单的像"注意安全"、"注意保暖"这样太过于空洞、乏力的提醒。观众更需要听到的是一些更有实用价值，能够为穿衣出行、防灾减灾等提供实际帮助的提示。

简单举两个例子。2011年12月9日，山东遭遇冷流降雪，如果仅仅提醒"下雪了，请注意交通安全"肯定不够。我们需要在服务方面做一些深度的挖掘。比如说：冰雪天气里如何行车？需要注意些什么？我们不妨这样说，"冰雪天行车，最主要是防止追尾。在冰雪路行驶，因地面的阻力很小，只有干燥沥青路面的四分之一，所以易发生追尾事故，建议增大行车间距，比无雪干燥路面时增大4－5倍。与前车拉开距离，一般应拉开正常行驶距离的2倍以上。用脚制动时，应以点刹方式，即轻踩轻抬，不要一脚踩死。没有ABS（ABS防抱死刹车系统，它是一种具有防滑、防锁死等优点的汽车安全控制系统）的车尤其要注意防止侧滑。"这样的解释，不仅解释了为什么雪天路滑，又给出了如何防滑的具体建议，可以说非常贴心、实用。

再比如，气温下降的时候，除了"注意保暖"这句话之外，我们还应该如何提醒？现在养生类的节目很火，我们不妨把降温跟这类提醒相结合。我们可以这样说，"气温骤降，您在添衣保暖的同时，还要合理调整饮食，像砂锅排骨粥、牛肉汤等都是较好的冬季食品，对提高人体耐寒能力和免疫功能，是十分有帮助的"。这样解释，观众既对即将到来的降温留下了深刻的印象，同时也会感觉的我们的服务做得很足。

只是举出两个例子，当然这样的服务提示我们可以做到的方面还有很多。其实，这样的知识虽然不是气象专业本身，但是具备这样的知识对于提高我们节目的服务性，对节目有效的传播非常有帮助。虽然这样的知识可能欠缺，但是我们至少在做节目的时候，应该有这样的意识去学习，然后运用到节目当中。此外，我们平时也需换位思考，如果我们自己是观众，我们又会

对什么样的信息比较关注呢？如果真的做到了这些，我们的节目才更有价值，也更有吸引力。

4.3 加强出镜培训，打造有特色的品牌分析员

在传播领域，主持人的魅力和功效不言而喻，业界内外以及受众普遍认同主持人是一个节目的“灵魂”，是一个节目被认知、被吸引、被记忆的重要的传播符号。因此在这个共识上，培养、打造主持人已成为各个电视频道一项重要的工作。气象节目也不例外。目前气象节目已经有了不少自己的品牌主持人。这些主持人虽然风格不一，但往往各具特色，比如沉着稳重的宋英杰、清新可人的杨丹等等。

与一般的气象主持人相比，出镜气象分析员有着明显的专业优势，但是在出镜技巧方面却明显不足。虽然在形象、普通话等方面，目前对于专家型主持人的要求有所降低，但从节目发展来看，气象分析员也需要形成自己特定的主持风格。主持人主持风格的形成和个性形象的树立，从根本上说是为了发挥节目主持人人格化传播的独特优势，增强节目内容的传播效果，扩大节目的社会影响力。

《风云进行时》这档节目全部是由有着气象背景的分析员自行分析制作并主持。从节目的定位来看，这档节目首先需要的是严谨的专家型主持人，因为严谨是我们制作节目的态度，也是我们更有权威传递气象信息的前提。如果说主持人风格需要共性和个性的统一，那么严谨是每个气象分析员做节目的必备风格。在这个大的前提下，各位分析员可以各具特色，自成一体。

目前在分析员中风格类型主要有四种：学术严谨型、谈吐幽默型、言语亲和型、墨守成规型。

学术严谨型分析员：节目以说天气为本，客观、逻辑思维清晰而敏锐，分析全面、可信度高。这种类型的预报员，是电视气象节目权威化发展的需要，主持人的权威性同观众对传播信息的信任感成正比。分析员在树立气象节目主持人权威性的同时，也树立了气象节目的权威性。

谈吐幽默型分析员：此类型分析员往往具有把复杂天气简单化的能力，善用比喻，通过幽默的口吻深入浅出地为大家传递气象信息。

言语亲和型分析员：此类型的分析员亲切、自然，有着平民风格，给人以亲和感，遇到灾害性天气的时候，气象信息的外延服务提醒较为到位。这种类型的主持人在电视气象方面是多数派，比较普遍。

墨守成规型分析员：此类型分析员较为稳重，往往不会有错误，讲解时平铺直叙，不会给观众留下深刻的印象。

调查显示，除了墨守成规型，观众对各个类型的气象分析员的偏好都占有一定的比重。其中，以语言亲和型在所有风格中喜欢的比例最高。这样看来，其实不管什么型，有型就有市场，有型就可能形成不同的品牌。目前有着气象背景出镜分析员虽然数量已经有所发展，但是形成品牌效应的并不多。

那么到底什么是品牌呢？市场营销专家菲利普·科特勒博士认为：“品牌是一个名称、名词、符号或设计，或者是它们的组合，其目的是识别某个销售者或某群销售者的产品或劳务，并使之同竞争对手的产品和劳务区别开来。”简单来说，品牌的东西或人就是能在一堆产品或人中脱颖而出，并且能形成一定的影响。从某种程度上来讲，品牌是一种情感上的认同。新闻心理学研究表明，人往往更乐于接受他们所喜爱的传播者提供的信息。如果观众心理上接受了主持人，他们往往爱屋及乌，也会容易接受主持人所传递的气象信息，节目的价值也得到了充分的体现。因此主持人品牌反映的就是在电视观众头脑中的印象或者情况，一旦这种情况确定下来，就会产生巨大的惯性。

目前，专家型主持人还没有形成“品牌效应”，除了特点不够鲜明之外，过于庞大的专业出镜人员也使得观众眼花缭乱，不知所措。目前的节目现状是，出镜的气象分析员很多，但是每个人都不够突出，没有形成一定的品牌效应。经调查分析，一档精品节目，并不是主持人越多越好。观众期待的出镜人数在4—6名也比较合理。如果人数过于多，又没有特色的话，专家类节目还未真正发展，就会沦落到被淘汰的边缘。诚然我们需要培养并储备一定数量的气象出镜分析员，但是注重分流很重要，或者要做到一定时期的分流。专家类节目要做好，打造品牌气象分析员势在必行。

气象分析员应该根据自己自身的特点，进行有意识的训练和总结，塑造自己的电视形象，这也是一个自我发展和完善的过程。在不断的摸索当中，才能得到提高。

有人说，培养主持人就像挑选种子，提供适当的“土壤”，再加以细致呵护，让它生根、发芽。在培养成长的过程中，总有一些不适合的会被淘汰，但必定会有一些历经磨炼和栏目一起成长。也有人说时间可以造就成熟和经典，但愿我们的气象分析员和《风云进行时》节目能够一起在风雨中成长。

参考文献

[1] 姬丹，袁晓玉. 2008. 中国气象频道预报类节目改版探讨. 气象影视论文集(五). 北京：气象出版社.

论电视气象新闻的社会责任

刘慧秋

（华风气象传媒集团，北京 100081）

摘　要

本文运用新闻学社会责任的相关理论，在对大量文献进行整理和研究的基础上，以中央电视台、中国气象频道台风“梅花”等报道为例，论证媒体社会责任在气象新闻中的表现。

关键词：气象新闻　媒体社会责任

1　媒体的社会责任

近几年来，传媒业发展迅速，特别是新媒体的出现，媒体对国际政治、经济、军事等各方面的催化作用日益突出，主要表现在媒体传播的放大、叠加效应明显，有时甚至是炒作成风；新闻发布渠道多样、分散，鱼龙混杂，使得一些失实、低俗的新闻得以广泛传播，并造成恶劣影响。这种恶劣影响促使人们、包括媒体从业人员开始重视、思考媒体的社会责任问题。

汶川地震、玉树地震，中央各大媒体快速反应，自发奔赴地震灾区第一线，在第一时间作出及时、大规模的报道，传递出政府重视生命、以人为本的执政思想，使中国的国际形象大大提升。人民在这些灾难报道中看到了新闻工作者的社会责任，媒体的社会责任问题越来越受到人们的关注。

在大众传媒技术日新月异、对社会影响越来越大的今天，媒体必须树立起一种全新的、前瞻性的责任意识，加强对大众传播积极的思想启迪与行为指导，承担起媒体应有的社会责任和义务。

进入 21 世纪以来，复杂多变的气象、气候问题已经成为重要的国际议题，也成为媒体关注的焦点。近几年来，包括央视、各省级卫视在内的诸多媒体对气象内容的报道出现了前所未有的重视局面，日常电视气象节目类型增多、报道数量逐步增加，在重大灾害性天气到来前后开辟专题版块进行报道，做出了很多有益的尝试和探索。

综合分析央视新闻频道各时段的气象内容报道，除日常新闻报道外，较为突出的是在灾害性天气事件出现时，央视会启动与气象部门的应急联动，做深度调查类的新闻报道。除关注灾害性天气外，还较为关注气候变化以及天气对百姓生活的影响等相关报道内容，在《新闻直播间》、《共同关注》等多档节目中增加了时效性并不是很强的服务类内容的比重，包括人们日常生活中饮食、健康、旅游等方面的服务资讯或生活提示。

以 2011 年台风“梅花”报道为例，央视新闻频道《新闻直播间》、《共同关注》全天候关注“梅花”的动态、地方应对举措和可能带来的影响。除常规穿插在“国内资讯”报道以外，新闻频道还增设“台风梅花”专题，从“梅花”的生成、路径及登陆地点预测，到沿海各地区采取哪些应对措施、地方政府组织各方力量做好哪些准备等方面，进行全方位跟踪和报道。无论是主持人演播室口播、记者出镜报道，还是对当地百姓进行采访，明显可以看出报道气象的内容占据整个报道时段的比重在增加。体现出与百姓息息相关的气象信息越来越多地受到公众的关注。

再以气象频道为例，气象节目是气象频道核心生命力的体现，也是提升气象频道的品牌和影响力的重要组成部分。任何一个媒体机构想要在社会上有自己的声音影响力，以及在市场上有独特的竞争力，新闻内容都是不可或缺的。新闻宣传是电视台作为媒体存在的首要任务，而新闻内容的精品化制作和品牌化运行也成为各个频道十分关心的一个核心问题，只要气象频道能够形成具有品牌化和影响力的新闻内容，就能为频道带来不可估量的无形资产，从而有效地帮助气象频道形成自己的品牌和影响力。

有学者总结到："当前传媒存在着与构建和谐社会要求不和谐的现象，主要表现为公共信息平台向强势群体倾斜、新闻镜像失真和人文精神的缺失。"实践证明，电视媒体用全面平衡、客观严谨、饱含人文关怀的报道，彰显传媒社会责任的努力，承载突发事件报道的电视气象新闻是考察电视媒体社会责任感的最佳领域。

2 对报道的真实性、大众知情权负责

报道内容要真实、全面，使受众了解社会的变化，发现真理、认识真理。记者遵循客观报道原则，进行真实报道，反映事物的本来面貌，要保证消息来源的可靠性，提供足以彻底理解事件的必要背景。

媒体要供给"真实的、概括的、明智的关于当天事件的记述，它要能说明事件的意义"。这就要求它必须准确，不能说谎，必须把事实当做事实、把意见当做意见，两者不相混同。媒介对新闻与评论加以区分，使有理性的受众更易于发现真理。

但只有真实的、概括的新闻报道还远远不够，传媒应该设法表达一切重要的观点，保证大众的知情权和参与权，而不仅仅是表达管理者或从业人员的观点。在这样做的时候，更不能忽视消息的来源。媒介应当报道完整和客观的新闻，并对多数人负责，在业务水平上也要承担责任，不能肆意进行报道。要使人们能够方便获知当天的消息，因为现在公民要比过去任何时期都需要更多的最新消息，所以新闻和意见必须广为传播。公众有权获得消息，也有被告知的权利，传媒是公众清除新闻自由流通障碍的代理人，以促进消息来源的开放。

媒介有义务把公民的重要观点在媒介上表达出来，使"一切值得公众听取的意见必须被公众所听取"。媒体可以报道与自己见解相反的意见，但是并不放弃自己的正确主张。报道一些在政治和经济上得不到直接报偿的高尚内容，组织受众代表在媒体上参与交流，讨论重要的社会问题，为社会管理提供决策基础。也通过讨论进行互相批评，设法提高公民参政的素质。

电视媒体一直以来是公众认可的最为权威的传播途径之一，其直观、全面、权威的报道内容是相比于其他媒体有力的竞争优势。在气象新闻的报道中，电视媒体充分履行"对新闻报道全面性、真实性负责"和"对大众的知情权和参与权负责"的媒体责任，在报道上做到全面深入、有始有终，同时确保报道消息来源的客观和准确，最大限度地满足公众对气象信息的需求。在台风"梅花"的报道中，央视、气象频道及多家省级卫视对"梅花"的生成、强度及路径高度关注，在节目中频繁使用台风路径的动态演示图，给公众最为直观的视觉效果，并且随着气象部门对"梅花"未来走势和强度的预测，多家电视媒体客观调整报道角度，而不是一味地为博得高的收视率进行肆意渲染和过度报道。可见，在气象新闻的报道中，保证公众的知情权，是电视媒体社会责

任的最直接体现。气象信息与百姓生活息息相关，如果媒体采取一种不当报道手段，肆意渲染或夸大天气可能带来的影响，或者有意隐瞒天气可能引发的一系列灾害，那将会给百姓的生活造成巨大的损失和影响。

因此，电视媒体应当客观、真实地反映事件的本来面貌，保障受众的知情权，是电视媒体践行的最基本的社会责任。

3 最大程度保护公共利益

我国幅员辽阔、自然条件复杂，是世界上气象灾害最为严重的国家之一。气象工作服务于防灾减灾、经济社会可持续发展和人民生产生活，对于国家安全、社会发展具有重要的作用。面对自然灾害和突发事件的发生，人类目前还没有有效的科技手段加以阻止，但是通过电视媒体对于灾害性天气的预报和追踪报道就可以使国家和各级政府以及人们能够及时准确地掌握和利用气象预警预报信息，采取有效的防范措施，防灾减灾。电视媒体也应当成为社会以及广大民众获取这些信息的有效渠道，从而最大程度地减少财产损失。

2011年3月11日日本大地震中NHK的预警系统值得我们借鉴。对于早已习惯了地震的日本人，日本媒体不是在地震发生后迅速跟进，而是在地震发生前就已经开始了报道。3月11日下午，NHK正在直播国会辩论，在地震开始前十几秒，地震的紧急警报已经插进。据NHK综合台最重要的新闻节目之一《News Watch》的制作人阿部博史介绍称，NHK有一套紧急地震速报系统，即一旦发生震动，气象局在各地的监测仪器会自动将信号传到电视台，电视台收到信号后会同时配上字幕，无论正在播出什么节目，都会立刻切换画面，这使得NHK能在这种突发性强的地震报道中提早行动，占尽先机。随后，通常会在地震发生的30秒内进行地震速报，告诉人们什么地方发生了地震，两分钟后，会快、准、全地报道震源、震中、地震强度和震级(包括震中附近震级)。

其实在自然灾害面前，哪怕是几秒钟，对于挽救生命都会起到至关重要的作用。目前，自然灾害预警信息由气象局、国土资源部及其他部委联合权威发布，电视媒体会通过第一时间进行播报。例如2011年夏季北京的两场暴雨正好集中在晚高峰时段，北京市气象台提前2－3个小时发布暴雨蓝色预警，媒体第一时间进行了预警信息的报道和滚动字幕播放，提醒广大市民做好出行安排。再比如台风“梅花”在靠近我国东南沿海地区时，气象部门针对“梅花”给有关地区可能带来的风雨发布不同级别的预警，央视、气象频道及有关省级卫视高度关注并及时发布预警信息，最大程度地降低台风给人们生活带来的不良影响。

可见，自然灾害预警信息的及时有效发布是电视媒体履行其公共服务职能的最直接体现，在重大自然灾难来临时哪怕是提前几秒钟的预警信息，都是十分宝贵的。

4 为政府决策、百姓生活服务

电视媒体通过发布气象信息，并且以不同的形式整合各种气象信息资源，构建更为及时的气象灾害预警发布系统，为党中央、国务院、各省(区、市)政府决策部门、对公共气象服务有需求的其他行业职能部门，提供全面、准确、及时的决策参考。

各级政府以及职能部门的相关人员通过动态、直观的电视气象新闻报道，一方面了解本地以及全国各地的灾情情况，为及时应对气象灾害做出决策，同时气象灾害的现场追踪直播报道还为政府和职能部门人员随时改变决策提供了参考依据，有益于进一步发挥电视媒体的公共服务作用。

根据笔者了解到的情况，2011年夏季深圳举办的世界大学生运动会期间，深圳气象部门为保证多项户外体育赛事能够顺利进行，针对竞赛项目的特点量身打造了气象服务数据。气象频道根据重大体育赛事调整设置专题栏目，对赛事进行全方位跟踪和报道。如在户外进行的飞碟比赛，风向、风力、光线、温度等多个方面都会对比赛造成影响，无论是对观众、运动员、教练员还是赛事的组织者来说都是非常实用的气象数据。气象频道根据赛事项目特点，有针对性地设置栏目内容和公众话题，既为运动员的出色发挥提供气象保障，为赛事组织者提供决策参考，又能让观众更好地安排欣赏比赛。

而电视媒体社会责任表现更为突出的是央视新闻频道贯穿全天的多档新闻节目。《新闻直播间》、《共同关注》等多档节目中增加了服务类内容的比重，包括人们日常生活中饮食、健康、旅游等方面的服务资讯或生活提示。尽管此类内容比重不是很大，但恰恰是与人们日常生活最为密切的资讯服务，也因此体现出媒体应有的责任和报道价值。

事实上，由于我国政治体制的特殊性，我国的电视媒体承担着政治宣传、教育公众、服务公众与弘扬文化等多种职能，公共服务是电视媒体最为核心的社会责任，也是近几年来电视媒体一直努力的方向和目标。而气象新闻作为与百姓生活最为贴近的新闻内容之一，节目内容满足广大受众的生活需求，为公众的不同需求服务，是公共服务的最直接表现。

5 普及知识，提升公众抵御自然灾害的能力

央视在报道台风“梅花”时使用了这样两条内容：一是“台风是如何生成的”，二是“台风和飓风的区别”。一个是介绍台风生成的原因、海域及气候条件，一个是介绍什么是台风、什么是飓风。应该说，公众对台风、飓风这样的字眼并不陌生，可如果追问和台风、飓风有关的问题，也许大多数公众不够清楚。电视媒体通过对气象新闻内容的设置，一方面增强新闻内容的吸引力，另一方面能够潜移默化地提升大众的气象知识水平。可以说，人们在生活中会经常遇到这样或那样的天气现象，尤其是在沙尘暴、台风等恶劣天气出现时，人们对自然现象本身的了解有助于防御。

电视媒体也就成为了人们了解气象知识的最佳途径之一，通过电视丰富的表现手段，将气象知识中科学性较强、专业性较强的部分转换为通俗易懂、喜闻乐见的方式呈现给公众，并且在转化为大众化语言的同时，突出重点，传达观众最为关注的信息。同时，电视媒体通过邀请气象专家，解读突发天气背后的原因及对策，也能够为公众排忧解惑，使得公众能够理性地看待自然现象，从而减少恐慌心理，更加积极地采取防御措施，提升抵御自然灾害的能力。

参考文献

[1] 刘厚金.2008.我国政府转型中的公共服务.北京：中央编译出版社.

[2] 杨伟光.1998.中国电视论纲.北京：中国广播电视出版社.

[3] 胡正荣.2009.媒介公共服务理论与实践.北京：中国传媒大学出版社.

[4] 胡正荣.2005.传播学总论.北京：中国传媒大学出版社.

[5] 斯蒂文·小约翰著.1999.陈德民、叶晓辉译.传播理论.北京：中国社会科学出版社.

[6] 吴信训，金冠军，李海林.2005.现代传媒经济学.上海：复旦大学出版社.

［7］ 叶子.2005.现代广播电视新闻学.北京:中国广播电视出版社.
［8］ 刘建明等.2007.新闻学概论.北京:中国传媒大学出版社.
［9］ 俞虹,金晓聚.2008.公共服务与省级卫视媒介本体功能的认知.现代传播.(6).
［10］顾亚奇.2008.中国广播电视公共服务的三个历史阶段.现代传播.(1).
［11］张国涛.2008.广播电视公共服务的基本内涵.现代传播.(1).
［12］刘立成.2006.公共气象理念下的气象电视直播.中国记者.(12).
［13］倪景春.2006.中国气象频道传播价值及实现.中国广播电视学刊.(7).

气象频道本地化插播内容设计与运营的思考

任　玉

（宁夏气象服务中心，银川 750002）

摘　要

本文就中国气象频道本地化插播节目内容的改进与充实，提出了以社会需求为牵引，联合地方防灾减灾委员会主要成员单位共同经营气象频道本地化插播节目。在频道长效运营机制上，提出了依托气象办节目，跳出气象办气象，多部门支持办地方气象影视节目的思路。在频道的有效落地推广方面，结合本部门实际，提出了切实可行的推广方式和宣传办法。

关键词：频道　内容　设计　思考

1　气象频道本地化插播节目现状

中国气象频道是承担国家公共气象服务职能的数字电视专业频道，是突发公共事件应急响应的预警防灾信息发布平台。中国气象频道自 2006 年 5 月 18 日正式开播以来到 2010 年底，大多数省（区、市）完成了本地化节目插播。本地化节目可随时发布本地的各类预警预报信息，为全国各地联动救灾提供信息共享平台，并能根据本地地理特征、气候特点、经济生活需求，为当地观众提供针对性、实用性、精细化的气象服务。在普及科学知识上，提供防雷、防洪、防风、防火、防冻等各类科普知识，为人民生命安康福祉提供服务。

2009 年 12 月，中国气象频道在宁夏实现本地化节目插播。本地化节目插播丰富了气象信息的传播渠道，为地方国民经济服务、为各行各业安全生产提供气象保障，为农牧林业生产当好气象参谋。并可成为地方政府发布自然灾害预警和其他突发性公共安全事件应急信息的专业平台。

2　本地化插播节目内容的设计思考

我国是世界上气象灾害最严重的国家之一。台风、暴雨（雪）、雷电、干旱、大风、冰雹、雾、霾、沙尘暴、高温热浪、低温冻害等灾害时有发生，由气象灾害引发的滑坡、泥石流、山洪以及海洋灾害、生物灾害、森林草原火灾等衍生灾害也相当严重，对经济社会发展、人民群众生活以及生态环境造成较大影响。近年来，全球气候持续变暖，各类极端天气事件更加频繁，造成的损失和影响不断加重。为进一步做好气象灾害防范应对工作，最大程度减轻灾害损失，确保人民群众生命财产安全，及时向公众发布有效的防灾减灾救灾信息，维护社会稳定，办好气象频道本地化插播节目显得尤为重要。

中国气象频道作为防灾减灾频道，以气象监测、预警预报信息为依托，以社会需求为引领，立足气象，放眼各行各业。在内容设计与改进上，应当进行扩充与延伸。具体思考如下。

2.1 早晨至傍晚的节目内容

主要以紫外线、空气质量预报，晨练、上(放)学、上(下)班、交通出行天气预报、天气警示与实况相结合为主。

2.2 联合当地防灾减灾委员会开展气象服务

2007年4月20日，中国气象频道进入中南海电视系统，并每天制作决策气象服务节目《中南海气象专报》，为中央领导和国务院相关机构提供气象防灾决策参考。各地灾情可在第一时间通过《中南海气象专报》直呈中央，为国家决策和地方联动协作救灾提供信息服务支持。很多地方领导或者部门领导都十分看重自己所做的工作能够进入中南海，这是气象频道的优势之一。以宁夏为例，2009年6月8日，宁夏减灾委员会办公室下发了“关于建立灾情会商制度的通知”，要求自治区民政厅、农牧厅、水利厅、国土资源厅、林业局、气象局、地震局7厅局，互相通报有关部门相关单位掌握的雨情、汛情、旱情、震情等灾情动态信息；人员受灾、农业受灾、房屋受损、水利设施受损、人员紧急转移安置以及经济损失等情况；采取的措施以及救灾工作进展情况等。对7厅局的防灾减灾职责进行明确划分，确定了各单位的联络员和会商机制。在对公众的信息发布手段上，除气象部门既有电视、手机、网站外，其他部门仅有手机和网站两种手段且主要局限于行业范围内，覆盖面较小。许多部门在防灾减灾救灾工作中做了很多事情，却苦于无法通过媒体资源特别是电视平台将本部门防灾减灾工作动态向广大公众宣传出去。由于缺少宣传，造成社会公众并不了解他们所做的工作，以至于在政府部门年终考评中排名不理想。而我们就可以充分利用气象频道资源，将这些部门的工作动态通过视频信息反映出来，既满足了行业的需求，也让老百姓的知情权得以行使，同时也会获取良好的社会效益和经济效益。

2.3 借助名人专家的知名效应，实施跨行业制作气象节目

建立天气高敏感行业专家学者数据库。根据不同季节的天气和各行各业生产特点，走出气象部门做节目，邀请相关专家学者进行实地访谈，结合天气谈生产。这样的节目更有针对性、更有说服力、更有吸引力。

2.4 重点把握重大灾害性天气事件

重大灾害性天气的来临，对国民经济和人民生命财产会带来难以估量的损失。遇有灾害性天气就要及时谋划，选派多个拍摄组分头行动，奔赴关键地区特别是可能产生灾害较重的地区进行采访，捕捉灾区的实景画面，通过电视发布出来，对公众才会具有冲击力、才能具备震撼力。经过实地追踪采访，诠释“无微不至，无所不在”的气象服务宗旨。

2.5 紧密结合当地重大社会活动、重大节庆、重点工程，提前策划气象保障服务

每年第一季度召开的政府工作会议，在政府工作报告中都会列出政府当年的重点工作任务，如何策划好这些重点工作的气象服务是我们气象影视工作者的工作焦点之一。对每个重大社会活动进行事前、事中、事后的策划服务，提前布局，及早介入。做好政府部门组织的重大社会活动、重大节庆、重点工程的气象服务，不仅充实了本地化节目内容，而且拓展了市场，既能赢得良好的社会效益，又会获取较好的经济效益。

2.6 根据不同生产关键季节的变化，及早谋划节目选题

以西北地区为例，每年的冬春季节是干旱少雨(雪)、多风(沙)时段，这个时期政府领导及农牧业部门和农民群众最为关心的是如何解除干旱、如何进行草原防火、如何进行春耕生产等问题，解决人畜饮水及作物用水成为社会焦点；沿黄河两岸的陕、甘、宁、青、蒙等省(区)的水利部门最为关注凌汛的发生发展情况；林业部门则更为关注的是森林防火安全、植树造林、防风防沙等工作；交通部门则关注的是雨雪风沙及冰冻灾害对交通运输的影响。进入夏季，随着汛期的到来，雷电暴雨天气的增多，天气的影响涉及各行各业，对于气象影视人员而言，这个时期选题最多，施展气象影视能力的舞台更大，展示气象工作者价值的时机最好，同时也是对气象影视服务工作者能否吃苦受累、能否打硬仗、能否将重任在肩的担子扛到底的意志品质的考验。

2.7 充实交通、旅游、农业、健康休闲节目内容

各地区几乎都有该类节目，但大多数是站在气象角度谈天说地。我们经常讲气象服务要以需求为引领，天气高敏感行业的真正需求究竟是什么我们找的并不是太准。2010－2011 年我们通过对旅游、交通两大行业的需求调查发现，旅游局、旅行社、旅游景区、游客对气象工作的要求各不相同，而交通运输厅、公路建设、道路运输、公路管理、路桥公司、客运公司、交警、旅客等对气象工作的要求更是差别迥异。而农牧业部门则是需求更广，除传统的春播、三夏、秋收、冬灌外，设施农业、优质瓜果、特色农业、病虫害防治、奶业生产、渔业、牛羊养殖繁殖、牧草收割与晾晒、农业政策保险等项目对天气条件的需求更旺。这么多的项目、这么多的选题，我们究竟挖掘了多少？对于健康休闲方面，我们注重了天气对人们出行、健身、购物是否适宜的提示，但在科普教育方面略显不足。比如在雾天不宜锻炼的原因、雷雨天不宜高架作业、不宜补修道路、不宜游泳、不宜钓鱼、不宜树下躲雨的理由解释不充分等。这样的事例较多，就不一一枚举了。

2.8 加大气象科普知识的宣传力度

要加大气象科普和防灾减灾知识宣传力度，深入普及气象防灾减灾知识，就要用心构建气象影视行业媒体资产管理运营平台，将灾害性天气的识别、危害与预防措施作成系列短片适时播出。要充分发挥社会各界力量，利用气象、教育、新闻等资源，建设气象科普教育基地，加强全社会防灾减灾科学知识和技能的宣传教育。提高全社会气象防灾减灾意识和公众自救互救能力。

2.9 每周末增加一周天气评述和未来一周展望

每周五晚间节目插播 2 次以上的本周天气评述和未来一周天气展望。

3 增加每晚黄金时段节目播出频次

在每天 19－22:30 时之间，建议改为每 15 分钟插播一次本地化节目。这个时段主要以群众最为关心的与天气相关的省内、国内、国际热点话题以及与影响民生、影响经济发展的重大天气事件。特别是遇有重大的灾害性天气过程，应当申请频道总编室打通频道本地插播 3 分钟时间限制，播出当日最新的实况视频资料。

4 加大频道有效落地推广力度

中国气象频道开播至今已近6年的时间，但是在节目的收视率、观众关注度、当地政府资金的投入方面，尚不尽如人意。在频道的推广宣传上，首先要引起各地气象主管机构领导的重视，气象频道作为行业专业频道，其垄断优势和独有的气象新闻资源是其他部门难以企及的。要在全省（区、市）的气象会议上宣传气象频道、珍惜气象频道、爱护气象频道，将气象新闻线索或视频资料源的提供条数当做目标任务下达到地市级气象局，充实气象新闻素材内容；其次要充分利用各种社会媒体推介气象频道；其三要利用各种手段和方式（如科普知识“六进”活动、地面电视天气预报栏目、集市、明信片、学生课程表等）宣传气象频道；其四要利用气象部门正在大力开展的气象为农服务“两个体系”建设，通过大喇叭、电子屏等自有媒介进行宣传推广。只有频道的知晓率、知名度提高了，收视率自然就会得到提高。

5 多部门联合经营气象频道

2007年7月14日，国务院办公厅49号文件《关于进一步加强气象灾害防御工作的意见》中明确提出：“完善和扩充气象频道……与社会公共媒体、有关部门和行业内部信息发布渠道相结合，及时发布台风、暴雨（雪）、雾等各类气象灾害预报预警信号及简明的防灾避灾办法”。2011年6月15日，国家减灾委员会下发了《关于加强城乡社区综合减灾工作的指导意见》（国减发[2011]3号）目标任务中明确要求“要强化防灾减灾知识宣传与普及”工作。2011年7月11日，国务院办公厅下发了《关于加强气象灾害监测预警及信息发布工作的意见》（国办发〔2011〕33号）中再次强调“完善和扩充气象频道传播预警信息功能”。这些政策的出台，为气象频道的发展营造了良好的外部环境，也为气象影视工作者提出了更高的要求。截至目前，宁夏气象局已经与自治区农牧厅、民政厅、国土资源厅、林业局、民航空管局、移动公司等单位签订了战略合作协议，下一步将逐步与交通厅、水利厅、卫生厅、环保厅、旅游局、地震局单位签署相关合作协议。这些协议的签署，为气象频道的发展打开了一条宽阔的通道。以频道为纽带，宣传多部门的防灾减灾工作，加强灾害应对工作的协调联动，形成防灾减灾工作合力，为气象频道本地化插播的健康持续发展奠定基础。

6 结语

总之，在新媒体的冲击下，气象频道本地化插播节目必须以社会需求为引领，立足气象办节目，走出气象办气象，充实插播内容，以丰富多彩的内容获取公众眼球，提高节目收视率。在运行过程中，在取得社会效益的同时，也要注重经济效益的提升。依托气象资源，联合多部门经营气象频道，丰富本地气象节目内容，争取多部门资金支持，是促进频道发展的重要动力，也是本地化插播节目永续经营之道，同时才会真正实现中国气象频道在防灾减灾工作中的重要作用。

参考文献

[1] 李如彬，张开荣. 2009. 国外气象频道发展经验与中国气象频道发展道路. 气象，**35**(6)：100-108.

[2] 韩建钢. 2008. 关于气象频道节目的思考. 气象影视技术论文集（五），北京：气象出版社，53-60.

浅析气象频道的受众意识培养

程　莹　马辛宇　王叶仙
（浙江省气象服务中心，杭州 310017）

摘　要

传播学培养理论的主流效果理论认为，受众多样化的价值观，因接触电视而变得与电视所呈现的主流意见相似。气象频道作为大众传播媒介之一，代表并引导社会主流舆论，肩负着对全社会科普意识、防灾减灾意识以及以人为本意识等方面培养的责任，本文就以上方面的受众意识培养进行分析探讨，以期为气象频道更好的发展做出一定贡献。

关键词：传播学　培养理论　中国气象频道　受众意识

引言

曾几何时，"媒体娱乐化"作为对传统媒体传播方式的矫枉之举，受到人们的击掌欢迎。然而，媒体泛娱乐化导致了俗劣唯利、浮躁不实等价值导向，促使受众价值判断错误化、从众化，同时消解了媒体的社会功能，其社会危害不可小觑。

传播学培养理论认为，媒体具有培养受众的功能，它是以一定的社会观和传播观为出发点的，具有潜移默化的效果。作为大众传播媒体之一的气象频道，是目前中国唯一提供 24 小时不间断天气服务的数字电视专业频道，也因此承担着一定的培养受众意识的功能，又因其自身具备的专业性特点，其所承担的意识培养方向也与普通媒体有所不同。

中国气象频道是一个全天候提供权威、实用、细分的各类气象信息和其他相关生活服务信息的专业化电视频道，以防灾减灾、服务大众为宗旨，提供精细化、专业化、实用性的气象信息服务和科普宣传。气象、科普、防灾减灾等都是这个频道的关键词，因此频道顺理成章地肩负起对全社会气象科普意识、防灾减灾意识以及以人为本意识等方面培养的责任。

1　科普意识的培养

1.1　培养科普意识的意义

同为气象频道，在国内外的境遇可谓大相径庭：在国外备受宠爱，虽为付费频道，却大受欢迎，收视率超高，甚至有人一整天都将电视固定在气象频道；而在国内，虽然是免费频道收视率却平平，这一现象令人反思。目前国内大部分受众对气象的需求仍停留在实用上，而非科普层次，人们更关心的是明后天什么天气，而不是这样的天气究竟是什么样的系统导致的。那么，是否应该因此一味地顺应受众的需求，而不再强调科普了，显然不行。

联合国教科文组织认为："发展中国家与发达国家的差距，从根本上说是知识的差距，是人才和劳动者素质的差距"。随着当今世界的不断发展和进步，科学技术的实力和国民素质成为一个国家综合国力的重要标志。从长远看，以科技实力和经济实力为主的综合国力竞争，最终更多地体现为国民科学素质的竞争。提高国民科学素质已成为世界各国政府共同关注的议题。近年来，中央提出坚持以人为本，树立全面协调可持续发展的科学发展观，实施人才强国战略。既强调了人才资源是推动经济社会发展第一资源的作用，又体现了对人的素质提高和全面发展的高度重视。气象知识是科学的一个重要分支，与人类的生存发展、人们的生活生产息息相关，作为国内唯一的气象频道，培养受众的气象科普意识义不容辞。

1.2　培养科普意识的有益尝试

中国气象频道从频道建设之初就很注重科普栏目的份量。科普不是硬性灌输，为了更尊重科学精神，频道的科普节目形态多种多样，包含了传统的科教片、非虚构科学娱乐节目、经典纪录片、动画片等，潜移默化地进行科普。比如，频道曾经有一档气象与健康专题系列节目，其定位是"不同天气气候环境条件下人们健康生活的专业指南"，是"天气预报的延伸"。把专题节目与天气预报、气象新闻播报紧密结合，同时节目使用气象频道的主持人并把节目时长确定为比较短的5分钟，使专题节目在形态上与频道新闻板块契合在一起。对于以气象灾害为内容的《风云纪录》专题栏目，则在" 大形式"上与频道的新闻诉求一致。以不同季节发生的不同种类的气象灾害事件为拍摄对象，以灾害亲历者的故事为由头和线索，以灾害发生时记录下的原始素材的展示并辅以亲历者和见证者的讲述为主要表现形式，以专家的解读为辅助，通过现场采访、情景再现、分析试验、原始资料等表现形式讲述完整的灾害故事，阐述灾害的特点，剖析灾害背后的科学知识。专题节目时长30分钟，突出悬念性、故事性，诉诸情感，追求专题节目本身的收视价值。

2　防灾减灾意识的培养

2.1　培养防灾减灾意识的意义

随着气候异常及灾害性天气的频繁发生，人们对灾害越发重视和敏感，随之而来的是近年来媒体开始普遍重视灾情报道。每逢灾害发生，各大媒体竞相大篇幅报道。从视频、声音、图片到文字，全方位展现受灾人数、受灾面积、灾民生活、经济损失等灾情。那么，仅仅这些是否足够了呢，显然不够。气象频道除了引导受众共同关心灾害"是什么"、"怎么样"，还更应该过渡到关心"为什么"、"怎么办"上。从人与自然关系层面深入挖掘、思考灾害为什么会发生、人类应怎样防灾减灾。极端灾害天气与人类活动有关，应该通过新闻报道、分析解说等方式传播人与自然和谐的理念，唤起社会各界对防灾减灾工作的高度关注，增强全社会防灾减灾意识，普及推广全民防灾减灾知识和避灾自救技能，提高综合减灾能力，最大限度地减轻自然灾害的损失。

传播学培养理论中的回响效果理论认为，当电视世界的经验与个人经验趋于一致时，培养效果会如同空谷回音一样显著扩大。这一理论要求新闻媒介的报道与宣传极力贴近实际、贴近社会、贴近群众，这样才能使媒介效果达到最大。受众既是一个群体，也是一个个的个体。灾害性天气所造成的危害对每一个受众而言都是具体的、实际的。媒体可以创新报道形式，以生动活泼的报道形式与受众互动，使受众参与进来，使报道产生较好的传播效果。对此，媒体报道可以从受众的日常生活入手，报道灾害对于人类的影响，每个人都从自己做起，维护生态环境，应对气候变化。

2.2 培养防灾减灾意识的有益尝试

做好科学应对气候变化的宣传是中国气象频道义不容辞的责任，频道一直致力于及时报道中国在气候变化问题上勇于担当的负责任态度，关注新能源领域的科技创新，围绕人民生命安全提供防雷、防洪、防震等各类科普知识。积极传播灾害与人类生存环境恶化的关系的新闻，引导受众进一步深入思考环境问题。通过新闻报道传播人与自然和谐的理念，引导人们在日常生活中自觉保护大气环境、生态环境，通过新闻潜移默化地培养受众的环境意识。在地球全角度等栏目中通过全方位、多角度、集中、持续地报道方式，使受众在气象事件发生、持续、结束、事后这段时间内，了解气象事件的发展起因结果等等，让人们认识到生存环境在不断恶化的现实。

目前，中国气象频道已经逐步组建了一支专业的气象灾害报道队伍，成立了36个记者站，这些记者站分布在各省（区、市）的气象部门，具备专业的气象知识和基础，能够全天候全程直播报道各地出现的灾害天气，同时提供重大公共应急事件气象服务，为地方政府和广大公众提供及时可靠的气象防灾信息。

3 以人为本意识的培养

3.1 培养以人为本意识的意义

随着社会的发展，竞争越来越激烈，物质和精神的碰撞也越凸现。这样的时代，媒体理应成为人们精神家园的守望者，成为优化人们精神环境的宁静的港湾。但遗憾的是，纵观时下的媒体新闻，在这方面却缺少必要的自觉意识。有许多新闻虽然将镜头对准了芸芸众生，但却缺乏对人本身应有的尊重和关心，甚至漠视人的生存意义。比如，时下对一些煤矿瓦斯爆炸、洪水泛滥以及凶杀案等的报道，记者到现场往往首先问死了几个人，追求的也是画面的刺激性，报道的轰动效应，“唯恐天下不乱”，而对那些受难者，他们的亲人所承受的不幸与痛苦，所付出的代价以及对于世人的警示，却往往不作为报道的焦点与重点，这显然是有悖于媒体责任的。

众所周知，天气气候的任何变化和预报，都和人类的生产生活息息相关。气象频道同样担负“以人为本”意识的传播使命。对天气的报道，重心落脚点应该不仅仅是气象事件本身，而应该是“人”，是气象事件中人的作用、人的观念、人的情感以及气象事件对人的影响等等一切关于“人”的因素。应具备“以人为本”的思想，在气象新闻报道中体现人文意识与人文关怀，让气象新闻主动去注重人、贴近人、关照人、关心人，去尊重和关爱每一个生命个体。

3.2 培养以人为本意识的有益尝试

注目气象频道，我们惊喜地看到，关注气象因素影响下的百姓衣食住行等社会生活类的所谓“软新闻”明显增多，据此提出的有意义有价值的生活提示也越来越多。这种变化实际上体现的是气象频道对受众意识的加强，是一种当好观众生活参谋的人文关怀。气象频道编导在对地市约稿和新闻采编上，都尽量站在最广大观众的立场上，做到贴近生活、贴近群众、贴近实际，去关心“绝大多数观众所需要或感兴趣的问题”。例如，老百姓如何关注气候变化、关注天气环境，改善生存状态，提高生活质量；又如何去追求新的生活目标，实现人生理想，完成自我超越。

气象频道体现人文关怀，还在于加强新闻传播的现场互动性与观众参与性上，提高新闻的亲和力与感染力。为了能吸引观众，让大众传媒具有人际传播的那种魅力，气象频道的气象新闻报道都尽量以现场直播的方式进行，特别是突发事件的报道。让处于不同方位的主持人之间以及主持人与现场记者、当事人乃至于观众之间进行多点切换，频繁互动，把各种真实的声音、一个个新闻现场全方位立体交叉展现于观众面前。观众仿佛也被带入了事件现场，与记者在同一时间去亲历气象新闻事件，去看、去听、去感受、去注意每一个细节，去领略气象现场所特有的氛围。这种只有电视新闻才具备的现场感染性，让观众完全融入到气象新闻事件及气象新闻报道之中，其传播效果自不待言。

参考文献

[1] 成凯文. 2004. 从公众科学素养看科普的走向与选择. 广西农业机械化，(6).

由调研的两个事例引发的为"三农"服务的思考

秦春英　杨培峰　成晓琴

（山西省气象影视中心，太原 030002）

摘　要

极端天气事件频频出现在我们身边，气象人怎样尽我们所能，让更多的人提早知情、提早预防、及时应对，尤其是8亿人口的农村需求，是我们气象人要思考的。对生活在城市中的人来说，他们获取信息的途径要远远多于农村，电视、广播、报刊、网络、手机、城市大屏充斥在我们的生活中，信息可以说无处不在，如果作为气象服务的从业者们，我们再忽视农村这一潜在的服务需求，无视那些弱势和边缘需求，那么我们所谓公共气象服务只会是一种褊狭的城市视角，无法真正体现出"以人为本，无微不至，无所不在"的服务理念。

关键词：气象频道　灾害　服务

1　引言

近年来，有太多的事情让我们难以忘怀，春夏秋冬，四季交替，在大自然有序轮回的同时，也不时传递因气候变化带给我们的种种特殊感受。2010年一贯凉爽的俄罗斯连续两月酷热难耐，一贯少雨的巴基斯坦竟洪水滔天。中国更是罕见地经历"水与火"的双重考验：一场强降雨使得原本干旱的黄土高坡遭遇泥石流侵袭，本应雨水充沛的西南地区却遭遇长达半年之久的干旱。华南、江南地区连遭14轮暴雨袭击；7月，北方地区连遭5轮暴雨袭击，渭河、辽河、第二松花江出现严重汛情；北方多地高温突破历史极值，南方多地高温持续超历史同期；特别是8月8日凌晨，甘肃省舟曲县发生了新中国成立以来最为严重的特大山洪泥石流灾害。极端天气事件频频出现在我们身边，所以我们更多的关注投向了异常气候事件带来的灾害和影响中，不管是干旱、暴雨和大风带来的农业损失，不管是暴雪带来的交通瘫痪，还是低温带来的电力、天然气紧张，我们气象人怎样尽我们所能，让更多的人提早知情、提早预防、及时应对，尤其是8亿人口的农村需求，是我们气象人必须关注的。对生活在城市中的人来说，他们获取信息的途径要远远多于农村，电视、广播、报刊、网络、手机、城市大屏充斥在我们的生活中，信息可以说无处不在，如果作为气象服务的从业者们，我们再忽视掉农村这一潜在的服务需求，无视那些弱势和边缘需求，那么我们所谓公共气象服务只会是一种褊狭的城市视角，无法真正体现出"以人为本，无微不至，无所不在"的服务理念。

2 调研事例

2.1 农民对气象信息的渴求事例

2010 年 2 月 1 日，由山西省气象影视中心、晋中市气象局、平遥县气象局组成了一个特殊的“送礼”小分队，专程来到平遥县广播电视局，给有线电视网络公司，代华风集团送去了中国气象频道卫星接收器解密卡，随着电视信号解密接收成功，时隔 2 个月，平遥县 6 万多个用户的电视机上，再次出现了中国气象频道的画面。

面对这份特殊的礼物，平遥县广播电视局有线电视网络公司段经理握着山西省气象影视中心主任的手，一个劲地说着感谢的话：“要是没有这个解密卡，我这年可真没法过”。

没有解密卡，年都没法过，这究竟是怎么回事儿呢？

随着广播电视村村通工程实施，平遥县有线数字电视网络发展迅速，已经覆盖了县城和乡镇的 118 个行政村 6 万多用户。早在 2007 年数字电视开通以后，中国气象频道就通过机顶盒，走进了百姓的生活。

作为唯一提供 24 小时不间断天气服务的数字电视频道，及时准确的天气预报、预警信息，还有专家主讲的《气象今日谈》、《四季养生堂》，都成了农民观众的最爱。

平遥地处晋中腹地，全县总人口近 50 万，是山西省的人口大县、农业大县。每天下地干活回来，第一时间收看中国气象频道，获取信息指导生产和生活，早已成为农户日常生活中的一个重要组成部分。

2009 年 11 月下旬，根据国家相关规定，中国气象频道通过卫星转发的信号，实行了加密播出，而平遥县广电局却没有解密卡和相关的接收设备，只得中断播出。

当时，袭击山西全省的暴雪刚刚过去，观众急需通过电视了解最新的气象信息，突然间无法收看中国气象频道，不明真相的农民群众焦急万分，误以为有线电视故意掐掉了气象频道，随后就出现了村民们围堵广电工作人员，集体到广播局上访，要求尽快恢复播出的事件。

平遥县广播电视局有线电视网络公司，一方面说明原因安抚群众，承诺限时春季前恢复播出；一方面通过国家广电总局等部门，寻求解决的办法。几经周折，用了 1 个多月的时间，平遥县有线电视网络公司，终于和中国气象频道的主办单位华风集团建立了联系。本着急观众所急，想百姓所想的宗旨，华风集团第一时间作出决定，向平遥县有线电视网络公司赠送解密卡。

为了进一步了解观众对中国气象频道的需求，“送礼”小分队又来到了平遥县南政乡，看望这里的忠实的观众。

听说中国气象频道，派人专程前来开通电视节目，曾经集体上访反映问题的村民，带着一脸喜悦围拢上来，七嘴八舌地诉说着中国气象频道带给他们的好处。

“去年 11 月下大雪，就是因为看了气象频道的暴雪预警，我提前收了白菜，结果没有一点损失”。

“《气象今日谈》里那个白头发的老太太专家，一周的天气形势讲得特别好，我的农活全都按照她说得办”。

“好长时间看不着气象频道了，每天吃饭都不香”。

“大棚里通风口开多大，都按头天晚上天气预报说的办”。

“建议频道多给农民安排些节目”。

农民不能没有气象频道，因为气象频道给农民朋友提供了无微不至的服务。也看出农民朋友对气象服务的渴求。

2.2　气象服务为农业生产撑起“保护伞”事例

寒流离去、气温回升，晴朗的天空下，山西省介休市铁巩循环农业公司的蔬菜大棚里春意盎然，一人高的枝蔓上叶绿花黄，挂满了又圆又大的果实。再过 10 天，今年第一茬西红柿就可以采摘上市。仅此一项，每个大棚的收入预计超过 6 万元。

怀着丰收的喜悦，公司董事长降铁巩，对专程前来提供气象服务的介休市气象局工作人员，一个劲地说着感激的话：“丰收的果实里也有气象局的一半”。

介休是一个以工业为主导的新型能源和煤化工基地，长期以来，农业占国民经济的比重较低。着眼于产业结构调整，2009 年，介休提出大力发展高效设施农业，用财政资金支持新建日光节能温室。多年从事建筑业的降铁巩响应政府号召，建起 80 多个大棚，成为当地规模最大的蔬菜生产专业户。得知这一消息后，介休市气象局主动与铁巩循环农业公司等种植大户签订了免费服务协议，“量身”定做了含有温度、风、降水、日照等相关要素的气象预报。通过设在气象局的气象信息短信发布平台，向政府分管领导、各乡镇主要负责人和种植户提供信息。

2009 年 11 月雪灾到来前，介休气象局利用短信平台，及时发布预警预报信息。铁巩农业公司接到预警后，购置了一百个头灯、一百件雨衣、一百双雨鞋、一百把铁锹，组织 300 多人彻夜清理大棚积雪，83 个大棚无一受损，保住了移植不久的西红柿苗。

经过连续四天奋战，介休市抗击雪灾取得全面胜利，全市新建蔬菜大棚无一倒塌，仅此一项就减少经济损失五千余万元。事后介休市政府特别发文指出：“气象局靠前服务，预报准确，措施得力，使这次抗击雪灾取得了阶段性胜利！特别是在抗击雪灾及其他防灾减灾领域中发挥了重要作用，应给予大力支持”。并决定由市财政拨专款，用于气象预警信息发布平台运行。

3　引发的为“三农”服务的思考

3.1　大众传媒业在“三农”服务方面的缺位

有一种言论，说现在的电视节目越来越“小资化了”，更有甚者，将这种现象称为“传媒歧视”。我们也注意到越来越多的传媒策划者们热衷于为“有钱且有闲”的受众层服务，追求中产阶级的格调和口味；号称新媒体的网络不仅在入口处就已经设置了经济文化的多重障碍，而且各网站的定位有着更明显的城市化、年轻化、小资化的取向。而我国的农村人口有 8 亿，而且大多数属尚未脱贫的弱势群体。中国当下的大众传媒都不自觉地避开这些人群，不约而同地将目标受众锁定为除城市贫民之外的白领、中产阶级等。如某报刊 1999 年 10 月 12 日就以《读你》为标题亮出了自己的“标准读者像”：他（或她）是一位 36 岁左右较为成熟的年轻人，拥有高中或大专以上的学历，供职于政府机关、科教文卫单位或企事业单位的公务员、专业人士或“白领人士”，他（她）是拥有较高经济收入和消费投资决策能力、对于流行时尚敏感的、享有最多的高档和豪华生活用品的城市人。还有某电台开播时就这样定位它的听众群：年龄在 15—45 岁特别是 18—35 岁的，具有大中专以上学历，具有现代意识的新生代群体。

目前大众传媒的现状是不仅给社会弱势群体特别是农村人口提供的信息资源极为有限，而且还总是有意无意地将他们置于社会注意力的边缘地带，使他们成为媒体的“缺席者”和“失语者”。相对于一些社会政要、明星、富豪等具有“显著性”身份特征的群体，农民很少有机会占据媒体话语体系的中心，很少成为叙述的主体，很少成为服务的重点。当然，我们也注意到一些主流媒体对弱势群体颇多关注，如中央电视台的《当代工人》栏目以及农村频道等，但这无法代表大众传媒的整体价值取向。

3.2 气象服务在“三农”服务中的“缺位”

为农业服务历来是气象服务的基础，也是重点。气象服务在“三农”服务中做了哪些具体工作，做得够不够，做得细不细，应该认真加以分析研究。2009 年 2 月 26 日，中国气象局局长郑国光在接受新华网搜狐网的采访时，举了这样一个例子“2007 年我做了一个调查，因为那个时候雷电灾害造成的人员死亡率很高，这一年雷电灾害造成人员死亡有 700 多人，究竟是哪些人容易遭受雷电灾害呢？8 月份我到了江西，截至 8 月 10 日江西省雷电灾害造成 116 人死亡，这些死亡的人员 100％发生在农村，80％多死亡的人是田里劳动的农民，或者雷雨天气的时候在野外骑摩托车的人等等，这反映了百姓对防雷知识的缺乏”。

我们要看到一个数字，“100％”发生在农村，这个数字让我们有点痛心。

2009 年 11 月 9 日到 12 日山西出现了五十年一遇暴雪天气过程，气象部门提前做出了准确预报，及时发布了暴雪红色预警，可是农业损失还是惨重。雪灾造成全省倒塌农业生产大棚 31698 座，损坏 6263 座，大量反季节蔬菜及水果被冻死。在我们记者的调查中发现，大部分农民知道暴雪信息，但不知 30 毫米暴雪是什么概念。这反映了百姓对气象知识的缺乏。

3.3 气象服务意识缺位

郑国光局长在接受媒体采访时提到：“很多老百姓经常给我们写信，气象台做出的预报模棱两可，看不懂，束手无策。比如‘明天有小到中雨，局部大雨’，老百姓就问了，究竟是小雨、中雨、大雨。经常冒出‘局地有暴雨’，局地在什么地方？所以闹出一些笑话，而且这个大雨大到什么程度？预报的语言通俗化不够，和老百姓结合得不够。过去我们的意识是气象局只管预报，至于预报出来你用不用，你信不信，我们关心的不够”。这正是服务意识缺位的一种表现。

再比如我省的影视中心就收到过这样一封观众来信，信上说“以后在播天气预报的时候，能不能不要说‘晴好天气’，因为对我们农民来说，特别是在干旱时节，我们是特别盼望下雨的，晴天对我们而言未必是好事”。一句非常中肯的话，也从另一个角度反映出我们的节目编导，节目主持人在节目制作时的对农民服务意识缺位。

4 结束语

在全球气候变暖，极端天气事件频发的背景下，气象服务是我们的立业之本。全国气象部门把气象服务作为工作的首要任务，建立和完善了公共气象服务体系，决策气象服务、公众气象服务、专业气象服务、气象科技服务在国家安全、可持续发展、防灾减灾中发挥着不可替代的重要作用。在大多数传媒忽视农村弱势群体的情况下，中国气象频道本着防灾减灾、服务大众理念闪亮登场，全天候、高频次提供权威、实用细分的各类气象信息和其他生活服务信息的专业化电视频道将为社会和经济发展做出贡献。

浅析电视气象新闻标题制作

朱艳平

（华风气象传媒集团，北京 100081）

摘　要

电视气象新闻是十分常见的新闻，只要有天气、气候的变化，就会有气象新闻出现。而且随着人们对天气变化关注度的加强，电视气象新闻节目已然成为了老少咸宜的新闻节目，电视气象新闻事业也随之蓬勃发展起来。电视气象新闻标题对于气象新闻节目来说十分重要，标题是新闻的"眼"，高质量、高水平的电视气象新闻标题既能立刻吸引住受众的"眼球"，保证较高的收视率的同时，又能提升电视气象新闻媒体的社会影响力和知名度。但目前气象新闻标题的选取没有引起编辑记者的足够重视，存在着模式化、内容主旨不明、表现方式单一等多方面的问题。本文以"中国气象频道"气象新闻类标题为例，通过分析电视气象新闻标题选取中存在的问题，着力探讨电视气象新闻标题应满足哪些基本要求。

关键词：电视　气象新闻　标题　要求

俗话说，"看人先看眼，看文先看题"。一篇好的文章首要是有一个好的标题，一条好的电视气象新闻亦是如此。高质量、高水平的电视气象新闻标题，能在第一时间引起受众的关注，与受众产生心理共鸣，激发受众想要了解气象新闻内容的愿望。相反，一条不恰当的标题，往往会使受众降低观看新闻报道的兴趣，忽视新闻报道的内在价值，进而影响到电视节目的收视率。

由此可见，电视气象新闻标题对电视气象节目、乃至电视气象媒体的重要性都是不言而喻的。但在实际工作中，电视编导、气象编导、记者往往更注重对采访的话题、表现的手法、编辑的技巧、气象数据准确性等方面的探究，对气象新闻标题经常是在最后仅剩的一点时间里随意选取。对电视气象新闻标题的不重视、节目制作时间的限制、标题已有模板的套用等导致电视气象新闻标题呈现出模式化、格式化、主旨不清、内容不明、表现手法单一等问题。

1　电视气象新闻标题存在的问题

1.1　标题模式化、格式化日趋严重

中国气象频道气象新闻类节目具有很强的专业性，内容相对来说比较单一，主要围绕着重大天气气候事件、天气气候灾害及其引发的次生灾害、各地气象部门服务情况等展开。其中，报道比例较大的是天气气候事件及其引发的灾害，而天气气候事件主要是指干旱、暴雨、高温、台风、厄尔尼诺、拉尼娜等。每一年每个季节发生的天气现象大体是相同的，气象新闻报道需要从这些相同点中寻找出不同，而气象新闻标题亦是如此。如果，一条标题既能用于这篇报道，又能用于那篇报道，那么所有报道将会给人一种千篇一律、毫无吸引力的感觉。

我国的汛期在每年的 5 月至 10 月，汛期期间灾害性天气多发，受众对天气新闻的关注度也

非常的高。而汛期的天气现象主要是强降水、高温、台风等等，如果在气象新闻报道中出现“某某地发生强降水”、“某某地发布暴雨预警”、“某某地被台风袭击，造成人员伤亡”等年年岁岁都相似的标题，观众收看气象新闻报道的兴趣基本上也会被磨灭掉。气象新闻标题应尽量杜绝模式化、格式化，通用的模板标题应该尽量少用或不用，要学会从新闻报道中提炼最能表达新闻主旨的内容，标示出让人眼前一亮，有新意、有内涵的好标题。

1.2 标题主旨不明、语法错误较多

气象新闻标题主要是以具体的气象新闻事实为依据，提示新闻中最主要和最值得注意的事实，所以气象新闻标题应尽量避免出现假大空的现象，应用最简洁明了的语言揭示新闻主旨。如，“黄河上游现1990年以来最大流量 防汛形势严峻”“北京暴雨损毁道路陆续恢复通车”这类标题就很好，一目了然。而像“北方天气本周后期将出现转折”、“中央气象台6日10时继续发布台风黄色预警”等标题，一眼看过去，让人觉得一头雾水。“转折”，是什么样的转折，是变好还是变坏？好是什么样的天气，坏又是什么样的天气。“黄色预警”是什么，属于几级预警，会带来什么样的灾害，应该怎么防御等等，标题没有明确说明新闻的内容，倒是让人心中产生了不少的疑问。

除新闻标题主旨不明外，在气象新闻标题中经常会出现句子有歧义、搭配不当、成分缺失、结构混乱、表意不明等问题。如“山东‘达维’过后 莒县受灾严重”这样的标题就有明显的歧义，“达维”是一个台风的名字，将“山东”写于它之前，会让人产生疑惑，如果修改为“台风‘达维’过后 山东莒县受灾严重”就很好。

1.3 标题表现手法单一

电视气象新闻标题的结构比较简单，通常只有一行主题，极个别情况下才有副题出现。且受屏幕宽度影响，大都是在屏幕的下方呈一行表示，这样导致了气象新闻标题的表现手法有点过于单一，但表现手法单一并不意味着表达方式也是单一的。在多媒体技术如此发达的今天，我们可以充分运用各类软件，通过改变标题的字体、字号、颜色、增添背景、改变播放方式等手段，突出、强化电视新闻内容，吸引受众的注意力，引发受众收看兴趣。当然，制作时也要注意各类手法的合理搭配，不然也会影响受众的阅读和收看效果。

2 电视气象新闻标题应满足哪些基本要求

面对电视气象新闻标题存在着的问题，编辑、记者应在制作时着重思考如何避免出现这些问题，同时也应该思考一条好的气象新闻标题应该具备哪些基本要求。通过对中国气象频道新闻标题的研究，个人认为一条好的电视气象新闻标题应满足以下几点要求。

2.1 新鲜生动

中国是一个语言文字非常丰富的国家，每个文字所蕴含的意义丰富而深远，运用的修辞手法也是多种多样。仔细琢磨标题中的每个文字，选择恰当的语言文字，运用合适的修辞手法，定能为气象新闻标题添色不少。如“京城湿气渐长 闷热抬头最高气温31℃”、“‘达维’过后 沧州海参很受伤”这类拟人手法在标题中的运用，就给人眼前一亮的感觉。如果能合理利用其他修辞手法，对标题也能起到画龙点睛的作用，如“拨开迷‘雾’、预防‘霾’伏”、“托起生命之‘舟’、奏响重生之‘曲’”、“太阳，你会用巨大的能量洗劫地球吗”等等，既形象又生动，让观众喜闻乐见。

2.2 短小精炼

电视气象新闻标题具有稍纵即逝、停留时间短的特点。一般电视新闻标题停留在画面上的时间是 10 秒，时间太短，新闻标题太长，则会导致观众来不及看完题目。标题停留在画面的时间太长，会干扰观众对画面、声音的接收。同时，受屏幕宽度和观众视觉习惯影响，也决定了电视新闻标题的字数不宜太长，一般不超过 15 个。因此电视气象新闻标题的制定要注意不能因为标题字数太少，而使新闻主题内容得不到完全的表达，让人无法了解其内涵。也不能字数太多，不够凝练，使观众不喜欢看。这就要求电视气象新闻标题必须是简洁凝练、短小精炼。

2.3 重点突出

气象新闻标题具有概括新闻内容、揭示新闻主题的作用。而电视气象新闻标题又受时间、字数等多方面的限制，这就对其在重点突出、一目了然上提出了更高的要求。首先，在电视气象新闻标题的制作过程中要注意将新闻节目的新闻点表现出来，将观众感兴趣的问题揭示出来，将亮点呈现出来。其次，制作电视气象新闻标题时，要注意结合图片画面和解说词对气象新闻内容进行总体的评价和概括，不能“文不对题”“题不对画”。同时，也要做到提炼出文章中最重要、最核心的内容作为确定标题的依据。

2.4 通俗易懂

电视气象新闻最重要的作用是服务于大众生活，所以气象新闻标题要尽量做到“三贴近”，贴近实际、贴近生活、贴近群众。电视气象新闻的受众覆盖面广、文化程度参差不齐，这就要求气象新闻标题尽量做到社会化、大众化、通俗化，但这并不意味着新闻标题的“庸俗化”、“简单化”。这就要求我们运用语言的艺术，通俗地展示新闻内容。首先，标题尽量少用专业性较强的名词。气象是一门专业性很强的学科，气象新闻里涉及的专业词汇也比较多。如果在新闻标题中出现“副热带季风气候”、“低压槽”等专业名词就会让整个新闻呈现出教科书一样的生硬，而观众则不知所云。在气象新闻标题中如何将专有名词通俗化、大众化是值得编辑、记者不断探索的。其次，少用生僻字，尽量用一些被观众所熟知的歇后语、谚语、顺口溜等，这样更能便于观众理解气象新闻内容，也容易记住新闻内容。

3 结语

总之，电视气象新闻标题具有引导舆论导向、揭示新闻内容、表达观点和态度的作用。好的电视新闻标题能在第一时间内吸引观众的“眼球”，准确表达新闻所涵盖的内容和观点。这就要求编辑记者高度重视电视气象新闻标题的使用和表现方式，不断探究目前气象新闻标题中存在的问题和不足。俗话说“知己知彼 方能百战百胜”，只有找出问题解决问题才能取得长足进步和发展。同时，也要加强对气象新闻标题制作方式方法的学习，着力提升制作气象新闻标题的能力和水平，力求从气象新闻本身出发，认真推敲、准确表达，以最大限度展示气象新闻的“吸引力”。

参考文献

[1] 蔡雯. 2010. 新闻编辑学. 北京：中国人民大学出版社.
[2] 彭朝丞. 2000. 新闻标题制作——实用新闻写作丛书. 北京：中国广播电视出版社.
[3] 柴世伟. 2009. 认真制作新闻标题. 新闻爱好者. (11).

直击《气象今日谈》亚沙会访谈

刘　彦

（山东省气象服务中心 250031）

摘　要

访谈节目因其“实录”的真实性和对“名人”、“重大事件”的关注度，在我国各媒体蓬勃发展。本文通过分析华风《气象今日谈》栏目亚沙会期间录制的一期访谈节目，从话题的选定、节目要用故事打动受众、主持人（记者）应具备的素养：迅速消化、理解嘉宾所讲内容，及时补充跟进细节性问题；擅于倾听、擅于提问等四个方面阐述了做访谈节目的一些技巧和主持人（记者）应注意的问题。

关键词：访谈　选题　讲故事　主持人　探询

引言

提起访谈类电视节目，大家一口气能说出一串耳熟能详的名字：《杨澜工作室》、《鲁豫有约》、《艺术人生》、《超级访问》等等。作为一名气象影视工作者，一方面被聚光灯下、荧光屏上主持人与嘉宾精彩的问答所吸引、折服、感动，另一方面又对节目背后整个录制过程充满了好奇：他们是怎么录制出的节目？有哪些技术可以让我们借鉴？2012 年 6 月第三届海阳亚沙会（中国·海阳 2012 第三届亚洲沙滩运动会）期间，我作为一名亚沙会气象保障服务报道人员，零距离直击气象频道《气象今日谈》栏目现场访谈的整个过程，看到访谈类节目录制前后的一些小“秘密”，通过分析阐述，希望能为各省（区、市）气象影视部门摄制的访谈节目、日常新闻采访能有所帮助。

1　话题选择“一大一小”：从大局出发，从小处入手

话题的选择是访谈节目的关键，话题如果到位，节目也就成功了一半。

6 月 20 日晚九点，气象频道《气象今日谈》主持人秋丹来到海阳市气象局，就烟台市气象局和海阳市气象局为亚沙会所做的气象保障服务，做一期访谈节目，采访亚沙会气象保障领导小组副组长、烟台市气象局副局长李刚。一路奔波，见到李局长后，秋丹马上要求就所有话题与李局长沟通交流一下，双方熟悉一下晚上要录制的节目内容。

在秋丹与李局长交谈的近四十分钟里，我在一旁记录统计了一下，节目组提供的访谈提纲，大概有 15 个左右的话题，这些话题都紧紧围绕亚沙会气象保障服务的方方面面，内容从宏观到细节、从服务团体到嘉宾个人都有涉及。

如“‘快乐亚沙、精彩气象’怎么理解？”“怎么评价这次亚沙会的气象服务”等，这些话题从整个服务的大局出发，宏观上宣传了气象服务保障亚沙会的宗旨、精神，让受众对亚沙会的气象

保障服务工作、对气象部门有一个总体的了解和评判。

如“开幕式前天气状况是怎样的”,“到海阳后感觉湿度挺大的,会否常出现有雾的天气”等焦点性话题,让受众了解到海阳当地的气候,这种独特的气候对亚沙会有什么样的影响,气象保障亚沙会的必要性。

如“沙滩上,有无针对沙子特殊的气象服务”,“滑翔伞对天气要求苛刻,对天气有什么特殊的数值要求”等话题,让受众了解比赛项目与天气的关系,天气对具体的运动项目影响到底有多大。这些问题涵盖的内容已经细化到具体的比赛项目、气象部门所做的精细化、针对性的气象服务。

如“气象保障团队辛苦吗?”,“气象保障过程中受到什么感染?”,“你想去看比赛吗?有没有看过比赛?”等,这些针对嘉宾情感提出的人情味话题,让受众了解预报员具体的工作、预报员的辛劳辛苦、为保障亚沙会的顺利进行气象部门所做的努力和付出,把气象人的精神面貌和敬业精神展现在受众面前。

以上这些提前拟好的话题提纲,有宏观、有细节、有故事、有具体的实例,有社会焦点、还有嘉宾个人情感的流露。从大局到细微处,全面展示出气象部门为亚沙会所做的气象保障服务和人文精神面貌。

2 用故事打动受众

在秋丹与李局长交流的过程中,秋丹提出一个要求:能否讲一个亚沙会气象保障服务中的故事。李局长回顾了一下,选取了6月10日,亚沙会彩排当天,傍晚将出现比较明显的局地雷阵雨天气,亚沙会组委会和组织人员都非常紧张,不断地询问这场雷雨什么时间下、什么时间结束。气象预报服务被亚沙会组委会就时间问题追问到“分钟”的这么一个服务过程,有点曲折、又有些神奇。秋丹听后,也认为这个服务过程很有故事性,就确定下来。

这个气象服务的小故事,在正式录制时果然作为重头戏被提起。在主持人与嘉宾精彩的问答中,把6月10日的这次气象服务情景再现在受众面前,在十五分钟的节目里,这个话题被作为独立的一个小篇章,占了整个节目六分之一的份量,让人印象深刻。

其实不只是这个服务的小故事,其他话题,如“沙滩上,有无针对沙子特殊的气象服务”,“滑翔伞对天气要求苛刻,对天气有什么特殊的数值要求”这些话题展开后也很像在讲故事,讲沙温与运动的故事、滑翔伞与风力风速的故事,还是比较能够引起受众的好奇心、吸引受众注意力的。

讲故事是新闻专题片、访谈节目惯用的手法。如众所周知的《鲁豫有约》、《名人面对面》、《艺术人生》等访谈类节目,虽然这些节目的定位各有不同,但在这些节目中,都少不了“讲故事”,可见这种具体形象、细节性、故事化的描述,更加容易让人信服、让人接受,也会使节目更加好看。

3 主持人要迅速消化、理解嘉宾所讲内容,及时补充跟进细节性问题

在正式录制前的交流阶段,秋丹一再强调:采访就是个聊天的过程,聊到哪说到哪。嘉宾在这种轻松的聊天氛围中侃侃而谈,主持人也在交流中注意细节,边聊边听边记,敏锐地捕捉嘉宾所谈话题背后所延伸的内容,及时补充进来,在正式录制时就可以就一些细节问题与嘉宾展开

讨论。

经过近40分钟的交谈后，笔者注意到最初的15个话题在正式录制时，经由主持人的补充和延伸，已成为近20个话题。不少话题就细节处进行了探讨。如：亚沙会彩排当天的雷阵雨“在什么时候预测到的？”、“对于爱好游泳和沙滩排球的嘉宾没能到现场观看过比赛会不会也是一种遗憾啊？”、“沙温对人体感受而言有什么上限值或是下限值？”、“60℃的沙温踩上去是不是有点烫脚的感觉”等等；这些细节性问题只有事先与采访嘉宾进行过充分的沟通交流，才能获悉相关信息、知识，也才能在正式录制时做到心中有数、有的放矢针对性地去追问，才能让受众在主持人与嘉宾一问一答间，对亚沙会气象保障的服务和人员精神面貌有进一步的了解。而其中增加的一个话题：“海阳是一个县级市，承担这样一个大型的活动对气象保障来说是不是很有压力”，在正式播出的节目中也占了一个独立的小篇章。由此可见，访谈节目录制前主持人与嘉宾之间进行充分的交流是多么重要，能从嘉宾回答的问题中发现新的内容、新的问题，并及时补充进来，这也是主持人（记者）的一种专业素养。

有些主持人（记者）对事物视而不见，他们忽略的细节可能使得本来一篇相当引人入胜的故事成为一篇一般化的报道。发挥你的观察能力，消化、理解嘉宾所讲内容，就可能会发现被采访者语言背后更生动的细节内容。

4　主持人“两个一半”：一半倾听、一半擅问

访谈节目中，主持人与采访嘉宾之间就像是朋友，主持人以关注的心态倾听他（她）的心声，并探询其内心世界。主持人既代表个人，更代表媒体和受众通过不断的探询，甚至是深刻的质询，层层展示出事件的原貌、他（她）的人生经历和内心世界。

正式开机录制时，秋丹一扫录前随意闲散的交流状态，马上进入一种录制状态。虽然交谈的语音和语调没有变化，但整个人的精神都提了起来。尤其是眼神的关注度明显提高，双目凝视着采访嘉宾，认真倾听嘉宾的回答，非常专注，听到细节处及时发问，听到激动处也及时与嘉宾呼应。

譬如：在交流亚沙会彩排当晚的气象保障服务时，秋丹是这样与采访嘉宾交流的：

秋丹：有没有特别印象深刻的比较特殊的天气过程？

李局：印象深刻的应该是10号，…出现了比较明显的局地雷阵雨天气，正好要进行开幕式彩排演练，…这个时候包括组委会、组织人员都非常紧张。我们这次预报服务是非常成功的，一个是我们对这次过程提前预测到了……

秋丹：从什么时候，几点预测到的？

李局：头一天九号，我们预报第二天有雷阵雨，但是一般像这个短期预报不能很精确的预报过程几点开始，…我们提前一个小时给组委会发出了准确的预警，降水大概是在六点十分左右开始，实际上降水大概就是在这个时间开始的。开始以后，组委会又不停地在问，降水能在什么时候结束。

秋丹：肯定要问吧，因为特别担心彩排吧。

李局：对，在一般的天气情况下，预报不会发布降水具体到某个点结束（秋丹：太难了！），为了保障服务必须要做到这一点，所以我们全体预报人员当时都在岗，都在分析天气，最后得出的结论是七点三十五分。

秋丹：已经精确到分了，怎么就可以精确到分预报它结束，你们是怎么做到的？

李局：我想这个应该是人努力，天帮忙吧。一个是我们对这个过程抓得比较准，大家分析得比较透，另外就是老天爷帮忙啊。

秋丹：组委会当时觉得惊讶吗？

李局：我觉得他们对我们这种预报应该是感到非常满意的，我想他们以前应该是没有得到过这一类预报的。

从这段对话中可以看出，主持人与嘉宾之间的交流并不是机械的一问一答，更不是毫无情感的交谈，尤其是主持人，有问、有情感上的呼应、有巧妙的引导。第一个问题，主持人是很正常地、比较郑重地提出的，引出整个话题；第二个问题"从什么时候，几点预测到的？"是主持人在嘉宾回答问题过程中，插进去追问的。如果在这里不插进去追问，嘉宾按照自己的思绪继续说下去，就会是另外的内容了，这个气象服务的细节就无法展现在受众面前；第三、第四句话"肯定要问吧，因为特别担心彩排吧"和"太难了"既是主持人呼应嘉宾的回答，也是在情感上支持、呼应嘉宾的一种表现，让原本比较严肃、枯燥的气象保障服务的访谈节目增加了一丝情感的交流，引起嘉宾情感上的振动，同时引导嘉宾继续讲述下去；第五个问题"已经精确到分了，怎么就可以精确到分预报它结束，你们是怎么做到的"，主持人进一步探询的味道更浓，引导嘉宾向深处思索，挖掘嘉宾内心的真实世界；最后"组委会当时觉得惊讶吗"引出总结性、思想性的问题，让气象保障亚沙会彩排的服务中的"一个故事"有了一个圆满的、升华性的总结、结尾。

举的这个例子，只是整个访谈过程中比较典型的一个。在整个访谈的录制过程中，主持人都是这样一方面高度关注嘉宾的回答，认真倾听，与嘉宾思绪起伏共振、共鸣；另一方面擅问、会问，步步为营又优雅细腻，引导嘉宾讲述下去。

由此可见，访谈节目的主持人必须具有有效沟通的能力，善于营造深入交流的氛围，消除访谈人物的心理隔阂，既要善于倾听，又要适时探询，既要充分展示出重大气象保障服务的方方面面，又要展示出嘉宾的内心情感和精神世界。

5 小结

传播观念的更新和话语权的日益被重视，为我国谈话节目的发展创造了绝佳的发展机遇。这种"实录"的真实性和对"名人"、"重大事件"的关注度既符合受众的收视心理，又体现了媒介对事件过程的关注，创造出自己的媒体新形象。目前我们各省(区、市)气象影视部门，有些开展过相关的访谈节目，有些还未曾有过这方面的尝试，写此篇文章，介绍气象频道访谈节目录制前后的一些技巧，共同借鉴。

参考文献

[1] 布雷恩.S.布鲁克斯等.2007.新闻报道与写作.北京：新华出版社.

[2] 吴红雨，李哲莹.2004.浅析我国名人访谈节目的创作思路.声屏世界.(4).

三、节目改进与创新

从“靠天吃饭”到“看天吃饭”
——浅谈农业气象节目的现在和未来

覃　鑫　杨玫玫　张方丽
(华风气象传媒集团,北京 100081)

摘　要

农业与气象的关系密不可分,从一开始发源的“刀耕火种”时期一直到科学技术高度发达的现在,从来没有摆脱过“靠天吃饭”的命运。作为农业活动主体的农民也认识到了这一点,对于气象信息极为渴求,而且国家政策也给予了极大重视和支持。但现有的农业气象电视节目无论是从量还是质上,都远远不能满足农民需求。未来如何发展,需要中国气象频道和各地气象影视部门共同努力。在第八届全国气象影视服务业务竞赛上已经有一些令人惊喜的尝试出现。

关键词:农业气象　节目　重要性　现状　未来发展方向

1　为什么要制作农业气象电视节目

1.1　农业与气象的关系

究竟为什么要制作农业气象电视节目呢?这就要从农业与气象的关系开始说起。可以说,农业从一开始发源的“刀耕火种”时期一直到科学技术高度发达的现在,从来都没有摆脱过“靠天吃饭”的命运,动植物生长发育所需要的阳光、水分、土壤等全部都来自于自然界。所以,自有农业以来,对于气象与农业之间的关系的研究就从来没有中断过。

就我国来说,早在春秋时代,人们就已经知道用土圭这种最古老的计时仪器来观察太阳光的投影,通过研究投影的长短、移动规律,确定了春分、夏至、秋分、冬至这样最基本的四个节气。到了西汉初年,淮南王刘安及其门客等共同编著的《淮南子·天文训》一书当中,就已经有了二十四节气的全部名称。而作为我国古代记述物候知识的著作《逸周书·时训解》,它将一年分为七十二候,每个节气3候,每候5天,并且各有一相应的物候现象,叫做“候应”。比如和植物相关的候应就有植物的幼芽萌动、开花、结实等,这也是我国最早形成的结合天文、气象、物候知识指导农事活动的历法。

由此可以看出,在之前的漫长岁月里,我国古人为了研究农业和气象之间的关系付出了长期并且艰苦卓绝的努力,其取得的智慧结晶直到今天仍具有现实的指导意义。

而到了近现代,随着科学技术的逐步发展,温度表被发明并且被用于气象学和生物学研究之后,植物生长发育与气象条件定量关系的观察研究由此开始。而随着气象观测网的建立,更是进一步开展了气候与农业关系的研究。

1.2　农民需要

既然农业与气象的关系如此密不可分,作为农业活动的主体——农民,对于气象信息的需求也是与日俱增。在这里仅以河北省气象局2006年做的一次调研结果为例来进行说明。根据河北省气象局的调研，在所有参与座谈和答卷的农民中，100%的农民认为气象与农业生产关系密切，农业生产基本上是靠天吃饭；在河北省平原地区，天气预报信息的获取以收看电视天气预报为主；调查数据还显示，100%的农民必看天气预报节目，部分农民通过收听广播获取天气预报信息，另外有2%的农民是通过报纸了解天气预报信息。从这些数据不难看出，农民认识到了农业气象信息的重要性，并且也非常需要它，而受到现有条件的限制，绝大多数农民获得农业气象信息的途径是电视和广播。

1.3 政策重视

粮食丰则农业稳，农业稳则天下安。到了现在，对于农业的重视，对于农业气象的重视，更是上升到了国家层面。2012年2月1日，中共中央、国务院印发了《关于加快推进农业科技创新持续增强农产品供给保障能力的若干意见》，提出了2012年农业农村工作的总体要求，明确了农业科技创新的战略地位，要求增强农业气象科技实力。这是自2004年以来，连续第九个中央一号文件对气象为农服务提出要求，充分体现了党中央、国务院对气象为农服务工作的高度重视，也标志着气象服务保障"三农"工作的基础支撑作用进一步强化。

2 农业气象电视节目的现状与存在的问题

既然农业与气象如此密不可分，农民需求如此迫切，国家政策如此重视，那么现在的农业气象节目究竟发展到了什么程度呢？笔者将从质和量两个方面进行分析。

2.1 量

2.1.1 中国气象频道在播的农业气象节目数量

作为国家级公共气象服务和气象防灾减灾平台的中国气象频道，是由中国气象局主办，华风集团和全国各省级气象影视部门共同承办。截至2011年11月18日，中国气象频道已经在全国30个省(区、市)的263个地级以上城市落地(含地级城市)，占全国336个地级以上城市的78.3%，覆盖数字电视用户超过5800万户。中国气象频道不仅覆盖面广，并且实现了24小时滚动播出，其中周一至周五每天的首播节目都超过50档，首播总节目时长超过6小时；周六日全天首播节目也有34档，首播总节目时长接近5小时。

但在这样大的一个平台上，在播的农业气象节目仅有两个：一个是预报类的《农业气象》，每天首播3档，每档节目时长为4分20秒，而且并不仅仅在中国气象频道播出，在中央电视台7套也会同步播出；另外一个是专题类的《气象与农业》，每周一至周五更新，每天首播一档，节目时长为5分钟。

2.1.2 华风集团制作的面向公共频道在播的农业气象节目数量

作为中国气象局的直属企业，华风集团承担着国家级气象灾害预警预报媒体发布、媒体公众气象服务、气象影视科普宣传等职责，制作的节目在中央电视台、新华社、中国教育频道、中央人民广播电台等26个频道播出，每天首播的气象电视节目多达137档，首播总时长超过5.5小时。

但是在这样庞大的公共频道传播网中，华风集团制作提供的在播农业气象节目仅有《农业气象》一个，其首播的内容、时长、频次都与中国气象频道相同。

从以上两个国家级平台的统计数据可以看出，无论是时长还是频次，现有在播的农业气象节目所占的比例都很低，这与农民所占我国总人口的比例以及农业和农业气象的重要地位都极为不符。

2.2　质

纵观中国气象频道和华风集团制作的面向公共频道在播的农业气象节目，大致就是两类：一类是以《农业气象》为代表的实时预报节目，还有一类是以《气象与农业》为代表的科普专题节目。

实时农业气象预报节目的特点是：时效性强，侧重短期农业天气预报，注重的是农业天气预警预报信息的快速及时、准确有效的传递。

而科普专题类的农业气象节目的特点是：时效性相对来说没有那么强，更侧重气候类的选题，着力于节目的深度和广度，注重科普性。

2.3　存在的问题

通过对农业气象节目的质和量的分析研究，我们不难发现，现有的农业气象节目还是存在不少问题：

首先就是量太少，这点在前面也已经提到了，在此不再赘述。

而就现有的农业气象预报节目来说，由于我国幅员辽阔，各地的天气气候特点都不尽相同，再加上物产丰富，每种作物对气象的需求又大相径庭，所以现有的农业气象预报节目完全无法满足更精细化、更多样性、更具针对性的需求。另外，受到预报准确性等因素的制约，目前的农业气象预报节目主要侧重于1—3天的短期天气预报，对于3天以上的中长期天气预报、旬尺度的预报提及得较少，而月尺度、季尺度乃至年尺度的气象预报更是一片空白。但对于农业来说，由于作物的生长、生产周期较长，中期天气预报和气候预测极具前瞻性和指导性的意义。

而对于现有的科普专题类农业气象节目而言，存在的主要问题也是针对性不够；另外受到制作团队、制作周期等方面的制约，更新相对来说比较慢。

3　对农业气象节目未来发展方向的思考

由于中国气象频道是由中国气象局主办、华风集团和全国各省级气象影视部门共同承办的，所以在形成合力方面具有得天独厚的优势，因此在农业气象节目的改进和发展上也将大有可为。

首先就是要找准定位、明确分工，有分工才有合作。对于中国气象频道来说，面向的受众是全国观众，所以相应的，频道集中制作的农业气象节目也应该具有全国视野。具体来说：频道集中制作的农业气象预报节目应该侧重于全国整体的天气趋势预测和分析。同样的，在尽可能的情况下，如果能够做月、季、年这样大时间尺度的气候预测，侧重点也应该是全国范围的气候趋势和重要转折点的分析。关于这一点，中国气象频道前期策划的《天气瞭望》节目就已经有了这方面的意识。针对现在短期预报产品丰富的情况，《天气瞭望》果断放弃了1～2天的短期预报，将着力点放在了3—10天的中期天气预报上，并计划每月3日、13日、23日发布农业干旱监测及农业旬报，每月底最后一天总结本月天气并且发布下月天气预测，遇上节气的时候，还会介绍本节气的天气气候特点；而且在预报的过程中，不再详细讲解每一天的气温、降水情况，转而针对重要的天气转折点和可能会产生重要影响的天气过程进行分析，并结合重点影响区域的主要作物给出提醒和建议。这样的尝试，在节目组前往河北农村调研时，受到了试看《天气瞭望》样片节目的农民观众的肯定。

而要制作更精细化、更多样性、更有针对性、更具地方特色的农业气象节目——不论是天气预报类还是专题科普类——都需要依靠各地气象影视部门的力量。现在中国气象频道每个小时的 26 分、56 分都是地方插播时段，可以说舞台已经搭好，端看各地如何舞出精彩。令人欣慰的是，在 2011 年举办的第八届全国气象影视服务业务竞赛中，各地都做出了很多有益的尝试。我们以获得省级气象为农服务类节目第一名的山东省气象局制作的节目为例来进行分析：在节目的一开始，主持人就指出当时也就是六月下旬，正是生姜各种病害的高发期，而在过去几年中，因为生姜烂脖子病，作为生姜之乡的山东损失连连。小片中，山东省气象局和省农科院的农气专家来到了田间地头，告诉姜农哪些是生姜烂脖子病的前期症状。接着，主持人问出了观众也是姜农的疑问——什么样的天气条件下会诱发生姜烂脖子病呢？农气专家对此作出了详细的解答并现场演示了具体的防治方法，之后记者又采访了一个成功防治的例子来论证防治方法的可靠性。节目虽然只有短短的 5 分钟，但却完全解释清楚了会诱发生姜烂脖子病的天气条件和防治方法，并且突出了山东的特色——生姜之乡，整个节目一气呵成、流畅自然，令人印象深刻。

如果能够按照这样的势头继续发展下去，实现以中国气象频道为面、地方插播为点、点面结合的整体布局的话，相信会打造出一个全新的农业气象信息传播网。

对于公共频道来说，受到频道定位、栏目定位等多方面因素的影响，农业气象节目属于“戴着镣铐跳舞”，可改动变化的空间有限，在此不再多论。

4 小结

农业以前一直是“靠天吃饭”，好年景才有好收成。现在随着科学技术和传播手段的高速发展，希望可以制作出更多更好的农业气象节目来向农民传递更有用的农业气象信息，让农民能够根据气象部门提供的精细化农业气象服务实现趋利避害，变“靠天吃饭”为“看天吃饭”。

从受众的需求出发提升气象影视的公共服务性

周　蓉　秦　剑
（云南省气象服务中心，昆明 650034）

摘　要

气象影视节目传播的效果，直接决定了其公共服务性是否能够得到体现，受众是信息传播的接收者，从受众的需求出发，是气象影视节目制作的基础和最后的检验标准。本文首先从大众传播学的角度，探讨了受众在传播中的中心地位、特点和基本分类，继而进一步总结了对影视受众研究的几种方法。在此基础上，论述了气象影视的受众研究结果，并从受众的需求出发，详细论述了如何把公共服务意识渗透到气象影视制作的日常工作中。最后，以郑国光局长在云南气象服务中心影视制作部参观时的讲话"要把百姓的满意度，作为判断气象服务工作做得好不好的标准"结尾，再次强调了要从受众的需求出发提升气象影视的公共服务性这一中心论点。

关键词：受众需求　气象影视节目　公共服务

气象影视节目在公共服务的作用，必须依靠其传播效果来实现，可以说，气象影视节目的传播效果好坏直接决定了气象影视在公共服务中能否发挥有力的作用。谈到传播，就不得不提到受众。因为受众是大众传播媒介影响的对象，对传播过程起着重要的制约作用。受众的需求，受众对媒介信息内容的选择性接触活动等，都对大众传播的效果有着重要的影响。因为任何节目都无法在脱离受众需求的前提下进行传播，更不要说是"有效的传播"。气象影视节目也是一样。气象影视节目的传播效果，绝不是仅仅取决于制作者素质水准的高低、电视手法的优劣，还必须依据对受众研究的成果，立足于受众需求定向定位构塑收视平台。应该说，加强受众研究工作、从受众的需求出发来制作气象影视节目已成为关系气象影视生存发展、前途命运的一项重要基础工作。因为只有关注受众心声、追踪受众脚步、透视受众心理、扣准受众脉搏、品析受众喜好、鉴识受众口味、探知不同受众对气象影视节目的不同需求期望值，才能精心打造出受众喜爱的节目，促使收视率不断提高，这也是气象影视节目赢得社会效益和经济效益的治本立台之策。换言之，只有气象影视节目得到大家的认可和喜爱，才能真正发挥它在公共服务中的作用。

1　受众

1.1　受众在传播过程中的中心地位

"传播学鼻祖"、"传播学之父"——威尔伯·施拉姆，是世界上第一个具有传播学教授头衔的人，他建立了第一个大学的传播学研究机构，编撰了第一本传播学教科书，被授予了第一个传播学博士学位。他曾这样解释：受众参与传播就好像在自助餐厅就餐，媒介在这种传播环境中的作用只是为受众服务，提供尽可能让受众满意的饭菜（信息）。至于受众吃什么，吃多少，吃还是不吃，全在于受众自身的意愿和喜好，媒介是无能为力的。换句话说："这个理论假设的中心是受众。它主张受传者的行为在很大程度上是由个人的需求和兴趣来决定的，人们使用媒介是为了满足个人的需求和愿望。"

1.2 受众的特点

(1)规模的巨大性，在人数上超过大部分社会群体；

(2)分散性，广泛分布于社会各个阶层；

(3)异质性，即具有不同的社会属性。

1.3 受众的分类

(1)按照接触的媒介类别：报纸读者、广播听众、电视观众、网民；

(2)按照人口统计学原理，受众群体内部可以按照性别、年龄、职业、地域、教育水平等再划分为不同的群体——如男性受众和女性受众；

(3)按照接触媒介的频率：稳定受众和不稳定受众；

(4)按照受众不同信息的需求：一般受众(广受众)和特殊受众(窄受众)；

(5)按照接触新闻媒介的确定性：现实受众和潜在受众；

(6)按照新闻媒介明确的传播对象：核心受众和边缘受众。

2 影视受众研究的方法

2.1 坚持研究方法的多元化

当前，在西方的影视受众研究中，人们对受众从不同学科领域提出了自己的理论和学说，促使了各种截然不同的研究受众方法的发展。如经验的实证学派、认知学派、结构功能学派、批判学派、文化研究学派和诠释学派等等。这些来源于不同视野、不同领域的理论和方法，对"受众"、"阅听人"或者受众概念既不是完全不变的，也没有一定的稳定性。

2.2 实施系统思维

影视受众的研究需要采用"系统思考"方法，也就是把影视受众放在一个广泛的社会系统之中加以考察与研究。

2.3 加强传播者与受众主客体之间的互动研究

传播者和受众很长一段时间内都被认定为影视传播活动的主体和客体，虽然越来越多的人意识到受众在传播中的主体地位，但是，影视受众研究如果仅仅是从单一主体出发，并不能找到圆满的解决方法。因为传播是人与人之间平等交互作用的过程，其中所包含的内涵是"沟通"、"交流"、"交往"、"交际"。

2.4 影视受众研究需要创新

任何事物都是以发展的状态存在的，包括受众。这就要求我们在研究他们的时候始终保持一种创新的态度和思路，不可一成不变墨守成规。

3 气象影视的受众研究

3.1 有力的受众基础

在我国，由于气象信息与人们生产生活的高度相关，公众对气象影视节目的需求度非常高。央视——索福瑞媒介研究于 2004 年发布的《中国数字电视报告》中显示：93.57%的受众会从电视获取天气预报信息，73.95%的受众认为电视是获取天气预报的最主要的途径，58.91%的受众几乎天天观看电视天气预报。在针对城市居民潜在用户 60 个付费专业频道个人需求情况调查中，气象频道需求高居第五位，需求百分比高达 78.1%。在资讯类专业频道中，气象频道需求程度仅次于新闻和财经频道，位居第三。

近几年，华风集团针对观众对气象节目的满意度开展了"气象节目受众贴近性调查"，调查结果显示：尽管当今各种新兴媒体蓬勃发展，但是电视仍是老百姓获取气象信息的绝对主导媒体，电视天气预报节目拥有的份额占 74%。这一需求为我们奠定了有力的受众基础。

3.2 气象影视的受众类型

根据"气象节目受众贴近性调查"，我们姑且把气象影视的受众按照年龄来划分：即 45 岁以上的人群经常看天气预报节目的在 90%以上，35～45 岁之间的人群经常看天气预报节目的占 76.8%，而 15～34 岁的在 60%左右。

从上述调查结果可见，45 岁以上的人群是天气预报节目的核心受众，也可以说是稳定受众，他们的收视需求无疑是我们制作气象影视节目考虑的重点。这个年龄段的特点之一，是已经步入中老年期，越来越关注健康问题，为此，我们也可以考虑多制作一些介绍养生常识的小专题片，再把天气的元素结合进去，在固定时间播放，相信会受到这类受众的喜欢。

35～45 岁之间的人群，属于社会发展的中坚力量。对他们来说，事业的进步和一家老小的生活都是他们要考虑的事情，而忙碌的生活导致这部分受众可能无法坚持每天收看天气预报，而只是在有需要的时候才看，而手机、网络等新媒体也是他们可以了解天气信息的渠道。因此，如何把这部分受众吸引到我们的气象影视节目中来、如何建立他们的收视习惯，无疑是一个难点。

而 15～34 岁的年轻群体对天气预报的关注程度较 55～69 岁的老年群体要弱很多，究其原因，大概是因为当今年轻一代随意的生活态度和舒适的生活条件、造成他们对天气预报的关注度偏低。但很明显，随着他们逐步成长，成立家庭、为人父母后，以家庭为中心的生活方式会让他们越来越关注天气预报。可以说，他们是气象影视节目的潜在受众，他们的需求仍然值得我们去关注。因为就影视事业发展与市场开拓而言，潜在受众群是一个巨大的社会和经济资源，开发利用这个资源的程度，决定着影视业的兴衰与发展的道路。

4 从受众的需求出发提升气象影视节目的公共服务性

4.1 影视受众的需求

一档气象影视节目或一个气象影视作品的传播效果如何，关键要看受众的态度与满意程度。美国电视业的奇迹《达拉斯》的编剧兼制片人莱奥纳德·卡兹曼在回复诸多渴望成功的电视人“如此辉煌的成功，究竟遵循了什么样的艺术规律”这一问题中谈到：“规律不在自己那里，而在观众那里。我们不能说有没有任何必然成功的规律，但我们明白谁也不知道公众到底喜欢什么。我们只知道总是保持这样的清醒头脑非常重要：是否制作一个节目不能因为我们喜不喜欢它，而是要看观众的兴趣。”但是，发现和了解受众的兴趣和需求是有难度的，观众群大得难以想象，不知道观众是什么样子、不知道观众需要什么——这往往是我们制作节目之前或者过程中经常性忽视的问题，但也恰恰是最需要考虑的问题。

4.2 气象节目受众贴近性调查

前几年，华风进行了“气象节目受众贴近性调查”。调查结果显示：就实用性而言，气象影视节目在人们活动中的作用主要是出行和穿衣的参考；就内容而言，人们对“本地天气预报”的需求一直高居榜首；就特征要素而言，实用性强”位于特征要素中的首位，“简单明了”位于第二位，“时效性强”处于第三位，“通俗易懂”占据第四位，“趣味性”这一要素在第十位到第八位之间摆动，对天气预报和气象资讯类节目而言，并不处于十分重要的位置；就节目制作要素的重要性而言，没有固定排名第一的要素，但是“播报语速”、“主持人形象”和“播出时间”一直是位于重要性的前三位。

4.3 把公众服务意识渗透到气象影视制作的工作流程中

4.3.1 编导——增强服务意识

编导是气象影视制作的先锋队，一档节目从定位—制作—成品这整个过程中，编导都必须从受众本身出发，关注受众的心理，尊重和了解受众的需要。在编导每次撰写稿件时，必须站在观众的立场上来构思服务内容，关注天气对人们的生活的影响，考虑人们因天气变化产生的喜与忧、利与弊，这是做编导的最起码的服务意识。一个编导只有心里装着观众，才能在风云变化之时想群众之所想，急观众之所急。气象影视节目的特殊性，要求编导既要懂电视，又要懂天气，做编导的时间越久，越容易犯一个错误——用专业术语来解释天气，用专业眼光来审视节目。其实收看天气预报的人，大多只是普通的受众群，而不是电视或者气象方面的专家，用专业术语说天气自然是一种违背大部分受众接收能力的做法，而纯粹从电视的角度出发、一味地追求趣味性等受众追求的元素等，导致最终出来的节目和其他非气象专业的媒体如出一辙，欠缺了气象影视节目本该具备的权威性和专业指导性。

4.3.2 主持人——心系观众感受

主持人是链接气象影视节目和观众之间的桥梁，节目的传播效果最终要依靠主持人来直接体现，因此一个适合的主持人，无疑是一档节目最后成功与否的关键。而什么才是观众喜欢的主持人呢？主持人的形象可能会各有长短，主持的风格也可以各具特色，主持的技巧更是各有千秋，但是一个好的气象节目主持人，最后归根结底要做到——心系观众感受。现在大部分的气象影视节目还是由编导来撰写稿件、主持人背稿的形式在做，这个时候就要求主持人发挥自身的专业优势，把稿件中的生僻难懂的语言和意思进一步转化成观众听得懂的话，从而保证每一期节目都满足观众的需求。除了语言要通俗化以外，语速也是影响传播效果的一个重要因素。实践表明，按照一秒钟 5 个字甚至更多的语速播报，普通受众接收到的有效信息量其实比我们期望中的少得多，也就是说，我们期望通过提高语速从而在有限的时间内尽量多地传播信息是不现实也不可取的。

4.3.3 画面图形——从大众眼光出发

随着技术人员专业水平的不断提高,如今气象影视节目画面和图形越来越美观和生动。鉴于气象影视节目最后的检验者和使用者是老百姓这一原则,制作气象影视节目的画面图形需要特别重视两个问题:一是画面图形要贴近大众审美标准:从事设计工作的人员,有自己的想法是无可厚非的,不同的设计人员,针对同一图形画面都会有自己不同的诠释手法,但是这并不代表可以完全按照自己的意愿来设计而脱离大众的审美。例如有的设计师比较有个性,喜欢用一些标新立异的图片和画面,但是这和大众的审美观就会有很大出入。二是画面图形要符合大众收视习惯:气象影视节目中常常会加入标注关键词,这些关键词的大小、位置甚至颜色都应该符合大众的收视习惯。另外,经过长时间的积累,大众对气象信息的符号具备一定的认知能力和判断,设计者不要随意改动每个标志的意义,例如非要用红色的箭头表示冷空气等等。

4.3.4 编辑——对受众负责把关节目

随着气象影视制作技术的成熟,现在很多省级影视中心都已经实现了非线性编辑,像云南省影视中心从 2010 年开始就实现了用大洋非线性编辑系统来录制和编排节目。作为编辑,每天的值班工作是非常辛苦的,尤其气象频道开播以来,编辑人员更是要实行 24 小时值班制度。面对琐碎重复的工作,作为普通人的我们,难免有出错的时候,这从人性的弱点来说无可避免,但是从编辑这个岗位的责任感来说就不可原谅。编辑是对节目的最后一道把关,确保录制和编排节目的零出错自然是责无旁贷,一个好的编辑,还需要主动承担起审阅节目的责任,节目中的每一个标题、每一副背景图、甚至主持人的仪容,编辑都要有意识地去留意和检查,一旦发现问题就及时联系有关人员处理,把好节目的最后这一关,争取每一期节目都可以做到无人为的差错。这是对编辑本身这份工作的负责,是对整个团队的负责,更是对收看我们气象节目的公众负责。

5 结语

2012 年 8 月 16 日,中国气象局郑国光局长莅临云南省气象局气象服务中心影视制作演播室,郑局长特别提到“要把百姓的满意度,作为判断气象服务工作做得好不好的标准”。同样,是否满足受众的需求,也是衡量气象影视节目是否成功、气象影视的公共服务性能否实现的标准。所以,在提升气象影视节目的整体水平和公共服务性的过程中,我们始终要把受众的需求放在第一位,从受众的需求出发,立足于气象影视节目的实用价值,这才是气象影视节目能够长远发展的根基。

参考文献

[1] 李法宝.2008.影视受众学.广州:中山大学出版社.30-34.

[2] 严雪等.2011.气象影视传播中的公共服务意识.经济策论(下).

从央视《新闻联播》灾害事件报道看防灾减灾科普宣传

刘　薇　丁　祎
（华风气象传媒集团，北京 100081）

摘　要

我国是自然灾害最严重国家之一，防灾减灾工作任重而道远。因此，如何在及时、全面报道各类灾害性事件的基础上，更好地在公众间普及防灾减灾知识，提高应对和防御灾害的能力，值得影视宣传媒体认真思考和把握。本文将通过对央视《新闻联播》关于灾害事件报道的内容及特点分析，阐释影视宣传在防灾减灾方面发挥的重要作用。同时借鉴相关经验，进一步提升影视宣传机构传播防灾减灾信息的能力，并增强在防灾减灾教育方面的责任和舆论作用。

关键词：新闻联播　防灾减灾　影视宣传

众所周知，中国是世界上自然灾害最为严重的国家之一。灾害种类多、发生频率高、分布地域广、造成损失重。近十年来，每年因自然灾害造成经济损失都在 2000 亿元以上。特别是 2008 年，南方年初遭受了低温雨雪冰冻灾害和四川汶川遇特大地震两次巨灾，灾损程度、救灾难度历史罕见。2010 年仅上半年，以洪涝、干旱、低温冷冻和雪灾、地震、风雹、山体滑坡和泥石流为主的自然灾害已经导致直接经济损失 2113.9 亿元。因此，伴随着自然灾害风险的进一步扩大，防灾减灾的任务异常繁重。但是，目前我国民众整体的防灾减灾意识都比较薄弱，急需加大防灾减灾的科普宣传力度。

影视宣传无疑是防灾减灾教育的最佳方式。因为根据大众传播中的“议程设置理论”，传媒的新闻报道和信息传达活动以赋予各种“议程”不同程度的显著性的方式，影响着人们对周围世界“大事”及其重要性的判断。即：媒体对某个事件关注得越多，该事件在公众心中越重要。而在国家级影视宣传机构电视新闻栏目中，中央电视台《新闻联播》作为最具代表性、最具权威性的栏目，针对重大灾害事件进行了大量报道，引导公众认识灾害的残酷，提高防御灾害的意识，传递防灾减灾知识。因此，我们就通过对《新闻联播》灾害报道的数量、内容和形式统计，进一步分析影视宣传在防灾减灾工作中所起的重要作用。

1　《新闻联播》栏目介绍

《新闻联播》是目前中国总收率最高、覆盖范围最广、收视人口数量最多的电视栏目。根据央视索福瑞提供的数据，收视率高达 21.99%，收视份额近 65.8%。2007 年，在中央电视台每五年进行一次的全国电视观众抽样调查中，《新闻联播》也是全国观众最喜爱的电视栏目，位列第一。

2 《新闻联播》关于防灾减灾新闻报道情况的分析

2.1 报道时效性的分析

灾害事件具有较大的新闻价值,尤其是一些突发重大的灾害事件,总是成为广大受众欲知需知的内容,而此时正是做好防灾减灾教育的有利时机。影视媒体应当充分把握时效性,及时捕捉灾害信息,满足受众的新闻欲,同时也积极实现其议程设置功能,促进灾害救助的顺利开展,从而进一步降低灾害的损失程度。

笔者主要选取了《新闻联播》2008 年关于南方雨雪冰冻灾害报道和汶川地震报道作为分析对象。南方雨雪冰冻灾害始于 1 月 13 日,汶川地震发生于 5 月 12 日。

通过对比发现,《新闻联播》针对汶川地震的报道具有更强的时效性。首先从新闻量上来看(表 1):大量的涉灾新闻都出现在成灾之日起的前 15 天,几乎占到了新闻总量的 80%,时效性极为显著,同时防灾减灾教育也具有相当的及时性;其次从报道的重视程度(分析对象为新闻头条)来看:同样是在灾害事件发生的 15 天里,《新闻联播》关于南方雨雪冰冻灾害的头条新闻为 2 条,仅占总数的 13.33%,而在汶川地震发生时,关于灾害事件的新闻头条竟有 14 条之多,占到了总数的 93.33%。

表 1 《新闻联播》2008 年关于南方雨雪冰冻灾害和汶川地震报道统计

(备注:涉灾新闻指从成灾之日起前 15 天)

灾害事件	涉灾新闻(条)	新闻总数(条)	所占比例
南方雨雪冰冻灾害	29	288	10.07%
汶川地震	266	334	79.64%

因此,通过以上数据对比可以看出,南方雨雪冰冻灾害发生之后,《新闻联播》并未给予足够的重视,报道力度不够,时效性严重滞后,以至于政府组织、社会公众均未能及时关注这场影响近 20 个省市的冰雪灾害,这也为之后的救灾及减灾工作带来了不利,影响了防灾减灾教育的及时性。而在汶川地震发生后,《新闻联播》则迅速把新闻报道的重点转移到灾害事件上来,在前 15 天里,近 80%的新闻都是关于地震灾害的。因此,可以说《新闻联播》对于汶川地震的报道较之南方雨雪冰冻灾害有了明显的进步,从而对于公众的防灾减灾教育也是进一步增强。与此同时,在 2009 年、2010 年面对重大自然灾害时,《新闻联播》也将汶川地震中的优秀报道经验延续至今,基本上做到了及时发布各类防灾减灾信息。

2.2 报道内容的分析

2010 年 8 月,舟曲突发特大山洪泥石流灾害,全国各大媒体再次聚焦自然灾害的报道。而《新闻联播》以其无可比拟的影响力和权威性再次成为防灾减灾宣传的前沿阵地。从 8 月 8 日灾害发生至 8 月 30 日,《新闻联播》关于舟曲泥石流的新闻报道总量为 82 条。具体涉及的报道内容可大致分为四类:国家领导人及政府机构防灾减灾工作情况通报、灾害现场报道(灾情及救灾情况)、各类防灾减灾提示、其他(社会关注等)。

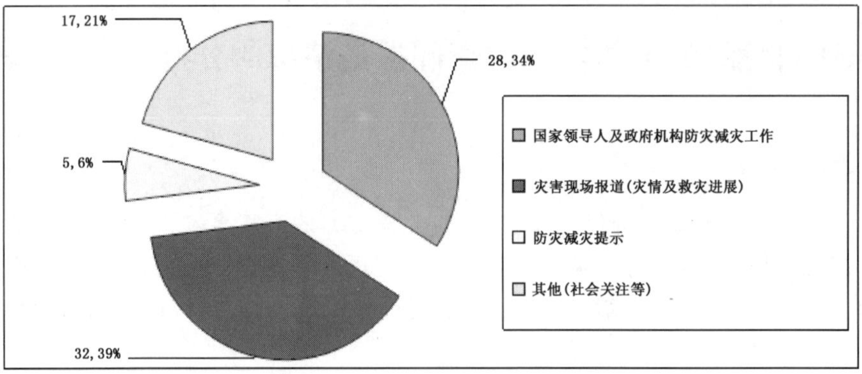

图 1 《新闻联播》2010 年关于舟曲泥石流报道的内容统计(2010.8.8—2010.8.30)

(逗号前数字为条数,逗号后数字为百分比)

其中,关于灾害现场的报道(灾情及救灾进展)32 条,如:《甘肃舟曲:抢险救灾 争分夺秒》(8 月 9 日)、《甘肃舟曲:堰塞湖清淤提速 灾后重建全面启动》(8 月 13 日)等,约占新闻总量的 39%,数量最多;国家领导及政府机构防灾减灾工作情况通报类新闻 28 条,例:《胡锦涛总书记温家宝总理对甘肃舟曲抢险作出重要指示　温家宝总理率国务院有关部门负责同志赶赴灾区》(8 月 8 日),《中共中央政治局常务委员会召开会议 全面部署甘肃省甘南藏族自治州舟曲县特大山洪泥石流灾害抢险救援工作》(8 月 10 日),约占新闻总量的 34%,数量位居第二;17 条为其他(社会关注等内容)方面的报道——(8 月 17 日)《情系舟曲 大爱无疆——曲艺界赈灾义演在京举行》、(8 月 21 日)《全国各地驰援舟曲 蔬菜药品送到灾区》,约占新闻总量的 21%,数量位居第三;各类防灾减灾提示 5 条,约占新闻总量的 6%,数量最少。如:《甘肃白龙江流域出现降雨 当地需加强防雷雨工作》(8 月 12 日)、《甘肃舟曲特大泥石流灾害公共安全提示》(8 月 13 日)。

可以说,《新闻联播》把舟曲泥石流这一灾害事件作为整体进行系列报道,而不再是常用的散点式报道,从而使防灾减灾教育渗透到社会生活的方方面面。特别是对于灾害现场的大量报道,用甚至已经超过对于国家领导人及政府机构工作通报的篇幅,直观地让广大公众进一步了解、认识自然灾害的残酷性,强化提升个人的防灾减灾意识。当然,国家领导人及政府机构防灾减灾工作情况通报的新闻也必不可少,因为它将防灾减灾工作提到了一定的政治高度,并以其体现出的最高权威性引导公众重视防灾减灾。而其他有关社会关注等方面的新闻则将防灾减灾落实在公众的身体力行层面,让公众更加接近灾害中的人和事,亲身参与到灾害的救助工作中,甚至自觉成为宣传防灾减灾的"使者"。最后是有关防灾减灾的提示,依靠《新闻联播》最广泛的收视覆盖率,防灾减灾的对象不只是受灾民众、救援者、政府官员等,更是面向全社会所有公众,深入人心自然是不言而喻的,同时这样的防灾减灾提示也让传统、强调概念的"说教式"宣传教育转化成贴近生活、充满人情味的感化教育,彰显出影视媒体在防灾减灾教育上的责任感。

2.3　报道形式的分析

新闻报道的形式是复杂多样的,体裁、结构、版面等都属于形式的范畴。体裁则是其中较为重要的。它往往依据新闻内容的基本性质对其进行分类,有消息、通讯、评论、深度报道、新闻特写等。笔者分析发现,《新闻联播》在 2010 年舟曲泥石流的报道中,基本以动态消息和通讯常规报道为主,辅以该台短评及新闻特写深度解读,让防灾减灾教育变得更加形象化和立体化。

以下将就该台短评及新闻特写两种体裁进行分析。首先是该台短评，属于新闻评论的范畴。它依存于新闻事件，但又高于新闻事件，是对新闻事件的一种延伸和深化，能够从一个常人看不到的视角，告诉人们更接近事实的真相和更准确的是非判断，从而帮助公众弄清事件的发展方向，表明政府的立场，促进重大问题的妥善解决。《新闻联播》在舟曲泥石流的报道中，通过配发"本台短评"的形式，凸显其作为国内"第一声音"的超强话语权，进而以鲜明观点引导舆论。

表 2《新闻联播》2010 年舟曲泥石流报道中新闻评论统计(2010.8.8—2010.8.30)

序号	日期	标题
1	8月11日	人民日报评论员文章:坚定战胜灾害的信心
2	8月11日	[本台短评]心手相连 与舟曲同舟
3	8月12日	[本台短评]给受灾群众撑起一片天
4	8月15日	人民日报评论员文章:跨越灾难 戮力前行
5	8月15日	[本台评论]守望相助 舟曲重生
6	8月21日	[本台短评]我们和曙光在一起

例文:(8月12日)该台短评《给受灾群众撑起一片天》

"今天已是舟曲救援的第五天，舟曲灾区面临的挑战依然严峻。应急避险、抢修道路、物资发放一刻也没有停止，受灾群众生活安置工作依然在争分夺秒地开展。灾后生活安置越复杂越紧迫，越需要周密安排和有效组织。灾害发生15天内仍处于应急安置阶段，救援大军克服一切困难，保障每一位受灾群众有住处、有水喝、有饭吃、有病能医治。"帐篷邮局"、"临时超市"陆续开业，社会功能的逐步恢复，让受灾群众生活逐渐变得方便、安心。各级政府有力推进，社会各界鼎力援助，当地群众互帮自救。多方协力，一定会为失去家园的群众撑起一片天。"

以上例文正是《新闻联播》通过评论这种新闻体裁，以短小精悍的篇幅、饱含深情的语言、简明扼要的表意、鲜明坚定的立场就救援进展、安置问题、社会各界的驰援等问题展开积极的宣传引导，从而使公众一方面直接看到了国家防灾减灾的决心，另一方面，间接了解应急避险等灾害防御的重要性。

与此同时，新闻特写也是《新闻联播》在此次舟曲泥石流此次灾害报道中运用较多的体裁。具体统计如下：

表 3 《新闻联播》2010 年舟曲泥石流报道中新闻特写统计(2010.8.8—2010.8.30)

序号	日期	标题
1	8月9日	时间就是生命 救人一刻不停
2	8月10日	争分夺秒 传递生的希望
3	8月12日	12岁小女孩的选择
4	8月13日	灾区人的温暖和坚强
5	8月15日	交通线上的温暖互助
6	8月15日	我的使命 你理解!
7	8月21日	藏族干部杨曙光:擦干眼泪顽强挺立 满怀爱心救助同胞
8	8月22日	舟曲清晨

以上这些新闻特写既聚焦于灾区人民的心理写照，也再现了国内各种力量的积极援助，既有武警官兵抢救被埋压人员的场景，也有抢险救灾涌现出的先进集体、先进个人……诸如此类

方方面面的信息使得公众全面了解着舟曲，从而让媒体的防灾减灾教育充满了浓浓的人情味，让广大公众更易接受和感动。而这也正是新闻特写这一重要体裁发挥出的巨大作用。它以描写为重要手法，给予新闻事件、新闻人物某些重要场面，或者具有特殊意义的一两个面段以集中、突出的刻画，将富有特征的真人真事“放大”和“再现”，给人民留下深刻、鲜明的印象。如：《灾区人的温暖和坚强》主要通过刻画当地一小商店店主无偿将食品分给其他灾民，以及两个孩子和家人为解放军送水的形象，再现了舟曲受灾群众擦干眼泪，积极展开互助自救工作中的感人事迹，用平和朴实的语言方式向公众诠释着防灾减灾在灾害发生现场体现出的不平凡意义。这样从具体的人、具体的故事着手，显然比单纯宣讲防灾减灾的重要性，生硬报道防灾减灾工作成效更平易近人。

3 结语

根据2010年华风集团在北京市大中专院校开展的“关于防灾减灾的调查活动”中的数据，66％的受访人均表示获取防灾减灾知识的主要渠道是通过“新闻”（图2）。

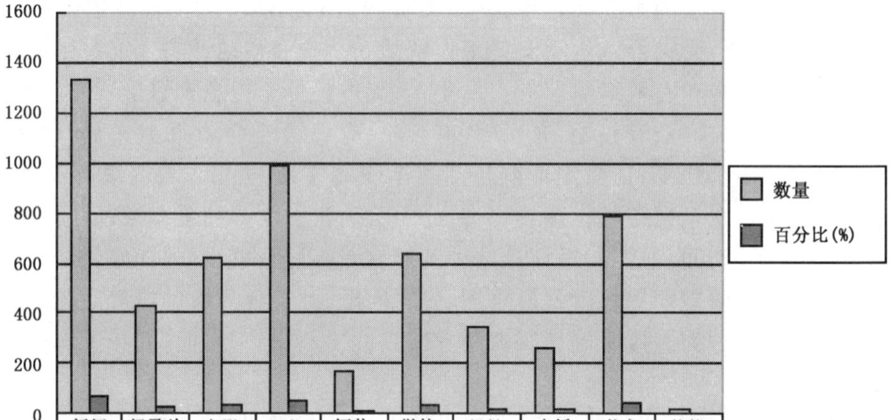

	新闻	纪录片	电影	网络	短信	学校	场馆	广播	书本	其他
数量	1336	424	620	989	172	634	340	262	793	19
百分比(%)	66	21	31	49	9	31	17	13	39	1

图2　2010年华风集团在北京市大中专院校开展的“关于防灾减灾的调查活动”统计数据（问题：您是通过哪些渠道获得防灾减灾知识的？）

显而易见，“新闻”在防灾减灾教育工作中发挥的作用是巨大的。而《新闻联播》作为国内新闻界的“第一声音”，更是以其无可比拟的收视覆盖率和权威性对防灾减灾的宣传产生了深远影响。因此，对于《新闻联播》来说，除了继续加大对于防灾减灾相关内容的报道外，更应该及时、准确地向公众提供各类防灾减灾相关的信息。同时更多地思考防灾减灾与受众的关系，让普通人感受到防灾减灾与自己生活紧密相关，从而让他们对这件事真正关心起来。能否让防灾减灾教育帮助社会公众树立“防灾减灾意识”，客观准确而又不失时机地将灾害真相告知观众，将国家领导人及政府机构防灾减灾的工作情况通报给公众，推动全社会成员在自然灾害日益严峻的背景下逐步树立防灾减灾意识，知晓每个人面对灾害，如何防御及降低灾害风险，已成为新闻媒体等影视宣传机构责无旁贷的使命。

从早间节目改版谈提升气象节目的竞争力

杨 军 杨春艳

（宁夏气象影视中心，银川 750001）

摘 要

本文从近期宁夏早间电视天气预报改版作为立足点，对华风影视集团早间电视气象节目和部分央视新闻资讯节目进行了的分析，着重阐述了如何提高早间电视气象节目竞争力的一些观点和看法。本文就打造节目品牌和发挥大众服务功能进行了重点介绍，并对电视气象节目的努力方向提出了一些见解。

关键词：早间电视 气象节目 竞争力 提升

天气受到人们的普遍关注，它在人们的日常生活中扮演着极其重要的角色，影响着人们的起居生活和出行安排。但是，由于宁夏电视天气预报内容过于雷同，天气信息有限，大多数人只能通过每天晚上的天气预报了解到天气状况，而天气瞬息万变，天气的变化对他们造成的影响只能默默承受，这也造成了其他时段电视天气预报节目的竞争力偏低。随着专业气象预报服务业务的日益完善，为每天早晨发布最新的天气状况及专业预报信息，这也为在早间电视气象节目中展现更多的气象信息服务内容提供了可能，加之气象影视人对早间节目定位的逐渐清晰，早间电视天气预报栏目的竞争力也将不断攀升。

近年来，笔者一直观看各频道制作的上午10点之前的电视节目，其中电视气象节目与很久以前的节目相比，节目的定位与思考越来越成熟，服务上也更加到位，感觉华风集团对早间气象节目下足了功夫。在此，针对近期宁夏早间气象节目进行的改版，笔者将一些对此次节目改版的策划和想法，结合各大频道的早间电视节目特点，就如何提升早间气象节目竞争力进行一些阐述。

在所有我所收看的早间电视气象节目中，我觉得最吸引人的是央视《朝闻天下》中的天气预报板块，新闻主持人与天气主持人间的互动环节让观众感觉更加活泼，天气预报主持人对近期天气的主题进行详细的介绍后，还会就近期观众最为关注的事件从天气的角度进行生活方面的提示，让人感觉此档节目在服务上做得也十分到位，另外，还会提供各城市的穿衣指数，使此档节目在整体上让观众感觉是在为他们量身定做的一样。因此，《朝闻天下》天气预报栏目是我认为目前早间最好的一档节目了。

随着全国早间电视节目的不断成熟，优秀早间电视节目的不断涌现，收看早间电视节目已成为观众的生活方式和生活内容之一。央视——索福瑞《中国居民早间收视意愿调查》结果表明，时事新闻、热点话题、生活资讯是人们对早间电视节目的需求点。从早间节目收视份额来看，虽然无法与晚间黄金时间收视份额相比，但早间是人们一天中活动最有规律的时段，这种规律决定了收视人群的稳定性和忠诚度，收视率的波动服务不会太大。那么，如何提高天气预报节目在早间电视节目生活资讯内容中的竞争力，如何树立"抢占观众第一记忆"的节目理念，培养观众对早间天气预报节目的忠诚度，则是摆在我们气象影视人面前的一个课题。

那么，早间电视气象节目如何提升竞争力？

1 早间节目要树立品牌观念

1.1 优化节目品牌

早间电视天气预报节目不仅要创新，更要在创新的技术上不断创优，持久地扩大品牌效应，一个成功的品牌节目往往会有自我可持续发展的能力。主要包括节目质量上的精益求精和观众数量上的不断扩大。《朝闻天下》天气预报栏目可视为扩大品牌效应的范例之一。作为被嵌入央视早间精品电视栏目《朝闻天下》的专业气象栏目，培养了观众早间收看电视天气预报节目的习惯，树立起自身的品牌优势，并通过华风影视人的不断努力，不断浓缩资讯，拓展服务内容，使该品牌节目不断推陈出新，节目自身也不断得到优化和提升。

目前，宁夏早间电视节目的收视率并不是很高，也没有品牌节目，也许这对打造品牌早间电视气象节目并不是十分有利。但是，从另一个角度看，没有品牌反而更有利于我们创造出具有品牌影响力的节目，基于宁夏气象部门的资源优势，只要我们宁夏气象影视人不断努力，创造出具有影响力的早间电视气象品牌节目最终就能够实现。

1.2 理正节目理念

一个成功的电视节目应该贯穿一个统一的节目理念，如中央电视台经济频道以最新、最快、紧贴百姓生活的新闻资讯和轻松、时尚的播报风格为《第一时间》的节目定位，“新鲜资讯一小时，营养健康每一天”的主题标语不仅充分体现了节目的特征与主旨，同时也诠释了节目的核心价值。气象节目也应树立节目理念，这样不仅使节目有个统一的风格，也会具有区别于其他节目的个性，能够增加观众对该节目的辨识度，进而增加观众的忠诚度。

《天气预报》栏目不同于一般栏目，它不是一档娱乐节目，也不是一档谈话节目，而是一档服务于全民的服务性栏目。宁夏最新的《早间气象》节目以“抢占观众第一记忆”为理念，突出早间的第一印象，积极利用高度的观众集中度，使节目的整个播出时间突出了“生机”的概念，采用一天中最新鲜的天气指导信息，让观众在一天中最有生机的状态下获得一天的行动指导和建议。因此节目内容、形式、画面及音乐都选用轻松活泼的表达方式，营造一个轻松的环境，让观众在放松的感觉当中接收到对当天生活最重要、最有用的天气信息。

2 早间节目要发挥服务大众的功能

2.1 浓缩信息

观众在清晨收看电视天气预报节目的心理需求不同于其他时段，这一时段收看气象节目一定要有实用性。他们最希望获得对当天生活、工作有帮助的信息。

因此，早间气象节目必须是简短的、快捷的、实用的。华风《第一时间》网罗了所有重要的天气资讯，在回顾前一天重大天气的同时，着重预测当日即将发生的天气。节目选取的内容坚持“既要有意义，又要有意思”的原则，浓缩各方面的天气资讯，奉献给观众早间电视气象节目大餐。

在宁夏新版的《早间气象》节目中，大量的生活气象指数的出现在很大程度上使得天气预报更贴近百姓生活，更加通俗易懂并具有针对性。在中国天气网的一份调查中显示，超过 60％的天气网用户表示每天都会关注生活气象指数。在所有指数中，洗车、紫外线、空气质量等指数是被查看最多的。在有限的时间里我们需要传达给观众最实用的信息，这就要求将诸多气象要素及生活指数进行提炼，只给观众最需要的和最精准的信息。

2.2 加强服务

随着天气预报发布媒体的多样化，现在人们查询天气已经可以通过多种方式，不再仅仅依赖有时间限制的电视媒体。面对越来越多的挑战，电视天气预报节目的服务性不能单单体现在未来天气的预报方面，而是可以对天气有更深入的解读。中国气象频道的开播使公众对天气新闻和天气事件有了更多接触和了解。也为地方《天气预报》带来了新的思路。针对有影响力的天气新闻事件除了预报之外，还可以展开跟踪调查，可以对天气事件的后续影响作预测及报道。比如在春运期间，降雪使路面结冰影响交通，针对降雪对春运的影响可以通过图片及视频等方式作详细报道，为公众做一些生活提示及导向性服务。如当南方某地和北方某地的气温同为0℃时，两地的舒适指数并不会呈现同一个级别。在南方也许是很不舒适，在北方却可能是较舒适。为了避免简单数字级别观众不能完全理解体会，主持人在指数播报过程中做适当解释及提示，使指数预报不再只是简单的数字，而是更具人性化和服务性。

依据心理学原理，一个人出于好奇心对周围发生的、对他自身生活有帮助或启迪的事情特别感兴趣。定位在服务上的早间电视气象节目，一定要竭尽全力将服务做到家，如天气情况、交通状况等要详尽报道。在日本、德国的早间电视气象节目中，很大篇幅是对天气和出行情况的介绍，今天的天气是阴还是晴，温度如何，甚至对健康指数、晨练指数、防晒指数、干燥指数等都进行了预报。早间电视气象节目将服务做到家，做精细，体现了气象影视的人本精神，更是电视气象人的一种境界。

2.3 掌握收视心理

就全国电视节目观众的总体而言，有人看电视是出于“解闷”，有人看电视是为了“解惑”，收视动机差异较大。但人们之所以收看中央电视台的早间电视节目，则主要是出于“解惑”。地方《早间天气预报》节目只是向省内的观众解惑未来天气，尤其是各县市的预报，是中央电视台顾及不到的信息，有实用优势。早间对于城市人来说是紧张忙碌的。在这种紧张忙碌的状态下，人们的收视方式与其他时段有些什么不同呢？有调查表明，非独占状态是人们收看早间电视节目的突出特点。调查数字显示，在收看早间电视节目的人当中，“全神贯注地收看”电视节目者仅占全部早间电视观众的约 1/4(24.9％)，而“一边干着自己的事一边看”和“以‘听’电视为主，偶尔看一眼”的观众则分别占 47.5％和 19.8％，两者合计为 67.3％。换言之，约有超过 2/3 的人是以“非独占”的方式收看早间电视节目。这就要求，《天气预报》节目除了要注意内容和形式之外，主持人要在播报内容和方式上抓住观众的耳朵。轻松活泼富有亲和力的声音能够唤醒观众(听众)的感官，使观众在轻松舒畅的感觉当中了解一天天气信息和出行提示。再配合轻松欢快的背景音乐，能带给观众更多愉悦的感觉。

早间电视气象节目在编排上要充分考虑早间时段结构变化及不同的收视需求。早间气象节目的观众大致可分为两部分：一是匆匆忙忙的上班族，二是时间相对宽松的退休老人、家庭主妇等。这两部分观众对节目内容的收视需求是不同的，节目编排要充分考虑他们的实际情况，如天气资讯应编排靠前，既让上班族了解天气发展趋势及气象要闻，又能方便他们出行，而生活服务性的节目内容应编排靠后，这是家庭主妇关注的内容。

3 早间节目的努力方向

俗话说“一日之计在于晨”，清晨的清新空气和崭新面貌能够使人心情舒畅，精神振奋。所以，早间电视气象节目应如清晨吹过的一缕清风，传递新鲜的气息，现出如清晨般的活力。早间电视气象节目应在以下两个方面作出努力。

3.1 风格清新

早间电视气象节目突出的是清新活泼的风格，应采用生活化，口语化的语言来播报节目。节目主持人要采取颇具个性的表达方式。主持风格往往是节目风格最突出的体现，优秀的主持人是保证节目成功的核心元素。很多观众对中央电视台《朝闻天下》天气预报这样评价说“形式新颖、有新意。张弛有度，使观众看起来不累。这就得益于主持人所具备的亲和力”。由此看来，早间电视气象节目应以打造全新个性化的主持人为突破口，用独具特色的表达方式与播报风格，彰显节目的清新气质，吸引更多关注早间电视节目的目光。

3.2 编排灵活

早间电视气象节目应将实用性信息与实时性新闻消息交叉编排，方便观众在接受未来天气预报信息的同时，增加对当天或之前天气的直接感受，增加对天气的连续性认识。如华风集团制作的很多节目都会对各地的天气进行一个交代，并在此基础上再对未来天气进行详细介绍，由此增加观众对天气现象的连续感受，让人对天气的发展趋势也有个较为清晰的认识，从而增加观众对天气预报节目的认同感和信任度。此外，在演播室的设计上别出心裁，主持人可在节目中从一个演播区走到另一个演播区，镜头跟着主持人走。在这里，节目追求的不是镜头语言如何独特，而是对传统演播室、固定镜头固定画面的颠覆，消除观众的视觉疲劳。是凭借创新思维，将当前的天气动态编入气象节目中，运用灵活的编排方式使观众耳目一新。早间电视气象节目要向这方面努力。

从全国范围来看，我国大部分省市的早间电视气象节目仍处于刚刚起步阶段，早间电视气象节目还有很多潜力可挖，竞争力也有待提升。作为中国的气象影视人，要让观众获得更为有用的气象信息，让观众体验到更加到位的气象服务，让观众在清晨接受气象服务的第一声问候，我们还要付出辛勤的努力。

参考文献

[1] 杨伟光.1998.中国电视论纲.北京：中国广播电视出版社.

[2] [美]迈克尔·波特.1997.竞争战略.北京：华夏出版社.

[3] 宋伟林.2009.互动模式：提升电视节目竞争力的策略.中国广播电视学刊，(8).

[4] 仝文瑜.2006.提升早间电视节目的竞争力.电视研究.(7).

[5] 史永莲.2008.省级卫视品牌栏目核心竞争力分析.中国集体经济，(7).

电视气象节目中的灾害演示动画开发

袁晓玉

（华风气象传媒集团，北京 100081）

摘　要

电视气象节目是全国观众了解天气及气象知识的重要途径。如何将灾害信息及防灾避险的知识有效地传达给观众，成为近几年电视气象节目不断探索的课题。许多电视气象节目都在不断尝试以更符合电视传播特性的方式来发布气象灾害信息。其中，直观、美观、规范的灾害演示动画开始逐渐成为电视气象节目当中不可缺少的辅助手段之一。本文根据电视气象节目的特性，探讨适用于电视气象节目的灾害演示动画的开发原则及方法，以期丰富电视气象节目的形式，增强灾害预警及科普信息的有效传达。

关键词：电视　气象节目　演示动画　研发

现代社会，灾害所带来的人员伤亡、经济损失不断增大，向观众发布灾害及其相关的防灾避险知识是电视气象节目必须承担的责任。但目前国内的电视气象节目时长通常在3分钟以内，有限的节目时长与复杂、晦涩的灾害成因、灾害影响、防灾避险知识之间形成了冲突。部分电视气象节目开始尝试将一些较为直观的图片或灾害演示动画用于相关知识的简释和预警信息的发布。灾害演示动画因其表现直观、形式新颖，显现出得天独厚的优势。电视气象节目对于灾害演示动画产生了越来越强的需求。

1　电视气象节目灾害演示动画的开发原则

许多电视气象节目都尝试在节目中使用一些直观、仿真的灾害演示动画。但由于缺乏之前的产品研发及储备，许多关于演示动画的优秀策划都由于受时间的限制而在节目制作过程中不能实现。已经在节目中使用的演示动画也大都缺乏系统性和规范性。栏目中的演示动画呈现出各自开花的样式，今天与明天的未必相同，各个栏目也未必相同。根据电视气象节目的特性，灾害演示动画开发需要遵循如下基本原则。

1.1　科学性原则

电视气象节目使用灾害演示动画的主要目的是有效地发布灾害及防灾避险知识。因此，传递正确的信息是最为重要的，演示动画所展示的灾害成因、影响或避灾知识，都必须严格符合科学原理。切忌一味追求视觉效果而制作出有违灾害科学性的动画，否则将在节目中起到误导的作用。

1.2　规范性原则

根据动画制作的难易程度，一个动画从策划、设计到制作所耗用的时间通常是数小时到数天，甚至更长时间。想要在电视气象节目制作的过程中临时策划制作精美、实用的演示动画是不太现实的。因此，提前策划，规范性地开发，集中存储，才能满足电视气象节目的使用，也是从视觉效果上规范节目表现形式的重要方法。

1.3 美观性原则

电视气象节目虽然进行防灾避险知识宣传，但并不是古板的教科书。电视气象节目需要满足电视媒体的基本美学要求，才能起到较好的收视效果。将演示动画制作得晦涩、深奥、专业，不但不能对防灾避险知识宣传起到辅助的作用，反而让观众更难接受到有效信息。因此在动画设计的过程需要根据当下的电视媒体表现手段，适当修改动画设计的色彩、材质、角度、运动方式等。力求在科学展示的基础上，提升视觉效果。

1.4 使用便捷性原则

由于电视气象节目要求及时发布最新的信息，日常节目从策划到制作的时间通常都在5—8小时以内。通常一档电视气象的制图时间也不超过3个小时，若是演示动画的制作占用过多时间，将严重影响节目所用其他图形的制作，最终影响节目整体质量，甚至危及节目播出安全。因此，无论策划多好，动画做得多么精美，不能便捷使用的演示动画对于电视气象节目而言都是无用的。

有针对性的、规范化的开发一些电视气象节目惯用的灾害演示动画，将产品储备并接入电视气象节目日常图形制作系统，才能便于图形、动画的使用。

2 电视气象节目中演示动画的开发手段

演示动画是以二维、三维动画设计、制作为核心技术手段的表现手法。目前已普遍应用于影视行业。

2.1 三维灾害演示动画的开发

三维动画，又称3D动画，是近年来随着计算机软硬件技术的发展而产生的新兴技术。三维动画是使用三维制作软件在计算机中建立一个虚拟的世界，设计师在这个虚拟的三维世界中按照对象的形状、尺寸建立模型以及场景，再根据要求设定模型的运动轨迹、虚拟摄影机的运动和其他动画参数，最后按要求为模型赋上特定的材质，打上灯光。并通过计算机自动运算，生成最后的画面。

三维动画具有较强的精确性和仿真性，可以模拟现实中镜头难以捕捉到的事件以及难以在现实中制造的特效。电视气象节目重点关注的灾害中，大部分灾害成因复杂，如冰雹、雷电、台风等灾害，其成因都是用肉眼无法直接观测的，因此不能通过常规的摄像手段获取直观的画面。但是通过三维模拟的方式制作动画，可以系统地介绍灾害的成因，并对成因关键步骤做微观、宏观的剖析。美观的画面再配合上专业的语音解说，就能达到很好的科普效果。一套时长适中、演示过程直观、样式较为仿真、精美的三维灾害演示动画，能够将电视观众带入灾害科普世界，让观众快速的接触到灾害科普的精髓，加深对内容的理解。

三维动画的仿真度越高、细节越细腻，其耗费的制作及生成时间就越长，对计算机设备的要求也就越高。因此，三维演示动画需要提前策划研发。但由于三维动画具有无限的可操作性，三维动画中的模型具有三维属性，只需通过改变角度、改变物体或虚拟摄像机镜头的运动轨迹，就可以生成多种动画效果。因此，一个三维灾害演示动画一旦建模成功，就可以根据不同电视气象节目的要求，调整角度、加入各种栏目特有符号，快速“变身”为具有栏目特色的灾害演示动画。因此，一次策划得当的开发，将为电视气象节目积累一个可长期和广泛使用的素材。

2.2 二维灾害演示动画的开发

二维动画是在二维空间上模拟三维空间的效果，而非真实的三维效果。二维动画首先需要设计、绘制原图，向计算机输入、编辑关键帧后计算和生成中间帧，再通过定义和显示运动路径等制成动画作品。一般而言，二维动画在仿真表现方面较三维动画要弱一些，但在示意动画以及一些较为活泼的动画演示方面通常表现得不错。非常适合一些简洁、特色鲜明甚至夸张的信息发布方式。

常规情况下，二维动画的制作、生成时间比三维动画短。适用于一些时间较为紧张的，仿真度要求较低的演示动画开发。此外，由于二维动画并非真实的三维效果，因此二维动画中的物体实质上只有一个面，若要展示三维物体的其他面，需要重新绘制编辑。

在电视气象节目中，可以根据节目自身的特点以及灾害的特点，进行有针对性的二维或三维动画开发。

3 电视气象节目中演示动画的设计开发

电视气象节目通常以发布预报、预警信息为主要内容，根据其节目定位不同，具体的信息发布内容及方式都会有所不同，特别是交通天气预报、旅游天气预报、体育天气预报等专项的气象节目，其倾向性、侧重点就更加明显。因此，对于电视气象节目中使用的演示动画内容及形式很难一概而论。但几乎所有的电视气象节目都具有的一个共性：向观众发布气象灾害及相关的防灾避险知识。在电视气象节目中，通常都会关注到各类气象原因造成的灾害，特别是《气象灾害预警信号发布与传播办法》中规定的气象灾害预警，如台风、暴雨、暴雪、寒潮、海上大风、沙尘暴、低温、高温、干旱、霜冻、冰冻、大雾等。在对社会公众发布此类预警时，演示动画能起到很好的原理释因、避险提示的效果。而这些动画都可以提前进行系统性的开发。

在电视气象节目中，对于灾害的科普通常分为三个方面：针对灾害成因进行科普，让观众了解到什么样的情况容易出现灾害性天气；针对灾害性天气的表现形式进行科普，让观众一目了然地辨识灾害性天气；针对灾害的防灾避险措施进行科普，帮助观众在第一时间采取正确的行为方式减少损失。因此在气象灾害演示动画开发的过程中应当尽可能全面地考虑灾害的特点，并有针对性地进行开发。

3.1 解释灾害成因的演示动画开发

了解灾害的成因对于提前预判灾害的来临，尽早采取措施是非常重要的。但灾害的形成原理对于普通观众而言通常是较为专业和晦涩的，仅仅通过文字、解说或者单纯的图片很难让观众理解。因此，通过直观的演示动画来辅助灾害形成原理的科普，可以大大增强科普信息的有效传达。

以冰雹灾害为例：冰雹是一种固态降水，是坚硬的球状、锥状或形状不规则的冰块，由透明和不透明的冰层相间组成。直径一般为 0.5～5 厘米，个别罕见的有时可达 10 厘米以上，又称雹或雹块。冰雹常砸坏庄稼，威胁人畜安全，是一种严重的自然灾害。冰雹的形成是在对流云内，由雹胚上下数次与过冷水滴碰并而增长起来的，当云中的上升气流支托不住时就下降到地面。对于普通观众来说，冰雹的形成原理是较难理解的。但使用演示动画模拟对流云当中雹胚的上下运动及最终落下，配合节目的解说词，原理就更容易被观众理解。

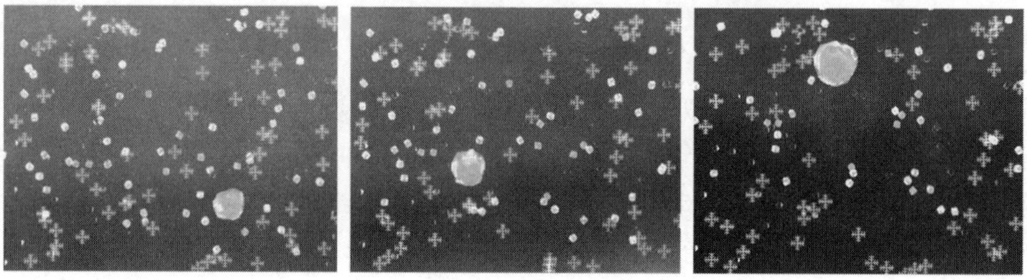

图 1　冰雹的形成

3.2　展现灾害表现形式的演示动画开发

在气象灾害中，类似暴雨、暴雪、冰雹等外在形式已经为观众所熟知、识别度也较强的灾害，在开发演示动画时就可以优先考虑直接模拟灾害的外在表现形式，即可让观众一眼认出灾害。这些灾害演示动画可以在发布预警信息时有效地提高警示程度。例如，冰雹灾害，其表现形式观众比较熟悉，但是由于冰雹出现范围较小，时间也比较短促，平时是比较不容易被镜头捕捉到的。因此，模拟雷电、强降水在背景环境中快速降落的雹块，冰雹灾害就能被展现得全面且清晰。观众可以一眼辨识。

此外，有部分灾害的外在表现形式较为类似，易于混淆。在研发此类演示动画时，需要抓住其中的差异，并明确地展示出来。帮助观众快速地识别灾害，并能采取相应的避险措施。例如泥石流与山体滑坡，都是多发于山地的次生灾害，很容易混淆。泥石流是由岩屑、泥土、泥沙、石块等松散固体物质和水组成的混合体，在重力作用下沿着坡面或沟床向下运动。而山体滑坡是斜坡上的一部分岩土物质沿着软弱面或软弱带发生整体向下移动的现象。因此，在制作演示动画时，需要突出泥石流发生环境的沟壑地形以及下滑物的流体性质。而山体滑坡的动画则要侧重表现灾害发生的“斜坡”条件，以及较大面积的岩或土质整体下滑的现象。

图 2　暴雨、暴雪、冰雹

对于部分表现形式不能明显识别或不易用演示动画展示的灾害，可以选取其他角度或采取一些辅助的元素来表现。如台风，人们在生活中对于台风的感受通常是狂风暴雨，但仅仅是狂风暴雨又不足以让观众识别出台风灾害。这个时候就可以选择台风独具代表性的螺旋云系结构来表现台风灾害。在发布预警信号时作为提示动画，可以大大增强台风的识别度和警示效果。此外，高温灾害，也是较难直观地演示出来的灾害，因此，可以采用高温热浪的城市背景搭配夸张的温度表，表现温度高于 35 摄氏度的状态。

图 3　泥石流、山体滑坡

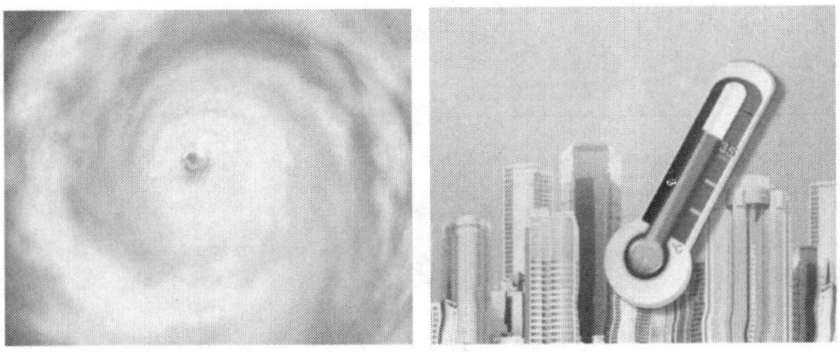

图 4　台风、高温

3.3　介绍灾害影响的演示动画开发

部分灾害的外在表现形式特征不明显或较难用直观的动画演示，就可以考虑表现灾害的影响。例如海上大风就很难直接用演示动画来表现。以往发布海上大风预警信息时，电视气象节目通常使用预报图形及预警符号，但两者的观众识别度都较弱。而海上大风对航海、海上施工和捕捞作业的危害甚大，因此可以分别针对海上大风对港口停靠的船只以及仍在海上航行的船只的影响制作演示动画。在发布海上大风预警预报信息时作为辅助动画播放，其警示效果就会有所提升。

图 5　大风对港口停靠及海上航行船只的影响

再如冰雹灾害对农业的危害很大，猛烈的冰雹打毁庄稼，损坏房屋的情况常常发生。因此，在电视气象节目中对于冰雹灾害的预防必然会提到对农业的影响，制作温室种植的植物被冰雹砸坏的动画就可以大大提高科普效果。

图 6　冰雹对农业的影响

4　结语

科学、规范、美观的灾害演示动画，将进一步丰富电视气象节目的电视表现手段，提高节目的亲和力和通俗性。将晦涩、专业的气象灾害科普信息转化为直观的灾害演示动画，可以帮助观众在较短的时间内理解灾害的成因、影响以及相应的防灾避灾知识。因此，针对我国主要的气象灾害进行一系列的灾害演示动画开发、储备，将是提高电视气象节目质量必不可少的一环。

参考文献

[1]　朱定真. 2008. 灾害性天气的电视服务理念. 气象影视技术论文集(四). 北京：气象出版社.

[2]　徐亚非. 2008. 三维动画设计. 上海：复旦大学出版社.

[3]　林迎，陈玲. 2011. 二维动画设计与制作. 上海：上海科技教育出版社.

[4]　大气科学辞典. 1994. 北京：气象出版社.

[5]　谢宇. 2009. 滑坡的防范与自救. 西安：西安地图出版社.

[6]　谢宇. 2009. 泥石流的防范与自救. 西安：西安地图出版社.

电视气象节目主持人中心制初探

谭　思

（华风气象传媒集团，北京 100081）

摘　要

由于气象节目的专业性强，以往电视天气预报的制作多是采用编导中心制，主持人主要发挥的就是传声筒的作用。但随着新闻节目制作中“主持人中心制”理念的推广，电视气象节目也开始逐步采用主持人中心制来制作。新华社中国电视台《天气新闻》栏目从 2009 年开播伊始便完全采取主持人中心制，至今已经一年有余，在这期间我们不断探索，现已形成了一套较为成熟的制作流程。

关键词：主持人中心制　电视气象节目　角色转变

1　主持人的角色转变

1.1　职责的变化

推行主持人中心制后，主持人的工作不再是简单的化妆到录制的模式，而是从一开始的节目策划、文稿编写、图形配合到进入演播室录制全程参与。主持人对节目的贡献不再仅仅局限于容貌和声音，更多是需要主持人将自身智慧投入到节目中去，更大限度的发挥主持人对节目的能动性，所以一期节目的优劣将更多地取决于主持人的能力和发挥。

1.2　优势所在

1.2.1　增强节目交流感

主持人中心制的实施需要主持人自己了解天气信息、搜集天气新闻，对大量信息进行归纳、总结，从而完成文稿的编写。通过这个过程，主持人加深了对节目内容的理解，在录制节目时能够表达得更加自然流畅，增强与观众的沟通感。主持人不再是照本宣科地背述文稿，而是要围绕主题，有目的地向观众传达信息。

1.2.2　突出个人风格

在新闻栏目中，因主持人风格鲜明而成功的案例不胜枚举，例如以说新闻著称的陈鲁豫主持的《凤凰早班车》，就是根据主持人的自身特点而创造了全新的新闻播报方式。

对文稿内容拥有绝对自主权的天气节目主持人，可以将自身特点与栏目定位相结合，打造独有的荧屏风格。在新华社《天气新闻》筹备阶段，我们就针对每位主持人的自身特点进行了主持风格设计，例如新闻评论风格、专业解读风格、还有分享个人感受风格等等。每位主持人有了明确的定位，才能将自己的特点发挥得淋漓尽致，在荧幕上的形象特点才能被观众识别并记住。

1.3 隐患之处

1.3.1 应急能力降低

虽然主持人中心制有着种种好处，但也并不是没有弊端。新华社《天气新闻》就曾因主持人在化妆时突然病倒而被迫采取应急措施。因主持人对节目内容拥有决定权，大部分人已经能够不用成稿，仅凭提纲便可完成节目录制。一旦主持人在录制前出现突发状况不能进行录制，那么替班的主持人是无法拿着成稿直接进演播室录制的，此时编导和替班主持人还要重复做一些准备工作，这样将会导致应急工作效率的降低。

1.3.2 准备时间较长

主持人中心制下，主持人除了新增的整理归纳信息、编写文稿、确定图形的工作外，接下来就是录制工作了，但要注意的是主持人在录制节目前还有一个重要的步骤就是化妆。无论男女主持人，在节目制作流程中都要至少预留出 40 分钟的化妆时间，对于制作流程很紧凑的栏目来说这几十分钟还是很可观的，这段时间可能会与审核图形的时间冲突，此时就需要编导完成剩余的节目准备工作了。

1.4 素质要求

1.4.1 气象专业知识

作为气象节目主持人，只具备播音的专业技能是远远不够的。而要做主持人中心制下的气象节目主持人，所需要的专业知识则更加广泛，气象方面的基础知识、地理知识都是必不可少的。这些知识有的可以靠突击学习或临时查阅获得，有的则需要在日常工作中不断积累，来丰富个人的知识储备。

1.4.2 文稿写作能力

写作基本人人都会，但要写得好就不是很容易的事情了。气象节目的文稿首先要保证气象信息的准确，其次写作的内容和风格要符合栏目定位，语态要尽量口语化才适宜作为电视节目播出，而且绝大多数节目都有时长的要求，在写作时对于文稿长度的控制也是关键。所以平时要多学习，多动笔练，多请教有经验的同事，才能逐步提高文稿写作的能力。

1.4.3 图形编排

电视天气预报的视听语言相对其他一些艺术形式算是比较简单的，因为预报图形本身就含有大量的信息，不适宜快速的切换，要给观众在收看时留有足够的理解时间，所以电视天气预报的图形并不是越多越好，而是要恰当。电视天气预报的图形最基本就是要做到看图说话，主持人说到什么内容最好就能有相应的图形来配合说明。要贴切地做到这一点就需要主持人掌握基本的视听语言规律，并对现有的图形制作系统有一定了解，只有知道能做出什么图形和效果才能更好地将文稿与图形相结合。

1.4.4 协作沟通

和原有主持人的工作相比，采用主持人中心制后主持人每天要与更多的人员协作完成节目。以往，主持人到岗首先就是化妆，然后和编导沟通后就进演播室调光、录制。但现在，除了以前的工作圈外，主持人的工作还要与气象编导沟通天气信息，与制图人员商讨图形效果。这就需要主持人具备良好的协作、沟通能力。只有乐于并善于与人沟通，才能胜任主持人中心制的工作。

2 编导的角色转变

2.1 职责的变化

从编导中心制到主持人中心制，主持人的职责在不断丰富，而电视编导的职责相对是在削减的，这是角色转变所带来的必然现象。在一个团队中不适宜有两个地位同等的决策者，因为当二者意见不统一时，势必会导致工作效率的降低，甚至使工作停滞。在主持人中心制中，主持人才是那个拥有最终决策权的人，而编导的主要工作就是协助主持人完成节目。

在新华社《天气新闻》日常制作流程中，编导已不再承担编写稿件的工作，其主要职责是收集天气新闻，与主持人共同策划节目内容，制作完成视频导视，编辑天气新闻的视频素材，审核图形的正确性，与主持人配合录制节目，监督节目信息的正确。

2.2 优势所在

"编导中心制"中往往仅凭编导的单一智慧来制作节目，但在"主持人中心制"中存在主持人和编导共同策划节目的环节，也就是说节目是由两个人的智慧共同创造的，主持人和编导在探讨节目内容的过程中将会激发出新的想法，报道的角度和深度将更加新颖、深刻，节目的视野和水平也因此将被不断拓宽、提高。就节目质量而言，主持人中心制要达到的效果不仅仅是原有编导中心制的"1＋1＝2"，而是要达到"1＋1＞2"的效果。

2.3 隐患之处

对于主持人中心制中的编导来说，日常节目制作中几乎不用编写整篇的文稿，工作的重心已经从文字转向了图形图像。这样的转变无疑会使编导的写作业务变得生疏，长期不进行文稿撰写会导致电视编导对气象信息的发掘和编排的能力以及写作能力下降。

因此，对于电视编导来说，所承担的主持人中心制的节目量不宜超过全部工作量的三分之二，日常工作中还是应当制作一些编导中心制的节目，这样电视编导的业务能力和心理状态都能够平衡地发展。

2.4 素质要求

2.4.1 视听语言的编排制作

在主持人中心制中，编导虽然不用编写整篇文稿，但对其视听语言的运用提出了更高的要求。在节目策划阶段，编导除了在报道角度、深度上要给予建议，而且在图形图像上更是要追求创新，让图形图像更好地配合主持人所讲解的内容，让主持人身后的背景生动起来，这也是编导的重要工作。

要完成这个目标，编导不仅要对 Weather Central 制图系统、大洋字幕系统等非常熟悉，了解其能制作出的效果及所需时长，而且还要能熟练且独立地完成对编和非线编辑，尽量多地使用最新的新闻视频素材。

2.4.2 降低沟通中的误差

主持人中心制的实施不仅是主持人的沟通半径在扩大，编导的沟通工作也是增加的。前期主要是和主持人进行磋商，充分了解主持人的意图，共同讨论出最佳的节目方案。在主持人完成文稿后去化妆时，电视编导还要跟进气象数据、图形准确性等问题，也就是需要和气象编导和制图人员进行沟通。

在图形的制作中尤其容易出现问题，因为制图单是由编写文稿的主持人填写的，有时会有一些个人的想法，这些想法如果没有跟制图人员和编导讲解清楚，完成的图形就很可能与最初的设想大相径庭。所以编导在沟通时，每个关键细节都要进行确认，以免可能产生的误差，保证节目按时安全录制。

3 主持人中心制去行政化

既然主持人中心制的实行已经让主持人肩负起了更多的工作，那是不是就意味着主持人同时可以承担起制片人的工作了呢？

这一问题在业内早已有过实践，但“通过几年的实践，情况不容乐观：部分主持人因体力、精力透支严重，辞去了制片人职务，专心主持节目；还有一些主持人仍在制片人岗位上坚持，但明显力不从心，节目流于平庸，未见创新；有的主持人因经营节目不力，各类矛盾日益突出，最终导致被撤换。”[4]

常言道做事情要“一心一意”，也就是说只有专心致志地做一件事才能高质量地完成，要是“三心二意”是很难有充沛的精力将各项工作都出色地完成的，这个道理同样适用于电视气象节目的管理。

电视气象节目制片人的工作要比日常节目的制作宽泛得多，它涉及栏目的定位、制度的建立、部门间的沟通、与合作媒体的交流、特别节目的组织、节目的改版、城市预报节目的运行、人员的培养等等。这些工作比主持人现有的工作内容丰富得多，责任和压力也更大。所以著名主持人白岩松就曾提出过“‘主持人中心制’应该是主持人思维内容的中心制”[5]，主持人中心制应该是去行政化的。

因此，在主持人中心制的工作中，主持人只要能将每期节目高质量地完成，把自己的思想体现到节目中去，使个人能力得到不断的提升，就是主持人中心制的成功。

参考文献

[1] 王莉莉. 2008.“主持人中心制”离我们还有多远？人民网，7 月 9 日.
[2] 俞亮鑫. 2006. 主持人做传声筒 or 当家人，新民晚报，10 月 13 日.
[3] 常莉君. 2003. 电视节目谁来主持——论主持人中心制，新闻知识，10 月.
[4] 郝语. 2009. 对“主持人兼制片人热”的冷思考，河北广电网，1 月 13 日.
[5] 白岩松. 2008. 主持人需要透口气儿，南方周末，2 月.

电视天气预报节目的"可视性"与"必视性"探究

余　艳　罗柳君
（江西省气象服务中心，南昌 330046）

摘　要

电视天气预报节目由于具有影音结合、形式多样、内容丰富等特点，一直是人们获得气象信息的主要途径。我国各大电视台播出的电视节目中，电视天气预报节目都拥有很高的收视率，节目具备较高的"必视性"价值。随着科技的发展，人们获取天气信息的途径越来越多，电视天气预报节目受到挑战，因此节目不仅须在内容上不断丰富，在图形图像和视觉感受等形式上也应继续提高，以增强节目的"可视性"。

关键词：天气预报节目　必视性　可视性

1　引言

气候和天气不仅影响人们的生活起居，也与国民经济中各行各业的生产建设息息相关，及时了解气象信息是关乎生产生活的大事。近年来，随着科学技术的发展，人们获知天气信息的途径越来越多，已从广播、电视、报纸等传统媒介，发展到互联网络、移动通信等现代化平台。在传统媒介中，自上世纪 80 年代以来，电视一直是人们获得气象信息的主要途径。电视天气预报节目具有影音结合、形式多样、内容丰富等特点，在我国各大电视台播出的电视节目中，天气预报节目一直保持着很高的收视率，节目具备了较高的"必视性"价值。

由于新的技术平台具备自身优势，与电视相比，能更加方便快捷地为人们提供气象信息，电视天气预报节目的收视率受到了前所未有的挑战。为稳定观众群体，提高收视水平，保证节目可持续发展，电视天气预报节目必须不断创新，在内容上不仅要提供更加丰富的气象信息，在形式上也要对电视画面质量、视觉感官等提出更高要求，进一步增强节目的"可视性"水平。

目前我国各大电视台播出的天气预报节目，虽然只有短短几分钟的时间，却涵盖了大量的气象信息。如何提高天气预报节目质量，制作出气象信息准确丰富、电视画面美观大方、视觉感受活泼轻松的电视节目，提高和扩大节目的社会影响力和范围，更好地的服务大众，为社会发展做出贡献，都需要对天气预报节目的"必视性"和"可视性"进行深入探讨和分析。

2　电视天气预报节目的"必视性"

2.1　电视天气预报节目"必视性"的决定因素

电视节目的"必视性"，通俗而言就是电视节目中拥有的观众一定要看的元素。电视天气预报节目的“必视性”主要取决于以下几点：

一是气候和天气信息与人们生产生活息息相关。气候和天气的变化与人们的生活起居、各行各业的生产建设息息相关，及时了解气象信息不仅可以有效防范各种气象灾害，减少损失，趋利避害；而且有利于人们安排生活和组织生产，提高生活质量和生产水平，气象信息已成为人们的必需品。二是电视天气预报节目视听兼备、形象直观、独具特色。收看天气预报节目不仅可以获取气象信息，也能得到音乐、视觉等多方面的感官享受，深受人们喜爱。三是电视天气预报节目覆盖面广，影响力大，收看节目已成为人们的生活习惯。有关调查显示，截止 2010 年 12 月末，我国无线电视网络电视综合人口覆盖率为 97.62%，几乎有电视的地方就可以收看到电视天气预报。

2.2 电视天气预报节目的“必视性”分析

由于电视收视率是衡量一个电视节目社会影响和市场占有状况的重要指标，因此可用于对电视节目的“必视性”进行衡量。目前我国电视天气预报节目从播出范围上划分，大致可分为三大类：一是在全国范围播出，如中央电视台；二是在全省范围播出，如我国各省、自治区、直辖市电视台；三是在当地区域播出，如各市、县地方电视台。总的来看，在这三类电视台播出的天气预报节目都拥有较高的收视率，中国人民大学舆论研究所在关于我国城市居民早间生活形态和电视收视意愿的抽样调查中发现，在观众对早间电视节目 30 项新闻咨询内容的必视性评价中，天气预报节目最高，以中选率 83.0%排名第一。

在第一类电视台播出的天气预报节目，以中央电视台一套新闻联播《天气预报》节目为例。该节目每天晚上 19:31 分播出，节目长度 4 分钟，节目的收视率超过 80%，拥有超过 9.2 亿观众规模。由于我国幅员辽阔，天气变化丰富，而中央电视台的天气预报节目一般来说主要服务于直辖市和省会城市，只能分地段分城市的提供天气信息，服务范围十分有限，难以满足全国人民需求。为给人们提供当地区域、贴近生活的气象信息，各省、区、市和地方电视台播出的天气预报节目则针对各自所在地区的天气进行翔实的报道，因此这类节目也拥有很高的收视率。在对省、区、市和地区的电视天气预报在问卷调查显示收视率都保持在 80%以上。

2.3 电视天气预报节目“必视性”受到的冲击

自 20 世纪 80 年代以来电视一直是人们获取信息的主要媒介，但随着始自本世纪初互联网络和移动通信技术的发展，给电视传媒带来了巨大的挑战。基于互联网络的网络传媒，集声、像、文字于一体，是一种真正意义上的“多媒体”，具备时效性、交互性、开放性以及空间的覆盖能力等众多优势，是媒体传播的新生军。通过在网络上提供天气预报信息，人们可以随时查找国内及国外的天气预报，同时还可以了解各种各样的生活气象指数。有的专业气象网站（如天气在线）还提供相当完善的天气资料查询。各电视台提供的电视天气预报节目视频，观众如果错过了电视收视时间可以在网络上随时点击收看。与电视相比，互联网完全不受播放时间和频道的限制，天气信息查询更加方便、全面，受众可以随时随地获得相关讯息。

基于移动通信技术，手机正逐渐成为人们获取气象信息的新工具。有关调查显示，年轻人更趋向于通过上网或通过手机短信来获取天气信息，而且文化层次越高，这种趋向越明显。现在手机的程序设计已经带领了一种新的趋势，做到了量体裁衣，多媒体娱乐功能强大，必将产生媒体行业新的拐点。手机上的天气点播选择性、随意性、流动性都是如此的强大，大家在什么地方，什么状况下，只要带着手机就可以点击想知道的城市和日期的天气情况。可见，受新技术的冲击，目前人们对通过电视获得天气信息的依赖性逐渐减小，电视天气预报正在逐渐失去它在“必视性”上的优势。

3 提高电视天气预报节目的“可视性”

电视节目的“可视性”指电视节目画面精美、制作精湛。为提高电视节目的“可视性”水平，应做好以下几个方面的工作。

3.1 合理编排天气预报节目

3.1.1 不断创新，提高节目的编排艺术

针对目前各电视台播出的天气预报节目普遍出现节目固定、内容单一等特点，要不断提高创新意识，提高节目的编排艺术。主要做到，第一，在编排节目时，要坚持创新的原则，采取灵活多样的形式，不断丰富题材。对电视节目要从片头至片尾的配乐、画面、播音到文字图像的多维制作，进行反复比较性研究，并多方位征求意见，反复改进，同时要合理运用文字、语言、画面等，配上合适的背景、图像以及音乐，使得整个节目层次分明，体裁丰富，形式多样，形成立体感强的播出效果。

第二，在编排节目时要做到周密细致，加强计划性和协调性，通盘考虑，统揽全局，要事先做出节目的年、季、月、周计划。同时在编排节目时，要考虑到前后几天的安排，并进行节目的比较，防止节目雷同。

第三，加强主次结合，节目搭配得当。因为天气预报节目的主要功能是向社会及时传递气象信息，为经济建设和国计民生提供有效服务。需集中、突出和准确地编排短期天气预报节目。同时为活跃节目，可以在画面中搭配本地人文景观，旅游景点，供人们在收看节目时同时领略和享受大自然风光。

3.1.2 增强为观众服务意识，拓宽服务范围

天气预报节目应以观众是否满意、社会是否认同为节目质量的最终评价标准。增强为观众服务的意识，就是要贴近观众、贴近生活，善于抓住观众普遍关心的与气象有关的热点问题。如夏季炎热的高温要持续多久，冬季的冷空气及寒潮天气会给人们身体健康造成哪些危害，降雨过程对工农业生产带来的影响等等。同时要拓宽服务范围，如提请人们注意天气变化，在转折性天气时，安排好生产和生活，抓好农作物的田间管理等。另外在节目中适时增播气象知识和重大节假日天气预报，这样既普及了气象科学知识，又拓宽了服务范围，使观众喜闻乐见。

3.2 强调电视天气预报节目的包装和内容

随着人们审美能力的不断提高，人们对电视气象节目的表达方式和内容提出了更高的要求，不再仅仅满足于知晓未来天气信息，还要求气象节目是一个听觉和视觉都赏心悦目，融合新闻价值、生活情趣、科学品质于一体的多层次的节目。

3.2.1 增加动画的吸引力

随着数字化时代的到来，观众对天气信息的需求和新技术的出现，为动画在电视天气预报中的发展提供了一个良好的展现平台。动画是以绘画或其他造型艺术形式作为人物造型和环境空间造型的主要表现手段，主要运用夸张、神似和变形的手法，同时又追求故事的逼真性，并借助于幻想、想象和象征，利用现代电脑技术绘制出的动态或静态的影像。

在电视天气预报节目中添加动画，首先要考虑动画的主题和风格应与电视频道的风格相一致。如影视频道、都市生活频道、经济频道各有侧重，动画的风格则既要符合栏目要求也要符合频道的风格。其次由于很多气象信息比较抽象，通过动画表达可以使观众更易理解。例如春分和秋分节气，有“春分秋分，昼夜平分”的气象谚语，可以通过动画的形式呈现出白天和黑夜交织的情景加以说明。第三是阴晴冷暖皆可用动画形式表示，但须根据天气信息采用不同的动画形式。天气信息的卡通化是通常采用的一种形式，设计新颖、活泼可爱的卡通形象可以明显增加传播效果，有时无须预报员解说，一段动画就足以说明天气的变化，这种方式既让人倍感轻松又增加了天气预报的吸引力。

3.2.2 增强节目的趣味性

从目前我国各大电视台播出的电视天气预报节目来看，内容单一，形式雷同。由于影响天气预报节目质量涉及文稿、主持人、艺术设计等多方面因素，因此为了提高节目的趣味性需要对这些要素进行统筹考虑和安排。

第一，主持人方面。电视节目主持人的存在使电视气象节目增添了许多交流感和亲近性，在气象信息、电视媒体、社会公众之间，主持人起着桥梁的作用。天气预报节目中主持人可以增加一些充满趣味的天气预报主持。在国外就有主持人把自己身上的衣服打湿，然后冲进演播室告诉大家他正遭遇到一场突如其来的大雨，气温下降，他没有及时收看电视天气预报，导致他目前的窘境。天气预报主持人还可以采用二人转或相声的形式，在主持人说学逗唱、一唱一和相互调侃间把气象信息告诉观众，从而提高节目的趣味性。另外国内有些少儿频道的气象栏目采用三维动画的虚拟主持人来播报天气，令人印象深刻。

第二，节目文稿方面。电视节目的趣味性还可以体现在语言方面，气象主持人面对电视观众的时候不能一味地把严谨的气象数据播报给大家，应当运用通俗易懂的语言轻松愉悦的方式将气象信息告诉观众，这就需要在语言上下工夫。

第三，节目设计方面。设计上也能体现趣味性，例如在节目片头里面我们可以把天气符号变成一家人，太阳变成老人，白云是孩子，孩子之间打架闹矛盾了就哭了，天空开始下雨，老人来劝架，这样就雨过天晴了。这种形式比单纯的文字描述更加直观，也使得节目的趣味性和可视性大大提高。

3.2.3 增设节目信息的涵盖点

在日常生活中，人们一般更为关注自己居住地区的天气情况，但近些年来随着人们活动范围的扩大，大家越来越关注外省甚至国外的天气情况。为满足观众的这种需求，电视天气预报节目应通过各种方式增加节目信息量，例如在屏幕下方以滚动字幕的形式提供天气信息。另外，目前的天气预报节目不再仅仅提供简单的温度等信息，有些节目已经开始提供紫外线指数、洗车指数、郊游指数、空气质量指数等各种气象指数，甚至日出日落时间等信息。

3.2.4 增强时效加强互动，创建电视天气预报网络平台

气象节目的时效性跟准确性一样，都是观众对栏目的基本要求。气象节目需要电视通过增强时效性来吸引眼球，天气是瞬息万变的，每天的气象数据都会因时而变。在电视媒体播出的前几分钟都有可能在改预报结果，气象栏目会对灾害性天气做现场报道和最新实况报道，像电视新闻一样讲究新闻的时效性和真实性，特别是不断发展的现场直播节目，使气象节目和气象新闻的时效性大大加强，以适应各地电视台增强节目时效性的要求。

增强时效性，加强互动性可以大大地提升电视天气预报节目的可视性。在当代社会的现代化进程中，人们价值观转变的同时，社会心理和社会行为也在不断地发生着变化和更新。人们

具有了更多的社会参与意识，对日常生活中的一些自主权要求也在进一步强化。受众越来越细分，也越来越主动，人们的参与意识也在增加。在这种文化背景下，观众通过媒体来反映自己的思想也显得十分自然。

4 总结

气候和天气的变化与人们的生活起居、社会经济中各行各业的生产建设息息相关，因此及时了解天气是关乎生产生活的大事。当今社会，随着科学技术的发展，人们获知天气信息的途径多种多样，从传统的电视、广播、报纸等媒介，发展到互联网络和移动通信等现代化平台。在这些传媒中，电视天气预报节目由于具有影音结合、形式多样、内容丰富等特点，一直是人们获得气象信息的主要途径。因此在我国各大电视台播出的电视节目中，天气预报节目都拥有很高的收视率，节目具备较高的“必视性”价值。由于网络和通信技术的发展，电视天气预报节目受到了前所未有的挑战。电视天气预报节目必须不断创新，通过合理编排节目，强调包装，丰富内容，提高视听效果等形式，增强节目的“可视性”水平，稳定观众群体，保持节目的持续健康发展。

参考文献

[1] 崔丽红，杨帆. 2006. 浅谈电视包装的原则. 剧作家，(2).

[2] 陈睿. 2004. 电视天气预报节目如何革新. 视听界，(3).

[3] 贺志刚. 2007. 电视新闻：可视性与思想性. 新闻前哨，(10).

[4] 韩隆青. 2009. 浅谈电视气象节目栏目的策划与设计. 青海科技，(4).

[5] 黄录良. 2003. 电视节目制作设备数字化的必要性. 中国有线电视，(6).

[6] 何奕燕. 2009. 关于动画在电视新闻中运用的几点看法. 新闻天地(论文版)，(1).

[7] 季小燕，马工. 2006. 电视节目设计与包装. 新闻前哨，(1).

凤凰涅磐

——试论虚拟演播室在气象节目中的运用

庞　兰

（华风气象传媒集团，北京 100081）

摘　要

2011年《凤凰气象站》进行了改版，将虚拟演播室技术运用到了气象节目之中。本文试图通过《凤凰气象站》改版的过程及其成果，论述虚拟演播室技术在气象节目当中运用的必要性及其发展前景。同时结合业务竞赛期间制作《天气聚客》的经验，介绍将虚拟演播室导入气象节目的思路、方法和难点。

关键词：虚拟演播室　凤凰气象站　信息量最大化　全球视角　品牌化建设

2011年，《凤凰气象站》栏目进行了改版，本次改版将虚拟演播室技术导入了节目当中。那么为什么要运用这项技术？如何运用虚拟演播室？这项技术在气象节目当中的发展前景又如何？我们逐一探讨。

1　将虚拟演播室导入到气象节目中

虚拟演播室是当今电视领域的大趋势，在《凤凰气象站》改版之初，我们考虑将虚拟演播室引入其中，是基于以下理由。

首先，突破现有的天气预报节目模式，通过更直观的方式以及更通俗易懂的内容，为观众服务。现有的天气预报节目模式基本上是二维的，从演播室背景到天气图形以及一些图表全部都是“贴”在主持人身后，空间感不强，这就给主持人在演播室里的活动造成了限制。主持人只能很小地走动，很简单地与图形图像进行简单地互动，这样的模式已经不能给观众带来更多的刺激了。在通讯手段如此发达的今天，如何把观众留在电视机前收看天气预报，是我们必须考虑的问题，而更强的视觉冲击力是一个有益的尝试。虚拟演播室系统恰恰可以带来更强的视觉冲击，提高天气预报节目的可视性和气象服务的水平。

其次，与合作媒体统一。凤凰卫视的其他节目已经采用了虚拟演播室这种国际领先的制作方式，为了跟上合作媒体的脚步，节目管理部决定对凤凰气象站进行改版，启用虚拟演播室系统。

最后，与国际接轨。将虚拟演播室运用在天气预报节目中在美国、日本、韩国和欧洲很多发达国家，这已经不是一件新鲜事了，而成了一种流行趋势。我们可以借鉴他们的成功经验，开发出适合自己的虚拟空间和各种模块。为了向国际领先水平看齐，国内气象节目运用虚拟演播室是大势所趋。

2 如何运用虚拟演播室

将虚拟演播室导入到节目当中是一个复杂的过程，节目内容的创新决定着形式的创新，因此对节目内容的梳理是首先要做的工作，以便能够提出需求，设计出节目所需要的演播室场景和各种模块。就凤凰气象站的改版来说，我们也是秉承了在内容创新先行，形式创新跟上的原则，分别在这两个方面做了大量的工作。

2.1 节目内容的创新

凤凰气象站节目内容的创新并非常规意义上做一期新颖的节目而已，而是在更深的层次进行探索，对节目理念和视角都进行深入的改革。

2.1.1 理念的创新

全新改版的凤凰气象站与传统天气预报节目不同的是理念的创新。传统的天气预报节目注重的是预报理念，即为观众提供天气预报产品，大致就是数据的变化，观众需要把这些数据的变化转化成需要的信息，例如城市预报说，明天要下雨，最高气温 34 度，观众会想到要带伞。而改版后的凤凰气象站力求把预报理念提升到了服务理念，也就是先由我们对气象预报产品来进行深加工，提炼出更加直观的气象信息，然后再传达给观众。例如城市预报说，明天有雨，最高气温 34 度，那么我们会把它翻译成闷热指数，告诉观众，这样的天气是非常闷热的。或者是结合当下的热点话题，把气象信息翻译成有趣的现象，加深观众印象。例如 2011 年夏天，网络上有人上传了在烈日暴晒的车里烤肉的图片，随后各地网友纷纷效仿，实验气温达到多少度的时候可以在汽车里将肉烤熟，一时间成为热点话题。凤凰气象站结合这一热点话题，将最高气温 30 度、35 度、40 度用“烤肉指数”来代替，使得观众更有兴趣来观看，同时也加深了观众对天气的印象，起到了提升气象服务水平的作用。

当然我们的观众分布在全球范围内，所以我们可以通过对不同地区城市预报数据的不同来对天气进行深加工。在恶劣天气发生时，我们会设计各种防御指数；在天气平淡的时候，我们会突出凤凰气象站一贯的风格，为大家提供一些新鲜有趣的指数。例如春茶上市的时候，我们会为大家提供“茶香指数”。在清风拂面的天气里，为大家提供“软睡指数”等等。力求让信息更加清晰，更加生动，让观众能够一目了然，并且容易记住。

为了突出配合理念的创新，我们设计了大的视频框，并且设计了固定机位，规定视频框要占画面的 3/4，以突出图片和天气图形的信息，提升传播效果。同时在固定机位和摇臂的转换过程中，我们设计了不同景别切换的方法，使得两个机位的变化层次丰富，同样能够起到突出内容的作用。

2.1.2 视角的创新

全新改版后的凤凰气象站突出全球视角，为全球观众服务，因此经常会抓住国外的天气热点，或者其他新闻热点，从天气的角度进行解读，使节目更加国际化。为了达到这样的目的，我们将“云球”引入到了节目当中，也就是在演播室中的固定元素——水晶球上覆盖实时的云图，并设计了转动水晶球的环节，让水晶球转到我们需要关注的地方，以便主持人可以对该地的天气进行解读。

2.2 节目形式的创新

节目形式是为内容服务的，在内容创新的基础上，形式创新要跟得上，才能实现节目的完整呈现，达到改版的目的和效果。

2.2.1 场景的设计及相应的要求

为了体现节目定位的国际化，《凤凰气象站》的虚拟演播室设计了一个宏大的场景，并设计了各种模块，包括水晶球、三维的饼状图、柱状图、全球的云图、立体的城市预报板等等。我们需要主持人在演播室里扮演一个掌控全局的角色，而不是传统的"指点江山"。因此主持人要能够运用各种模块，来传递信息，这就必须在演播室里有较大幅度的走位变化，可以有纵深的走位，而不是传统的从屏幕左边走到右边。为了配合主持人的走位以及与模块之间的配合，演播室的景别也需要随时变化，而且根据每天的内容不同，景别顺序也不尽相同。这就对摄像和灯光提出了更高的要求。

首先，需要摇臂来完成大景别的拍摄，向观众交代演播室的场景，以及各个模块之间的关系。

其次，摄像师要每天根据节目内容，来跟拍主持人，实现不同景别的变化，从而更加清晰地传递信息。

最后，由于主持人需要在演播室里进行大幅度的走动，因此对灯光的要求也比传统的天气预报节目要高得多，不管主持人走到哪个角度，都要有完美的灯光来配合。

2.2.2 各种模块的运用

在节目改版之初，我们总结了天气预报节目需要用到的各种元素，要求包装公司设计了柱状模块、饼状模块、五天预报模块、全球云图模块等等。并且根据主持人走位的不同，各个模块和主持人的相对位置可以变化，可以在主持人的前面也可以在主持人的后面，从而使得演播室的空间感更加真实。以下分别来介绍各个模块的运用。

水晶球模块，该模块是整个凤凰气象站品牌的核心。从节目片头到演播室中心，再到城市预报中的天气现象，节目中的各个环节都有水晶球的出现，这是节目品牌化建设的创新之举。

图 1 《凤凰气象站》虚拟演播室中的水晶球模块

图 2 《凤凰气象站》虚拟演播室中的柱状模块

柱状模块。该模块为三维立体效果，能够从演播室的地面上"生长"出来，通常用来表示降雨量的对比，因此设计了下雨的效果，通过雨水在玻璃柱里不断累积升高的效果，来更加直观的表述降雨量的变化和对比。除了三维立体效果之外，该模块最大的特点是它的真实存在感，主持人可以走到柱子的后面，也就是说，他和主持人的相对位置按照真实比例实现的，因此能够更加鲜明地向观众传递气象信息，具有强大的视觉冲击力。

饼状模块。该模块为三维立体效果，能够在演播室的半空中出现，并且可以突出其中的某一个部分，通常用来表示某种天气所占的比例。该模块同柱状模块一样，与主持人的相对位置是按照真实比例实现的。

五天预报模块。这是一个庞大的五天预报板，高度约为主持人的1.5倍。因此它出现的时候，需要实现景别的变化，这样能够更加突出的表示天气预报的信息，也是为我们的“信息最大化”的理念服务。

视频窗模块。该模块主要用来走天气图、图片和视频，是最常用到的一个模块，也是信息量最大的模块，为了突出该模块上的信息，视频窗设计得很大，而且还专门设计了固定机位。在固定机位和摇臂切换时，我们也会根据节目内容，设计不同景别的切换模式，使得信息更加清晰。

全球云图模块。该模块出现时，水晶球上的虚拟云图变成了实况云图。在以往的天气预报节目中，实况云图也出现过，但是通常都是运用局部地区的云图，而没有全球视角实况云图，因此凤凰气象站的全球云图是一个开先河之作，用来为凤凰气象站的全球视角服务。

城市预报模块。为了实现信息的最大化，我们希望与国际接轨，采用地图游走的方式，出不同城市的天气预报。也就是说地图走到哪个区域，该区域的几大城市会同时出现，随着地区的继续游走，城市预报板也会出现近大远小的变化。以前要实现这个效果相当困难，需要占用大量的时间，后来引进了 3D weather 系统，这个效果得以轻松实现。

3 虚拟演播室在气象节目中的应用前景

在《凤凰气象站》改版成功之后，全国气象影视部门的业务竞赛如期举行了。在业务竞赛中，我们设计了《天气聚客》，作为创新节目来参赛，再次探索了虚拟演播室在气象节目当中的运用。《天气聚客》的理念是超前的，我们根据目前三网融合的趋势，预测未来精细化气象服务的发展水平和发展方向，以北京的一次强降雨过程为故事脉络，设计了观众互动、精细到北京各个环路甚至桥区未来三个小时的降雨量变化和相应的积水量变化等环节。为了把这样的气象服务变成现实，我们开发了更多虚拟演播室的功能。

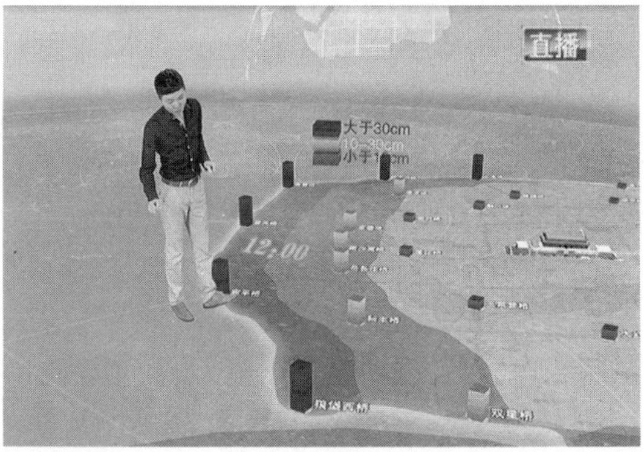

图3 《天气聚客》虚拟演播室中展现北京环路积水量预报

图4 《天气聚客》虚拟演播室中高速公路安全行车车速和车距预报

在《天气聚客》节目的创作过程中，同样是秉承内容先行，形式跟上的原则，设计了超大视频框、互动话题、虚拟的北京环路图、可伸缩的柱状图，甚至将虚拟的高速公路搬进了演播室，用来表现不同雨量大小对于安全车距的影响。另外在最后，还设计了排行榜，数据可以从视频框飞出来，在演播室自动排列成排行榜，视觉冲击力非常强，是虚拟演播室在气象节目当中运用的另外一个非常有益的尝试。

可以肯定的是，天气预报正在往越来越精细化的方向发展，为了跟上天气预报的发展，气象影视服务必然要做出更多的改革。通过《天气聚客》的制作，可以证实虚拟演播室将会是一条很好的道路，因为这项技术可以将很抽象的数据，通过超强的视觉冲击力变成让观众一目了然的有用的信息，因此虚拟演播室在未来的气象节目中有着很好的发展前景。虚拟演播室强大的功能还有待开发，相信未来，这项技术的运用会大大提升气象服务的水平和效果。

参考文献

[1] 朱定真，董丽丽.2009.浅谈气象信息的电视传播理念.气象影视技术论文集(六).16-20.北京：气象出版社.

[2] 田维钢.2009.新技术时代的电视新闻制作与传播.169.北京：中国广播电视出版社.

给气象科普插上成熟的“翅膀”

成海民　郭丽丽　张　博

（河北省气象服务中心，石家庄 050021）

摘　要

作为气象科普工作者，年年搞科普，时时在创新，可是目前在全国范围内，气象科普工作还只是停留在“点上尚可，面上不足”的层面。某件科普工作、某一次科普活动做到有质量有规模，但是在整体的科普范围和成效上还存在面上不足的现象。气象科普需要新出路，需要新方向，与目前成熟的市场力量合作是一条新的发展思路。本文将从目前河北省正在积极运作的和市场动漫力量一起合作的事例展开论述，对气象科普的发展新方向进行尝试。

关键词：气象科普　传播　合作

引言

在大力倡导气象防灾减灾科普教育的背景下，有效提高气象科普知识的普及率及送达率尤为重要。以少年儿童喜闻乐见的卡通形象为表现形式，以普通人的日常生活为切入点，结合部分气象案例，将气象科普知识，气象自救常识等融入到动漫作品中，可以使气象科普知识得到有效的传播。因此，气象部门寻求电视媒体、网络及图书出版行业中一些极具影响力的原创动漫作品及其动画形象，让科普和动漫“联姻”，联合制作气象科普动漫作品，是气象防灾减灾科普宣传的有效途径。《摩尔庄园》原创动漫作品及其动画形象在全国影响颇深，可以通过这一艺术形式，借助已经形成的广大受众群体和宣传渠道，打破传统的说教形式，采用动画片加知识传播的方式，融知识性、科学性、启迪性、可视性于一体，让孩子们在观看动画片的过程中，了解气象灾害，掌握气象灾害防御知识，树立气象防灾减灾意识。

实现“气象防灾减灾安全教育从娃娃抓起”的行动理念，丰富少年儿童气象防灾减灾安全教育形式，加大教育传播广度和深度，有利于切实提高少年儿童的气象防灾减灾意识，增强安全自护能力。同时发挥教育一个孩子，影响一个家庭，带动整个社会的联动效果。科普和动漫“联姻”的案例在全国已经有了先河，国内首部少儿消防教育大型系列动画片《消防大本营》就是奉献给全国少年儿童消防安全宣传行动的一份特殊礼物。但在气象领域，科普和动漫“联姻”尚属首次。

1　气象科普和市场成熟动漫合作的可行性分析

1.1　动漫需要新鲜题材的注入

科普和动漫的结合既是顺理成章，又是机缘巧合。事实上，科普结合动漫并不是一个新概念，这是产业发展到一定阶段必然形成的趋势。动漫游戏的应用范围在扩大，除了传统动画、漫画和游戏以外，动漫技术在CG计算机图形学、影视、医学、建筑等方面的应用都是显而易见的。正是在这种趋势下，动漫与各种产业的融合速度开始加快。从某种程度上说，动漫已经不仅仅是一种娱乐方式，也成为公众在学习、培训、虚拟现实应用方面的最佳选择。“政府动力动漫”作为科普和动漫融合的一个分支，最能反映这一领域的发展现状。依托政府的资金和政策支持，在成熟的动漫作品中注入科普题材。北欧游戏协会商业发展主管 Sten Selander 认为，在实际过程中，如果真正投入资金和培训设备将非常昂贵，因此“政府动力动漫”从某种程度上具有用最小的成本，完成最有效工作的功能。

广义上的科普动漫是指具有一定的科普功能，能够向用户传播科学知识、科学思想、科学方法和科学精神的动漫或游戏。像《摩尔庄园》和《赛尔号》这样的儿童动漫游戏，能够提高儿童技能，在游戏设计中并非以科普为目的，因此属于广义的科普网游，其成功的经验也值得我们借鉴。而《摩尔庄园》和《赛尔号》的开发商淘米网目前已经拥有上千万的儿童玩家，市场价值近亿元。

1.2 科普需要全新的表现形式

作为公益事业的科普工作也遭遇传播手段老化、公众参与度低、市场化探索失败等诸多麻烦。动漫产业从科普的角度思考创新，而科普工作也开始学习如何和动漫市场合作，我们可以从政府支持的角度出发，做气象防灾减灾这一确确实实关系到老百姓生活的事。如果能将气象防灾减灾这一事业做好，是件利国利民的大事。

当然市场的需求是科普联姻动漫最大的推动力。中国公民具备基本科学素质的比例远远低于其他发达国家，只有3.27%；而美国10年前就已经达到17%；20年前加拿大也已经达到了4%，日本达到了3%，欧盟已经达到了5%，中国现在仍不及其他国家20年前的水平。科普事业的发展同样是在呼唤科普手段的变革，如何变被动教育为主动教育，变国家强推到公众自愿，变居高临下的普及为平起平坐互动交流，这些都是市场经济环境下进行科普教育亟待解决的问题。

气象部门需要和社会上一些知名动漫公司合作，在原创动漫作品中加入气象、天气、气候的元素，或者把气候变暖这一热点话题融入其中，甚至借此推出新的动漫形象，制作一系列与气象相关的动漫作品，把气象防灾减灾知识传递给更多的人。

1.3 科普与动漫双赢是发展重点

科普和动漫主要目标对象都具有三低的特点，低收入、低学历、低年龄，更多的受众是中小学生以及年轻人，这跟科普教育的目标用户完全吻合。两者都需要幻想这种手段，从而能够在提供良好的用户体验的同时，传播科普知识。同时科普和动漫互动是双赢的局面。从内容来说，科普是动漫作品题材来源之一，科普专业性与动漫娱乐性相结合，提高此类动漫题材吸引力和说服力；从产业上说，科普与动漫在受众方面高度重叠，是两者进行市场互动的基础。动漫产业开发模式也可以为科普产业的发展提供直接的应用或者借鉴。动漫可以帮助科普产业提高普及率，为动漫产业提供新的市场。

2 气象科普和市场成熟动漫合作的尝试

经过前期接触和调研，河北省气象局拟定与上海淘米网络公司合作，采用动画片《摩尔庄园》中的动漫形象作为气象科普宣传的主体。《摩尔庄园》动画片于 2011 年 6 月至 7 月，每天 18:00—18:30 在北京卡酷动画卫视全国首播，取得了较好的收视成绩。目前《摩尔庄园》动画片在央视、五大卡通卫视等全国 100 个省(区、市)级电视台播出，仅电视媒体就覆盖目标人群近一个亿。根据央视-索福瑞发布的调查数据，该片在北京地区 4+全龄平均收视率 0.77%，平均收视份额 3.77%，单集最高收视率 1.39%；全国 35 个城市收视调查全龄平均收视率 0.27%，平均收视份额 1.47%。其中 4～14 岁青少年观众的收视表现尤为突出，该部分人群北京地区平均收视率 5.29%，单集最高收视率 10.68%，受到了目标受众的大力追捧。

目前河北省气象局正与上海淘米网络公司合作完成样片制作。未来该片还将以每年 100 集的速度制作，这种好题材、大体量、系列化的动画片普遍为业界所看好。

3 案例:60 集大型科普动漫摩尔庄园之《云和风的大陆》

故事方案梗概：

这个暑假摩尔庄园最炫的事情是什么？

哈哈，没错！那就是全气象模拟实验室终于建成了！

这个巨大的实验室主要由一个 1∶100000 模拟缩微世界构成。科学家们把这个世界称作“云和风的大陆”。

实验室通过模拟操纵这个大陆的天气，得到精确的气象数据，以便确保摩尔庄园风调雨顺。在这里，无论是风雨雷电，还是云雾潮汐，一切天气现象都可以展示出来。孩子们，想想吧，当你凑近脑袋去观察这个大陆，那么在你鼻尖前可能会刮起龙卷风，手掌上下起暴雨，耳边响起了雷声。还有那些更加波澜壮阔的自然奇观，哇！这难道不是最酷的高科技产物么？

不过别以为事情就此打住，我们的故事才刚刚开始，因为“小冒险专家”摩乐乐与他的小伙伴们一次“小小”的秘密冒险(嘘，秘密的意思就是说……偷偷溜进实验室)，让他们卷入了一次永生难忘的伟大历险——他们被卷入了云和风的大陆！

想知道接下来会发生什么？让我们拿起超级放大镜，在大陆中寻找我们的小主人公吧。

我们将来到最原始的自然环境中，在这里气候总是千变万化，各式各样的天气现象层出不穷，孩子们不得不面对第一个挑战：如何利用气象知识生存。好在摩乐乐随身携带了他的宝贝冒险套装——气象百科，加上伙伴们的齐心协力，他们在丛林中利用模拟雷电生火，在沼泽中利用阳光蒸馏污水，在极寒之地建造温室，在酷暑中保存食物，并由此懂得了最寻常的事物——雨水、风、海浪、阳光等等自然现象背后的奥秘。在这个过程中他们还见证了大气的种种奇观，缥缈如幻的海市蜃楼，绚烂如梦的彩霞，五彩斑斓的彩虹群和炫目无比的极地极光……

我们还会和孩子们一起遭遇飓风、洪水、熔岩、沙尘暴等一系列极端气候带来的可怕事件，他们要面对威力无比的自然灾害。孩子们并没有退缩，勇敢地面对第二个挑战：如何面对自然灾害。除了冒险中学到的气象知识，在这个世界变化万端的气候环境和自然风貌中，他们学会了更多。孩子们通过冷暖水流的不同流向横渡海洋，利用巨大的风力制作飞行器横渡大峡谷，把太阳能转化成沙漠中奔跑的交通工具的能源，从陆地到海洋，从沙漠到云巅，摩乐乐们在种种历险中化险为夷。

逃出灾难的孩子们还接触到了这个世界的特有文明，领略了能够驾驭大气乃至自然之力的云之帝国的繁荣，以及在森林荒野中和自然亲近的风之部族的淳朴。与他们成为伙伴的同时，摩乐乐和他的伙伴们感受到文明活动与自然环境的深刻关联。他们亲历了板块运动造成的恐怖地震，卫星引力引起的潮汐巨浪，季风逆转洋流混乱带来的恐怖干旱和洪水危机，对整个自然气象有了全新的认识。

等等，一些可怕的预兆似乎正在渐渐发生，自然灾难在这个世界越来越频繁，使整个模拟世界都面临着巨大的威胁，接下来该是小伙伴们的最后一个挑战——让云和风的大陆恢复正常。

我们的主人公们能利用气象知识化险为夷么？他们能拯救这个世界么？

大声地回答吧！当然！答案是肯定的！

最终——摩乐乐和伙伴们与大陆的居民们一起，化解了破坏自然，扭曲气象循环的危机。平息了巨大的气象灾难，云和风的大陆重新回到了本来应有的自然秩序。

风雨之后，这个世界再度变得美丽祥和，生机勃勃。

故事的最后，摩乐乐和伙伴们回到了自己的世界，而这次冒险不仅仅让他们学会了丰富的气象知识，同时更明白文明和自然之间休戚与共的和谐共生关系。真是了不起的暑假，了不起的冒险，了不起的气象。

4 结论

科普事业的发展在呼唤科普手段的变革，目前气象科普更多依赖于展览、专题、宣传册等传统形式，观众只能被动接受。而科普与成熟的市场动漫联姻，正好能给科普带来全新的模式。成熟的动漫市场拥有稳定的播出平台，亿万收视群体，广泛的传播渠道，这几点恰是科普所期望的。如果能借助一个成熟的动漫产品平台来做气象科普，无疑是给气象科普插上了一双成熟的翅膀。

把动漫接受者转化为科普接受者，就很容易促进科普的推广；此外，动漫具有很丰富的叙事能力，丰富的情节有助于科普知识的理解；还有，动漫具备强大的虚拟世界构建能力，科普往往无法将完整的科学过程和科学原理清晰地呈现给受众，而动漫可以构造一个很强大的虚拟世界，更为形象地展现科普知识。最重要的一点是，动漫是目前青少年最容易接受的一种传播方式，科普插上这样一对翅膀将更容易推广。动漫里的娱乐元素，用于科普，也会使人们对科普产生兴趣。

从市场前景来看，动漫市场规模较大，增长非常迅速。此外如果借助一定的收费模式，动漫企业可以通过科普网游获得市场收益，动漫企业履行社会责任的良好形象，有助于提高企业的形象。从科普动漫的衍生品来看，市场也是非常广阔的。

当然政府动力动漫有着巨大的市场空间，但是不可否认仍然处于初级摸索阶段。在资金和传播方式方面气象科普部门需要更多的认识和实践。气象科普和动漫的结合也遵循规律和规则：第一是科学性，内容必须尊重科学，不产生误导和歧义；第二是严肃性，不以纯娱乐，而以教育为主要目的；第三是平等性，受众的平等以及传播的平等；第四是公益性，以讲求社会效益为先；第五是娱乐性，必须有足够的可视性。

另外科普和动漫的结合存在科学准确性和艺术创作结合的难点。就是科学工作者对艺术创作的不了解和创作人不懂科学知识的矛盾。专家和创作者之间紧密结合，最终让创造科普题材成为动漫市场的主力。动漫市场传播需要科普来作为新的素材支撑，同时科普更加需要行之有效的成熟的传播手段来“广而告之”。我们希望能通过新的科普手段来让气象防灾减灾深入人心，传播深远。

参考文献

[1] 江锐，黄道军. 2012. 动漫在科普传播中的优势与制作技巧研究[J]. 科普研究，**7**(3)：42-46.

[2] 邓丽丽. 科学准确性与艺术创作结合有难点[DB/CD]. http://news. xinhuanet. com/games/2010－11/26/c_12820486_2. htm.

[3] 费广正. 科普网游产业如何量质齐升[DB/CD]. http://www. bjbusiness. com. cn/site1/bjsb/html/2010－11/29/content_117149. htm.

[4] 刘玉花，费广正，姜珂. 2011. 科普网游及其产业发展研究[J]. 科普研究，**6**(6)：34-38.

关于打造中老年电视气象节目的前景思考

央吉次仁　边　多　布　穷　贵　吉
（西藏自治区气象台影视中心 拉萨 850000）

摘　要

随着各种新媒体的崛起，传统电视已经成为“中老年媒体”，电视受众有六成以上都是40岁以上的群众。在这个“媒介融合”时代，电视媒体普遍采取了“进”的策略，通过华丽转身，力争在互联网等新传播领域拥有自己的立足之地。与此同时，业界也应“退”一步，重新审视电视媒体自身属性，找准自身定位，打造品牌节目，留住已有的受众群（其中老年人群就是重要部分）。本文分析了老龄化的社会以及目前我国老年气象节目稀缺的现状，希望引起气象影视工作者对老年受众的关注和对老年节目的重视，尤其是在老年人群户外活动较多的中国，开拓老年气象节目更具意义。在策划老年气象节目时，我们应该从通过节目的包装、气象健康咨询的深度挖掘、传统元素的运用等方面凸显老年气象节目的定位和特征，充分尊重和满足老年受众群体的收视心理和精神文化需求。

关键词：老龄化　电视气象节目　途径

1　国内老年气象节目的现状

目前，很多电视气象节目在受众定位上，试图吸引处在最“前端”的受众群体，即年轻人和高消费人群。表现为在节目的内容上越来越趋向咨询化、边缘化、娱乐化、时尚化；节目包装上更为光鲜靓丽、动感十足。随着各种新媒体的崛起、“媒介融合”的推进，电视媒体普遍采取了“进”的策略，通过华丽转身，力争在互联网等新传播领域拥有自己的立足之地，以新的形式全力与新媒体抢夺年轻受众群体。但与此同时，由于忽略了旧有的受众群体，传统电视媒体的受众也在大量流失。

目前，从国家气象频道到各地方气象影视，很多节目表现的千篇一律，同质化严重。一直以来，老年人几乎是气象节目较为忠实的受众，而越来越多的气象节目却在远离老年受众，这和我国老龄化的社会现状不符。目前中老年人受众最喜爱的节目主要是中央台和各省（区、市）台的天气预报节目，而这种考虑到全体受众口味的综合类气象节目，定位也非针对老年受众，并不能真正满足老年受众对气象信息的渴求。目前国内老年气象节目的稀缺反映出了气象影视发展道路上的一大问题，同时也向气象影视工作者拉开了一个更为广泛的节目开拓前景。

2　开拓老年气象节目的必然性

2.1　电视节目发展规律使然

目前，电视节目受众市场正在从“大众化”向“分众化”转型。受电视媒体和经济社会的发展影响，电视节目对受众的定位通常是处在动态—平衡—动态变化之中的。由于现代社会中的受众的教育水平、爱好、职业等因素的影响，受众的自身结构、需求的信息也在不断调整变化中，因此电视媒体作为传统媒体，要想在各种新媒体中处于不败之地，一定要保持对受众需求变化的高度敏感性，进行不同群体的“差异化”定位。由于一些电视节目的策划对受众需求市场调查不充分，都以高收入或年轻群体为定位对象，使节目内容高度重叠，节目定位同质化严重。如目前的选秀节目、相亲类节目等等。有些电视台创办了一些老年电视节目，但是数量少，质量偏低，像类似于中央台的《夕阳红》节目还很少。这无疑是电视节目发展中不容忽视的问题之一。另外，电视节目的定位分类细化到了一定的阶段，必然要求进行频道定位。从电视频道上分析，虽然进入了受众分众的时代，目前我国有许多专业类频道，如少儿频道等专业频道，但还没有看到一个专门的老年频道。而电视媒体的发展规律已经要求进入分众化的时代。因此大力打造老年电视节目是电视媒体发展的必然趋势之一。

虽然国内气象节目的制作策划者大都是气象部门的影视工作者，但电视气象节目是电视节目的一个分支，其发展模式也是遵循着电视这一媒体发展的规律。1980 年，中国气象局和中央电视台合作，首次推出了天气预报节目。1993 年，中国第一位天气预报电视主持人走上了荧屏。从那时开始，气象影视发展掀开了新的篇章，各省、市、县级气象局制作的气象节目如雨后春笋般纷纷涌现，收视率名列电视节目排行榜榜首。2006 年 5 月 18 日，中国气象频道开播。该频道推出了各类气象节目如：《国家气象播报》《四季养生堂》《公路天气预报》《航空天气预报》等，从节目的名称上我们可以发现气象节目的受众细分化也是电视气象节目的发展趋势之一。

2.2 老龄化社会使然

全国老龄办发布的《中国人口老龄化发展趋势预测研究报告》指出，从 2001 年到 2020 年是快速老龄化阶段。这一阶段，中国将平均每年新增 596 万老年人口，到 2020 年，老年人口将达到 2.48 亿，老龄化水平将达到 17.17%。2011 年，我国老年人口已经达到 1.5 亿之多，引人注目的是，这一数字正以每年 3.28%的速度增长，几十年后，每 3 个中国人中就有 1 个老人。到 2020 年，全国 65 岁及其以上老年人口比重将从现在 7%增加到 11.8%。在不断增加老年人口的同时，也相应地增加老年电视受众的人数比例。“老有所为、老有所乐”各行各业都在关注着各种夕阳产业的发展前景，在此背景下，开辟老年电视气象服务专栏节目是很有意义。

2.2.1 满足老年受众心理诉求

很多老年人普遍有一种心态，认为自己年老体弱，成为了社会和家庭的包袱，有的充满自责感。由于年轻一辈无法经常陪伴，经常感到孤独、失落，因此电视成了他们随时可以相约的“朋友”；有的随着年纪的增长，视力逐步下降，无法阅览平面媒体，因此他们也对电视产生一种亲近感、依赖感。另外，从人的成长方面来看，每个阶段关注的内容不尽相同。老年受众观看电视节目主要基于娱乐、交流、获取信息、身体健康等。到了老年，人会尤其关注自身的健康，而针对老年受众的气象节目可以在关注天气冷暖的同时，分析在这样的天气状况下对人体带来的一系列影响。另外，开辟的针对老年气象节目主题趋于对老年人群的人文关怀，对老年人精神上和情感上的真诚关怀，气象节目的这些特征恰恰能满足老年受众的心理诉求。

2.2.2 老年人对电视媒体的依赖度

在气象信息获取方面，1987 年国家气象局展开的天气预报社会调查显示，有 70%以上的受众以电视为获取气象信息的第一途径，当时电视在传播气象资讯方面具有绝对优势。但是，进入 21 世纪，随着信息化时代的到来，电视、报纸、广播、网络、手机等各种媒体展开了激烈的气象信息受众争夺战。其中，由于汽车的普及，广播媒体也拥有了一批较为固定的受众群，而报纸等平面媒体也开始以整版的篇幅刊登天气资讯。一些新兴媒体，如网络，手机短信，声讯电话等，更是成了"宅男宅女"、"大虾"一族获取气象信息的重要途径。根据最近几年各地的多组抽样调查显示，电视的气象资讯受众占有率从以前的70%以上，迅速下滑到目前的40%左右，龙头地位开始动摇。

从受众的年龄层次分析，网络、手机、数字媒体等新媒体的受众较传统媒体更加低龄化，而老年受众更钟情于传统媒体，如广播、报纸和电视。相对来说，老年受众也是一群对电视媒体比较忠实的群体。并且有调查发现有些老年观众很少调换频道，这也是电视气象节目需要抓住老年受众的一大因素。表1为不同年龄段平均每天观看电视节目的时间。

表1　不同年龄段平均每天观看电视节目的时间(分钟)

年龄	13～18	19～30	31～40	41～50	51～60	60以上
接触时间	110	134	129	135	133	147

复旦大学传媒与舆论调查中心2009年联合调查的数据显示："传统电视的受众主要以40～50岁的中年人(46.5%)为主，加上60岁及以上的老年人后比例达到近六成(57.7%)"。可以说中老年人比年轻人更依赖传统媒体，也主要是通过这种方式获取气象信息，因此在进行节目策划定位时，不应该忽视这一忠实的受众群体。

2.2.3　老年人生活习惯使然

在中国，老年人是相对繁忙的群体，很多老人要帮忙带孙辈，早晨要出去遛弯、买菜；晚上散布、在街心花园跳扇子舞、舞剑等等。如在西藏地区，就有一种说法"在西藏，老人和小孩最忙碌"，说的是小孩要早起上学，老人则是要转经、帮助接送孩子。从西藏老年人的活动规律上分析，常常在户外，更容易受到天气影响。高原的气候特点主要是气压、气温低，空气稀薄，高原气候环境对人体必然产生影响。在西藏如拉萨，每一天的温差都在10度以上，易造成人体皮肤衰老，对于心脑血管疾病患者、高血压患者影响较大；另外在高原上冬季天气寒冷人们更有一个不变的生活规律"晒太阳"，但高原强烈的紫外线易造成老年性白内障等疾病。在古代，人们就对高原气候对人体影响有了认识，藏医最早的文献《月王药诊》中就有气候环境对人体影响的描述，认为在高寒缺氧的地方容易患"隆"病(意为：由于气候所致的病)。因此在西藏，打造一挡针对老年受众的气象节目时，就应对高原气候环境对人体健康影响有一个正确的认识，要结合高原气候特点、健康咨询、环境养生等方面做深入挖掘，这也就使以老年为定位的气象节目具有必要性和服务针对性。

3　开拓老年气象节目的途径

3.1　节目定位、包装、内容要以老年人为中心

节目主持人应该是沉稳、知性、亲切的。最好是语速较慢的女性节目主持人。目前很多节目的创作班子都是年轻人，而这类节目应该多吸取影视中心的中老年工作者的意见和建议。除主持人外，老年节目还要有稳定和敬业的采编队伍，他们既要有专业知识、技巧，又要全面熟悉老龄事业，能了解、掌握老人的生活习惯、生存状况、心理需求，记录和制作一些让老人看了引起共鸣的精品力作，共同走进老人内心世界，为老年受众奉献一份精美的精神食粮。另外节目的

主旋律是温暖，充满关怀，美好的。使老年人即使到了晚年也对生活充满兴趣和希望。

3.2 深度挖掘与养生健康有关的气象咨询

老年人观看气象节目大都是处于对健康的关心，因此应该深度挖掘气象对老人身体的影响的相关信息。必要时可以聘请中医或者藏医等专家进行“健康小提示”。我们可以在节目里对气象各个要素进行分析，如含氧量、低温、湿度等对老人身体的影响。在西藏，许多疾病的发生确实与高原低氧气候有直接联系，如天气突变，空气稀薄，寒冷可以引起关节疼痛加剧，久致关节僵直、变形等。气温突降会刺激末梢血管收缩，心肌耗氧量增加。在雨雪增多，湿度增大，气温下降的条件下，常使人或心血管疾病患者，高血压的患者感到胸闷、头胀、两眼发肿及全身不适。另外，对于西藏而言，由于高原上地貌不同，导致气象万千。因此气象条件对人体的影响也是不同的。即使在西藏这个特殊的地理环境中，由于海拔高度不同，气温、湿度、光照气候要素也不同，我们应该用现代气候与保健学细化分类进行节目编排。

3.3 加强对传统文化的运用

传统服饰、音乐、农历，传统节日、风俗习惯、饮食等元素都比较符合老年人的思维定势和审美习惯，让老年朋友在喧嚣的城市文化中能找到归属感。在 20 世纪 20 年代，电视媒体相对于报纸、广播等“深度媒体”来说，还被称为“感官娱乐”，而在具有快餐文化特色的新媒体面前，电视被赋予了更深层次的人文涵养。对传统文化的加工、利用也符合了电视的这一特点。主持人可以穿着中山服、旗袍；音乐方面可以用古筝、二胡等；在节目中也可以谈谈农历。在西藏，每个地区的服饰和节日也是不同的，我们可以根据不同的节日更换一种装束，让老年人感到新鲜感。在藏历天文历算中也有关于天气与养生的描述，节目中也可以图文并茂的形式呈现给老年观众。另外，节目中还可以融入传统的饮食文化、生活习惯。比如说什么样的天气适合吃些什么传统食品，如酸奶、糌粑等等；在节目中间或者结尾配以轻柔的传统音乐等。

4 结语

2010 年 1 月，国务院办公厅下发了《关于印发国务院推进三网融合总体方案的通知》，意指电信网、有线电视网和计算机通信网的相互渗透、互相兼容、并逐步整合成为全世界统一的信息通信网络。这对于电视媒体来说，既是机遇，又是挑战。在这新媒体林立的时代，电视媒体的竞争策略在于一“进”和一“退”。“进”为利用自己的节目制作优势和海量视音频资料向新媒体进军，成立自己的网站或为新媒体提供新兴产品等，这也是目前学界热衷于探讨的话题。而本文认为，关注电视媒体自身属性，关注已有受众，培养固定受众群、打造品牌节目的“退”策略，恐怕是留住电视媒体长久不衰的基本策略。随着老龄化社会的到来，老年群体成了电视气象节目的忠实受众，重视、稳住这部分人群是电视气象影视发展、壮大的最基本的策略。或许，在新媒体不断崛起的时代，“退”一步，气象影视节目也能利用电视媒体，获得属于自己的“海阔天空”。

参考文献

[1] 中国人口老龄化发展趋势预测研究报告. 中国老龄协会发布. http://finance.sina.com.cn/g/20060224/16202371191.shtml.

[2] 王克诚. 地方电视台气象节目发展探讨. http://syue.com/Paper/Art/Movie/250793.html.

[3] 苏擎攀. 透过《夕阳红》看我国老年电视节目的发展趋势. 世界论文网.
[4] 梁英. 2008. 电视气象节目的传播定位与发展模式探析. 西南民族大学学报. (205).
[5] 刘德莉. 2008. 试论老年电视节目的问题及对策. 东南传播. (1).
[6] 文路轩. 网络视频冲击下传统电视的生存之路. http://www.doc88.com

关于农产品期货电视气象服务的探索

张　岭　宋燕京

（华风气象传媒集团，北京 100081）

摘　要

中国的期货市场经过20年的发展，已经步入了一个稳定发展阶段，并在国民经济领域中发挥着“平衡杆”和“弹簧”的作用。在期货市场中，农产品期货产品无论是在数量上还是在交易额上都占了举足轻重的作用，而天气因素又是影响期货市场波动的主要因素。本文从农业期货的特点、期货市场的需求分析入手，结合现有的农业气象产品资源，对期货电视气象服务的方式进行了探索。

关键词：农产品　期货　电视　气象服务

截至2010年底，中国的期货公司已经发展到163家，期民数量574,426人。2011年的统计资料显示，国内三大商品期货交易所全年期货市场成交量10.54亿手，成交额137.51万亿元，股指期货稳步发展，成交量与成交额分别有9.89％和6.56％的增长幅度。

2012年年初，中央一号文件第九次提出提振农业，农产品战略投资机会来临，同样在年初召开的证券期货监管会议上，新任主席郭树清提出要“稳妥推出国债、白银等期货品种以及期权等金融工具”，期货市场发展前景良好。

国内期货市场共有27个期货品种，其中农产品期货品种为13个。2011年，农产品期货交易量达5.73亿手，占全部市场份额的54.33％，成为全球第二大农产品期货市场。2011年全年成交超过1亿手的4个品种中，有3个是农业品种（棉花、白糖、天然橡胶）。无论是品种数量还是交易量，农产品期货都占到了国内期货市场的半壁江山。

本文主要针对农产品期货市场与天气的关系进行分析，并结合已有的气象资源情况、现有的期货气象服务情况，对农产品期货的电视气象服务方法进行探索。

1　农产品期货与气象关联度分析

1.1　天气要素是影响农产品期货价格变动的必要因素

在进行农产品期货交易时，期市从业者主要考虑三方面的因素：政策面因素、产量预测、技术要素。据研究，影响农业生产的52种因素中，有45种因素能被生产者控制，但有7种因素无法控制，包括温度、光照、风暴、洪水、降雨、二氧化碳、海拔高度等。这其中5种因素都与天气有关，两项因素与气候有关，这些要素会对农产品的产量造成影响，从而引起期货市场的变动。

1.2　极端天气对期货市场的影响变大变强

期货公司在分析2012年度影响国际农产品价格波动的四个重点因素时指出，“全球气候异常现象将会在2012年度集中爆发，这势必影响农产品的产量，从而进一步加剧全球农产品供给波动”。极端天气事件在直接影响农作物产量的同时，还会间接影响到供求关系。

极端天气的发生对期货市场的影响还不止于此。当前，很多期市投资者已经把极端天气事件作为黑天鹅事件来操控。伴随着全球气候变暖导致极端天气现象发生的频率显著增大、破坏力显著增强，“炒天气”不仅成为每年期货市场的必“炒”项目，“黑天鹅投资法”还将频繁出现。

2012年3月，联合国政府间气候变化专门委员会指出，过去50年来，由气候变化所导致极端天气事件在全球范围内发生的频率呈上升趋势，它们与其他因素相结合还可进一步造成自然灾害的频频发生。由此可见，天气对农产品期货的影响不仅是日常的、长期的，随着极端天气爆发频率的增加，其影响力度还将继续增加。

2 农产品期货气象服务环境分析

对期货投资者、期货公司的调研显示，对农产品期货来说，相关作物主产区的中期天气趋势预报、相关作物生长情况、灾害天气对作物的影响、未来天气对作物生长的影响分析都是最希望获取的气象服务内容。那目前的期市气象服务如何呢？

2.1 电视期市气象服务现状

目前我国电视栏目中涉及期市的有两种方式，一种是以独立存在的以期市为主题的栏目(8个，详见表1)，一种是嵌套在财经节目中的期市板块，这两种栏目主要播出平台都是省级及其以上电视媒体。形式以访谈、资讯播报为主，内容包括评析大盘交易情况及对未来投资的建议。

表1 现有期货节目及基本信息

节目名称	播出平台	播出时间	时长	节目简介
今日期市	东方卫视、宁夏卫视	周一至周五 17:30	10分钟	证券谈话节目，针对市场的参与主体选用券商、机构和散户的观点供投资者参考。
今日期货	浙江经济生活频道	周一至周五 17:30	10分钟	电视访谈形式，深入浅出的带领观众把握一天的期市行情，小到具体品种，大到市场走势。
期货时间	CCTV－证券资讯频道	周一至周五 18:00－19:00，23:45－0:45	60分钟	期货类电视直播节目。栏目有“分析师连线”，“实盘帐户展示”、“长线账户展示”、“持仓分析”、“程序化交易”等环节，同时推出“股指期货”等市场热点话题。
多空策略	CCTV－证券资讯频道	周一至周五 10:00，13:35 22:20	20分钟	及时的市场观点、股市期市的全面解读、专家专业点评。
期市上午茶	CCTV－证券资讯频道	周一至周五	15分钟	商品期货上午交易的茶歇时间，为投资者第一时间解析市场动态，捕捉交易机会 。
期货进行时	CCTV－证券资讯频道	周一至周五	15分钟	实时专注期货市场，并进行交易分析的电视节目。融合独特交易思路，专注交易实践，关注热点品种，评述股指期货、国内外商品期货。
期货通	CCTV－证券资讯频道	周一至周五 12:30	15分钟	期货类电视直播节目，为广大投资者提供炒股、证券、期货、外汇、大盘等金融服务。

续表

节目名称	播出平台	播出时间	时长	节目简介
天生我财	湖北卫视	周一至周五 7:50,11:40, 23:20	40—60分钟	证券直播节目,早间版节目以最新财经资讯和盘前叮咛为主打;午间版节目及时分析早盘异动,对午盘操作进行明确提示;下午版节目总结一天盘面特点、主力动向,对后市和第二天趋势和操作给出方向性意见。

从上表可以看出,电视期市栏目中缺乏针对农产品期货的天气影响因素的专业分析。期货节目中凡与气象相关的内容主要出现在新闻资讯或隐含在专家点评中,重点不突出,匮乏对影响程度的深度分析描述与影响判断。

2.2 网络与报纸期市气象服务情况

目前,各网站和专业报纸均有天气影响期货的新闻和天气预测信息,主要表现为三种方式。

第一种是作为一个段落在期市评价文章之中出现。如,“中国行业研究网”的《本周豆类期货全面爆发市场调查观点》中指出“对于豆类市场的后市,中国行业研究网的行业研究专家称,需结合天气情况进行分析。在打斗的关键生长期,天气炒作有望持续推升豆类市场涨势。不过,天气炒作期间行情震荡将剧烈,建议投资者关注每日天气变化及预测情况……”。这种方式给投资者提供了要关注天气变化的提示,但没有天气变化及其影响的进一步分析。

第二种是气象服务板块形式出现。如和讯网期货频道中的“气象农情”,会不定期对天气情况进行总结,并预测未来十天的天气情况,同时介绍农业应对策略。这类信息内容大多来自气象网站,并非专门针对农产品期货设计,内容不丰富,对天气影响只是提出了农业建议,缺乏对产量的影响分析。

第三种是以栏目方式出现。这种方式比较少见,在中粮期货的网站下曾专设了“产区天气”子栏目,但由于天气信息缺乏,2010年5月后再未能更新。而其他相关的网站则多来自气象网站的摘抄。

总体来看,无论是电视、报纸还是网络,现有的期货气象服务都存在专业性不强、针对性差、缺乏持续性关注的情况,无法满足期货从业者的特定需求。

3 农产品期货气象服务资源分析

要进行农产品期货气象服务,须具备4个基础条件:能获取各类气象数据、农业气象数据、农业现场生产情况、专业权威的专家资源。经过多年的累计,中国气象局已经具备了相关能力。

3.1 天气资源

目前,中国气象局的气象服务体系包括天气预报、气候预测、人工影响天气、干旱监测与预报、雷电防御、农业气象与生态、气候资源开发利用等多门类,具有提供及时、丰富的国内外天气信息产品的专业能力。

同时,中国气象局还与国土资源、农业、环保、林业、水利等部门联合发布各种灾害的预警预报,以及气候变化、生态与农业气象、大气成分、人工影响天气、雷电等多个领域的信息,气象服务领域已涉及农业、渔业、商业、交通、运输、林业、水利、国土资源、环保、航空、保险等多个行业和部门。另外，中国气象局还开发并建立了各层次、各学科的气象发布网络和资源库，因此能满足第一时间获取包括世界天气实况与变化趋势、中国天气实况、7天预测信息以及针对气候服务、农业气象服务等各类权威的气象信息产品，具备对产品进行专业的分析加工的条件。

3.2 农业资源

经过多年的节目运行和资料搜集，中国气象局已积累并建立了一个气象农业资料库，包含各种农作物的气象服务指标、农产品期货基础知识、农产品期货主产区，农产品期货生长的季节性变化情况、气象灾害对农产品期货的影响等研究资料。

而在国家气象中心下属的农业气象中心，还承担着专门研究气象对国内外的农业生产的影响，每年针对农业气象情报、土壤水分检测、农用天气预报、农业干旱预测、农林病虫害气象等级预报等发布12项相关产品，平均200多期次。同时专业的气象人才，还可以通过研习国外网站实时获取全球各地的降水、温度、距平、土壤湿度、作物生长状况等相关数据进行分析研究。

3.3 农业生产现场素材

中国气象局下属的华风集团在全国设立了36个记者站，每天传送各类电视气象视音频素材，可以根据需要定制上传相关的农业生产素材。

3.4 全面、丰富的专家资源库

中国气象局的专家资源丰富，涵盖气象、气候、卫星气象、大气探测、农业气象等多个领域，在灾害风险评价、农业区划、气候变化对农业的影响研究、气候风险评估与减灾、作物产量预测等都有很高的建树，对农业气象的病虫害研究、产量预报、农业气象灾害预警等领域均有深入研究。

4 农产品期货电视气象服务的探索

综上所述，从需求上看，期货公司、期货投资者、期货从业者、农产品供应商等期货产业链的相关人员对期货气象服务的需求是专业的细致的，而现有的电视期市节目和网络、报纸等媒体提供的服务不能满足此类需要，尤其是电视期市节目的服务气象含“金”量更少。

因此，开发一档为农产品期货产品提供专业天气影响分析的电视气象栏目，并以此为中心辐射到网络、报纸等媒体领域，既有实用价值，又能取得经济效益。

4.1 栏目设计

4.1.1 栏目定位

目标受众：随着全球变暖，灾害天气发生频率增加，气象对农业生产的影响已经成为影响农业期货市场的重要因素，也是相关从业者不可或缺的投资决策要素。根据对从业者和期货公司的调查显示，期货公司、期货投资者、期货从业者、农产品供应商等期货产业链所有相关人员都是期市气象服务栏目的受众。

栏目定位：一档为农业期货产品提供专业天气影响分析的电视气象节目。

4.1.2 栏目设计

栏目名称：为直接体现气象服务于期货，栏目名称为《期市气象站》，每期5分钟，周日至周四晚间播出。

内容与结构设计：为了及时服务期市的发展变化，在内容设计上采取紧跟期市市场变化的方法，既可以每期围绕一个主题展开，对前期天气状况及期市情况进行总结，对未来的天气对农作物的影响进行阐述，指出对某种农产品期货影响(见表2)。也可以集合最新的农业气象产品和重大自然灾害的发生，通过特别提示版块对所有的农产品期货进行统一分析(见表3)。

表2 《期市气象站》节目内容设计

板块	重点	具体内容	形式	涉及图形等要素	时长
1	昨日关注：对农业主产区灾害天气回顾	对大部分产区都造成影响的灾害性天气 对某类农产品已经造成严重影响的灾害性天气 灾害现场情况	主持人	字幕图版 雨量图 土壤墒情图 高温日数累计 相关灾害视频或图片	30″
2	行情提示：每日农业期货情况总结	大盘涨跌 变化最大的个股提示	期货专家连线	大盘变化趋势图 个股变化图	30″
3	分析与展望：农业主产区灾害天气影响评价以及未来一周主要灾害性天气及对农业期货产品生产的影响分析	对大部分产区都造成影响的灾害性天气，或对某类农产品已经造成严重影响的灾害性天气 受影响农业现场情况 未来一周各农产区的天气变化趋势，包括降水、温度、湿度、墒情预测等内容 已发生的灾害天气事件后期的农业影响预测 专家分析与预测	主持人 农气专家连线	累计雨量图 土壤墒情图 高温日数累计预报 相关灾害视频或图片 农作物生长期示意图 降水图 温度变化图 专家连线	2′30″ 服务板块根据实际情况选择具体内容
4	产区预报：各农产区天气预报	世界各主产区重要城市天气预报 预报时效1天	地图 预报	产区地区游走城市 气温、降水预报	1′20″

表3 特别提示内容设计

特别服务提示	墒情快报：每候发布土壤水分监测公报情况，并分析其影响 旱涝先知：每月2、12、22日发布农业干旱监测、预测数据，并进行影响分析 病虫害警示牌：对已经或可能发生的病虫害进行评价分析	主持人	土壤墒情图 旱情图 病虫害示意图

4.2 栏目的投资方向与风险评述

目前在CCTV证券资讯频道、宁夏卫视、浙江卫视等播出的期货类节目中，与气象相关的农业期货分析属空白地段，而对投资者而言，气象信息又是必要信息，因此，《期市气象站》无论在哪个平台上线，都是人无我有的独家资源，投资价值高。

作为一个全新开发的产品，根据新产品成长规律，处于起步阶段的《期市气象站》的市场将呈现迅速上升的趋势，发展空间大。

同时，由于已运行的期货类节目已经有了稳定的受众面，受众群体固定。因此，在已有期货经济类节目的平台上增加节目，风险几乎为零。而且，由于加强了服务的针对性，还会对其他同类期市节目带来冲击，促进所在频道的发展。

纪录片的艺术性与真实性

孙　啸　朱　裔　薛经萍　胡荣辰

（江苏省气象服务中心，南京 210008）

摘　要

在纪录片的研究和创作中，“真实”很多情况下被等同于“客观”，被用来作为纪录片创作的准绳，当然，也束缚了许多创作者的手脚。其实，在纪录片创作中，所谓的客观只是对生活的复制，但即使那样也是通过镜头选择的。本文试将纪录片的“真实性”置于哲学、心理学范畴进行多维审视，最终得出开放的真实观。同时作为气象影视工作者，根据此种观点，对于纪录片这一特性在气象专题片中的应用以及创作方式的多样化提出了建议。

关键词：纪录片的本质　气象专题片　艺术属性　多维真实　艺术化创作

1　纪录片的基本属性

自从约翰·格里尔逊把罗伯特·弗拉哈迪拍摄真实生活的影片定义为“纪录片”以来，关于纪录片真实性的争论就没有停止过。近年来国内纪录片界出现了一种新的表现手法——“真实再现”。它通过新闻纪实和艺术表现的手法再现历史真实场景。有反对者提出，纪录片不能运用“真实再现”，更不能有创作者的任何主观干预。其实，任何艺术性的表现手法只要没有破坏纪录片的非虚构性，都是可以运用的。因其表现手法另类就质疑其真实性的做法，是对纪录片理解险隘所致。

在影像作品中，故事片被视为艺术，那纪录片是否也属于艺术范畴？美学家 H.C. 布洛克在《艺术哲学》中说过：“什么是艺术品？回答这一问题最有效和最有力的途径是首先追问所有艺术品的共同性质是什么”。在艺术品的共同性质这一问题上，科林伍德认为，艺术是“情感的表现”；苏珊·朗格修正了科林伍德的理论认为“艺术是情感的符号”；而克莱夫·贝尔则认为艺术是“有意味的形式”，“意味”是特殊的、不可名状的审美感情……。尽管学者们的答案存在分歧，但有一点是相通的，那就是艺术与情感的不可分割。许多纪录片拍摄者都强调心灵滋润、情感触动的重要性。纪录片《八廓南街 16 号》的作者段锦川认为，“重要的呢，是你对事物的看法，对问题的看法，对人物的看法，只是我们用的是一种非虚构的手段来表达自己的看法。”

2　纪录片的多维真实观

2.1　哲学真实\心理真实

曾有一位学者质疑荷兰纪录片大师伊文思的《上海第三药店》，当女售货员抱起孩子与丈夫走出家门后，门在全景中“咚”地一声关上了。这位专家说：“别人一家都走了，摄影机还留在人家家里，这不符合生活真实”。从影片制作者的观点看，言之有理。然而，以普通观众视点可以提出一个问题：“难道家里的人走光了，门还开着吗”，观众不会在摄影机后面钻牛角尖，不会以创作者的思维来考虑拍摄过程中视点的选取、机位的设置等问题，他们只是接受后评判真实或者虚假。可是，以上争论的核心在哪里呢？

前者立论的支点是哲学范畴：如果说伊文思的拍摄不真实，只能说是不符合生活真实，违背了生活自身的逻辑；后者立论的支点是心理学范畴：从观众心理经验看，这个镜头是真实的，它符合普通观众的生活经验，人走就要关门。从哲学真实看，纪录片要客观、中立，抛弃任何偏见与立场——即真实性，它的参照系是非人力之外的自然世界。从心理层面看，真实是一种被生活经验认同的心理感受——即真实感，只要符合观众的生活经验，那么这就是真实的。人走了要关门，这是一种普遍的生活经验，所以伊文思的处理并没有违背生活真实。

2.2 从真实\真理到开放的真实观念

生活真实和艺术真实的区分是纪录片拍摄的策略问题，支撑策略靠的是纪录片的真实观。而真实并不是纪录片的唯一目的，有些纪录片制作者要达到的最后一站是真理。

发生在20世纪60年代的“真理电影”和“直接电影”的分歧显然并非策略问题，而是对于纪录片真实观念的差异：真理电影认为真实并不浮在生活的表层，而是隐藏在生活的内部，因此制作者要通过摄影机发现潜隐在生活背后的真实；直接电影则恰恰相反，认为真实就在生活自身，摄影机应该像“墙壁上的苍蝇”冷静地观察。

从20世纪80年代开始，世界上出现一种新纪录片，具有代表性的是美国的《罗杰和我》与《蓝色警戒线》，其特点是作者介入程度比较深，真实被制作出来而不是被发现。传统纪录片为了维护真实性总是避免穿帮，避开镜子，不让被摄者看镜头，营造一种摄影机不在场的假相。而这种新纪录片则是把拍摄过程展示在观众面前，把判断真实的权利交还观众，作者并不指手画脚。如果作一个历史追踪，这一方式的开创者无疑是苏联电影大师维尔托夫，1929年完成的《带摄影机的人》正是最早的这种类型的电影。这部影片把从拍摄、剪辑到放映的影片全部制作过程都呈现出来，解构了纪录电影的封闭观念。

3 气象专题片的艺术化创作

因为对真实观念的平面化理解，导致纪录片的发展走入了误区。学术界的争论终究是纸上谈兵，只有以正确的理论、理解引导创作，解决了创作上的困境才有意义。尤其是对于我们气象影视工作者而言，气象纪录片的创作更是需要遵循纪录片的真实与艺术范畴，而从这两点出发，创作者的创作意识则很大程度上掌握了气象专题片的最终偏向。其实，气象专题片的创作者们现在也开始尝试在不逾越纪录片真实底线前提下，最大限度地进行主观参与，创作出一种艺术的真实。而这样所创作出的气象专题片，才能真正脱离行业的范畴，取得艺术与真实的共同成功。

3.1 纪实多样化

纪实是确保纪录片真实的重要手段。纪实的方式已不止一种，创作者可以根据自己的理解和作品内容的需要，追求“个性化”的纪实。纪录片的真实是特定的真实，这也是纪录片能够实现“纪实”风格化的理论基础和现实可能性。

3.1.1 写意纪实

这是纪录片创作努力追求的一种纪实风格。刘郎的《西藏的诱惑》首开先河，2002 年度纪录片学术奖获奖作品《海路十八里》延续并发展了这种风格。《海路十八里》是一部充满诗意和哲理的作品。纪录者没有用一句解说词，也没有用一句采访同期声，完全通过富有表现力的画面，表现对采访对象的理解和感动，超越了生活本身，具有美学和哲理的高度。俯拍大远景画面，表现群体人物的空间感，彰显海的辽阔、深远，传达出生命在大自然面前的从容冷静。低角度仰拍的特写镜头，夸大人物面部、手部的神情动作，把赶海人劳作的简单、重复、紧张、艰难，同时又充实、欣慰的精神特质表现得淋漓尽致。

同样，把这种手法应用到气象专题片中，必然也会显得画面细腻而宏大，对于更好地表现气象场景具有不可忽视的理想效果，对于表达天气所带来的变化则能起到事半功倍的效果，这正是气象专题片一直以来所极力追求的。

3.1.2 搬演纪实

适度的人为搬演，也就是“真实再现”，是“纪实”风格的又一“个性化”体现。“真实再现”是把虚构策略用于纪录片创作的一种方式，运用“真实再现”的手法可以表现现实生活中已经消隐的部分，创造更为深广的理解空间。这种搬演手法对于气象专题片来说可谓是一大救星，天气千变万化，时不我待，但是已经发生了的变化，通过“真实再现”则可以更直观地让观众所了解，这对于气象专题片来说，意义非凡。

不过生活真实是气象专题片乃至所有纪录片真实的本源，是气象专题片得以产生和存在的基础。而作为影像艺术的气象专题片又是建立在对生活进行参与建构的基础之上，因此在气象专题片的创作过程绝不能虚假地创造生活。所以为了使再现的部分避免给观众造成误导，同时也是为了维护纪录片的真实底线，片中必须有恰当的交代，让观众知道这是在搬演，使观众理解使用这种手段的目的。

3.1.3 数字纪实

用数字动画技术，把一些没有影像资料、无法实景拍摄的天气事件的场景、过程、氛围，“真实”地再现出来。在 12 集文献纪录片《大国崛起》中，数字动画技术被更广泛地运用，让更多遥远的历史事件“重见天日”，达到了出神入化的效果。

真人扮演、实景再现，对于复杂的天气情形和宏大灾害场面，操作起来难度比较大。而数字动画的制作则更贴切地符合了气象专题对于这一场面的特殊要求，在气象专题片的创作过程中可以起到画龙点睛的神奇作用。

3.2 叙事多样化

其实纪录片都是在用镜头讲述故事。叙述的风格化、个性化，也是我们气象专题片创作整体风格体现的途径和手段。

3.2.1 故事化叙述

用镜头记录连贯的有情节的生活内容，讲述一个完整的故事。20 世纪 90 年代末，有一部反映中国留日学生的系列纪录片《在日本东京的日子——我们的留学生活》，是纪录片故事化的开拓者。从这时候开始，人们认识到，纪录片也可以像“故事片”一样好看。如今，在气象专题片的制作过程中，已经有不少创作者在有意无意地使用这一手段，在片中设置情节点以增强趣味性和观赏性，力图将枯燥的天气事件与其所引发的有意义的事件联合在一起，丰富气象专题片的观赏效果。

3.2.2 片断化叙述

这也是一种常见的讲述方式,不一定是连贯的、有情节性和内在关联的生活的记录。一般情况下我们没有很好的条件,能够连续跟拍几年的天气现象,而只是集中拍摄几个不同时节或者不同地点的片段,串联起来,表达一种思考或意义。这对于表达气候的变化可以称得上是行之有效的办法之一,通过直观的几个镜头,就能表述出时代地点变迁所带来的气候变化,以小博大可谓高远。

4 结语

从最初的起点到今天,纪录片跋涉了一百多年的历程,关于真实的争论从来没有停止过,也不会在今天或未来的某一个时间消逝,形形色色的流派与观点正是争论的结果。而从气象影视工作者的视点看,关于真实则是气象专题片存在的基点。同时,艺术性成为了撬动地球的那根杠杆,推动了气象专题片的发展与创作。对于我们来说,气象专题片需要一种开放的、自由的创作空间,也只有从更加开放的角度认识真实,才能使创作者的思想不再被禁锢,才能使气象专题片创作呈现出异彩纷呈的繁荣景象。

参考文献

[1] 张雅欣.2005.纪录片不需强行定义[J].中国电视.(6).

[2] 乔治·杜萨尔:世界电影史 [M] 徐昭 胡承伟译.1982.北京:中国电影出版社.

[3] 陶淘.纪录与探索——访纪录守望者段锦川[OL].(2004- 1-12).

[4] 吕新雨.2001.什么是记录精神 [J] .视界.第3辑.

[5] 钟大年.电视纪录片创作论纲[M].北京:北京广播学院出版社.

[6] 陈刚.2002.人类学纪录片与其本体——“人类学”和“纪录片” [J].现代传播.(3).

[7] 彭吉象.2004.艺术学概论[M].北京:北京大学出版社.

[8] 杨金月,胡智锋.2005.纪录片历史影像的制作基础及实践理论[M].北京:中国广播电视出版社.

[9] 迈克尔·拉毕格.纪录片创作完全手册 [M] 何苏六等译.2005.北京:中国传媒大学出版社.

居安思“威”话气象科普

高海虹　徐　扬

（黑龙江省气象服务中心，哈尔滨 150001）

摘　要

由于全社会对于公共气象服务的需要和关注，给气象部门工作带来的压力和挑战空前加大，加上各种突发事件、自然灾害频频发生，很多公众对于气象部门的预报、法规、科学知识并不十分了解，由此而产生了很多误解。本文以气象科普片制作中的创作体会为主线，分析了目前气象部门面临的各种压力和挑战，探讨了气象科普片如何将危机公关做在前面，如何进一步拓展节目制作理念，从而制作出可以普及公众，提高气象部门公信力和权威性，制作出高质量的气象科普节目。

关键词：气象科普　权威　公信力　危机公关

随着经济社会发展，各行各业及百姓生活对气象信息服务的依赖程度越来越高，党和国家对于气象工作的重视也达到了前所未有的高度。如何让公众利用好气象信息，安排好生产生活，是气象部门的一项重要任务。气象部门一直把提高预报准确率和精细化水平，作为提高气象服务的核心任务，把提高气象服务的覆盖面和公众的满意度，作为衡量气象服务的最高标准。但是，正是由于全社会对于公共气象服务的需要和关注，给气象部门工作带来的压力和挑战也是空前加大。各种突发事件、自然灾害频频发生，很多公众对于气象部门的预报、法规、科学知识并不十分了解，由此而产生了很多误解。气象影视作为公共气象服务的窗口与平台，起着至关重要的宣传作用，特别是气象科普节目的制作更是至关重要。因此，作为气象科普工作者要居安思“威”，在创作宗旨上要有所侧重，即如何树立气象部门的权威和公信力，找准未来可能出现的“风险点”，化“危”为“威”，增强公众对于气象知识与气象工作的理解，让不同类型的公众都了解气象，提前将危机公关做在前面，这是一个值得所有气象影视人都应该思考的问题。

1　危机公关

1.1　什么是危机公关

危机公关是指应对危机的有关机制，它具有意外性、聚焦性、破坏性和紧迫性。根据爱德华·伯尼斯(Edward Bernays)定义，公共关系是一项管理功能，制定政策及程序来获得公众的谅解和接纳。危机公关具体是指机构或企业为避免或者减轻危机所带来的严重损害和威胁，从而有组织、有计划地学习、制定和实施一系列管理措施和应对策略，包括危机的规避、控制、解决以及危机解决后的复兴等不断学习和适应的动态过程。如果回溯中国危机公关的历史，几乎所有的公关专家都指认 2003 年中国经历的 SARS 之战，是中国政府重视对国内受众使用公关技巧的开端。而 SARS 期间，国务院总理温家宝到北京大学与学生共进午餐，也被视为政府公关史上“跳跃性的一步”。此后,国务院和北京市都实施了一系列措施,挽回了公信力。可以说这是一次典型的危机公关。气象部门开展危机公关,也有较多成功案例,例如2007年,重庆开县一所小学因为一场雷击,当场造成7名小学生死亡,30多名小学生受伤。气象部门抓住这个机会,和教育部、国务院应急办向全国42万所中小学分发防雷减灾教育光盘,和发展改革委及地方政府合作,对中小学的防雷设施进行排查,帮助建设一些防雷设施。因此,从2008年到现在,再没有一起雷击造成中小学生伤亡。面对突发事件和雷击自然灾害,这不仅仅是政府危机公关的一次成功,而且是气象部门的一次成功公关。

1.2 危机公关的重要性

“一只南美洲亚马逊河流域热带雨林中的蝴蝶,偶尔扇动几下翅膀,可能在两周后在美国德克萨斯引起一场龙卷风。”这是气象学家洛伦兹1963年提出来的著名的蝴蝶效应。蝴蝶效应说明,一件看似微不足道的事情经过一系列演化很有可能触发一个极大的变化。在当前气象部门受到公众极大关注的情况下,来自一次天气事件、小小的疏忽、普通公众的抱怨如果处理不当也很有可能就是引发公共关系危机的“蝴蝶”。因此,必须要认识到“小事情”的重要性,将危机公关做在前面。

1.3 危机前的公关

在2008年北京奥运之时,在体育以外的另一个竞技场上,中国政府正在与国际媒体暗战。在这次奥运背后有着专业公关力量,这代表了一个国家的公关,而在这次奥运会中,中国政府已经找到了舆论制高点,争取了最大的利益共同体,将世界和中国融为一体。这是一次中国政府面对世界成功的公关。对于气象部门来说,而今科普工作的呼声已经越来越受到重视,并取得了一定成效。例如,在郑国光局长的长期努力和强烈呼吁之下,气象科普知识目前已经列入教育部中小学义务教学当中。气象部门的工作者们目前也越来越多地走到媒体面前,如气象部门的领导、气象预报人员、气象主播等群体在公众面前分享科研工作、业务拓展甚至人生喜乐,这也不失为一种危机的公关,获得了越来越多的社会关注和公众理解。

2 宣传窗口:做到居安思“威”

2.1 气象影视平台的危机公关优势

气象部门与其他普通行业相比所具备的优势之一,就是具有自己的媒体。除中国气象频道外,同时还为地方提供电视天气预报等气象影视节目,可以全天候提供权威、实用、细分的各类气象信息和其他相关生活服务信息,宣传防灾减灾,并服务大众,进行科普宣传。同时还可以在危机公关之时,在气象新闻中以权威声音正视听,起到新闻发布会的功效。

2.2 气象科普节目的重要性

气象科普专题片承担着普及气象知识和防灾减灾的重要任务,在气象灾害及其他突发事件发生之前,就可以对公众普及气象知识,在客观上起到“公关”作用。由于气象科普节目时间较为充裕,可以承载较多的宣传理念和内容。气象科普节目既可以将气象部门的工作进行全方位描述,也可以向全社会展现对防御和减轻气象灾害所采取的措施,将防灾减灾主题融入到气象科普节目中。因此,必须好好利用气象科普片这个重要宣传平台,充分树立气象部门的威信和公信力。

3　气象科普节目:如何树威不危

虽然气象部门对于危机公关有着一些优势,在一些紧急事件的处理中取得了成效,但仍然面临着许多挑战。危机公关属于非常态的信息传递行为,由于在危机中受众所表现出的不同寻常的心理特征,因此作为气象科普节目,除考虑节目基本的趣味性、故事性、制作技巧外,与过去制作科普节目所不同的是,需要更多地为气象部门树威信、向公众普及防灾减灾等理念和宗旨,要前瞻性地考虑到有可能出现危机公关时气象部门所面临的压力。依据这些原则和创作理念制作的节目可以在很大程度上减轻自然灾害及突发事件发生时受众出现的紧张和恐惧心理,从而使气象科普知识在处理危机的过程中发挥积极的作用。

3.1　向公众普及防灾减灾知识

危机公关之所以"危",其中一个重要原因是因为人们不了解而造成的不信任和不安全感。作为气象科普节目的工作者,应该了解公众对于气象科普的诉求点,更多地让公众了解防灾减灾常识,在节目制作过程中要通对气象事件、环保事件、自然灾难和地理灾难的新颖解读来吸引人们的关注。可以在节目中揭示自然灾害的机理为公众提供参考,唤醒人们的安全意识、传授人们遇到危险时所应采取的科学的应对方法为目的。中国气象频道的《风云纪录》、《变化的地球》等栏目,就是充分真实地展现气候变化、自然灾害的发生、发展、结果以及人性在灾难中的闪光,体现了悬念、情感、节奏、真实的要素。公众通过这些科普节目,了解到灾害的真实性以及如何避险,达到了防灾减灾的宣传目的。

3.2　让公众了解基本气象知识

在危机公关过程中,受众没有兴趣去听长篇大论和不明白的词语,他们需要的是通俗易懂的核心内容。这为气象科普节目设立了一个重要提示,在气象科普节目的制作过程中,有必要向公众传播基本的气象知识,可谓百作不厌。例如,人们经常会疑惑什么是局部地区、冷锋、降水量等专业术语,这样的科普内容有必要反复的、变换各种生动形式向百姓进行普及,通过节目制作技巧、解说词设计、丰富节目策划等多种方式进行解读。

3.3　让公众知道气象部门不是万能的

始终保持坦诚的态度,面对危机不逃避,敢于承担责任,就容易取得受众的信任和谅解。危机公关的首要目的也就在于此,保持坦诚是保证危机公关得以有效实施的基本条件。很多公众对气象部门预报不准确多有抱怨甚至进行调侃,对于公众来说,需要向他们坦诚地说明:气象部门不是万能的。随着科学技术的进步和气象现代化建设的推进,虽然预报员们对天气的把握预报能力也在逐步提高,但影响天气的因素很复杂,从理论上和从实际预报来说,对天气的预报还做不到百分之百的准确。因此,在我们的科普节目中,需要向公众宣传,气象部门没有百分之百的准确预报,但是气象工作者可以尽百分之百的努力。这一点在科普节目制作中,需要特别注意。

例如,在 2010 年 5 月 15 日下午,黑龙江省绥化市出现一次大风冰雹天气过程。所属北林区、海伦市及兰西县出现龙卷风天气，这种百年不遇的天气“扫荡”了绥化市所辖 5 个区、县、市 28 个乡镇的 32 个村。造成房屋损坏 6414 间，倒塌 2358 间，受灾总计 2881 户，受灾人口达 10043 人，7 人死亡，98 人受伤。因灾紧急转移人口 3716 人，农作物受灾面积超过 156 公顷，直接经济损失超过 1.4 亿元。灾害发生后，黑龙江气象服务中心拍摄小组到达了现场并进行了拍摄，将灾情完整的记录了下来。在《绥化龙卷风.2010》片中，除了记录灾情、说明灾害发生过程之外，还明确在片中提到，对于龙卷风目前的预测、预报还是一个世界性的难题，气象学家、物理学家都在对此进行深入研究。

3.4 向公众普及气象部门法规及条例

20 世纪，我国气象灾害相对严重，因气象灾害平均每年造成人员死亡近 4700 人。1999 年气象法实施后，气象灾害所造成的人员死亡数呈下降趋势。但是，每年仍会造成 3000 亿左右的损失，死亡人数平均也有 2000 人左右。气象法规和条例的宣传和普及可谓十分重要，但是，气象科普片对于法规和条例节目类型的制作，可能是所有气象影视工作者所头疼的事。由于节目涉及的内容有可能枯燥，传播效果会较差，因此这类题材会涉猎较少，但是这不并代表着公众不感兴趣。

例如，在 2012 年 8 月 1 日，首个规范气候资源利用的《黑龙江省气候资源探测和保护条例》正式开始实施后，条例的原意是对气候资源的探测进行统一管理，减少重复建设。探测统一管理能有效解决项目审批过快、盲目开发、产能过剩等问题，解决目前对气候资源探测标准不一、认证混乱，从而进行有序管理。因其规定包括“气候资源为国家所有”而引发热议，甚至有人误解读为空气会变成国有资产，老百姓以后不得自由呼吸空气。可见，公众对于气象各项法规及条例都有着诸多不了解，因而造成了一些误解。

因此，这类普及气象部门法规及条例的气象科普节目必须引起重视。由于气象法规和条例会涉及具体人群、具体公众的切身利益，在节目中为避免枯燥也可以采取加入人物故事、生活访谈及观点争鸣等元素，力求达到危机前公关的宣传效果。

总之，随着全球气候变暖，极端天气气候事件增多增强，气象灾害防御面临许多新的复杂局面。气象影视工作者在科普宣传、危机公关中承担着任重道远的责任，气象科普节目要居安思“危”，时刻注意树立气象部门的权威和公信力，化“危”为“威”。我们必须不断探索和实践，宣传气象灾害防御及科普知识，让公众了解和理解气象部门的工作及面临的挑战，提前将危机公关做在前面。随着人们对气象部门的了解、对防灾减灾意识的增强，在面对自然灾害的时候，才能使提高应急能力、实施应对办法成为可能。

论音乐音响在气象科学纪录片中的作用

赖 纲 刘 华

（四川省气象服务中心，成都 610071）

摘 要

声音在电影中的表达具有举足轻重的作用，其后诞生的电视，同样也离不开声音的支撑。气象科学纪录片或气象类科学纪录片作为电视专题片的一种，音乐在其中也发挥着极其重要的作用。影视作品中的声音可分为三类：人声、音乐、音响。“它们虽然形态各异、各司其职，但同时也相互联系，只有三者相互融合、相辅相成，才能构筑起真正完整的声音空间”。本文将通过论述音乐、音响在气象类科学纪录片和其他影视作品中的作用，来分析其运用技巧，为电视制作者建立画面思维之外的声音思维，将制作工作做得更好。

关键词：音响　音乐　同期声　气象类科学纪录片

电影诞生之初，是没有声音的，观众在电影院里观赏影片的时候，如果没有现场乐队的演奏或者唱片机播放的音乐来配合，观众是很难感受到画面内人物的情绪。同样，如果今天的电视专题片中没有音乐，人们也将无法更深入地去理解、体会其中的奥妙和趣味，也难以领会到电视专题片制作者想要传达的思想。而气象类科学纪录片作为专题片中的一种，音乐在传达气象类科学纪录片制作者情感方面所起的作用是显而易见的，一般来讲，音乐在气象类科学纪录片中能起到以下作用：渲染气氛；描绘景物；突出主体；影响观众心理层面；过渡转场作用；形成画面节奏；表现民族特征与地方特色；深化表现主题等。

在我们的日常生活中，音响无处不在，充满着我们生活的这个世界。而电视纪录片是需要具备“真实记录”这一特征，这就要求我们除了要真实记录画面信息之外，还要真实记录声音信息。气象类科学纪录片作为电视纪录片中的一种，想要体现其真实记录的特点，音响是不可少的。同样，音响也具备不少作用：交代时间、地点；增强环境真实性；形成并强化画面节奏；构成画外空间；深化表现主题等。

音乐重在表情，是二度创作的艺术，也是最抽象的艺术，它以音响作为物质外壳，“时常以其特有的魅力打动无数人的心灵。尽管音乐没有文字、绘画那样清晰的情节或形象，但音乐中音符和旋律的神奇组合，却能营造出别致的美感”。

综上所述，音乐和音响在气象科学纪录片中共同发挥着下列作用。

1　标明时间的作用

音乐音响的时间作用很多体现在专题片中画面将要进行转场的那一时刻，如打更声一出来，画面往往会比较自然地过渡到夜空中悬挂的一轮明月，表明夜已深了；如爆竹声响起，画面会切换至热闹的场面，表明喜庆节日的来临。当然，音乐音响还能够表达比较明确的时间点，如钟声响起、军号响起、央视《新闻联播》的片头曲响起等等。在我中心制作的气象电视纪录片《干旱日记》里，杜碧英一家早起去玉米地收玉米一段，公鸡报晓声一出来，告诉观众清晨时刻的到来，展示了山里人家清新自然的一种生活状态。

还有一些音乐音响具有季节性特征，置于专题片中，赋予象征性意义。如雷声，表明勃勃生机的春天的来临；知了声，表明炎炎夏日的到来。

2　展示空间的作用

声音可以表现空间。科学说明：人耳的分辨力比眼睛灵敏，闻声及物，听声见景，耳朵可以判断声音的方向、位置、距离，产生实际的空间幻觉。影视创作中通过对声音的层次、质感、音量、混响等的控制也可以形成声音的“景深”。如果观众感受到四处封闭的电视画面具有无限的想象空间，注意到画面内主体与画面外的某一事物存在着某一种联系的话，那么，声音在构成画外空间方面起了很大的作用。很多时候我们看不明白画面内主体事物在表达些什么，也找不到声源的具体位置，但通过画外音乐音响的出现，顿时会令人恍然大悟，明白其中一切。

在一些写实性专题片中，画外出现的音乐音响起着强化现实的作用。如我中心制作的电视纪录片《干旱日记》中，杜碧英一家早上起床时，收音机里播送干旱的新闻，这个画外音的运用，不仅突出了画面内容的真实感，也更好地扩展了画面的空间感。

音乐音响也能展示画面空间的方位关系。通过音乐音响的运用，观众可以及时发现声源是在画内还是在画外，并能明确地判断画面内关键事物的具体位置，去理清其中的逻辑顺序等。如荒山里一组严重缺水的探险队听到了远处传来的溪流声；草原上一头饥饿的豺狼竖耳闻到了画外传来的牛羊鸣叫声等等。

3　过渡转场功能

和故事片一样，专题片也有自己的结构。专题片中结构的体现往往是通过画面的转场来体现。为了避免画面转场过于生硬、突兀，音乐音响的配合起着至关重要的作用。在影视作品中有助于画面自然过渡的常见方法有两种：拖声法和捅声法。

3.1　拖声法

上个镜头画面切出后音乐音响拖至下个镜头画面上。在电视专题片中，这种方式常给人以余音缭绕，回味无穷的感觉。比如上一段画面里寺庙钟声的延续，接下一段画面延绵不断的高山大川，就给人一种无限的遐想空间，空旷而辽远。

3.2　捅声法

下一个镜头画面在切入之前，其音乐音响已先于画面出现在上一个镜头的画面中。这种方式常给人以先声夺人之势。比如炎热干燥的荒漠寂静如死，让人感到十分压抑，突然一阵雷声传来（画面依旧停留在当前），人们马上会联想到大雨将至，生命延续的希望也将由此来临，人们原本压抑的情绪也将会渐渐消去，随后切换至雷鸣电闪，大雨倾盆的画面。这一类声音的运用，在专题片中并不少见，如我中心制作的专题片《湿地风语》中，在从哈格巴放牧的场景转场到班马额热的弟弟在牧家乐迎接游客的场景时，就用了一声游客敲鼓的鼓声，鼓声先出，然后画面再切入牧家乐，这种用声音的转场就显得非常自然。

以上两种方式适用于画面之间的自然过渡，画面与画面之间往往存在着一种细微的内在联系。而音乐音响彻彻底底的开始与终止，对于段落之间的转场起到一定的作用。在我中心制作的宣传专题片《重建美好家园》中，20 分钟的片长里音乐共开始和终止了 7 次，分别在 512 地震给四川气象行业带来的损失，四川气象行业的灾后重建，领导及兄弟单位的关怀等段落铺陈，并没有给观众造成欣赏上不自然的感觉。

还有一种是内容上下关联的多段画面，如果选配贴切，同一种音乐音响可以一直延续下去，也不影响观众欣赏期间的中断，依然起着良好的过渡转场作用。

4 增加叙事因素

声音的出现重新构建了电影的叙事规则，它不仅为影片叙事提供画面之外的一个新选择，而且还给影片增加了其他方法难以实现的多层次含义。音响可以很突出或是很细微。音响能够有意地把注意力吸引到自身，也可以让人不知不觉。音响可以暴露，可以伪装，可以暗示，可以设置，也可以揭露。音响还可以标志特定事件或特定人物。比如电影《hello，树先生》里，就用了一个广播播送新闻的画外音，在影片中一共出现了 3 次，这提供了另外一条叙事线索：拆迁的政策，以及进展到什么程度了，拆迁安置小区“太阳新城”的建设进展到什么程度了。这种方式既巧妙又合理。

5 渲染气氛、深化主题

渲染气氛就是“运用声画统一的原则，为画面配上气氛、情绪与其相同的音乐，以强调画面所展现的气氛，增加画面的感染力度”。电视专题片往往能通过音乐音响来渲染现场的气氛，进而深化表现主题。尤其是开篇和结尾需要抒情的段落，根据影片的内容加入一些情绪相匹配的音乐，往往能得到意想不到的效果。

6 描绘景物、抒发情感

音乐音响的描绘性功能在影视作品中经常被体现且广为人们所接受，这在专题片中也不例外。我们在欣赏一种事物时，常常需要听觉上同时得到补充，这样才能够更加充分地认识到事物的特性及运动状态。

在中国的许多写意性专题片中，音乐音响的巧妙运用极力描绘了画面中美好的景物，如青山田园、星月云海、日出夕阳、风雨雷电、花鸟虫鱼等等。创作者在后期可以利用声音的音高、音量、音色、节奏、和声等手段对景物进行模拟、烘托和描绘，以抒发创作者想要表达的情感。像《渔舟唱晚》、《春江花月夜》这类曲子可以配在许多风光类专题片当中。特别是描绘夜晚美好的景色时，配合画面中明月当空、江水拍岸、渔夫筏舟、水鸟飞鸣等场景自然是恰当不过，有时我们闭上眼睛脑中依然会不断浮现出一幅幅诗情画意的画面，心中畅感无限。

7 刻画形象、突出主体

当出现的声音与画面中要表达的主体事物性质相吻合的时候，就会起促进效果，以进一步刻画形象，突出主体。如《故宫》磅礴大气的音乐音响，刻画出了故宫雄伟壮观的主体建筑形象。人物类专题片《双流教育的痴情攀山人——祝长水》用了口琴的主旋律，着重刻画出主人公具有顽强毅力、拼搏精神的一个形象。

如果要令观众在一段内容混而杂的画面中去清楚地注意到某一处事物，那么通过特定的音乐音响的控制，也能达到创作者的目的。比如在《动物世界》里，一段有老虎、狮子、豺狼、大象、斑马、梅花鹿等动物组合而成的画面，观众可能会看得眼花缭乱，因为每一种动物都是那样的令人感到好奇。这时如果创作者想要表达的是狮子与斑马之间弱肉强食的关系，那么就应该着重突出狮子的吼声和斑马的叫声，并使斑马的叫声略轻于狮吼声，而又重于其他动物发出的声音，这样观众就能马上将注意力集中在它们两者身上，明白其中的联系。

8 影响观众心理层面

通过听觉传达，音乐能影响观众的心理层面。有些专题片具有疗效作用，每当人们茶余饭后，或工作烦躁之际，或心情压抑之时，只要静下心来观赏一部风光类的专题片，那美妙悠闲的音乐无不给人舒畅轻松之感。记得早些年前，人们酒足饭饱之后，央视往往会插播一段电视音乐风光专题片，如“黄山风光”、“庐山风光”、“泰山风光”等等，优美的画面与优美的音乐相结合，无不给人以美的享受。

音乐音响不仅能够给观众带来轻松愉快的心情，同样也能够制造紧张恐怖的情绪。在我中心制作的气象科学纪录片《白泡盲鱼的秘密》中，压抑沉闷的音效不断充斥着整个画面，令人透不过气来，但随着人物故事的展开，故事谜底也渐渐浮出了水面，此时此刻，观众原本紧张恐惧的心理状态也最终得到了缓解。

9 形成、强化画面节奏

音乐和音响，都具有节奏性。若是音乐配合音响，并与画面主体的运动状态达到一致时，其节奏感也就形成了。在警匪专题片中，警察带着警犬追赶潜逃的罪犯，因为气氛过于紧张，画面里出现的脚步及其声音往往给人急促而杂乱的感觉，但是通过后期音乐的融入，控制其音高音色的变化，不知不觉中，画面便有了明显的节奏感。这类例子不在少数。

音乐音响既可以创造节奏，也可以强化节奏。法国著名专题纪录片《微观世界》中，我们时常可以看到一幅幅有趣的画面：小屎壳郎滚粪球、蚂蚁搬家、青虫爬行、螳螂跳跃等等。它们的行为本来都具有一定的节奏感，而通过音乐音响的共同作用，大自然中昆虫界的生活状态显得愈加井然有序了。

10 表现民族特征和地方特色

声音具有代表性和象征性作用，不同地方民族的特点，可采用当地特有的地方小调、小曲、民歌、山歌或乐器的演奏来表明。在专题片《长江戏话》中，几乎每一集内容都分别介绍了长江流域不同地方民族的戏曲文化特色，戏种囊括青海、云南、贵州、四川、湖南、重庆、江苏等十余个省市近40个。而这些地方戏种的概括介绍，除画面内容、解说词作用外，其戏曲伴奏的配合融入也起到了重要的补充说明作用。专题片《印象·刘三姐》用了著名的广西民歌《山歌好比春江水》，这一首家喻户晓、耳熟能详的歌曲一出来，衬托出刘三姐聪颖过人、能歌善唱的美好形象，清脆而嘹亮的歌声伴随着景色优美的画面，极力印证了“桂林山水甲天下”一说。

结语

随着人类社会的高度发展，今天的我们，所具备的影视艺术鉴赏能力已经远远超过了原始状态。近些年来，电视专题片的分支正在不断扩大，其音乐音响所发挥的重要作用也在不断扩大并日趋突出。这就要告诫我们广大的气象影视工作者：在技术相对先进的今天，作为一名电视制作人员，需要不断地给自己“充电”，努力提高自身的创作能力和艺术修养，和其他影视作品一样，在影片拍摄和制作的过程中合理使用音乐音响。

气象新闻的新三要素

徐　宓

（四川省气象服务中心，成都 610071）

摘　要

本文介绍了气象新闻在原五要素：时间、地点、人物、事件、因果的基础上，不断延伸出的更为独特的另外三要素：角度、表现、细节。

关键词：气象新闻　角度　表现　细节

引言

在时代飞速发展的今天，气象对于人类的影响已经越来越明显了。现在，气象新闻已经是人们每天都必关注的信息，聊天气成了市民日常生活中最常见的话题之一。所以我们的气象新闻不仅要为市民传达普通的天气信息，更应该全面丰富地为观众表现出气象新闻前因后果，通过角度、表现、细节三方面的诠释让气象新闻得到进一步的升华。

1　角度——新闻眼光的试金石

艺术片尤其讲角度。任何一条气象新闻也应该解决角度的问题，而角度有二：一是社会的背景；二是气象新闻编导要给观众传递什么样的信息。这两个角度确定了新闻的走向和定位问题。这就要求我们在制作气象新闻节目时，不能不作调查研究，而去自为己悦地制作新闻。同样的一个天气事件，记者选择什么样的角度来报道，既反映了记者个人的业务素质和文化修养，还反映了整个新闻的立场。所以说角度是新闻眼光的试金石。

1.1　好新闻的角度要远离陈规俗套

陈规俗套的新闻是不会受欢迎和被流传的。我们先抛开重大气象灾害新闻不说，就说正常天气新闻。因为没有明显的气象事件，此时的新闻多数是所谓平常状态的空镜头，基本没有吸引观众的镜头。

比如：高温天气，街上的人们都汗流浃背，匆匆而过，这样的街景任何一个市民的眼里随处都是。其实记者想表达的就是简单的一个热字，这样的新闻再普通不过了。如果我们换个角度去表现，可以更全面的诠释高温给我们带来的影响。如从游泳池出现了“下饺子”的盛况、自驾游进山躲高温、高温导致用水用电量再刷历史新高、战高温斗酷暑，“清凉”送到环卫工人手中等等这些方面去报道的话，观众可以更深入地了解热况，而且同时给观众带来一些避暑妙招，何乐而不为呢。还可以从历史的角度来说明现在的“热”情，而不仅限于现在所看到的，这样能让观众更为立体地了解天气事件。

一条好新闻，必须要有两个概念去支撑整个工作过程。一是前提，这是激发你作这条新闻的欲望和想法；二是主控思想，这是通过你完成这条新闻的整个过程和审美情感所表达的终极意思。这两个概念里都有一个角度问题，概念解决了角度也就准确了。

1.2 角度要讲换位思考

气象新闻是最讲实事求是的。当我们跑回一条气象新闻的素材后，有时却不知道从何下手。就好像我们的思维被阻塞了一样，这的确是令人惶惑的事情。我想，此时思维被阻塞是源于你所站的角度让你没什么可说的，而光是素材又不能帮你完成当天的新闻报道，这时你就需要思考下面这样一个问题了。

生活中教会我们的一切，都会得到强有力的证实，这就是事实。在气象新闻稿的字里行间，有没有自己最深刻的感受。作为记者，个人对天气事件的观察和体验是最具有普遍性的，凭借着这样的体会去思考如何来制作这条气象新闻，就要换位思考。如此的思考方式就意味着你将会拥有一批你的观众，尽管你是在以气象新闻特有的方式去讲述这个天气事件，但观众都会理解、明白你的意思。因为，当你在表达你觉得属于你的那些情感和观点时，你是站在观众的角度，观众就会把它认同为属于他们自己的情感和观点。这就是换位思考所给予的结果。

我们在气象新闻的报道中，常常是报道实际发生的事件，也就是时间、地点、人物，而事件只是事实，绝非正确的导向，而正确的导向就是我们对实际发生的气象事件进行得积极的、有意义的思考。

2 表现——新闻再现生活到表现生活的升华

艺术片尤其讲表现生活(含表现手法)。那气象新闻该不该讲表现生活？这就有必要先弄清楚再现生活与表现生活的根本区别是什么。再现生活是告诉人们——生活是这样的；而表现生活是告诉人们——生活应该是这样的。那么从气象新闻的角度来理解，再现生活是现实天气状况，是气象新闻中所发生的事件。表现生活就应该是气象新闻的导向了，其实就是前面所提到的对实际发生的天气事件进行得积极的、有意义的思考。

是什么吸引观众看气象新闻？我们不得不去探索这样一个浅显而又值得探索的问题。

新闻事件不管你讲述什么，都充满了生活中的事实和巧合。记者如果不明确这一点，在拍摄新闻时，就会将天气事件流于表面化，没有去揭示天气事件背后的主要内容，导致对人物的内心世界及所处的社会环境毫无洞察力。本来是有看点的新闻天气，却因为没有真正明白表现的意思，只对气象新闻进行了简单的时间、地点、人物、事件的拼凑，最终沦为了一般且无看点的新闻，我们说新闻做得一般化指的就是这个。

气象新闻的真实与及时，一开始便会将观众抓住。事件的深邃、揭示力的准确、对社会惊人的洞察力、天气事件清晰、悬念迭起、勾人心魄，这样的气象新闻才是好新闻。

每一条气象新闻都体现了天气事件在生活中的普遍形式，每一条新闻都以独一无二的方式再现了生活中的真实。当你把这条新闻在银屏中展现出来时，就本质而言，其内容是完全相同的，但所表现的形式和视点并非一样。深层次的表现形式才能深深地吸引观众，因为其中有记者深沉的思考和对事件的分析，这样的新闻对观众来说才是好新闻。

比如：近期四川盆地由于大面积的强降雨频发山洪地质灾害，市民都很关注该地的灾情，有许多第一时间赶到现场报道的记者把所拍到的视频画面传回来，让观众比较直观地了解到了当地的灾情，这样的报道算是再现生活。而我们更希望看到的是在面对灾害的时候，人们是怎样去抵御，如何团结在一起共度难关，也希望看到更有代表性更有冲击力的画面。这便是一个叙事性的故事了，所以只去关注时间、地点、人物是远远不够的。

然而形式又非等于“公式”，气象新闻再现生活时，有丰富多彩的、神妙莫测的、纷繁复杂的、变幻多端的、悲欢离合的情形，这些远非一个公式所能涵盖的。

3 细节——气象新闻的丰腴血肉

当我们说一个人鲜活时，我们会说他有血有肉。而一条气象新闻有很好的细节处理，就会显现出这条新闻丰腴的血肉。如果没有了细节，就像一个人只有骨架没有血肉，那便是僵尸一具。有的气象新闻之所以取得的成功，这与注重细节有关。而现在制作新闻节目时，许多细节却没有真正地做到仔细的策划与处理。

对新闻的执著，是因为你的观念、你的思考要通过新闻来表达，你讲述的气象新闻要比具体的事件更为深刻。所以，对新闻的执著，表现在对事件给生活带来深刻变化的突然惊诧和揭秘后由此引起的反思；对新闻的执著，表现在愿意深入其内心，并通过他们的眼睛来看待这个世界。

一些灾害性天气发生时，很多报道都只是灾害性天气的本身，没有发散开来，其实很多细节都与我们的生活有着密切的关联。比如：一个月内六次台风，使得受台风影响的省市菜价持续上涨。台风“布拉万”正在东北肆虐，而这已经是8月份我国遭遇的第六次台风天气，频繁发生的台风给当地农业造成持续的影响，多地的菜价都出现了上涨的现象。这些因气象而起的生活细节，不就是老百姓最关心的吗。

可见，一条小小的气象新闻，真正能够反映出记者自身的新闻素质。所以对新闻的执著，还表现在对事件细节的把控，以及天赋的识别能力，并懂得如何去粗取精地去表现。

4 结语

综上所述，原新闻的五要素也应该随着今天时代的变化而有些新颖的东西呈现给大家。在继承新闻五要素的基础上，新三要素一定会让今天的气象新闻有着更加准确的诠释；更加丰富地去讲述天气事件；更加生动地去讲述人与气象的关系。就会让气象新闻不再刻板、不再平俗，让气象新闻真正成为老百姓的知心朋友，让气象新闻真正地服务大众。

气象影视为三农保驾护航

李维莹

（宁波市气象服务中心，宁波 315012）

摘　要

本文通过对气象影视服务三农的重要性、关键点，以及气象影视发展到今天为三农所做出的成效进行一系列阐述，来总结气象影视服务三农的所得经验以及今后如何通过气象影视多元化的手段进一步为农业、农村、农民更好地提供有效、及时、深入、精细的气象信息服务。从而来增强气象防灾减灾和农业应对气候变化的能力，并且也能够提升广大农民群众应对气候变化的科学意识和素质。

关键词：气象影视　三农服务

引　言

我国是世界上气象灾害最为严重的国家之一，随着全球气候持续变暖，我国农业生产面临着更大的自然风险。而自古以来，农民靠天吃饭，这个天更多的是指天气。宁波地处东海之滨，依山环海，属亚热带季风气候，四季分明。虽然温和湿润，是著名的鱼米之乡，然而也多各种灾害性天气、气候的影响，台风、暴雨、浓雾、高温干旱、低温冷害以及冰雹、雷电等气象灾害几乎每年都有发生，给宁波经济社会发展、人民生命财产安全带来了极大的威胁，特别是给农业生产带来重创，有些甚至是毁灭性的。为农服务历来是气象工作的一个重点，也是难点。郑国光局长在 2009 年 11 月对全国气象为农服务工作会议的批示中就已经指出："农业气象业务已经成为现代气象业务体系中最重要的领域，农业气象服务已经成为经济社会发展和人民安全福祉服务效益最为突出的，各级党委政府最为重视，广大农民最为需要的公共气象服务"。气象影视如何能够利用有效的手段来助推现在农业的发展，把气象灾害给农业带来的危害减小到最低程度，又或者能够用何种方式从气象的角度来建议农业生产，最终达到增产增收的良好局面，从而实现加快现代化新农村建设的步伐和农民效益翻番的美好前景呢？这是需要气象工作者深入探讨和长期努力的。

1　影视是气象服务三农最易被接受的方式

从 1980 年 7 月 7 日，中央电视台新闻联播节目播发天气预报以来，经过 30 多年的努力，依托中国气象事业的发展，紧密把握电视媒体的发展以及计算机、网络等现代信息技术的进步，我国的气象部门已经建立了公众电视气象服务的业务体系，气象影视也已经成为社会公众获取气象信息最重要的途径，成为国家防灾减灾的重要信息渠道。并且，通过电视节目特有的声画结合方式，让农民朋友更全面的了解最新的气象服务资讯。当为设施农业、特色农业提供气象影视服务时，还会采用专题片的形式，这也让农民朋友能够更深地理解所传递的气象服务信息。由于电视这种媒体形式普及时间较早、范围最广、操作方便，使得不会使用网络、短信等现代新型媒介的农民朋友可以通过最简单的方式来获得气象服务信息。

2 气象影视应有针对性地满足三农的需求

随着农业和农村经济的日益发展，三农与气象的关系越来越紧密，农民从获得准确及时的气象信息中也大大得到益处，从而使农民朋友对气象信息的需求不仅仅是停留在获取传统意义上的、简单的天气预报结论，他们需要的是更多的气象科技指导和农业经济分析。因此在制作为农服务气象影视节目的时候，首先就要考虑三农的需求，有针对性、全方位地来进行服务。

2.1 日播节目和灾害预警

三农对气象影视服务最主要的需求是及时的天气预报和有效的防灾减灾提醒服务。日播天气预报节目能够为农民朋友的农事活动提供最及时的气象信息，而在灾害性天气到来的时候，提供前期的气象最新动态、建议性服务以及灾害天气过后的引导重建，可以让农民朋友真正有效地做到防灾减灾、防灾救灾。据统计以上这两项需求均达到了100%。

2.2 气象科技指导

气象科技指导，也就是需要在设施农业、地域性特色农业等的种植、培育中得到气象要素方面的指导和建议，也可以推介农作物的新品种和栽培技术，适时的发布一些病虫害预报和防治办法，让农民可以了解更多实用的农业气象信息。

2.3 农业经济信息

这是从传统意义上的气象影视服务中所衍生出来的。依据市场的供需要求情况来分析农业经济，通过发现经济利益相对较高又符合当地种植条件的作物，并且提供开发、种植过程中所需要的气象要素，来建议农民开辟新的思路，从而达到增产增收的显著效果。

2.4 农民的建议性需求

除了对农业经济有直接帮助的气象信息，农民朋友还希望能够有专门的气象影视节目提供一些短期气候预测甚至是年景的展望，以便于可以调整好种植结构和农事的安排。而在气象影视信息中，建议我们可以突破局限性，能够在更宽广的领域为农村服务。比如在新农村建设中，为村庄的规划和房屋的建设提供一些需要充分考虑的气象因素。

3 如何让气象影视节目真正为三农所用

要做好一档不但实用而且好看的为农服务影视节目，必须在节目的定位，针对性上下功夫。

3.1 设立专门的栏目或独立的版块

不同的天气条件对农作物的影响不同，季节对农作物的播种和收获息息相关，某些作物所需的特殊天气条件，这些对农业都具有一定的指导作用。如果想要更深入、更细致地为农民朋友服务，就需要有专门的栏目或版块。比如目前我们宁波气象服务中心在电视台《看看看》栏目所进行的气象连线节目板块中，就在每周一固定推出农事提醒，为农民朋友介绍本周天气的展望，提出一些农事方面的建议。专题片和为农系列节目，也是为农气象影视服务的一部分。像目前我们推出的《奉化小气候与极品水蜜桃》、《小番茄如何笑傲低温连阴雨》、《杨梅与气象》、《从西瓜丰收谈温湿控制》、《鲜花如何在四季烂漫》等等，以及通过制作一些与农村工作办公室合作的农办课件来普及作物栽培技术。这些都是让农民朋友更全面更方便地了解作物种植培育过程中所需具备的最佳气象条件，提供了非常实用的气象科技支撑。

3.2 节目的针对性在于对农业生产有指导意义

我们宁波的农业已经逐渐转变成以设施农业、特色农业为主的现代化农业体系，这自然就牵涉到具有特色的作物，而这些作物对于气象要素的要求又各有不同。我们的影视节目就得从这些作物的生长喜好来提供针对性的服务。

3.2.1 琼浆玉液奉化水蜜桃

宁波特有的被称为琼浆玉液的奉化水蜜桃，怎样的温度湿度条件才能造就水蜜桃的个头、水分和甜度都是最佳的？据了解，奉化水蜜桃结果的时节对日温差的要求是越大越好，并且月平均气温需要在 18 度以上，而且水蜜桃同时还是喜光作物，光与花芽的分化及果实品质有密切的关系。在我们拍摄水蜜桃的过程中，发现奉化水蜜桃的种植基地，有大量的太阳能聚热装置，采访后我们才知道，原来正是因为奉化水蜜桃喜光喜热，这种太阳能装置有助于水蜜桃的水分和甜度达到最佳，使得这里的水蜜桃品质更加上乘，销量大增。因此我们就在节目中建议种植户采取这种有效的方法，来保证水蜜桃的优质生长。

3.2.2 传统名果杨梅

由于杨梅对种植的土壤也就是种植区域有较高的要求，一般以阴坡临湖栽植最佳。在生长过程中也会面临几个非常时期，像花期可能受到北方冷空气带来的黄沙天气，果实初长期可能受到大风影响，春末夏初时节江南特有的梅雨季以及高温、干旱对杨梅的生长都是有很大的影响。这些在我们的节目中都有针对性地提出了防范建议，提醒农民朋友可以在黄沙落下后，采用人工喷水冲刷柱头上的沙尘的措施，来达到正常的受精和产果，不宜把杨梅栽种在风口、山顶等易遭风害的地方等等。

3.3 农业服务系列节目对农民也大有帮助

我们针对本地较为广泛种植的大棚作物——草莓、西红柿、蔬菜等这些常见的大产量的作物栽培，选取了对其影响较大的光照、温湿、连阴雨、低温冻害等气象要素，制作了设施农业服务的系列节目。这样的系列节目章节、条理清楚，并成系统性地来进行服务，农民非常容易接受。

4 节目的形式要便于学习与应用

在日常节目中为三农服务我们通常是以一个板块的形式推出，由于节目时间的限制，可能不一定用到非常花哨或者多变的形式，也仅限于提出一些及时、实用的气象信息。而在为农服务的系列专题中，我们就可以大展拳脚，发挥所长，用新颖的形式让农民朋友更容易接受我们所要传达的气象服务信息。我们之前推出《气象助推现在农业》的系列专题片，就设计了“气象科技下田头"小标题出现在节目的固定位置，片头、片尾的音乐用了和农村农业非常贴切的《在希望的田野上》和《好年头好兆头》这两首歌。这会让农民朋友觉得非常亲切，情不自禁地被节目深深吸引进去。每一集的开头部分我们采用到田间地头采访农民的方式，让农民自己来讲讲种植培育的现状和遇到的难题。演播室部分则用主持人出镜和配合画面解说形成一问一答的形式，层层推进、提出和回答问题，把气象和农作物这两条不同的线，很自然地结合起来。有时还会适当地加入一些动画演示和专家采访，使整个节目更具有可看性。这样就让农民朋友在收看节目的同时，也很好地消化了我们为他们所提供的实用的气象服务信息。

5 节目内容需要更为凸显的部分

目前来看，我们的气象影视服务对于推助现代化农业的发展已经显现成效，但是防灾减灾、救灾的气象服务尚需加强。由于平时的节目受到时长限制，我们可以在气象频道本地插播节目里增加一些固定的板块或者创办一个专门的气象防灾减灾周播节目，报道农业生产重大情况的追踪和反馈，使得灾前有准备、灾后有措施，减轻气象灾害对农业的不利影响。同时，要继续加强和农民群众的接触，进一步地深入了解他们的真实想法和迫切需要，再结合我们气象影视服务的优势提供指导意见，必要的时候可以跟踪拍摄作物各个生长期的状况，为策划新形式的专题栏目打好基础。另外，也可以与有关部门合作进一步开展气候资源的调查和分析，创新节目的内容。可以在农村建设、能源利用、作物新品种推介等方面做好服务工作。节目的内容不要单纯从作物的种植培育出发，可以全面涵盖气象为农服务方方面面的内容，更好地为农民提供有效的气象服务。

总结

气象为农服务一直是我们气象服务的重中之重，作为气象影视部门来说，最为直接的就是把这项服务用声画结合的具体节目形式更深入地传达给农民朋友，换句话说服务三农也已经成为了媒体传播领域的一个重要主题。通过气象影视节目向农民提供的信息量大、针对性强，并且实实在在地起到指导农业生产、趋利避害的作用。通过气象影视节目因地制宜地为农村建设、农业增产、农民增收提供有效的建设性建议，积极探索和拓展新的服务领域，并不断对节目的形式推陈出新，丰富节目内容，就一定能为新时期的三农发展保驾护航，为社会主义新农村的建设作出重要的贡献。

汽车文化发展中的广播天气节目

崔　佳

（华风气象传媒集团，北京 100081）

摘　要

在中国百姓的生活中，当汽车由“奢侈品”向“生活必需品”转变的时代到来，汽车文化也迎来大发展时期。同时，相伴而来的是广播这一伴随性的传播媒体在汽车文化的大发展中也迎来了“第二春”。作为在广播媒体中出现的天气节目，面对如此巨大的时代变化，广播天气节目也出现了绝好的发展机会。不过，在机会的背后，我们也应该作出积极的思考。广播天气节目如何分析自身特点、找准定位，在内容和形式方面实现创新，借力中国汽车文化的大发展，为自己开辟一片新天地，是本文研究和探索的主要论题。

关键词：天气 广播　汽车文化　发展　创新

引言

随着现代社会的发展，人们对天气信息的需求量越来越大，需求内容也愈发细化和多元化。与此同时，伴随着城市汽车文化的发展，天气节目与广播媒体的嫁接产品也受到更多重视，关注度不断攀升。那么，怎样结合广播媒体的传播特点，提供时效性强、特点鲜明、符合广播受众的优秀广播天气节目？汽车文化发展中，广播天气节目如何更好地找到其定位，实现其价值？日益成为急需我们揣摩和研究的课题。

1　汽车文化与广播天气节目的发展

1.1　汽车文化的发展

十几年的时间内，中国从一个汽车沙漠突然转变为世界第二大汽车生产国，百姓们的购车热情被充分激发出来，汽车迅速从“奢侈品”转变成为“生活必需品”，发展之快令人咋舌。而当一种消费品达到一定数量时，它自然就会在人们生活中发挥其“使用价值”以外的作用，从而也就形成了其自身的一种文化，汽车也不例外。近年来，“汽车文化”、“汽车时尚”等概念已不断被人们所提及。时下，舆论对汽车有两种声音。一种认为汽车延伸了私人生活的半径，是必须有的；而另外一种则认为私人拥有汽车会带来很多的烦恼，甚至列出了例如“新手太多，总堵车”等“七宗罪”。但无论如何，不可否认的是，汽车在改变我们的生活。它在带给我们极大便利的同时，的确也带来了一些烦恼。但是，生活就是这样，对任何生活方式的评价都是相对的，没有绝对的好与坏。这是一种观念，一种态度，更是一种文化。在这样的社会大环境下，汽车文化的崛起乃至迅速发展有其必然性。

1.2 汽车文化发展对广播媒体的影响

随着汽车文化的迅速发展，具有伴随收听和贴身服务优势的广播成为汽车经济的直接受益者，广播媒体的发展迎来了“第二春”。1991年，随着中国第一个交通广播——上海交通信息台诞生，以“广播＋汽车”模式诞生的交通广播成为中国媒体竞争中的一匹黑马，打造了“第一车载媒体”的品牌神话。

1.3 广播天气节目的发展

早在上世纪五十年代我国就有了广播天气预报节目，广播是气象信息最早的发布平台。1970年代，随着电视兴起，广播气象节目在播出频次和服务内容方面发展缓慢。近几年，随着我国经济发展和城市化进程加快以及广播在专业化方面的改革创新，广播媒体再次呈现强劲的增长势头，随之，广播天气节目也迎来了快速发展的新时期。2008年，中国气象局与中央人民广播电台签署了《气象新闻信息共享与发布合作协议》。根据该协议，双方将发挥各自优势，深化合作，本着资源共享、优势互补、服务公众的原则，在第一时间将气象信息传播给受众。

1.4 广播天气节目受众分析

广播天气节目的受众范围较为广泛。从年龄上看，年龄跨度较大，从青少年到老年人都构成其受众群。从性别上分析，没有明显的性别倾向，也就是说无论男性听众还是女性听众，都对天气节目有需求。

对全国30个城市的抽样调查数据显示：从收听时段看，清晨7点—8点，中午12点30分—13点30分以及深夜22点30分—23点30分为三个最明显的收听高峰时段，其中又以清晨时段为最。

同时，随着汽车文化的崛起，调查也发现，汽车驾驶员如都市白领、出租车司机日益成为广播受众的重要组成部分。所以，在汽车文化大背景下如何做好更加有针对性的广播节目是我们应该深入思考的问题。

2 汽车文化大背景下的广播天气节目

广播天气节目，如何在汽车文化大背景下体现出其服务性、贴近性、时效性的特点，发挥出更大的特色，是需要研究的论题。

2.1 广播天气节目的特点

广播天气节目自身具有区别于其他广播节目的明显优势。

首先，广播作为一种传播载体，其本身的特点就决定了它具有无可比拟的时效性。广播传播范围广，传播速度快，穿透能力强。广播比报纸和电视具有更强的穿透力，因而它所能达到的范围，传播信息的速度，远远超过报纸和电视。

其次，中央气象台提供的气象数据更新频次高，决定了广播天气节目更具有追逐时效性的先天优势。中央气象台每天早中晚三次提供天气数据，以及每个整点更新实况数据。有这些客观条件做保证，广播天气节目可以保持极强的时效性。特别是在有重大活动或重大新闻事件发生时，中央气象台发布的天气专报可以更大程度地补充三次数据更新中间的缝隙，时效性更强，也更加有针对性。诸如汶川地震、舟曲泥石流等自然灾害发生时，中央气象台都会针对当地的天气发布“汶川天气专报”、“舟曲天气专报”。又如在上海召开世博会期间，世博天气专报也为广播天气节目的制作增添了更多的素材。使其始终能对高关注天气或高关注事件保持最快的天气信息更新，使受众对广播天气节目形成一种信赖，甚至依赖。

第三，广播中的天气节目，专业性比其他广播节目更强，其服务受众的功能也体现的相对明显。

那么，结合广播天气节目的这些特点与优势，广播节目的内容应该如何设置。需要我们认真思考。

2.2 广播天气节目的内容设置

随着汽车文化的逐渐兴起，广播再次走进大众的视线，引起受众的关注，那么针对汽车文化的特点，广播天气节目在内容设置方面应该如何处理。

2.2.1 天气信息与交通信息的结合

天气与交通，这两个开车在路上最实用信息的结合，让广播天气有了明确的定位及立足点。以影响交通的天气来统领全篇，重点关注早晚高峰时段以及节假日出行集中时段的天气。让天气信息显得更有针对性，也更实用，摆脱了大而化之、面面俱到式的天气播报。

2.2.2 天气信息与生活信息的结合

随着中国汽车保有量的不断攀升，机动车驾驶员的职业、年龄、性别都在不断改变。以前男性驾驶员占绝对主导优势的情形，发生了一定程度的扭转，在城市中，女性驾驶员的数量逐年增多。驾驶员年龄、性别、职业构成的变化，使得我们的广播节目更加关注生活中方方面面的内容。而这一改变同样也影响到了广播中天气节目的题材选择。天气信息与其他信息的嫁接也显得更加多元化。比如2010年7月正式开播的中央人民广播电台都市之声《1018天气预报》，就是一档为都市白领、上班族打造的天气生活类天气节目。该节目的关注范围不再仅局限于交通天气，还有一些天气气候大背景下的生活提示，生活天气服务。

3 对广播天气节目的一些思考

在汽车文化大发展的今天，广播受众在不断增长。那么如何制作出更有针对性、服务性更强、形式上更多样的广播天气节目，值得我们思考。

3.1 广播天气节目主持人的素质

由于对时效性和专业性的追求，广播天气主持人应该是集采编播于一体的全能型主持人。

3.1.1 “时效性”对主持人的要求

天气节目对时效性的追求永远是第一位的，广播天气节目如果在岗位设置上有编导一职的话，编导听天气，写文稿，再传递到主持人手中，势必减缓了信息传播速度。特别是在有重大天气发生时，比如台风登陆做直播节目的时候，广播天气节目的时效性体现的尤其充分。由于不需要像电视天气节目那样，要有主持人调光、后期制作天气图的时间，广播天气节目几乎可以在拿到天气公报之后的第一时间将最新的天气动态及一些必要的天气分析传播出去。在这样的情况下是不可能有编导写稿的环节的。这就要求广播天气节目的主持人要能够在掌握到第一手信息后，准确理解并清晰的传达，而且还要具备一定的信息解读能力。

3.1.2 “专业性”对主持人的要求

天气预报节目和其他节目的区别在于，它有着极强的专业性，这就要求主持人不能只是节目内容的传声筒，他/她必须对天气气候知识具备一定的了解，对天气现象有一定的解读能力。所以，天气预报的主持人要在岗位上不断的磨炼自己，钻研气象知识，使自己达到天气预报主持人这个岗位的基本要求。

3.1.3 广播天气节目选择主持人的趋势

基于以上两点原因分析，目前广播天气节目在选择主持人方面的趋势是，具有采、编、播能力的复合型人才。特别看重的是三类人才：一是对天气气候知识具备一定了解和解读力的主持人；二是善于表达、语言组织能力强的气象专家；三是长期从事天气节目工作，对气象信息及广播节目传播规律都有相应认识的编导。目前这三类主持人在广播天气节目中都有所体现。特别是后两类，作为天气点评师或是天气分析师的身份已经出现在如今的广播天气节目中。比如中央人民广播电台都市之声《1018 天气预报》就是由长期从事编导工作的一支队伍组成了“天气点评师”来服务受众。他们的优势是，对天气的分析能力较强、对广播这一载体的传播规律也有着较多的认识，节目内容生动，亲和力强。另外在中央人民广播电台中国之声的天气预报中，气象专家也作为主持人队伍的一分子参与节目当中，与电台主持人进行连线直播。由于气象专家有丰厚的气象知识做背景，他们对天气的解读更加透彻清晰。

3.2 广播天气节目的发展趋势

伴随信息时代海量信息对受众接受和选择信息的干扰和影响。内容为王、形式制胜仍然是两大法宝。

3.2.1 汽车时代下的广播天气节目内容仍是核心

我们常说内容为王，特别是以专业知识服务为依托的广播天气节目更是要依托具体的天气信息做内容支撑。在这一前提下，对信息的选择要更为谨慎和细化。即便都是中央人民广播电台的天气节目，由于所处的具体频道不同，天气信息的提供也应该各有侧重。比如中央人民广播电台都市之声，定位是服务于都市白领，服务于有车一族，那么我们的 1018 天气预报，其内容就尽可能关注白领们关心的天气情况。比如根据白领们夜生活较多的特点，专门对夜生活时段的天气进行详尽的分析预报。另外，节目中更加注重定制型天气服务，比如在某期节目中，前一档都市之声主持人提出请“天气点评师”在下一档节目中对周末秦皇岛的天气进行简要介绍。那么在下一档节目中，天气点评师就需紧紧围绕秦皇岛天气展开话题，更有针对性，也体现了天气预报为百姓服务的宗旨。

3.2.2 广播天气节目也应注重形式的变化

随着汽车文化的不断发展，广播节目的发展迅猛，随之而来的是对广播天气节目的要求也越来越高。广播天气节目不但要作为天气信息的提供者，在内容上吸引受众，同时还要在形式上具备一定的吸引力。

目前形式的变化有两种尝试，一是直播连线。不但大大提高了天气内容的时效性，同时在形式上也让受众觉得富于变化，拉近了受众与广播之间的距离。另外一种尝试是，让广播天气节目的主持风格与整个频道的风格融为一体。还以中央人民广播电台都市之声 1018 天气预报为例，在 2010 年 10 月 18 日，都市之声全新改版后，对 1018 天气预报的要求出现了新变化，要求天气预报的主持人主持风格应与整个频道的风格贴近。改版后，1018 天气预报，将轻松、生动的风格引入天气预报节目中，让听众感到耳目一新。

4　广播天气节目借力汽车文化迎来大发展时期

在汽车文化迅速发展的今天，广播成为汽车文化中不可或缺的重要组成部分，广播天气节目作为广播节目的一部分，也借力汽车文化有了新发展。特别是2008年到2010年这三年的时间，广播天气节目迎来了大发展时期。比如，为公众提供天气服务的华风影视信息集团，在2008年之前，只有和中央人民广播电台经济之声合作的一档广播天气节目，到2010年，合作媒体已达到四家。新增的三家合作媒体是：中央人民广播电台中国之声，中央人民广播电台都市之声，中国国际广播电台。而且目前合作媒体数量还在不断攀升中，广播天气节目迎来了大发展时期。在这样的大背景下我们对广播天气节目应该有更多的思考与设想。让它真正成为能够适应汽车时代发展、并且具有自身特色的天气服务节目。尤其是在大众传播被分众传播、小众传播各分一杯羹的时代，广播天气节目正在以自己的特色吸引着固定的受众群，广播天气节目与电视天气节目的区别正在逐渐拉开，广播天气节目的舞台正在汽车文化大发展的时代越变越大。同时，广播节目凭借其自身的优势，必将在时效性、节目形式创新等方面走出自己的道路，拥有自己的特色。广播天气节目借力汽车文化发展，必将创出一片新天地。

参考文献

[1]　丁德平，张姝丽. 2003. 天与人——城市生活气象服务热点话题[M]. 北京：气象出版社.

[2]　林之光. 1998. 气象与生活[M]. 南京：江苏教育出版社.

[3]　郭庆光. 1999. 传播学教程[M]. 北京：中国人民大学出版社.

[4]　周传基. 1991. 电影电视广播中的声音[M]. 北京：中国电影出版社.

浅述色彩在节目图形包装中的创作方法

陈玉洁　张　硕

（华风气象传媒集团，北京 100081）

摘　要

色彩是电视栏目包装中的一个重要表达元素，色彩赋予栏目的独特语言会让观众过目不忘。合理而准确的色彩搭配能为电视栏目锦上添花，能够正确的引导观众更准确更轻松地观看节目内容。第八届全国气象影视服务业务竞赛呈现出节目类型、形式的多样化趋势，更加凸显色彩运用的重要性。本文将结合部分参赛节目，主要分析色彩运用在气象节目图形包装中的一些创作方法。

关键词：图形　包装　色彩　业务竞赛

从电视包装学的角度来说，一档栏目要想在纷繁林立的众多栏目中被观众发现、喜欢、认可并接受，一个必备的任务就是要进行栏目包装，打造出能够彰显自己个性和特色的栏目形象，从而树立自己的品牌威信。色彩则担负着表达情感、渲染气氛、深化主题的重任，它在栏目图形包装中占有举足轻重的地位。

1　色彩在节目图形包装中的重要性

1.1　色彩可以体现栏目风格，塑造栏目品牌

在进行栏目图形包装创意时，应该根据整个栏目的定位理念及节目的内容来确定图形包装的整体主色调。主色调是指在栏目图形包装中占统治地位的一两种颜色，它直接作用于内容，能够突出统一的一种气氛、境界，甚至是一种精神情绪。

在第八届全国气象影视服务业务竞赛参赛作品中，笔者认为《联播天气预报》的图形包装色彩运用凸显了栏目品牌，彰显了冷静客观、大气庄重、精致的栏目风格。《联播天气预报》色调以大面积蓝绿宝石色为背景色，辅以小面积橙黄色、白色承托出提示性的文字，整体包装色彩清新自然，颜色独特标新立异，其整体图形包装用色延续着《新闻联播》冷静客观、大气庄重的主题思想并加入天气预报特有的精致温馨的色彩元素。用色上与天气预报主旨很符合，观众从新闻看到天气预报，色彩上给人感觉并不突兀也不做作，让观众在不知不觉中记忆下了这个蓝绿宝石颜色标志。包装相当成功，蓝绿宝石色已经潜移默化的成为联播天气预报的标志性颜色。

1.2　色调可以有效引导观众收视心理

用于色彩构成中的色调，是指色彩运用的主旋律，也就是指画面色彩的总倾向。一档节目中虽然用了多种颜色，但总体有一种倾向，偏蓝或偏红，偏冷或偏暖等，这种色彩上的倾向就是色调。简单地以冷暖色调为例：红色、橙色、黄色等为暖色调，通常象征太阳、火焰等。蓝绿色、

绿色、蓝色、黑色为冷色调，通常象征森林、大海、蓝天等。灰色、白色为中间色调。当然，冷暖色调是相对的，不是绝对的。

笔者选取了本次业务竞赛145档参赛节目(创意类节目除外)作为样本。经过统计，图形包装以冷色调为主的有80档节目，占到了55%。以暖色调为主的有65档节目，占到了近45%。经过对比分析，在省级天气预报、地市级天气预报、中国气象频道省级插播这三类节目中，选取冷色调作为节目图形包装主色调的比重非常大。相反，在省级气象为农服务、省级气象科普宣传这两类节目中，大多会选择暖色调作为图形包装主色调。国家级节目在冷暖色调的选取上平分秋色。

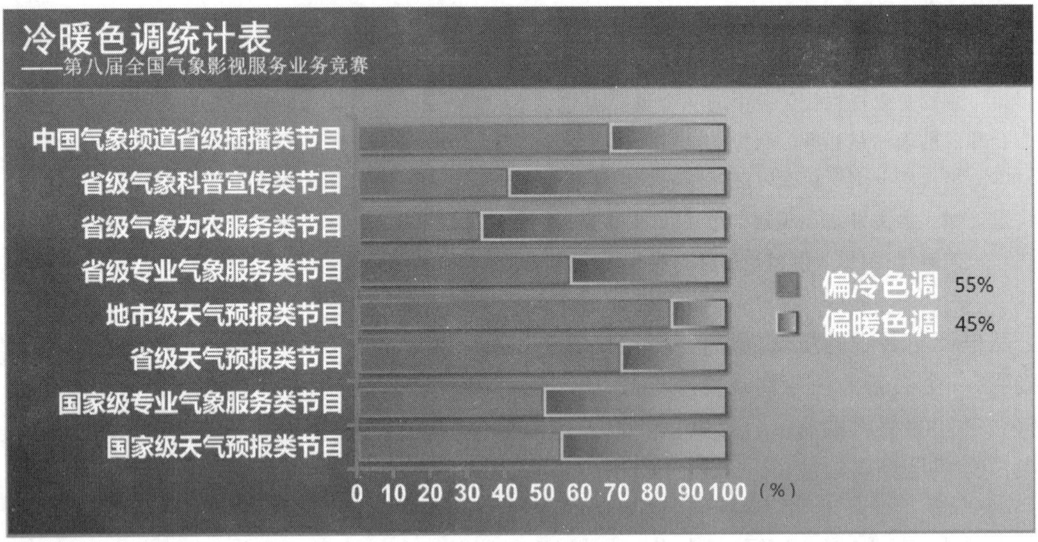

图1　各类节目色调运用情况统计

色调作为一种独特的色彩形式，在色彩主体情调创造、意境渲染、传达情感上是不可缺少的，它能迅速而直观地使人受到感染而产生联想。同时，不同色调画面往往会给人以不同感受和不同情调意境。所以，色调可以有效引导观众收视心理，烘托气氛进入主题。

《凤凰气象站》本次参赛节目的图形包装整体感强，色调统一。淡蓝色清新脱俗，有时代感和科技感。一个不同以往的细节是其天气预报的符号和节目用的地图都是蓝色系，很符合其整个频道的定位理念。这一色彩创新的突破，以新鲜的题材，多样的形式，清新的风格，新奇的内容，引领观众走向一个崭新的视听空间。

同样是国家级天气预报类节目，《朝闻天下天气预报》同样也属于蓝色系，色彩对比拉大，相比《凤凰气象站》色调更明快清新些，加入明黄色的区域色块，让人会联想到朝阳的色泽，大清早看到这样的色彩搭配绝对养眼醒脑。节目用色整体简洁精练，充分利用色彩引导观众去理解朝闻天下的口号："全面而丰富的资讯，带您认知昨天、掌控今天；清新而明快的播报，带您愉悦接受、轻松理解，带给您阳光灿烂的早晨……"

此外，湖北公共频道的《乡村大气象》以大地色为主，配以青山、绿叶、蓝天、白云，俨然一副繁荣的乡村景象。设计师有意刻画的这个印象就是在引导观众的心理，告诉观众这是一档服务于农业的气象节目，农业作物离不开黄土地，所以主色调离不开大地的黄土色。整个栏目色系很典雅，颜色很沉静，配以主持人声情并茂的解说，观众感觉置身在炎炎夏日的乡村田野，到处一片绿油油的景象，仿佛能听到知了的叫声。

通过上述案例，不难看出，节目与色调合理搭配，色彩才能发挥其重要的作用。色彩搭配得当，能烘托栏目气氛，带领观众进入设计者勾画的境界，观众有身临其境的感觉，让栏目与观众零距离接触。这种色彩的情感性也让我们不得不关注另外一个问题，图形包装设计者也有自己对色彩的某种心理，会用自己的色彩感情习惯引导观众色彩感知心理。这要求我们制作者要突破色彩心理定势，让色彩艺术更富表现力和想象力，不断创作出让人耳目一新的图形包装。

综上，色彩在栏目图形包装中的重要性不言而喻，栏目图形包装主色调的确立是进行图形包装设计工作的第一课。

本次业务竞赛参赛作品中，还有一些节目属于没有图形包装色彩或色彩包装过度。参看这些作品，虽然其内容精彩，但却很难给人留下深刻印象。没有图形包装的节目给人感觉太过随意，好像没有整理好外形的应试者。外形是人内在精神的体现，外形的瑕疵会直接影响第一印象。而色彩“包装”过度的节目，色彩太多会转移观众注意力，容易让观众忽略节目内容。好比一个穿着花艳的人，给别人的印象更多会是他的衣服而不是他本人。在众多参赛作品中让人印象深刻的往往是那些经过色调搭配合理精细包装的节目，所以设计人员一定要重视色彩在节目中的运用。色彩是一个节目的精神所在，它是无声的语言。如何正确运用好图形包装的色彩，是每个设计人员必备的素质。

2 气象节目图形包装主色彩定位方法

2.1 根据栏目需求找出关键词为色彩定位做准备

每一个栏目都有其节目定位，设计者必须围绕其节目定位进行设计创作。栏目内容越丰富，其节目上要用到的图形包装越多样。当设计者同时面对很多样需求时都会有点不知所措，不知道从何着手。其实这些担心是不必要的，只要做到以下几点，我们就可以化繁为简。首先，设计者要抓准节目定位并且围绕其定位进行设计创作。这就需要和栏目负责人进行良性互动沟通，了解其节目内容、播出时段、节目的受众、有没有特别要求、包装图形产品在节目中的主要用途等等，一定要主动地去询问，了解得越多对设计越有帮助；第二步，根据了解到的信息，提炼关键词，关键词可以是名词可以是动词可以是形容词，但一定要简洁明了，是总结性的词语。不要小看这一步，它直接影响着整个设计作品的成败，因为设计者要根据关键词设计产品，没有关键词就无法准确定位产品的色彩，而色彩是整个设计作品的灵魂，是主导。没有准确的色彩，包装图形产品做得再好也会有被否定的情况，所以关键词直接影响着主色调是否与栏目内容基调一致，这是至关点。把握这一点，设计就事半功倍了。

2.2 关键词引导，利用色彩联想规律，找出关键色彩

色彩会对人们的心理产生影响，例如，色彩的冷、暖感。人们见到红、红橙、橙、黄橙、红紫等色后，马上联想到太阳、火焰、热血等物像，产生温暖、热烈、危险等感觉。人们见到蓝、蓝紫、蓝绿等色后，则会联想到太空、冰雪、海洋等物像，产生寒冷、理智、平静等感觉。所以，冬天的时候，我们都喜欢住偏红、橙等暖色调的房子，因为这时候我们有保暖的生理需求，而这种暖色调自然就会成为我们产生温暖感的源泉；同样的道理，夏天，我们则喜欢住偏蓝、蓝紫等冷色调的房子，因为这种色调会带给我们凉快的感觉。还有其他色觉，如色彩的大、小感，色彩的轻、重感，色彩的前、后感，色彩的软、硬感，色彩的庄重、活泼感，色彩的质朴、华丽感，色彩的沉静、兴

奋感等。这些都是设计者必须掌握的色彩联想规律。

其实不难看出色彩联想规律的基本要素离不开观察法、借鉴法、联想法和色彩心理学这四个方法,它们相辅相成,缺一不可,才丰富了人对色彩的感觉。

人对色彩的情感联想有其必然性。任何人,包括婴儿在内,都会对看到的、听到的事物产生潜意识的联想,这就是人善于观察善于借鉴并在大脑中形成映像的结果。但是,一般人,没有经过学习、训练,这种色彩联想心理活动只能是朦胧的,缺乏自觉性和稳定性。一名美术设计专业人员,必须能保持对各种色彩的情感联想的稳定性,掌握色彩联想的规律,并能理性地运用于专业设计中。在关键词的引导下,利用色彩联想规律,设计者创作出栏目需要的色彩会变得易如反掌。

3 分析色彩在中国气象频道中的实际创作案例

3.1 如何定义 24 节气的色彩并将其设计到图形包装中

首先我们可以用分类法,大致可以将 24 节气归纳为春夏秋冬四大类,就拿春季来说,春天是万物复苏,欣欣向荣的季节,立春、雨水、惊蛰、春分、清明、谷雨,这六个节气在包装色彩上都可以归结到春天这个季节里。我们应该用怎样的颜色定义春天呢?唐诗有杨巨源的《城东早春》:“诗家清景在新春,绿柳才黄半未匀”。韩愈的《早春呈水部张十八员外》:“唐天街小雨润如酥,草色遥看近却无”。王维的《送元二使安西》:“渭城朝雨浥轻尘,客舍青青柳色新”。在诗人们对大自然的描写中我们不难看出,草木发芽的嫩绿色是春天里最独特的色彩,用观察法和借鉴法,我们就能很准确地抓住主色彩,定下色彩,再借鉴古代的诗词意境,包装的基本设计方案也就有了思路,设计主线搭建好,拿起“画笔”一幅描绘节气的图形包装就诞生了。

3.2 特殊时期的图形包装中色彩如何定义

拿中国气象频道“春运”这个特殊包装来看,首先我们可以利用联想法,“春运”就字面意思会让人联想到各种来往的交通工具、背着大包小包回家或者回城的人潮、匆匆离别的背影等等。这一切联想我们可以总结出一个动词“繁忙”,一个情绪词“喜悦”,一个名词“时间”,春运就是“繁忙而令人喜悦的时间”。主题字眼找到了,如何定义其准确的色彩呢?我们继续利用联想法和色彩的基本含义来定义“春运”包装的主题色彩,“时间”让人联想到太阳,继而联想到金黄色,黄色有“希望”、“幸福”、“活力”和“愉快”等正面的象征含义,“愉快”和“喜悦”的意思是同等的,正是我们需要的。通过以上方法我们可以确定将黄色作为基本主色调,在这个基础上我们加入“繁忙”含义的色彩作为辅助色彩,使其色彩定义更准确丰富,“繁忙”——“收获”——“富有”,金色、银色、黄灿灿沉甸甸的麦子,将联想到的这些色彩综合一下,金棕色是个不错的选择。这样春运的主题包装色彩基本就出来了,金色与金棕色。为了表现时间的流动性和快速性,利用色彩心理学,可以将金色的明度调整得高一些,偏白的金色会给人一种快速流动的感觉。为了表现温暖的情绪,可以将金棕色的色相偏红色一点,暖色系会给人温暖的感觉。经过以上一系列的分析,春运的这套包装图形,我们已经设计出了深色系和浅色系,游离于这两个色系间的颜色我们都可以当辅助色来用了,色彩一下子丰富了不少,设计者就可以根据不同图形的需求运用这些色彩了。

4 小结

色彩在身边无处不在,它是无声的语言。电视气象节目包装是服务于生活并丰富生活的,用色彩来丰富电视包装这是必然性。不同的栏目内容必定有适合它的色彩来丰富诠释,学会用无声的语言去丰富节目内容,美化节目形态,在现代如此多垃圾信息的时代不失为一个非常好的方法。希望本文能带给设计者一点关于栏目色彩的启发。

浅谈非语言符号在电视气象节目中的作用

施洛洛

（江西省气象服务中心，南昌 330046）

摘　要

非语言符号所表现的内容或意义通常是无意识或潜意识的，它比语言传播形式更能表现出真实的感情或含义。当语言信息与非语言信息不符或发生冲突时，人们宁愿接受非语言信息。由此看出，非语言符号对于人类的沟通交流活动起着举足轻重的作用，存在于各种人际交往关系中。而对于担任着传递信息桥梁作用的电视媒体来说，非语言符号运用得好坏，会直接影响电视传播价值的大小。电视气象节目作为电视节目的一种，自然也离不开对非语言符号的合理运用。本文试图从视、听两方面来论述非语言符号在电视气象节目中所起到的作用。

关键词：电视气象节目　传递信息　视觉　听觉　非语言符号

1　非语言符号的定义

非语言符号是指不以人工创制的自然语言为语言符号，而是以其他视觉、听觉等符号为信息载体的符号系统。虽然语言是人类最重要的符号系统，但是非语言符号同样在日常传播活动中扮演着不可或缺的角色。美国学者 L.伯德惠斯特尔估计，在两个人传播的场合中，有 65％的社会含义是通过非语言符号传递的。专门研究非语言符号的艾伯顿・梅热比也提出了一个公式，说明非语言符号的重要作用。

沟通双方互相理解＝语调（38％）＋表情（55％）＋语言（7％）

公式中的“语调”和“表情”均为非语言符号，这个公式表明了人际传播中非语言符号所能传递的信息远远大于语言。

从这个公式中可以看出，非语言符号可以极大地提升语言符号所要表达的信息，并能更全面立体准确地表达语言符号中的意义。虽然相对语言符号来说，非语言符号传播意义的范围有所局限，不能传递任何信息，但是它可以加强、扩大或是弱化、抵消语言手段的效果。

2　视觉性非语言符号在气象节目中的运用

2.1　人物

一档电视节目的核心灵魂系在主持人、嘉宾等各种人物的身上，气象节目也不例外。关键人物是节目与观众沟通的最主要纽带，因此通过这些人的非语言符号的表现，往往能够帮助观众更好地投入节目的观看。

2.1.1 造型

服装、化妆等在特定的传播条件下，也是传达信息的重要载体，具有明确的表情达意的功能，也是非语言符号的一种。它可以代表一个时代特征，节目的风格。因此主持人在造型上不能完全按照自己的喜好，要为观众着装，为节目着装，做到与节目特色相统一，与电视观众的心理相符合。与此同时，固定的造型也有助于观众的记忆，提升观众对节目和主持人的认知度。

例如大多数的电视气象节目都以其严谨的科学态度服务大众，因而大多数的气象主播都以正装为主，化妆上以自然端庄为主。如《新闻联播天气预报》给观众的心理塑造一种高度可信服度。当然，随着时代的开放，轻松时尚的气象节目也是屡见不鲜，主持人清新靓丽的风格也活跃在屏幕之上，如《凤凰气象站》给人以耳目一新的感觉。

同时气象节目中，服装颜色与节目的搭配也是值得讲究的。比如说夏天高温，往往背景地图中会呈现出大片的红色系色块，主持人此时便不宜再着红色系的服装，一则容易与画面重叠，二则给观众的视觉效果造成更为炎热的心理暗示。

而作为嘉宾的气象专家，着装往往就要朴实得多，衣饰并不会过于华丽，以干净整洁为主，因为气象专家的主旨并不是带给我们视觉的光鲜，而是以严谨、认真的风格向受众传递分析各种气象原理，从外观建立起一种学者的专业化印象。

气象外景记者作为现场的第一关键人，服装非常生活化，代表的是广大观众的立场，同时也最能体现当下的天气变化，观众第一眼通过记者的服装便能真切感受到当时当地的阴晴冷暖。

所以，成功的服饰与化妆，就是正面正确地向观众传递了一个非语言符号，不仅吸引了受众的关注，并给观众带来了视觉愉悦的效果。

2.1.2 首语、手势语和体姿语

首语是指人体头部动作所传递的信息，手势语是指人体上肢所传递的交际信息，体姿语是人身体的各种姿态所传递的信息，这三种体态语的使用经常是同时进行的，也可以统称为身体动作。

当人与人相互沟通交流时，我们往往会将注意力集中在眼睛、嘴巴，因为这两个部位是在交流中最为灵动的。嘴巴用来述说表达，而眼睛则是传达无声语言的最佳途径。

正所谓眼睛是心灵的窗户，想要达到融洽的情感交流，主持人就要做好眼神的运用。面对摄像机，可以以平视的角度，脑海始终有种对象感，目光透露出主动的“交流”意愿，相信会为节目的播报增加一份亲切的感觉，也会让观众更加容易接受，不由自主地产生一种信任感，这对于电视气象节目来说尤为重要。因此作为一名气象主持人来说，本人在节目当中一般会采用脱稿，脱离提词器的方式。因为只有将稿件融会贯通，做到心中有数，才能真正转变为自己的语言生动地表达，眼神也不会因为盯着提词器而显得木讷不灵动，从而使得主播的整个状态能够更加地具有自我特色，收放自如。

而放大到整个面部，主播的表情也会牵引到观众的心理，感染到观众的情绪。因此气象节目中，应对天气的不同和变化，主持人也应有相对的表情变化。例如天气平静稳定，舒适宜人，主持人的表情应是愉悦的；而天气恶劣，甚至会带来灾害时，主持人应是相对严肃的，让观众能够对可能引发的问题引起重视。再例如一个记者的外景出镜，他的眼睛因为阳光的照射而微微眯了起来，这一真实自然的细微的表情，被观众捕捉就能解读出更为丰富更为立体的信息，并能感同身受。

而作为非语言符号中非常重要的一个组成部分，体态、动作、手势等等都能成为传递信息的符号，并能充分展现主持人的个性色彩。一些主播的习惯性动作或者标志性动作也是让观众记住这个人的有力符号之一，当然也会暴露出主播的情绪，或紧张，或松弛等等。体语运用得当会和节目的整体内容与主持人的风格相得益彰，起到增强有声语言的传播效果。而这在气象主播的身上可发挥的空间就更加的大了。气象主播不仅在播报的过程当中会有一些自然而然的动作手势，非常重要的是气象主播有很大一部分时间是在和地图做互动，如何精准地指出地图对应的各个位置，如何姿态优美地指向地图，同时如何能够带动观众的跟随和关注，这从主播的体态、手势中均可以被反射出来。就我自己而言，我的主持习惯的站姿是微微向地图方向稍侧，这样便于在观众和地图之间快速转换互动；再说到一些生活提示以及一些关照语时，会身体微微前倾，保持微笑，以展示一种主动的亲和与关切等等。

2.2 画面

2.2.1 各种天气符号

电视气象节目中，总是离不开各种天气符号的出现。这些表示阴晴雨雪等各类天气现象的代表符号本身就是一种非语言符号，并有明确的所指。一种符号即代表一种天气，并且在多年的电视天气节目的发展历程中，这些符号也已经广泛地被大众所认识并认可，接受度极高，观众一眼看去便知道其所传递的信息和意义。这大大地减轻了语言符号的使用，使得很多天气节目中即便不用主持人配音，观众直接通过这些符号也能够准确解读。

当然，随着大众审美意识的逐渐提高，简单的天气符号无法满足观众的审美追求。现在的天气符号开始变得多元化，最重要的是"动"了起来，这样的符号不仅使得整体画面更加的活跃灵动，而且动态的事物往往更容易吸引眼球，因此也更能够吸引观众的注意力。

2.2.2 现场感

在许多气象新闻的报道中，现场捕捉的画面很可能会比记者所用语言符号更有说服力。例如在冷空气的报道中，记者口中所说的大风降温等现象观众也许难以体会，而看到画面中摇摆的树干，荡起波浪的湖水，甚至记者被吹乱的头发，哆嗦的身体，有了这些非语言符号的渲染和烘托，观众则能够真切地感受到冷空气的影响程度。这个时候，这些非语言符号的出现甚至完全可以代替词语参与传播活动。

3 听觉性非语言符号在气象节目中的运用

3.1 音色

悦耳动听的音色是加大观众对于信息接受度的一个重要因素，这也是播音主持艺术所要具备的条件之一。好听的声音总是会带给人愉快的心情，从而使得人们对于这种声音所传递出来的信息能够更好的或者说更愿意去倾听和接受。

3.2 语气、语调

在主持人的播报过程中，语气语调的不同，传达出来的信息很可能是大相径庭的。俗话说"听话听音"，同样的一句话，重音位置的不同，所强调的意义就不同，语调的抑或扬，所表达的情绪也完全不同。因此，在信息的传递中，很大程度上取决于"怎么说"，而不是"说了什么"。

电视气象节目中，主持人播报文稿时，语气语调的拿捏十分重要，既要有亲和力，又不能失却公信力。对于一系列的气象数据、预报结果，如果主持人的语气太过严肃，难免会让观众觉得枯燥乏味，晦涩难懂，难以达到良好的沟通效果；而如果主持人太过活跃，娱乐性过强，又会让观众对气象的科学性产生质疑，难以信服。因此，合适的语调，亲切的语气的良好运用，既能够拉近与受众的距离，保证沟通传递信息的畅通，又不失受众对于节目信息的信任。这对于主持人的播音技巧也是一种考验。

3.3 类语言

类语言就是人发出的有声而没有固定语义的信息传播，常常是一些自发的声音，像哭声，笑声等等，都是类语言。另外，还有一些在交谈过程中发出的“嗯”、“啊”、“哦”等，也属于类语言。这些类语言配合语气语调的变化，能够最自然地表达真实的情绪。恰当地运用类语言，更有利于交谈双方的情感沟通，建立更为畅通的传播平台。有人统计，人们在表达思想感情时，类语言和语言的比例大约为 5∶1，可见其所承担的传播功能非同小可。

例如记者在外景透过镜头向观众传递天气寒冷的信息，通过文稿和画面，虽然已经能够将信息传递，但如果观众能够听到记者因为寒冷而说话的声音都在颤抖，这种听觉的体验会让观众有更深刻的感受。再例如主持人或记者在与被采访对象的沟通交流中，一些类语言的出现，会增加现场双方的交流感，有助于缓解被采访对象的紧张度，并拉近距离，口语化的表达方式对于引导被采访对象的应答、对话，也是有很大帮助的。

3.4 现场音响

在许多气象新闻中，现场音响也是被广泛采用的，现场音响有语言符号也有大量非语言符号。非语言现场音响是客观事物变动的环境和过程中自然发出的声音，它比一般音乐声响具有更强的时空感和现场逼真性。例如一条气象新闻中暴雨、大风的声音，夏天的蝉鸣声等等，这些声音本身就是对天气信息表达最有力的符号。

3.5 音乐

音乐在许多电视节目中，是不可或缺的组成部分，音乐是调动人们内心情感的最有利工具，在渲染气氛上，音乐的作用不容忽视。许多影视作品，主题曲被广泛流传，因而也使得这部影视作品得到了更广泛的传播，这样的例子比比皆是。而在电视天气预报中，音乐也是表现其节目风格的符号之一。例如各卫视天气预报节目中的背景音乐，往往以民乐为主，显得较为传统，风格不失稳重；而地市级的天气节目中，相对会稍显活跃，流行音乐作为节目的背景音乐也十分符合年轻观众的喜好。

同时，节目的固定音乐，会是一个电视栏目的标志性符号，在观众的心理产生一种绑定效应，即听到某段音乐便会想到某栏目。这可以说成为了该节目的一种无形的 logo。例如《新闻联播天气预报》，固定不变的片头曲，城市背景音乐，已经是被观众所认知和熟悉的。准点响起的音乐在潜意识里已经和广大观众形成了一种约会意识，即到点观众的心理便会期待音乐的出现，音乐出现观众便会知道是相应的节目开始。这对于节目的推广和持续发展，无疑都起到了稳固和推动的作用。

4 结语

由此可以看出，非语言符号对于电视气象节目的传播起着非常重要的作用，对于增强节目的感染力，渲染环境气氛，为节目造势是当仁不让的主角之一。正确认识和充分发挥非语言符号在电视气象节目中的优势和作用，对于提高节目质量，增强宣传效果，增强受众的认同感都有着极大的帮助。合理地运用各种非语言符号，会令节目更加的生动，更有生命力。

参考文献

[1] 毛峰. 2006. 传播学概论. 长沙：中南大学出版社.

[2] 高贵武. 2007. 主持传播学概论. 北京：中国传媒大学出版社.

[3] 李彬. 2003. 符号透视：传播内容的本体诠释. 上海：复旦大学出版社.

浅谈气候变化公众意识的调查现状

遇　蕾　朱定真

(华风气象传媒集团,北京 100081)

摘　要

气候变化正在经历从一个科学问题向环境、社会和政治议题转变的过程中,科学界、政府和相关组织等都迫切需要把握公众的认识和意识,以作为下一步行动的参考。本文通过对现有的国内外调查结果总结了公众对于气候变化的关注程度、认知深度和了解渠道。同时,在"鼓励公众参与"向"全社会参与"的转变过程中,应充分发挥媒体引导公众积极应对气候变化的作用。

关键词:气候变化　公众意识　公众参与

1　引言

随着全球范围内的普遍升温为越来越多科学研究所证实,人类活动排放的 CO_2 导致全球变暖被主流科学界所广泛接受。全球变暖将带来一系列严重的环境和生态危机,气候变化问题正在经历从"进入公众视野"到"受到公众广泛关注"的转变。同时,因涉及节能降耗、低碳减排等一系列社会经济的应对措施,气候变化不再是单纯的科学问题,已经成为关乎企业的发展,影响外交博弈的政治问题,频频出现在媒体的各种报道中。这无疑加强了公众对于气候变化的事实、原因、影响和对策的深入认识,但是公众对于这一问题的关注程度、认知深度、了解渠道究竟如何?此类调查在国内与国外的研究不多,并没有统一的标准。而科学界、政府和相关组织等应对气候变化的各方,都迫切需要了解应对气候变化中的重要部分之一——公众参与和公众意识的发展现状,以作为下一步采取行动的参考。在这里,我们通过对现有的国内外对气候变化公众意识调查结果的分析,希望为今后在提高公众应对气候变化意识的科普工作提供参考。

2　气候变化已经受到公众的广泛关注

根据国内著名调查公司零点的数据显示,公众对于环境与气候问题的关注度在近几年有明显加强。2005 年,50.4%的公众认为全球变暖是解决全球环境最重要的问题;2006 年,59.4%的公众对全球变暖的环境问题表示非常担心或比较担心;2007 年,58.1%的沿海城市居民认为全球变暖的问题非常或比较严重。

另一项由英国大使馆文化教育处和中国科技部中国科技交流中心合作开展的调查显示,75%的中国城市青年认为,中国已经在经受着气候变化所带来的影响。

国际环保机构"气候组织"和北京市消费者协会联合发布的《气候变化消费者调查》报告指出,超过 98%的被访消费者表示关注气候变化问题。调查结果显示,中国消费者对气候变化的关注程度高于美国和英国消费者。

最近的两项调查同样佐证了中国公众对气候及环境的关注领先于其他国家的论断。一项是引自2010年《环球时报》的一则新闻，在对美国、英国、澳大利亚、南非、沙特阿拉伯、中国、巴西、印度等8个国家选取的7055位公众调查中，46%受访者将全球暖化、战争及恐怖主义列为世界面临的最重大问题，67%的中国受访者将全球暖化和环境污染列为世界头号问题，这一比例比其他国家都高。另一项是汇丰银行在2010年的8月和9月期间，选取15个国家和地区的各1000人，累计1.5万人进行了调查。结果发现，57%的中国公众对气候变化问题表示担忧，居于本次调查国家之首，高于38%全球平均数。此外，本次调查中，气候变化问题也同样成为香港人最为关注的问题。25%的香港受访者认为，气候变化是他们最关注的问题，而英国、法国、美国的受访者对这一事件的关注都在10%以下。调查人认为，气候问题在新兴市场已成为备受关注的议题，在保持经济增长的同时，应对气候问题也是一种挑战。

上述调查表明，气候变化问题在全世界范围内已经得到公众的广泛关注，气候变暖已经"深入人心"，中国公众的关注度较高。

3 公众对于气候变化的认知深度远远不够

公众对于气候变化的认知深度至少应包括四个方面：气候变化的事实、原因、影响和对策。由于大众对于气温升高、物候提前的切身体验，以及媒体广泛报道冰川消融等的观测事实，公众对于气候变暖的事实已经"确信"。对于由此引发的灾难性后果，诸如生活环境暖化、海平面上升淹没沿海低地和岛屿国家、极端灾害性天气事件频发，虽然不能全面述及，但普通大众也有了广泛的了解。而对于气候变化的原因，除了模糊的认识温室效应是导致全球升温的原因，对于人类活动排放CO_2的形式以及气候系统变化的其他机制却缺乏了解。即使是对于大学生这样一个受过高等教育的群体的调查也表明对于气候变化与温室气体的成因了解不够。

耶鲁大学的最近研究表明，美国公众对气候变化的认识存在巨大差异。其结果是在2010年6月24日—7月22日期间对2030位年满18周岁以上的美国民众调查之后得到的。只有57%的美国人知道温室效应，63%的美国人相信全球变暖正在发生，但是许多人并不了解全球变暖的原因，大多数的美国人错误地认为臭氧空洞与气溶胶喷雾罐导致了全球变暖；只有10%的美国人认为他们对气候变化"非常了解"；75%的美国人指出他们想更深入地了解这一问题。该项研究的负责人也指出，美国人需要进一步学习有关全球变暖的原因、影响以及潜在解决方案的相关知识。

根据此前提到的汇丰银行组织的调查发现，虽然香港人对气候变化认知度高，有83%人说认识气候变化，高于全球平均的61%，但认知并不深入。在未来低碳经济的认识上，不少人愿意支付较高价格购买具有能源效益产品，香港有43%受访者表示，愿意支持能源效益产品，高于全球40%平均数，美国则有26%人支持，日本有23%。

英国大使馆与科技部的调查显示，只有25%的人确信他们了解如何应对气候变化。《气候变化消费者调查》[4]显示，69%的受访者愿意改变生活习惯来应对气候变化，50%的消费者愿意多花时间，29%的消费者愿意多花钱，但对于具体措施却知之甚少。

不过根据最新的调研显示，公众对与低碳生活意识和消费形态已经有了明显的变化。大众点评网和中国银联的调查显示，逾九成网民支持低碳消费，全国共有7万余名网友参与了此次活动。97.84%的网友选择"支持"低碳消费，选择"不了解"和"无所谓"的网友分别仅占1.3%

和0.87%。具体来说,43.99%的网友拒绝使用一次性筷子。97.3%的网友表示会减少食物浪费。如果菜点多了,有19.63%的网友会自备打包盒。57.13%的网友表示会多吃蔬菜少吃肉,很多家庭开始实行一周至少吃一次素食,素菜馆也风行京沪穗等大城市。

综合来看,随着近年来媒体宣传的不断深入,公众对于气候变化的基本事实和影响已经有了较为明晰的认识,越来越多的公众开始关注并愿意通过低碳行为为减缓气候变化采取行动。但是对于气候变化的原因,温室效应与人类活动的关系,个人、企业、国家如何应对气候变化认识还远远不足。

4 气候变化的认识渠道

英国大使馆与科技部的联合调查表明,公众获取环保与气候变化相关知识的信息渠道比较单一,八成左右通过电视和报纸了解。书籍、传单、户外广告、网络等有效渠道却还没有被充分利用起来。

环保部贾峰的调查发现:在我国,大众传媒成为公众接受环境保护知识及信息的最主要渠道,81.1%的人通过电视、广播接受环保知识及信息。但从不同渠道的实际传播效果看,互联网浏览这一主动接受环保信息的渠道效果最佳,学校及单位的环保宣传效果分列第二、三位,而传统的大众传媒的传播效果因其受众接触渠道的被动性、随意性较强,实际的传播效果并不突出。

可见,气候变化的报道宣传还主要集中于报纸杂志和电视媒体,宣传主体依旧停留在政府这一单一主体上。渠道和主体多元化、感性与理性并重、传播与互动结合的全方位立体信息渠道尚未真正建立。随着数字电视、移动电视、手机媒体、IPTV等新媒体的迅速蓬勃发展,公众,尤其是年轻一代,对信息的获取渠道已经远远超出了传统媒体的范围。新媒体的交互性与即时性、海量性与共享性、个性化与社群化将对整个行业带来前所未有的革命。随着手机上网的迅速发展,微博,微电影等新兴传播渠道潜在影响力的增强,对气候变化的宣传将起到更加积极的作用。

5 气候变化与公众参与

在2011年第一期《自然气候变化》(Nature Climate Change)中,调查了1822名英国民众,测试个人的洪水经历是否会影响其对气候变化的感知,是否这些感知会影响他们能源利用意向。调查显示,经历过洪水的民众更关注气候变化,更了解当地在应对气候变化方面的脆弱性,也更能感知到气候变化的影响。这也从侧面证明,当亲历极端天气事件后,反而增加了民众对气候变化的关注和节能行为的参与。

因此,气候变化科普与宣传不同于其他科学的魅力,在于其目的不仅仅是告知,而是公众的参与。根据个体行为改变与形成过程的六个步骤来看,中国公众对环境与气候变化问题已经跨越了无意识阶段,人们对此已经有了基本认识。但是相关理论知识比较薄弱。主观上有积极心态,部分已经能够转化为实际行动。

中国政府在2007年发布了《中国应对气候变化国家方案》,其中"第四章中国应对气候变化的相应政策和措施"中提到"鼓励公众参与";2008年发布《中国应对气候变化的政策与行动》即白皮书,2009、2010、2011年相继发布了白皮书的年度报告。从白皮书三年的报告中,可以清晰地发现国家在应对气候变化上对"提高公众意识"和"公众参与"的重视。仅以2011年为例,涉及公众意识的"第四章全社会参与"单独一段介绍"公众广泛参与"。从最初的"鼓励公众参与"到"公众广泛参与",是一种被动性到主动性的转变,是从一个群体到一个整体的转变,是从基于良好愿望下的懵懂行为进入更高层次,从而产生广泛、主动、有意识的积极社会行为的转变。

6 结语

由于气候变化既是一个复杂发展的科学问题,又是一个与生活休戚相关的生活问题,还是一个敏感的国际政治话题,我们基于上述对于公众关注程度、认知深度和认识渠道的调查现状分析,得出以下启示:

当气候问题仅仅是一个科学问题时,媒体的责任是科学普及——"启民智",同时,由于公众的关注进一步推动气候变化的科学研究;当气候变化演变成与日常生活和社会政治经济相关的问题时,媒体有义务将公众的认知需求反馈给科学界,同时更为重要的是,利用广泛的传播渠道,设计良好的传播内容,以启动公众接受意愿,参与实践,实现良好的公共宣传效果,最终推动公众的行为变化。因此,媒体在应对气候变化"全社会参与"的宣传中十分重要,所扮演的角色是要在尊重科学事实的基础上,积极传播气候变化知识;及时跟踪国际谈判,维护国家利益;开拓传播主体,丰富传播渠道,感性与理性并重,唤起民众意识,促进民众行为;注重实践,广泛动员政府部门、民间组织、工商企业等不同团体应对气候变化。期望通过各种途径,推进我国的公众参与意识及行动,倡导"低碳生活",早日形成政府主导、各界联动、全社会互动的氛围,保障国家的可持续发展。

参考文献

[1] IPCC. 2007. Summary for Policymakers of the Synthesis Report of the IPCC Fourth Assessment Report [M]. Cambridge,UK:Cambridge University Press.

[2] 何帆. 2010. 应对气候变化公众怎么看,《市场研究》,(1).

[3] 王佑. 2010. 中国公众低碳生活意愿高,《市场研究》,(1).

[4] 气候变化消费者调查报告在京发布. 2008. 节能与环保,(11):32.

[5] 潘葳楠,余潇潇,潘根兴等. 2009. 大学生气候变化意识的一次调查一以南京农业大学为例. 气候变化研究进展,**5**(5):304-308.

[6] Leiserowitz A, Smith N, Marlon J R. Americans' Knowledge of Climate Change. Yale University. New Haven, CT: Yale Project on Climate Change Communication . 2010.

[7] Spence A, Poortinga W, Butle C, Pidgeon N F. 2011. Perceptions of climate change and willingness to save energy related to flood experience. *Nature Climate Change*,(1):46-49.

浅谈气象电视新闻摄像记者的剪辑意识

李　宾

（四川省气象服务中心，成都 610071）

摘　要

拍摄中的剪辑意识，是指摄像记者要有蒙太奇思维的能力，要了解报道的总体构思。在这基础上，再对拍摄对象有目的有计划地去拍摄。电视节目是集体的创作成果，尽管在创作中有前期拍摄，后期编辑之分，但是前后期各项工作必须配合一致；摄像记者在前期拍摄中必须对节目整体创作，对主题的把握、表现有所了解，要有剪辑意识。

关键词：气象新闻　摄像　剪辑意识

一般人总认为：剪辑是后期制作的事，前期拍摄时无需对此大动脑筋。殊不知记者的剪辑意识，可以帮助他用尽可能少的时间、尽可能省的素材，体现尽可能多的内涵，表现尽可能丰富的内容。这对于前期拍摄和后期制作的高效率，对于提高报道质量都具有重要意义。

1　摄像记者无剪辑意识拍摄的弊端

1.1　造成素材内容杂乱，难以编辑整理

素材的内容杂乱无章是指拍回来的镜头素材中有许多是与主题无关的镜头，特别是体现在空镜头的拍摄中。举例来说：北京人民大会堂的顶上有许多灯光，中间是一颗大五角星，其他灯光以五角星为核心，以辐射状向四周散开。这体现出了各民族人民紧密团结在共产党的周围这样一个特定的含义，我们常在全国性的会议新闻中见到它的画面，这样的景物镜头是有其内容涵义的。有的记者到了拍摄现场，不管三七二十一，也将镜头推向（摇向）灯光，或推向（摇向）电扇、花瓶。诚然，当内容需要时，也要用这种镜头来体现静夜、炎热、荣誉等等含义，它是有用的。但如果不是表达主题内容所需或转场用，这样的镜头就成了废镜头，这是内容乱的第一种表现。其实即使转场用，上下镜头之间也得考虑有无内在的必然联系，包括时间转场和空间转场时的上下镜头联系。

内容乱的第二种表现是单调。一是被摄体色调，摄像机老在拍摄同一件物体，忽视了它和周围环境的联系，和其他物体的联系。这些镜头，看起来是“主题突出”，实际上因为无陪衬物而显得苍白无力。二是景别、色调、角度单调。这是无剪辑意识的最典型表现，电视专题片是由几十甚至几百个镜头组成的，系列片的镜头则更多，这些镜头的连接是应该遵循一定的剪辑原则的。如果摄像记者的剪辑意识不够，就容易被镜头前的事物本身所吸引以致分散了注意力。使得画面在景别上、角度上很少有及时的变化，给后期剪辑带来困难。

内容乱的第三个表现是无主次。摄像记者必须练就在纷杂紊乱的环境或紧张活跃的气氛

中迅速找到被摄主体的本领，这对于制作新闻专题片或新闻片尤为重要。比如要报道消防队员救火的事迹。就不能一直在“火”上做文章，一直从不同角度、用不同的景别去拍“火”。等到火灭了，消防队员的任务完成了，但消防队员救火的镜头却没拍到，摄像记者的任务就没有完成。

内容乱的第四个表现是时间不统一。专题片不可能像电视剧那样有专门的场记，而有的专题片拍摄周期又较长，因此就要求记者在拍摄时注意人物的服饰与背景是否协调一致。在纪实性专题报道中，往往因“一天”中人物服饰的不统一，给观众产生虚假感。至于表现同一单位时间(一天、一月、一季)内发生的事件时，出现了不同季节的景物和服饰这种情况，在我们的专题片中更是时有出现。

内容杂乱的另一个表现是无突出镜头。作为一部出色的气象专题片，不管是新闻性专题片、人物专题片，或是其他的风光、风情艺术片，除知识性专题外，都有自己的突出镜头。正是这些镜头，才使得观众对该片产生极深刻的印象，即使忘了片名，忘了人名，忘了事件本身，也忘不了这些镜头。可惜的是，由于记者的剪辑意识不强，拍得随意，忽视了真正有意义的，能叫人“过目不忘”的镜头，令人惋惜。尤其是一些主题镜头、高潮镜头、细节镜头和抒情镜头等等。

1.2　造成画面的表现形式不统一

画面表现形式首先指编辑顺序总体构思。由于记者的剪辑意识不够，导致拍摄时带有很大的盲目性或任意性，开机就拍，根本不考虑或无法考虑镜头之间在剪接上有可能出现的矛盾现象，至于段与段之间的过渡镜头则考虑很少，这都会给后期制作带来麻烦。常见的毛病是用相同的镜头(包括运动镜头)拍摄不同的对象而且加以组接。这一切如果是以艺术手法增强感染力的，那就值得肯定；但如果只是相同或类似镜头的无目的组接，效果是完全不同的。

剪辑意识不强的记者往往在转换场地拍摄时显得束手无策，不知该用什么样的角度，用什么样的景别，先拍什么样的物体。如果在开机前考虑一下，下一个场景拍哪些镜头，而这些镜头中有哪个镜头可作开头，哪个镜头又是结尾，那么，到了一个场景里，应该拍什么样的镜头作为这一场景的开头与前一场景相接，又该用什么样的镜头作结尾以作为与下一场景的连接用。这样有计划地拍摄，在后期编辑时就会胸有成竹，信手找到所需要的转场镜头。拍摄中有了剪辑意识，哪怕在拍摄过程中有些凌乱，其实心里有底；对所拍镜头有了编辑时排列次序的构想，明白孰先孰后，孰轻孰重，这就不至于漏拍了重要的东西以致造成不必要的补拍。

画面表现形成不统一的另个表现是：色光不统一。由于剪辑意识的薄弱，常出现色差强烈、色度不协调的情况。滤色片的使用失误是应该避免的，这一点稍加在意就行。关键是我们在拍摄时，往往只注意被摄体本身，而对该被摄体的过艳的色彩与上下被摄物之间搭配是否协调一致却很少考虑，因而造成了忽暖忽冷的镜头色差跳跃，使观众感到挺不舒服。色度的不协调则表现在拍摄时不注意色彩的虚实连接上。举一个例子：前一个镜头是晨雾中的江景，下一个镜头则用了一个鲜花或动物的特写。前者迷迷蒙蒙，色彩很虚，后者显得色彩特别实。如果记者有强烈的剪辑意识，那么他就绝对不会忘记这两者之间，应该拍一个过渡的镜头。

用光的不协调也体现了记者的剪辑意识淡薄。比如，有紧接同一人物的两个人物脸部特写镜头。就单个镜头来看拍得都很美，前一个镜头是侧面，用的逆光，拍得非常好，有一种朦胧的美，后一个镜头是这个人顺光正面特写，拍得也很美，连皱纹也看得非常清楚，其神态更是抓得非常准确。可惜当两个镜头剪在一起时一个反差大，一个反差小；一个虚，一个实，忽然之间来了个大变，怎么看也觉得挺别扭。剪辑意识强的记者就会去再拍一个渲染环境或表达光源的过渡镜头放在两者之间。

画面表现形式不统一的第三个表现是节奏上的不协调。节奏包括画面上主体动作的快慢、事态内容张驰等内部节奏和镜头长度、段落处理等外部节奏。节奏是在整体构思中就需要掌握的，是事关节目感染力的重要因素。在编辑一专题片中，当表现动态较强的物体或表现紧张的气氛时，当情节发展较快时，需要捕捉一些被摄体准确的短镜头，以快速剪辑产生强烈的节奏感，但所拍素材里却没有能供剪辑用的合适镜头。有时候需要表达一种舒缓的慢节奏的气氛情绪、环境时，却发现拍来的有关镜头全是短镜头。镜头在长度上与专题片的主题，与表现的主体不协调，在实际工作中是非常伤脑筋的，而且在后期编辑中是无法弥补的。

节奏不协调还来自于运动镜头的处理上。通常有以下两种情况：一是无目的地推拉摇移（这在前面已讲过），二是镜头运动的快慢和整体构思不协调。如果我们的摄像记者在扛起机器之前，能认真地与编辑探讨一下整个片子的主题思想和表现形式，能把握编辑在这个片中所要体现的风格，那么，你就能准确把握镜头的节奏，变无意识的拍摄为有意识的拍摄了。

2 剪辑意识在拍摄实践中的意义和运用

剪辑意识，实际上体现了摄像记者对专题片的总体理解能力，体现了记者在拍摄现场的观察力、判断力的强弱，在专题片中，还体现了摄像记者与编辑记者之间的相互理解以及配合的程度。一句话，它体现了摄像记者的综合制作水平和作为电视摄像人员的总体素质。

作为专题片来说，好的解说词往往不是产生在片子制作之前，而应该产生在片子剪辑之后。这是因为在片子的拍摄过程中，摄像记者可以凭借自己对专题拍摄提纲的理解，捕捉许多与主题有联系的、意外的镜头。而这些镜头又可以使编辑或撰稿人产生丰富的联想，从而使专题解说词显得更为精彩，更吸引人。因此，摄像记者的剪辑意识，可以使所摄画面在内容上、表现形式和风格上，在片子的总体结构中显得更为协调，使画面、文字、效果及音乐等各种元素显得更加统一。

在专题片创作中，剪辑意识的总体运用可以归纳为以下几个方面。

2.1 用最短的时间，最短的篇幅，尽可能地体现最丰富的内涵

摄像记者有剪辑意识可丰富画面的表现内涵。摄像的剪辑意识，可以帮助我们在短时间内找到合适有效的被摄物。找到同时可以体现更多层次意思的镜头。

2.2 摄像记者有剪辑意识，可以在现场及时发现并记录有意义的被摄体

有剪辑意识的记者到了现场后，哪怕先抢拍一瞬即逝的形体，先抢拍不可再现的气氛和人物精神状态，他也不会忘记交代环境、时间及考虑片子的大体结构。而且在拍摄过程中他会不断地变换角度和景别，兼顾必不可少的拍摄内容。如果是采用现场采访的形式，记者决不能忘记该抢拍的镜头之后，还应该拍必要的开头和结尾画面。

剪辑意识还可以帮助摄像记者准确把握时机，处理好突发的意外镜头。

2.3 剪辑意识使专题片的创作前期即能确立或统一整片的表现形式和风格

根据编辑的意图，专题片创作会有多种多样的风格和表现形式：有叙述式的、有述评式的、有散文式的、有报告文学式的、也有抒情式的等等。在节奏上，有缓有急、可长可短，全凭内容和编辑的个人风格而定。编辑意识强的摄像记者，能准确地把握整片的脉搏，使片子显得协调

统一。

2.4　剪辑意识可帮助摄像记者与编辑处理好片头和结尾

摄像记者要有足够的剪辑意识，在拍摄专题片的现场，要始终惦记着寻找一个供片头和片尾打字幕用的镜头，并有意识使这个镜头拍得稍长些，与字幕相配合；并使片头在构图、气氛和内容上都为后面的表现作准备。

3　新闻片的剪辑意识

剪辑意识体现在新闻片的制作上，效果也是明显的。

3.1　机内剪辑

在国外，电视新闻记者工作中提倡无剪辑摄影。所谓无剪辑摄影，不是说不需要有剪辑意识，相反，它是要求记者先有剪辑意识，在前期拍摄中就考虑要完成后期编辑的工作，因此它也叫机内剪辑。

3.2　找准剪辑点

在采访中，善于抓住被采访对象谈话的空隙、停顿或谈话内容的转折点，及时变化景别或角度，找到较准确的剪辑点以利后期制作。这种情况特别适用于谈话人的内容无镜头好插入而又非剪辑不可的情况。如果无变化或变化得不是时候，画面就会出现“跳”。

3.3　处理好插画

在被采访者谈话时，一般采用“补几个记者反应镜头”，这有可能造成“故作点头状”的低级效果。但有时忘了这样的镜头，谈话内容还真不好剪辑或作前后语的调整，补拍些与谈话内容有关的镜头，如生产、生活场面，办公的画面等，这也常见。

空镜头虚化处理常遇到这样的情况：被采访者谈话内容已无法补拍，或内容本身就比较虚。这时采用这一办法是最有效的。

镜头摇开，也是准备对谈话内容进行剪辑的一种有效手段。

不管采用哪一种方式，都要求记者首先要有剪辑意识，否则，拍回来之后就觉得被动了。电视记者，尤其是摄像记者的剪辑意识，是在长时期的实践中形成的。剪辑意识的形成，要求记者有意识地锻炼自己，有意识地培养自己的观察能力和判断能力。在不带摄像机的时候，遇上某一个场面，也能及时地观察和判断一下，如果我肩上扛着摄像机，那么我该将这个场景用哪几组镜头加以记录？这些镜头的先后排列应该怎样？这对锻炼自己的剪辑意识是有好处的。

总之，记者在前期拍摄创作中，自觉培养和运用剪辑意识，对提高电视报道水平具有重要意义，应该引起足够的重视。

浅谈气象信息的电视化转化

杨　雪

（华风气象传媒集团，北京 100081）

摘　要

气象信息在现今的社会发展中起着至关重要的作用，是普通老百姓最普遍最基本的信息需求之一。同时气象电视节目也正在蓬勃发展。但气象信息本身具有一定的专业性和科学性，如何能够把握这种专业性信息在表达中的逻辑性，使其完成电视化转化，成为值得思考的问题。本文就这个问题，以中国气象频道为例，探讨气象信息如何转化为普通受众易于接受的电视化语言和表达方式。

关键词：气象信息　逻辑性　电视化　媒介观众化

随着电视传媒业以及数字电视的不断发展，目前专业性的电视节目也越来越多，常见的有体育类、动画类、自然探奇类、电影类、家居生活类等。而这其中，不乏一些专业性很强的频道和节目，这对于受众来说无疑具有更多的选择性。这些专业性强的频道和节目中，分为两类——大众化节目和和小众化节目。而气象节目、气象频道又是这其中为数不多的大众化节目、大众化频道。也就是说，气象信息的接收者具有最普遍性。但我们知道，第一手气象信息的发布者却是专业背景极强的一些人，因此这中间就需要电视媒介以及控制电视媒介传播效果的电视人作为转化，将专业性转化为普遍性，即实现气象信息的电视化转化，完成气象信息的逻辑性表达。

1　我们能给受众什么样的信息？——气象信息对于接收者的意义

首先，让我们从气象信息的分类开始。

在第一手气象信息的发布者（气象部门）那里，气象信息总体可以分为预报信息和实况信息两类。

其中预报类信息主要包括以下几个方面：气象灾害预警，包括中央气象台发布的预警和地方各级气象部门发布的预警信号；短期天气预报，即 1～3 天气预报；高温预报、高温中暑气象预报；雾霾预报；降温大风沙尘预报；台风预报；中期天气预报，即未来 10 天左右天气预报；城市天气预报；农业气象，包括农用天气预报、夏收夏种天气预报、干旱监测预报、土壤水分监测预报、生态监测气象评估等等；海洋气象，包括近海海区预报、海事公报、海洋天气公报等等；公路气象预报；地质灾害气象等级预报；森林草原火险气象等级预报；环境气象预报。

实况类信息主要包括以下几个方面：各类天气要素的实况观测，如气温、降水、风力风向等；雷达实况监测；卫星云图等。

但是对于接收者来说，所有的气象信息并没有如此细致的分类，当然也不需要有如此细致的分类。他们关心的只是与已相关的信息，也就是说“我或者我的亲人、朋友会受到不良天气的影响吗”？因此，气象信息是服务性质的，具有一定的科学性和指导性。那么对于电视媒介来说，现在要做的就是如何将这种服务性、指导性和科学性的气象信息很好地通过电视语言展现出来，并且对于接受者来说没有出现“转手”的损耗。

从气象信息的表达来说，电视媒体要完成的是，把搜集到的专业化、细化分类的信息按照受众的习惯和需求进行实用性、生活性用途的再次整合分类，并进行视觉、听觉的广普性转化。最终，受众接收到的是一步到位的信息传达，得到的是结论式信息或解释性信息。

2 我们怎样给受众气象信息？——气象信息的逻辑性表达

什么是逻辑？逻辑有两种不同层次和角度的含义：逻辑是一种顺序，也是一种规律；逻辑需要归类然后总结。因此，要做到气象信息的逻辑性表达，也同样需要做到把握气象信息本身的规律性，将各类纷繁复杂的信息进行归类总结的再加工，再根据不同受众的需要分门别类地播发。

2.1 气象节目的定位逻辑性

目前，很多电视节目都存在先入为主的理念，即我说什么你就要听什么。而实际上，作为服务的提供方，应该是“按需供应”，即你需要什么我就说什么。因此作为气象频道这个电视媒介来说，改进服务意识，转变节目理念，提升节目的实用性是第一要务。要达到在气象资讯立足的基础上，以“有用的”气象服务制胜。

要实现以“有用的”气象服务制胜，即实现节目理念和服务意识的转换要从以下几个方面着力。

2.1.1 给观众关注节目的“理由”，这本质上是一种身份角度的转变

从符合电视人、气象人标准的服务内容到符合老百姓、符合“自我”标准的新闻、服务的转变。抛开现在大多节目中“高高在上”的天气预报信息或新闻资讯，通过筛选提炼出关注度高、影响力大；“在我身边”、“我可能碰到”、“和我的利益密切相关”的信息，提供给受众，这才是取胜的根本。

2.1.2 从关注“重大”到同时走向“生活”

“重大”是一种社会性的群体关注，“生活”才是个体的具有自我意识的关注。改变传统的天气预报节目形态和服务惯性思维，我们关注的不仅仅是“天气”，更是“生活”。为观众提供真正有用的服务信息，目的就是要帮助观众认识天气对生活各个方面的影响，随时应对即将到来的天气变化，降低损失和不利影响，保护自己的生命财产安全。

2.1.3 增加时间段意识

我们提供的信息是建立在时段划分基础上的。比如一天中的不同时段对于同类天气信息我们关注的服务点是不同的，再如双休日与工作日、公众假期等人们的状态和关注点也是不同的，这些都要鲜明地体现在节目中。

2.1.4 有广度也不乏深度

气象专业信息的电视化转化并不意味着天气预报节目抛弃了深度。而恰恰是要把握住深度，进而把深度的话题变得深入浅出。也就是说既要让我们的信息和服务有广泛性，又能够深入到受天气影响的每个行业和角落，挖掘天气在某一行业、某一事件中的影响、作用，来体现天

气服务的价值。

2.1.5 由点带面的信息发布模式

传统的天气预报节目几乎都是以面为主，而这种信息发布模式其实并不符合人类接受信息的习惯，人总是关注自己或自己身边的事物。要做到有效的信息传播，就有必要改变这种信息发布模式。大多数情况下具体的点、具体的事才能引起人们的注意。因此，这种信息发布模式才确实能够起到服务的作用。

2.2 气象信息的视觉逻辑性

具有科学属性的气象信息的表达在很大程度上不能脱离图形的作用，甚至图形是作为很有力的表达手段来支撑信息的有效传播。但是，图形的广普性、美观度等都要符合受众需求。

2.2.1 图形叠加是增强受众对专业气象图形理解力的手段之一

对于气象工作者来说，850 百帕形势场(图 1)是较为常用的图形，对于未来天气形势的分析很清晰。但对于受众来说，这样没有经过加工的图形，则是一头雾水，即便配合气象主播的解说，仍然缺乏兴趣点，自然关注度也会下降。而将变温情况、冷锋动态与 850 百帕形势场图形相结合(图 2)，对于受众来说，这种图形的变化带来的切身影响即可明白几分，再配合解说，便会一目了然。

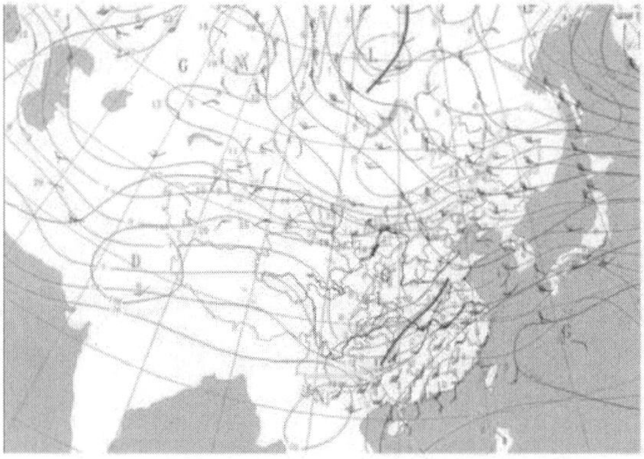

图 1 850 hPa 形势场

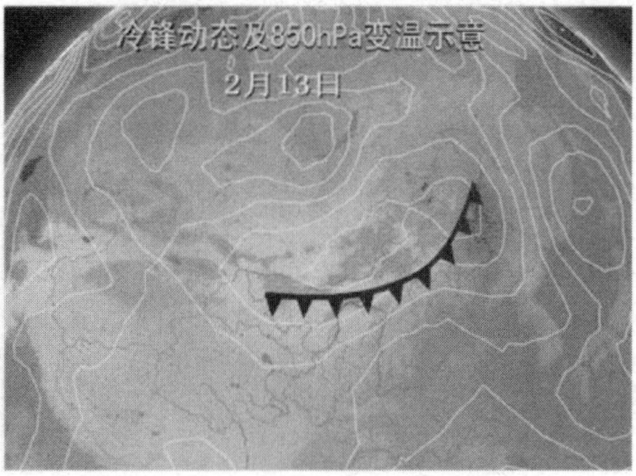

图 2 冷锋动态及 850 hPa 变温示意图

2.2.2 善用统计图表是直观体现表述重点的有效手段

统计图表不仅能非常直观的说明气象数据的变化，还能增加节目的趣味性，满足部分观众的猎奇心理。图 3 反映的是贵州气温的强烈变化。用柱状图反映三天的气温数值，很好地体现了上述主题，而如果仅用枯燥数字对比，则需要受众在接收信息后再进行一次信息转换，给受众的冲击便不会如此强烈。图 4 反映的是近 30 年冷空气和寒潮的活动情况，那么究竟哪个月份最冷就一目了然了。

2.3 气象信息的语言逻辑性

如何将信息通过声音传达出来也是很重要的。因此，通俗易懂的语言就成为气象信息电视化转化非常重要的一环。

2.3.1 信息的附加值——“为我所用”

这里的“我”是指受众。要做到信息的“为我所用”就必然要增加气象信息的附加值。就是说，现在我们提供的气象服务不仅仅是天气，要把天气信息从“天”落到“地”上来。比如我们的节目中常说，气温下降了5度或者下降了10度，但是这样的变化到底会给百姓的穿衣出游带来怎样不同程度的影响呢？这就是气象的附加值，也就说要一步到位地告诉受众，面对天气变化你需要做些什么。

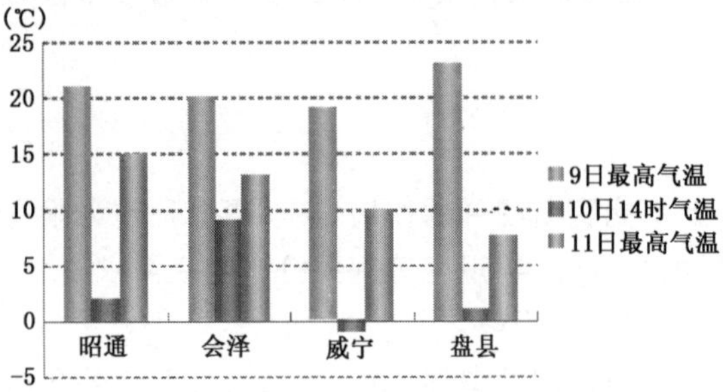

图3　贵州气温变化趋势

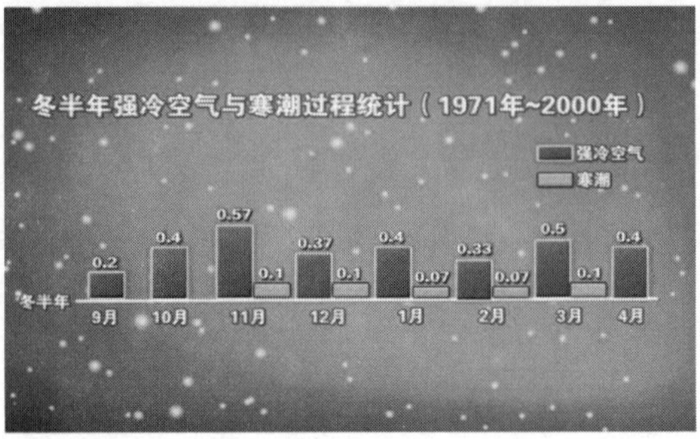

图4　冬半年我国强冷空气与寒潮过程统计（1971—2000年）

2.3.2　信息的指向性——重要信息的明确化传达

在大量信息的表述中，对于重点信息，不仅要在图形作出重点标识的示意，更要在语言表达上多使用“这是一条很重要的信息”此类的提示性语言。同时也要注意用总结式的语言随时进行结论式的表达。

2.3.3　信息的直观性——感受式的语言

天气变化直接作用于人的就是冷暖变化，那么语言上不如就多一些人性化的感受式语言的表达方式，不仅接受起来更容易，实际效果也会更形象和直观。

电视传媒在不断发展，气象媒体也在蓬勃发展，观众对于气象信息的需求也更加多元化，因此气象信息的电视化转化并非一朝一夕的努力。它势必随着时代和媒体的不断发展，不断更新、细化。

参考文献

[1]　宋英杰.1999.气象节目主持纵论.北京：气象出版社.

浅谈气象类节目中的少儿元素

齐　磊

(华风气象传媒集团,北京 100081)

摘　要

随着气象与生活的紧密相连,更多的公众已经意识到气象科普的重要性了,也逐渐的关注了气象类节目。但是在众多的气象类节目中,少儿类气象节目却凤毛麟角,且缺乏少儿元素。气象类节目也需要在时代的发展中创新探索,根据市场满足多元化的受众需求,为气象服务打造更宽广的平台。

关键词:少儿　科普　气象节目　栏目包装　天气预报

气象科普是科学防灾减灾,最大程度减少灾害损失不可或缺的重要途径,应当从小抓起,树立正确的科普观念。在众多的气象类节目中,已经包含诸如:天气预报、天气新闻、经济气象、生活气象、气象科普类等多形态节目,但带有少儿元素的气象类节目在国内形式还较为单一,如何在气象类节目中为少儿开辟出一条适合孩子们喜爱的少儿类气象节目,是从事气象节目的编导值得深思的话题。

1　气象节目中少儿元素

在探讨气象节目中如何融入少儿元素之前,先了解对少儿类电视节目的定义。以未成年人为目标观众群体,内容和形式都具有鲜明的少年儿童特色的电视节目,称之为少儿电视节目。在气象节目中,要想把少儿元素植入和运用在节目的表现形式上,就要更加注重可视性、易受性和娱乐性的结合,突出强化节目中的个性风格,使之与其他气象类节目区别开来。

1.1　少儿气象节目定位人群

如果问到少儿都看过什么气象节目,基本得到的回复都是《天气预报》,可见《天气预报》在受众收视的群体年龄段中,涵盖的范围很大。这相当程度上取决于人们对于《天气预报》的信息需求,但具体到其他气象类节目,收视人群的年龄的划分是节目成败的关键因素。

年龄段的区间越小,节目定位就越清晰,节目也更好把控。而加上"气象"二字的少儿节目,同少儿频道的少儿类节目在收视人群定位中也不一样。根据儿童发展心理学相关知识,少年儿童可以分为四个阶段:0～2 岁为幼儿时期,心智活动受感官和环境的交互作用影响;3～6 岁为学龄前儿童期,幻想、想象、游戏的心理最为强烈;7～11 岁为儿童期,求知欲望加强,已经具备了接收各种系统知识的条件,自我意识也在这个时候开始萌芽;11～15 岁为少年期,渴望独立。

气象少儿类节目主要的功能在于普及气象知识,减少灾害损失,以寓教于乐为主。对于受众群体的知识结构相对要高于其他少儿类节目的定位。7 ～11 岁为主要收视群体,兼顾 12～

15 岁这部分青少年。同时存在着潜在的收视人群,30～40 岁孩子的家长。

1.2　栏目形式

相较于其他电视节目,少儿类气象节目在形式上要更注重节目的可视性、易受性和娱乐性的结合。

1.2.1　少儿类气象节目的可视性

苏联著名电影理论家谢·金兹堡曾说过:"所有的感官都给我们提供有关周围环境的变化的信息,它们的使命也正在这里。但是视觉器官在其中占着重要的位置"。心理学家研究发现,儿童认知发展的起点是感知,主要是通过感觉动作图式来和外界取得平衡,处理主客体的关系。相对于成人来说,少儿更注重感官的刺激,他们是按照形状、颜色、声音和形象来思维的。

孩子们大都喜欢看动画片,对于卡通视觉的偏爱有着天性的基础。由此可见少儿类气象节目中的包装元素,是节目能否吸引孩子们观看第一眼的至关重要的元素,所以要根据不同的节目风格制定出与之相符的包装元素。在气象专业知识的领域中,有着大量的难懂的气象术语和复杂的专业图形,让人不免担心,年纪小小的孩子们能否接受这过于专业化的知识。

其实这的确是一大难点,但同时也是"借题发挥"的所在点。单从可视性上来说,气象术语、专业图形不正是构建包装元素的基础条件吗?"橘生淮南则为橘,生于淮北则为枳。"由此可见,将复杂的数据、图表转化成生动的卡通形象和趣味的动画,孩子们怎么可能会不多驻足看上几眼呢?(比如气象中的雨、雪、风、雷、沙等这些天气现象,在节目中用以颜色明快,形状卡通的图像和影像代表对应的天气现象含义。)为了更好地在节目中加入视觉元素,建立完备的少儿类节目资料库必不可少,通过对气象图片、影像、音乐等资料的常年积累,会在节目中运用哪些元素做到了然于胸。

在少儿类节目中,可视性可能被更多的解读为视觉感官的可视性。这固然有其特殊性,但如果节目过于倚靠视觉元素,而游离于节目本身的内容,就会演变成似驴非驴似马非马的动画片。正如美学家克罗齐说的:"艺术的全部技巧,就是要创造起读者审美再创造的刺激物"。正确的包装元素将带给观众以美的享受。

1.2.2　少儿类气象节目的易受性

在儿童成长的过程中,他们需要学习大量的关于自然、社会、历史、文化、科学等方面的知识,不断充实自己,学习自己在社会中的角色定位。少儿类节目可以提供他们所需要的大量信息,满足儿童认识世界的好奇心。

气象类节目的宗旨是普及气象知识,节目内容应该让观众感到"可受性",传播的信息知识让观众便于理解。而对于受众群体——少儿年龄段不仅要"可受",更要"易受",因为少儿和成人在接受同一知识点的时候差距较大。如《天气预报》在央视收视率中排在前列,大家都爱看《天气预报》的直接原因是什么呢?其实很简单,提供实用性信息。对于成年人来讲,信息性通过《天气预报》的方式传递具有可受性,但是对于孩子却不具有足够的易受性。

易受性,顾名思义,容易让观众接受的信息传递过程。那么在少儿类气象节目中就要避免说教式的节目形式,尽量融入孩子一看就懂,能够亲身感知的形式,也就是在节目中尽量体现互动。与其让主持人枯燥地讲解气象知识,不如将主持人作为节目中的一个元素,当做孩子们的媒介延伸,代替孩子们感知和参与到节目中。例如在节目中,主持人通过与儿童或观众的互动教会他们一些保护自己的方法,如什么样的天气容易引起中暑?中暑后应该如何救助等延伸知识。让孩子在看节目的时候不仅接受气象知识的解读,还学会如何应对突发事件的发生。

1.2.3 少儿类气象节目的娱乐性

如何将气象类节目做得生动有趣，一直是从事电视编导工作的人员一大难题。有人说“科普无娱乐，娱乐不科普。”虽然是调侃之词，但也的确体现了科普类节目在娱乐性上的欠缺。为了增加节目中的娱乐性，在气象类节目中，除了《天气预报》等资讯节目外，其他节目大都采用“主题事件化，事件人物化，人物命运化”的方式，让节目看起来具有戏剧冲突感。

显然，对于成人收视群体来说这是可行的办法。因为获知信息、放松压力是他们收看电视的主要目的，而儿童观看电视的娱乐目的性更强。对于儿童，有趣好玩是唯一能够吸引他们的因素。他们的思维往往是发散的，充满想象力。也就意味着娱乐性的元素相比成人所看的节目要占有更大的比重，但是面临的最大难题就是虽然是少儿类节目，但是主旨还是以科普为主。节目不能减少文化含量，把娱乐性与教育性相结合，寓教于乐，潜移默化之间使少儿的身心健康发展是我们做节目的出发点和落脚点。

其实在每天的生活当中，气象可以说无处不在，那么如何将这些气候现象和气象名词融入到孩子的脑海中呢？最重要一点就是要避免将少儿类气象节目成人化，不能以长辈的身份对儿童进行说教，这样会引起儿童的抵触情绪。最好把“气象”富有的娱乐性和教育性融入到一个个真实的现场实验中，通过具体案例为他们解开众多谜团。

黑龙江省电视台少儿频道的《小小气象站》，节目包装清新活泼，形式新颖。充分考虑了少儿的年龄特点，在节目中推出了气象节目主持人彩虹姐姐，每期都设计小朋友参与，并有固定主题，用通俗易懂的语言配以一些色彩丰富、风格活泼的科学画、卡通画，对气象科普知识进行形象、生动的讲解，融知识性、趣味性、通俗性于一体。

2 少儿类气象节目的组成要素

如今少儿类节目形式多种多样，少儿类气象节目也在慢慢的尝试着改变，那么关系一档少儿节目能否成功的因素又是什么呢？

2.1 少儿类气象节目主持人必备素质

可以说主持人是一个节目的灵魂，节目成功与否与主持人的表现密不可分。不同节目类型也对主持人的要求各异，少儿类节目的主持人面对的是如白纸一般，对大千世界充满好奇的特殊小群体。所以主持人的一言一行、穿着打扮、都会影响着孩子们的想法。他们对主持人传递的信息不仅深信不疑，甚至还会模仿。

2.1.1 少儿类气象节目主持人的形象

少儿类气象节目受众群体是孩子，因此主持人在着装、造型方面不能全都按着自己的意愿，也要考虑小朋友的审美来选择。一方面要贴近节目主题，体现节目特色，另一方面在色彩的选择上要色彩艳丽，以明快的红、黄、蓝等颜色为主，再搭配一些卡通的配饰。同时在着装方面要尽量避免职业装，化妆时也尽量不要化浓妆，以清新淡雅为主。

2.1.2 少儿类气象节目主持人的语言

主持少儿类气象节目，主持人要学会孩子的语言和习惯，孩子在进行语言表达时有独特的语言语态，所以在同他们交流时不论何时都要具有亲和力。在主持节目的时候要用童声、童气主持节目，但并不代表主持人在节目中向孩子们卖萌。而是应着重加强与孩子的一对一的交流感，强调给小朋友们讲故事，代替他们在节目中提出疑问。同时主持人还要充分利用面部表情和肢体语言加以配合，吸引小朋友对节目内容的关注，增加他们的兴趣，也便于他们对节目内容的理解。比如在讲解由一个气候现象引起的谜团时，主持人的面部表情也要根据故事的情节而变化，往往一个细微的面部表情就会引发孩子的好奇和幻想。

2.1.3 少儿类气象节目主持人的心态

少儿类节目主持人不同于成人节目主持人，在交流和沟通方面要有足够的耐心、爱心和童心。很多小朋友看到镜头拍摄的时候，内心不免会产生紧张感，很可能在拍摄的时候不进行配合。这就要求主持人在调动孩子的积极性方面要有足够的耐心。

平时在与孩子相处的时候，要多观察和多交流，了解孩子的行为习惯和需要，以及他们在不同场合表现出来的状态，这样才能在语言和行为上更接近孩子，更好地与他们进行交流。

2.2 少儿类气象节目编导必备素质

如果说主持人是节目的灵魂，那么编导就是节目的“把门人”，同时也是个“杂家”，从选题策划到素材整理，再到后期剪辑制作都要亲历亲为。那么少儿类节目编导应该以怎样的视角反映儿童，少儿类气象节目应该如何将娱乐化的传播“气象科普”留住孩子的目光，成了许多气象电视编导讨论研究的话题。

2.2.1 少儿类气象节目编导的知识储备

编导之所以被称为“杂家”，是因为需要比别人掌握更多的专业技能和文化知识，而少儿气象编导不仅要熟知自身的影视技能，还要对气象知识有一定的了解，才能够在编写稿子的时候得心应手，至少不能被小朋友的问题难倒。虽然小朋友的问题看似幼稚，但是回答起来却不能带有太强的专业气象色彩，要用孩子的视角去看待解答问题。

2.2.2 少儿类气象节目编导的专业技能

在少儿类气象节目编导工作中，还有一个非常重要的环节，就是撰写解说词。少儿类气象节目的解说词与其他电视节目的解说词不同，在内容上必须是孩子的语言。生动形象，便于理解，尽量用比喻、拟人的手法，将生硬的气象术语变得有声有色。

在录制节目过程中，编导最好懂得拍摄，因为在拍摄的过程中，孩子天性的表现或许就是本期节目成功的关键。而稍纵即逝的机会不会再有第二次，如果为了跟摄像交流而错失了拍摄机会，可谓是得不偿失。

在后期剪辑中，编导应具有独自操作机器的能力，作为编导是对本期主题最熟悉的人，对于整个节目的思路可以说没有人再比编导更熟悉。如果编导不会操机，要跟后期人员交流，难免会因为对技术的不熟悉而放弃一些设定好的后期设计，也会增加后期的制作周期。

2.3 少儿类气象节目选题

在少儿气象节目的制作过程中，我们不可避免地碰到一个问题，那就是如何进行气象科普教育。可以说少儿气象节目应该要有科普教育的成分，但是，传统的气象科普教育方式导致许多气象电视编导习惯以一种学者的身份对观众进行说教，这种方式不要说吸引孩子，就是成人群体也无法留住。

少儿类气象节目在选题上要丰富多彩，出新出奇，能激发孩子参与观看节目的兴趣。不能死板板的围绕着气象术语的讲解，而忽视了少儿在节目中的位置。应该让每一个孩子都感到自己的言行是受重视的，让孩子觉得是在参与节目而不是在表演。

在节目形式上多采用设置悬念、提出疑问、破解悬念的情景剧等形式表现。让孩子在融入情景之中，真正的提出自己的心中关于气象知识的疑问，并在节目中得到解答，但切忌不能为了设置悬念而小题大做，无事生非。

在节目内容上尽量用生动活泼、浅显易懂的方式传达给孩子们，而不应过多地选择反面教材和竞争激烈的题材，以免使孩子在潜移默化中养成要小聪明、搬弄是非等不良习惯。

浙江电视台的《智乐翘翘板》是一档传播科学知识的科普类节目。它摒弃了传统“你说我听”的说教式节目形式，把节目内容故事化、情节化。节目开始，通常是某位小朋友在现实生活中，或是在搞小发明、小制作的过程中。当遇到了难题，就会有一位知识分子模样的“叔叔”出场为他答疑解难，这样处理能使节目充满吸引力。扮演“叔叔”的主持人通过熟练地摆弄各种模型，一一讲解复杂问题，循循善诱地启发孩子们的思维。这些少儿元素，对于正在摸索中的少儿类气象节目启发颇多，至少证明了科普类节目并不是孩子们不看，而是在形式上欠缺孩子们想要看的点。

结语

少儿类气象节目绝不比成人节目简单，但也不能为了符合孩子的口味而流于形式、缺乏深度。为了更好地制作少儿类气象节目，应该让孩子们亲身参与到节目的制作中，参与节目策划的讨论，让他们有机会发表自己的意见。在节目中尽可能的展现他们的才华，让孩子们面对枯燥的气象术语也能提起劲头去领悟。

少儿类气象节目的完善才标志着气象影视整体行业的成熟，为此，让我们每个气象影视人为孩子们做出自己的努力吧。

浅谈少儿气象节目的策划与创作

张　媛

（华风气象传媒集团，北京 100081）

摘　要

在电视传播分众概念的倡导下，气象影视节目也在不断细化，为不同的领域、不同需求的人群带去更为细致、针对性更强的服务。少儿群体在气象节目的受众人群中，不论从收视习惯以及收视需求上，都有极其鲜明的特点。本文从少儿气象节目实例出发，在节目理念、节目资源、节目定位以及节目内容设置等多方面对少儿气象节目的策划与创作进行探讨。

关键词：红领巾气象哨　少儿气象节目　策划　创作

前美国总统里根的夫人南希·里根，曾就“电视与儿童”发表过谈话，她说“电视使得谈心的艺术消失了，我们的小儿子每天都会花很多时间聚在电视机旁，就好像电视机是个保姆”。央视一索福瑞的调查报告显示，我国4—14岁少年儿童平均每天接触电视的时间为2小时22分钟，从幼儿园到初中毕业的12年时间里，儿童接触电视的时间长达1万多小时，超过他们学过的任何一门课程的时间，而天气预报作为一项公众性服务节目，不能忽视这个庞大而重要的观众群体。而现在的孩子“都在看什么，喜欢看什么”，对于少儿气象节目的策划和创作来说，是一个十分关注和关心的话题。那么如何创作出少儿喜闻乐见的气象节目，真正做到他们想看、爱看，就要求少儿气象节目的制作者从自身的节目创作理念上做出调整，以少儿为本。

1　少儿气象节目创作理念

少儿气象节目是专为儿童设计、针对性较强的一块园地，除需要节目时段的考虑外，在内容表现上更需要编导们、主持人们费心劳神。作为少儿气象节目的工作者首先要从儿童的心理及特性的了解中去寻求一个正确的导向，然后在丰富的题材中溶入适合儿童心理的气象科普教育。

1.1　把握儿童特性

根据儿童心理学家的研究，儿童具有某些共同的特性，这些特性都是少儿气象节目创作理念的依据。

1.1.1　直觉及感性

从心理学的分析来看，少儿一般是指从七岁到十三岁的少年及儿童，这个年龄段孩子的特点是：逻辑思维迅速发展，但仍然受形象性思维的束缚，随着年龄的增长，经验的积累，而逐渐理解更多的事物，但对于抽象意念及复杂的事物他们则不易接受。

1.1.2　好奇心

儿童的好奇心极强，富于幻想，喜欢新奇的事物，对于活动的，有变化性的东西感兴趣，但耐性有限，不易持久。比如电视画面中的声光色的变化刺激，以及广告中鲜艳的画面、夸张的语言对儿童都颇具吸引力。

1.1.3 善于模仿

儿童的学习能力强，善于模仿周边的任何事情，几乎所有他们接触到的事物，都可以是他们学习的对象，特别是大人们的言行。因此，他们也易接受暗示，但是却缺乏判断力。

1.2 从少儿出发，真正做到以孩子为主体

中国少儿电视的发展已经有十几年的时间，在这十几年的发展中，少儿电视节目里成人规定的行为一致太多，少儿自发行为太少，说教灌输的东西太多，启发创造的东西太少，成人的视角、思维方式往往替代了少儿的年龄和心理特征。要做到让儿童成为节目真正的主人，要让他们的创造权得到鼓励，愿望得到尊重。

1.3 让孩子在参与节目的过程中真正动起来

一直以来，我国的少儿节目互动性就比较差，少儿参与节目不够，成了制约节目发展的一个巨大障碍。因此少儿气象节目要跨越这个障碍，就要让孩子们参与节目的制作，让他们有机会来发表自己的看法，展示自己的才华和作品，让更多的孩子能够积极参与，提升进取意识和交流意识。通过气象在各地中小学的平台，让少儿气象节目走进校园，展现自己对大自然的理解和观察，体现即兴性，真实性。在制作少儿气象节目的过程中，要依据少儿主线，跟随他们的思维去充分挖掘和创作。

1.4 以寓教于乐的方式进行气象科普

目前在国际上最成功的少儿频道之一，美国尼克少儿频道的总经理汤姆·阿西姆这样表达他的少儿电视节目制作理念："快乐是第一标准，我们从不奢望让教育变得快乐，我们要做的是让快乐变得有教育意义"。英国 BBC 的《天线宝宝》节目，在很多成年人看来"幼稚、单调、慢节奏"，却能让无数孩子为它着迷，成为一个成功的全球性儿童电视节目品牌，被誉为"迄今为止对儿童最有影响力的节目"。它的成功秘诀就在于还原了少儿电视节目的"童真、童趣"，用孩子乐于接受和真正喜爱的方式，所以我们的少儿气象节目应该将寓教于乐作为功能定位的最佳选择。

2 少儿气象节目的节目资源

以少儿为本，其实就是把少儿自身当成少儿气象节目最主要的资源。

2.1 红领巾气象哨——少儿气象节目的最佳选题来源

从目前的初步统计来看，全国现有的 1000 余所学校建有"红领巾气象哨/站"，这些地方活跃着很多气象哨兵们，他们每天定时记载着日照、风向、气温、雨量、湿度等天气情况，寒暑节假，风雨无阻。这些少年儿童们自己对天气的观测，是和少儿关系最密切，他们最感兴趣的话题。天气是孩子们的身边事，也是一种可感知的天气现象，所以通过他们自己的天气观测，天气感受得来的选题，也就是少儿气象节目的最佳选题来源。

2.2 以少儿为主要群体探索全民气象的模式

红领巾气象哨的参与者不仅能为节目提供他们观测到的气象数据，展现他们在观测过程中产生的疑问，解决的问题，还能成为气象"拍客"。21世纪的少儿群体已经可以初步掌握基本的拍摄以及网络传输技能，他们可以将利用各类相机、手机或DV摄像机等数码设备拍摄的他们感兴趣或者有意思的天气图像或视频传送给少儿气象节目的编导。在少儿气象节目中，由这些实时天气图片或视频出发，主持人可以和孩子们进行充分的互动，发掘影像背后的故事和科学道理。同时可以鼓励孩子们的原创动手能力，让他们自己通过计算机编辑处理后，将天气图像或视频上传网络并分享、传播天气节目。

3 少儿气象节目的节目设置

少儿气象节目以少儿为本，除了转变创作理念，将少儿作为节目主体资源之外，还要在节目设置上下足工夫。

3.1 节目风格设置

风格定位，即节目的格调及展现出来的文化特点与底蕴。施拉姆在《我国儿童生活中的电视》一书中首先使用了"儿童是电视的使用者"这一概念，把儿童从一个信息的被动接受者提升为主动寻求者，承认了儿童特有的情感、思维、生活。儿童节目风格是区分儿童节目与成人节目的关键，也是吸引儿童找到群体归依感和认同感的关键。他们特有的情感、思维、生活都应该用特殊的风格载体来体现。

3.1.1 场面华丽、赏心悦目

在关于家长认为孩子听到或者看到什么能够吸引他的注意力的调查中，第一是卡通片，第二是色彩鲜艳的画面，第三为有节奏感的音乐。少儿思维行为方式与成年人不同，儿童看电视尤其是看少儿气象节目一般都是为了轻松和娱乐，即使是为了满足好奇心而获取信息，也不能等同于课堂学习的一种延伸，孩子们喜欢充满神奇性、趣味性、幽默性、想象力的节目。从语言的选择、节目背景画面和字幕设计、道具的选择、主持播报形式都要符合儿童的心理、生理特征。比如在被称为欧洲儿童节目制作最高水准的窗口节目——西班牙的《游戏总动员》中，道具的色彩就非常鲜艳，逼人的黄色，纯粹的蓝色，对人的视觉产生强烈的冲击力，同时移植了许多童话元素。整个节目的思想出发点是让所有东西都变得浪漫和美好，仿佛又回到色彩斑斓的童年，而且现场儿童观众的服装设计精美，传达出热烈的、充满童真的狂欢气氛，大受少年儿童的欢迎。

3.1.2 快节奏、大容量

儿童看电视注意力集中程度与成人有很大差别，他们会不断地把目光移向别处，同时伴随着其他活动。据调查，儿童注视电视屏幕的时间长度很少超过30秒，绝大多数少于5秒。因此拖沓冗长、单调缓慢的节目他们并不感兴趣，少儿气象节目必须节奏明快、轻松活泼。同时，要不断转换画面和话题引起他们的注意。比如在气象科普的过程中加入适当的背景介绍、历史典故、现代科技知识等资料、图片，适当介绍事情的来龙去脉，展示事实的背景，介绍一些技术问题。这就使报道大大增加了知识性，少儿观众不仅可以了解"发生了什么"，而且可以知道怎么样发生的，就能使节目更加丰富并提高了气象科普的纯度和气象知识的含金量。这就等于对少

儿观众的精神食粮作了精加工，让他们受到启发，提高思考和分析问题的能力。

3.2　节目形态设置

以少儿作为少儿气象节目的主体的话，少儿气象节目也可以有多种形态。

3.2.1　指导型的“点”式

在天气现象比较丰富的时候，指导型的“点”式，是少儿气象节目比较理想的形态。所谓指导型，就是少儿气象节目的电视编导和气象编导从当时全国各地的天气现象中发掘出有趣的气象点，用这个气象点去指导一些相应学校或者红领巾气象哨的少儿们进行有针对性的观测观察，并将观测到的现象、数据在节目中展示出来，由专业的气象专家和一些孩子们通过一些设计的竞技游戏、天气实验或者华丽的天气科普演示片来揭示这些现象和数据背后的秘密。

3.2.2　提问型的“面”式

各个学校或者红领巾气象哨的少年儿童们将他们观察到的有趣的天气现象或者是一些充满疑问的和天气有关的事件，比如说柳絮纷飞、火烧云、雪花堆不了雪人等等拍下图片或者视频传送给少儿气象节目的编导，节目编导在这些图片或者视频当中挑选出节目话题，再通过一些全息式连线，竞技游戏，田野调查等手段来进行气象科普，充分发挥少年的主动性，寓教于乐。

4　结语

随着电视事业的不断发展，少儿气象节目正在向寓教于乐的方向发展，少儿气象节目的制作者正面临着观念转变和意识转变的重要时期。只有从思想观念上加以调整，才能真正达到用心与孩子交流，以少儿为本，用孩子乐于接受和喜爱的方式，才能创作出受少儿欢迎的气象节目，让孩子成为气象节目的主人，才能让他们在轻松快乐中增长气象知识。

参考文献

[1]　许哲军.2007.少儿节目的视角把握.视听纵横.(2).

[2]　梁红.2007.走出成人的影子:论儿童电视节目的主体意识.新闻爱好者.(1).

[3]　雷蔚真.2004.国外少儿电视节目的实践与探索.中国广播电视学刊.(10).

[4]　钟之静.2007.我国少儿电视节目的定位缺失和发展策略.传媒.(6).

浅谈为农服务气象节目的策划

万康玲　李雨谦　王晓莉　孙安妮

（湖北省气象影视中心，武汉 430074）

摘　要

在气象为现代农业细化、深化服务的背景下，气象影视应更好地为农业服务。本文针对《垄上新气象》电视节目的策划，就如何更好地制作对农民生产、生活有帮助的影视节目进行了探讨。

关键词：为农服务　气象节目　策划

湖北是农业大省，农业生产与气象条件密切相关。由于湖北地处南北过渡带，气候条件复杂多变，鄂北的岗地和山地，是十年九旱；江汉平原低洼地带人称"水袋子"，洪涝灾害每年都有不同程度地发生，对农业生产影响很大。为湖北的农业生产服务，是当地气象部门为社会公众服务的重要组成部分。中国气象局郑国光局长在 2009 年全国气象为农服务工作会议上指出："农业气象业务已成为现代气象业务体系中最重要的领域，农业气象服务已成为经济社会发展和人民安全福祉服务效益最为突出，各级党委政府最为重视，广大农民最为需要的公共气象服务"。气象现代化业务建设发展到今天，为农服务已经提到了一个新的高度。

1　制作为农服务的节目，首先要了解农民

电视媒体是气象部门为公众服务的重要窗口，制作为农服务的电视气象节目，是气象影视工作的重要内容。为农服务，首先要了解农民。

湖北气象影视中心于 2011 年 3 月 29—31 日和 2012 年 3 月 20—22 日，分别派出调查小分队，到地处江汉平原，素有"天下粮仓"之称的荆州、荆门、钟祥和随州、孝感等地进行为农服务调查，在田间地头还针对电视气象节目的收视率、满意度以及农民朋友喜爱什么样的节目进行了问卷调查。在收回的问卷调查表里，习惯每天（特别是农忙时节）收看电视天气预报节目的占 90%以上。而且对电视气象节目的满意度要远高于城市。在天气预报准确率的问题回答上，普遍认为基本准确，天气预报对农民朋友的生产和生活帮助很大。

2　如何策划农业气象电视节目

2.1　为农服务节目定位要准确

为农服务的电视气象节目，首先要明确做出来的电视气象节目是给广大的农民朋友看的。

在我们日常制作的气象节目中，也经常有一些为农服务的内容，比如："农事建议"、"温馨提示"等等，针对不同的天气可能带给不同农作物的影响，提供不同的提醒和服务。也时常针对某

一时段，或者主要作物的某一需求，在每天的节目中开辟一个小栏目进行系统讲解和服务，这些对农业生产都有一定的指导作用。然而由于没有专门的农业频道，在卫视频道或者综合频道播出的为农服务气象节目，时间有限加之收视的观众不一定都是农民，所以这样的服务往往不便讲深、讲透，服务也就不能到位。

要想深入、细致地给农民服务，还需要有专门的平台和时段，最好是专门的频道。湖北电视台于2011年11月开辟了专门为农服务的电视频道——湖北垄上，这是一个很好的为农服务平台。湖北气象影视中心利用此平台于2011年11月开播了《垄上新气象》，每天提供三套农业气象节目。

2.2 为农服务节目内容要实用

气象为农服务的内容是很宽泛的，可以是对农业生产、农民生活有影响的天气预报，也可以是普通的农业气象知识的介绍，还可以是农民防御灾害的农事建议和温馨提醒。

比如湖北气象影视中心制作的一期《垄上新气象》节目，就有这样一段既为农民朋友介绍农业气象灾害“寒露风”的科普知识，又有如何防御“寒露风”的农事建议：“寒露风要来，怎么防御呢？农业气象专家给乡亲们来支招：第一，就是给晚稻田灌水，水深最好在8—10厘米，因为田间灌水后可增大土壤热容和导热率，能有效地提高土温减轻低温危害；第二点要特别提醒大家：寒露风过后要及时排水，晚稻田不可长时间灌深水。如果昼夜温差大的话，可以采取夜灌日排的方式，保持田间湿度和温度”。

《垄上新气象》节目里还有庄稼医院栏目，介绍如何防治作物病虫害的具体方法。特别是有湖北特色农业县市的天气，针对特色农作物对天气的需求提供预报及服务。比如，千湖之省的湖北水产养殖业在全国名列前茅。在水产养殖大县洪湖的天气预报中，当夏季暴雨来临前气压低的闷热天气以及暴雨之后气温剧烈下降的天气时，及时提醒渔农开启增氧机给鱼塘增氧，避免因缺氧而导致鱼死亡，出现泛塘；在中稻主要种植区荆州、应城等县、市，出现连续三天以上大于35度的高温天气时，提醒农民朋友要防中稻高温热害；针对五峰是茶叶之乡的特色也开展了针对性服务，一般而言，最适宜茶树生长的气象条件是相对湿度80%—90%，气温20—30度，当气温高于30度，湿度小于70%时，会建议农民朋友喷洒水给茶树降温；冬季当冷空气到来之前，在柑橘产地宜昌的天气预报中，建议农民朋友对柑橘树提前培土、灌水以及对树干涂白刷干，防御柑橘树受冻害。特色农业县市的天气预报，服务内容十分丰富，基本做到“一县一品”。此类内容是《垄上新气象》节目的一大亮点。

2.3 为农服务节目要有固定板块

农业气象节目要有相对固定的节目板块，以便于农民朋友养成一种收视习惯。《垄上新气象》节目分四个板块，第一板块是全省区域天气预报板块：包括省内重要农业天气实况；农作物生长发育期出现的灾害天气(干旱、涝灾等)，全省未来三天的天气预报；第二板块是特色农业县、市、区天气预报，包括柑橘产地、水产畜禽养殖区、高山茶叶基地等等；第三板块是农业气象服务板块，包括适时农谚、农事建议、田间管理、庄稼医院、供需连心桥、农业气象专家谈天气与农事(周末)等等；第四板块是地、市级城市天气预报，采用自下向上滚屏的方式。四个板块中数第二板块特色农业县、市、区天气预报是整个节目的亮点，根据特色农业的需求，有针对性地预报天气、气温、风、空气相对湿度等等气象要素，并提出合理的防御气象灾害的措施等服务内容。

2.4 为农服务节目形式要轻松、活泼

《垄上新气象》节目受众主要是劳作在田间地头的农民，劳动一天之后回到家里一定希望在轻松、愉快的氛围里了解天气，了解防灾减灾的知识。所以，节目片头采用动画形式，把瓜田里抱着西瓜的瓜农、麦田里拿着小麦的农民、鱼塘边提着一条大鱼的渔民以及果园里拿着铁锹的果农，用惟妙惟肖的姿态先后出场和观众打招呼，形象地把农民劳动的场景表现出来。画面既贴近农民的生活，又不失生动、活泼、形象。

《垄上新气象》里的三段音乐也为节目添彩不少。片头诙谐、幽默的音乐；中间特色农业县、市天气预报伴着笛子、扬琴轻松、优雅地合奏；片尾各地、市天气预报滚屏时，欢快的笛子独奏。这些具有地方特色的乡村音乐，加上实用的节目内容，使得整套节目都透着一股乡土气息，让人直观感到是一档来源于江汉平原、千湖之省广袤的农村，又服务于当地农民的一套有亮点、有特色的为农服务节目。

3 总结

气象影视是一个受众非常广泛的媒体，尤其在农村，电视气象节目收视率非常高。我们制作的为农服务节目也要有新的内容，新的发展。湖北气象影视中心策划的5分钟《垄上新气象》节目，不仅内容丰富、实用，而且还具有好看的视觉效果。最重要的是能给农民朋友留下深刻的印象，便于了解天气，掌握相关的农业气象知识，最终应用到生产实际当中去。为农服务电视气象节目的策划，要立足于让农民看得懂、用得上，办成一个实实在在为农民所想，急农民所急，农民朋友离不开的节目。

参考文献

[1] 钱燕珍.2010.为农服务气象影视节目的策划和思考.气象软科学.北京:气象出版社.

浅谈新华社中文《天气新闻》栏目的报道类型

张泰源
（华风气象传媒集团，北京 100081）

摘　要

近些年，随着极端天气事件屡屡发生，“天气”这个字眼在各大新闻媒体频频亮相。其中，新华社中文《天气新闻》栏目无疑是该种节目类型最典型的代表。不过，在日常节目制作过程中，节目主持人和编导经常会遇到诸多问题，影响节目制作的效率和报道的及时性。要解决目前存在的问题，明确《天气新闻》常规节目的报道类型就显得非常重要。《天气新闻》节目类型大致可以分为：天气事件深度解析类；天气角度评说社会、经济新闻类；单纯天气信息播报类；天气信息与新闻内容、评论巧妙串联类；天气新闻细节服务类；节气、节日、庆典、民俗类。

关键词：天气新闻类节目　报道类型

1　引言

近些年，随着极端天气事件屡屡发生，“天气”这个字眼在各大新闻媒体频频亮相。一时间跟天气有关的新闻报道成为了新闻媒介的“宠儿”，占据了很高的地位。这使得天气新闻在天气类电视节目中显得光芒四射。

在众多天气新闻类节目中，新华社电视环球频道《天气新闻》栏目无疑是该种节目类型最典型的代表。《天气新闻》发挥与新华通讯社合作的优势特点，以新闻事件为切入点，深入剖析新闻背后的天气，并兼顾中国和海外其他重点天气进行深入的全方位的报道传播。节目采取主持人中心制原则，在制作过程中主持人要发挥自身的新闻敏感性，第一时间搜寻、选择、编辑当日的社会热点与新闻事件，让受众在了解新闻的同时也关注天气。在知晓天气的过程中，纵观天下大事。

不过，在日常节目制作过程中，节目主持人和编导经常会遇到以下几个方面的问题：

首先，新闻信息庞杂，在筛选有报道价值的新闻时耗费过多时间，节目制作的时间成本过高。

其次，在遇到突发天气事件时，最佳报道角度的选择、天气信息的获取所耗费的时间，大大降低了报道的及时性。

再次，当天气新闻事件较少时，节目类型单一、内容匮乏，影响节目传播的可视性和趣味性。

最后，没有形成常规、系统、固定的报道类型和报道模式，主持人在撰写文稿时，面对繁杂的信息，无效精力成本和时间消耗过多，进而大大影响节目质量。

要解决目前节目制作过程中的问题，进一步提高节目质量，提升报道效率，明确《天气新闻》常规节目的报道类型就显得非常重要。它不仅可以让主持人在选择新闻事件时有章可循、更重要的是为节目图形系统、数据系统等方面的建立和完善打下先期基础。

结合两年来的制作经验,《天气新闻》节目内容大致可以分为以下几种类型。

2 天气事件深度解析类节目

该种类型旨在针对某一天气事件,在简要介绍事件发生的现状之后,对事件发生的起因、过程、影响等方面进行详细的剖析和解读。

2.1 成因解读类

对天气事件,特别是灾害性天气事件的气象成因进行分析解读。揭开受众对灾害性天气事件形成的疑惑,同时在节目中向受众宣传气象科普理念。例如:2010 年夏季,巴基斯坦洪灾不断,导致数千人死亡。一时间各大媒体对于洪灾的报道铺天盖地,许多人想知道巴基斯坦罕见洪灾为什么会出现?是不是气候异常引起的?带着这些疑问,2010 年 8 月 11 日的节目就针对这一社会广泛关注的天气事件进行深度的解析,向受众浅显易懂地解读了巴基斯坦百年洪灾的成因,即今年暖湿气流强盛,并与山脉共同作用导致洪灾的出现。既向受众进行了科普,又解决了受众的疑虑。

成因解读并不适用于所有天气事件的节目,只能在事件发生发展比较合适的时间段进行制作。比如说台风影响正在进行的时候,受众最为关心的是台风的动向和强度的预报,以及给什么地方带来怎样的影响。这个时候如果进行成因分析,就显得不合时宜。

2.2 事件影响推断类

该类节目是在了解天气事件发生发展的来龙去脉之后,进一步解读天气事件对人们生产生活的影响。当然,对后续影响的分析一定要有根有据,符合逻辑推断。例如:2010 年夏天,北美强热带风暴"邦尼"侵袭墨西哥湾。针对该类天气事件,节目通过邦尼的路径、风力风速对救援船只的影响等天气因素的分析,进而推断出邦尼的到来会对墨西哥湾漏油事件的救援工作带来严重影响,甚至可能会影响路易斯安那州沿岸的生态环境。该类天气事件通过分析预测,可以起到警示作用。当然,这类节目对分析的数据和逻辑性要求极高,必须做到数据准确可靠,逻辑性强。

2.3 天气信息预报类

针对某一天气事件,介绍事件的大致情况后,主要对天气事件发生当地的天气情况进行预报预测。例如:2010 年 8 月,舟曲发生了特大泥石流地质灾害,节目在介绍和分析泥石流灾害的情况和成因之后,对大家关心的舟曲天气进行了细致报道。因为,舟曲未来的天气对当地的抢险救援工作有直接的影响。

3 天气角度评说社会、经济新闻类节目

当没有典型的天气新闻选题时,节目可以针对非天气类新闻,如社会、经济类新闻进行有观点的评述。当然,此评述既要独辟蹊径,又要从天气的角度出发。例如:近两年,以美国为首的西方国家对人民币汇率施加压力,要求人民币尽快升值。针对这一社会广泛关注的话题,《天气

新闻》从天气角度分析了人民币升值的利弊，通过南方持续降雨对棉纺织业的影响，进而延伸到人民币升值会对我国棉纺织业出口带来雪上加霜的打击，从而揭露了美国施压人民币升值的狼子野心。

4 单纯天气信息播报类节目

单纯的天气信息介绍，并不是说一点新闻因素都不涉及。而是指，该类型节目所播报的所有天气信息，大背景是围绕着某一时期或者说某一时间段，新闻媒体、受众最为关心的天气事件。在制作该类节目时，从头到尾都不会出现新闻图片或视频，但是单纯的天气信息并不是说简单地罗列降水、最高气温等等数据。而是在围绕大背景前提下，以独特的视角或报道方式进行天气信息的介绍和预报。

5 天气信息与新闻内容、评论巧妙串联类节目

当没有特别典型或直接的天气新闻时，除了上面提到的从天气角度评说社会、经济新闻类节目之外，我们可以通过两至三条的非气象类新闻进行串联，既可以体现天气信息的预报解读，同时也可以一定程度地进行新闻评论。此类节目的整体优点是：信息量大；天气、新闻兼顾；合理串联显得趣味多多。当然，天气信息与新闻的串联也要体现出一些观点和看法。如何将非气象类新闻与天气信息有机结合也是一个难点，需要提前准备。该节目类型例如：

在 2009 年圣诞前夕，主持人开场简单介绍和评论西伯利亚五千驯鹿“热闹”大聚会，而这份“热闹”在现在的菲律宾也有，菲律宾的人们在准备热闹地迎接圣诞。但是这里的天气比较炎热，没有冰雪的景色。为了迎接新年，菲律宾警方却通过白色的“封枪”仪式让人们感受圣诞的白色，同时针对当时菲律宾出现的人质劫持等事件，又指出用“封枪”仪式可为人们烦躁的内心降降温。节目后半部分，以“白色”的共同感受引申到我国北方的真正白色雪景，进而引出北方经过大范围的降雪之后，天气非常晴朗，适合冰雪游。通过这种新闻事件与天气的串联，既能在一定程度上对新闻事件进行评论，同时又可以传达天气预报信息，一举两得。

6 天气新闻细节服务类节目

这类节目紧扣天气服务的理念，并将“服务”做细做深，为受众提供的服务更有针对性、更贴心。而细节服务类节目的服务理念，并不仅仅是天气信息的传达和无关痛痒的“注意”、“小心”之类的话语，而是在介绍天气信息之后，针对那些受众可能忽视的，同时又很可能影响人们生活的细节进行详细的分析和介绍。例如：2011 年 11 月中旬，欧洲的荷兰等国遭遇了暴风雨天气。可是回顾荷兰沿海的降雨量实况会发现，当地天气的特点是雨小风大。下雨影响司机的视线，会带来危险，但是猛烈的大风对行车的危害更加不能忽视。该档节目分析了强风对驾车的影响，以及强风来袭时，司机朋友应如何预防。通过细节的服务更将节目的人文关怀落到实处，虽然内容受知识所限并不能尽善尽美，但是突出服务意识是这类节目的宗旨。

7　节气、节日、庆典、民俗类节目

此类节目体现了文化传承的理念。节气是人们千百年来根据天气变化规律总结而来，其中蕴含着人们的智慧与文化传统。而节日、民俗等等，其中蕴含着大量和天气相关的因素与故事。在重大庆典来临之时，天气服务又显得十分重要。每逢节气、节日、庆典和民俗，《天气新闻》从天气角度进行介绍分析报道，不仅传递了天气信息，同时也传承了文化与习俗。

例如：在 2009 年春节特别节目中，《天气新闻》通过每档节目详细地向受众介绍了与天气有关的春节习俗，由习俗引出当地气候，同时介绍当地的文化特色，气候科普、讲故事两不误。

以上仅仅是两年来《天气新闻》节目制作实践的一些总结，节目种类的划分是否适当，以及如何灵活地运用，还有待于在工作实践中进一步地检验和修订。

浅析电视气象节目娱乐化

张晓霞

（吉林省气象服务中心，长春 130062）

摘　要

娱乐化是电视气象节目提高其可视性的一种可尝试的做法：借鉴娱乐节目的一些成功经验，在内容、形式和包装上加入适量娱乐因子，努力实现信息传递、娱乐和审美的完美结合，使受众在知晓天气信息的同时，得到更多、更好的气象服务。虽然气象节目需要娱乐元素，但气象信息无论怎样传播，都不能背离其服务的本质，不能为迎合受众和市场需求忘记其社会责任感。因此，电视气象节目在娱乐化过程中一定要把握好"度"，倡导积极的娱乐，求"适度"而不"失度"。

关键词：气象信息　娱乐化　适度

目前，电视气象节目的内容与形式已经较为完整的体现在电视屏幕上，它以科学严谨的内容、较高的文化格调和其必视性深受观众的喜爱，并收到可观的社会效益和经济效益。但与此同时，随着市场化改革的进行，各种媒体迅速发展，特别是网络传播的扩张使得信息共享已经成为一个大趋势。面对海量信息，电视气象节目如何成为观众既需要又喜欢还满意的服务节目是一个值得思考的问题，娱乐化是其中一种可尝试的选择。

1　电视气象节目娱乐化是一条可尝试的道路

运用娱乐化元素现已成为电视节目发展的一大走向，它也是气象节目抓住、开发受众的"眼球"资源的一个可尝试的方法，而气象节目自身的现状同样符合了娱乐化的趋势。

1.1　文化环境给电视气象节目娱乐化生存的空间

在相当长的一段时间里，我国的电视天气预报节目是单纯的天气信息播报，没有娱乐元素。随着改革开放的深入开展和市场经济体制的逐步建立，电视节目经营管理逐渐按市场逻辑运作，竞争目标直指高收视率。从文化体制上说，大众文化突然势如燎原大火改写中国文化景观直至进入理论的伊甸园，文化已经被"打包"成商品。电视在市场的驱动下，一定程度上扮演了"消费诱饵"的角色，电视节目就走上日趋娱乐化的道路，气象节目也受其影响。可以说，电视气象节目的娱乐化是电视发展文化背景下生存的一种选择，是电视发展大方向与媒体市场化的产物。

1.2　受众的需求给电视气象节目娱乐化发展的空间

市场经济确立了电视节目消费者——受众的主体地位，"迎合"受众的市场理念使得电视气象节目无论是在内容的选择上还是形式的表现上，都渐渐走向了满足人们"心理需求"的道路，也就是说受众的选择客观上左右着电视气象节目的走向。如今受众对与他们生活息息相关的气象信息有了更高的期待和更大的好奇心，除了想了解天气预报外，还想知道与其相关的生活知识、气象常识。气象节目就不能单纯采用主持人对着地图“指点江山”与城市天气预报配合字幕、音乐提供基本天气信息，气象知识传递需要更加丰富多彩的节目形式作为载体。同时，受众在看电视时又存在着惰性心理与消遣心理，除希望获取信息外，还渴望在紧张的工作之余，传媒能为他们提供有利于身心健康的心里快感和官能刺激，进而激活信息获取欲，所以在电视天气节目中适度加入娱乐元素，就有可能赢得最大的受众。可以说，受众的需求给了电视气象节目娱乐化生存的空间。

2 电视气象节目如何娱乐化

电视气象节目从开播起就类属新闻资讯类节目，电视新闻的娱乐化做法给气象节目娱乐化提供了前提和指引。什么是电视气象节目娱乐化呢？借鉴学者们的普遍认识，可以理解其内涵包含三个方面：一是表达内容上，“软化”气象知识，讲述一些与受众生活相关的天气趣闻，尽其所能挖掘气象知识中的娱乐性因素来告知受众天气形势、气象信息。二是表现形式上，借用娱乐节目的做法，创新表现形式，采取多元化的表现形式提高天气节目可视性。三是包装上，特别是主持人语言上故事性、情节性描述多于客观性叙述。

2.1 内容资讯化

天气预报的实用性具有抓住观众“眼球”的先天优势，所以电视气象节目“内容为主”。娱乐化在内容上体现更多的是人性化，即以气象为立足点，以各种气象信息和与气象密切相关的内容为主，在突出气象内涵的前提下，深入挖掘和充分开发利用气象服务在工农业生产、受众生活、商业运作等方面的意义与价值，拓展节目的广度和深度，扩大气象服务领域，如深入关注天气对农民播种的指导、冷空气对受众身心健康的影响等。

在这方面，国外有许多成功的经验值得我们借鉴。美国气象节目就将天气与国民的日常生活紧密联系在一起，综合考虑收视群体的年龄层次、区域环境、文化背景、收视情趣、生活状况开设丰富多彩的专题节目，逐步培养起自己稳定的受众群。据统计，美国气象频道每分钟的收视人数已高达30万，甚至还有部分连看六七个小时的“发烧友”。国内也有很多这样成功的例子，获得第八届全国气象影视服务业务竞赛省级专业气象服务类节目一等奖的《生活天天侃》，以记者亲身体验的形式告诉受众对抗高温热浪的五种招数，涵盖了日常生活对付高温的既可行又方便的办法。《凤凰气象站》每期节目也是如此，不仅如话家常式地提供天气方面的信息，也提及新近发生的大事小情，还根据天气变化，及时给予观众穿衣出行参考。这些节目都将气象落到实处，让它真正地在作用于人们生产生活的同时也能带给观众快乐的天气体验和愉悦的精神享受。

气象节目内容娱乐化的另一种做法是确定这类型节目的内容的时候适当地从专业的气象内容中抽取、引申出娱乐性的部分，对专业的气象知识大众化、轻松化，弱化其专业性，摆脱其不可接近性，追求知识性与趣味性并重。很多气象科普类电视专题片正在做这方面的尝试，强化娱乐化的电视元素，把高深的气象科学知识靠近“快乐大本营”，寻求更多的观众认可和市场需求。

2.2 形式多元化

电视学者黄匡宇一直强调:“内容为王,形式是金”。在目前各大媒体内容差异化的可能性很小而趋向同质化时,电视节目形式的有效创新可以产生大于内容制作的传播效果。气象节目也如此,同样的天气信息,通过与众不同的策划、角度和形式,借鉴其他电视节目或媒体的传播样式可以提高气象节目的可视性。

在娱乐节目中经常可以看到的音乐排行榜、风云榜,这些娱乐因子也可以用在气象节目中,如最高气温排行榜、最低温度排行榜等等。在第八届全国气象影视服务业务竞赛中获地市级天气预报服务类第一名的《一周星气象》采用了影视评奖中常用词:最佳主角奖——阵雨、最佳配角奖——多云等,既增强了节目的可视性又不损害节目的服务性。地市级天气预报服务类第三名《谈天说地》将目前最热的微博引入节目,以提出问题回答问题的形式增强节目的观众参与性和气象专业知识的普及。

电视气象节目还可以借鉴其他媒体传播的长处增强娱乐性。青海卫视推出的《全球新视力》是气象节目杂志化的一个例子。它集新闻播报、电话采访、现场报道等多种形式为一体,关注重要、重大、突发、灾难性事件,全面报道全国最新的气象新闻及与此相关的气象生活提示,报道范围广阔、内容丰富、信息量大。第八届全国气象影视服务业务竞赛省级天气预报服务类第三名四川卫视《天气预报》也借鉴了纸质媒体的播出方式,整个版面左边显示热点、分析、预报、服务四个目录,右边以图解和主持人讲解的方式解读各个目录,以当天的天气预报和天气热点为主线,穿插介绍与天气有关的气象常识、气象服务,相互“借力”使得内容完整,将单一呆板的形式变成了富有个性魅力的节目。

为了克服节目平淡无味,缺乏兴奋点,特别是缺乏高潮的设计,电视气象科普专题节目可以多多尝试用娱乐化的表现手法,采取悬念、铺垫、揭秘等方法,强化事件的戏剧悬念或煽情、刺激等方面来提升其可视性,也可以采用节目资料展示、真实再现、视频特技等形式实现观众越来越喜欢看他们原本就很需要的电视气象节目。

2.3 包装时尚化

气象节目的资讯化、娱乐化需要后期包装这条现实的途径来确保内容策划与表现形式的无缝连接,而且时尚的包装形式还能最大限度地吸引受众的眼球,实现和观众的互动,增加气象节目的趣味性和亲和力,使气象知识在娱乐中传递给受众,更好地发挥电视节目的引导作用和气象服务大众的作用。

2.3.1 利用主持人增强节目个性

央视节目主持人白岩松说过:新闻已经告别了“内容时代”,迎来了“表达时代”。气象节目主持人宋英杰曾指出:“……同一份气象资料却要制作不同版本的天气预报节目,那么播讲者的表现风格与特色就很可能成为是否吸引观众的重要因素……”。这些都充分说明了电视气象节目主持人制造娱乐化的人文关怀在节目中的重要作用。在信息源相同的情况下,在短短几分钟的电视气象节目中,主持人能否把气象信息准确地传达给观众,并能为观众有效地吸收是节目成败的关键。

电视气象节目不必像时政新闻那样严肃,它的播报方式可以尽量通俗易懂,活泼多样。国外的气象栏目、气象频道的播报方式新意迭出,如欧洲一些女主持人穿上鸵鸟服来形象化地预报强风、英国电视天气节目主持人常以平民化的姿态和滑稽幽默的表情来调侃、讽刺坏天气,夸张、兴奋的表情传达好天气等。这种灵活的播报方式能与气象资讯很好地结合，因而获得很高的认同。《凤凰气象站》在这方面也做得特别好，主持人用“聊新闻”的语言风格，以戏謔搞笑、调侃玩耍等多种娱乐或半娱乐方式与观众分享天气信息，将天气现象、气象知识感性播报，拉近了电视和大众的距离，在不经意间体现出节目的价值取向。这种迎合受众趣味的做法使其收视率居高不下，同时达到了让更多人接收到天气信息的效果。第八届全国气象影视服务业务竞赛中省级为农服务类节目第三名的《村长开汇》，以河南方言闲聊式的方式播报为农服务的天气信息。这些节目都把过去主持人经常播报的锋面、西伯利亚冷空气等专业名词去掉，代之以形象生动的口头语，配合画面中天气变化中人们的具体活动。

有的节目还在主持人的头型、服饰、语调等形象设计方面动心思使硬天气信息柔和起来，给电视观众提供了日常服务，增强了观众对天气信息的消费。

2.3.2 启用平民化嘉宾，增强节目的互动性

气象节目作为一种专业节目容易陷入“我说你听”的旧套路中去，缺乏亲和力。与观众的面对面成为气象节目娱乐化的又一走向，就是请观众当嘉宾通过平视的角度交流，让节目人格化来提升节目层次。

目前制作的谈话类、访谈类的气象节目非常少，有的也只是主持人和气象专家之间的对话，讲解一些天气形势、未来天气趋势之类的话题。这样的方式显得过于专业化，观众也会因看不懂而觉得比较累。《百姓报天气》摈弃了这种做法，节目中市民作播报员，以他们在生活中遇到某些天气事件、某种天气引起的苦恼或兴奋等个人感受引入话题，利用尽可能多的“易于表现”的气象因素，在节目中制造快乐，传递快乐，寓教于乐，增强可视性，趣味性。

此外，在节目的前后期包装上也可以从演播室设计、道具的使用、片花等各个环节体现不同的包装意识，营造独特的视听效果，把节目制作得鲜活、生动。《小崔谈天气》以网络动画元素Flash在节目中适时闪现说明，节目包装中充分体现人与天气的互动，让主持人穿梭在朦胧虚幻的立体天气图标世界中，节目画面虚实结合，动静结合拉近了节目、主持人和受众的距离。

3 电视天气节目娱乐化要“适度”

在收视率大棒的威慑下，各电视台、各套节目竞争加剧，朴实沉稳的电视气象节目也向娱乐化方向迈进。但风云变幻不能因人为意志而转移，在走向娱乐的同时不可忽视气象节目的基本定位和播出目的，必须尊重事实，贴近生活、贴近观众，坚持气象信息的服务性、实用性原则，不能过度娱乐。过度娱乐化一方面会助长气象信息、气象知识的情绪化传播，从而对气象信息的传播效果产生一定的消解作用。那些充满人情味的故事材料，夹带着休闲娱乐的气息使得观众得到的感官满足最大程度地替代了对气象知识的认知，从而影响信息传播效果。另一方面，电视节气象目中休闲娱乐成分的过度发挥，会对严肃的气象知识传播的真实性、客观性和科学性产生不良影响，激化气象信息传播中的商业化风气。

电视气象节目要倡导积极的娱乐，就是让观众在轻松愉快地收看节目的过程中获得知识，获得精神上的愉悦和高层次的心理满足。这就要求电视气象节目的工作者坚持真诚服务民众的原则，对娱乐化进行正确的规范和引导，控制好娱乐因素在节气象目的分量和比重，该“硬”的就要“硬”，但要讲究技巧；该“软”的就“软”，但要注重内容，发挥其正常和健康的功能。

首先，政府应该制订健全的有关气象节目的法律法规，对相关媒体进行规范化管理。目前，我国这方面的法律法规还很不健全，对于气象节目娱乐化现象的管理也没有完整的可以依据的

政策和规范。仅仅依靠零星的电视节目政策、法规以及一定的市场调节功能，是不可能引导和保证节目时刻健康积极发展的。法律法规要出于防灾减灾和经济社会发展的需要，使得气象影视机构坚持“第一声音、权威发布”的原则与“公共气象、安全气象、资源气象”的发展理念，不断丰富电视气象节目内容，提高节目的权威性、科学性和可视性。

另外，在制作、播出天气节目时坚持气象信息的真实性、准确性、权威性、可信性。选题方面弄清楚天气信息与娱乐的位置，不能过分停留于生活的琐屑和表面，而忽视传递信息和提供服务。在传播方式上，坚持以严肃气象信息、重大天气现象为主，以为受众提供真实信息为本，切莫过分关注形式。电视气象节目编导要明确不是任何气象节目都可以娱乐化，要加入丰富的知识，体现深厚的文化底蕴，摒弃以嬉笑为主的浅层次刺激，才能大大提升节目的文化品位和知名效应，才能具有更大的竞争优势。

气象节目的娱乐化是一种大众化的态度，同时也要相信观众的审美水平和市场的选择。现在的娱乐化是在一定程度上迎合观众趣味，把内容与形式的创新恰当地结合起来。随着众家媒体的娱乐化，节目竞争又将更加激烈，或许就能螺旋上升到一个新台阶，达到娱乐和高雅文化的共同发展。这样就能从更深层次上满足受众的需求，让电视气象节目真正“娱乐”起来，使气象节目走上自己独特的道路，走出创新和活力。

参考文献

［1］ 喻国明．2000．媒介的市场定位——一个传播学者的实证研究．北京：北京广播学院出版社．

［2］ 黄匡宇．2005．广播电视学概论．广州：暨南大学出版社．

［3］ 潘知常，林玮．2000．大众传媒与大众文化．上海：上海人民出版社．

［4］ 张博．2005．电视气象节目的娱乐化元素初探．中国气象学会年会论文集．

浅析电视字幕出错的负面影响

齐　磊　郃爱飞　宋　宇

（华风气象传媒集团，北京 100081）

摘　要

电视观众在看电视的时候往往会不由自主地把视觉停留在屏幕下方三分之一处的电视字幕，多是在读电视而不是在看电视，形成了一种习惯性的收视动作。然而节目中的错字、别字、漏字、赘字等却充斥着荧屏，着实给观众乃至社会带来了负面的影响。

关键词：字幕　错别字　电视节目　电视包装

随着传媒业的快速发展，收看电视节目已经是千家万户每天例行的事情据。统计，电视观众中平均每天坚持收看两小时以上者超过总数的一半，而每天收看五六个小时乃至十二个小时的也不在少数。为了方便广大观众收看电视节目，几乎所有的电视台都在电视屏幕的下方加上了字幕，以便帮助观众更好的获知节目中的内容。有许多观众甚至说在看电视的时候，如果不看字幕的话，就无法集中注意力观看节目内容。正是这种收视习惯的产生，要求我们对字幕的制作理念要有所改观，以适宜的字幕形式呈现给观众。

1　电视字幕错误造成的影响

现而今，众多电视剧和影视节目在播出时都在片中配上了字幕，这本是一种方便观众欣赏的方式，但是细心的观众不难发现，许多影视剧中的字幕经常出现一些差错，给观众造成误解。

1.1　电视字幕错误对观众的影响

电视节目的播出是一种公众行为，拥有众多的稳定收视群体，字幕作为服务观众，方便观众的一种形式，的确受到了观众的好评。但是在制作过程中，相当一部分制作人对所配字幕没有仔细审查，在语法、词组上出现诸多失误，节目中的病句、错字等屡见不鲜，甚至出现一些低级错误。

一档节目或者一部电视剧很可能在情节和剧情上很吸引观众，但是频频出现的字幕错误会给观众带来什么样的感受？这就好比一座现代化的城市，美丽而清洁，但是街道四周却贴满了小广告，让人厌恶。

1.2　电视字幕错误对教育的影响

电视字幕虽然是为了观众更好的获知节目内容，但是由于其传播的直观性，从长远来看也有着非常重要的教育作用。反之，谬误流传，以讹传讹，其危害之大，是不言而喻的。

字幕中频频出现错别字，有很多是粗心大意造成的。这种现象是对文化的不尊重，事情虽小，却会对孩子的教育有着不利的影响。以文字和语言为主要传播内容的影视节目对于青少年的影响越来越大，从某种程度来看，其影响力已经有赶超语文教科书的趋势。一个个的错别字很可能会在潜意识中，让孩子记住了错误的拼写形式，形成对社会甚至对自己都不认真的态度。

1.3 电视字幕错误对社会的影响

文字、语言关系着一个国家、一个民族的文化底蕴，如果电视荧屏上充斥着错别字、漏字、赘字等，如何弘扬民族优秀传统文化？中国文化博大精深，源远流长，一个字出错就会改变原本的意思，一个词的用错就会让人产生不同的联想。

某电视台财经频道的《××与法》栏目，报道了一起行为恶劣的交通肇事案有关情况，在庭审环节公诉人宣读“危害公共安全罪”的司法解释时，屏幕下方的字幕竟然将“使公私财产遭受重大损失”打成了“使公司财产遭受重大损失”。按照此字幕的理解，如“公司”财产没受到损失，那么罪责也就无从谈起。单单几个错别字就会有性质上的不同，足以将普法节目的“过失”变为错误宣传。

2 电视字幕错误造成的原因

屏幕上充斥的那些错别字，是一部分人对汉字的书写随心所欲，一定程度上影响了汉语言文字的规范性、严肃性及表述表达的准确性。电视作为一种大众传播媒体，理应率先垂范，重视并切实带头维护祖国语言文字的规范性、准确性和严肃性。

2.1 制作人员的自身修养不足

字幕错误频出的主要原因是由于相关人员的专业知识缺乏，和对传统文化的传承缺失。虽然我们处于一个信息爆炸的社会，涉猎知识的面扩大了，但是在理解知识的深度方面明显存在缺陷。汉语水平、语文素质都逐渐退化，对于历史知识也不求甚解，这些都直接影响了相关工作人员的专业水平。

2.2 制作人员的责任心缺失

中国文字总数近九万个，目前看来，字幕错误很难短时间完全解决。就电视剧来说，每集台词量非常大，相关工作人员进行字幕校对的工作量也很繁琐，有时差错无法避免。但也同时说明在工作环节中欠缺合理性，在态度上缺乏责任心。字幕作为节目的重要组成部分，要经过责编、制片人、主管领导等多个环节审查，只要每一关都能把住，差错发生的频率还是会大大降低的。

3 电视字幕隐性错误给节目的影响

可能说到字幕的错误，大家都会对错字、别字、漏字更为深恶痛绝，因为前者在视觉上更为直观。但还有一种字幕错误也会给人在观看节目时带来不便，可能这种“错误”并不明显，所以我们称之为隐性错误。如果处理不好，这种字幕隐性错误或许就是节目中的败笔。

何为字幕隐性错误？其实就是非逻辑上的错误，比如在打字幕的时候，人名字幕和同期声字幕在颜色、字号、字体上相仿，在视觉上给观众带来识别的困难。诸如此类的隐性错误，在字幕中着实不少见，处理好字幕的隐性错误，对于节目来说将起到画龙点睛的作用。

3.1 电视字幕应注意区分同一画面下的字幕

在同一画面中，常常需要不同内容的字幕。如新闻节目中，说明文字字幕（被采访人姓名、职务、身份等或强调的问题）和复述性字幕（同期声讲话字幕）同屏出现较为常用，如果字体、颜色、排列方式相同或接近，就会影响观众的理解，必须加以区别。说明文字字幕位置多在采访对象或所要标注的事物外侧，以竖排加以区分，颜色则可根据画面色调加以选择。复述性字幕可采用横行排列的白色黑体字。

3.2 电视字幕应注意言简意赅

观众对主题不明，思路混乱的电视字幕会无所适从，失去兴趣。所以电视屏幕上的字幕要求精炼，言简意赅，书写必须规范化、标准化、通俗化。对于电视节目标题字幕，要在字数上尽量压缩，使其尽量成为单行题。字幕形体不可大而无当，但也不能太小，最小一般不得小于电视屏幕高度的15％，大小要视画面内容而定。

3.3 电视字幕应注意出现时间

根据字幕内容，标题字幕和标注字幕的出现时间以7～10秒为基点较好，过长或过短都会产生视觉差异。出现时长最好能控制在两个画面内，如果一条字幕持续时长跨越了三个以上的画面，会在视觉上引起跳跃（新闻节目例外），根据画面的长短实际调整字幕持续时长。

3.4 电视字幕应注意和节目包装统一

电视字幕要与电视节目具有统一性，在制作字幕时，要同节目中的包装，如片头字幕、片尾字幕、节目标题、人名字幕、背景版色调等具有统一的可视形象。在视觉上使字幕同节目的整体基调保持一致，切不可为了颜色上的丰富，使字幕的颜色与节目的包装色调不搭配。如笔者所在栏目组制作的《人与气候》栏目标识的“人”字的一捺是一片叶子，这个“人”字元素就应用到了片花中。形式一定要为内容服务，给观众在收看的时候带来“舒适感”。

3.5 电视字幕应注意和节目内容统一

现在的节目制作人员在对节目内容上可谓煞费苦心，求新求异，但是却对字幕的创作粗枝大叶，往往不重视字幕，认为对于节目的影响不大。大多数的制作人员在处理字幕的时候往往凭借自己的喜好，或者用影视库里存储的模板应付交差，从而导致字幕与节目内容难以配套，使前期付出的努力也付之一炬。所以字幕创作前，要根据节目内容、题材形式合理选择，使它更好地为主题服务。如少儿节目中字幕需要活泼、鲜艳；法制节目中字幕需要庄重、沉稳；字幕与节目内容融合的话，将会收到较好的艺术效果。

结语

精良美观的电视字幕，是辅助画面实现“视、听、读”三位一体信息力度的保证。反之，错误的字幕会影响影视节目的水平和质量。影视人员应该充分重视字幕的重要性，要像对待镜头语言那样对待字幕。相关审核人员要切实负起责任，敦促相关制作人员高度重视字幕纠错问题，提高电视节目制作方对正确使用汉语言文字的认识。加强对电脑录入人员、编辑自身文字修养水平的提高。在配字幕时，应该本着认真负责，精益求精的责任心，减少和避免字幕中错误的发生。

参考文献

［1］ 陈浩．2005“求新”与“求异”——谈电视字幕的创作．三晋声屏.(4).

浅析天气预报节目收视分析指标的选择

卢晓露

（华风气象传媒集团，北京 100081）

摘　要

电视天气预报节目因自身播出形式和国内受众调查市场发展水平的局限，其收视数据存在统计困难、成本高的问题，收视分析的准确性和实用性也经常受到质疑。如何在现有市场环境下，剥茧抽丝，选择有效的收视分析数据和分析方式是本文重点探讨的问题。这不仅对电视天气预报这种特殊类型的电视节目管理有比较现实的意义，对于类似天气预报节目的小版块节目的收视研究工作也有一定的借鉴作用。

关键词：天气预报节目　收视　分析指标　选择

收视调查自 20 世纪 50 年代引入电视行业开始，其准确性和实用性就一直存在争议，但经过半个多世纪的发展，调查方法和数据模型不断进化，收视调查数据目前仍旧是衡量电视媒体价值的主要工具。中国收视调查研究工作起步较晚，从 20 世纪 80 年代开始，和欧美国家不同的是，中国市场收视调查的主要用户不是广告运营商，而是节目制作单位，比如电视台，因此收视调查数据被广泛应用于电视节目的质量管理。

电视天气预报节目是电视节目中相对特殊的一个类型，在中国电视行业中出现得比较晚，也是 20 世纪 80 年代。1980 年，气象部门与广电部门合作，在中央电视台《新闻联播》中开播《天气预报》节目。发展到今天，除了在地方电视台播出的天气预报节目外，单由华风气象传媒集团制作的在国家级电视频道播出的天气预报节目每天就有近百档。节目之间横向的宏观质量管理和栏目内部的微观业务管理都需要量化、准确的收视数据来支撑，然而受天气预报节目自身播出形式和收视调查市场发展水平的限制，如何准确获取节目的收视数据，如何有效利用数据进行节目间的对比分析一直存在很多难点。

1　天气预报节目收视数据统计分析难点

天气预报节目自身具有时长短、播出时间相对不固定以及播出平台、时段差距大等特点，导致节目的收视调查数据从统计到分析都困难重重。

1.1　时长短，收视统计分析有难度

很多观众会有惯性收看和等待收看的收视习惯。惯性收看是指看完喜欢看的节目后，如果没有其他主动想收看的节目，就会继续留在这个频道看下面播出的节目。等待收看是指在自己喜欢收看的节目播出前，提前转换到该频道，等待喜欢的节目播出。因此节目的进入和结束很容易受到前后播出节目收视的影响。对于时长较长的节目来说，节目的平均收视数据可以对这

种影响起到一定的平衡作用，但对于时长较短的节目来说，这种影响会很大。天气预报节目一般时长都比较短，最长的5分钟，最短的1分钟，因此当节目收视发生变化时，很难判断影响收视的因素来源于自身还是前后节目。

此外，天气预报节目的时长远远低于目前中国日记卡式收视调查的最小记录单位，这就意味着天气预报节目的收视分析数据只能采用收视仪调查数据。而目前中国的收视调查市场中还有很大一部分仍在使用日记卡式调查方式，全国只有60多个城市有收视仪调查数据，这个范围相对于真正的目标受众范围还有很大的差距。

1.2　播出时间相对不固定，收视数据统计难度大，成本高

目前在公共频道播出的天气预报节目中，有部分节目是插在新闻节目中播出的，虽然是独立版块，但没有独立片头，按照目前收视调查的命名规则并不能独立算作一档节目来统计。因此在天气预报节目进行收视分析的初期，只能使用时段统计的方式来计算天气预报节目的收视数据。

然而天气预报节目的播出时间又存在相对不固定的现象，特别是插在新闻节目中播出的节目，受前后新闻的影响，提前或延后几分钟播出是比较常见的，这对于时长只有几分钟的节目来说，使用固定时段来统计节目的收视数据，数据准确性就会大打折扣。

为了提升数据统计的准确性，华风集团从2008年开始针对无片头节目向收视调查公司订购节目监播单，极大程度地提升了收视调查数据的准确性，但同时也提高了收视分析工作的成本。

1.3　播出平台和时段差距大，不利于横向比较

播出平台和播出时段会直接影响节目收视数据的高低。天气预报节目时长短，专业服务类的定位又容易导致栏目间存在严重的同质化现象，很难形成品牌效应，自身抗干扰能力弱，收视情况就更容易受到播出平台和播出时段的影响。

表1　国家级公共频道天气预报节目播出平台分布

播出平台类别	电视台	频道	频道数量
国家级公共平台	中央电视台	CCTV－1、CCTV－2、CCTV－4、CCTV－5、CCTV－7、CCTV－新闻、CCTV－NEWS、CCTV－法语、CCTV－阿拉伯语、CCTV－俄语、CCTV－西班牙语	11
	中国教育电视台	CETV－1	1
卫视平台	旅游卫视	旅游卫视	1
境外平台	凤凰卫视	中文台、资讯台、欧洲台、美洲台	4
	中华卫视	神州台	1
	新华社中国电视台	中文频道、英语频道	2

表 2　2012 年上半年频道入户率

（注：数据来源于 CTR2012 年 3 月开展的全国性电视天气预报节目观众满意度与收视行为调查）

频道	入户率(%)
CCTV－1	99.78
CCTV－新闻	95.06
CCTV－2	94.65
CCTV－5	93.71
CCTV－4	93.11
CCTV－7	92.8
中国教育一套	85.47
旅游卫视	81.06
CCTV－News	74.11
凤凰卫视中文台/资讯台	19.06

目前天气预报节目在国家级公共频道平台播出的一共有 20 个频道，其中有覆盖率高、收视效果好的优质播出平台 CCTV－1、CCTV－新闻等，也有境内落地情况一般的境外平台，比如凤凰卫视。而且节目播出时间从凌晨 0 点到半夜 11 点均有分布，播出平台和播出时段差距都很大。简单的使用收视率、收视份额或者触达率等都很难进行节目之间的横向比较分析。

2　对天气预报节目进行收视分析是否有实际意义

基于天气预报节目收视统计难度大、成本高的特点，一些业务管理者对天气预报节目的收视分析工作提出了质疑：(1)天气预报节目是气象部门的公共服务窗口，应坚持社会效益为重，收视不好的节目也要坚持做，节目间的横向收视比较是否有意义？(2)花费人力财力开展收视分析工作对天气预报节目的质量提升是否有实用性？

其实强调天气预报节目的社会效益和效率优先的原则并不矛盾。对于没有经济收入的节目进行收视分析，改进节目内容和形式，才能更好地满足受众的需求。对收视表现不好的节目进行收视分析，查找收视表现不佳的原因，如果是节目内容和形式没能满足受众需求则需要改进节目，如果是因为在这个平台这个时段受众对天气预报节目的需求本身就小，就应该调整节目制作资源配置，尽量降低该档节目的制作成本，将更多的资源配置给受众需求更大的节目。这样才能更有效地扩大社会效益。

收视调查数据本身是一个存在一定误差的抽样调查统计数据，虽然从统计学原理来看，抽样调查是具有科学性的，但它毕竟不是全员调查，数据结果始终不能绝对代表全部的受众收视表现。对于天气预报这样时长短的小节目来说，是否能利用这些存在误差的数据进行分析做出正确的判断，关键在于选对分析指标和方式。

3　如何选择天气预报节目的收视分析指标

针对收视数据本身存在误差的特点，要提升分析结果的准确性就要尽量使用高重合数据，就是尽量使用较长时间范围内的平均数据来评判节目的收视表现。对于时长不足 3 分钟的节目，不建议使用逐日分钟收视变化来判断节目内容或选题设置的优劣。

收视率和收视份额多年来一直是收视调查数据中最为常用的两个指标，但受天气预报节目播出平台和时段的影响，在节目间进行收视比较的时候不能直接简单地使用这两项指标。而且，随着媒体领域的不断发展变化，很多频道的收视率和收视份额都在呈现逐年下降的趋势，因此在节目自身纵向收视分析时，也不建议直接使用收视率和收视份额指标。

结合天气预报节目自身的特点，经过反复比较研究，推荐以下三项收视分析指标和方法。

3.1 时段收视贡献

天气预报节目是由气象部门制作，在公共频道播出的。除了部分节目的播出时间有硬性规定外，其余大部分天气预报节目的播出内容、形式和频率都由播出平台决定。曾经天气预报节目经常被新闻节目用来做调节时长的“松紧带”，不仅影响了公共气象服务的效果，也非常不利于节目建立自身的品牌效应。要提升播出平台对天气预报节目的重视，扩展公共气象服务的平台，就要用数据证实天气预报节目自身的价值。

其实天气预报节目的主要功能是服务大众，自身的定位是非常具备受众基础的，这一点从新闻联播后《天气预报》节目的收视表现就可以看出，多年来它一直是央视节目收视的最高峰。

如果天气预报节目都能像新闻联播后《天气预报》节目这样，成为所在时段的收视高峰，对所在播出平台的收视起到拉升的作用，必定可以摆脱“松紧带”的命运，得到播出平台的重视。因此，华风集团自 2009 年开始，将收视时段贡献指标引入节目考评机制。

公式 1：时段收视贡献＝节目平均收视率/节目所在时段平均收视率

考虑到天气预报节目时长较短，因此以节目中点前后 15 分钟作为所在半小时时段的起点和终点。当收视贡献大于 1 时，节目就是对所在时段收视有拉升，当收视贡献小于 1 时，就相当于节目在收视方面拖了所在时段的后腿。

这项指标的优点是消除了频道和时段等因素对节目收视表现的影响，直接反映节目竞争力。既可以用于节目自身纵向比较，也可以用于节目间横向比较。在制定收视指标量化考核目标时也比较简单方便。对于天气预报节目来说，这是一项非常好用、实用的收视分析指标。

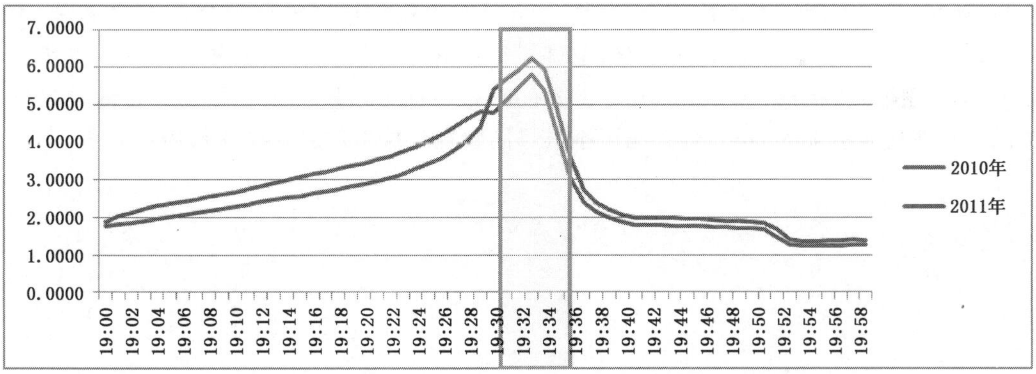

图 1 CCTV－1、新闻年度时段平均分钟收视率变化

（注：数据来源于 CSM 全国收视仪数据 4＋人群 2010 年 1 月 1 日至 2011 年 12 月 31 日）

3.2 观众忠实度

观众忠实度在很多电视台的业务管理中都有应用，但算法各不相同。这里推荐的观众忠实度指标是节目平均收视率与触达率的比值。这一指标能体现节目对观众的黏附能力。

公式 2：观众忠实度＝平均收视率/触达率×100％

因为目前第三代收视仪可以精确到秒来计算，当观众换台时，也许只停留了几秒，觉得节目没吸引力就换台了，虽然节目并没有有效触达这位观众，但他也会被计入收视人群。因此有些节目虽然观众流失率高，但流入流出均很频繁时，收视率可能并不会很低。特别是对于短时节目来说，这种过客式观众对收视指标的干扰会更大。因此收视率高，并不意味着观众忠实度高。

节目触达率是一分钟以上累计的收视指标。是非重复性的累计计算，也称为非重复到达率或净到达率，收视率永远小于等于触达率。观众忠实度越高的节目，收视率和节目触达率就越接近。反之，这个比值越小则观众忠实度就越低。

3.3 节目资源利用率

这项指标常常被应用于频道内部调整节目编排，但对于天气预报这种制播分离的节目来说，这一指标对于业务管理也是很有实用价值的。

公式 3：节目资源利用率＝(收视比重－播出比重)/播出比重×100％

公式 4：播出比重＝气象节目播出时长/所在频道生活服务类全天播出时长

公式 5：收视比重＝气象节目人均收视分钟数/所在频道生活服务类人均收视分钟数

使用效率为零时，播出比重与收视比重相等，供求关系平衡。使用效率为正数时，收视比重大于播出比重，供小于求，使用效率为负数时，播出比重大于收视比重，供大于求。对于供大于求的节目，可以适当调整制作资源配置，将更优质的制作资源向供小于求的节目倾斜。同时可以以此为依据，向合作媒体协商更多的播出平台。

4 结语

虽然受到各种客观因素的影响，天气预报节目在收视数据的统计和分析方面受到一些局限，但从节目自身的特点出发，换个思路，也许可以找到更为便捷有效的分析方法。当然，除了上面推荐的三项分析指标，肯定还有其他有效的分析指标可以用于天气预报节目的收视分析。希望此文能在抛砖引玉的同时，对其他短小节目的收视分析工作起到借鉴作用。

谈《小蒋聊天》栏目的创意与制作

蒋书文　成海民

(河北省气象服务中心,石家庄 050021)

摘　要

本文简单介绍了《小蒋聊天》节目的改版背景,较为详尽地说明了改版方向和实施步骤,并着重对节目的整体风格定位、主持人风格定位和节目内容、表现形式等方面进行了描述。

关键词:聊天　节目　定位　风格　形式

1　引言

2012 年初,河北电视台影视频道进行全新升级改版。改版后,频道更加突出了本土化和娱乐化的定位。以此为标准,频道在将自身节目进行全面调整的同时,也向我中心提出对《天气预报》节目的改版需求,希望我们能为其量身打造一档与之定位更契合的天气节目。经过双方多次探讨和我中心的几次尝试后,最终在 2012 年的 4 月份,全新风格的天气节目《小蒋聊天》应运而生。

这次改版突破了以往各类日臻成熟的天气预报节目传统样式,尝试在节目的整体构思和各个细节上有意识地为主持人打上鲜明的烙印。不但将片头、主持人背景的设计等环节都进行了配套的个性化重塑,而且首度尝试在日播节目当中常态化运用"音乐音效、电脑特技和动画短片、情景短剧等"多种表现手法。旨在通过一系列组合动作来倾力打造一档观赏性、趣味性足,辨识度高的气象节目。

《小蒋聊天》的改版,具体从两大方面实施,分别是工作流程、模式的转变和节目自身风格类型的转变。

2　工作流程、模式的转变

把节目用多种多样的表现形式变着花样的一路做下去,对于日播节目来说无疑是个高难度动作。以前我们在制作日常节目时,都是先由电视编导构思再组稿,气象编导审核把关,最后再交由主持人背稿,进行录制。而这种模式恐怕无法支撑和满足新节目的要求,所以《小蒋聊天》的改变可以说是从基础层面的日常运作上着手的。

首先,我们尝试构建起一个相对更高效的制作团队,成员包括:主持人、编导、制作(动画小片和日常节目制作)。采用"主持制片人"制,主持人担任栏目制片人,把主持人放到整个团队最为关键的位置。主持人不但要对每期节目的整体策划负责,而且要自己组稿,自己决定采用哪种具体的表现形式。这样做的考虑是最大化地突出主持人的性格特点,更好地保持节目思维的连贯性和节目风格的一致性，而且说自己的文稿工作效率更高、传播效果更好。编导专门从事相关资料和素材的搜集整理工作，辅助主持人，给主持人提供足够支撑节目的“料”。资料和素材依据当天的具体需要可能涵盖短期、长期的天气状况，历史资料的分析整理，趣味话题和专业服务内容的甄选等方面。制作人员依据当天的具体需要，工作可能涵盖视频的拍摄，小片的剪辑、制作和节目录制等。

通过这样的团队构建和明确分工，大家各司其职，各展所长，为节目本身的改变提供了充分的创作基础和制度保障。

3 节目风格类型的转变

节目自身风格类型的转变涵盖了以下几个方面：节目整体风格定位，节目包装，主持人风格定位，节目内容选择和多种表现形式的呈现。

3.1 节目整体风格的确定

《小蒋聊天》的播出时间被安排在18:30，前有娱乐资讯节目《每日文娱播报》，后跟大型娱乐益智节目《挑战九宫格》，面对的是娱乐节目的“前后夹击”。根据观众持续收看某一频道节目的“顺流”收视心理，我们的节目风格要尽可能地与前后节目的风格相匹配，保持一致性。因此，我们在定位上可以是“天气预报节目”，也可以是“天气话题节目”。同时我们有选择性地借鉴了一些娱乐节目的长处，如主持人活泛的演绎，话题的包罗万象、天马行空，视听元素多种多样且具有冲击力等，再充分整合我们所掌握的气象专业资源和媒体资源，运用灵活、多变的形式对天气预报和相关天气话题、服务重点做巧妙的趣味加工，主要指向城市受众，力争做到“预报语言娱乐化，服务深入化”，最大限度保留节目的新鲜感，提高节目的竞争力。

3.2 节目的包装

为了更好地突出节目的趣味性，加强视觉效果，节目的片头、主持人背景我们也借鉴了娱乐节目的一些元素。目前有两个成熟的版本，原版包装整体画面偏简洁，优点是气象元素突出，但风格相较以往的天气预报包装突破不大，与前后节目的视觉效果仍有一定落差，所以目前刚刚使用的是第二版包装。片头以主持人头像制作的动画小人为线索，众多天气元素为依托，用现下较为流行的娱乐化效果进行巧妙串联制作。主持人背景选用更易突出服装色彩的浅灰色系，加以紫色的动态LOGO和众多配套的个性化视频框、字幕条、转场动画等小组件来做配合。特点是操作灵活，元素多样，总体视觉效果更加灵动跳脱，与节目定位契合度也更高。

3.3 主持人风格定位

节目的好看与否和主持人的发挥有很大的关系，特别是以主持人名字来命名的节目。我们常见的主持人风格有“端庄、大气、知性、智慧型”和“温婉、活泼、幽默、潇洒型”。但在《小蒋聊天》这样话题多元化的节目环境中始终保持任何一种单一的风格都迟早会有“不够用”的那一天，所以我们把主持人风格设定为比较开放式的综合体。在保证轻松、带有幽默感的基础上，也能适时地表现出温情和洒脱。这样看似有些模糊，但实则是最灵活的一种方式。只要把握一个原则：“我是一个平凡的人，我用主流的价值观标准来体味、理解天气和生活，并用我喜欢和习惯的方式来合理释放我的所有喜怒哀乐”。总之，就是要让主持人性格健全起来，普通“人”的气息浓烈起来。这样我们在面对或轻松或沉重的天气话题和选择不同的表现、演绎方式时，就可以最大限度地做到自由变换、游刃有余。这同时也是节目保持常新的一种手段。

3.4 节目内容的设置

天气节目不管经过怎样的改变，归根结底最大的存在价值还是在天气上。但是在《小蒋聊天》这样的日播节目中，我们很难对天气做类似于“参赛节目式”的超深入挖掘和高精尖的专业服务。所以我们除了不可或缺的基本天气预报信息和必要的服务信息外，还要大量地注入、融合与天气相关联的有“意思”的话题。我们挑选话题的选择面很广，可以是省内外甚至国内外的新闻报道、逸闻趣事、历史典故、文学文艺作品，甚至可以是网络流行词等等方面的内容，然后再运用“主持人演绎、情景短剧和动画短片”等等的不同形式，“或作趣味联想，或作独到评论，或以特别的方式来做气象服务”。以期通过这样的处理来冲淡天气信息的枯燥，调剂服务信息的单调，从而达到更好的传播效果。

或许我们有着略显浮夸的外在，但我们也的确拥有着一颗“内容为王”的心。

3.5 多种表现形式的呈现

《小蒋聊天》和原版天气预报最大的不同，也可以说是改版后最大的亮点就是：我们使用了一些非常规的、更复杂的表现形式来极大地丰富了节目的观赏性、趣味性。我们较常运用的非常规表现形式大致可以总结为：主持人出镜时结合音乐、特殊音效、电脑特效，另外还可以穿插全屏采访或实况镜头、全屏配音动画短片以及全屏情景短剧。

音乐、特殊音效、电脑特效的运用多半是为了配合主持人语言、形体动作和设定的特殊场景、情节等，起丰富情绪、烘托气氛、吸引观众注意的作用。如果运用得当，短短一个音效或简单的一个特效就可以起到很好的提示提醒效果。但我们也总结出，这些小东西不能用得太密太频，否则不但起不到画龙点睛的作用，反而会打乱节目的节奏，显得杂乱无章。

全屏采访或实况镜头、全屏配音动画短片以及全屏情景短剧则可以用做天气话题或服务重点的趣味编排和别样呈现，这同样也是每期节目的重头戏。

比如全屏情景短剧。通过简洁有序的镜头交代人物、场景和事件，用简短而又幽默的对话来点出重要的天气提示、提醒，再用垫乐和特殊音效来烘托整体气氛。这种短剧的小片整体使用效果也不错。情景短剧的演员全部由主持人和工作人员客串，独立拍摄制作。

再比如全屏配音动画短片。我们通过制作动画短片来重现一些无法用镜头记录下的特殊时代背景，特殊人物、场景和特殊情况，或用生动、幽默的语言风格，或用个性人物的声音模仿来做画外解说，再辅以恰当的配乐，来完成一个既有画面冲击、又有气氛铺垫的特色小片。一般实现后的效果都要高于设想中的效果，总能给人一种明显的新奇和有趣的感觉。动画短片由专司广告动画制作的设计人员制作。以 2012 年 8 月 7 日“立秋”节目为例：精确时间是在今天上午 10 点 30 分，咱正式进入到立秋节气了。而今天又正好是末伏头一天即庚日，立秋逢庚日叫做：“伏包秋”，30 年里头才 4 回，谚语有云：伏包秋，凉悠悠。但目前来看，这说法起码在今年是不太靠谱啦……以下为动画短片截图：

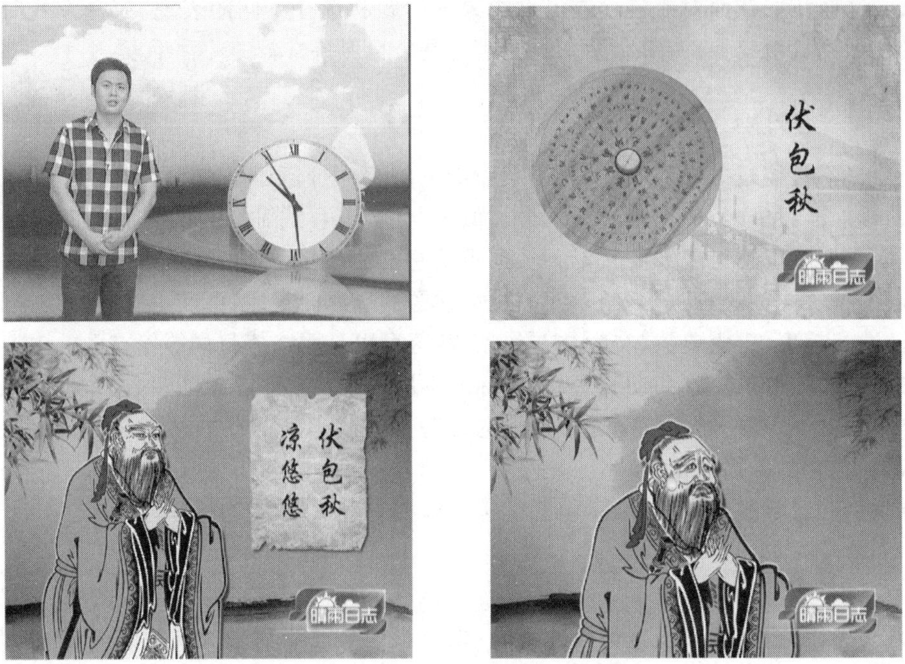

图1　动画短片截图

像情景短剧、动画短片这些相对复杂繁琐的小片，一般主持人和编导在完成创意设计后会提前至少半天的时间与相关制作人员沟通。对于制作25秒以内质量中等以上的小片来说，时间上一般都有富余。30秒以内而且要求制作精美的小片，一般则需要提前一到两天开始着手准备。

4　小结

《小蒋聊天》是河北省气象影视中心的大胆尝试。经过四个多月的不断尝试、实践，我们发现了自身存在的一些不足，比如在“语言娱乐化的分寸把握上”和“怎样能安全地放大娱乐化而不与气象冲突”等，我们还在不断地摸索和总结。但与此同时，令人欣喜和感到慰藉的是：我们也在不断的“折腾”中总结出了一些宝贵的经验，而这些经验可以直接提供给接下来的一系列改版作为参考。笔者真心认为，这样的改版尝试越多越好。

参考文献

[1]　仇如英，张毅.2008.电视气象节目编排的重要性及应用.广东气象，(1):61-62.

天气预报电视节目编导素质浅析

刘明霞　许鑫峰
（华风气象传媒集团，北京 100081）

摘　要

对于天气预报的电视节目而言，气象台提供的预报信息固然是基础，但做节目并不是简单的发布预报结论，而是要进行多方面的服务，对预报结论进行深加工和电视化处理，这样才能成就一档观众喜闻乐见的天气预报节目。作为枯燥的气象信息和挑剔的电视观众之间的桥梁，天气预报节目的电视编导需要哪些方面的积累和凝炼？本文拟从这个角度进行简单的梳理和分析。

另为表述方便，本文中提及的天气预报节目，主要指狭义的，以发布天气信息为主要内容的天气预报节目，而不是广义的，天气资讯类的节目。

关键词：解码　服务　新闻　协作

电视编导是电视业特有的一项工作和一个职业，就字面意义和功能性而言，天气预报电视节目编导和其他电视节目编导，差别不大，都是节目的创作核心，直接关系到节目的走向、观感和品质。但天气预报节目自身的特殊性，也决定了服务其中的电视编导，除了要掌握基本的专业知识、技能、鉴赏力外，还要有专业的气象特色，譬如熟知相应的气象知识，明了气象节目制作的要点，以及如何将节目做到真正急观众所急，需观众所需等。

如何才能成为一名合格的天气预报电视节目编导？笔者认为，和以下几个方面不无关系。

1　当好"分拣员"

天气有其自身的规律，一般而言，夏季天气多变，冬季相对平静，但无论天气复杂与否，电视编导每天面对的气象信息都是极其繁杂的，除了常规的降水、气温、变温外，还时常会有一些专业的信息需要不定时的发布，譬如农业干旱、农林业害虫防治、秋收秋种天气等，除此之外，遇到一些重要的天气新闻事件时，也会有一些专门的公报需要公示，比如奥运开闭幕式天气、汶川地震灾区天气专报、甘肃泥石流天气专报等。

如何在这些散乱、没有章法的信息中，抓大放小，避轻就重地搜寻出值得关注的信息点，整理出观众真正所需的信息链，并且尽量没有损耗地传达出去，都是每天节目准备期间，电视编导首先要考虑和安排的，要做好这一点，就必须练就一身快递业"分拣员"必须具备的硬功夫——专业的分拣技能和一双能迅速甄别、筛选信息的火眼金睛。

2　做好"解码器"

天气预报和天气预报节目有着本质的不同。对于天气预报，专业的解释是应用大气变化的规律，根据当前及近期的天气形势，对未来一定时期内的天气状况进行预测。作为一门科学，它不可避免地会涉及很多抽象、枯燥、专业性很强的概念和名词；而天气预报节目，则是天气预报的电视表现形式，是向社会公众提供天气方面的信息资讯，直接为人民群众的生产生活服务的一种方式，观众观看天气预报，是为了获取能为日常生活提供便捷的天气信息，而不是接受教育，所以从这个意义上讲，天气预报节目的生活化、平民化和通俗好懂无疑是第一位的。

如何弥补两者之间的差异，如何调解两者之间的矛盾，就要依靠电视编导的翻译和解码，而如何将专业气象信息消化为通俗可理解的话语，进而转化为声画具备，可以播出的电视节目形态，也正是天气预报节目中电视编导存在的最大价值和意义所在。

3 甘当“变色龙”

目前国内的天气预报节目，除了一个 24 小时滚动播出的专业播出平台——气象频道外，其他大部分节目，都只是借助于各个级别的电视平台运作和生存。时下是一个传媒市场的细分时代，受网络、手机等个性化信息的冲击，每个电视平台也都细分为不同的频道，每个频道都有自己独特的定位和要求，他们的信号覆盖范围不同，面对的观众群千差万别，所以，相应存在于其中的天气预报节目也自然要有各自不同的内容取向。

比如，秋收时节，往往要在节目中发布重点秋收区的天气信息，也就是提醒正在进行秋收的农民朋友什么时候天晴，什么时候下雨，帮助他们合理地安排农事，这样的信息放在《新闻联播天气预报》或中央 7 套《农业气象》中都比较合适，因为这两个栏目，一个是全向全国播出，必定涵盖需要这些信息的农民朋友，而另外一个，更是直接面向农民朋友的。如果硬是把这个信息安插在二套的《第一印象》中播出，那就是不伦不类。换个角度，将二套的《第一印象》的出行、穿衣天气放在中央 7 套《农业气象》中播出，也是丝毫不搭调的，造成这种差异的原因主要就是所在的频道，面对的观众群体不一样。

所以，天气预报节目的编导就应该像“变色龙”一样，能调整自己以适应并且迅速融入各种生存环境，也就是说，在构思节目时，应该充分考虑节目的频道特色，不管是内容还是表现形式，都要和所在平台的风格保持高度一致，这样才能满足不同观众群体的需求，充分体现以人为本的创作理念。

4 精确把握和处理解说词

电视是视听结合的传播媒介，无论对于什么类型的电视节目，解说词都是必不可少的组成部分，它和画面互为补充和印证，具有串联画面内容，整合画面信息，提升画面内涵，弥补画面不足等作用，很难想象一档没有解说词的电视节目，会是什么样的状态。

相比于其他电视节目类型，天气预报节目往往受时长和画面表现的限制更为苛刻，所以，解说词的重要性也就更为凸显，几乎占据了观众获得信息途径的大半部分。从这个意义上讲，解说词的好坏在很大程度上决定了一期天气预报节目的质量高低。而要使得解说词使用得合理、贴切，就得做好服务性、科学性、新闻性和画面性之间的制衡。

4.1 服务性

天气预报电视节目是通过电视传播天气信息，直接为老百姓的工作生活服务，因此，服务性是电视天气预报的首要特性。编导在构思天气预报解说词时，一定要学会换位思考，把自己当成一位普通的电视观众，从他们的角度出发，寻找适合他们的信息点和表达方式。比如临近春节，要尽量预报大家最为关注的，可能会影响出行的恶劣天气——雨雪冰冻、低温雾霾等，并在节目中给出适当提示，使大家防患于未然，及早做好准备，以减少恶劣天气带来的损失；再比如面临重大新闻事件时，要尽量直切重点，讲述新闻发生地的天气，不要顾左右言其他。

另外，在具体的讲述过程中，要尽量多用短句，因为电视是瞬间传递的，具有不可逆转性，句子太长，必定影响传播效果；同时，要避免使用专业术语，要尽量口语悦耳，以提高解说语言的感染力和表现力。比如《新闻联播天气预报》中，宋英杰老师曾经提过的冷空气一休息，雾霾就上岗；降温如山倒，升温如抽丝等，不仅形象生动，幽默诙谐，还易于记忆和理解。

4.2 科学性

天气预报是一门科学，它是根据对卫星云图和天气图的分析，结合有关气象资料、地形和季节特点、群众经验等综合研究后作出的。所以，依附于它的电视天气预报节目，也必须立足于天气信息，只有天气信息准确、实用、科学，电视天气预报节目才有存在的价值和意义。但这并不意味着天气预报电视节目只是简单的预报结论，或者只是向人们提供是否下雨，是否升温，风力多大，而是要进行多方面的服务，对预报结论进行深加工，使之变成符合观众需求的电视节目。

因此，电视天气预报节目编导在写解说词的时候，一定要有严谨的科学态度，在涉及一些历史气象资料或者专业概念的时候，一定要核实清楚、解释清楚，不能信口开河，为了效果而效果。除此之外，因为天气预报不是纯科学，而是和日常生活、柴米油盐紧密关联的，所以，在日常生活中，编导应该广泛收集信息，了解天气对各行各业的影响，而不只是简单的类似“添衣保暖”或者“注意出行安全”这样的提醒。同时，要多了解和积累农时物候、民俗谚语等知识，适时地把它们引入节目中，做到言之有据，言之有物，这样才能引发观众的共鸣，激发他们的收视兴趣和热情。

4.3 新闻性

近年来，随着灾害性天气的频发，人们对天气的关注也提到了前所未有的高度，天气信息也就随之成为新闻媒体捕捉的焦点。每次有重大天气事件发生时，各大新闻媒体都会争相到气象部门采访，或者是干脆和合作的气象节目连线，以第一时间获取相关信息，这种形式在公司现有的节目运作中，也是越来越普遍。

在这中间，我们既欣喜地看到各路媒体对于气象信息的重视，但也在惋惜，因为“身在此山中”的我们，往往都是被动地协助他人，多少有点为他人作嫁衣的酸楚。造成这一点，既有客观原因，也有主观责任。客观原因主要是我们播出平台有限，主观方面，也不排除我们对习以为常的天气信息，有些麻痹感，新闻触觉不够敏锐。

所以，作为电视天气预报节目的编导，我们应该时刻牢记自己不仅是气象信息的消化和加工者，还是一个电视人，在面临重大天气变故时，要自觉主动地做出反馈，并及时地落实到节目中，这样才能在气象节目的服务性、务实性、时效性上更进一步。

4.4 画面性

在业界，有关电视内容和形式谁最重要的争论，就像是先有鸡还是先有蛋一样，一直是个悬而未决的命题，但不管怎么样，形式和内容密不可分，互为补充都是大家的共识。对于天气预报节目而言，形式就是大家通常看到的画面。而对于一般的天气预报节目而言，最常见，也是必不可少的画面就是主持人身后的天气图，天气图形和解说词一到位，一期崭新的天气预报电视节目也就已然跃然“屏”上。

天气图应该具有气象专业性强，同时又符合电视画面可视性要求的特点，为了更好地配合解说词，在图形的使用上，可以化整为零，打散运用。比如冬季常在节目中使用的寒潮预警图，经常是把风和降温画在同一张图形上，这既有碍美观，也使得信息量大打折扣。所以，在实际使用中，就可以将这张图形拆分成两张，一张单独讲风，另一张单独讲气温，这样再配合文稿，整个感觉就会自然顺畅得多。再比如，在全国的降水图上介绍某个小区域会有中到大雪时，完全可以将这个区域用一条色彩鲜明的线勾勒出来，这样就可以使得解说词的描述有的放矢，针对性强，而不是糨糊一锅。

对于天气图形的使用，个人觉得要本着实用、可行的原则，而不是一味地追求单位时间里，画面的绚丽、多样。因为从本质来说，天气预报节目还是一个实用性很强的节目类型，而不是以视觉为重的娱乐节目类型。所以，如果图形变化太快，观众很可能觉得很赶，也就是还没有接受这一张图形想要传达的信息，下一张就已经匆匆出现了，从这点上来说，电视编导在构思解说词和选择图形时，一定要事先考虑到观众的信息接收限度和电视传播的局限性，要本着看得懂、记得住的原则，尽量提高信息的有效到达率。

5　做好沟通和协作

天气预报节目制作是一项集体创作活动，是一门需要多部门合作的工作形态，电视编导、气象编导、制作人员、技术人员、主持人等，缺一不可。就最后的呈现而言，最为关键，也最为直观的就是主持人的表现。主持人是电视节目的形象代表，是节目风格的重要象征，也是吸引受众的重要因素之一。在受众为王的媒介时代，一个成功主持人，既要服从公众、社会的共性要求，又要有突出和鲜明的个性化特征。要做到这一点，除了主持人自身的功力外，电视编导也应该力所能及地做一些贡献。具体来说，也就是在组织文稿时，就要尽量考虑到各个主持人的表达习惯和个人风格，筹划风格迥异的文稿，以将天气解读得更加精彩，表述得更加富有个性，电视走入家庭，已经具备了某种家庭成员的特质，作为枯燥的气象信息和挑剔的电视观众之间的桥梁，天气预报电视节目的编导一定要有运筹帷幄、通观全局的思想，要充分调动电视思维，做到气象信息科学、准确、严谨和观众接受便捷、方便、易懂之间的平衡；同时，在创作过程中，还要做好润滑油，充分发挥各部门、各工种之间调和的作用。电视编导只有不断学习、实践、思考，不断的增强创新意识和能力，才能不断提高，让天气预报节目成为有血有肉，为观众喜闻乐见的服务节目。

参考文献

［1］　百度百科：http://baike.baidu.com/view/1.htm.

［2］　中华传媒网：http://info.mediachina.net/info/index.php.

寻找"观风测雨"的眼睛

鲍晓慧

（宁波市气象服务中心，宁波 315012）

摘　要

作为气象新闻记者，我们应该具备"寻找'观风测雨'的眼睛"。那么如何去寻找到这双可以洞察新闻深度的眼睛呢？就需要依靠记者的个人素质去完成。作为气象新闻的记者我们在采访实践中往往会碰到各种这样的瓶颈和困难，如何才能将气象新闻做好做深入？我们需从多个角度去认知。

关键词：新闻敏感度　新闻选择　多重身份　价值认可

1　气象新闻记者敏感度的重要性

首先引用美国著名新闻学家卡斯柏·约斯特的名言："一个不善于辨别色彩的人，不能成为一个画家；一个不懂得和谐的人，不能成为一个音乐家；一个没有'新闻敏感'的人，也不能成为一个新闻记者"。新闻敏感是记者从业能力的基础，新闻记者必须有意识地培养自己的新闻敏感能力才能适应时代发展需要，写出优秀的新闻作品。

气象新闻的素材选择很广泛。我国幅员辽阔，最北的漠河属寒温带，最南的南沙群岛属热带气候，而且高山深谷，丘陵盆地众多，气候类型多样，任何一个气候类型和天气事件都可以找到它的新闻点。特别随着人们对自己生活越来越有要求，对气象的关注也是越来越多，因此气象新闻也慢慢地受到人们的关注。

作为气象新闻的记者我们在采访实践中往往会碰到同一个题材，不同记者会写出不同的稿件，其作品的优劣程度也不尽相同，最主要的是因为每个记者的新闻敏感度不同。一个优秀的记者可以在较短的时间里，通过采访以及对现场的观测，对新闻稿件进行综合的分析，深入到新闻的本质，写出有影响，有深度的新闻作品。罗丹老师曾经说过"要善用自己的眼睛去看别人见过的东西，在别人司空见惯的东西上发现出新的美来"。所以这也意味着我们要有综合判断能力，要有敏捷的思维能力

在这个问题上笔者可以结合之前采访中的经验来谈。在 2012 年 5 月 23 日，宁波的梅雨前期，由于天气慢慢转热，夏令用品火热上市，很多家庭开始换上了凉席，因此我们节目小组要去凉席的生产厂拍摄一则关于凉席的挑选以及保养收纳的新闻。拍摄的间隙，在和厂家交谈的过程中发现，这个厂在生产凉席的同时还在利用餐厨垃圾变废为宝，生产出可以用于工业的橡胶，以及农业的饲料。当时只是一带过的一句话，但是从中我却得到了新闻的灵感，而且这条新闻的价值远远高于当天所要去拍摄新闻的价值。接下来通过很多次的深入交谈，以及实地考察，我们在这个新闻点上又发现宁波现在餐厨垃圾的集成化管理，绿色回收等新型的环保理念的相关的新闻点。由此不仅作出了一系列相关报道，而且还在新闻中找到了足够多的素材完成了专

题片《放错地方的资源——城市餐厨垃圾综合治理的绿色之路》。所以训练自己的新闻敏感度，就像初始极微小的扰动都会造成系统巨大变化的现象一样，会具有蝴蝶效应。因此在原来的新闻基础上，要勇于去发现新的新闻点。

2 记者对气象新闻的选择

任何一条新闻的选题都是最重要的，爱因斯坦曾经说过“提出一个问题，往往要比解决一个问题重要”，这也从侧面反映出好的选题是做好气象新闻的开始。选准了新闻点等于完成了整个新闻的一半，起到的是事半功倍的作用。但是不容否认很多时候我们在气象新闻的选择上具有盲目性，因为气象新闻不像别的新闻，它有一定的局限性。要和气象相关，所以在同一时段的同种天气新闻，就会有很多记者一窝蜂地去选择，形成过度“消费”。

每年的高考都是各家新闻报道的重点。2012 年的高考全国大部分地方气温升高明显，给广大的考生的备考和考试都带来一些影响。不容置疑这是各地气象新闻记者的报道重点，在高考前、中、后的近一个星期时间里，气象频道的新闻节目中 90% 以上的篇幅是用来报道高考天气，表面上新闻量十分的多。但是当整个 30 分钟的新闻节目满眼充斥同一种类的气象新闻时，给人带来却是视觉上的疲劳。这个时候应该将我们的新闻写作视线稍稍移出这种雷同稿件。当时我在高考前，就发现了一个别的新闻点，是 6 月 5 日世界环境保护日。那么在备考和这个题材中我选择后者。因为新闻要具有多样化，而且在做这篇新闻报道的时候，还选择跟踪拍摄的方法，以一名普通上班族在环境日用自行车代替平日里上班的代步工具汽车，低碳出行的行为作为新闻点，以小见大地号召越来越多的人参与到这种低碳环保的行列中。这样的新闻报道得到了本单位领导的肯定，而且在众多高考题材中脱颖而出。

像这样事件还会有很多，所以我们需要记者朋友擦亮自己的眼睛，在有新闻敏感度的同时，也要对新闻做好选择，不拘泥于同一种类型，以便做出与众不同的气象新闻，让人印象深刻。

3 记者的多重身份

正如笔者的论文题目一样，“寻找观风测雨的眼睛”中最要体现的是“寻找”这两个字，那么如何去寻找就需要依靠记者去发现。所以这双“眼睛”的拥有者便至关重要。他必须具有多重身份，不但能够敏锐地发现好的新闻素材，而且最后还要有能力将这个新闻成品成功的展现出来。那么就要求记者除了能“写好”之外还要“说好”，做到“能写会道”。所以也提出了记者在新闻采访过程以及新闻出镜表现的重要性。

具体来说，新闻采访的对象很多都是第一次接触。在采访者心目中，记者是个陌生人，那么要怎么才能使采访对象很情愿地接受采访，而且还能将自己心里的感受毫无保留地说出来呢？很多记者都遇到过这个问题，有了很好的新闻点，但是相关的人员不愿意接受采访，或者没有办法说清楚事情。那么这个时候就需要记者不那么急于提问，先要想办法和受访者建立亲切的氛围，拉近之间的距离，消除陌生感，然后一步一步地在交谈对话中得到自己的新闻素材。多微笑、多感谢，少一些居高临下的态度，才能事半功倍。比如在宁波东钱湖郁金香赏花节的新闻采访中，记者对一些带着孩子的父母在交涉能否接受采访时，就采取了和小朋友套近乎的方式。开始并不着急的向家长提问，而是和家长一起结伴游玩了一段路程，等到彼此熟悉后，让对方在十分放松的环境中接受采访，表达当时他们最真切的状态，还能适时捕捉到他们一家大小游玩的欢乐场景，可以说是一举两得。结果整条新闻出来后，不仅内容丰富，画面优美，而且还得到了气象频道新闻栏目组责编的认可。

当然在外出采访时，记者有时还要担任出镜的任务。别小看几分钟甚至是短短几十秒的出镜，它可能是观众最直接了解新闻的部分。因此出镜记者不单单只是稿件表述的劳动者，更应该是情绪的感染者。要根据新闻现场的气氛，适当地表现出自己的情感，比如说激动、愤怒、欢喜、悲伤。但是也要适度，不能使观众看后有夸张的感觉，而是要融于当时的情景。在节奏的把握上，快慢、张弛要有所调控。

综上所述，记者要成为一名思维敏捷的提问高手，一名善于交际的高手，还要是一名语言艺术的高手，只有做好这样的多重身份，才能使自己的新闻变得更加完善且有深度。

4 实践的重要性

新闻实践是新闻敏感度的阳光雨露，因此要求记者不仅要有广博的知识，更应该做到"读万卷书行万里路"。在进入气象影视这个特殊的传媒大门之前，很多记者都只是相关传媒类大学里学习新闻传播专业的学生，对于"气象"这个风云变幻的门类来说只停留在传统的天气预报节目，所以对一些专业的气象知识都是在进入到这个岗位后才开始慢慢地理解。所以气象新闻的记者除了学习相关气象知识外，更要向实践学习，将读书和行路有机地结合在一起，掌握"五多""四勤"即多听、多看、多问、多记、多想，腿勤、手勤、眼勤、脑勤。将学到的气象知识和现实采访中的气象实况结合在一起。记得刚到气象信息中心时，对一些专业的气象词汇只是一味看字说词，比如"土壤墒情"。后来在一次连阴雨天气对果蔬带来影响的连续新闻报道中，作为记者的我第一次站在田间，面对连续强降雨对当地草莓种植造成的不良影响打算出镜介绍当地土壤墒情严重时，围观的一名群众问我"土壤墒情"是个什么东西？我才意识到，我们知道的气象知识应该要用浅显的表达方式传播给大众，最后我将出镜的词语改成了"土壤的含水量多"。也就是这小小的事件让我知道很多东西，如果不走出去是没有办法了解广大观众的需求。所以气象新闻记者要多出去实践，多走走，才能了解到观众缺少哪些气象知识，应该怎么改进我们的气象新闻稿件才能被更多的人接受。

5 总结

"会当凌绝顶，才能一览纵山小"，只有累计增强新闻敏感度这个必备条件，然后主动自觉地利用自己的眼睛去寻找去发现，用一颗真诚的心对待自己每一次采访的机会，丰富的气象生活必将成为丰富的气象印象。而当这些印象或者信息累计深化到一定程度时，我们的气象新闻才可以轰轰烈烈地成为中国新闻事件的一部分，而不会只在"气象影视"中发光发热，定会开辟出生活性、知识型的新闻新模式。希望每位气象新闻工作者都能找到自己"观风测雨"的眼睛，写出越来越多影响力大，受众接受的作品。

参考文献

[1] 李保刚. 2011. 记者新闻敏感的培养. 青年记者. (2).
[2] 姜冬梅. 2010. 浅谈记者的新闻敏感. 新闻传播. (7).

议气象信息的拟境传播策略

罗桂湘

（广西气象服务中心，南宁 530022）

摘　要

反思“7·21”北京特大暴雨过程，笔者认为可以从拟境传播的角度为减少类似的灾害损失做出一些努力。“拟态环境”是美国著名新闻工作者李普曼提出的。他认为人类生活在两个环境中，一个是现实环境，一个是拟态环境，而媒介时常扮演着为大众构建拟态环境的角色。作为气象传媒工作者，我们应当充分运用多媒体新技术、新理念，构建起符合人们认知规律的拟态环境，引导人们接收和使用气象信息，从而达到我们的传播目的——指导人们防灾避险、减少灾害损失和提高生活品质。本文将气象事件发生过程分为过程之前、过程之中和过程之后几个阶段，针对每个阶段探讨了拟境传播的策略侧重点，并对气象信息的拟境传播未来趋势进行了展望，以期为公共气象服务人员提供点滴参考。

关键词：公共气象服务　气象信息　传播　拟态环境　风险告知

2012 年 7 月 21 日的北京特大暴雨已经过去，但是关于这次暴雨的思考与争议并没有像积水一样迅速退去。暴雨引发的严重内涝酿成了灾难，上百亿的经济损失和 79 人的遇难数字，让人心情沉痛。我们不禁忆起 2007 年 7 月 18 日济南发生的类似事件，曾经夺去了 37 条鲜活的生命。悲剧重演，让人痛心之余，作为气象传媒工作者，不禁反思，我们应该做些什么、又能够做些什么来避免和减少悲剧的发生？

笔者认为，应对灾害，除了采取工程性措施，比如加强灾害天气的监测设施建设、加强市政建设、加强防洪设施建设等，还有更重要的非工程性措施应当引起大家的重视，其中包括防灾减灾信息的传播和公众教育。本文主要从气象信息的拟境传播角度分析相关的策略。

1　“7·21”北京特大暴雨过程的反思

7 月 21 日至 22 日凌晨，北京降下了 61 年来的最大暴雨。特大暴雨引发了严重的内涝、山洪、泥石流，导致了 79 人遇难。据北京市防汛抗旱指挥部的消息，遇难者死亡原因按人数由多到少排序依次为：溺水、触电、房屋倒塌、泥石流、创伤性休克、高空坠物和雷击。笔者印象最为深刻的是广渠门桥下丁某在车内溺亡事件，以及房山区向阳路派出所所长李某在洪水中救人因触电身亡的事件。

回顾气象部门提前发布的预报和预警信息，按照现有的技术水平，已经是预报得相当不错了。但是，发出去的消息，有没有起到作用？是否达到了防灾效益最大化的目标？有多少市民真正理解“暴雨橙色预警”、“暴雨黄色预警”和“50 毫米雨量”、“100 毫米雨量”的含义？又有多少市民知道这些预报、预警信息与灾害的关联？

我们暂且做一些事后诸葛亮式的分析。假如在发布暴雨预警的同时，能够运用道具或者动画演示、深入讲解多少毫米雨量的含义，事先与交通和市政等部门联合发布哪些路段会积水，甚至预告积水会有多深，请大家绕行的消息，是否可以减少人们和车辆被洪水围困的危险？假如有媒体事先科普一下，告诉丁某，洪水中车门承受的压力会有多大，不可能打开车门，他还会贸然驾车趟水吗？假如防范积水带电伤人的意识深入人心，那么救援的时候大家是否会更加小心从而减少二次伤亡呢？

针对上述这些假设，笔者认为可以通过更好地构建气象信息传播的拟态环境加以改善。

2　关于拟态环境与拟境传播的概念

“拟态环境”是美国著名新闻工作者李普曼在1922年出版的著作《舆论学》中首次提出的。他认为人类生活在两个环境中，一个是现实环境，一个是拟态环境，即“我们头脑中的图画”；而媒介时常扮演这样的角色：通过视觉、听觉等渠道，为人们提供一个可感知的世界，为人们构建一个“拟态环境”。

我们将信息传播过程中，构建起拟态环境的传播理念和技术简称为“拟境传播”。

在信息的传播过程中，公众按照传播者预先设定的统一的编码和解码系统去解读符号的意义，同时，人们的认知心理影响着他们对信息的接收和理解。认知心理包括启发性认知和系统性认知，人们往往凭个人以往经验和借鉴他人的经验或教训相结合的方式，来理解和应对他们接收到的信息。作为传播者，我们在传播过程中，要尽可能符合受众的认知规律，并适当加以引导，让更多的启发性认知转化为人们的系统性认知，从而在指导人们实际行动时发挥作用。

在气象信息传播过程中，我们要充分运用多媒体技术，构建起优质的拟态环境，尽可能接近真实环境，让人们能够感同身受，理解气象信息的含义，从而采取正确的应对措施，减少灾害损失、提高生活品质。

3　气象信息传播几个阶段的拟境传播策略

总体而言，拟境传播的策略是尽可能让人感同身受，拟态环境的营造方式主要是对事件的展示和对情感的描摹。气象信息传播大致可以按照气象事件发生过程的时间，分为过程之前、过程之中和过程之后几个阶段，针对每个阶段，拟境传播的策略侧重点应有所不同。

3.1　过程之前的拟境传播策略

在对公众预告某个气象事件即将发生时，拟境传播侧重于模拟展现未来事件、交代事件可能造成的影响，并提醒公众如何应对，尤其是气象灾害即将来临时，一定要起到告知风险的作用，让人们有防范意识。要提高这个阶段的拟境传播水平，主要在预报、预警信息传播和对公众的科普两个方面努力。

在多次公众调研中我们了解到，许多人收到了气象信息，但是不理解它的含义、更没有意识到它可能造成的灾害，因此没有能够采取有效的应对措施。比如说，气象部门预告了“某地雨量将超过100毫米”，如果是简简单单这句话，相信不少人是不会重视的。而如果制作了效果图，下了这么大的雨，哪些地方有可能被淹，人们一看就会明白了。

例如，2009年7月初，广西河池市卡马水库暴雨成灾，大坝出现险情，牵动着大家的心。3日傍晚，气象部门预报当晚还可能有30～40毫米的降雨，持续不断的强降雨给大坝造成巨大的压力，一旦发生垮坝，怀群镇等村镇将被淹没，后果不堪设想。专家们综合气象、水文和地理信息制作了三维的洪涝高风险区域预警图，红色区域就是可能被淹没的地区（图 1）。按照这个范围，有关部门连夜组织一万五千多名群众紧急撤离，确保了人民生命安全。

图 1　在电视上播出的卡马水库下游洪涝风险预警图

图 2　美国天气频道真人演示不同天气如何穿着

在美国等发达国家，非常重视对气象信息的可视化表达，尤其是天气预报相关内容，开发了不少具有自主知识产权的系统。近些年我国不少省（区、市）气象影视单位引进了美国的 Weather Central 系统，对未来天气的直观展示，如风云雨雪、雷电等天气现象的表达，深受观众欢迎。

我国气象部门开发了不少指数之类的气象服务产品，目的是为人们的生活提供参考，可是常常有些不尽如人意的地方，比方说，“明天穿衣指数，8 毫米”，谁出门之前还量一量身上的衣服有多厚啊？而美国天气频道，让时尚美女来展现不同的天气如何穿着，既通俗易懂，又亲切可信（图 2）。

除了对气象信息的可视化表达，作为传播者我们还可以通过对其他感官的调动，通过移情作用，激发群众对未来天气的其他感受。比如某市发微博，预报第二天还会是那种“湿嗒嗒、黏糊糊”的天气，就非常形象，比直接预报“空气相对湿度达 80%”的传播效果要更好一些。

气象科普是一个长期的、潜移默化的过程，可以提高人们对气象信息的理解和应用能力，我们将结合过程之后的传播策略来分析努力的方向。

3.2　过程之中的拟境传播策略

在气象事件发生的过程之中，拟境传播的重点是真实地展现事件和加强与公众的互动，这两方面的工作都有助于积极应对气象事件。

直播是拟境传播的利器，它让拟态环境尽可能接近现实环境。直播是与事实发生同步的报道，电视和广播、网络、手机等媒介延伸了人们的视听器官，具有打动人心的真实的力量。美国“9·11”事件的现场直播，曾为灾难现场的人们提供了相关信息，帮助一些人成功地逃离了大楼。日本 NHK 有 11 架直升机，在电视台大楼、车站、机场和繁华街道、建筑物等地有 400 多处设置了机器人摄影机，此外，还开发有地震仪、照相机和记忆装置联动的系统，对地震、海啸等灾害事件的直播，有助于抗灾救灾工作的进行。

我国气象部门，以华风集团为主力、各省（区、市）参与的气象新闻采集队伍日益壮大，多次对台风、洪涝、沙尘暴等重大灾害以及奥运会、世博会、亚运会等重大活动的气象服务进行直播报道，社会反响强烈。不少省（区、市）在气象观测站和风景区等地安装起视频监控系统，有的省如江苏、河北与交通部门联合在高速公路沿线布设了视频监控点，有的省（区、市）如广西在农作物生长的地方安装生态视频监控仪，这些设施使气象直播得以实现，有助于为人们的出行、农业生产等各方面提供直观的信息。

在直播报道中，记者代替观众的眼睛和身体去体验现场，对拟态环境的构建是非常重要的一环。训练有素的记者，能够充分调动各种感官，力求全方位表达现场的感受。例如，广西气象记者张雷报道台风登陆广西北海，现场报道“现在的风雨已经不是像平常那样柔和，而是‘打’下来，狂风夹杂着雨点和沙粒完全是横着‘抽’在身上，像针扎地一样疼。我们从避风的地方走到风口的时候，感觉就像被人猛推了一下，像我这样 150 多斤的体重也得侧向着风还得半扎着马步才能站稳。”（图 3）

图 3　张雷报道台风登陆广西北海

在气象事件中，加强与公众的互动，也是充分展示现实环境的好方法，让拟态环境在广度和细节上更接近现实环境。如 2012 年春运期间，中国天气网推出“微博直播春运回家路”活动，让公众在回家的路上，随手拍摄并记录天气，能够帮助即将开始旅程或正在旅程中的人们。

在气象事件发生的过程之中，及时、权威的拟境传播还有助于消除谣言，稳定人心。美国的奥尔伯特与波斯特曼曾提出了关于流言传播的基本法则，即“流言传播的速度＝问题的重要性×不了解的程度”。灾难发生时，也极易产生流言造成社会恐慌，而电视、网络等媒介提供的画面和声音，有助于减少民众的“不了解程度”，减少流言的滋生，对抗灾救灾十分有利。

3.3　过程之后的拟境传播策略

在气象事件结束之后，往往需要总结经验和教训，有助于下一次从容面对类似事件。这时的拟境传播，可以情景再现、虚拟再现等方式展示气象事件，让人们在重温事实的同时，积累经验，增长科普知识，有助于在接收到气象信息时，公众能够按照传播者预先设定的统一的编码和解码系统去解读符号的意义，采取正确的应对方法。

2011 年全国公众气象服务调研表明：气象防灾减灾常识普及程度与公众的需求仍存在较大差距。公众期望以纪录片或其他视频形式，通过电视、手机和网络等渠道接收气象防灾减灾常识。中国气象局的纪录片《远离灾害》2009 年获国家科技奖二等奖，广西也制作了气象防灾减灾系列电视科普片，并译制成壮语版在少数民族地区播出，获得了“广西气象科普优秀作品一等奖”。这些作品的共同特点，是以纪实手法再现灾害事件，还用讲故事的方式来表达相应的气象科学知识。

中国传媒大学教授段鹏的实证研究表明，农村居民更倾向于以人际传播的方式接受新的事物，而且更相信身边发生的事情，适宜采用“同伴教育”的方式，也就是讲述真实的故事来打动他们，让他们掌握相关的科学知识。比如《远离灾害》系列片中的《大娘山十秒泥葬》，以真实的故事讲述暴雨和泥石流的发生原理和防范措施；广西气象防灾减灾系列电视科普片中的《木棚下的悲歌》，以广西柳州市真实的雷击故事来分析防雷要点；广西的《守望家园》，以大石山区一户人家的命运，折射出气候变化与石漠化的关联。广西在制作为农服务节目《壮乡四季风》时，讲述了南宁蕉农陆财铭的防灾故事，他的五百亩香蕉穿上了三层“衣服”，也就是“多层套袋防冻技术”，让他的香蕉在寒流中安然无恙，起到很好的榜样作用。2011 年 12 月德班气候大会期间，《广西南宁 DIY 达人节能有新招》等气候环保新闻由于有极强的故事性和趣味性，引起观众的极大兴趣，低碳理念得以顺利传达。

除了纪录片，一些抽象的气象科学知识还可以用三维或二维动画的形式示意，有的防灾措施可以用真人演绎，例如在 2009 年全国气象影视业务竞赛中，不少省（区、市）的节目就采用了这种方法演示如何防范雷击等灾害。在国外有不少科普网站，如美国 NASA 的网站，充分调动各种元素，模拟真实环境，让用户在体验式游戏中掌握科学知识和防灾减灾本领。

美国重视气象防灾减灾的宣传教育，不惜花费巨资和调度社会资源。最鲜明的特点有两个，一是网络化，建立起相关网站约 700 个；二是公众参与普及化，要求全社会参与气象防灾减灾活动。我国的气象科普和气象防灾减灾工作任重而道远，需要我们不断努力，科学地设置相关内容，充分利用高科技传媒，同时还需要社会各界的大力支持和参与。

4　气象信息拟境传播前景展望

目前，新媒体的飞速发展和以中国气象频道、中国天气网为代表的气象传媒的崛起，使得气象信息的传播渠道甚为宽泛，反而是对内容的需求日渐凸显。在这种情势下，那种将各类原始的气象信息直接照搬的传播方式既不利于对传播渠道的充分利用，也难以满足各界群众差异化的需求，而根据媒介特点和不同的用户需求进行拟境传播，既可丰富传播内容，又有助于实现气象信息的有效到达，从而发挥更加良好的效益。

气象信息拟境传播未来发展的方向主要有以下两个：

其一，在面上，将运用云技术与虚拟现实技术相结合，为广大用户提供更加海量的资讯和更逼真的拟态环境，并使得检索应用更简便快捷(图 4)。

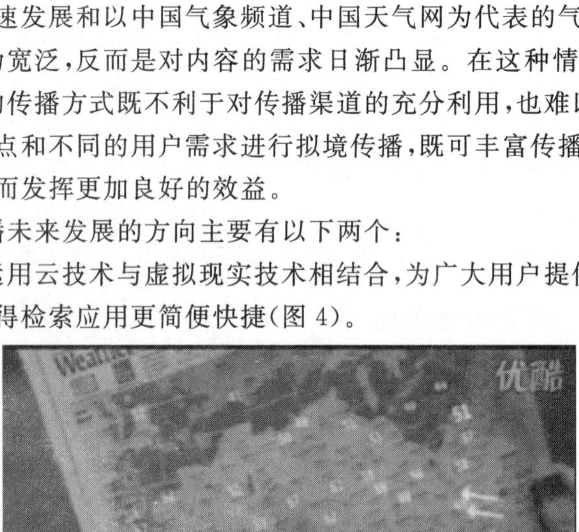

图 4　拟境传播展示全息气象信息

这组信息由特殊头盔上的投影仪和十个手指上的鼠标、电脑、特殊软件共同完成显示任务，是前两年美国一位印度裔大学生和他的团队发明的。

其二，在点上，运用 GPS 定位和数据挖掘技术，根据用户的喜好和所处的位置，精准推送相关信息和配套的科普知识，方便个体用户对气象信息的实际应用。

2011 年，《民政事业发展第十二个五年规划》称，将建立国家综合防灾减灾工程，实施国家重特大自然灾害防范仿真系统建设工程，实现灾害风险预警、应急响应推演等多维可视化模拟仿真，实施防灾减灾宣传教育和科普工程，加强防灾减灾宣传教育。

建议气象信息传播者多借鉴国内外其他部门的经验，密切关注传媒动态，丰富拟境传播的理论、技术，在实践当中不断总结、更快提高。相信气象信息的拟境传播必有更大的作为，在日常气象服务和防灾减灾工作中发挥更大的作用。

参考文献

[1] [美]沃尔特·李普曼. 2006. 公众舆论，上海：上海人民出版社.

[2] 孙忠，杨何著. 2008. 济南 7.18 大暴雨后对提高公众防灾意识宣传的思考，气象影视技术论文集(五). 北京：气象出版社.

[3] 刘京林等. 2009. 传播中的心理效应解析，北京：中国传媒大学出版社.

[4] 孙英春. 2010. 跨文化传播学导论，北京：北京大学出版社.

[5] [加]埃里克·麦克卢汉等编，何道宽译. 2000. 麦克卢汉精粹，南京：南京大学出版社.

[6] 韩佳芮等. 2007. 公众对气象信息需求的规律与公共气象服务，干旱气象. (2).

[7] Thomas R Stewart. 1997. Forecast Value: Descriptive Decision Studies[A]. in: Katz Richard W, Murphy Allan H. *Eeonomic Value of Weather and Climate Forecasts*[M]. Cambridge University Press, 109-140.

[8] 段鹏. 2006. 创新扩散理论的实证研究—在中国贫困农村地区推广新知识与新技术的实地调查，现代传播. (3).

[9] 罗桂湘. 2009. 论公共气象服务中气象信息的可视化，气象影视技术论文集(六). 北京：气象出版社.

[10] 罗桂湘等. 2009. 边远地区灾害信息的有效传播，中国科学院科学新闻学术专刊. (3).

[11] 罗桂湘等. 2004. 电视气象节目中纪实手法的运用，广西气象. (2).

[12] 程莹等. 2006. 电视传播气象信息的优势应用和理念，浙江气象. (2).

[13] 黎琮炜. 新媒体时代，亮剑走江湖，2011 年全国气象影视交流会.

[14] 赵铮. 国外电视节目制作细节及节目分享，2012 年全国气象影视交流会.

[15] 王晨，刘晓林. 2011 年全国公众气象服务满意度再提高，新气象网站，2011 年 12 月 31 日.

[16] 张燕等. 2012. 风险沟通中公众对专家系统的信任危机，现代传播. (4).

[17] 王岩，傅易等. 2011. 由上海早晨天气连线看天气预报节目的发展，气象影视技术论文集(七). 北京：气象出版社.

[18] 张欣，赵妙文等. 2011. 浅谈气象频道省级插播节目中的 breakingweather 探索，气象影视技术论文集(七). 北京：气象出版社.

迎接革新的时代 坚守服务阵地
——关于新时期气象影视如何发挥公共服务作用的思考

施　铁　崔晓琪　王亚娟
（上海市公共气象服务中心，上海 200030）

摘　要

2008 年 5 月，中国气象局公共气象服务中心在北京正式挂牌成立。这标志着气象服务学已经逐渐从气象科学中分化、相对独立并逐步发展起来，气象服务工作已成为气象部门的一项独立重要业务，这也标志着气象部门在立足科研的基础上，将发挥更多的政府职能。

“工欲善其事必先利其器”，作为气象部门最成熟、最完善的发布渠道和服务手段，气象影视工作自然将随之迎来一场历史性的革新。如何在这个以服务为先导的新时期，让传统的气象影视工作历久弥新，迸发出时代特色，将成为很长一个时期内气象影视人共同思索的问题。

关键词：气象影视　气象服务　革新　转型　职能　阵地

1　转变价值定位　彰显政府职能

自 1980 年中央电视台出现电视天气预报以来，随着电视技术和气象影视技术的不断发展，天气预报已成为收视率最高的电视节目之一，也是气象部门最为有效的信息传播和社会科普渠道。

随着公共气象服务这一命题的提出，传统气象影视也被赋予了新的使命，气象影视在传统的预报产品和资料分发转型成为一项重要的公共服务产品。角色的改变意味着功能和价值的转变，因此尽管传统气象影视有着 30 多年辉煌的成就，但其作为公共气象的服务产品，仍需进一步的完善。

1.1　传统气象影视需提升政府服务效应

许小峰局长在公共服务中心成立大会上说过：“公共气象服务是政府公共服务体系的重要组成部分，也是气象工作的出发点和归宿。”因此，新时期的气象影视产品也必须更多地兼具政府公共服务的作用，帮助气象部门承担和发挥更多的政府职能。

如今的气象部门已经不仅承担城市防灾体系中的烽火哨、侦察兵的角色，同时也是防灾体系中重要的联动部门和信息发布渠道。因此，为气象影视产品增添更多的政府服务色彩也就成了必须和必然。

2012 年汛期，“苏拉”、“达维”、“海葵”、“布拉万”、“天秤”多个台风陆续影响上海。气象部门借助户外移动电视 32000 个互动终端，在公交、地铁、楼宇等场所发布迅捷有效的气象服务信息。气象预警、政府公告、专家解读、防御指引等多项服务内容经整合后高频次、全天候轮番播出，让最需要了解天气信息的户外移动人群第一时间获得气象信息和政府信息，受到社会各界的好评。这样的服务案例不仅帮助气象部门提升了服务品质，收获了良好的社会口碑，达到了防灾减灾的目的，同时多样化、及时性的气象影视服务内容被公众以政府发布的形式重新接受，也赋予传统气象影视更广阔的发挥空间和更深层的使命感。

1.2 政府效应良性反作用与传统气象影视

一直以来，气象影视推陈出新、利用新的技术手段，完善和改良传统气象影视，但受其原有的定位所限，气象影视节目难有根本性的改变。另外，传统气象影视节目已经家喻户晓、耳熟能详，这样的约定俗成也在一定程度上束缚了气象影视的形式和内容。

气象影视兼具政府发布功能后，随其目标和价值的重塑，内容和形式也随之得以根本性的突破。比如增加行业服务指导经济生产，专家解读有助社会维稳等全新内容。当然，这也并不意味着全盘否定传统气象影视，而是要在原有产品的基础上实现有策划、有铺排的组合式影视产品，才能为广泛的公众需求提供全覆盖的服务。这也就意味着气象影视人需要开拓更多样化的节目来匹配公共服务的需求。

另外，受节目内容单一性及公众获取气象信息渠道增多的影响，传统气象影视的竞争力和影响力下降已经是一个不争的事实。气象信息将借助公共气象服务的新局面打造全新的身份名片，并借助政府的影响力，形成政府服务效应。一个承担着政府发布功能的服务产品，势必将拥有更多的关注度和影响力，弥补自身的不足，提升与网络媒体，智能终端等诸多新媒体相庭抗礼的能力。

2 提升气象影视互动性和智能化

2012 年 7 月，中国互联网络信息中心（CNNIC）发布了《第 30 次中国互联网络发展状况统计报告》。报告显示，截至 2012 年 6 月底，中国网民规模达到 5.38 亿，我国手机网民规模首次超越台式电脑用户，达到 3.88 亿，较 2011 年底增加了约 3270 万人。

不夸张地说，当代的信息传递是 PC 和智能终端的天下。大量被广泛应用的 PC 软件早已自带天气信息服务功能，“墨迹天气”、“爱天气”等智能终端在近几年也纷纷加入提供气象信息服务的行列。这些市场化的气象服务不仅图文并茂，而且提供“上传”、“分享”等各种个性化、互动性的服务体验；相比之下传统气象影视服务很大程度上依然停留在“看图说话”、“我说你听”的程度。先不论此类气象服务的合法性如何，单就服务效果和影响力而言传统的气象服务自然相形见绌。

2.1 互动性和智能化是现代公共服务的基本需求

“临渊羡鱼不如退而结网”，既然有人动了传统气象影视的蛋糕，那么气象影视同样可以借公共服务转型的契机“以彼之道还施彼身”。充分利用现代化通讯和视频技术的优越性，与传统气象影视服务相结合，打造更具针对性、互动性、智能化的气象服务产品，实现传统气象影视的转型，夺回原本属于气象影视的服务市场，守住公共气象服务的重要阵地。

2012 年上海市公共气象服务中心与《第一财经》频道合作，探索开发了首档跨界服务型天气预报节目——《财经气象站》。该栏目利用全新的影视制作技术，大胆尝试了传统气象影视与现代智能服务终端及网络的结合，以提升产品的互动性和智能化。例如：与“气象微博”合作，通过节选摘抄网络热文或媒体热点，以《每日天气话题云》的形式与网民和媒体对话，答疑解惑、激浊扬清；与“Wish 爱天气”手机智能终端合作，以《网友街拍解读》形式透析暗藏在天气事件中的行业玄机；与“上海天气网”合作，实现气象影视产品的网络化播出。该栏目播出后，不仅在其他气象影视服务中杀出重围，在《第一财经》和《宁夏卫视》的收视榜上高居前列，而且也受到公众、媒体和其他业界的一定关注，甚至有不少媒体和商界代表希望能立即与栏目合作开发。以一档天气预报节目开播不到一年的标准来衡量该节目所成就的影响力和服务效果而言，不可谓不大。

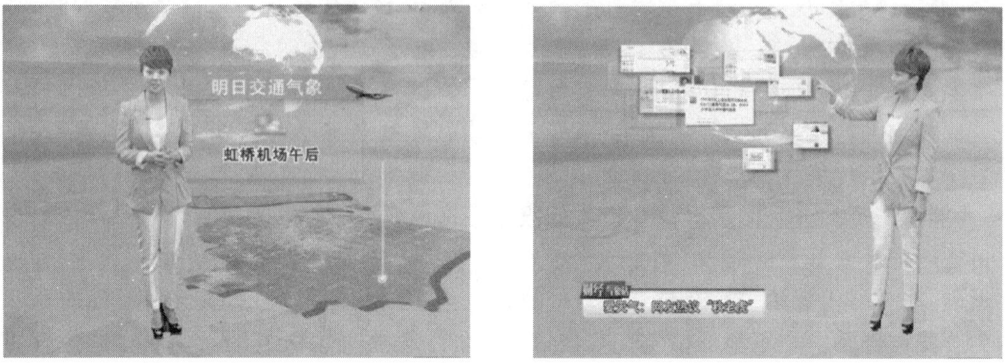

图 1 《财经气象站》的互动环节

由此可见，为了更好地发挥公共气象服务的作用，传统气象影视产品就必须实现转型，从专业的气象转型成专业的服务，从单一的服务形式转型成多样化、智能化的互动界面；从“一网打尽”的服务对象转型成分门别类，各有所需的针对性服务。当然传统气象影视的转型也不是一味地玩花活，专业的天气描述，富含科技性的天气图已然成就了公众对于气象影视的认知，仍将是新时期气象影视服务的重中之重。

2.2 互动性和智能化帮助建立自我完善机制

“新公共行政学”的代表人物弗雷德里克森说过：“当代政府活动已经不是简单的公共物品和服务的提供，而是必须及时了解公众需求并设法满足，即从‘供应顾客’到‘创造顾客’的转变”。因此，传统气象服务的转型除了在形式上更具吸引力外，互动性也将是帮助气象影视节目寻找市场需求，明确服务定位和吸引公众的、创造用户的一项重要手段。公共服务型的气象影视理应从中建立一套独立的“问询、反馈和解决”的机制，自主地吐故纳新，这才是保证气象影视服务效能的王道。

3 服务第一决定内容品质为王

气象服务品质的提升不仅在于服务形式的改良，更应在于服务内容的完善。迈克尔·汉默博士在《企业再造》一书说：“再造是对公司流程、组织结构和文化进行彻底的、急剧的重塑，以达到绩效的飞跃”。这样一条在管理学界的名言在思索传统气象影视如何发挥公共气象服务效用时仍然可以参考和借鉴。如果说增加气象影视的互动性是改良了服务产品的外包装，那么影视产品的内容也必须进行重塑和再造，才能与公共服务的需求和目的相适应，气象影视的公共服务作用才会形神兼备。

打破束缚需要对传统理念重新定义。

在传统气象服务中，有一句话被经常提及，就是“属地化服务”，传统的“属地化服务”既体现了气象工作的严谨性，但同时也在一定程度上束缚了气象服务的范围。

以上海为例，2011 年，浦东虹桥两大机场共有飞机起降 57.4 万架次，旅客吞吐量 7456 万人次，再加之铁路和公路运输，平均每天有几十万人群穿梭于上海和各地。高频次大规模的人员迁移，其背后隐藏的则是公众对更多地域气象信息的需求。即便不离开上海，公众对气象服务的需求也不仅停留在属地范围，打算旅游的需要知道景点天气帮助规划行程、投资期货的人员需要了解某些作物产地的天气帮助规划理财，因此单一的上海本地天气信息服务显然已经无法满足所有公众对于气象服务的所有需求。在倡导公共气象服务的时代，“属地化服务”需要被重新定义，从提供属地气象信息服务向满足属地公众需求转型。

在这方面，中国天气网曾应季推出的温泉景点天气预报、交通天气预报等服务产品已经给予了很好的示范，前文所提到的《财经气象站》也制作过《欧洲极寒、美国暖冬与全球石油涨跌》、《云南干旱与全国药品涨价》等几期探索性节目，并收获了不错的效果。

当然，要提升气象影视产品的品质、提升服务效能不可能一蹴而就，更多的需要取决于气象服务的科技实力和产品开发能力的提升。气象影视尽管可能在现阶段暂时无法获取足够的技术支持来实现服务产品质量的全面提升，但气象影视完全有理由以产品需求推动气象科研成果向服务产品转换的进程，乃至整个公共气象服务的局面。

4 气象影视在“非影视领域”的公共服务

近几年，有一批特殊人群开始出现在公众和气象部门的视野中，那就是气象爱好者。这些毫无气象专业背景的社会人员有着对气象由衷的热爱和投入；他们是气象工作者的忠实拥趸，却又往往忽视《气象法》的规定内容；他们喜欢在网络论坛、微博发表对天气事件的分析研究，帮助气象部门进行社会科普，也会利用可获取的气象资料，在公开的媒介发表预测结果；他们的出现不仅引起了媒体和公众的注意，也往往让气象部门头疼不已。

如何对这群气象爱好者进行社会化管理，既维护气象部门的权威也不扼杀爱好者的热情与激情，是气象部门面临的新问题。而气象影视所能提供的服务作用恰好可以填补政府部门与社会群体之间的空白地带，帮助完成“官”与“民”之间的对话，以达到社会化管理的目的。

2011 年，上海市气象局成立了“风云汇气象爱好者俱乐部”，这也是目前国内唯一一家获得专业气象部门支持的民间爱好者组织。随后，气象部门利用影视节目的互动环节，与爱好者微博相结合，帮助爱好者答疑解惑，普及法律观念，同时也在互动中倡导公共服务理念和气象科普理念，将爱好者吸纳进来共同参与公共气象服务。线上的影视互动与线下的俱乐部活动相结合，大大激发爱好者们的互动热情，也使爱好者们有了归属感。不仅深受爱好者们的好评，而且无形中树立了气象部门开明、大度的政府形象，也为爱好者的社会化管理打下基础。

以诚感人者，人亦诚而应。如今，气象爱好者与气象部门不相往来的鸿沟已被填平，爱好者为媒体所用与气象部门针锋相对的情况也极少出现。爱好者不仅是气象影视、气象微博的忠实粉丝，也成为了气象公共服务和气象科普的一支社会力量，甚至在气象部门遭遇媒体危机时客串一下“水军”的身份。

有此为鉴，社会化气象管理作为公共气象服务的一项衍生内容，也可以成为气象影视产品的服务范畴，只不过这项服务的对象不仅仅是社会公众，同时也是气象部门本身。

图 2　风云汇气象爱好者俱乐部成立仪式

“凡操千曲而后晓声，观千剑而后识器”，气象影视所发挥的公共气象服务小到每天洗衣晒被的细枝末节，大到社会生产生活、安定团结的国家根本。这个广袤的领域如同一座神秘的宝山，正等待着无数气象人的探索和开发，本文所思之处实不足其万一。尽管任重道远，但能生长在这个革新的时代，已足够让我辈气象影视人欢喜雀跃。

由《综艺星气象》浅谈气象节目创新

房 艳

（安徽省公共气象服务中心，合肥 230061）

摘 要

本文对安徽综艺频道《综艺星气象》节目开播背景、创新之路进行了分析和阐述，并对进一步提高《综艺星气象》的节目质量，提出了几点思考意见。

关键词：综艺星气象　开播背景　创新之路　几点思考

1 节目推出背景

可以说，现在电视已进入以频道专业化作为电视栏目设置与编排基础的时代。“频道”原来是一个纯技术名词；而现在，人们通常借用“频道”这个词指代一套电视节目。一家电视台有了不同的频道，电视节目系统的构成中就增加了“频道”这一重要的层次。目前，我国的专业频道设置大致有以下一些：新闻频道、经济频道、生活频道、电影频道、电视剧频道、综艺频道、体育频道、科教频道、少儿频道、女性频道和法制频道等。那么在这种频道细化的发展趋势下，电视天气预报节目如何细化，为不同的领域、不同需求的人群带去更为细致、针对性更强的服务呢？这不得不让我们去思考和探索。2011 年 1 月 1 日，安徽的银屏上出现了一档全新的气象节目—《综艺星气象》。与人们印象中传统的气象节目不同，这档节目更贴合综艺频道的整体风格，从节目创意、节目内容的选择、节目表现形式上都作了创新，将气象落到实处，在生活方面切切实实地给予观众更多的指导。节目开播后，新的形式让观众眼睛一亮，受到民众的普遍赞誉。

2 节目创新点

古人云：“凡事预则立，不预则废”。要想做到，先要想到，筹划到，设计好。所以说，品牌打造，策划先行。前期策划首先就要有明确的定位。定位，于频道、栏目是极其关键的方向性的确定，一般包括内容定位和观众定位两个方面。内容定位通俗地说就是“做什么”，观众定位通俗地说就是“给谁看”。《综艺星气象》的播出时段为每天的 18:55 和早间的 07:10。收视人群年龄层次差别不大，大致在 20 岁到 40 岁之间，因此《综艺星气象》定位为“天气资讯娱乐节目”，它的特色就在于加入“娱乐”的元素，更加时尚、轻松，无论是主持人形象还是语言表达，都不拘一格。

2.1 形式创新——抓住受众眼球

节目形式的创新往往能在第一时间更有效地抓住受众的眼球，电视节目品牌形象的设立代表着受众对于此节目的感受与印象。为了突出节目的个性，大打“差异牌”，形式的创新是节目形成品牌的“王牌”之一。《综艺星气象》是由电视台娱乐节目主持人（综艺星主播）和天气预报主持人（气象星主播）以连线的方式共同完成，由综艺星主播开场，介绍本档节目的主要内容和一些娱乐新闻，然后以连线的方式引出气象星主播，加入整段天气预报和资讯，最后再由综艺主播结束全档节目。这样一种连线的方式使节目更加轻松也更加时尚。

2.1 包装创新——凸显风格

栏目片头应吸人眼球。制作精美的栏目片头，就是一部诠释出节目内容的短小精悍的短片，一个好片头相当于为这套节目做了最好的宣传广告。

背景设计应衬托主体。背景所起的作用是营造气氛，是主体信息的衬托，所以背景用一到两个主体颜色即可。《综艺星气象》以粉色系为主，更显时尚娱乐气息。

栏目版面的编排和设计应赏心悦目。版面中的信息必须使人易认、易懂、易读，不能为造型而编辑。

背景音乐力争过耳不忘常听常新。音乐的选择要让观众有亲切感，旋律尽可能地简洁，同时与形象设计、色彩等有机地成为一个整体。

图 1 《综艺星气象》片头

2.3 内容创新—避免同质化

在节目内容上，要想做出特色，就要力求避免同质化的趋势，栏目之间不能有过多的“交集”，从而出现替代的现象。所以《综艺星气象》不再仅限于介绍降水、温度、风力等，而是会把天气信息揉在各种信息当中，传达出去，让受众在无形中接收气象信息，将枯燥的气象信息变得生动、有趣，让观众乐于接受。除了气象信息的部分，《综艺星气象》还加入了资讯的部分，以天气预报为主体，包含其他各类生活信息：不仅有停电、停水通知，公交线路的改道、道路施工封闭的生活资讯，还有从生活资讯角度出发对新闻事件的追踪，以及健康、旅游、住房、汽车、饮食、家居等各类即时信息及实用知识，更有时令健康生活指南。从风格上，更注重贴近性、服务性和娱乐性，这些内容的加入，得到了受众的肯定和喜爱。

2.4 语言创新——推陈出新

电视语言要求规范、优美，根据不同受众的文化层次，既要做到具有文化气息又要通俗易懂。主持人应该具备较高的文化素养和较强的人文关怀意识，使观众在轻松的心情下接受天气信息。主持人首先要使用生动、简洁的语言把真实、准确的天气信息讲解得可信且便于记忆，避免播报式僵硬语言。另外，还要考虑语言创新与节目整体风格的一致。语言创新中，简约而有韵味、朴实而有文采、通俗而有新意是永恒的追求。比如在《综艺星气象》中，我们运用得更多的是这样的文稿，"沐浴在阳光当中，大家可以放心地执行外出计划，因为天气实在是太适合了"；"今天是二十四节气中的大雪节气，冷空气就好像打好了招呼似的和大雪节气结伴而来，那它们在降温方面可要大显身手了"；"虽然已是深秋时节，太阳'出勤率'格外高不说，冷空气也懒得来'搅局'，暖阳之下，大家享受着云淡风轻的好天气"；"最近，刮风、打雷、下雨，甚至冰雹不打一声'招呼'就突然杀到，稍不注意，很容易造成灾害事件的发生，所以提醒大家，一定要了解一些防雷避雷的知识，加强防范，避免灾害损失"；"虽然烟雨蒙蒙这词听起来挺美的，但这天气亲身感受起来还是会让人很难打起精神，所以尽管窗外阴雨不断，但在我们的心里一定要保持一份灿烂心情"；"现在有句流行的说法，有种等待叫'望穿秋水'，有种寒冷叫'忘穿秋裤'，那今天如果你忘穿秋裤的话，即使是望穿秋水的等待，温暖的感觉恐怕也不会来到身边，所以大家一定要注意保暖了"。

3 几点思考

电视节目作为人们生活中最普遍最便利的一种文化消费品，经过几十年的发展，其形式和内容已越来越丰富。但是我们也不难发现，在目前这个信息化的年代，随着新媒体的不断涌现和成熟，传统的强势媒体广播、电视已经面临越来越多的压力，并遭遇到了前所未有的挑战。另一方面，随着广大民众生活水平和文化素质的不断提高，受众的口味不仅各不相同，对节目的挑剔程度也是与日俱增、与时俱进。依托电视而不断发展壮大的气象节目要想立于不败之地，获取高收视率和高满意度，只有强化创新的服务意识，制作出越来越好看的气象节目，开发出更多定位不同、内容不同、形式不同的气象节目，才能满足不同群体的信息需求和审美需求，才能与细化后的电视频道匹配。这是摆在气象影视人面前的一大课题，而且这个课题是永无止境的，是时常要面对的。作为《综艺星气象》节目，还可以有更多尝试。

3.1 增强互动性

随着受众本位意识的加强以及手机短信、电话、网络等通讯平台的搭建，《综艺星气象》可改变以往的单向传播的模式，增加与受众互动的环节，通过网络留言等方式搜集受众信息，以得到更好的节目效果。

3.2 演播室向外延展

《综艺星气象》主持人，可由演播室内走出，不要仅仅对着卫星云图、天气形势图"指点江山"播报天气情况，可延展到天气的发生现场，特别是重大天气的发生现场。当主持人穿着厚重的棉衣站在皑皑白雪中播报天气，较之在温暖的演播室里面用专业化的术语讲解天气，一定更能使观众置身事中，更直观，更贴近生活。

3.3 主持人风格创新

主持人是电视节目的形象代表，是节目风格的重要象征，也是吸引受众的重要因素之一。轻松化已经成为各电视节目除了传统新闻类以外的主要风格诉求。《综艺星气象》主持人应更加年轻化，穿着更加随意化，言语更加直白化，主持更加轻松化，力图营造出谈天说地的氛围，节目才会更加好看。

结语

一套节目的成功与否，需要在实践中不断完善。只有不断推动节目的创新，不断适应观众越来越多元化的收视需求，气象节目才能真正受到受众的喜爱。

撰写电视天气预报文稿的原则与技巧

张俊洋[1]　陈　正[2]

（1 内蒙古兴安盟气象局，乌兰浩特 137400；2. 内蒙古气象服务中心，呼和浩特 010051）

摘　要

本文对电视天气预报文稿的撰写原则与方法进行了初步探讨，从电视解说词的角度出发，对文稿的语言、风格、文学性与专业性四个方面进行了细致的分析，概括出一些写作技巧，并结合日常工作实际，对电视天气预报文稿的撰写工作提出了一些切实可行的建议。

关键词：电视天气预报　解说词　原则　技巧

引言

随着气候变化的加剧，公众对气象信息的关注度越来越高。作为气象部门最直接、最有效、最便捷的公益服务手段——电视天气预报节目，已经逐步深入到人们的日常生活中，越来越多的人养成了“出门先看天”的习惯，而收看新闻后的电视天气预报节目则已成为很多人每天不可或缺的“必修课”。

气象节目主持人的兴起，为电视天气预报的发展注入了新的活力。通过主持人的播报，可以丰富节目的内容、提高节目的视觉冲击力，从而满足广大电视观众与时俱进的欣赏水平。而在整个节目的制作流程中，预报文稿的撰写是第一步，起着基础性的作用，是提升电视天气预报节目质量的最重要环节。

1　解说词的概念

电视天气预报文稿无疑是属于电视解说词的范畴。解说词是一种口头文学，是对人物、画面、展品或旅游景观进行讲解、说明、介绍的一种应用性文体。电视解说词则是通过文字并结合电视画面来对要描述的事物、事件或人物进行生动形象的说明和阐释。准确恰当的解说词配上主题鲜明的电视画面可以相得益彰，而解说词更是通过有声语言这种表现形式，在电视节目中起着画龙点睛的作用。

电视天气预报文稿具备新闻的一切属性，是一种比较特殊的新闻性稿件，但与其他新闻相比还是有显著的不同。单就内容而言，新闻报道的一般都是新近已经发生的事件，而天气预报是对未来天气的一种科学预测，描述的是还未发生的天气事件，是一种具有预测性质的新闻。而在现实生活中，天气预报作为一种社会公众早已认可的科技产品，为人们提供了日常生活所必需的重要资讯信息，因此该节目也总是被安排在新闻节目之后的黄金时段播出。

2 写作原则

在撰写电视天气预报文稿时，我们要力求写出的解说词达到“客观准确、生动形象、简洁流畅和通俗易懂”。这就需要把握一些必要的原则，比如文字的口语化原则、风格的规范化原则、用语的文学化原则及专业的通俗化原则等。

2.1 文字的口语化

电视天气预报文稿是专门为电视这种立体媒体而撰写的，是一种电视语言，是听觉和视觉相结合的文字，它与报纸这种平面媒体上的文章是有显著不同的，报纸是纯视觉上的文字，说到底电视解说词是为“看＋听”而写的，所以在撰写电视天气预报文稿时应尽量使用口语化的文字，这样听起来通俗易懂，大众乐于接受，但也不能使用方言或土语，因为解说词从某种程度上来说是一种公共语言。

2.2 风格的规范化

电视天气预报节目依托于天气预报这种特殊的预测性科技产品，融实用性、知识性、服务性于一体，在电视节目中可谓独树一帜，具有鲜明的个性色彩，其风格当然也有别于其他节目，借助主持人的表现形式，节目的风格我们定位于“柔、美、轻、新”，柔是柔和而不生硬、美是艺术美感、轻是轻松灵动、新是清新自然，力求做到自然而不失庄重，灵活而不失严谨，当然不同的主持人对节目的风格会有不同的引导作用，但节目总的的风格还是通过解说词来体现的，我们应该力求使节目的风格趋于符合观众口味的规范化模式。

2.3 用语的文学化

电视天气预报文稿是通过主持人的口语表达来告诉电视观众节目的内容，是一种不能脱离电视画面而独立存在的特殊文学体裁。而我们这里所谈的文学性，其实是指解说词鲜明生动、亲和感人的文学属性，即写出来的解说词要具备一定的文学品位和素养。表现在主持人说起来朗朗上口，有节奏感和美感，符合基本的韵律要求，而不应是白话或词组的简单堆积，平淡得如同白开水一样。要提高整个节目的艺术质量，必须要重视解说词的文学性。

2.4 专业的通俗化

天气预报是气象部门发布的科技产品，具有很强的专业性，尤其是在电视节目中对天气形势演变的讲解过程中，不可避免地会涉及气象专业知识。这时候如果我们也像写气象科技论文一样地频繁使用专业术语，无疑会让电视观众听得一头雾水，这样的节目也肯定得不到观众的认可。因此，把握好天气预报文稿的专业性火候，将深奥难懂的专业知识进行通俗化处理，而用浅显易懂、生动形象的语言表达出来，做到深入浅出，是我们撰稿过程中应当遵循的又一个重要原则。

3 写作技巧

3.1 日期和时间的表述

预报稿的写作，必然涉及日期和时间的说法。对于书面语来说，一般是用几月几日、几时来表示的，而在电视天气预报稿中，我们则应遵循口语化的原则，说成几月几号、几点。虽然好像差别不大，但实际上却是“失之毫厘、谬之千里”的问题，口语化的说法让人感到无比亲近，更贴近生活，更好地体现了节目的人性化，从而避免了书面语的呆板生硬的一面。

3.2 专业术语与规定的表述

电视天气预报的解说，离不开气象专业术语和一些相关的行业规定。常见的如气旋、反气旋、冷涡、高空槽脊等天气系统，降水量级的划分以及 24 小时、48 小时预报等规定。对于普通的电视观众来说，太过专业的气象知识无疑很难听懂。因此我们在写作预报稿的时候，如可以用日常的语言来描述的，就要尽可能地不用专业术语，而是通过生动形象的比喻、拟人等写作手法来解释或说明，实在无法避免时，也应尽量采用一些简单的、常说的或容易理解的来代替。比如可以说高低压而不说反气旋、气旋，说冷暖空气活动而少说天气系统移动等，这样的解说词相对来说更形象直观一些，也容易被电视观众所理解和接受。

3.3 长短句的运用

在撰写预报稿时，我们要尽量多使用短句子，而少用长句子。虽然句子的长短是相对而言的，没有截然的界限，但一般来说长句结构复杂、词语较多，不太容易理解，而短句则结构简单、词语较少，更容易一目了然。通过主持人的口播之后，观众也就更容易理解，不易产生模糊或模棱两可的误解。此外这个写作原则还有另一方面的重要意义，短句子比较有利于主持人在播报过程中控制呼吸节奏和语速，使主持人显得更加从容和自然。长句子过多则容易打乱呼吸或语气停顿的节奏，使解说词显得不够流畅。

3.4 华丽辞藻的点缀

在电视天气预报文稿的撰写过程中，我们有时会自觉不自觉地使用一些比较华丽的辞藻，来增强其文学艺术效果，特别是在天气比较平淡的时候。比如秋天连续多日晴朗天气之后，撰写稿件时常会有种无话可说的感觉，不得不用一些谚语、成语等来充实内容，以达到给平淡稿件“提神”的点缀作用。但即便如此，也要以适可而止为原则。因为过多地使用华丽辞藻不但不能提升稿件的文学艺术性，反而容易给人舞文弄墨的炫耀之感，让观众听了不舒服。电视天气预报毕竟不是抒情散文，观众想得到的是气象资讯，而不是纯粹的文学艺术享受。

4 写作建议

4.1 主题明确 重点突出

每天在撰写电视天气预报文稿时，我们应该确立一个比较明确的主题。如高温、大风、降水、雷电等等，然后紧紧围绕这个主题来组织内容，一定要突出重点，因为只有这样才能做到在节目很短的时间里，让主持人说得明白，观众听得清楚。而要真正做到这一点，写作者就必须具备最基本的气象基础知识，特别是对预报业务要有足够的了解，能够比较准确地把握未来天气形势的演变。举个简单的例子：预报有阵雨，那么是一整天的时断时续性降雨？还是太阳雨或是雷阵雨呢？又假如是锋面过境造成的比较剧烈的阵性降雨呢？可见只有对天气形势心中有数，写出的解说词才能更贴切。当然，准确的预报是写好解说词的基础，而在我们目前现有的预报水平下，提高解说词的质量则显得尤为重要。

此外，为了突出重点，还应该考虑通过画面配合来实现。比如在背景画面上制作醒目的主题牌来吸引观众注意，从而达到突出主题的目的。

4.2 内容合理 层次清楚

由主持人播报的电视天气预报稿，内容主要由三部分组成，即过去天气回顾、天气预报、火险预报以及与其他部门合作发布的产品，如地质灾害、森林病虫害等。其出场按照时间顺序为好，先是过去天气回顾，接着是天气预报，最后是相关服务产品。这样安排的好处使得播报本身就仿佛是天气的自然演变过程，以及由此所引发的必然结果。主持人沿着时间序列将这一演变过程娓娓道来，通过这种层层递进、自然过渡的方式，达到使整个预报稿浑然一体，自然天成的效果。

4.3 转折自然 衔接紧密

在电视天气预报稿的写作过程中，我们发现转折和衔接的问题很关键。一些语气词、连接词和转折词的使用，对于整篇稿件的流畅与否起着至关重要的作用，这也是其口头文学属性所决定的。如啊、呀、呢、不但、不过、不仅……而且、虽然……但是、除了……之外等，这些词的恰当使用可以使主持人的播报听起来更流畅，特别是可以避免因转折而容易出现的生硬和突兀，同时还能帮助主持人更好地控制语气，达到意想不到的效果。

结语

由此可见，写好预报稿，是提升电视天气预报节目质量的基础。只有稿件写的简洁流畅、通俗易懂、科学客观，再配上和谐统一的画面，才能充分发挥气象节目主持人的综合优势，在给观众带来气象资讯的同时，又带给观众美的享受，从而提高电视天气预报节目的整体服务能力。而要写好天气预报稿，就要站在防灾减灾、服务民生的高度，从预报稿的各个方面着手，虚心听取观众的意见，认真分析研究中央台、省区台的节目解说词，同时结合地方特色耐心总结经验教训，不断提高文字把握能力，最终实现提高电视天气预报稿的撰写水平。

参考文献

[1] 谷风艳.2010.浅谈电视专题解说词的写作.科技传播.(11):6.

[2] 沈颖人，李文治.2006.电视解说词的非独立性.视听纵横.(2):118.

[3] 王辉.1995.试论电视专题片解说词的文学性.上海大学学报(社会科学版),(5): 53-55.

浅谈气象新闻类节目的编排艺术

王　琳
（北京市气象局声像中心，北京 100089）

摘　要

电视气象新闻应重视观众的心理需求，对新闻类节目的艺术编排可以充分调动观众的感知刺激，引起并维持观众对新闻节日的注意。这样，观众在注意的过程中就会自觉不自觉地调动感知功能，对接受的信息进行记忆、联想等加工，从而使新闻的传播信息和舆论引导功能得以更好地实现。

关键词：电视气象新闻　编排艺术　电视传播

引言

电视气象新闻类节目的编排决定着该类节目的总体形象，它是电视气象服务的产品，代表着公共气象服务的立场和观点。气象新闻编排水平的高低直接影响着气象新闻节目的传播效果。传统的电视新闻编排一般采用倒金字塔式结构，即按照新闻的重要性由重到轻的顺序编排。这种编排虽然突出了报道的重点，但因过于注重宣传的功利目的，而往往容易忽视观众的心理需求。由媒体对观众单向灌输的方式，很难引起并维持观众的持久注意和积极反馈，这种一厢情愿的方法大大削弱了观众对新闻整体的持久的关注，使观众在收看新闻时注意力易于分散和转移。影响了对新闻的认知乃至完成收看过程。因此，电视气象新闻节目应以在电视观众心理需求为传播前提的基础上进行节目编排，充分调动各种电视手段，强化信息对观众的感知刺激，以引起并维持观众对新闻节目的注意。这样，观众在注意的过程中.就会自觉不自觉地调动感知功能，对接受的信息进行记忆、联想等加工，从而使新闻的传播信息和舆论引导功能得以更好地实现。

电视气象新闻作为新闻的一种，借助现代电子技术和气象数据作为传播手段，又从报纸、杂志、广播等传播工具那里吸取了传播的方法和技巧。新闻节目可分为三大类：消息类、专题类和评论类新闻节目，本文着重探讨消息类新闻节目的编排艺术问题。

消息类电视新闻节目，简称电视消息，在气象新闻中也可以称为气象消息。在电视新闻节目中处于重要地位，是新闻节目中的主体。消息类新闻是观众了解新闻事件的主要窗口。编排播出是电视新闻节目传播的重要环节，也是新闻价值的最终体现。电视气象新闻从确定选题、采访拍摄到编辑制作、编排播出是一个系统工程，编播工作贯穿于系统工程的全过程。编辑是新闻节目编排环节的实施者。

消息类新闻编排得当与否也会反过来对内容传播产生重大影响。

1 电视气象新闻节目的编排思想

正确的编排思想是编排好电视气象新闻的前提。电视气象新闻的编排，就是把分散的新闻热点按照新闻价值的大小和观众对新闻接受的习惯，按一定次序排列组合，使之形成一个完整的新闻节目，达到电视传播媒介的宣传目的。电视气象新闻编排的质量直接影响着电视新闻的传播效果，因此，应注重电视气象新闻的编排与传播效果的关系。电视气象新闻的编排和报纸一样，也有自己独特的"版面语言"，只不过电视气象新闻节目的编排语言是通过新闻在整档节目中的主次地位以及与其他稿件的不同组合体现出来的。同一新闻事件的不同编排方法，体现着编辑们不同的观点和感情，也能反映编辑的水平和工作成绩。因此，正确的编排思想是编排好电视新闻的前提。

1.1 全局观念

编辑要胸有全局，面对整个形势，站在时代高度处理具体新闻，编排新闻节目。电视气象新闻是为防灾减灾服务的，它所负的使命要求气象新闻工作者要特别注意全局问题，每条气象新闻、每个节目，都要符合全局利益，符合原则，都要有助于提高人们防灾减灾的意识，提醒各级政府部门及时准确地采取防灾减灾的应对措施。

1.2 节目观念

电视气象新闻是通过节目进行传播的，编辑的主要职责就是编制节目，要下工夫研究新闻节目的内在规律、基本特征和编排制作的艺术。编排一次气象新闻节目要有重点、有目的性，要研究气象新闻本身的热点而进行优化组合，并注意每条新闻之间的内在联系，充分挖掘其蕴含着的新闻价值，从而达到最佳宣传效果。节目观念还要求考虑新闻节目的个性和特点。新闻编辑的次序不是固定不变的，在宏观上要把握其共性。不同节目因收视对象、节目对象等的不同，头条新闻的选择和新闻编排次序也应有所不同。气象预警信息要放在首位，天气热点可以次之，咨询类的内容可以放在后面。

1.3 受众意识

随着传播理念的变化，气象新闻编排的重要性越来越被人们所认识。人们已不再满足于固有的存在形式和已有的思路思维方法，希望突破原有的形式，以更新的思维去表现事实的本质属性。按照传播学的理论，欣赏电视节目的心理过程主要是通过眼睛进行的。按心理学反射机制的认识，视觉艺术首先是利用视觉图像使眼睛产生作用，这种作用达到一定的强度时，会引起并增强心理感觉。这是一个从视觉感受到心理感受的过程。因此，我们在进行气象新闻的编排过程中，必须考虑观众的心理需要，对新闻进行有目的的综合和组合，使编排更具艺术性。电视新闻编排应具有新鲜、不俗、多变的特点，时时能让人有耳目一新的感觉。

2 电视气象新闻节目版面的编排技巧

电视气象新闻节目的版面编排是电视新闻传播的重要表现形式，而且是电视新闻节目内容积极、能动的反映，更是一种直接和间接地对新闻事件或整个版面导向的表态和发言。因此，电视气象新闻节目的版面是一种带有科学技术含量的编排艺术。

2.1 新闻节目的配置

记者拍摄的新闻和当前的天气特点以及相关的气象数据都是分散的，如何让分散的“零件”组合成一个丰富多彩的节目内容，这就必须进行节目配置。

2.2 新闻提要的安排

在制作新闻提要时要下很大工夫，这不仅仅是因为提要是一组节目的眼睛，更重要的是它一方面要体现气象新闻的宣传热点，另一方面还起到导视作用。因而，它在整组节目版面编排上是十分重要的。

首先，新闻提要的安排要体现节目的中心内容。而中心内容则要使节目的整体轮廓在提要中有基本的勾勒。提要可这样安排：①预警信息；②城市防汛；③衍生灾害；④社会各界抗灾措施。

另外，新闻提要一般是由字幕预告和播音员播报两个部分组成，很多编辑把字幕内容和播报内容合二为一，这是错误的。目前有些省、地、市的电视新闻节目大都忽视了这一点。

2.3 两个规律的运用

电视节目无论是单个片子或是一组节目的编排，必须遵循两个规律，这两个规律就是视觉规律和线性传播规律。

视觉规律，就是根据人的视觉要求及心理欲知要求来编制节目的一种让观众在感观上得以满足的规律。对于一组节目的编排来说，这种规律要求必须使节目的传播流程富有跳跃性和刺激性，保证观众在一定的时间段内，在一个节目、一幅画面的转场之前，不至于有视觉疲劳，包括心理疲劳。

线性传播规律，就是电视语言稍纵即逝和不能直接留存规律。为了弥补稍纵即逝的缺陷而要在电视语言组合和节目编排时采取一定的刺激观众感官手段，让观众一打开电视就能立即进入节目情绪而吸引观众。

熟能生巧，巧能通神。电视节目版面编排要巧、要有神，有神才能使整个节目有生气，有震撼力。

3 电视气象新闻节目内容的编排技巧

电视气象新闻是顺序传播和收看的，不能像报纸那样可以选择地看，因此电视新闻编排次序更为重要。要把电视新闻的编排艺术化，让观众在接受新闻信息的同时，也得到艺术的熏陶，以取得最大的宣传效果。

3.1 头条的选择，要突出重点

气象新闻的报道是连续不断的。根据一段时期内的报道，宏观上要牢牢把握住每天新闻节目中的重点，节目编排围绕天气热点、极端天气、天气灾害等的发生，以突出重点新闻给人留下深刻印象。突出重点最重要的是选择好头条新闻，新闻头条是整档新闻的向导，头条新闻处理得是否恰当，直接关系到整档新闻的收视率。

3.2 优化组合，有序编排

优化组合是编排突出重点的最常用方法，编排时要通过合理巧妙的搭配排列，实现整体优化。

新闻节目在编排组合时一般可采用了组合排列、对比排列和综合排列这三种主要的方式。组合排列，就是把同类题材或内容相近、或有内在联系的新闻排列在一起，使之形成一组，在一次节目中形成重点。对比编排，就是把内容反差极大的新闻编排在一起，以鲜明的对比冲击出思想内涵，给观众留下深刻印象。综合编排，是把同类题材综合在一起编成一组综合新闻。这样的新闻单个一条条播出会给人以类同单调之感，综合在一起各取其特点部分，以综合优势给观众留下深刻印象。

3.3 层次分明，灵活多样

一档新闻节目题材多样、内容广泛，各类题材之间风格也不一致，因此编排时整体结构要合理，做到层次分明、脉络清楚，切忌杂乱无章。新闻编排要灵活多样，不能形成固定不变的模式。灵活多样是指在编排上还要不时地插播连线，这样能吸引观众的注意力。这样才能吸引观众，提高收视率。

3.4 峰谷技巧

目前，这种编排方法在国外的新闻节目中普遍使用。它的基本依据是："电视新闻节目中不可能每一条新闻都使所有观众感兴趣，所以必须把节目想象成一系列的山峰和峡谷，高低不平，错落有致"。"峰谷"编排法与原来电视新闻普遍使用的倒"金字塔"编排法有许多本质上的区别。倒"金字塔"编排法的编排自上而下，从头到尾呈现一座倒金字塔状，最重要的新闻放在头条，接着再按新闻价值依次排列。这种编排法的明显缺点就是新闻节目的整体感较差，难以有效地长久吸引观众的收视兴趣。因为，前面的重要的新闻看完后，随着观众收视热情的下降，新闻的价值和重要性也在下降，观众很容易放弃收看。而采用"峰谷"编排法就可以弥补这些不足。

3.4.1 必须先确定新闻事件之间的关系，再决定先后顺序和内部构成

个别的新闻是分散和独立的，所以在编排时必须根据新闻稿件的内容进行有效的归类和整合，寻找出一组新闻的若干主题。当然，最重要的是头条新闻的选择，电视新闻的线性播出特点决定了头条新闻是一档节目的重心和最重要的主题。每次新闻节目都要用当天最重要的、最新的、突发性的新闻做头条，即从高峰开始。头条新闻要力求做到"先声夺人"，成功的开场才能保证整档节目的收视。在头条新闻之后，应该安排新闻价值较小但在内容上与头条新闻相关的新闻进行补充与延伸，以适应观众兴趣和注意力逐渐衰减的心理过程。这就要求我们必须强化编辑的策划意识，在实践中做好前期的准备工作。相关的报道可以是动态新闻事件的后续报道，也可以是相关的反响报道，或者是新闻资料、新闻背景等等。

第一新闻段之后各新闻段的第一条新闻，往往安排新闻价值较强的准头条新闻，重新调动观众的兴趣和情绪，形成新的兴奋点，使节目回到高峰状态。如此循环往复。

3.4.2 遵循新闻编排的基本原则，错落有致地安排好各个新闻段

适应普通观众的收视心理。在做气象新闻时，可以邀请一些气象专家或相关专业的专家参与到节目当中。从这一点来说，在有专家参与的氛围中，可以通过专家的观点抓住观众的收视

兴趣，使观众始终保持对整档新闻节目的收视兴趣。

3.4.3 制造观众新闻收视兴趣和注意力的峰谷

紧紧地抓住观众的收视心理。从而达到良好的宣传效果。在新闻的编排中有张有弛，控制节奏是一个不容忽视的问题，新闻编排有节奏，对电视气象新闻报道有很好的补充作用。

4 总结

电视气象新闻节目编排贵在创新。那种没有主线，缺少灵魂，平铺直叙，掀不起高潮，整体感差，层次性不强的低层次节目编排，只是一种播出顺序的安排，是不能吸引观众的注意力的。因此，重视电视新闻节目编排艺术是大势所趋，是对电视编排提出的电视媒体独具的立体编排要求。有了这种意识，才能在编排上追求与其他媒体的差异性、独特性，才能做到与时俱进。

参考文献

[1] 叶子.2010.电视新闻节目研究.北京:北京师范大学出版社.
[2] 江欧利.2003.中国广播电视新闻奖佳作赏析.北京:新华出版社.
[3] 中国应用电视学编委会等著.1993.中国应用电视学.北京:北京师范大学出版社.
[4] 朱菁.1999.电视新闻学.杭州:浙江大学出版社.
[5] 特德·怀特.1987.广播电视新闻报道与制作.北京:中国广播电视出版社.

四、主持艺术

论"气象主播"的个性形象塑造

沙柏宁

(上海市公共气象服务中心,上海 200030)

摘 要

电视天气预报节目主持人从无到有已近20年。20年间,气象节目制作方式,演播方式一成不变。本文从"主持人整体融合形象","个性化的形成"和"形象的包装与经营"三方面入手,在气象节目时长短,信息多,演播形式单一的客观条件下,就如何完善主持人整体融合的个性演播形象塑造作出了探讨。

关键词:本体形象　主体形象　整体形象　个性化形象　品牌气象主播　经营六战略

1993年3月1日,气象主持人走上荧屏。从那时开始,我们会看到气象节目主持人出现在屏幕的左方"指点江山",语言规范到逐句逐字。二十年过去了,几代气象节目主持人成长起来,电视上出现的却是一个个似曾相识的面孔。我们穿着千篇一律的西服套装,说着二十年如一日的精炼稿件。那么,新时代的气象主播应该如何走出瓶颈,创造出整体融合的个性演播形象呢?

气象主播的整体融合形象+气象主播的个性化形成+气象主播形象的包装与经营=气象主播的整体融合个性演播形象。

1　整体的形象与形象的融合

有人认为,谁主持这个节目,谁就是这个气象节目的主持人形象;另有人认为,气象节目所需要的形象,就应该是气象节目主持人的形象。两种说法都没错,但是都没说全,第一种说法是主持人本身的形象,是父母赋予自己的形象,先天而来。第二种说法指的是气象节目主体形象,它包括气象节目的类型,风格,形态,对于主持人来讲,节目的形象是主要的也是重要的。

用公式来表达就是:气象主播本体形象+气象节目主体形象=气象主持人整体形象

大家都知道,著名气象节目主持人宋英杰,他之所以能在2004年在"我最喜爱的气象主持人"全国评选中,获得最佳主持人"气象先生"称号,并在中国气象节目历史上成为气象主播第一人,其中一个很重要的原因,在于他在节目中融合出一个特定的具有东方男性的内敛,睿智,严谨,大方而富有魅力的气象主播的整体形象。这也是后辈的气象主播刻意模仿的,但是大多只有其形,没有其义。

首先,宋英杰本人虽然十分英俊,但与那些见惯了的电视娱乐明星相比,却毫无那种令人讨厌的矫揉造作,显得朴实而又文雅;其次,宋英杰也不同于很多刻板,生硬的气象同行,他有自己独特的把握节目基调的演播风格——全神贯注,诚挚真实,轻松自如,善于利用自己的气象知识引经据典,用事实说话,以情动人。

然而,在宋英杰的"完美形象"达到一个稳定的巅峰阶段中,也出现了一些插曲,1999年12

月 12 日，宋英杰要主持当晚的《天气预报》，节目前会商时，考虑到一股很弱的冷空气会在当天晚上开始进入华北地区，水汽条件不是很好，所以预报华北 13 日会有 4 到 5 级的北风，很难出现降雪。宋英杰在节目里也按照这样的内容播出了。

可是 13 日一大早，宋英杰醒来一拉开窗帘却发现窗外是一片白雪。他可以猜想到，其他人看到降雪后，肯定在骂《天气预报》。宋英杰跟编导商量后，决定在节目中向观众说明前一天预报失误的原因并且表达歉意。

于是，12 月 13 日《天气预报》节目中出现了这样一段话："昨天的《天气预报》没有预报这场降雪。昨天我们注意到会有一股弱冷空气影响华北，也预报了会刮风，但是对出现降雪的可能性估计得不足，所以今天我们的心里一直怀有一种深深的歉意。我们只有总结每一次失误，才能使天气预报越来越准确，让人们满意"。这是一次预报的失误，由气象主播致歉，歉意播出之后看似是影响了主播的形象，继而影响节目的公信度。但是这种放低姿态的道歉，却是拉近了气象主播和老百姓之间的距离，让宋英杰在荧屏上呈现出一个成熟、公正、负责的气象节目主持人形象，这是一次气象主播本体形象和节目主体形象的再度创造融合。使荧屏上的气象主播变得有血有肉，有行为有担当。"道歉事件"的第二天，敬一丹在《东方时空》里谈到"道歉真美"，这也使每一个气象人都感受到了冬日暖阳。

2　融合的形象与形象的个性

创造融合就是展现气象主播的整体形象；整体形象的最高表现就是气象主播的个性演播形象。大凡成功者，无不表现出节目主持人形象的个性化，一提到主持人的名字，就会立刻想到他主持的节目。像王志与《面对面》，张越与《半边天》，崔永元与《实话实说》，宋英杰与新闻联播后的《天气预报》，他们创造了融合，展现了主持人的整体形象，表现了主持人形象的个性化。

美国著名节目主持人亨特利初到美国全国广播公司时，被认为是继爱德华默罗之后的新默罗。于是，他学着默罗一样，对着镜头抽烟，以强调和默罗一致。但他的制片人卢文富兰克告诉他："你面临一种选择，你可以做第二个爱德华默罗，也可以成为第一个亨特利"。

美国节目《60 分钟》的 6 个主持人都是文明世界的记者，是著名的电视明星，他们每人都有自己鲜明的个性风格，节目总监善于用人，让他们在节目中充分发挥个人魅力，使节目的声誉威望经久不衰。

气象主播也是如此，他的形象的个性化是富有创新的，具有魅力的相对稳定的特性形象，那么，如何获得节目主持人的个性化形象呢？

2.1　要有得体的形象气质

形象是指人形成的固有的长相，以及发饰造型和服饰穿戴，气质是指人的相当稳定的个性特点以及一种风格，气度的表现。

宋英杰给人权威的感觉印象，赵红艳给人"知心大姐"的感觉印象，杨丹给人"邻家妹"的感觉印象。作为气象节目主持人的个性化形象气质，关键要得体，也就是指符合节目形象所需要的主持人形象气质。

气象主播的形象气质到目前已经发展上升为具有独立的审美价值，形象气质绝不是指一般意义上的外貌形象美，但是基调必须是亲善的，舒雅的，顺眼的。属于主持人形象的这种"美"，越来越多地被受众所接受。

实例1:大家肯定记得,倪萍成功主持的《综艺大观》,她将长发高高盘起,时而职业套装,时而传统无袖旗袍,给人一种高雅大方富有东方美的形象气质,与节目形象十分得体。

实例2:蓝一主持《第一时间》气象预报,选用现代感十足的短发造型,着起女性套装,以灰白黑为主,给人一种生动、干练、清秀,富有时代感的形象气质,与晨间节目的形象十分得体。

戏剧舞台上有一句话,叫做宁可穿破,不可穿错。主持人的形象气质具有一定的稳定特性,服装可以变,配饰可以换,但是作为定位后的发式造型,不要轻易改变,更不要随意更换。试想一下,宋英杰先生可以穿西装,穿中山装主持,但如果宋英杰剪成一个郭德纲那样的发型出现在观众面前会有一种什么效果?

2.2 要有贴切的嗓音音色

作为气象主播个性化的嗓音音色,关键嗓音要与节目的主体形象贴切,也就是指与节目形象吻合的,紧挨着主持人嗓音的音色。赵红艳在《天气预报》里的舒缓解读是贴切的,赵忠祥在《动物世界》节目中的声情并茂演绎得是水乳交融。要获得气象主播的贴切的嗓音音色,主持人必须先读解自己的嗓音在电子传播后的音色条件的前提下,再借助发音方法,借助调音台的调试,去进行声音的造型,以贴切节目定位。

2.3 要有自我的用语习惯

所谓用语习惯是气象主播在长时期的思维和表达的惯常方式,这种惯常方式所呈现的语言状态又有着各自的风格。有人爱调侃,有人善"唠嗑",有人显得张弛奔放,有人重潇洒思辨。对于一个富有个性化形象的优秀气象主播而言,他们都具有一种属于自己风格而又与节目形象相对应的用语习惯。

像蓝一就是知性关切。在《第一时间》中,她在节目中经常把编导的稿件转述成口语说出,加上一些看来比较琐碎的冠词,再加上真挚的情感和语气,立刻让节目变得生动亲切起来。

宋英杰先生则是潇洒思辨。在宋英杰先生的节目里,绝对不会出现一个水词,他常常是引经据典,诙谐读解,语言精练而有内容。

优秀的主持人,气象主播,都有各自的风格和用语习惯,让属于他们的语言多峰并峙,各具风采。具有风格的用语习惯是主持人的一笔财富,具有风格的用语习惯也是构成气象主播个性化语言的前提。

2.4 要有独到的叙议见解

气象主播说天气,从什么角度去说,说到什么程度,能不能说到观众心里去,一方面说出见解,同时又要被观众接受,这才是气象主播的重头戏。

实例:"【大雪】:12月7日大雪,24节气中的三"大"节气之一。风+雪,本是凄苦,却也造就流风回雪之优美;雪+霜,本是冷酷,却也造就傲雪凌霜之坚忍。冰雪季节,愿我们的眼睛雪亮,我们的心冰雪聪明——"宋英杰说大雪节气。

从宋英杰的这段话中我们可以体味到他独到的人文情怀和诗情画意。如果一个气象节目没有这些叙述议论,仅就事论事,就预报谈预报,就节气谈节气,那么这个节目就会大为逊色,意义也会单薄许多。独到的叙述见解最显主持人的个性风采,独到的叙述见解是气象主播重要的创作本领。

2.5 要有精辟的短句点评

要获得气象主播的个性化形象，既然有独到的叙议见解，为什么还要有精辟的短句点评呢？我们可以回想一下，现今所有的气象节目无不存在着节目时长很短的共性，多则几分，少则几十秒，运用短句的概括和总结，往往可以让观众经久难忘。如《第一时间》的“分担风雨，分享阳光”。

之所以称之为短句点评，就是让短句有点化，有评断，要点化得让人有所启发，有所感悟，要评判精到，评论独到。精辟的短句点评是气象主播最见功底的看家本领。

气象主播的整体形象的最高表现是融合的个性演播形象，是最富有生命和生气的，是最富有活力张力的。综合这五个方面的合力所形成的气象主持人整体融合的个性化演播形象，必将产生一种持续稳定的个性魅力。

3 个性的形象与形象的经营

形象的诞生、成长、培养，是整体、系统、长远的，也是战略性的，这形象需要经营。形象经营有着六个战略关系。

3.1 融合与磨合

选中一个主持人不容易，做出一档节目更不容易。创造融合是主持艺术的终极目标，但是我们必须认识到，一个栏目开播后，主持人与节目之间还存在一个磨合期。制片人一旦认同主持人，就要同时认同磨合期的存在，让具有潜质的气象主播更多地诞生。

3.2 定档与串档

相对固定的主持人在相对固定的节目中形成相对稳定的受众群，这是主持艺术的一个创作特征。也就是说，一个主持人要在一个相对应的节目中定档。实践证明，《天气预报》的宋英杰，《实话实说》的崔永元等等，他们都有十来年的心路历程和辉煌历史，节目成了品牌，主持人成了明星，受众形成了一代又有一代。从主持人层面讲，定档延长了主持人的艺术生命，更显个性风采。从节目层面讲，定档延续了节目生生不息的活力效应。从受众层面讲，定档延长了观众对于明星主持，对品牌栏目的恒常持久的期盼感。

主持人上节目反对多、滥、杂、乱，应求专、精、深、远。

3.3 造型与变型

一者，设置专门的形象设计师。二者，如没有足够的人力物力，也要聘请专门人才建立固定的特邀团队，让设计师通盘设计主持人造型。三者，形象设计师定期定量为主持人上课培训，提高主持人的审美理念。定型后的造型不是一成不变，但基调不变，风格不变，要重视主持人形象造型的系统建设，打造有栏目特征的，有主播个性的，有各地气象影视中心风貌特征的品牌形象。

3.4 中心与重心

中央电视台的白岩松说过：“当今中国电视是以编导为中心的时代”。凤凰卫视老总刘长乐说过：“凤凰崛起，是把观众要求摆在首位，把推出主持人作为重心”。那就是说，编导是中心，推出主持人是重心。在中国电视界有一种普遍现象：主持人在栏目组里总是低声下气，主持人要求人缘，求台缘，搞得性格都没了。要确立“中心”，抓住“重心”，就要推出主持人。中央台新闻联播后的《天气预报》二十年如一日，让宋英杰，赵红艳，裴新华，杨丹等的形象深入人心。中心加重心就是创名节目，推名主持。凤凰卫视中文台台长王纪言有一句名言：“在凤凰台最有才干的不是台长，而是主持人”。以编导为中心，以主持人为重心，才会获得双赢。

3.5 简装与包装

包装是一种策略，包装也是一种经营。主持人需要包装，也需要经营。

(1)制作精美的电视个人形象推介片，每隔一段时间就要更新。

(2)开辟网页微薄，刊载彩色照片、节目图片、文字资料、主持人自己写的文章，注重和受众交流。

(3)为主持人印制精美的“明星卡”，要求主持人随身携带，供交际签名之用，深入人心。

(4)抓住机会为主持人造势，比如当年吴小莉在两会采访，被朱镕基总理点名，大家认识了明星式的凤凰卫视主持人吴小莉。

(5)节目组抓住特别的日子，推出“特别节目”，既扩大节目的影响，又宣传了主持人。

(6)安排主持人参与公益活动，树立公众形象。

(7)安排主持人与观众见面，加强面对面的交流。

(8)为主持人“量身定做”适合其性格、风格、特长的栏目。

(9)为主持人出书、出画册，扩大宣传空间等等。

3.6 使用与重用

主持人重用，是要“输氧充电”。

制片人要定期组织召开节目评析“输氧会”，邀请专家、观众一同到会参加，给主持人压力和动力，不断完善艺术创新，防止主持人形象提前老化，保持长效的新鲜感。单位领导定期举办“充电班”，邀请专家、教授、名主持讲授先进理念，指导主持人实践，拓展个性风格，完善主持形象。

再者，重用还要重视对主持人的“知人善任”。

(1)首席主持人：上海广电总局率先对上海的新闻主播设立首席制度(有一定任期)，并将称号在荧屏上标明。既促进业务竞争，又使首席主持再接再厉，起到榜样的力量。重大节日与事件的特别节目，都由他们领衔主持，起到当家主持的作用。

(2)主持人制片制：对于在使用中卓有成效，颇有知名度，又具有组织才干的主持人，应把他放在制片人岗位上与“编导(制片)为中心，主持人为中心”的创作体式接轨。这样他们既是制片人，又继续干主持，使这些优秀主持人已经形成风格的品牌节目得到整体持续通畅的提升。主持人制片制将会激励名主持的不断产生，个性风格的不断形成，品牌节目的不断持续。重用，让使用更富有含金量。

4 总结

在新媒体迅速发展的背景下，电视气象节目也势必会求新求变，“流水线”制作出的气象主播必将会被淘汰。作为新时代的气象节目主持人，创造出主持人融合个性的演播形象将会是我们未来的共同追求，塑造品牌主持人形象是一种战略经营，也是一种时代的必然。

参考文献

[1] 宋英杰，章芳，丁莉莉. 2009. 咱们的天气预报. 北京：机械工业出版社.

浅谈气象节目主持人如何备稿

辛宛泽

（云南省气象服务中心，昆明 650034）

摘　要

本文从主持人的角度，结合工作中的经验和体会，明确了“备稿”的重要性。备稿是主持人创作活动的基础，是每一次具体播音创作活动的开始，是如何播好稿件做好节目的第一步。备稿有两方面含义——广义备稿和狭义备稿。广义备稿主要依靠日积月累，个人修养素质的提升；狭义备稿就是指对具体节目稿件进行分析、概括、提炼的一个过程。

关键词：备稿的重要性　备稿含义　狭义备稿　广义备稿

1　备稿的重要性

提到“备稿”一词，很多非播音主持专业人士很难搞清楚其含义，往往与“背稿”相混淆。从字面理解，前者简言之就是准备稿件，而后者是背诵稿件。

作为气象节目主持人，备稿是至关重要的，它关系到主持人是否能更好地驾驭节目。主持人认真备稿，节目内容理解消化，才能最大限度地体现气象节目的权威性和服务功能。另外，通过前期对稿件进行认真准备，可以准确地理解预报信息、专业术语，用通俗易懂的语言传达给受众；认真准备稿件才能在节目中使播报和图像信息完整结合，最大化地使观众理解画面并建立起与观众间的亲密交流，使主持人更具有亲和力。

稿件内容、主持人的态度情感以及表达技巧等等，都是为有效传播服务的。稿件是服务的载体，是传播和创作的依据。只有对稿件认真分析、揣摩、理解，才能高效率完成节目制作。认真备稿，也是在镜头前形成良好播讲状态的前提条件之一。认真准备，心中有底，在录制节目时才能充满信心，从容不迫。此外，在备稿过程中，可以发现稿件中存在的问题，及时沟通解决，把差错消灭在播出之前。可见，备稿是主持人在录制节目前必须做的最基础最重要的工作。

那么怎样才能准确深刻而又迅速地完成备稿全过程呢，下面笔者结合播音主持专业学习以及工作当中的体会提出一些浅薄的见解。

2　备稿含义

准备稿件简称“备稿”，有两方面的含义：一是广义备稿，二是狭义备稿。

广义备稿，是指平时不断地学习和积累。节目主持人是新闻工作者，应该具备较高的政治觉悟和理论水平、广博的文化知识、深厚的专业基本功和艺术修养等等。因为主持人的理解力、感受力、表现力、稿件的驾驭能力等等都与素质修养有关。这些都需要在日常学习、实践中日积月累。节目主持成功与否，取决于学习和积累的深广程度。广义备稿是主持人创作的基础。

狭义备稿，是指播出前对具体一篇稿件的准备。如何准备一篇稿件对于不同的主持人、不同的稿件会有些细微的差别。但从主持创作的根本上看，方法是大同小异的。概括起来有六个步骤，它们是：划分层次、概括主题、联系背景、明确目的、找出重点、确定基调。

3 如何备稿

3.1 狭义备稿

3.1.1 划分层次

所谓层次就是指稿件的布局、结构。搞清楚布局结构，有利于我们形之于声。天气预报有其特殊性，它是主持人播报与图文信息相结合的形式来表现的，每一幅图像要表达的内容就可以被我们理解为是一个小层次，我们要概括出层次大意，再把层意内在联系紧密的小层次归并成一段，目的是使稿件“归堆儿”、“抱团儿”，使表达更具有逻辑性。天气预报节目中，稿件主要涉及天气实况、未来天气形势、气象科普知识、森林火险、预警信号、旅游推荐等内容，划分层次比较简单。同时，简明扼要归纳出层意，做到心中有数，必要时可以在稿件中标注。

3.1.2 概括主题

主题而非主要事实，是指主要事实中包含的思想含义。也称“稿件的中心思想”。主题概括是共性与个性的统一。既要抓住稿件特点，又要解释事物本身；既要揭示出稿件的思想含义，又要调动起自己的播讲情绪。概括要准确，言简意赅。以云南卫视一期《关注天气》节目为例：立春以来，云南大部地区都是以晴朗天气为主，温暖的天气下，各地鲜花纷纷盛开，我们在节目中就为“昆明圆通山樱花节”、“罗平国际油菜花文化旅游节”等比较有名的活动做了专门的介绍和推荐。牢牢把握住这一主题，才能调动起播讲情感，完成节目内容的传播。

3.1.3 联系背景

联系背景，是指节目的播出背景。分析背景是为了我们的播讲更具有针对性。一般情况下，气象节目的播出背景同稿件写作背景是同步的。但联系背景并不是漫无边际、牵强附会的，要从具体内容出发，切合内容实际。

3.1.4 明确目的

播出目的是由背景生发而来，录制节目前，一定要明确播出后要达到怎样的目的，目的是统率。天气预报节目亦是如此，主持人明确播出目的，节目播出后才会达到预期的服务效果；反之编导以及编辑意图就存在失落的危险，也就不能充分发挥服务作用了。

需要注意的是：目的和主题的区别。稿件的主题具有稳定性和不变性，但播出目的在不同时期会有不同的侧重和表现，要结合实际去分析目的。只有明确目的，我们才能把握好播讲方式与态度分寸，增强与受众的交流感，主持才更具有亲和力。

3.1.5 找出重点

重点一般是直接表现主题、体现目的、抒发情感、感染受众的地方。重点一般有两种存在形式，一种是集中，一种是分散。集中，是指重点集中在某一个或几个自然段中。分散，是指重点分散在全篇稿件中。

在天气预报节目中，重点集中是比较常见的。这就要求我们要善于处理好主次关系。找出重点是为了在播讲中有主有次，既要重点突出主要部分和语句，又要为次要部分做好铺垫，次要部分也要为重点部分的表达服务。没有重点就体现不出目的，句句重点也就没有了重点。

3.1.6 确定基调

基调，是指稿件总的感情色彩和分量、播音时总的态度倾向，它不是指某一句或某一段的感情色彩和分量，也不是指播音时声音的高低。它体现的是主持人对稿件的认识、感受的整体结果。不同的稿件会有不同的感情色彩和分量。有的昂扬，有的凝重，有的明快，有的豪放，有的深情，有的风趣等等。气象节目也要注意情感基调的把握，例如云南从进入今年以来，大部地区持续晴天，滴雨未落，我们就不能习惯性以明快而喜悦的情感去表达了。因为这样的天气带来的是干旱、干燥、多大风天气、火险等级居高不下、库塘蓄水严重不足等一系列严重的问题，这些又关乎百姓民生。所以主持人对基调的把握要贴切、态度鲜明、注意整体感。

除了上述六步之外，主持人拿到一篇节目稿件，首先要通篇浏览，排除障碍，扫除生僻字、说不准的字音；清查是否有不理解的专业术语或不明白的特有名词并搞懂弄明白。之后再进入理解稿件的环节，判断和选择出重点的语句段落和内容提要。

3.2 广义备稿

作为公众人物的气象节目主持人，除了要具备较高的业务水平、良好的形象和优雅的气质外，更重要的是要有深厚的文化底蕴和内在修养，这些都要依靠平时的日积月累，工作之余要不断学习为自己充电。

文学修养差、社会阅历浅，自然会影响阅读理解力；语言功力差，自然要影响表达的深度和感情色彩的浓度。所以，主持人应具有良好的语文功底。这是广义备稿的要求，也是狭义备稿的前提。语文功底需要大量的语文知识积累，要多读、多写，只有对许多知识触类旁通之后，拿起稿件才能快速理解、准确把握。深厚扎实的语文功底是主持人狭义备稿时所用的工具，通过这个工具，才能把握住稿件的大体框架、层次脉络、起承转合的语气变化，使播讲具有整体感。

通过大量的知识储备和积累，主持人才能培养出很好的应变能力。例如遇到天气突发事件，需要立即拍摄采访发出时效性的报道时，时间的紧迫性不允许我们等编导出稿再去准备，所以我们要迅速列出采访提纲，理清思路，明确角度。若缺乏这种能力，在采访过程中就会显得很被动，找不准采访切入点，思路混乱，甚至还会缺乏交流感。

主持人不同的情感表达方式更需要长期培养。节目类别风格各异，内容差异是需要主持人完美的外部表达技巧展现出来的，言由心生，只有用心体会才能准确把握。大量的台词表演以及诗歌散文朗诵的练习对培养丰富的情感大有裨益。有声语言表达并不是见字出声，要有张力、感染力；否则如念经般的播讲，主持人就只充当会发出声音的肉喇叭了。

总之，综合素质提高了，博学多识才能让我们自信地驾驭各类节目；掌握更多的知识，阅历丰富才能让我们透彻理解、准确领悟节目稿件，以此才能鲜明生动地传达出稿件的精神实质，提升节目质量。

作为气象节目主持人，我们要不断地充实自己，丰富内涵、博采众长；认真踏实工作，善于总结，发现不足之处；要树立起自信，自信才能使我们在面对镜头，面对受众时，以一个良好的心态，积极的状态，精神饱满地做好气象影视服务。

有句老话说得好，叫做“熟能生巧”。无论是广义还是狭义上的，备稿看似平常，其实是“不积跬步无以至千里”和“磨刀不误砍柴工”。做好备稿这份基础性工作，气象主持人在节目中的表现就不会是简单的见字出声、枯燥的信息预报，而是幻化成行云流水般的韵律，将气象节目的权威性、服务性更好地表达，主持人的工作才会显得更有意义。

浅谈气象主持人风格

刘晓东

（大连市气象服务中心，大连 116001）

摘　要

随着人们生活、工作中对天气预报的需求不断扩大，电视气象节目也在飞速的发展。虽然气象节目的时间只有几分钟，但它的收视率却是任何其他节目都无法超越的。这也恰好体现了人们对气象节目的关注。但是时代在发展，要想保持气象节目的长盛不衰，一定要求新求变，除了节目的包装以外，气象主持人的风格也非常重要，它甚至会成为一档气象节目的支柱。本文将具体分析一下气象节目主持人的风格。

关键词：气象　主持人　风格

引言

主持人风格，是指主持人在多个或多种节目中所表现出来的一种具有稳定性的个性特征。主持人的风格鲜明与否，直接影响到节目的风格，是主持人的实践与理论中不可忽视的问题。而气象节目虽然是以气象内容为主，但是也有不同的类型。因此主持人风格也要和节目相辅相成。这里从几个方面来探讨一下气象节目主持人风格。

1　气象主持人风格的主观性和客观性

主持人风格，是主持人诚于内形于外的精神个性在节目中的具体体现，是一位主持人区别于其他主持人的重要标志，也是主持人走向成熟的标志。

主持人风格，受主持人的气质、思想、知识水平、生活经验以及叙事、抒情的习惯方式等多种因素的影响。不管主持人是否有意，他总要在节目中表现出自己的精神面貌，表现出他对节目内容的独特感受和个人情感，并通过语言和非语言讯息，或强化某些内容，或淡化某些内容。这就是说，主持人的风格是其精神个性的外化。主持人的世界观、人生观、道德观、审美观以及文化修养和生活方式等因素，对其风格的形成起决定性的作用。这说的是主持人风格形成的主观性。

但是主持人风格也受到节目类型和节目内容的制约。强调主持人的个性，并不是说主持人可以不顾具体的节目内容和节目风格，而任凭个人意志随意处理节目。只有当节目主持人的个性和节目的内容、风格相统一时，才会产生出良好的传播效果。

随着电视气象节目的不断发展，现如今的气象节目种类繁多，如天气预报类、生活类、交通类、农业类、少儿类、旅游类等等。虽然它们都是以气象为主轴，但内容却大不相同，风格不一，这便要求有不同风格的气象主持人来与之适应，主持人的风格或端庄、或典雅、或沉稳、或轻快、或幽默，都只有在与气象节目的风格相协调时，才能显出其美，显出其魅力和生命力。这是说的主持人风格的客观性。

主持人风格的客观性，还表现在它不能超越时代，不能超越国情、民族以及所处文化背景。不同类型节目的主持人风格有所不同，即便是同一类型气象节目主持人的风格，在中国和外国也是不同的。在中国，各个类型气象节目主持的风格虽然是多种多样，但对全球而言，它又体现出同一的中国风格。因此我们一方面应当借鉴外国优秀节目主持人的表现方法，以丰富自己；另一方面又不应当照搬照抄。否则，将失去了中国的风格，也就失去了自己的风格，那是不会取得成功的。

2　气象主持人风格形成的心理因素

人的心理现象是多种多样的，通常把心理现象分为心理过程与个性心理特征两个方面。作为心理过程即认识过程、情绪过程、意志过程来说，所有的人是大体相同的。作为个性心理特征即性格、气质、能力、兴趣来说，人与人是不相同的。

气象主持人风格的形成，主要是受其个性心理特征的影响。人的个性心理特征包括智力因素和非智力因素两方面。智力因素主要指观察力、记忆力、想象力、思维能力和操作能力等。非智力因素主要指性格、意志、情感、兴趣等。智力因素对主持人风格的形成固然重要，但在某种意义上讲，非智力水平较高者更能形成其鲜明的风格。一个智力水平较高而非智力水平较低的主持人，和一个智力水平一般而非智力水平较高的主持人比较，很可能后者更能显其独特的风格。可见，良好的个人心理品质是主持人风格形成的必要前提。

许多人一谈及主持人的风格，往往要提到风度、气质这些问题。风度是什么？风度是一个人的言语、举止、态度交融的综合反映，是一个人内在气质的外化，是先天特点和长期修养结合的产物。一个人的知识水平和教养程度，支配和决定着这个人的追求倾向和行为方式，对其独特的风度和风格的形成起重要作用。从这个意义上讲，主持人的风度和风格有着密切的关系。

至于气质，当然也与节目主持人风格的形成有关。心理学家认为，气质是人的典型的、稳定的心理特征。气质表现为人的心理活动的动力方面的特点，主要反映在情绪体验中的强或弱，思维的快或慢，动作的灵敏或迟钝，行为表现得明显或隐匿，以及语言的速度和节奏等。气质不是有行之物，但却给人的心理活动涂上了一层个人的独特色彩。所以，主持人的气质和风格也是有联系的。

3　气象主持人风格的体现

气象主持人的风格是如何体现出来的呢？主要是从外形、气质、言语三个方面体现出来。不同风格的主持人，也就是从这三方面的具体差异而区别开来。

3.1　外形

外形，即一个人的外部形状，也称外貌、长相、外观形象。一个人长得怎么样，或漂亮、或普通、或不漂亮甚至丑，都会给人一种印象、一种感觉，这种印象、感觉必然成为一个人风格的感官要素。我们不能选一个五官不端正的人来主持电视节目，也不一定非选漂亮的不可。气象节目无论什么类型，都是围绕气象信息这个主线，有时难免会让观众觉得枯燥，所以挑选气象主持人的时候，最好挑选形象特征鲜明的、富有个性魅力的主持人，才比较容易让受众关注并喜欢上这个节目。

3.2 气质

气质特点包括如下类型：机敏的、活泼的、潇洒的、沉稳的、端庄的、严肃的、典雅的、落落大方的、平易近人的等等。每个主持人都有自己的气质特点。

各种不同气质的气象主持人，自有不同的受众接受他、欣赏他，不能说哪一种气质类型是最好的或最糟的，要根据不同气象节目的定位来挑选不同气质的气象主持人。但主持人都应该是某一气质类型中的优秀者，这才能充分展现节目的独特风格。

3.3 言语

主持人的气质、学识、人格在很大程度上都能从语言上表露出来的。也就是说，主持人说话，最能体现出他的风格。只要一说话，就反映出他怎么看社会，怎么对待人生和生活。他的是非观、审美观以及他自身的学识水平和思想深度，也都从他的说话中反映出来。但气象节目不同于其他节目，在节目中主持人自己即兴口语表达的机会很少，所以作为气象节目的主持人，从言语上我们能看出来的是这个人语言是否干练，是慢还是快？语言的节奏如何？但我认为，作为气象节目主持人的言语，不能用“播”的感觉，而是要给人一种“说”或“聊”的感觉，这样才会让比较枯燥的气象内容变得生动、亲和。

4 气象主持人风格的表达方式

气象主持人风格是诚于内形于外的精神个性的体现。这就是说，不论何种风格，都有它的外部表现方式。但是，无论是深沉稳重的风格、文雅潇洒的风格，还是热情活泼的风格等等，其表达方式有两点是共同的，这就是：真实自然，扬长避短。

4.1 真实自然——简单而又重要的表达方式

气象节目主持人风格的外部表现，是由内部因素决定的，因此，内外的和谐统一，是主持人风格的最佳表现方式。

真实流露自己的内在气质，自然地将其表现出来，也就必然准确地反映出了这个人的个性特点。“真、善、美”中的占第一位的就是“真”，有了“真”，才有进一步的一切，如亲切感、信任感、吸引力等等。

内容和形式的和谐，形与神的统一，便成风格。所以，真实地展现自我，是主持人建立个人风格的最好方法。那种离开内在基础的外部修饰，那种离开真实自我的装模作样，不仅无益于个人风格的建立，而且会起反作用。

4.2 扬长避短——理智而又科学的表现方式

真实流露尽管是表现主持人风格的简便有效方法，但还不够。

第一，就主持人的个性特点而言，有优点的一面，也有缺点的一面，它们是良莠共存的，真实地显示自我，并不等于显示自我的全部，自我的一切，而只是显示适应节目需要的个人之长的那个部分。

第二，就主持人个人的言语和动作习惯而言，有些可能很有魅力，有些可能一般化，有些则可能令人生厌。真实地显示自我，并不意味着可以把那些不好的语言和动作习惯也带到节目中去。

第三，就节目的内容和风格而言，主持人所展现的自我，应该是和节目协调、和谐的优势部分，而不应该把与节目不合的劣势部分带到节目中去。

所以，主持人风格的表现方式，不仅要真实自然，而且要扬长避短。这样，才能使自己提高、升华。在某种意义上讲，真实流露是一种自然表现法，更多带有感性色彩；而扬长避短则是一种科学表现法，多带有理性色彩。要做到扬长避短，必须对自己的长和短有正确、科学的认识，必须对所主持节目的内容、风格和要求有明确、透彻的了解，必须对受众的接受能力和欣赏习惯有客观、冷静的分析，这样才能使自己的表现超越“自然主义”，抑制感情冲动，压抑哗众取宠或自我欣赏等不良思想动机。

总之，气象节目主持人风格的形成和成熟，主要靠自己摸索。天赋条件固然重要，学习别人也不可少，但更重要的是本人要经历一个思想和精神的成长过程，经历一个对技巧逐步掌握到熟练的过程。气象节目主持人追求个人风格的过程，应该是自我修养、自我开发、自我完善的过程。做到这些，形成自己鲜明的风格，才能更好地驾驭节目，服务好观众。

试论电视气象节目主持人应具备的素质

韩文斐

（云南省气象服务中心，昆明 650034）

摘　要

随着气象业务的不断拓展，电视气象节目主持人的队伍在不断发展，在电视节目不断多元化的今天，对电视气象节目主持人素质的评价标准已不限于某项技能的熟练程度，如字正腔圆、操作娴熟等等，更多的在于主持人的各方面的素质涵养，以及对气象专业的了解程度。

关键词：气象节目主持人　语言功底　独到见解　专业素养　心理状态　综合素质

到 2012 年，由气象部门开展独立制作的电视气象节目已走过 32 个春秋。提及气象节目的发展，就不可避免的谈到气象节目主持人。自 1993 年，他们在荧幕上出现，靓丽的外形，亲切的语言，丰富了节目内容使节目更具感染力，让人的眼前一亮，一时间，电视气象节目成为新闻媒体社会公众关注的对象。气象关乎百姓生活，如今气象节目的收视率从中央电视台到电视地方台都名列前茅。随着社会的进步，电视节目形态和内容一再创新，气象节目也不例外，这就对气象节目主持人有了更高的要求。气象节目主持人是所有主持人当中最懂气象的人，也是所有气象工作者中最懂传播的人，它不仅仅是节目人性化和品牌化的重要因素，还是气象信息的解读者、传播者。气象节目主持人将晦涩的气象知识转换成通俗易懂的语言，通过电视这种媒体传达给观众。从这种意义上说，气象节目主持人在气象科学和社会受众之间起着桥梁的作用。如此来看，气象节目主持人的整体素质尚有待提高。

1　语言素质

节目是通过有声语言这个途径传达信息，所以气象节目主持人必须有较强的语言表达能力确保传达的信息准确无误、到位的传达给受众。其语言素质可以直接影响到受众的情绪，对其语言要求可以归纳为以下几点：不要求字正腔圆、宽音大嗓，但要求语言准确，发音清晰，轻重格式准确，这是最基本的；用词恰当，不同的词组会有不同的意思，所以要认真筛选，准确使用，不能模棱两可；语言流畅，过多的水词和错误会让观众丧失对气象节目主持人的信任感。除了这三点之外，还应该有自己的独特的语言风格，展现出自己独特的一面，区别于其他的主持人。要想具备独特的一面，就要具备下面第二素质。

2　善于观察，有独到的见解

现在大多数天气预报节目都是在演播室内完成的，这使很多气象节目主持人没有办法真正感受到天气变化给人们的影响。优秀的气象节目主持人不仅仅要在演播室里传达气象信息，更是要走进风雨雷暴中去，走进百姓生活里，和普通观众一起感知天气，担当起现场记者的身份。然而，作为一名气象节目主持人，所关注的应该是气象方面的，仔细观察寻找气象看点，在做现场报道的时候加入对天气的分析和解读，形成气象特色。

2012 年在旱情严重的昆明富民县，云南省气象局气象主播在人工增雨作业现场解说："云南的旱情已经持续三年了，由于大气环流异常，再加上现在云南正处于季节性干旱期，抗旱是大家共同关注的话题，人们十分期待能够下一场大雨。今天呢，富民县气象局就抓住了有利天气条件进行人工增雨服务，由于受南支槽的影响，有一大片云来到了滇中一带，大家看我们头顶上的云层非常厚，这就给人工增雨提供了十分有利的条件，但愿这场雨能痛痛快快地下一场，滋润一下干涸的大地"。作为气象主播，她既描述了现场的情况，同时还加入了天气的分析，凸显气象传媒服务理念，更容易得到观众的认可和喜爱。

但是在现场采访的时候，就不能再用平时做节目的腔调了，换位思考，有人过来用标准的普通话和精准的断句以及洪亮的嗓音和专业的词汇跟你聊今天的天气："您好，这次台风减弱西行给我省造成了大范围的降水，您受到影响了么?"受众肯定是如坠云雾似的，不知道你在问什么。用跟朋友聊天的语气和真诚地倾听来采访，才会达到意想不到的效果。

3　具备丰富的气象专业知识

随着气象影视的发展，地市级气象节目逐渐增多，各地气象局就会招聘一些播音主持专业毕业的大学生来壮大气象影视的队伍。他们在形象气质，语言风貌和镜头感觉都有着优势，然而他们对气象专业知识了解甚少。就像我，专业知识缺乏，让我很难掌控大局，主持人应是主动控制整个节目的进程，然而我却是被节目和稿子控制，没有一点气场，很难让观众信任。起初我做节目背稿件的时候有些专业名词不懂，只能靠硬背，然而机械地背诵，没有真切地理解稿子，在做节目的时候就不会条理清晰，突出重点，连自己都一知半解，观众更听不懂了。对气象知识的了解程度直接会影响做节目的质量。

气象知识的缺乏，是非气象专业的主持人所必须跨越的一道坎。找到问题所在之后，就要开始学习读书。首先要了解本地气候的基本特征，主要的天气系统、大气环流特征，以及主要的灾害性天气，这就会让我们更了解本地天气对各行各业的影响。然后就是积累影响世界各地的天气气候。点滴积累，"滴水穿石"，慢慢地就发现能更好地融入到节目中去了。

然而，仅仅靠看书积累专业气象知识是不够的，还需要经常去听天气会商。向专家和编导请教如何对未来的天气作出判断，这就增加了我们做节目的底气。有了专业知识和经验做基础，气象节目主持人就能够在镜头面前更加松弛，并有掌控大局的气势，让观众更为信服。

4　真正地参与到节目的制作中去

在积累了一定的气象知识之后，主持人便能轻松自如地将稿子用自己的语言习惯说出来，但是仅仅这些是不够的，主持人应该把自己融入整个节目中去，参与到整个节目的制作中去。会商之后，寻找天气看点，自己写稿子，然后和电脑作图人员讨论。因为画面视觉信息，画面突出重点，观众才能印象深刻，然而电脑制图人员可能不知道该如何让重要信息突出，这就需要主持人与之沟通。电视节目是需要多个部门配合完成的，作为其中的一员，虽然说各专其职，但是主持人到了一定阶段，为了节目更好的发展，这是必将面临的挑战。懂得配合，为节目提出自己的意见，提高节目质量。

5 根据节目形态而转换风格

随着气象影视的发展，现在，一个气象节目主持人做多档风格迥异的节目是很正常的事情，所以主持人要不断调整语气，手势以及表情，这样才能使节目风格突出，吸引观众。

过多的手势和笑容用在专业性强的节目里是不合适的，同样，严肃的表述以刻板的身体形态用在清新小资的节目里也是不可取的。所以主持人要清楚地了解节目的定位以及风格，在录节目中调整自己的有声语言和身体语言。语气，断句，声调以及服装、手势和笑容，在不同风格的节目里是不一样的。就比如说云南气象影视中心制作的《天气风行标》和云南卫视天气预报，前者要求主持人更加清新和活泼，甚至有一点小资的感觉，主持人可以穿着合体的裙装，笑容可以更加亲和一些，手势多一些可增加主持人活泼的特点。然而后者，主持人要看起来像一位专家，这就要求她穿着正装，字正腔圆地播送，笑容过多和手势过多都会给受众造成不庄重的印象。所以主持人在做节目的间隙，要调整状态，好让自己匹配接下来要录的节目的风格。

6 具有良好的心理状态

对于很多气象节目主持人来说，紧张是不可避免的，可能是因为初出茅庐不自信，或者是受到外在因素干扰，适当的紧张可能会提高你的注意力，然而过度紧张会出现声音颤抖，气息不顺以及体位的不自然。总之，过度紧张是不利于节目的顺利录制。所以主持人要不断积极地调整心理状态，可以用深呼吸来舒缓紧张程度，或者先跟同事聊聊天，让自己放松一下，再去做节目。良好的心理素质是慢慢训练的，不是一蹴而就，所以主持人也不能因为急着想摆脱紧张而给自己心理压力，这样造成的就是更紧张。

跟紧张相反的状态是松弛，这样的状态可以让主持人在镜头面前自信和自然，这是每一个主持人应该追求的状态，这样观众看起来也很舒服，但是松弛过度就会给观众造成懒散、懈怠的感觉，这并不是我们所提倡的。对工作缺乏热情，对节目不重视，或者是没有上进心的人很容易出现过度松弛的状态。所以主持人一定要热爱自己所从事的职业，用积极的状态对待每一篇稿子，每一档节目。

适度紧张有利于提高节目质量，适度松弛有利于拉近与观众之间的距离，二者缺一不可。

7 综合素质的提高

主持人应该是杂家，具备一定文化底蕴的主持人浑身会散发出一种知性气场，这会更好地让观众所接受。气象节目主持人也应如此。文化沉淀有助于主持人心理素质的培养，更好地展现主持人的语言魅力。综合素质的提高有利于主持人更好地体会生活，感受天气，在做节目的时候不至于仅仅是一个播报天气的肉喇叭。对于主持人来说，亲切感是一个非常重要的素质，这个亲切感取决于主持人和观众之间距离的远近，若是气象节目主持人在旱情严重但有一场大雨到来的时候，不带任何表情的播报，这必然拉远了和观众之间的距离。气象节目主持人应该“忧天下之所忧，乐天下之所乐”。天气的变化，会影响各行各业的人，就比如说；旱情持续三年的云南，今天雨季的时候连续出现降雨天气，这有利于库塘蓄水，然而，对于住在偏远山村的人们，这也许并不是一个好消息，干旱之后的土地松软，连续的降雨容易引发滑坡泥石流等地质灾害；并且，连续的降水可能会造成城市内涝和农田积水。连续降水是喜忧参半的事情，所以主持人一定要拿捏一个度，这就考验了主持人的综合素质。

每天读书应该是每个主持人所坚持的习惯，然而仅仅读书是不够的，不能“两耳不闻天下事，一心只读圣贤书”。经常看新闻，与时事接轨，培养新闻敏感性；有一个爱好让自己的业余生活充实也是提高综合素质的一部分，就比如说看电影、揣测电影里不同的人的心理，感受不同人的人生，多角度地写影评，或赞扬，或批判抑或是仅仅感叹；还有就是旅行，感受时空与自然、历史、人文，充实心灵，无论哪一种爱好，都是广义备稿的一部分。

气象节目关乎各行各业，在各个地方的收视率都在前几位，然而调查显示，气象节目的满意度排名远不及收视率，这收视率高证明百姓对气象很重视，更多观众注重的是主持人本身所提供的气象服务信息，而不是主持人本身。如何提高主持人的素质让其成为气象节目的品牌，是每一个气象主播应该思考的问题。然而素质的提高并不是一朝一夕的事情，需要长期锻炼和积累。

在共性中寻求个性
——浅析电视气象节目主持人个性风格的品牌建构

崔 昊 李 芬

（山西省气象影视中心，太原 030002）

摘 要

1993年我国气象节目第一次采用主持人播讲，电视气象节目主持人正式诞生。随着社会的进步，人民生活质量的提高，人们越来越重视精神文化，讲究生活品位，对气象节目主持人的要求也越来越高，加之现在千篇一律的气象节目充斥着人们的眼球，因而观众渴望看到的不仅仅是天气预报和气象信息，更希望看到的是一个独具特色的主持人。电视气象节目主持人——这种“独特”的主持人在展现自我，赢得观众关注的同时，也树立了主持人个人风格，展现了主持人的个人魅力，更有助于打造一个强势的电视气象节目品牌。

关键词：电视气象节目　主持人　个性风格

1 引论

何为节目主持人？何为电视节目主持人？何为电视气象节目主持人？在受众整体素质的提高和广播电视事业不断发展的今天，上述问题中的核心词汇不仅变得不再陌生，并且它已拥有了相对稳定的受众基础。提到“主持人”，很多人都会有这样的一个认识：电视节目主持人是其所在电视节目的形象、文化品牌代言人，是整个电视节目制作或播出机构的“门脸儿”。决然，现如今当我们收看电视节目时，总能看到很多风格迥异的节目主持人，在为观众主持着丰富多彩的电视节目的同时，传达着各式各样、符合受众需求的信息。

纵观那些给观众留有深刻印象的气象节目主持人，在镜头前或是沉稳睿智；或是知性动情；或是阳光幽默……他们个性鲜明，风格突出，以自己独特的个人魅力和主持风格向受众传递着对节目更为深层次的理解和品读，与此同时，独有的“魅力”折射出这些主持人广博的生活阅历与深厚的文化底蕴。由此看来，在共性中找到自己的个性是一个节目主持人的必修课。本文将以华风集团的主持人和其所创办节目的独特之处为例，浅析了电视气象节目主持人个性风格的品牌建构。

2 气象节目主持人个性风格建构的前提基础

一棵嫩苗得以长成参天大树，除了需要阳光、空气、水等基本要素外，最重要的莫过于它能扎根土地，汲取养分；换言之，一个优秀的气象节目主持人能够展现出他独特的个性风格，也需要依托于一档内容独到、形式多样的气象节目。

2.1 气象节目的改革与发展

从最早的“黑白地图”到如今的“3D地图”；从“指挥棒”到“遥控器”；从主持人“义正词严的庄重风格”到“风趣幽默的自然风格”，这些转变都见证着气象节目的演变、改革与创新。各式各样的气象节目是主持人施展魅力的一个平台，一个前提，更是一个基础。自1980年中央电视台《新闻联播》播出《天气预报》起，我国气象传播事业已经度过了32个春秋，在这个从探索到发展的过程中，我国气象节目逐步走向了立体化和多元化，最初的传统形式、内容单薄的电视气象信息传播局面迅速改观，中央电视台以及地方电视台都逐步创办起了各自类型不同、风格迥异的多档气象栏目。

早年中央电视台《天气预报》主要是以城市和区域的“阴晴、温度”等基本气象信息为主，内容单一；1993年中央电视台《天气预报》进行改革，第一次采用主持人播讲，宋英杰也第一次出现在公众面前。此外，在节目中还增加了“城市景观”等气象资讯，自此我国首位电视气象节目主持人正式诞生；自2001年始，中央电视台气象传播再掀变革浪潮，多个气象栏目滚动播出，如CCTV－1综合频道的《天气预报》、CCTV－2经济频道的《第一时间》、CCTV－7军事·农业频道的《天气预报》、CCTV－10科教频道的《今日气象》、CCTV－13新闻频道的《天气？资讯》等等，这一创新使得栏目内容更加立体多样，其中又加入了“城市天气预报”、“景区天气预报”、各类“指数预报”等内容。可以说，我国电视气象节目的每一次改革，都会带给观众以新的视觉冲击。

2.2 气象节目“百花争艳”

从早年改革至今，各种风格、各种形式的气象节目可谓是百花争艳：CCTV－1的《新闻联播天气预报》是我国气象节目的“龙头大哥”，这档节目形式严谨、谈吐大气，因而主持人宋英杰、赵红艳、裴新华、杨丹在主持节目时也呈现出了这样一种风格。之后的2008年，由于冯殊和王蓝一的加入，使这档以稳重著称的节目变得活泼了起来，在气象主持人中也刮起了一股“清新风”；CCTV－5的《天气体育》是一档集体育赛事和天气情况于一体的气象节目，给观众的感觉是用轻松的心情看天气，主持人刘康阳光时尚的主持风格与该节目相得益彰，无论是她的表达方式还是服装造型明显区别于其他的气象节目；旅游卫视的《天气在变化》更是将当下的时尚元素与传统的天气资讯来了一次“大碰撞”，主持人高坚在解读天气的同时，会普及许多新鲜时尚的生活资讯，他在凸显节目多样性与趣味性的同时，呈现给观众的是一种风趣、自然的主持风格。可以这样说，正是由于节目的不断创新、丰富多彩，才使主持人有了真正的战场，因而锻炼出了风格各异的他们，使其能够在这方“土地”上成长的愈发“枝繁叶茂”。

3 气象节目主持人个性风格建构的必备条件

央视主持人敬一丹说：“主持先是个人，然后是个文化人、电视人，最后才是个节目主持人，这就像一个塔，金字塔的基础是具有个性的人，只有这点存在，它才能整个支撑起所谓主持人角色”。现代社会是一个受众细分的社会，不同的人对气象信息有不同的需求，观众对一档节目的喜好除受到信息内容的影响外，一个独具个性风格的主持人对栏目的收视率也具有很大的影响。气象主持人可以是一面高扬的旗帜，旗下聚集着其所在节目的目标受众群。所谓主持人的个性特色，包括其语言表达方式、用词选择、甚至是着装风格，这些都需要得到观众的审美价值认同。

3.1 独特的表达方式是塑造主持人个性风格的外在条件

表达方式既不是刻意的做作，也不是哗众取宠的表演，而是一名优秀的主持人在长期的主持生涯中逐步形成的一种独有的、特别适合自己的气质并和节目内容相吻合的表达方式。这种表达是以主持人深厚的文化底蕴为基础，由内而外散发的独特个人魅力，因而被广大的电视观众所记住并形成了主持人自己的风格，气象节目主持人亦如此。华风集团主持人冯殊在表达方式上有些与众不同：如在解读“降雨”这一气象信息时，他能够结合自身“沉稳不失活泼”的主持风格，将这一信息解说为“有雨水的飘落”，枯燥的词汇立刻被赋予了生动的特性，也更贴近受众的理解，运用当下时髦的话来说，就是很接地气儿。

3.2 深厚的知识积淀是塑造主持人个性风格的内在要素

决定主持人之间的个性风格差异、主持人水平高低的一个重要因素是他的知识储备和个人能力。主持人虽有各自不同的形象、性格、气质，但支撑起主持人“个人魅力”最重要的还是其“博学多才”。主持人虽不可能成为全能的专家，但起码应该是个杂家，知识结构应该既广博又有侧重，既博学又有专长。电视栏目是立体的、综合的艺术形式，所以作为电视文化代言人的主持人必须具有深厚的文化积淀以及丰富的工作经验。若徒有其表而内在的修养与气质不够的话，是很难成功地驾驭一档节目的。

每个人的知识储备和个人能力有所不同，也就造就了主持人在镜头前的表现各不相同。因此，气象节目主持人在平日要注意知识的积累，各方面的知识都应有所涉猎。如著名气象节目主持人宋英杰，人们除了会联想到他熟练老成的主持技巧外，还会对他丰富的知识积淀倍感钦佩。作为一名气象节目主持人，不仅要具备主持人的基本专业技能，还要有丰富的气象学知识，并能够自然而然地运用到实际的主持工作中。只有这样，主持的气象节目才能向受众传达更为专业、全面、准确的气象信息。

4 气象节目主持人个性风格建构的现实意义

一档电视节目可以给广大受众留有“过目不忘”的深刻记忆，并能长久立足于传播领域的不败之地，主持人是关键，是核心。那么，在传媒行业竞争激烈的今天，什么样的主持人才是合格的主持人呢？

4.1 电视节目主持人的“好”与“坏”

电视节目主持人往往可以归纳为两类：一类是过多关注自身独特的个性与特色，拼命地追求形象与气质的主持人。这样的主持人往往表现为个人的媒介化日益突出，媒介的个人化日益淡化，因而也就谈不上自身的主持魅力所在了。如湖南卫视娱乐频道之前推出的气象节目《星气象》，因为“美女性感出镜、背景音效煽情、台词暧昧挑逗”而遭到观众质疑，最终导致停播。节目中的“美女主持”过分注重“个性”，却忽略了主持人本身应带给观众的基本素质；另一类主持人比较注重自身与其所在节目的融合。电视节目主持人的工作不只是局限在出镜的片刻时间，而是能够介入到自己所主持节目的前期选题策划、采访编辑以及后期制作中去。通过对节目整个制作过程的参与，深层次地熟悉节目内容，深刻领会编导的创作意图，从而可以更自然、更连贯、更自信地主持。显而易见，能给观众留下深刻印象，并可能赢得公众肯定的主持人莫过于上述的第二种。

4.2 履行职责 树立形象

电视气象节目的主持人是广播电视传媒中的公众人物，他们是广播电视节目内容与观众之间的中介。随着社会公众整体素质的提高和广播电视事业的不断发展，当初单纯的宣传工具转变为传播工具，节目类型丰富了，对主持人的主持风格也就提出了更高的要求，既要适合所在节目的定位，又要适应节目特定观众的需求。

电视节目主持人是电视节目与观众交流的桥梁，观众对一个节目的信任与支持，要靠主持人的把握与表现。每期电视气象节目需要气象节目主持人的“二度创作”，需要其更多的润色。如今体现主持人个性魅力的电视气象节目，已越来越多地出现在我们的电视屏幕，使得整个节目更具变化性与可视性。电视气象节目主持人——这种“独特”的主持人在展现自我，赢得观众关注的同时，也树立了主持人个人风格，展现了主持人的个人魅力，更有助于打造一个强势的电视气象节目品牌。

5 结论

著名电视节目主持人白岩松曾经说过：“对于传统的‘纯主持’来说，他下一步的空间能有多大呢？去完成别人制造的不精彩的套话，其发展空间明显有限；完成别人的精彩语言和评论，可以生存，但有危险。”

在广播电视事业不断发展的今天，各式各样的气象节目不断涌现，主持人队伍不断壮大，竞争也变得日益激烈起来。现在观众越来越重视精神文化，讲究生活品位，对节目主持人的要求也越来越高；加之当下“过于模仿、个性不足”的气象节目充斥着人们的眼球，因而受众渴望看到的不仅仅是天气预报和气象信息，更希望看到的是一个独具特色的主持人。我想：一名优秀的气象节目主持人，一定能在其所在节目中展现本我；但能展现本我的不一定是优秀的气象节目主持人，在共性中寻求个性，任重而道远。

参考文献

[1] 李丽峰，周玉洁. 2003. 电视需要知识型主持人. 新闻传播，(2).

[2] 符彤. 2008. 主持人对品牌电视栏目的影响——以央视和凤凰卫视品牌栏目为例. 今传媒，(7).

[3] 郭帆. 2011. 浅析电视气象节目主持的人性化特征. 科技致富向导，(3).

[4] 贾静. 2006. 电视节目主持人的作用空间. 现代传播.(6).

五、新技术应用

5D Mark II 在气象影视节目中的运用

孙 艳 黄 亮 吴 洁

（江苏省气象服务中心，南京 210008）

摘 要

本文描述了佳能 EOS 5D MARK II 的特点，并通过实践经验探讨了 5D MARK II 在气象影视节目中的运用过程和创新技术，同时总结了该设备在摄像过程中需要注意的问题。对于该设备的使用具有一定的参考价值和借鉴作用。

关键词：5D MARK II 气象影视节目 运用 创新

1 引言

随着广大观众欣赏水平和审美标准的不断提高，对气象影视节目也提出了更高的要求。对于如何提高气象节目的质量和水平，可以说仁者见仁智者见智。不过“工欲善其事必先利其器”这个观点似乎得到了大家的一致赞同，这一点从近年来如火如荼的设备改造更新中可见一斑。笔者也认为，好的设备和工具对于提高节目质量有很大帮助。但是优化设备并不一定要进行诸如数字化改造、高清设备引进或者虚拟演播室建设等大工程，这不仅需要大量的人力物力和精力，也需要时间。其实只要善于发现、大胆尝试、合理运用，一些常见设备或者非专业设备也可以起到很好的作用，甚至是化腐朽为神奇。比如说，近两年来被广泛用于视频短片和微电影拍摄的佳能 EOS 5D MARK II(以下简称 5D MARK II)，就完全可以用于气象节目的拍摄录制。笔者通过亲身实践，将其引用到江苏气象节目的拍摄录制过程中，给日常的气象节目带来了一股清流，让其面貌焕然一新，取得了很好的效果。

2 5D MARK II 的摄像特点

准确地说，5D MARK II 是一部专业的单反相机，它的“主业”是拍照，摄像功能只是它的“副业”。但是为何它近年来异军突起，成为众多视频拍摄爱好者甚至是专业电影导演的宠儿，被广泛应用于视频拍摄领域呢？这其中的原因，一方面是视频网站的兴起，需要大量的素材，给 5D MARK II 提供了可发挥的空间；另一方面更为重要的原因还是在于它自身的特点，它所提供的独具特色的影像风格。

2.1 强大的硬件配置

5D MARK II 采用 35mm 全画幅 CMOS 图像感应器，拥有约 2110 万有效像素、DIGIC4 处理器、3 英寸 92 万点 LCD 以及 50－25600 超大跨度 ISO。这样的配置在民用相机中无人能出其右，属于绝对的顶级产品。其影像处理器不仅满足视频短片拍摄功能的需要，同时适应高像素图像处理的要求，使其视频拍摄能力达到了 Full HD(1920X1080，30fps)，也就是我们通常所说的全高清水准，并包括声音源的记录和相机回放。普通 DV 摄像机和一般的专业摄像机也无法与之匹敌。

2.2 优秀的成像效果

强大的硬件配置造就了优秀的成像效果。拍照方面自不必说，其优秀的画面已经得到了一致的认可。而在视频方面，5D MARK II 通过改进 CMOS 上单个像素的光电二极管开口率(光电转换率)以及缩小微距镜之间间隙的方法提高像元素聚光效率，充分发挥了相机在高感光度拍摄时的降噪能力，同时也为扩展动态范围创造了条件。此外，新型低通滤波技术的应用在提高有用光线通过效率方面发挥了重要作用，使得高光和曝光正常部分的过渡更加顺畅自然；并且有能力处理相机环境光感应器搜集的光线信息，并把它们作为控制 LCD 显示器亮度的依据，同时为短片拍摄过程中白平衡的变化提供参考。因此，它的视频画面同样优秀。

2.3 独特的影像风格

单纯比拼硬件，比 5D MARK II 强的设备多得数不胜数，能拍出优秀画面的也不在少数，但是拥有独特影像风格的却寥寥无几。5D MARK II 的特色在于，它不仅能完成普通摄像机的拍摄要求，而且能够呈现出细腻柔和，层次分明，景深效果出众，色彩还原逼真，接近于胶片画面的效果。目前流行的微电影多是由 5D MARK II 拍摄完成的，前段时间风靡网络、打动无数人的网络短片《老男孩》也是用 5D Mark II 拍摄的。其独特的影像风格可见一斑。

2.4 其他优势

除了上述几个特点，5D MARK II 还有一些突出的优势。比如它操作简单，视频拍摄的步骤几乎达到了“傻瓜”级别；而且相对于专业摄像机而言，它体积小巧轻便，方便使用和携带，同时它还可以随意更换各种焦段的镜头以应对不同的场景和画面。另外值得一提的是，相对于专业摄像机，它价格便宜，性价比很高。

3 5D MARK II 在气象影视节目中的运用和创新

尽管 5D MARK II 大行其道，但是在气象影视节目的拍摄录制中，我们还鲜见它的身影。以传统的眼光来看，专业的摄像机才是保证节目录制效果的必然选择。笔者也是因为偶然的因素，在网络上看到了几部由 5D MARK II 拍摄的优秀短片，从而产生了由 5D MARK II 拍摄气象节目的“大胆”想法。笔者将这种想法变成实践后，发现 5D MARK II 的拍摄效果不仅不输专业摄像机，而且在外景拍摄方面，明显优于传统的摄像机。当然，这其中也经过了反复的尝试和磨合，毕竟拍摄气象节目时不同于拍摄短片或者微电影。

3.1 大光圈营造完美景深效果

通常情况下，因为景别和距离的需要，传统摄像机拍摄的气象节目很难有好的景深效果和层次感，画面中主持人的前景和背景几乎在同一层面上。而我们却可以通过 5D MARK II 的大光圈营造出完美的景深效果，以及纯净的高感虚实画面。这一特点在刻画静态场景与人物特写时尤为突出。富有层次感的画面和良好的景深效果，就如同电影般精致，且不说节目的内容如何，光是优秀的画面就可以吸引不少观众的目光。这一点在灯光充足的室内和阳光明媚的室外显得尤为明显。即使在光线一般的室内或者阴天的室外，只要使用 F4.1 或 F2 的大光圈镜头，大部分情况都能轻松应付。笔者一次在南京玄武湖拍摄外景，由于天气突变，云层增厚，光照明显减弱，但由于时间紧迫，硬着头皮拍摄，反复调试角度，并利用了大光圈虚化背景。当我们把视频导入非编机器里，发现画面颜色相当饱和，有种电影胶片的感觉，给了我们意想不到的惊喜。在如此阴沉的天气下，拍出这么饱和的画面是一般摄像机无法达到的。

3.2 固定机位手动对焦效果更佳

单反相机镜头的自动对焦功能在视频拍摄时会有跟焦速度过慢、声音大等缺陷，这些问题在拍摄录制的时候便会凸显出来，5D MARK II 也不例外。笔者也因此而担心过，好在绝大多数气象节目都是固定机位拍摄，主持人的位置几乎是不变的，最多也只是景别的变化。因此，在气象节目的录制过程中，我们建议尽量使用固定机位，并且进行手动对焦。固定机位光圈稳定，画质细腻富有质感，色彩还原效果极佳。不同景别可以通过机器的变焦功能实现，固定好景别后，通过手动调焦到自己需要的效果。而且实践证明，手动对焦的对焦行程越长对焦越准。使用固定机位手动对焦这一点的好处不仅反映在我们日常的气象节目中，大家从 5D MARK II 的代表作之一《最后的三分钟》这个片子里也可以很明显地感觉到。那种小叠化小构图小情绪，都相当有感染力。

3.3 更换镜头可以锦上添花

可更换镜头，并且具有焦距丰富齐全的镜头可供更换是 5D MARK II 的特点之一，也是它的优势所在。我们在气象节目的拍摄录制过程中应该加以充分利用。通过超广角到超长焦，甚至鱼眼、移轴等特殊效果的镜头拍摄丰富独特的动态影像，同时利用其大型图像传感器，配合大光圈镜头拍摄，能够形成强烈的背景虚化效果，获得意想不到的画面。如果能充分把这些不同焦距的镜头利用起来，不但可以获得丰富多彩的拍摄视角和景致，而且还能获得电影场景中经常会看到的浅精深画面。尤其当在拍摄的是动态人像短片时，这种效果比静态的图片展示更有视觉冲击力。如果配合精良的后期制作，一个独具特色让人耳目一新的气象节目将呈现在观众面前。

3.4 影、像结合与众不同

前面已经提到过，5D MARK II 首先是一台照相机，然后才是一部摄像机。它有出众的拍照素质，我们可以充分利用这一点，将摄影和摄像结合起来，在气象节目中加以应用，以获取与众不同的效果。其实专业摄像机和普通的 DV 数码摄录机也有类似的功能，不过它们都有各自的弊端。专业摄像机在于景深不够，层次不清；而普通 DV 则是像素数普遍偏低，因而拍摄静态图片并没有太大的实用价值。而且对于这些摄像机，拍摄视频和静态图片是两种控制，也就是说需要功能的切换。5D Mark II 则不同，它不仅能拍摄高质量和景深强烈的图片，而且录制视频过程中想要拍摄静态图像，半按快门键就可以了，方便快捷。在南京樱花盛开的时候，有一档 5D Mark II 拍摄的节目，其中主持人出镜用视频拍摄，期间穿插的很多樱花特写镜头使用摄影功能，照片的景深虚化效果和微距拍摄的虚实效果相当出彩，是一般摄像机所达不到的。这种在视觉上追求没有见过的"影像奇观"，也是影视作品中引人瞩目的亮点。想必这样唯美的镜头语言是一般观众难以抗拒的。他们观看节目时会发现原来生活中还有这么美的细节，从而会留下更为深刻的印象。

4 5D MARK II 使用过程中需要注意的几个问题

尽管 5D MARK II 优点众多，但是由于它并非专业摄像机，所以在使用过程中需要注意一些问题，这也是笔者经过实践操作后得出的经验和教训，希望与大家共同分享。

4.1 辅助设备

三脚架极其重要。无论在室内还是在室外，除非有写实性等其他特殊要求，否则一定要使用三脚架。这样才能保证画面的平稳。

镜头的选择因景而变。正常情况下，5D MARK II 的自带镜头足够我们使用，但是常用的广角和长焦，中焦段应该配备。由于对摩尔纹的电路处理不佳，避免拍摄大量横条纹的画面，这个是广角情况下的常见问题。长焦不太会有，因为背景都虚得比较厉害。

电池问题。5D MARK II 的原装电池一般可以断续拍摄 2 片 4G 的 CF 卡，大概 12 分钟。不要相信广告上说的可以连续拍摄 2 小时，那是直接打开机器拍的理论最大值，另外大部分时间你还需要取景、找焦点、找画面感觉，所以电池用量比较多，比拍照会使电池更快用完。笔者曾经在这方面吃过苦头，建议大家至少要准备 3 个电池以做到有备无患。

准备足够的滤色片。UV 镜必不可少，保护镜头、灰片也要带足，因为正午阳光下，ISO100 光圈要收到 8—11，而视频又不能过多加快快门速度（会造成缺少运动模糊，导致播放有抖动感），想要的浅景深效果就没了；ND（减光镜）0.3 、0.6、0.9、1.2 最好都带上备用。

最好配套监视器。通常情况下，5D MARK II 对焦还是比较准的，但是通过自带的小液晶屏幕观看对焦却容易产生误差。我们第一次录外景节目由于考虑不周，没有带监视器，结果两段视频跑焦，后期调整也没有达到想要的效果，只能补拍。其实 5D MARK II 有 HDMI 接口，完全可以带一个监视器来现场，以确保视频效果。

4.2 拍摄机位

5D MARK II 最合适的就是固定和缓慢运动场景，做定格拍摄，比如人像出境、特写等，画面干净丰富，效果会让人赞不绝口。但是如果需要大量跟拍，快速移动，则会造成画面直线物体倾斜变形。5D MARK II 是不太适合拍大幅度运动画面的。

4.3 声音的录制

5D MARK II 有自带录音功能，在安静的地方，效果还不错，但是如果背景嘈杂，效果就会大打折扣。笔者曾在夏天录制一档节目，一开始利用挑杆把话筒举在主持人头上，后来从监听耳机里发现，背景音也全被收录进去了，以致知了声不断。但是由于节目场景的需要，不可能选择完全安静的地方，后来只能选取有线话筒，用摄像机同步录制声音，后期将声音与画面调成一致。尽管程序稍有复杂，但可以确保音质完美。

4.4 画面颜色

5D MARK II 自带的液晶显示器并不准确，有时候觉得曝光过度，因而收小光圈，但是导入非编一看却并非如此。后期调校是很麻烦的事情，因此当你吃不准的时候，拍一张照片，根据照片的曝光就不会错了。而且拍摄的时候要注意，风格最好设成可靠，饱和度降低。这样在电视上才不会出现溢出。

4.5 格式的处理

由于5D MARK II是30FPS的速率，而且是mov格式，而国内视频是25FPS，所以想要播出必须经过视频转换。如果想要编辑，推荐大家使用Final Cut Studio，这是苹果电脑的自带软件，用起来相当方便。

此外，在外拍时还要注意人员配备，不包括主持人最好再另配两到三人，而且最好携带一个大包，能够装下所有镜头和照相机，否则脖子上挂一堆镜头会很麻烦。

5 结语

5D MARK II的众多特点，尤其是在视频拍摄方面的出众能力，使其被越来越多的摄像爱好者甚至专业人员所认可。目前国内、外使用5D MARK II拍摄的视频短片不胜枚举，不少人拿它来拍摄纪录片、宣传片、微电影甚至电视剧等等，并取得了不错的效果。而且现在已经有高校开设专门的5D MARK II摄像课程，总结和传播其摄像技术。气象影视也应大胆尝试，勇于创新，拍摄出动静结合、声色并茂的视频，创作出别具一格，更加优秀的气象节目，在提供准确及时的专业信息的同时，给观众带来更完美的视听享受。

Flash 在公共气象服务产品中的应用

弓盈[1]　卞赟[2]　董颜[3]

(1 中国气象局公共气象服务中心,北京 100081;2 华风气象传媒集团,北京 100081;
3 南京信息工程大学,南京 210044)

摘　要

抛开传统的数据分析和图形服务形式,Flash 与气象服务的结合是充满创意的,在确保所传达的气象信息科学准确的同时,更加注重交互设计和视觉效果,以达到良好的用户体验效果。可以说,Flash 技术在日常气象信息发布、气象科普知识宣传以及重大气象灾害、防灾减灾等领域中的应用,对于提升气象信息的传播效率以及公共气象服务产品的认知度起到了很好的作用。本文旨在深入讨论 Flash 技术在气象服务领域中的应用和发展,从传统的气象服务产品呈现方式的局限性及其创新及拓展方面的需求入手,深入阐述分析了 Flash 软件自身的特点以及 Flash 在气象服务产品中的应用形式,结合气象影视、网站的设计实例,对 Flash 气象服务的发展前景和目前存在的问题进行了切实的分析。

关键词:气象服务　Flash 动画　天气 媒介

1　引言

如今网络已成为人们获取大量个性化信息的平台,成为每日繁杂多样的信息集合体。多媒体和互动是网络的两个显著特性,可以借助于电脑、电视,甚至是手机等媒介传播,表现形式也是多种多样。当网络走出纯文字的表现形式展现图画、照片、音频、视频之际,网络的表现形式就出现了越来越多的变化和革新,单纯在网页中放置图片和照片的表现形式只是多媒体的一种初级展现形式,难以满足人们的视觉需求。新时代的气象服务也面临着同样的境地:在目前的信息发展状况下,仅依靠文字、数据图表、平面图片来提供信息的气象服务已经非常局限,很难引起广大受众的青睐,急需更多紧跟潮流的创新型技术和元素的加入,推出更加丰富的呈现方式。

由此,在气象服务与时俱进的需求引领下,“中国天气网”、“中国气象频道”、“中国天气通”等天气类网站、电视频道、手机客户端成为了中国气象局对外气象信息发布和公众气象信息服务的窗口与平台。统计显示,中国天气网日均浏览量逐年递增,2011 年单日全站浏览量更是突破两千万页,创历史新高;而中国气象频道也基本完成了全国 80%的省(区、市)和地(市)的落地工作,通过电视都可以收看到最及时的电视节目。与此同时,基于手机等新兴媒介的气象服务信息发布机构也是层出不穷,发布形式不断推陈出新,整个气象服务产业呈现出大发展的态势。

网络化时代的发展,公众信息获取途径和需求的不断变化,使气象服务信息的要求也在不断提高。过去很长一段时间以来,“内容为主”和“严谨的科学性”一直是气象产品所恪守的服务准则。毋庸置疑，正如产品质量是产品服务的重要保证一样，产品的内容同样是气象服务生存的基础和根本。在市场竞争日益加剧的情况下，如何能够树立品牌，在琳琅满目的同类产品中脱颖而出并不断推陈出新，开发出特色鲜明的气象服务产品，提升更多人群，尤其是年轻受众的关注度，是对发展公共气象服务以及传播气象服务产品提出的新的挑战。

相比传统的数据、文字和图形的服务形式，Flash 动画或交互产品更加轻巧，并且可以展现更加“酷炫”的效果，用户体验效果好，目前已成为新时代的一种艺术表现形式。基于 Flash 技术，气象服务可以拥有更大的表演舞台，在确保所传达的气象信息科学准确的同时，更加注重交互设计和视觉效果，注重对受众体验心理的把握。Flash 技术在日常气象信息发布、气象科普知识普及以及重大气象灾害、防灾减灾服务等领域的应用，对于提升公众对气象产品的认知度，提高气象服务信息的传播效率起到了很好的作用，可打造出更加贴近公众需求的创新型公共气象服务产品。

2 Flash 在气象服务产品中的应用

2.1 Flash 技术特点与优势

Flash 是一款非常优秀的矢量动画制作软件，它以流式控制技术和矢量技术为核心，制作的动画具有短小精悍的特点，被广泛应用于网页动画的设计中。作为当今最流行的网络网页、电视平面设计软件之一，Flash 具有以下技术特点。

2.1.1 矢量图形、流媒体技术

由于使用了矢量图形技术，与位图相比，Flash 需要的内存和存储空间要小很多，并且无论放大多少倍都不会失真。而且由于 Flash media server 采用进度控制技术即流媒体技术，允许边下载边播放缓存中流媒体数据，传输速度相对较快，这在网速至上的互联网时代是非常有利的优势，在视频直播、视频点播、互动应用上已经成为很成熟的结构，配合 FMS 服务器程序，可以完成视频采集、分享、直播、虚拟直播等项应用的开发。

例如，当今著名的 Youku、YouTube 视频网站均采用 FMS 技术进行视频直播；Baidu Mp3、Google Mp3 播放器是 Flash 技术在音乐领域中很好的应用实例。

2.1.2 注重跨媒体传播

Flash 除了在电视等传统媒体以及互联网中大放异彩外，也在逐步向桌面、智能手机等新兴的传播载体进军。

2.1.3 视觉效果强大

相比传统动画，Flash 动画或交互产品更加轻巧，并且可以产生出更加“酷炫”的效果，甚至已经成为新时代的一种艺术表现形式。

2.1.4 强大的交互技术

Flash 及其相关的平台拥有以代码为中心的环境（目前已发展到 ActionScript3.0、Flex3.0 等脚本语言），非常有利于开发人员创建交互式产品。此类产品可充分利用网络的开放性，用户通过点击、选择等一些动作可以满足他们的体验心理，使产品的传达更加人性化、更具趣味性。2011 年网络上非常流行的偷菜游戏以及 Quick info 等与数据库后台交互、前台界面展示等一些应用形式就是很好的例证。

2.2 Flash 在气象服务中的应用形式

Flash 与气象服务的结合应该是充满创意的。抛开传统的仅仅依靠数据分析和图形的服务形式，以 Flash 设计为基础的平台可以延展出丰富多彩的表现方式。一是在传播内容上，可以是重大天气过程的展示展现，天气原理的科学普及，防灾减灾知识的传授，还可以对人们的出行、健康等方方面面做出提示。二是在表现形式上，可以是影视动画、电子杂志、教学课件、虚拟漫游、过程演示、视频影音以及如触摸系统、游戏、留言板等能够与用户互动的产品。三是就传播载体而言，除了根据不同传播载体的特性开发相应的 Flash 产品外，同一产品也可以在多个传播载体中进行推广。例如，视频动画产品在应用于网络的同时，也可以在传统媒体中进行播放，而且可以制成多媒体出版物用于发行出版。

2.3 Flash 技术在气象服务产品中的设计思路

利用 Flash 的这些优势，在气象服务产品研发的过程中，在以气象服务信息为核心的前提下，Flash 技术的融合主要可以从两方面来考量：动画设计和程序开发(图 1)。

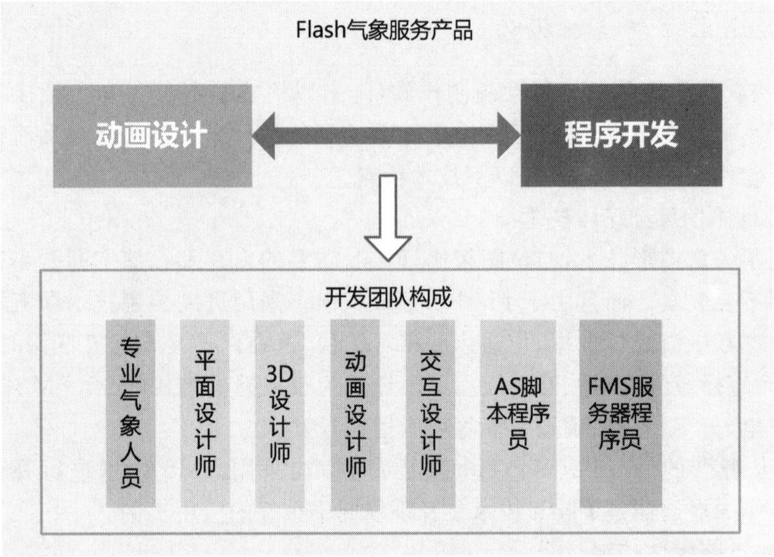

图 1　Flash 技术两大分类及开发团队构成示意图

2.3.1　Flash 的动画设计

Flash 的动画设计主要偏重于界面的表现，即视觉设计原理及镜头语言的运用。借助 Flash 为创作平台，创建基于帧结构和影片剪辑元件相结合的动画作品，在制作上仅仅使用少量的播放或按钮控制的脚本来配合完成简单的互动要求。因此，这样的产品更多的是体现画面结构、色彩、镜头等元素的合理搭配，因为不涉及复杂的交互使用和技术，可以完全独立于程序设计环节，也可以脱离互联网作为独立作品展示。比如平板电视、电脑等等，本文第三节中介绍的具体实例便属于这类产品。

2.3.2　Flash 的程序开发

Flash 的程序开发并不侧重于直观展示，而更注重利用编程功能来实现复杂交互逻辑和高级功能。Flash 程序开发也被称为 RIA(Rich Internet Applications)开发，主要运用 flash 后台脚本及服务器技术的强大编程功能，实现各种丰富的实例效果，其主要技术包括：Flash 服务器应用、电视节目展示、手机及移动设备、视频流及互动技术。

基于这两方面技术，气象服务产品在设计时便可以充分打开思路，突破以往局限于文字、表格、图形的表现方式，将关注点向着更具创意和视觉影响力的方向转移，加强对受众体验心理的把握。诚然，在追求美观效果的同时必然要兼顾气象的科学性。产品呈现的效果可以很炫，但必须同时保证所提供和传达给公众的气象服务信息或者描述的天气过程是准确的，符合科学逻辑的。

3 具体案例——基于 Flash 技术设计的“天气科普系列动画”

3.1 产品概述

“天气科普系列动画”是为“中国天气网”的网站建设研发的创新气象服务产品的内容之一。在策划时主要预计达到以下三个方面的目的：首先是利用 Flash 技术，针对重大气象灾害服务、日常气象信息发布服务以及气象知识科普服务等工作，配合中国天气网的服务信息发布需求，以通俗易懂的方式，深入浅出地向受众展示各种天气现象发生的过程及原理以及相应的防御措施；其次是逐步完善天气动画产品库，为中国天气网的专题及其他气象服务需求提供产品支撑；第三是加强宣传，打造品牌。通过对研制产品进行多元途径的宣传推广，如利用中国气象频道的电视媒介，中国天气通手机媒介等等，达到提升中国天气网的知名及美誉度，树立气象服务品牌(图 2、图 3)。

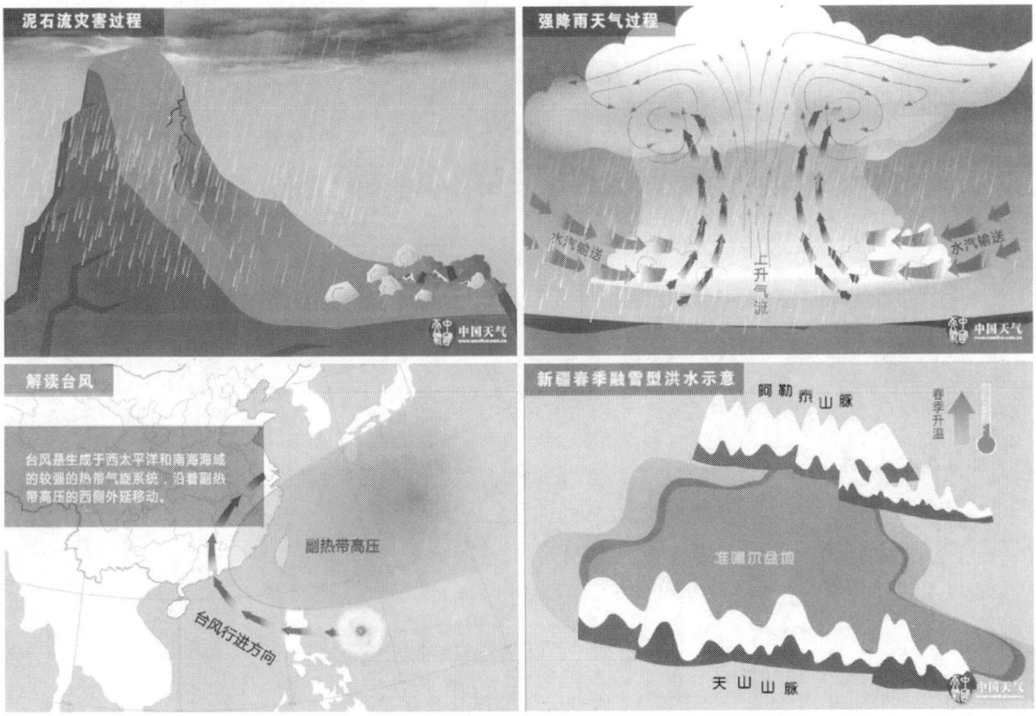

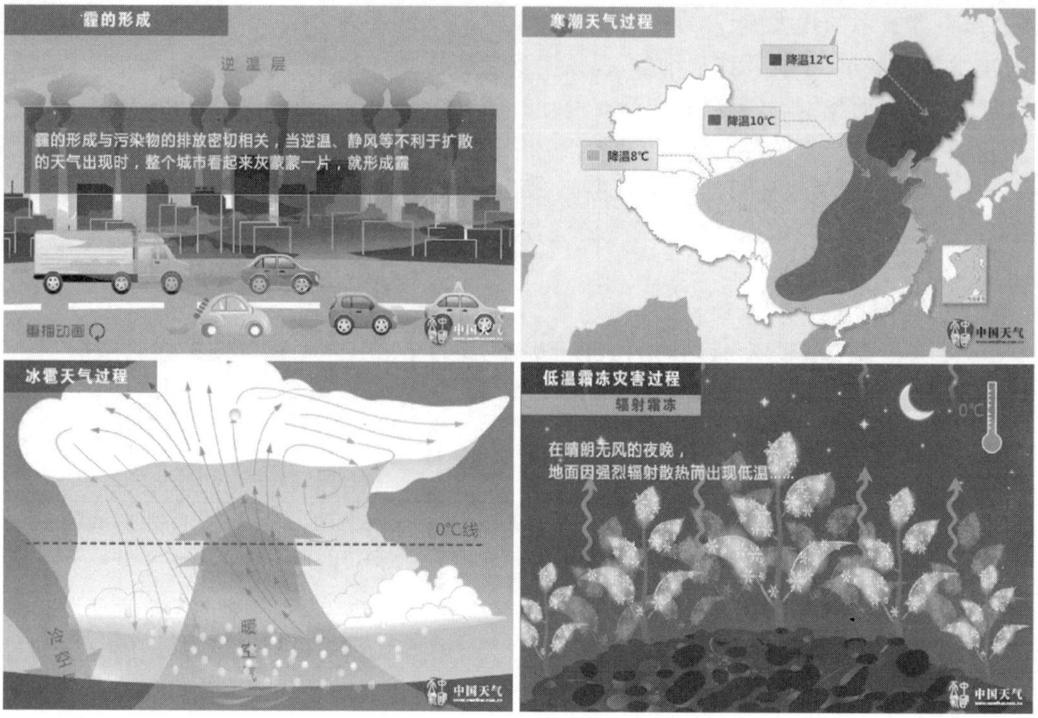

图 2　灾害天气类部分产品截图

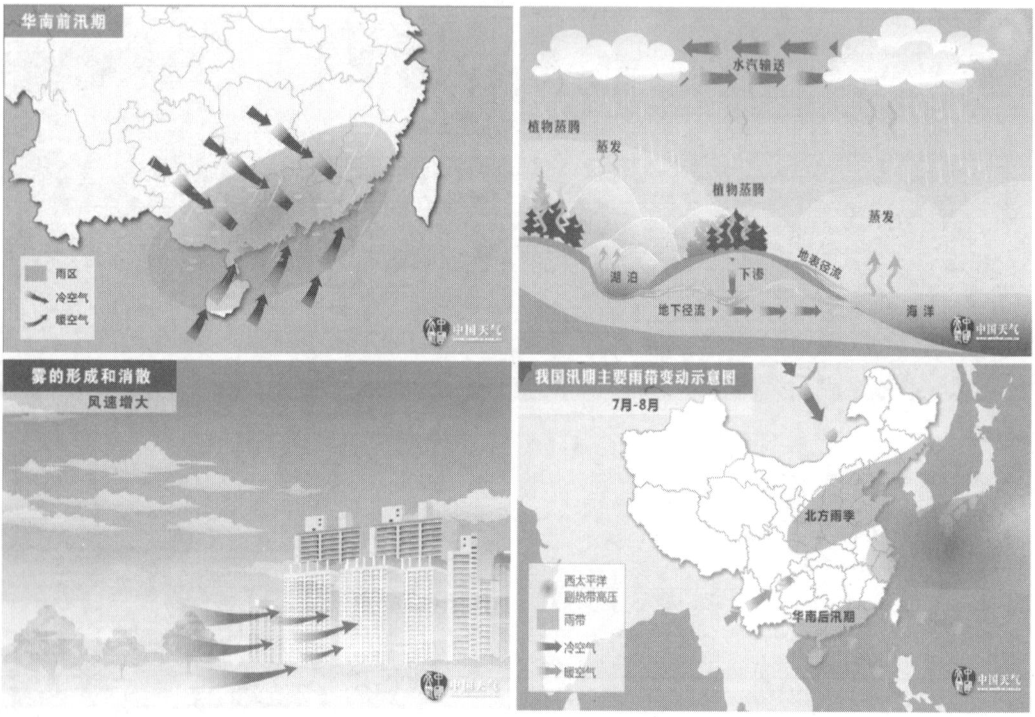

图 3　常规天气类部分产品截图

3.2 策划制作流程

3.2.1 搜集整理资料

主要由专业气象人员负责收集、分析、归纳、整理项目产品所需的相关资料和数据并负责编写相关的描述及说明文稿。如将天气现象及过程分为灾害天气和常规天气两大类:灾害天气如沙尘暴、暴雨洪涝、泥石流、冬季冻雨等;常规天气如一些季节性常见的天气现象和过程,如雾、华南前汛期等。

3.2.2 敲定创意方案绘制设计脚本

气象专业人员与设计人员一起进行沟通和讨论,确定所要表现的天气状况,同时将所要表达的气象科学及天气过程的概念与动画设计的理念进行统一与融合,最终确定出最佳的表现方案。再由设计人员按照方案确定动画制作的基本流程,绘制平面脚本,大致勾勒出各分镜头的内容和景别,以及景物和场景之间“推、拉、摇、移”的运动方式,以此作为制作时的基本参考依据。

3.2.3 制作项目产品

制作人员根据平面脚本进行 Flash 动画制作,制作人员需严格按照设计方案,利用 flash 的矢量技术特性以及对资源的整合优化,同时运用相关的控制程序,对所要传达的气象信息从美术风格、画面结构等角度进行设计制作,完成设计方案。

3.2.4 审核把关

由相关气象专家对所收集的资料数据和说明文稿中用词的准确度进行审核把关,制作人员根据反馈意见进行最后的完善。

3.2.5 宣传推广

通过多元途径宣传推广所制作的项目成果。例如,在中国天气网站设立相应的专题,通过气象微博和新闻发布会进行发布,在中国气象频道新闻直播类节目中演示,统一制成光盘供出版等。

3.3 效果及创新点

通过 Flash 的介入,颠覆了传统意义上以图形和文字为主的气象知识科普方式,丰富的画面设计和动态的表现形式,以及简洁的互动功能都更容易抓住观者的眼球。作为专题中的亮点,为中国天气网点击率的提升和专题服务质量的提高做出了显著的贡献。此外,这也是多媒体技术与公共气象服务相结合的一种成功的尝试,为日后更多更新的 Flash,包括电视、手机等多媒体技术的加盟打下基础。

4 Flash 气象产品发展中存在的问题

互联网的发展,让网络媒体的优势日益凸显,Flash 作为网络传播的中坚力量,已经逐渐垄断了桌面市场,并且正在强势地向移动终端市场挺进。在愈来愈注重人性化互动体验的受众需求趋势下,气象服务产品要想在眼花缭乱的市场竞争中争夺一席之地,必然不会漏搭这艘势头正猛的大船。Flash 技术前景可观,但在其与气象的嫁接生长过程中仍然存在着一些问题。

一是人才问题,即人才短缺问题。尽管互动设计领域是网络传播中非常重要的一环,但其专业人才却远远滞后于市场需求。对 Flash 技术能够做到融会贯通的制作人员更是相对较少,而且大多是自学成才，许多“闪客”并不具备扎实的美工基础，设计中没有遵循严格的开发操作流程，缺乏知识产权保护，严格意义上的产业化制作群体并没有形成。具体到在气象领域进行Flash产品的设计，拥有既能站在气象的角度设计产品，又能抛开固有的模式进行艺术创新，同时又兼备交互程序开发能力的全才则更是凤毛麟角了。要解决这个问题，除了建立健全的人才培养机制外，还要更加注重专业气象人员和技术设计人员之间的沟通与交流。

二是经验不足。Flash等新兴网络技术与公共气象服务的结合还是一个相对年轻的理念，可以借鉴的具有一定影响力的成功案例并不多，因此在策划时经验的不足是制约其发展的另一瓶颈。对于如何做好产品定位和对目标受众的分析，确定什么样的气象服务更适合，什么样的表现形式等等问题的把握，都还处于摸着石头过河的探索阶段，还需要不断地实践积累和总结。笔者认为，为鼓励气象产品的创新，有时需要抛开传统观念的束缚，放手让设计人员充分发挥其想象与创造力。在动画产品设计中进行适当的艺术夸张往往能取得事半功倍的效果，以吸引到更多的关注。我们要科普、要服务，要传达信息，首先要得到人们的关注，有关注才有需求，因此，在不影响受众正确理解所传达的气象信息的前提下，适当地为表现效果放宽一些“科学严谨性”的要求是可行的，甚至可能达到事半功倍的效果。

此外，Flash设计本身还存在一些缺点和局限性，例如开发成本高，兼容性不够好，制作周期长费用相对较高，另外维护不甚方便等，这些因素也会对Flash气象产品的开发产生一定的影响。

5 结束语

目前，Flash技术已经拓展到中国天气网、中国气象频道以及中国天气通等等的各种服务产品中，在天气预报、气象科普、重大气象灾害及防灾减灾等专题频道中广泛应用，在公共气象服务事业中发挥着积极的作用。在网络媒体日趋多元化发展的大环境下，公共气象服务领域理应借助Flash设计这种有效的开发手段及其传播特点和优势，为自身的产品增光添彩，在让公众体验更多优质的气象服务的同时，提高他们对气象行业的关注度，进而打造出气象服务的权威品牌。

参考文献

[1] 陈培爱. 2004. 现代广告学概论. 北京：首都经济贸易大学出版社. 204.

[2] 骆月珍、吴利红. 2008. 关于公共气象服务的几点思考. 浙江气象.

[3] 蒂莫西·萨马拉. 完 2008. 成设计——从理论到实践. 广西：广西美术出版社. 272.

[4] 武法提、胡亦宏. 2006. 基于Flash技术的虚拟实验室设计与实现. 教育信息化. (9)：43-44.

[5] 胡奇光、吴蓉晖. 2010. 基于Flash ActionScript 3.0的动画设计的研究. 计算机与数字工程. (7)：147-150.

[6] 包敏. 2004. 基于Flash的虚拟实验室的开发. 长沙大学学报. (2)：67-70.

[7] Flash技术分类简析. 百度文库 http://wenku.baidu.com/view/6d91c9196bd97f192279e99e.html.

[8] Flash. 百度百科 http://baike.baidu.com/view/7641.htm.

[9] 产品开发过程. 百度百科 http://baike.baidu.com/view/1360028.htm.

[10] Flash技术在网络中的应. http://www.flashplayer.org.cn.

[11] 中国天气网. http://www.weather.com.cn/.

Weather Central 系统画面制作的尝试

陈朝晖　谭倩琳　饶永健　叶国才　李慧君
(广东省气象影视宣传中心，广州 510080)

摘　要

由于长期以来我们习惯了字幕机配图的思路，现在用 WXC 系统进行节目配图则需要转变思路。通过实践应用，我们总结出一些 WXC 配图的特点和方法，可以美化专业的气象画面并使节目更清晰明了，可以实现一些传统字幕机配图不容易实现的效果。

关键词：Weather Central 系统　画面制作　转变思路

Weather Central 系统在数据接入，基本模版搭好后，日常节目制作似乎可以变成一件很简单的事。然而很快就会发现：画面内容要做得丰富好看还真不容易。特别是有主持人节目的配图，由于长期以来我们习惯了字幕机配图的思路，只需要在画面上加元素就可直接放上去，而现在用 WXC 系统则需要转变思路。WXC 系统的优势在于接入气象数据自动生成电视气象专业图形，同时可由主持人控制画面以及与画面进行互动。但 WXC 系统也有短板，比如节目经常要加的一些曲线、符号、图标、特技等等，在 WXC 系统就显得非常复杂甚至无法制作。当然这些短板可能是由于我们太习惯字幕机配图思维，同时又无这类气象数据的接口。广东气象影视中心于 2010 年引进 WXC 系统，2011 年该系统正式用于广东卫视有主持人高清节目制作。通过一段时间的应用实践，我们找到一些 WXC 配图的特点和方法，可以实现一些传统字幕机配图不容易实现的效果。

1　地图制作

未引进 WXC 系统之前，节目中地图的制作主要用平面软件，地图的颜色纹理质感都可任意处理，但是地图是没有地理信息的。WXC 系统的地图最大的优势就是带地理信息并且可做动画，这为气象信息自动生成提供了基础，但缺点是生成好一套地图后，一些美化修改就非常有限制了。在实践中，我们在 3D－LIVE 中，通过给地图多次加边界遮罩，加阴影层使地图信息更清晰，画面层次更丰富。

1.1　用边界文件加遮罩

3D－LIVE 中已经定义好 3D 地图，但是为了体现节目的唯一性，我们在系统内设的地图上重新调色和加配饰，使它更加适合节目的统一设计要求。

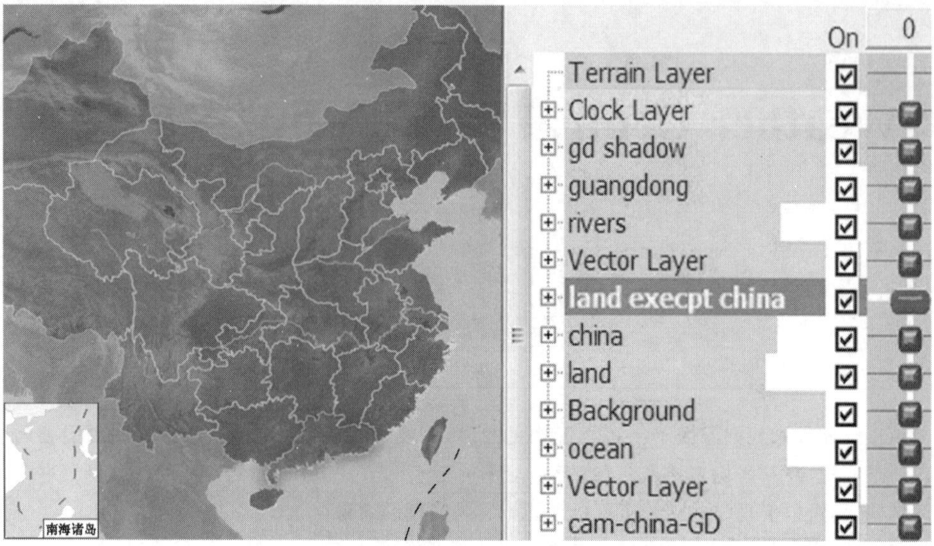

图 1　配色后的世界地图及所用的边界层

首先，要改变地图的颜色，用加 border 层的方法，然后选择相应的海洋(ocean)、除中国外的区域(land except China)、中国区域(China)、广东省(Guangdong)区域各自调色(见图 1)。其中，为了保留地球原有的凹凸感，可以采取先把需要的颜色调深一点，然后加 80%左右的透明度，使一部分地形凸显出来，加强立体感。

1.2　加阴影层

为突出广东省区域，我们在地图中加入 gd shadow 层。该层是 photoshop 制作的图片，在调好范围的地图中，把广东地图勾勒出来，做一个虚化的影子，再将广东地图部分删除，只剩下地图周边的影子，将这张地图影子以基于地理信息的层引入 3DLIVE 中，放在对应的位置。

2　利用色标制作特殊效果

Weather Central 系统中的气象专业图形要出效果，色标的应用非常重要。在以往的天气节目中，天气形势图往往被认为比较专业，观众看不懂。利用色标可以较好地解决这个问题：加了冷色调的地面形势图就可以比较直观地显示出冷空气的位置和强度；加了暖色调的高空形势图可以较好地反映副热带高压的位置。

2.1　冷空气示意：地面形势图的色标配置

在制作地面形势图时，有时会根据当天的气压范围，搭配相应的色标，使天气示意图更明了易懂。首先，打开 ColortableEditor 软件，建立一个 rbg color table，选定最高气压的颜色，把它设置在 255 的色标处，然后选出最低气压的颜色，把它设置在 160 的色标处，设置一个完全透明的色块到 0 的色标处。把 255 到 160 色标做个 Ramp Color(颜色渐变)，160 到 0 的色标做个 Ramp Alpha(透明的渐变)，存成 rgb 后缀，色标文件就完成了。在 live 的地面形势图上，调用刚制作好的色标文件，调节 Lut 和 Transparery 中的气压阈值，使蓝色冷空气范围与气压匹配。这样，自定义色标的气压图就完成了(图 2)。

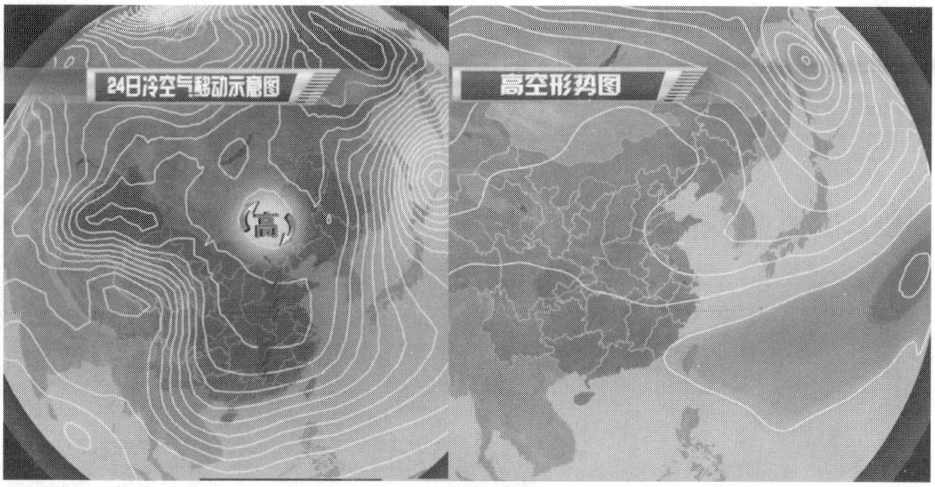

图 2　利用色标制作的形势图

2.2　副热带高压示意:高空形势图的色标配置

与冷空气类似,副热带高压也是我们经常分析的内容,给 500 百帕高空图中的 588 线区域填上暖色,就可以直观的表示副热带高压。我们建立一个橙红色调的. rbg 文件,255—238 区域设不透明橙红色,238—230 区域渐变为 20%的透明度。230 以下区域则保持 20%透明度,颜色渐变到黄色再到绿色。在 live 的地面形势图上,调用制作好的色标文件,调节 Lut 和 Transparery 中的气压阈值,使红色范围与 588 线匹配。调节填色透明度,就可以清晰的表现出副热带高压的位置。当调用数值预报的动态形势图时,也能很好的表现副高的位置变化。

2.3　云图色标

2.3.1　高云与低云用不同色标

在日常业务中,我们有时会遇到这样的情况:当天空有厚的高云时,云图显示出很浓厚的云,但地面却偶尔还有阳光;当天空有薄的低云时,云图上显示出非常浅薄的云或绿色晴空,但这时地面的情况是天色阴沉,甚至还下毛毛雨。这些时候节目中如果用到云图就会让观众感到疑惑。这也是以前很难解决的问题。

现在 Weather Central 系统中,只要使用不同的色标就可解决这个问题。我们设好两个色标 yt—lit. rgb 和 yt—bright. rgb,yt—lit. rgb 文件中 255～200 的色标白色基本不透明,200～100 的色标白色透明度逐步渐变为全透明,100 以下的色标全透明。yt—bright. rgb 文件中 255～150 的色标白色基本不透明,150～50 的色标白色透明度逐步渐变为全透明,50 以下的色标全透明。同样的云图数据用分别用两个色标做出来效果完全不一样。日常节目中,需要看高云时用色标 yt—lit. rgb,需要看低云时用色标 yt—bright. rgb。

2.3.2　彩色云图

我们常在华风制作的节目中看到红色台风云图,强化台风效果。我们是这样实现这种效果的:在 live 中引进有两个 imagery 的镜头,两个 imagery 层都用同样的云图数据,海拔高度稍作区别,海拔低一点的云图层用常规的白色云图色标。海拔稍高的云图层则需要一个红色调的色标 yt—red. rgb,将 255～200 段为红色较不透明,200～150 渐变为全透明,150 以下全透明。最后可在 live 中调节两层云图的透明度，取得较好的效果。

以此类推，当有明显冷锋云带时，也可制作出蓝色云图了。

通过这些颜色的设置，在天气分析需要时，我们可以将云图与带颜色的天气形势图叠加在一起，有非常特别的效果。这也是传统字幕机难以实现的。

3 小手层小图标的制作

主持人利用 Telestrate 小手层与画面互动是 Weather Central 系统的优势之一。特别是利用 Telestrate 小手层的加 fiipook 功能，给节目增加动态小图标，方便操作的同时也使画面变得生动活泼。

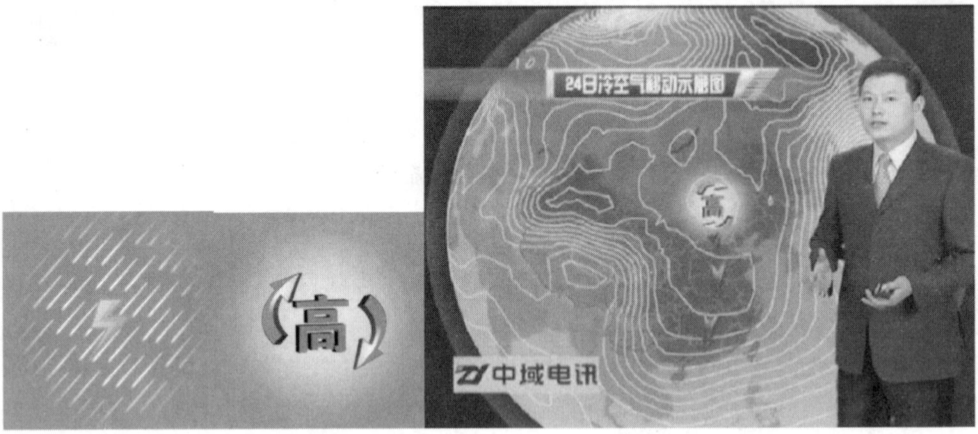

图 3 小图标的原文件以及节目上图标的效果

小图标的前期制作先在 After Effect 里完成，一般来说都是生成不带底图的文件，边缘做成半透明虚化，画面效果会更好。小手层里导入 fiipook 图像的大小控制，最后生成像素为 200×200 的带通道的 tif 序列，既不增加机器负担，在画面中放大也不会太粗(图 3)。

4 虚拟天气的场景制作

虚拟天气也是 Weather Central 系统的一大亮点。在 favorite 中设置好快捷方式后，再配合专门设计的本省标志性建筑物，这样使画面更有本土文化气息。建筑物的图片选取也不一定要实景照片，有时效果图能取得更好的效果。比如亚运场馆的虚拟天气及大运会场馆的虚拟天气，场景都选用了建筑物效果图。

实景照片类的虚拟天气的场景，则要找到角度合适，质量适合高清的建筑物图片。如果处理成动态，效果会更好。我们以广州天气的虚拟背景为例，介绍一下制作过程。首先，找到角度合适，质量适合高清的建筑物图片，导入到 After Effect，为了达到画面更生动的视觉效果，在广州塔的图片上加上河的图片，然后用 AE 的 ripple 效果模拟河水的流动，最后，生成一个带通道的 movie 文件。在虚拟天气镜头中有三个 movie 层，把生成好的场景 movie 文件导入中间一层，配合系统提供的预置背景和前景，就可以完成如图 4 所示的节目画面了。

图 4　After Effect 的制作文件及虚拟天气效果

5　动态效果制作

5.1　动态天气示意图

以前我们多用二维或三维动画软件制作锋面雨区移动等动态天气示意图，现在用 3DLIVE 就方便多了，锋面雨区移动的同时，地球可跟着转动，画面效果动感更强。

5.2　穿云效果

3DLIVE 中提供了各种云的效果，既可以用来制作天气示意图，也可以用来制作一些转场效果，非常好用。

5.3　穿云图效果

以前总希望制作一些镜头从真实云中穿到地面的效果，特别是在台风天气或暴雨天气，这样的画面很有视觉冲击力。现在终于能在 3DLIVE 中实现了。在 3DLIVE 调入云图层并定好时间段，在 Thickness 中输入参数，这会给云图加上一定厚度，显示出立体效果。在云图播放的同时，镜头做俯冲动画，同时配合调节云图的海拔高度，直至飞到云层之下，之后可以接下一镜头（比如外景画面或雨量图等等）。

以上总结了一些我们在使用 Weather Central 系统制作图形方面的尝试，正是这些小小尝试使画面不断丰富起来，同时这些也是我们转变思路的开始，掌握了 Weather Central 系统制作图形的思路后才能做出更多更好的画面。

Weather Central 系统应用技巧
——Overlay 层的妙用

罗　曼　胡荣辰　孙　艳
（江苏省气象服务中心，南京 210008）

摘　要

本文分析了 Weather Central 系统的应用现状，指出了现有情况的不足；同时通过实践操作，进行了一系列应用与创新，并对系统中 Overlay 层的使用进行了详细的介绍，对于深入了解和更好地利用 weather central 系统，制作出更加精良的气象影视节目，具有一定的参考价值和借鉴作用。

关键词：Weather Central　应用技巧　Overlay 层

1　引言

Weather Central 气象节目制作播出系统是由美国 Myweather 公司开发生产的一套较成熟的图形系统，由于它与复杂的气象数据有紧密联动性和实时播出性，因此深受国内外气象视频制作团体的青睐。华风集团、各省市自治区的气象影视部门，以及部分地级市的气象部门，都已经将 Weather Central 系统投入到实际应用中去。以下内容则是简述有关 Weather Central 系统在实际应用中的一些技巧。

2　应用现状

Weather Central 气象节目制作播出系统在国内的实际应用已经非常普遍，大有取代传统非线性编辑器的趋势，但纵观我国气象影视节目，大多形式接近，举例如下。

图 1　部分省级卫视天气预报节目

图 1 中的四幅截图，为部分省级卫视天气预报节目。截图中，除各省边界有所区别以外，地图上各种配色几乎完全一致，很难突出节目的个性，更难符合各省级卫视的整体节目包装。

气象节目以行政区图或地形图为背景解说天气实况和预报，是符合气象科学规律的，也是必不可少的。但如何使节目生动有趣，不落俗套，是放在我们气象影视人面前的一大难题，同样也是制约气象影视发展的瓶颈之一。仅以上述四幅截图为例，卫视天气预报节目的整体风格，几乎成为了放之四海而皆准的固定模式，毫无个性可言。

3　应用创新

Weather Central 系统作为一套成熟的影视制作系统，已经充分考虑到节目个性的问题，以下内容就是对 Weather Central 系统深度开发后所总结出的小技巧。

图 2　德国天气预报节目图

3.1　灵感来源

图 2 和图 3 两张截图分别是德国和美国两个优秀的气象节目的视频截图，节目中所用到的大部分天气内容，比如：国家地图，州省边界，动态天气符号，气温数值，降雨区分布，城市名称等，都可以由 Weather Central 系统提供，但这两档国外的气象节目能够给人耳目一新的感觉，

图 3　美国天气预报节目图

它们都有各自节目的配色风格和鲜明个性，让人过目不忘。

3.2　应用和创新

实现上述效果，也并没有十分高明的技术，其实 Weather Central 系统中已经给我们提供了这样的一个平台，便于我们充分发挥创新性思维。这一平台，就是——Overlay 层。

在 Weather Central 提供的大部分模板 Scenes 中（即 *.scn 文件），都包含 Overlay 层，这一层所能添加的内容，仅仅是一张不能活动的 Tif 图片，所以它的功能往往被我们忽视。

以下是江苏省气象服务中心影视制作科所制作的一档省级天气预报类节目。

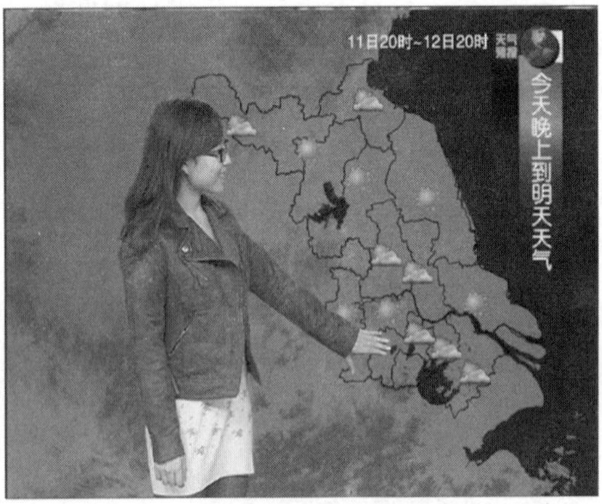

图 4　原图

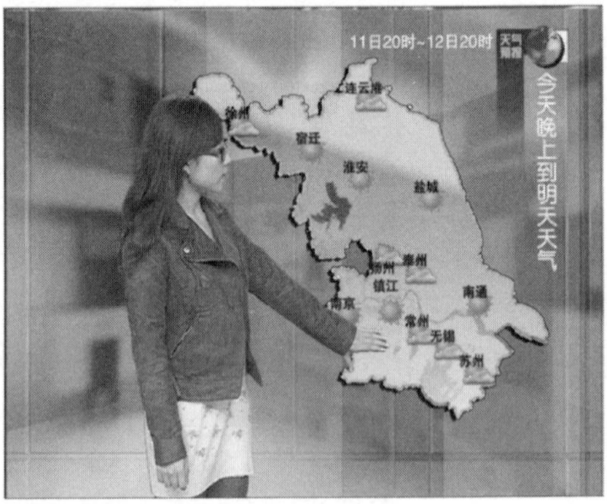

图 5　改进后的图

可以看出，两幅截图的区别是背景上的不同。图 4 是典型的“Weather Central 颜色”，即直接使用系统地图所提供的配色、行政区界等。图 5，则是加入了创作者的独特设计，不但有虚拟场景，而且有个性地图，不但配色可以和江苏电视台的总体包装吻合，而且可添加很多与气象数据无关的装饰元素。总而言之，就是在不偏离“用地图做背景说天气”的原则基础上，充分发挥创造者的主观能动性。

具体实施细节非常简单：

(1)首先利用 Weather Central 提供的地理信息系统，通常是 QuickMap 层，将“江苏省”锁定(lock)在屏幕的适当位置,或居中或居左或居右,以节目要求确定。之后通过 3D－Live 进行渲染一张 tif 图,或通过非线性编辑器截图。截图尺寸通常是 720×576(标清)或 1920×1080(高清)两种。

(2)使用特效制作软件,如 3dsmax,Maya,aftereffect 等,制作出相关场景,并渲染成底图。底图尺寸也应是标清或高清的相应尺寸。

(3)利用 Photoshop 等软件,清除截图无关内容,留下江苏省界,并和底图合并成完整背景图,格式为 tif。值得一提的是此步骤中,要保证江苏省界的位置和原截图中的不发生任何变化,否则重新进入 Weather Central 系统后,各种天气要素的位置就会偏移。

(4)最后将合成好的 tif 背景图拷贝至 Weather Central－Live 相关目录下,留与 Overlay 层调用。

此时,只要在 Weather Central－Live 中建立含有 Overlay 层的一个 Scenes,就可以调用这张背景 tif 图了。具体操作如下:

(1)背景层一般选择 Image 层和 QuickMap 层。Image 层需要调用前一步骤中 3D－Live 渲染出的包含地理信息的 tif 截图,用以确定各种天气数据的位置;QuickMap 层是同样道理,也需要用渲染前确定好的位置。

(2)Overlay 调用合成好的 tif 背景图,此时背景 Image 层或 QuickMap 层已经完全被遮盖,但江苏的位置并没发生变化,所有地理信息都在。

(3)根据节目需要,继续配置 Dataplots 层、Weatherpage 层、Banner 层等层的相关数据,在此不冗述。

这样制作出来的天气预报节目背景,就会与众不同了。

3.3 进一步探讨

延伸开去,不仅是 Overlay 层可以达到这样的效果,我们可以举几个相关实例:

(1)如果模板 Sceces 中,没有 Overlay 层,又不能忽略其他层去迁就 Overlay 层怎么办?方法是,在 Weatherpage 层(77 层)建立一个 Cutout,并通过相应 ttoc 调用背景 tif。或者利用 Banner 层上的 background,overlay1,overlay2 中的一个,同样实现完全覆盖背景层的效果。

(2)如果节目需要用动态背景,那么上述所有涉及 Overlay 层的内容,则应全部变成 Movie 层,也就是用 Movie 层遮盖背景层内容。

(3)有些内容,比如 Contour 层上的 diamond3 类数据会有一些锯齿,又没有边界层做遮罩,就可以在 Overlay 层调用带通道的 tif 图,用于遮挡。

4 结语

综上所述,天气预报节目在无法脱离“用地图做背景”的大前提下,如何让地图更好看,更有个性,使之符合节目总体包装效果,是天气预报节目是否新颖的关键所在,Weather Central 系统所提供的 Overlay 层就可以充分地帮助我们解决这一难题。也就是说,我们只用背景层(Image 层或 QuickMap 层)提供相关地理信息,而真正体现节目风格的,是 Overlay 层上的特效和地图。

气象影视编导管理平台的设计

李雨谦[1]　王庆辉[2]

(1 湖北省公众气象服务中心;2 湖北省气象信息保障中心,武汉 430074)

摘　要

本文详细介绍了气象影视编导管理平台的系统设计和功能实现。该系统可以为广大编导人员提供规范的稿件编写模板,强大的气象资料支撑,通过建立气象节目稿件数据库,实现稿件素材的收集存储、查询等功能。

关键词:编导　平台　数据库

1　引言

自1996年湖北省气象局制作有主持人天气预报节目业务以来,气象影视事业得到了迅猛发展,节目类型和节目数量在不断攀升,至今已经编写了超过2万篇的节目稿件。这些稿件,蕴涵了不同时期气象节目编导对各类天气现象的解读和对公众气象服务的把握,浓缩了编导的大量智慧和心血,是公共气象服务中的一笔宝贵财富。然而,可惜的是长期以来这些节目稿件都是以文本文档或WORD文档格式,保存在编导人员各自的办公计算机上,并没有实现共享和保存,随着人员变动及电脑设备的更新换代,稿件逐渐缺失。同时,由于节目稿件缺乏统一标准来命名、编写和存放,导致历史稿件查找起来非常困难,稿件中有价值的信息无法被再次利用。

由于上述问题长期存在,阻碍编导工作向着更科学、更高效的模式发展。在此情况下,湖北省公众气象服务中心自行设计研发了“气象影视编导管理平台”。该系统可以为广大编导人员提供规范的稿件编写模板,强大的气象资料支撑,并且通过建立气象节目稿件数据库,实现了稿件或素材的存储、查询等功能。

2　系统设计

2.1　系统架构设计

该系统采用c++builder为开发平台,针对MS Sqlserver进行数据库开发,主要完成工作平台设计和数据库开发两部分,是针对本部门业务人员使用的小型系统。

为实现局域网内编导平台对数据库读写的快速高效,方便数据的集中管理,采用Client/Server形式的两层结构,系统架构如下:

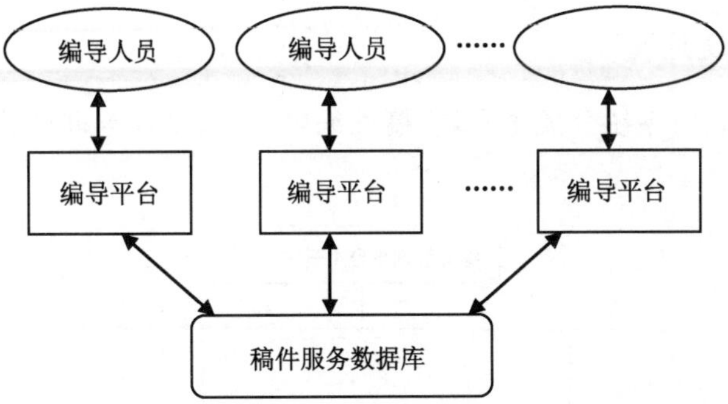

图 1　系统架构图

2.2　系统流程设计

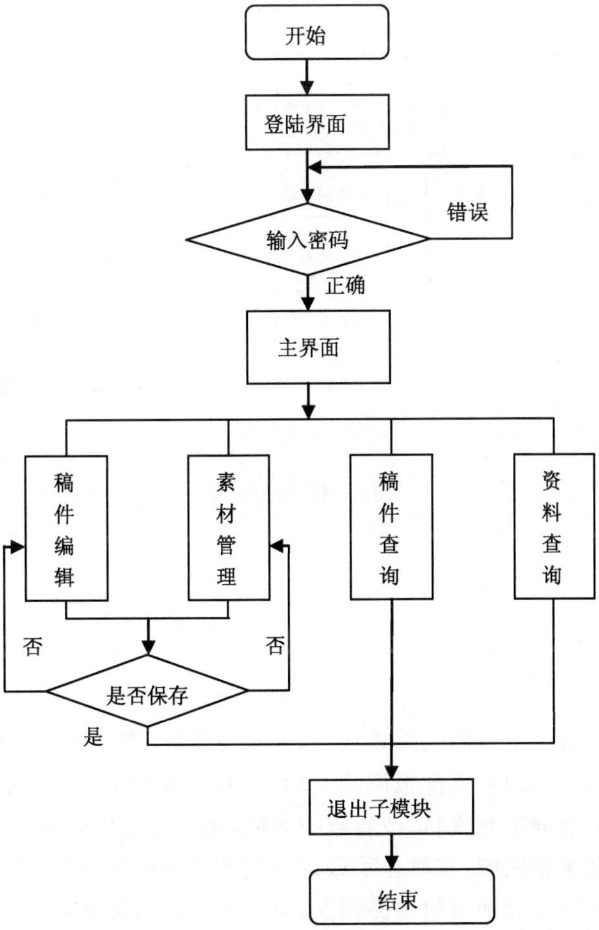

图 2　系统流程图

2.3 系统模块设计

根据系统需求分析，将系统分成主模块、稿件编辑模块、稿件查询模块、素材管理模块四个模块，各模块结构如下：

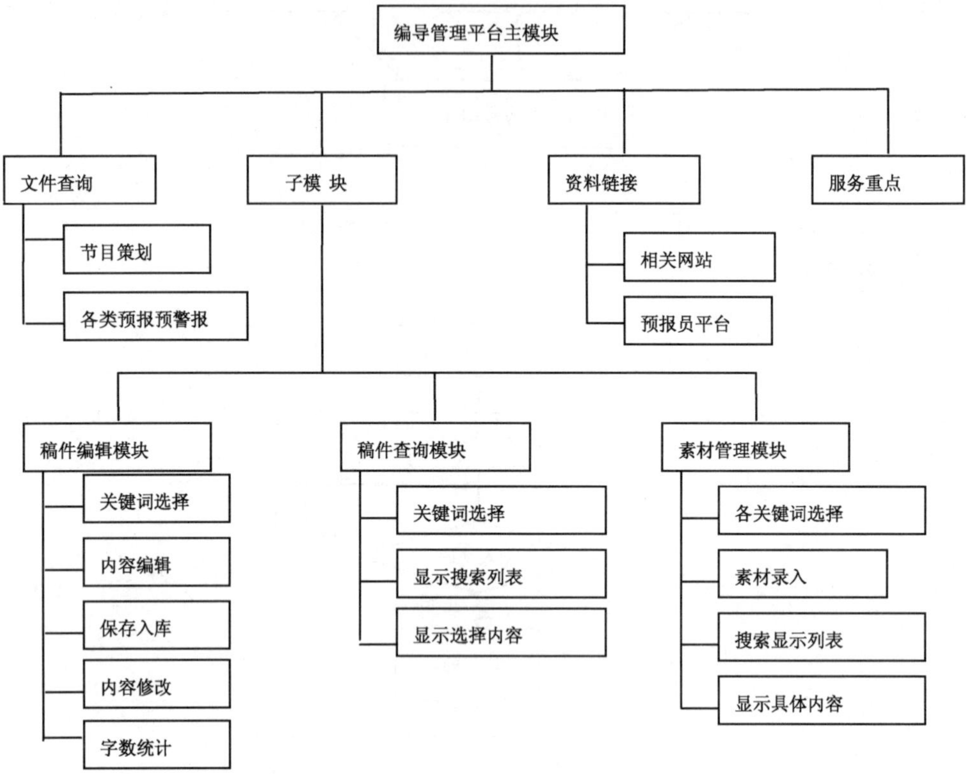

图 3　模块结构图

3　系统实现

3.1 主模块

主模块除了能够灵活调用稿件编辑模块、稿件查询模块、素材管理模块各个子模块以外，还集成了编导日常工作所用到的各类预报产品、节目策划以及相关的网站地址等，能够方便使用者从一个平台直接调取查询所有资料，节省查找时间，提高了工作效率。

主界面设置了动态更新区域，实时显示最近一周天气预报节目的服务重点以及相关值班人员信息。使用者可快速获取近期节目服务情况，以便选择后期服务重点。

为了在有效时间内，做到预警信息的及时发布，编导人员需要第一时间掌握各类预警的发布情况。为此，主模块专门设置了重要文件自动提醒功能。在规定的时间间隔，主程序能够主动检测目标服务器上有无地质灾害预报、预警信号等新文件的产生，有则弹出对话框提示编导人员及时查看。

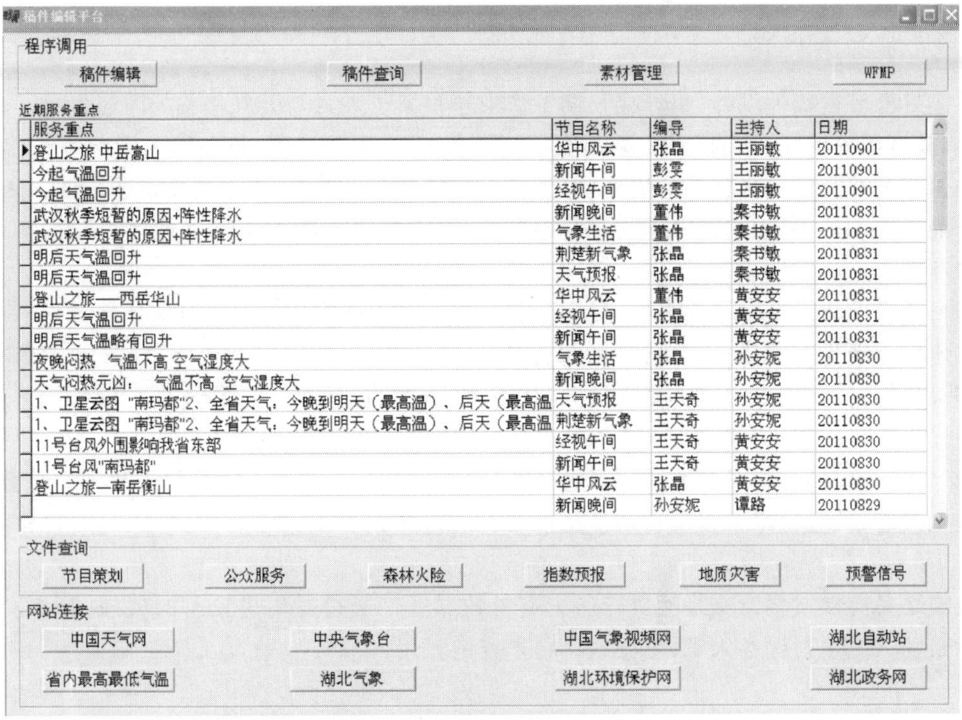

图 4　主界面截图

3.2　稿件编辑模块

稿件编辑模块是编导人员进行稿件创作的主要平台，模块启动时程序将连接数据库，从数据库配置表中读出相应的信息并给对应控件赋初值，由编导人员在选项中选择相应信息作为该稿件的关键字保存。根据工作性质的关系，稿件日期默认为当天日期。

编导的创作部分包括稿件内容、图文设计、服务重点三个方面。有编辑、保存、打印三个功能按钮对稿件进行处理。

由于每档天气预报节目都有规定的长度限制，因此，每篇节目稿件也有相应的字数要求。根据这个业务特点，系统非常人性化的设置有字数统计功能，当稿件内容框内的文字发生改变时，程序能自动实时统计并显示当前的稿件字数。

3.3　稿件查询模块

稿件查询平台的使用对象，除了编导以外，还包括主持人、制作人员等其他工作人员。当编导完成当天的稿件创作后，其他工作人员可在安装有编导平台的任意终端，通过查询平台调取当天节目稿件进行浏览。

稿件查询模块启动时连接数据库，从数据库配置表中读出信息并给对应控件赋初值。使用者可选取相应的信息作为关键字进行稿件搜索查询。

稿件查询支持以节目名称、值班人员、开始结束日期等关键字排列组合进行查询，单击查询按钮，会列出查询结果。单击每条查询结果，则会在下方内容框中显示出对应稿件详细内容、图文及服务重点。

3.4 素材管理模块

除了日常节目稿件以外，编导在长期工作中还积累了大量与天气相关的内容素材。比如与雾相关，就有雾的定义、雾的分类、雾的成因、雾对农业、交通、生活各方面的影响等许多素材。这些知识零散地分散在日常节目当中，因为时长的限制，不能在一档节目中讲述全面。因此，编导平台的系统设计中，专门开发了素材管理平台，可以针对编导在工作中搜集的节目素材进行编辑和存储。

素材管理模块启动时连接数据库，从数据库配置表中读取信息并给对应控件赋初值。该模块既有素材编辑保存功能，也有素材查询功能。

当编辑素材时，编导先要选择素材分类、季节、天气、标题等项目供选择或填写。然后在内容框中输入素材内容，完成之后单击保存按钮，通过确认，即可将当前更新的素材存入数据库。

而当查询素材时，编导先选择好素材分类、季节、天气、标题四个项目的任意排列组合，然后单击查询按钮，就可得出符合选项的素材条目。通过单击查询条目，即可显示对应素材的详细内容。

该模块另一项重要意义是能进行历史资料的导入。通过对历史素材的整理、收集和录入，能把大量的历史素材保存入库，方便编导将来查询使用。

4 系统应用

气象影视编导管理平台，通过制定统一的稿件编写流程和稿件编写格式，进一步推动了气象影视业务规范化进程。它一方面显著提高了编导的工作效率，减少稿件编写的操作步骤，实现资料快速获取查询，稿件存取便捷高效，节省了工作时间。另一方面，每天录入的稿件和素材，作为业务产品集中保存，可以方便业务人员查询再利用；此外，与稿件相关的数据信息，如值班人员、入库时间，服务重点等，也形成了值班日志，完整地记录了业务运行情况，方便业务管理。

该平台的建立，是我省气象影视业务发展多年以来，开发完成的首个针对影视业务人员的工作平台，已于 2011 年 4 月投入运行。目前已经在日常节目制作中得到广泛使用，充分发挥了产品集约化、办公自动化、使用方便等优点，得到了编导及其他业务人员的广泛好评。

技术升级环境下气象影视传媒拓展探析

王田民

(江西省气象影视中心,南昌 330046)

摘 要

三网融合,计算机、通信、网络和多媒体技术的快速升级,给传媒业带来前所未有的机遇和挑战。气象影视传媒要在蓬勃发展的影视服务领域、浩如烟海的网络媒体、时尚多彩的移动传媒和精彩纷呈的云端服务中脱颖而出,稳步发展,必须研究产业政策,依托科技进步。具体做法有整合气象业务现代化建设资源,努力开拓新媒体业务;用云计算、分布式数据库、P2P 提高资源综合运用能力;以 SD 向 HD 升级为契机,把气象影视技术水平推向前沿;着力构建安全便捷的网络传输环境和高效灵活的数据服务体系。

关键词:气象传媒　技术升级　网络融合　气象影视　存贮优化

1 引言

面对三网融合技术的稳步推进,IPTV 业务的迅速拓展,数字影视的迅猛升级,互联网技术的日新月异(如 IPV4→IPV6);还有通信技术的更新换代(2G→3G→4G),视音频压缩技术及标准的开发和进步,数据存储硬件技术的飞速发展,有无线网络、传输技术的标准提升(如 SATA1.0→2.0→3.0 能达 6Gb/s,USB2.0→3.0,WIFI 也由 54M→150M→300M),再加上影视传播方式的多元,客户终端系统功能的不断丰富(如电视机由视频浏览→全网浏览→带操作系统)等这么一种技术升级方兴未艾的环境,气象传媒必须以满足服务需求为目标,丰富产品内容,丰富产品形式,研究传播技术和影视制播技术,开辟新传媒通道,抢占新技术高地,为提高气象传媒的辐射能力和服务水平而努力。

2 三网融合背景下的整合策略

三网融合不仅仅是网络传输资源的简单整合,而是广电业、通信业、计算机业的一次新的变革和质的飞跃。可以预见:随着三网融合的稳步推进,新的行业格局,新的产业形态,新的服务内容,新的产品格式会不断涌现。三网融合带给了相关领域行业(尤其是传媒业、通信业和硬件研发业)一次前所未有的发展机遇,抓住这次机遇,就能在相关领域抢占先机,稳步发展。

开始于 20 世纪 80 年代的气象业务现代化建设,为我们储备和积累了大量的知识、人才、经验和现代化科技成果,尤其在数值预报和数字图像处理方面气象部门更有着精湛的专业技能。在三网融合和技术大变革的背景下,气象影视传媒要想快速发展、做强做大,必须充分整合业务现代化建设的经验、技术和成果,必须以丰富气象服务产品的研制为龙头,充分融合运用数据库技术、网络技术、视音频处理技术和综合传播技术手段，不断渗透新领域，开辟新方向，融入新媒体，寻找新突破。尤其重要的是要以主业为依托，提高服务内容的科技含量，革新服务产品的形象面貌。真正做到气象传媒产品既能精准可靠，又能时尚多彩。

2.1 整合软件开发力量，研究手机传媒产品

iPhone 4S 的出现，把手机带入了一个“炫”的时代，Android 操作系统下的应用也以“炫”为其标杆，WP7(包括 WM6 等)也在追求动感桌面和动感应用。气象手机传媒产品也必须紧跟动感、炫目和 3D 的时尚潮流，才能在星罗棋布的手机应用中争得立足之地。另外在低端手机的 JAWA 应用和 WAP 网页开发方面也不得松懈，更要在巩固发展中创新。

2.2 整合网络资源，研究 P2P、云技术等网上制播业务

新影视制播是资源占用量非常大的业务，尤其高清(HD)标准广泛推行后，视音频数据的存贮和运算量与标清(SD)相比都以几何级数增长。整合网络资源，积极研究分布式存贮、云计算和 P2P 技术可为网上制播业务开辟广阔的前景。另外这些技术的研究也可为以《中国气象频道》为主的气象影视直播提供强大技术支持。

2.3 结合 IPTV、网络(电子)、报纸业务，研究气象传媒数据库建设技术

数据库是业务服务产品开发研制的基础。为了满足新媒体多种内容、多种格式产品的制作需要，必须完善数据库的强大支撑功能。和仅满足预报产品研究的数据库不同，气象传媒数据库一定得引入多媒体数据库概念，要以多媒体数据库技术为支撑，研究多媒体数据的存贮、管理、检索、查询、格式转换、调用和传媒产品自动生产工程技术。尤其关键的是要在多媒体素材的分类、编目、索引和归档的技术规范或标准化技术上有所突破。

2.4 以媒体资产整合为基础，优化扩充在线 VOD 业务

VOD(视频点播)服务是网上在线传媒的一大闪光点。我们不仅要做精准权威内容的提供者，更要做有艺术水准产品(作品)的生产商。只有这样，气象传媒才能在浩如烟海的视频网站中脱颖而出，抢占一席之地。

以多媒体数据库建设为契机，整合媒体资产，努力建设分布式的媒体资产管理系统，共享各地媒体资源，结合各地地域特色和条件，优化分工协作模式，为建设个性突出、内容新颖、喜闻乐见、权威可靠、既科学严谨又生动活泼的气象视频网站奠定基础。

2.5 整合 MICAPS 和立体云图等可视化研究成果，推进气象产品视频制作自动化研究

气象现代化建设，尤其是数值预报、卫星云图处理、雷达回波分析等，为气象产品的可视化积累了经验。近来的 GIS 的开发和 Weather Central 的引进，更使我们对虚拟场景生成的神奇魅力有了切身的体会。

研究虚拟现实技术，推进气象传媒产品制作的自动化水平将不仅是对科技发展未来的美好憧憬，更有现实的技术条件和研究基础。

3 制播技术升级条件下的超前意识

开始于20世纪80年代的气象影视业务，在我国的影视服务方面有着广泛的影响，尤其90年代推出的有主持人的气象节目形式，更是为气象影视传媒翻开了崭新的一页。

随着科技的进步和服务要求的提高，气象影视制作的设备、技术、人才都有了长足的进步，节目水准和节目量也在日益攀升。但在科技飞速发展的今天，尤其计算机和通信技术日新月异大步跨越的时代，制播技术升级和设备的更新换代不得不加快步伐。

为了极大提高设备、成果、经验的利用率，发挥科技、人才、资源的最大效能，制播系统软硬件的升级除了和相关行业标准相协调外，更必须要有超前意识，升级方案必须具有前瞻性和系统性。

3.1 标清向高清升级

目前气象影视的制播大都处于标清电视(SDTV)阶段，要想向高清(HDTV)方向升级，必须强化系统性、专业性、前瞻性和用户友好性，更要为新媒体业务提供可拓展的接口。

依照国家高清标准(如GYT 155－2000)的指引，总结模拟→数字的升级经验，参考电视部门高清升级的启示，立足现在，放眼未来，是我们组建高清(HDTV)信号制播系统、流程、工作规范和业务体系的基本思想。

3.2 媒体资产视音频处理升级

目前视音频编码处理技术有了很大的发展，而且随着安防对视音频技术的迫切需求，该技术的发展有了更加强劲的动力。

目前传统的以“变换＋运动补偿＋基于视觉量化＋熵编码”的框架也有所突破，压缩效率和视频性能都有新的提升；可伸缩的视频编码技术因为具有良好的网络适应性，所以围绕它的应用，尤其是网络视频实时传输方面的应用会越来越多；而以多点视频的采集与校准，场景深度及几何信息获取(立体匹配)为研究重点的多视点视频编码方法及3D渲染与呈现等关键技术的突破，已为自由视点电视(FTV)、立体电视(3DTV)和沉浸感视频会议提供了更便捷可靠的实现方式。

目前尤其值得关注的视音频文件格式有mpeg、mp4(以H.264算法的编码技术可能在硬盘录像机中占有更大的份额)、rmvb、mov、flv(一种码率极低的视频格式)。

3.3 高性能视音频工作站升级

PC机的发展已进入一个飞速的时代。4核、6核、8核等多核CPU不断涌现和升级，图像处理芯片GPU的更新也令人称奇，CPU＋GPU的整合优化技术也在不断完善。目前一款比较普通的PC机对高清影视播放的支持都有比较好的性能，所以构建专业的视音频工作站用PC机已成为影视业界不二的选择。

目前升级或新建专业视音频工作站除了要考虑CPU、GPU的技术性能外，还要重点考虑总线前端频率、PCI的可扩展性、内外存储器的接口标准以及操作系统等软件的位数(如32/64位)版本和升级服务等。

4 通信网络换代条件下的先入思想

有线接入方面普通窄带和ISDN正在被xDSL(含ADSL 、HDSL、SDSL、VDSL、和RADSL等)宽带接入所更新,另外利用有线电视网实现用户宽带数据接入的电缆调制解调器与HFC方案也有一定的业务。目前光接入网包括有源光网络和无源光网络(PON),尤其无源光网络在接入网中具有更诱人的前景。无线通信方面刚刚商用推广的3G技术有迹象正在向4G迈进。而且4G定位在技术融合的层面,它不仅包括传统移动通信领域的技术,还包括宽带无线接入领域的新技术及广播电视领域的技术。所以4G将会给影视传媒业带来前所未有的便利。

气象传媒在通信技术如此飞速发展的形势下,必须以全新的姿态迎接挑战,必须密切关注技术的动态走向,进行先导研究,努力寻找新的切入点和突破点。

4.1 光通信技术、新宽带接入技术下的前沿网络架构谋划

全光网络、孤子WDM可能是进一步提高光纤传输速率和抗干扰性的重大课题。由于数字压缩技术、调制技术及DSP技术的兴起,让ADSL技术有了更好的发展前景;超高速数字用户线VDSL实现了接入用户端的最后千米距离内的高速传输,这项新技术更为高速多媒体应用准备了条件。气象传媒产品的开发、网络架构的谋划也必须以这些前沿和具有广阔前景的通信技术为依托。

4.2 HFC网络升级时的紧密融入跟进

有线电视网络的改造还在不断进行。主干线为光缆,用户线采用同轴电缆的HFC已经成为CATV的重要接入形式。基于宽带传输的HFC的双向传输技术也在不断研究中。

和电视事业同步成长的气象影视,必须跟进HFC的网络发展,密切关注电视部门的技术升级、深入研究电视制播技术的发展方向,为拓展气象影视的媒体空间提供技术上的强大支撑。

4.3 4G无线通信条件下的传媒产品和应用的先导研究

第四代移动通信技术可称为广带(Broadband)接入和分布网络,具有更高的速率,因而有条件提供高质量影视服务(如可传输3D图像)。由于其更高的相容性、智能化和整合服务的易用性。所以4G系统能将个人通信、资讯传输、广播服务与多媒体娱乐等各项应用整合,提供更为广泛、便利、安全与个性化的服务。

气象传媒必须在4G还未全面商用化之前进行先导性研究。传媒内容、传媒产品和传媒应用(软件)必须有先行的思路,嵌入式的手机桌面应用和适应新终端的网页浏览及产品呈现研究可结合现有条件,为未来技术预留接口。密切关注智能手持终端产品的发展趋势,稳步渗透到时尚潮流的终端应用产品开发之列。

5 海量存贮环境下的优化措施

以硬盘、闪存为主的外存贮技术的发展为海量多媒体数据的存贮应用提供了极大的便利。另外以蓝光为主的光存贮新技术也在稳步发展,并在影视多媒体服务业务中发挥作用。存贮技

术的进步除了在容量方面有重大突破外，在影响存取速度的接口技术方面也有长足的进步。ATA 到 SATA，SATA 又从 1.0 到 3.0 为硬盘的物理存取速度的跃升开辟了道路，AHCI、RAID、SAS 为多硬盘(硬盘阵列)的存取优化做好了技术准备，SSD 的发展更为克服硬盘的吞吐瓶颈展示了可喜的前景。气象传媒数据，尤其影视多媒体数据的存贮和应用必须充分利用前沿的存贮技术，不断优化存贮方案，优化数据库结构。只有这样才能发挥海量数据资源的强大作用，才能为日益丰富的气象传媒产品生产提供高效率的数据服务。

5.1 存贮介质选择的优化

气象影视磁带资料有条件时必须逐步转移到硬盘等介质上，选择的转换格式要依据磁带的图像质量和内容重复利用程度。采集时尽量利用高质量低码率的压缩格式。

简单的数据备份和数据存档可采用 JBOD(硬盘塔)，数据服务器必须采用 RAID 或 SAA 阵列，光存储介质可以作为日常节目和业务中间产品备份的补充。

5.2 基于分布式数据库的存贮优化

存贮优化不仅是提高设备资源利用率的需要，更是提高数据应用效率的需求。分布式数据库除了要进行数据存储的总体规划外，还要优化存贮结构，分析研究数据应用的生命周期，依据可靠性安全性的要求，优化备份空间和数据冗余。

5.3 基于集合概念的分类存贮设计

可以把多媒体数据按照不同的类别划分为不同的子集，更可以把不同应用范围的数据划分为不同子集。子集按照使用频率、流量和地域应用等情况分布存贮在不同的物理介质，通过 SQL Server 同子集建立联系，进行沟通。网络应用中严格按访问频率对在线服务数据库进行子集分割是更为可行的优化方案。把子集按访问频率由高到低进行排队，再把它们分别存储在速度由快到慢的介质设备(如最高的存入 SSD，次之的存入 SATA HD，再次之的存入光媒体或早期 ATA 硬盘设备)可以极大提高传媒产品的在线访问速度，从而提高服务效能。

6 小结

面对网络、通信、多媒体技术、计算机软硬件技术的快速升级，气象影视传媒也要求新求变。要整合气象业务现代化建设的经验、技术、成果和人才努力开拓新媒体业务；以 SDTV 向 HDTV 升级为契机，把气象影视和多媒体制作技术和水平推向前沿；要着力构建快速、安全、便捷的网络传输环境和高效、灵活、定位准确的多媒体海量数据服务模块；要用云计算、分布式数据库技术、P2P 整合解决资源利用课题；要以丰富气象传媒产品、拓展气象新媒体业务和提高媒体的辐射能力为目标，广泛地向 IPTV、DVB、VOD、手机媒体、移动便携平板媒体、网络传媒等不同领域进发。

气象视音频资料数字化编目研究与设计

李雨谦　陈石定

（湖北省公众气象服务中心，武汉 430074）

摘　要

气象视音频资料种类多、数据格式各异、数据量大，日常应用和档案管理工作难度大。商业媒资管理系统庞大，投资成本高，且本地化应用有一定难度。研究设计一套适合气象影视工作的视音频资料管理系统十分必要，其中，编目工作是整个媒资系统开发的关键。结合本单位日常工作实际，本文对气象视音频资料的编目进行深入研究，通过分析气象视音频资料的各类属性，设置了编目结构和编目内容，并形成一套编目规范。该规范适用于各级气象部门气象视音频资料的收集、整理、编目加工、查询、交换等业务。

关键词：编目　媒资管理　主题词　受控词　元数据

1　引言

气象视音频资料，是指气象影视部门在日常工作中形成的或通过其他方式从外界获取的，在气象业务上具有保存价值的视音频资料。随着气象影视工作持续快速发展，各地气象影视机构已积累大量气象视音频资料，包括各类气象节目、气象新闻以及气象影视素材等。这些海量气象影视资料是公共气象服务的一笔宝贵财富，为更好地保存这些资料，同时方便其管理、查询、共享和再利用，近几年各地气象影视部门纷纷开展了相关媒体资源管理系统的建设和应用研究工作。

编目系统是气象媒资管理系统建设中的重要组成部分。气象影视行业有其特殊性和专业性，普通广播电视资料编目标准并不能完全适用于气象视音频资料的编目。因此，迫切需要制订一套适合气象行业和实际业务的编目标准，用于气象媒资管理系统规范化建设，方便资料编目和检索查询。湖北省气象影视中心在组建媒资系统的同时，对气象视音频资料的编目设计进行了深入研究，编写了一套适用于数字网络化制播环境的编目规范。该规范参考了广电部门和气象部门双重标准，充分分析了各类气象视音频资料属性，从素材的切分到元数据的选取到各个著录项信息的填充都做了规定并制定了标准。该规范可用于各级气象部门的影视资料收集、整理、编目加工、查询、交换等业务。本文从气象视音频资料的属性分析入手，对规范中涉及的气象资料的编目原则、编目结构及元数据设计进行了相应的介绍。

2 气象视音频资料属性研究

为进一步了解编目对象的属性，科学合理制订编目内容，在编目规范制订前，首先对气象视音频资料属性进行研究。分析表明，气象视音频资料大致可分为成品节目和影视素材两大类。其中，成品节目中包含日常气象节目、气象新闻以及气象专题片等；影视素材包含各种与天气、气候相关的影视画面、声音素材片段，以及与节目包装有关的动画素材、声效等。

2.1 成品节目

2.1.1 日常气象节目

气象节目正朝内容专业化、服务多元化方向发展，节目数量不断增加。以目前业务现状看，全国各级气象影视部门每天生产的几套到几十套数量不等的节目，是气象视音频资料基本组成部分。通过分析众多日常气象节目，对这类资料的属性归纳如下：

命名固定。每套气象节目均有各自特定名称，通过节目名称和播出时间，定位任意一档节目。

主题多样。随着气象科技水平和服务能力提高，气象节目种类越来越专业化，除常规天气预报节目外，日常气象节目还包含农业气象节目、交通气象节目、生活资讯节目等各类专业气象节目。这些节目的主题除了与天气有关外，还延伸到各个行业各个专业的气象服务。

播出平台。目前生产的气象节目，绝大多数在各级电视媒体上播出，但随新媒体出现和发展，网络天气节目、手机天气节目等新的节目形式相继出现。

2.1.2 气象新闻

电视气象新闻包含两个层面，一是记录某种特定的天气现象，如暴雨、大雪、雾等；二是记录天气对某类事物的影响，如干旱对农作物的影响，道路结冰对交通的影响，大雨对地质灾害的影响等。气象新闻具有如下几种属性：

与天气密切相关。气象新闻区别于一般电视新闻的最大特征是其主题一般都围绕天气展开，且灾害性天气居多。

影响对象广泛。天气对农业、交通、生活、旅游等多个方面都会产生直接影响。在一条气象新闻中，往往记录了某种天气对一个或多个事物产生的影响。

可切分性。在气象新闻中，往往会围绕新闻主题进行多层面、多场景系列报道。除节目层本身外，还可切分到片段层甚至场景层。

2.1.3 气象专题片

气象专题片一般以科普性质新闻较为常见，既具新闻的真实性，又具艺术性；其考量的是一个影视团队创作、拍摄、后期制作等多方面的综合实力。与常规气象节目相比，气象专题片时长往往更长，大多在5～30分钟；内容丰富，可从节目层、片段层和场景层多个层面切分进行多次编目。专题片主题往往与气候变化、防灾减灾、气象科技、人与自然等相关。同时，由于专题片常以系列形式出现，某集专题片与其他专题往往具有一定关联，需在编目中有所体现。

各地气象影视业务发展实践表明，成品节目并不止上述三种，如同其他部门合作拍摄制作的影视节目、广告片、宣传片等，也属于成品节目。这些影视资料与气象业务关联较小以及其内容的不确定性，因此本文未将其纳入研究范围。

2.2 影视素材

影视素材，是在各类气象影视产品开发创作和制作过程中拍摄、制作或收集的具有重复利用价值或参考价值的资料，包括自然风光、气象景观、天气现象、气象灾害、动画素材、各类音效和背景音乐等。这类素材题材广泛、格式多样，用途不尽相同，因此一段素材是否能再次被搜索利用，取决于对素材的编目。这类素材的来源除自行拍摄和设计外，还可通过网络下载、资料购买或其他媒体等方式获取。

3 编目设计原则

气象视音频资料数字化编目，是将数字化气象视音频文件按一定规范进行切分、归类、著录，对资料内容加以概括并提取关键词的过程。为保证编目信息的有效和规范，同时方便影视人员快速准确查询所需资料，真正符合实际应用需求，在编目规范的设计中应遵循以下基本原则：

3.1 简洁实用

一些大型媒资系统往往需要配备多级编目员、画面分析员、编目审核员甚至专家顾问等岗位。对气象部门而言，一方面编目对象大都是气象节目，其内容相对较单纯；另一方面媒资系统管理和使用对象大都是编导、制作等影视从业人员。如果规范设计过于复杂，会在其使用中带来繁重工作量，造成编目工作难以开展。因此，其编目设计要求流程尽量简洁，著录项目实用，符合业务实际，便于影视人员理解和使用。

3.2 灵活性

由于气象视音频资料包括多种类型的气象节目和素材，每种资料特征不同，如气象专题片和日常气象节目，在实际编目过程中切分深度和著录项目选择有差异，因此需要根据其不同内容选用不同编目项目集合。其中，为保证编目的有效性，规范中规定一个最小著录选项集，保证基本信息录入；同时，在使用方式上，对每个著录选项都明确规定必选(填)、可选(填)、有则必选(填)几种情况。

3.3 符合行业标准

在元数据的设计上，以当前国际上普遍应用的 Dublin Core(简称 DC)元数据理念为基础，根据气象视音频资料的特点进行适当增减，加入一些气象属性著录项。对某些著录项目主题词的选取，均取自《中华人民共和国气象行业标准》。

4 编目结构与元数据设计

4.1 编目结构

根据不同类型的资料编目需求，采取分层的编目方式，实行三层编目，即节目层、片段层、场景层，每层包含相应的元数据，这样编目人员既可只针对节目层进行编目，也可对资料进行切分，深入到片段层或场景层编目。

4.2 元数据设计

气象视音频资料编目的元数据，主要参考了都柏林核心元数据(DC)的基本方案，同时充分考虑了素材的视音频资料属性及气象专业属性，在 DC 的 15 个基本核心元数据中进行了增减和改造，确定了以下10个元数据作为编目项目，分别是：题名(Title)、主题(Subject)、描述(Description)、责任者(Author)、日期(Date)、格式(Form)、关联(Relation)、用途(Use)、语种(Language)和权限(Rights)。

其中，主题用来描述视音频资料的主要内容，包括主题词和分类。结合气象资料属性，作者将主题词分为天气主题词、服务主题词两部分，具体参见受控词表1、2。分类包含日常气象节目、气象新闻、气象专题片、影视素材、其他五个类别。

用途在这里指资料使用或播放的平台，一般气象视音频资料除了在各级电视媒体播出外，播放媒体还包含移动电视、手机电视等，或者供节目开发，以及提供某个部门使用等各类用途。

4.3 受控词表的设计

受控词是由设计者事先规范化的检索词语，其主要作用是消除自然语言中存在的一词多义或一义多词给检索造成的麻烦，使检索者与标引者能最大限度地用同一个词表达某个含义，提高查准率和查全率。一般用于主题词表、分类表的建立。基于气象影视资料特性，作者设计了天气主题词(表1)、服务主题词(表2)两套主题词表。在编目时主题词可多选，即同时从两套词表中选取多个。

表1 天气主题词表

主题词分类	主题词	使用方式
一般天气	风 雷电 雨 云 晴 雾霾 雪 霜 露等	有则必选
特殊天气	扬沙 酸雨 冷空气 秋老虎等	有则必选
灾害性天气	台风 暴雨 暴雪 高温 寒潮 大风 沙尘暴 霜冻 干热风 冰雹 雷暴 龙卷 干旱 洪涝 梅雨 低温连阴雨 寒露风等	有则必选
其他		有则必填

表2 服务主题词表

主题词分类	主题词	是否必选
农业	春播 夏收夏种 秋收 干旱 洪涝 干热风 寒露风 病虫害等	有则必选
交通	公路 航空 航运 铁路 春运 交通安全等	有则必选
节日	清明 端午 中秋 春节 元旦 元宵 五一 十一等	有则必选
季节	春 夏 秋 冬 24节气等	有则必选
生活(旅游)	赏花 家居 保健等	有则必选
防灾减灾	气象预警 地质灾害等	有则必选
气象科普	气象日 天气现象 气候变化 气象科技等	有则必选
其他		有则必填

5 结语

气象媒资系统涉及多个学科多种技术，在运用中，还需要根据各地的业务实际制定适合本地化的编目规范。同时欢迎各地气象影视同行多提宝贵意见，共同让气象媒资系统建设更加规范有效。

气象信息的无缝交互式表达

——互动触摸屏在气象预报类节目中的设计应用

刘亚玲

（华风气象传媒集团，北京 100081）

摘　要

交互界面是为内容服务的，为了让用户关注他们想看的内容，UI 的存在感被最大程度地降低，以至于 iPad 的 UI 反倒是被用户所忽略的。这是一套返璞归真的思路。的确，开发者的工作重心是功能与交互界面，然而交互界面承载的内容才是用户真正关心的。目前通过 iPhone、ipad 等的应用，“人与屏交互”的概念已经被广泛接受，触摸屏和控制器已不再是新鲜事物，互动方式也为广大电视观众所熟知。这种人屏交互的方式为传统电视天气预报的表达提供了一种内容和技术创新的方式，是电视天气预报节目实现主持人与气象信息之间实现无缝表达的参考依据。

关键词：触摸屏　电视天气预报　互动

1　“人与屏交互”概念的发展与应用

1971 年，美国人 Sam Hurt 发明了触摸屏技术，这项技术真正进入百姓生活是 20 世纪 90 年代。在 2007 年以前，投射电容式触屏的影响力并不大，正是 iPhone 以及 LG 普拉达手机的风靡让这项技术走俏。iPhone 的多点触控（Multi-Touch）可以使用户在屏幕上同时触摸多个地方。比如，将拇指和另一个手指放在屏幕上，然后分开，你就可以放大网页或者图片。关于 iPad 的人机交互原则，苹果说：内容和交互性是王道。他们认为，好的 UI（User Interface）应当降低 UI 本身的存在感，从而突出用户真正关心的内容。交互界面是为内容服务的，为了让用户关注他们想看的内容，UI 的存在感被最大程度地降低，以至于 iPad 的 UI 反倒是被用户所忽略的。这是一套返璞归真的思路。的确，开发者的工作重心是功能与交互界面，然而交互界面承载的内容才是用户真正关心的。

目前通过 iPhone、ipad 等的应用普及，“人与屏交互”的概念已经被广泛接受，触摸屏和控制器已不再是新鲜事物，互动方式也为广大电视观众所熟知。

这种人屏交互的方式为传统电视天气预报的表达提供了一种内容和技术创新的方式，实现了电视天气预报节目主持人与气象信息之间无缝表达。越来越多的电视台开始在演播室设置大屏幕，通过大屏幕将节目信息传递给观众，更进一步的创意则是将大屏幕设置为触摸交互，主持人通过点控直接实现对播出内容的控制。如东方卫视新闻演播室，设置 103 寸触摸屏，应用于点评交互节目录制。

2 互动触摸屏在演播室的应用是气象信息在短时间内表达出去的有效途径

作为图文类电视节目，气象信息的表达必须重视图形表达形式的创新；因为气象信息的表达与文艺类、影视剧类电视节目不同，缺乏叙事性，因此电视天气预报节目必须强化图形与内容的配合、主持人与内容的交互，强化视觉性效果和气象信息之间的关联性。

气象信息自身所具有的准确性、地域性、关联性、时效性四大特征要求主持人的表达为“动态性”、“深入性”和“联动性”。如果主持人每天只是将气象信息根据屏幕中显示的内容“告知”观众，必将削弱信息的到达率以及观众对信息的黏着力。所以，必须有一种从技术到内容的创新，让主持人能够得心应手地“玩转”手中的气象信息，让天气预报节目主持人与气象信息之间能够“无缝衔接”，让气象信息向着“好看”“想看”去发展。

主持人、图形和气象信息有效地融为一体是图文类天气预报节目的有效表达。传统意义上的演播室中，小到角标，大到视频窗，几乎所有的图形图像的动作都是由导控室的导播来操纵。主持人和屏幕上的图形信息没有任何关联，主持人只能通过远处的监视器来了解播出的进程。主持人貌似有效贯穿起了图形和气象信息，但是实际上图形、气象信息和主持人三者之间仍然是各自为战，没有融为一体。

多媒体融合的媒介环境要求传统电视天气预报节目必须有所创新。气象信息之间不是简单的“加减法”而应该是“方程分解式”表述方式。这样才能凸显主持人的主观能动性，增加电视天气预报节目与其他媒体天气预报节目的竞争力。

3 形式的变化促进技术与内容的创新

传统电视天气预报节目一般采用抠像技术使主持人与节目背景、天气图表合成，切换台是完成这一合成的核心设备。主持人在节目中所面对的播放视频素材或者图片素材的大屏幕，通常情况下是由导控室中的字幕控制人员根据导播的命令来触发动画的。

互动触摸屏工作原理是，在大屏幕或者等离子液晶显示屏上安装触摸框设备，在控制 PC 端安装触摸框控制软件，控制 PC 与系统渲染主机 HDVG 通过网络连接到一起。当主持人点击触摸屏时，触摸控制软件即得到指令信号，传送给图形工作站 HDVG，HDVG 进行图形渲染输出。

使用触摸互动系统以后，主持人可以自由地对大屏幕中的图形图像进行拖拽，这些物体可以被拉伸放大缩小、可以被移动和旋转。主持人更可以通过点选屏幕上的虚拟菜单来配合节目进程触发某些动画效果，并随着这些动作进行同步的解说。举个例子来说：这周会有两股冷空气影响我国。昨天到今天，第一股冷空气主要影响内蒙古、华北北部和东北，也就是说它的势力范围主要是北方；15 日另外一股新冷空气将会再次从内蒙古南下，它将扫过中东部大部地区，南方的很多地方也会受到波及。具体来看，今天，东北大部和内蒙古东部一改往日晴朗温暖的面貌，会变得秋雨绵绵。而陕西南部、河南、山东这一带的雨是一直在下。未来两天也是如此，最高气温基本上只有 20 度上下，感觉潮湿阴冷。到了明天，北方下雨的地方会更多，陕西中北部、山西、河北大部都会下起雨来，尤其是在河北，夜间还会出现大到暴雨。在南方，像江苏、安徽、湖北一直到湖南北部、江西北部也都会下雨。纵观全国都是以小雨为主，只是在山东、辽宁东部、吉林东部会有中到大雨。

在上面这段气象信息的表达中，传统电视天气预报节目主持人会通过5张左右的天气图介绍冷空气的动态及其影响，主持人能够使用的肢体语言最多的是“指”。但是如果使用触摸屏，可以看到主持人的动作会增加为“画动态冷锋”、“添加天气符号”、“拖动图形”、“放大至某省”、“缩小至某区域”、“圈点”。大大丰富了主持人的肢体语言，与此同时通过图形的动态效果，更凸显了天气信息之间的相互关联和发展。

互动触摸屏的界面可以根据气象信息的独特气质进行设计，例如分要素的天气图之间可以以相关天气符号来表示，以强化视觉效果；同一股强冷空气带来的影响可以通过“图形链接”的方式表现；同时功能界面的风格、色调还可以与频道色调相关联等等。

4 人屏互动的方式让气象信息更加“鲜活”和“主动”“重点突出”

第一、安排节奏快的、动感强的内容。

像操作鼠标点选菜单一样，某些有着折叠效果的菜单，主持人根据菜单的变化继而去触摸屏幕中新的位置来激发不同的动画效果。

第二、安排选择性强的内容。

多幅平铺在屏幕中的图片素材呈环状排列，由主持人在屏幕上用左右滑动手指来转动图片圆环，从而找到自己想要的那张，再由点选来放大或缩小该图片。在这个过程中，观众不但可以看到主持人对众多图片素材的实时选择操作，也可以感受到被滑动的物体的惯性和质感。在表现天气要素变化的时候，可以通过这种手段来完成。例如关于一次冷空气过程带来的天气影响，主持人就可以通过单要素表达的方式来完成，“温度变化、降雨量变化、影响重要区域”等分别绘制成单张图片，主持人通过图片选择、缩放等方式，可以达到重点突出的效果。

第三、选择随机性强的内容。

在节目中，主持人介绍天气图形的顺序不再是必须按照预先设计好的，而可以在每次节目中随时改变顺序。这样既方便主持人现场发挥演绎，也不至于让观众感到枯燥。人图交融，语言信息与画面信息相互补充。

5 互动触摸屏让气象信息“重点突出”，凸显信息之间的关联性和逻辑性

互动触摸屏的使用让气象信息“重点突出”，凸显信息之间的关联性和逻辑性，尤其是对于气象科普信息的表达，更能做到“层层剖析”的效果。

气象信息是动态发展着的新闻，一天的天气预报信息中间其实蕴含着“并列”、“从属”关系；也有着“时间”与“空间”的结构变化；尤其是对于天气预报信息中时常蕴含的科普信息来说，更是充满了“逻辑线”，如何让这种种的关系、种种的线索能够简单有效地表达出来、传递到观众的意识中，互动触摸屏的使用就可以达到如此效果。主持人就可以让图形和信息水乳交融，图形动起来，图形信息更加生动立体。

6 交互式触摸屏的应用能够凸显主持人的主观能动性

交互式触摸屏在天气预报节目中的应用，能够凸显主持人的主观能动性，主持人在信息面前能够“应用自如”“信手拈来”，增强电视观众对于气象信息的信任感。

通过互动触摸屏的使用，主持人的角色也发生了一些转变。从单纯的表述、传达着游离于信息之外的感觉转变为以我为中心，强化了主持人的气场和节目的气质。主持人更似一位让人们心悦诚服的气象专家，增强了气象节目的可信度。

在多媒体融合的环境下，天气预报信息存在多种表述手段，传统电视天气预报节目也遭遇着前所未有的竞争与挑战。通过技术的发展、研究电视受众的接受习惯和心理，从而推动电视天气预报节目内容与形式的创新，是电视天气预报置于不败之地的原则。电视天气预报节目是“人、图、信息”三者共存的节目形式，无缝式交互能够让三者有效融合，且能产生 1+1+1>3 的效果，所以互动触摸屏在演播室的使用无疑将是电视天气预报节目的一种有效的手段。

气象影视媒体资产管理运营模式发展前景探析

张 欢

（华风气象传媒集团，北京 100081）

摘 要

在三网融合及新媒体迅速发展的环境下，媒体资产管理凸显其重要性和价值。媒体资产管理向侧重内容资产管理发展已成为广电行业内的共识。气象影视媒体资产管理也需要顺应这一发展趋势。媒体资产管理运营的目的就是实现内容资产的最大价值。本文作者对气象影视媒体资产管理运营模式的发展前景进行了探索，提出了气象影视媒体资产管理运营模式应该向以内容管理为核心，依托网络交互平台，实现资源共享、内容资产增值的方向发展的观点，并且从三个方面入手对气象影视媒体资产管理运营模式的构建进行了分析阐述。

关键词：媒体资产管理　内容资产管理　媒资网络交互　版权交易　市场化

1　行业背景

媒体资产管理的概念自引入中国至今已经在广电行业内得到广泛认可，国内已经有多家媒体单位建立了数字化的媒体资产管理系统（以下简称媒资系统）。从近几年的发展来看，媒资系统的推广使用非常迅速，技术水平不断提高。业内均认为媒资管理是一个有很大潜力的朝阳产业，可以成为广电行业新的增长点。

从国际媒资管理动态上看，全球范围内的媒资产业发展趋势已从关注资料的保管、存储向有意识地开发内容资源，以获得更大资料价值利益转变。从国内产业发展环境看，广电行业也必然会逐渐改变主要靠广告的单支点增长方式，开发内容资产，丰富增长途径。在三网融合及新媒体迅速发展的环境下，更加凸显了内容资产管理的重要性和价值。作为国内媒资管理行业协会的中国广播电视协会信息资料委员会 2011 年举办了“首届广播电视媒体内容资产高新技术论坛”。

由此可见，内容资产管理（以下简称内容管理）是媒资管理以后的侧重发展方向，这已成为广电行业内的共识。但内容管理究竟该如何发展、如何运营，各单位仍然处于各自的摸索阶段。

2　气象影视媒资管理发展现状

从 1980 年开始到现在，气象影视行业虽然发展了 30 多年，但前期制作节目类型单一、节目量少，而真正多类型、成规模地制作影视节目也仅仅是近 10 年间的事情。我们不得不承认，同电视台等广电行业机构相比，气象影视机构起步晚、规模小、资料积累量少且种类单一。但是，正因为规模小转身快，我们可以借鉴别人的成功经验，实现跳跃式发展。就气象影视媒资管理来说就是实现了跳跃式发展。

以华风媒资系统为例，2006 年建成试运行，仅比中央电视台中国广播电视音像资料馆的媒资系统晚投入使用 1 年，至今形成了从节目的数字化采集上载、编目、编目审核、发布到检索、下载使用一套比较完整的业务流程，完成了 1 万小时的成品节目和素材的数字化，在集团内部基本实现了网络检索、无带化网络下载调用。全国多家气象影视中心也建成了媒资系统，从技术的角度上来讲，我们同广电行业系统的差距并不大。但是目前这些已建成的气象影视媒资系统只是一个个独立的点，主要服务于本单位的节目制播。

3 气象影视媒资管理运营的目的决定其发展方向

我们应当明确气象影视媒资管理运营的目的就是在气象公众服务方面和市场化经营方面，实现气象影视内容资产的最大价值。这就决定了气象影视媒资管理运营模式应该向以内容管理为核心，依托网络交互平台，实现资源共享、内容增值为目的的方向发展。笔者认为应重点从三个方面入手构建气象影视媒资管理运营模式。

3.1 苦练内功，夯实媒资系统基础

数字化的媒资系统是媒资管理运营的基础，夯实这个基础才能保障媒资管理运营的顺利进行。这就需要我们从技术、管理、流程等多方面下工夫，提高媒资系统业务运行效能。

3.1.1 建立以媒资系统为核心业务支撑平台的业务模型

媒资系统作为单位的媒体资源管理中心，与非编网、新闻制播网、节目播出、网络电视台、互动电视、新媒体等分系统之间，存在着联系紧密的媒体数据、元数据、业务数据的交互关系，可以作为核心业务的支撑平台。媒资系统的建设、发展和业务流程的设计与调整必须考虑到同各分系统的对接。同时，分系统的搭建和业务流程设计也要满足与媒资系统对接的要求。技术保障部门也应把媒资系统作为核心业务系统来制定维护方案。

最终建立起全程网络化、数据化的工作模式，支持节目制作、播出和网络电视台、新媒体业务需求。即前端生产模块通过网络主动进行内容数据推送；媒资系统进行精细化编目加工，内容发布；后端应用模块通过网络进行内容获取，同时作为备播库连接播出系统的业务模型。

3.1.2 顺应行业发展趋势，具备处理高清节目的能力

在 2009 年 5 月 23 日第十四届国际广播电视技术讨论会上，科技委主任杜百川先生做了题为“加快向高清数字电视的转换”的大会主旨报告。在报告中他通过分析国内外高清电视的发展情况，指出我国正在逐步实现标清向高清的转换。可以预见，高清化是我国影视节目未来的发展方向。

气象影视媒资系统的建设需要顺应这一发展趋势，具备处理高清节目资料的能力。在不远的将来，会有大量的高清节目资料需要进行数字化处理，这就需要提前做好统一高清视音频数据文件的编码压缩格式和更新系统的采集、编目、转码、存储、网络传输等硬件设备方面的准备。

3.1.3 制定气象影视行业统一的编目标准，进行精细化编目

对节目资料进行编目是内容管理的主要手段。统一编目标准才能更好地发挥视音频素材的价值。没有统一的标准，不利于媒体资料的再利用和交易、交换。

华风媒资系统的编目生产是以广电行业的《广播电视音像资料编目规范》为基础。但在实际的编目业务中发现这个规范中涉及气象专业方面的内容很少，不能充分体现气象影视资料内

容的独特性，无法完全适用于气象影视节目资料的编目。虽然在编目细则中增加了能够体现气象影视的特点的著录项内容，但由于没有一个完全适用于气象影视行业的编目规范，所以在气象专业方面的内容不够科学和严谨，缺乏准确性和系统性。制定统一的气象影视行业的编目标准势在必行。

节目资料编目的精细程度直接影响内容资产管理的效率。采取对节目资料进行四层编目、精确切分到镜头层、逐层著录内容信息、侧重体现气象影视资料特点的标引等精细化编目手段，帮助实现内容碎片化管理，可以极大提高节目资料的再利用价值，有力支持节目资料的交易和交换。

3.1.4 明晰资料版权，加强版权管理

节目资料的核心价值是内容资产的版权，没有版权的内容就无法进行市场交换。甚至有观点认为媒资管理＝内容管理＋版权管理。我们必须从媒资管理初级阶段侧重于收集、保存，向在收集保存的同时注重版权的确认转变，这是产业发展的客观要求。因此，应该成为我们今后媒资工作的一项重点，即从侧重管实体到实体和知识产权并重，起码要保证库存节目版权状况的清晰。

在清查库存节目版权情况的同时，要加强前端对节目资料来源的版权管理，不但要求这些节目资料内容信息完整，更要求其版权情况明晰。尤其是对交换、购买、收录、合作、委托制作、网络征集、参赛作品等容易出现版权问题的节目资料严格管理，做到版权情况明晰方可入库。

在节目资料的编目生产中，版权情况著录项列为必填项目，而且要做到如实描述、详细著录。

对节目资料的下载申请、交换、交易，进行版权审核，建立版权情况提醒机制，严把节目资料出口关。

3.1.5 节目资源内容整合，主动提供服务

在完成节目资料编目和版权确认后，节目资源的内容整合是提高内容管理水平的关键。所有媒资系统用户都希望用最短的时间、尽可能多地检索到自己最需要的内容。但在海量的节目资料信息面前，用户往往可能要花费比较多的时间和精力来进行筛选。这种情况下，作为媒资管理者需要通过节目资源的整合，主动为用户提供服务，给用户创造捷径。

我们可以从三个方面着手对节目资源进行整合：第一，通过建立精选资料库对内容资源进行主题整合；第二，建立《媒资系统产品数据手册》为用户的检索提供分类导航；第三，研究不同用户的关注点，对内容资源进行个性化整合，为用户提供个性化定制服务。

3.2 搭建气象影视媒资网络交互平台

随着数字化和网络技术的发展，为内容产品的网络化发布提供了条件。搭建网络交互平台已经成为行业内热议的话题，国内、国际的业内人士都在讨论利用互联网实现内容资产的有偿交换，一些媒资管理发展比较快的国家和组织，如法国、荷兰及 FIAT 已开始着手搭建网络平台。由此可见，利用网络推动节目资料社会化交换增值，开发内容产业资源已经成为趋势。

前文提到，我国已经有多家气象影视中心建成了自己的媒资系统。这说明各家气象影视中心都积累了一定数量的节目资料，而且都开始认识到媒资管理的重要性。已经具备搭建气象影视媒资网络交互平台的条件。

气象影视媒资网络交互平台具备两项功能，也可以说是平台发展的两个步骤：

第一，全国气象影视的资源共享平台。通过网络连接国家级、省级以及区域媒资分站，通过

各分站的内容管理，实现全国气象媒体资源的全面整合和共享，提高全国气象影视服务水平，实现气象影视内容资产在公共气象服务方面的最大价值。

第二，面向社会的媒资版权交易平台。通过各气象影视中心之间以及同社会媒体机构之间的内容资产的有偿交换，形成以版权为核心的链式经营模式，实现气象影视内容资产在市场经营中的最大价值。

通过该网络交换平台，可以拓展媒体资源收集渠道，整合气象部门及社会机构乃至全球范围的内容资源，提供有偿的内容服务和业务托管服务。除了电视广播外，尝试涉足平面媒体、电子出版等领域，成为气象影视专业内容的提供商和发行商。最终能够建成覆盖全球的气象影视媒资内容检索引擎。

3.3 向市场进军，成为气象影视专业内容的提供商

前文所提到的媒资系统版权管理、内容发送和网络交互平台上资源交互、共享等等功能的设想，是媒资管理运营的基础，最终的运营还是要落实到贸易环节，即进行市场化的运营。毕竟内容资产的增值、获取最大利益还是要在市场中实现的。气象影视媒资要为市场化运营做出相应的准备。

3.3.1 有产品才能做内容的提供商

做内容的提供商并不简单，必须拥有足够的产品也就是内容资源，尤其是有自主版权的资源。在媒资系统中我们可以对内容进行碎片化管理，但在市场营销中，我们提供的一定是成熟的产品。它可以是成品节目，也可以是素材包，还可以是成品节目包，或是成品节目加素材的产品包。

3.3.2 市场调研与建立稳定的渠道和客户群

在市场营销中，只有产品却没有销售渠道和客户是无法想象的。拓展销售渠道、建立稳定的客户群，是产品生产和销售的前提。我们应该从拓展行业渠道入手，选择传统媒体和新媒体以及同气象关系比较密切的教育、环境、农业、交通、海洋等等行业，对其需求进行市场调研，制作适应其需求的产品包，再进行主动推介。逐渐培育客户，最终建立稳定的客户群。

3.3.3 市场调研与建立营销价格体系

产品的营销过程中，价格体系的建立至关重要，它直接关系到获取利益的多少。首先要对气象影视的内容资产价值进行评估，完成内容资产价值等级划分，通过市场调研结果分级制定价格；其次，建立价格浮动机制，即什么样的时机、什么样的客户可以给予价格优惠或者价格上浮？优惠和上浮的比率是多少？不同级别的营销人员所掌握的调价权限是多少？这些都应该涵盖在价格体系之内，并进行明确规定。

3.3.4 规范版权交易合同

制定一套规范的版权交易合同，明确如交换、交易、合作等不同市场行为所产生的版权归属、版权期限、版权范围等问题。为每一种行为制定一份相应的规范性版权交易合同，使版权管理有章可循，全面规范版权的管理和交易。

3.3.5 适应市场营销的业务流程和专职的营销人员

气象影视内容资产的市场运营只处于刚刚开始起步的阶段，各气象影视机构还缺乏一套适应市场营销的顺畅的业务流程以及专职的营销人员。所以往往出现手续烦琐、职责不明、市场反应慢、运作效率低的情况，造成无心营销、流失客户的后果。所以我们要建立起能够从产品定制、客户接触、跟进、谈判、合同签定、成交、审批、财务等多方面满足市场营销高效、快捷要求的

业务流程以及组建一支专职的营销团队。

3.3.6 认清自身优势，推出拳头产品，打造品牌

前文已经分析过，气象影视机构存在着起步晚、规模小、资料积累量少的现状，从节目种类丰富程度和节目量上来讲都无法同广电行业机构相比。我们的优势就在于专业性，就单一气象专业相关内容资源的丰富程度而言还是超过广电行业机构的。

我国高清电视产业起步时间不长，现在进入加快发展的时期，现在面临的最大困难就是高清节目匮乏，各家机构所拥有的高清内容均不多。所以在高清内容上来说，气象影视机构同其他影视机构基本站在同一起跑线上。

如果将气象影视的专业性优势同高清电视结合在一起，生产高清化的专业内容产品，必可作为拳头产品打响气象影视品牌。我们应该抓住时机努力加大高清内容的储备量，抢占市场。

4 结语

气象影视媒资管理运营模式的建立不是一蹴而就的。需要技术、资金、人力的较大投入。但面对气象和广电两个行业的重大的市场机遇，全国气象影视机构应该顺应两个行业的发展趋势，抓住机遇，乘势而上。重新认识媒资管理这个行业的价值，全力整合全国气象影视媒资资源，通力合作构建以内容管理为核心，依托网络交互平台，实现资源共享、内容资产增值的市场化的气象影视媒资管理运营模式，成为气象影视专业内容的提供商，实现气象影视内容价值的最大化。

参考文献

[1] 叶丹.2010.打造自己 打造品牌——浅析 SMG 媒体资产内容建设中须把握的几个问题 中国广播电视协会信息资料委员会编 广播电视信息资料论文集(四)北京 中国广播电视出版社,70-75.

浅谈全媒体演播室在气象电视节目制作中的应用

胡元海　张脉惠　吴丹娃

（安徽省公共气象服务中心 合肥 230061）

摘　要

本文介绍了全媒体演播室的概念及其现状，论述了全媒体演播室在气象电视节目制作和包装中的优势，探讨了全媒体演播室在气象电视节目制作中的应用和现阶段气象节目制作中亟待解决的问题，指明了气象电视节目制作和节目包装发展趋势。

关键词：全媒体演播室　虚拟图文　气象节目　节目包装　互动

1　全媒体演播室简介

随着数字媒体与网络技术的广泛应用，媒介融合已是演播室系统发展趋势。目前，业界对全媒体演播室还没有明确的定义。其核心的理念是运用多种电视技术手段为电视栏目提供内容支持，让观众全面、多角度地走进电视栏目内容。从技术层面来说，全媒体演播室系统应包括多媒体数据包装、背景大屏幕、三维虚拟图文等多项新技术的应用，借助全媒体信息接入平台、交互式背景图文系统、前景虚拟图文包装系统以及多屏视景智能播放系统等部分构成演播室一体化生产流程。其协同渲染技术、空间艺术设计包装和面向电视媒体的应用，为电视节目制作提供了一套全新解决方案。

与传统的电视节目制作相比，全媒体演播室节目制作改变了电视节目播报模式，讲究进入式的大信息量信息实时展现和多样化立体呈现；通过三维虚拟技术和实景结合，使电视画面更加生动，给观众更大视觉冲击力；强调节目场景的变化和节目内容的互动，很好地调动了受众参与的积极性。

由于电视技术的发展，全媒体演播室已经在电视台的新闻播报、互动娱乐节目以及体育赛事直播等节目中得到应用。目前，国家电视台、各省电视台都在筹划改造或建设全媒体演播室，南京电视台新建设的1600平方米全媒体新闻演播室群和东方卫视新闻演播室改造就是其中的典型例子，南京电视台演播室内设置了32块屏幕，其中包括长18米、高2.4米的LED背景屏，103寸高清触摸屏以及由14块42寸LCD液晶显示器组合而成的异形屏。背景大屏新闻题图和关键字的设计、视频的播放，给主持人营造了良好的播报环境，主持人解读大屏上的画面、文字和数据，并对新闻事件进行深度挖掘时，与大屏之间形成了双向互动。在节目直播过程中，观众通过电话、短信、微博等方式参与话题讨论，互动的全面性增加了观众的参与性和认同感。东方卫视演播室将虚拟前景技术与现场设计相结合，通过现场的色彩采集和虚拟场景的建模，使虚拟前景完全融合到演播室实际场景中，让各种信息更加直观和具有互动性，也使得新闻播报更加生动鲜活；为了强化整个频道的新闻特征，演播室采用统一的在线图文包装系统，为每档节目制作了统一的实景图文包装内容，实现了新闻制作风格和图像色彩标准的统一。

2 全媒体演播室在气象电视节目制作中的优势

2.1 提升了气象电视节目的视觉效果

全媒体演播室在视觉效果上的变化是其一大亮点。全媒体演播室采用三维虚拟图文技术和实际场景的电视展现方法，整个演播室按全角度场景设计，各场景不是独立设计，而是体现出一种整体性，可以进行无障碍交流和互动的整体，无论从哪个角度看，展现给观众的都是一个完整的画面，随着主持人的移动，整个电视画面也在移动。全方位、多视点的节目制作创意，带来的是灵活多样的电视画面展现手法和实时全面的信息展现，给予观众耳目一新的节目视觉感受。

目前，国内的气象电视节目所采用的形式大体相同，为“主持人＋背景画面＋城市站点播报”形式，大多采用固定机位，主持人半身装出镜，通过抠像技术把主持人叠加到平面背景画面上，整体上注重信息的实用性而不是信息的可视性，因此节目形式较为单一，信息表现力差。全媒体演播室节目包装多采用摇臂和手提式摄像机，以电影化的视角，避免画面硬切过程，主持人在不同区域间的穿梭播报方式，多样化的实时信息呈现，大大丰富了画面的内容，给观众带来新的视觉体验。

2.2 拓宽了气象电视节目制作的创作空间

现阶段的气象电视节目形式比较单一，主要由单一抠像、点评或坐播形式独立完成。节目展现手法没有交集，节目时长短不好发挥，节目创意经常也受到设备、资源、利益等方面的制约，创作人员的设计思路往往受限制，使得有些精妙的创意无法完整实现。而全媒体演播室没有时空的限制，没有资金的约束，创作人员可充分发挥想象力，创作出物理上不具备、经济上难以承受的超出人们想象的充满立体感和强烈冲击力的电视画面。虚拟气象灾害可以是真实的模拟，也可以是想象中的场景。气象现象讲解，可以人工建模生成动态画面或立体模型，不受现实物质条件和时空条件的限制，真正提供“没有想不到，只有做不到”的无限创意空间。

2.3 扩展了气象电视节目的多向互动空间

以往的气象节目演播室面积较小，场景也单一，气象主持人都是半身站在播报幕布前，背景、机位一成不变。全媒体演播室借鉴综艺演播室设计思路，大体积、多景区、多机位，大大拓展了节目多向互动的空间。在全媒体气象节目包装中，主持人不再是循规蹈矩的播报员，而是最快的气象信息收集者、传播者和评论员。主持人可以轻松地在各景区站播、走播。亦可以采用多主持、多机位的方式，不但增加观众视觉上的新鲜感，避免视觉疲劳，主持人之间的交流也形成了新的互动。

演播室中设置3G、网络、短信、电话、交通监控实时画面等众多信号接入端口，无论何种信号源都可以实时显示在演播室拼接大屏的任意一块上，实现沟通无障碍。演播厅的信号也可以通过光纤传输实现与省市级电视台节目互动，并应用到电视台各时段新闻播报中。场外的气象直播车可以通过卫星通信进入全媒体演播室的视频系统中，实现灾害信息快速收集和异地互联指挥，各种信号的双向传输使得互动交流更为简单便捷。

3 全媒体演播室在气象电视节目制作中的应用

全媒体演播室在气象电视节目制作中的应用包括全媒体信息接入平台、大屏幕背景应用、虚拟图文包装系统和多屏视景播放控制四个功能组成部分。

3.1 全媒体信息接入平台

在气象电视节目中，气象信息的展现形式是影响电视节目质量的重要指标。传统的气象节目制作对于气象信息的播报，观众往往是被动地接受，无法参与其中。随着节目形式的多样化，越来越多的观众希望参与到节目中来，对一些关注度较高的气象节目发表自己的评论，并渴望在电视画面上看到自己的观点。同时，为了提高节目质量和收视率，气象部门也在通过短信、网络、微博、论坛等平台向观众征集各类信息，希望观众积极地参与到节目中来。全媒体信息接入平台把各种媒体信息融入到气象电视节目制作中，并快速、有效地对其进行包装和展现，实现了节目内容丰富化，节目形式多样化，节目栏目品牌化，让观众从单纯的受众变成参与和使用节目内容的用户。

3.2 大屏幕背景应用

演播室背景大屏幕的应用是近几年兴起的一种电视演播方式。背景大屏的应用，加强了多机位、多景别、全方位的电视画面效果，可以极大地增强演播室的空间感。以往部署在演播室的背景屏幕，一般是播放预先渲染好的气象节目动画或图片，播出形式比较单一，无法与节目内容呼应。全媒体节目包装为大屏幕的播出提供了全新的气象信息展现方式。在播出过程中，伴随主持人的播报，大屏幕上能够展现丰富的气象信息，包括视窗连线、数据分析、背景资料等，增强了节目的可视性和灵活性。另外，通过三维图文包装的高效渲染，可以真正实现大屏幕点对点的输出，提供高品质的背景画面，确保播出过程中摄像机将镜头推到主持人近景画面或直接拍摄大屏幕内容时，不会出现马赛克现象。系统结构图如图 1 所示，播控工作站控制场景渲染服务器，通过大屏控制器把气象信息展现在 2×4 拼接大屏幕上。

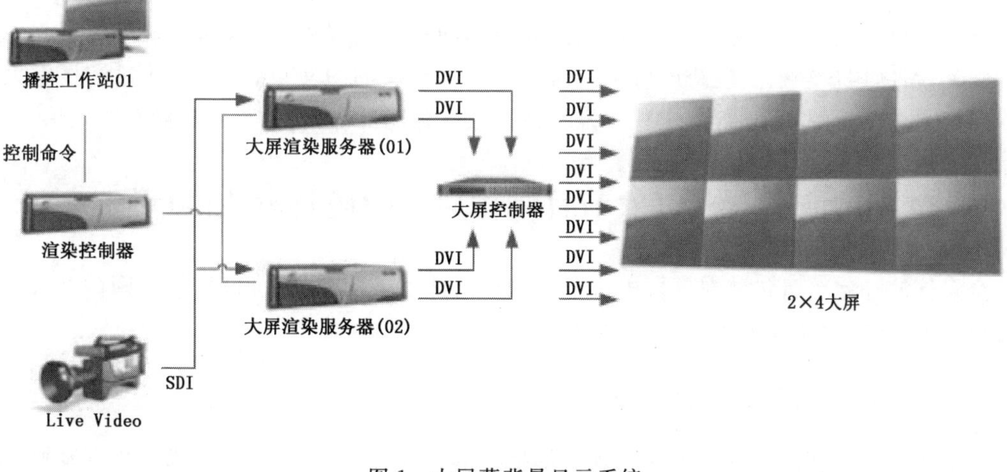

图 1　大屏幕背景显示系统

3.3 虚拟图文包装系统

虚拟图文包装系统采用模块化构架，整个系统构架在由图文渲染引擎和数据平台组成的核心模块之上，上层的应用又分为创作、控制、发布三个主要模块。系统结构图见图 2。

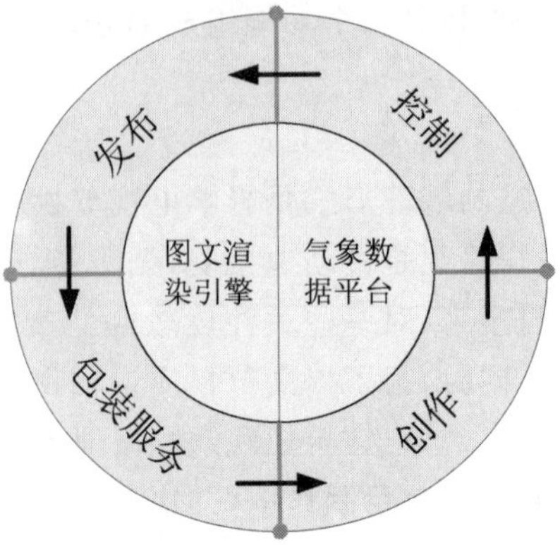

图 2 虚拟图文包装系统结构图

虚拟图文的实现原理与气象演播室中应用较多的虚拟演播室类似。通过摄像机跟踪系统采集摄像机参数，将参数传送到图文播出服务器，驱动三维场景中的虚拟摄像机，产生推拉摇移等操作后实时渲染输出，实现虚拟图文与真实场景联动的效果。

虚拟图文与虚拟演播室最大的区别是虚拟场景需要和真实场景叠加播出，依托于强大的渲染引擎，通过系统内置的地图及各种插件，快速制作出复杂的地图场景及天气预报场景，为虚拟图文提供丰富的三维场景。虚拟图文的最大优点是丰富了演播室环境，让电视画面的内容更加生动鲜活。同时，与单纯的虚拟演播室相比，其实景和虚景的结合带给观众更加真实的感受。

3.4 多屏视景播放控制

背景大屏与虚拟图文的结合，为全媒体节目包装注入了更多的新元素，增强了演播室的空间感，利用背景、主持人、虚拟图文、前景图文共四个层面的多元化包装形式，创造出层次丰富、灵活多变的演播效果，非常适用于气象电视节目和气象专题节目制作。图文包装系统的演播室控制模块编辑常规的图文包装单、虚拟图文播出单和背景大屏播出单，同时多个单子之间可以设置联动，帮助用户轻松实现跨屏效果。跨屏是一种全新的图文包装形式，通过演播室大屏场景和虚拟图文场景的联动播出，实现三维物件从大屏幕飞出，出现在实景演播室的效果。

4 全媒体演播室在气象节目制作应用中亟待解决的问题

全媒体演播室节目包装在气象电视节目制作上还处于探索尝试阶段，但与国内外成熟的电视节目相比，还存在很大差距，需要不断改进。

4.1 大屏的利用还有待开发

目前各省气象演播室都很重视全媒体演播室的大屏使用，但由于缺乏懂气象的动画编辑专业人才，所以节目制作中存在大屏背景的设计思路、使用灵活度上不足的问题。

4.2 专家互动不够

目前华风集团、各省(区、市)气象局在气象节目制作中都很重视专家观点的引入,但常常是一个专家的单视窗,如果能同时引入多位专家,形成多视窗连线,不仅可以提供更多角度的观点,专家与专家之间也可形成一种互动,进一步丰富节目内容和深度。

4.3 主持人的互动交流能力有待提高

传播者要培养受众的认同感,在提供信息的同时,给予受众亲近感,营造一种平等交流的环境。这需要主持人具有把控节目、与各类受众对象互动交流、串联节目的能力,读提示器、念气象稿的主持人已经不适应全媒体时代。

4.4 观众互动手段单一

目前,全媒体演播室的观众互动主要用短信、电话、微博以及在线调查方式,一档电视气象节目时长有限,难以容纳下过多观众观点。这种情况下,要建立起节目与网络之间也要形成互动,把观众观点通过网络留言、微博等方式记录下来,并在下一档节目中予以评说,从而更好地提高观众参与节目的积极性。

5 总结

全媒体演播室技术正处于发展阶段,在电视节目制作中的应用将逐渐广泛。全媒体演播室应用于气象电视节目中是气象节目制作形式的重大变化,建立和形成比较成熟的全媒体节目创作模式,以及全媒体节目包装在气象电视节目中的应用和功能的丰富还有相当长的路要走。这就需要电视技术人员和节目包装人员共同努力。通过对全媒体演播室技术的深入了解,我们可以看到全媒体是传统媒体发展的必然趋势,它带来了电视表现形式从“封闭”到“开放”的转变。气象部门要立足自身内容优势,依托全媒体演播室节目包装、全面提升电视气象服务质量,实现气象电视节目更好地为公众服务,为气象防灾减灾服务。

参考文献

[1] 金剑,顾云.2002.融合式全媒体新闻演播室群的系统建设.电视工程.(2).

[2] 杨玉洁,田霖.2011.高清、交互、多媒体——全媒体时代的新闻演播室构建.影视制作.(7).

[3] 王倩.2012.“全媒体时代”提升气象信息传播力的思考.现代传播.(2).

[4] 张轩.2010.三维图文包装系统与气象电视节目.影视制作.(8).

浅谈虚拟演播室跟踪定位系统的应用

刘　然　孟　京　杨新霞　马　毅

（华风气象传媒集团，北京 100081）

摘　要

虚拟演播室技术是传统演播室技术与色键抠像技术、摄像机跟踪定位技术和三维图文技术的结合。而如何实现节目录制过程中虚拟演播室机位和摇臂机位精准地跟踪定位是实现前、背景图像完全同步联动的关键所在。本文通过对华风集团虚拟演播室跟踪定位系统的介绍，提出了针对机位初始化和跟踪两难的技术问题的解决办法，并结合华风集团利用虚拟演播室制作虚拟场景的案例，详细展示了跟踪定位技术的实现过程。

关键词：虚拟演播室　跟踪定位　延时

1　概述

虚拟演播室技术应用于天气预报节目的制作，使得气象图形可以随前景画面的变化而变化，大大提高了气象节目的感染力和交互性，增强了节目的可视性。

相比于常规演播室，虚拟演播室增加了摄像机跟踪系统、场景渲染系统、色键合成系统。摄像机跟踪系统用于获取摄像机运动参数，提供给场景渲染系统来生成与摄像机拍摄画面保持一致透视关系的背景画面，最终由色键合成系统将摄像机信号与虚拟场景结合，形成虚实结合的节目画面。

2011 年 10 月，华风集团建设完成了三讯道高清虚拟演播室，将虚拟演播室技术应用到天气预报节目的制作中。本文重点介绍跟踪定位技术与实现过程。

2　虚拟演播室摄像机跟踪定位技术

在虚拟演播室中，如何正确判断摄像机、前景画面及虚拟背景之间的相对位置关系，是实现前景、背景图像完全同步联动的关键所在。因此，就需要有 1 个能够随时检测和提供摄像机运动参数的系统，这就是摄像机跟踪定位系统。

摄像机的运动参数包括镜头运动参数（变焦、聚焦）、机头运动参数（摇移、俯仰、翻滚）以及摄像机光学系统的物理空间位置参数（地面位置 X、Y 和高度 Z）等。在节目制作前，首先要在演播室空间建立坐标系，确定某个位置作为坐标原点，然后计算摄像机在演播室的空间位置参数，这个过程叫做定位。在节目制作过程中，摄像机运动导致各项参数的变化会引起画面视野和视角的变化，为了保证虚拟场景能够与镜头同步变化，我们需要掌握摄像机参数的变化，这个过程叫做跟踪。目前常用的跟踪定位系统主要基于网格识别技术、传感技术、红外技术。

2.1 网格识别技术

网格识别技术是通过对摄像机拍摄的网格图像的形态来完成摄像机的定位和跟踪。将与色键颜色相同、明暗存在差异的线条分隔出大小不同的网格贴在墙上，设置网格中的某个点为坐标原点，我们就可以得知网格中其他点的位置参数(见图 1)。

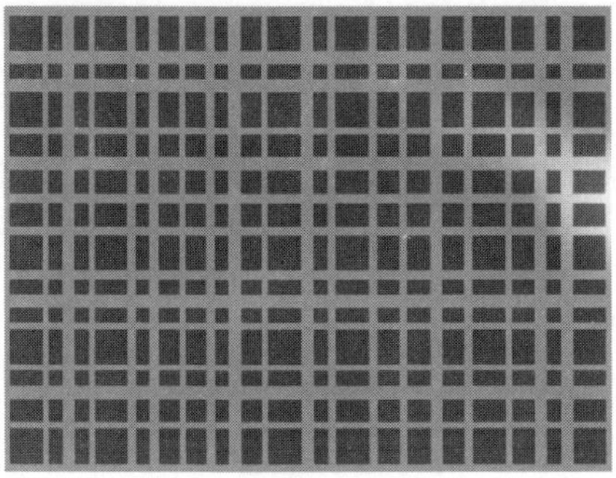

图 1 抠像背景网格

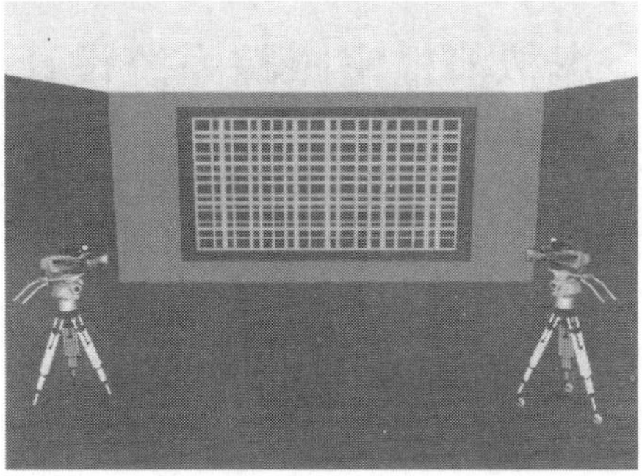

图 2 摄像机拍摄网格背景角度

摄像机与初始位置保持一定焦距并且完成聚焦拍摄网格画面，将产生一定的透视关系，依据摄像机镜头特性参数，测算出摄像机位置参数，完成定位操作。在节目制作过程中，摄像机的推拉摇移将使网格产生不同的透视关系，系统通过连续计算可以获得连续的运动参数，完成跟踪操作。网格识别技术的优点是:定位操作简便，支持各种型号的摄像机、镜头，支持摄像机做变焦、平摇、俯仰、甚至翻滚动作。但是，为了获得合适的透视关系，网格识别要求拍摄画面中有足够的网格信息(不少于画面 15%)，摄像机不能垂直或平行拍摄网格画面，必须与网格画面保持合适的角度(见图 2)。所以，摄像机在做平摇、俯仰动作时幅度受到限制，在变焦时也不能完成特写镜头。

2.2 传感技术

传感技术是通过在特定型号的云台和镜头上安装传感器，获取摄像机的各项参数。镜头传感器是通过托架与镜头上的变焦环、聚焦环齿轮紧密咬合，当变焦环和聚焦环位置发生变化时，传感器就能检测出其变化，并将数据编码输出，获取镜头运动参数。摄像机的机头运动参数可通过安装在基座上的机头运动参数传感器来测量。它能测出摄像机上下左右摆动的细微角度变化，并将其编码输出。摄像机的空间位置参数也可以通过安装在基座或摇臂的传感器测量。

传感技术的定位过程相对复杂，由于没有网格作为参照，需要在演播室墙面和地面设置 5 个参考点，其中一个作为坐标原点。将摄像机分别对准每个参考点，摄像机焦距调到最大，参考点在画面居中，此时系统通过传感器记录下摄像机镜头参数、机头参数，并根据参考点相对位置关系计算出摄像机位置。传感定位不仅过程复杂，而且摄像师聚焦不实、焦距没有推到最大、参考点位置偏移等问题都会影响定位精度。传感技术的跟踪过程相对顺畅，通过定位获得的数据作为参照，与传感器获取的数据进行比较计算出连续的运动参数。由于没有了网格构图的限制，传感技术支持摄像机进行 360 度拍摄，包括特写镜头的拍摄。

2.3 红外技术

红外技术是在摄像机上安装红外发射器，通过安装在演播室顶部的红外摄像机接收红外发射器的信号，来计算摄像机的位置参数。红外技术的定位与传感技术相似，都是通过在演播室设置参考点，确立坐标系，进而确定摄像机的位置。但是，红外技术不能解决摄像机镜头参数的测量，因此，红外技术无法单独应用，通常配合网格或传感技术使用。

需要注意的是，每一种跟踪技术在进行数据处理的时候都需要花费 2 到 3 帧的时间，给视频信号带来延时，通常需要对音频信号进行等时的延时处理保证声画对位。

3 虚拟演播室跟踪系统设计

华风集团虚拟演播室为 3 讯道配置，2 台固定机位及 1 台摇臂。基于前面的介绍，我们对传感、网格识别、红外这三种基本跟踪定位技术有了一定了解。三种方式各有利弊，又具有很大互补性，傲威公司将多种技术捆绑使用，产生很好的跟踪效果。

3.1 网格加传感技术

网格识别和传感技术结合，有效地解决了两种跟踪技术固有的缺陷。网格借助传感器的帮助，可以允许摄像机在取景时不必顾及网格占画面的大小，可以完成特写镜头的拍摄，甚至在失焦时也不会丢失跟踪。传感借助网格可以解决 5 点定位时的繁琐操作，大大节约了系统校准时间，提升演播室使用效率。由于网格定位方式较传感器定位简便，因此网格加传感系统在摄像机定位时选用网格方式进行。在完成摄像机定位后，在节目制作阶段的跟踪工作就交由传感器来完成。

3.2 摇臂跟踪技术

网格加传感技术操作简单，定位迅速，适合固定机位使用。红外加传感技术虽然支持摇臂机位的拍摄，但是安装红外装置将使系统变得异常复杂，造价较高，定位操作繁琐，不适合演播室应用。摇臂机位采用独特的光电传感与机械传感结合的方式完成跟踪定位，其中安装在臂身、云台、镜头、基座脚轮的传感器为机械传感器，安装在基座的传感器为光电传感器。机械传感器用于跟踪，光电传感器用于定位。

4 虚拟演播室跟踪定位的实现

由于采用了不同的跟踪定位手段，因此固定机位和摇臂机位的跟踪定位的实现方法存在较大差异。

4.1 固定机位跟踪定位的实现

如图 3 所示，固定机位采用傲威公司 Pro-set 网格加传感跟踪定位系统，由控制 PC、跟踪定位软件 TrackingSet、渲染引擎 HDVG、网格识别设备 DVP、传感器 ASB9 组成，通过以太网进行数据交换。跟踪定位的实现过程包括系统配置、系统开机、定位、跟踪。

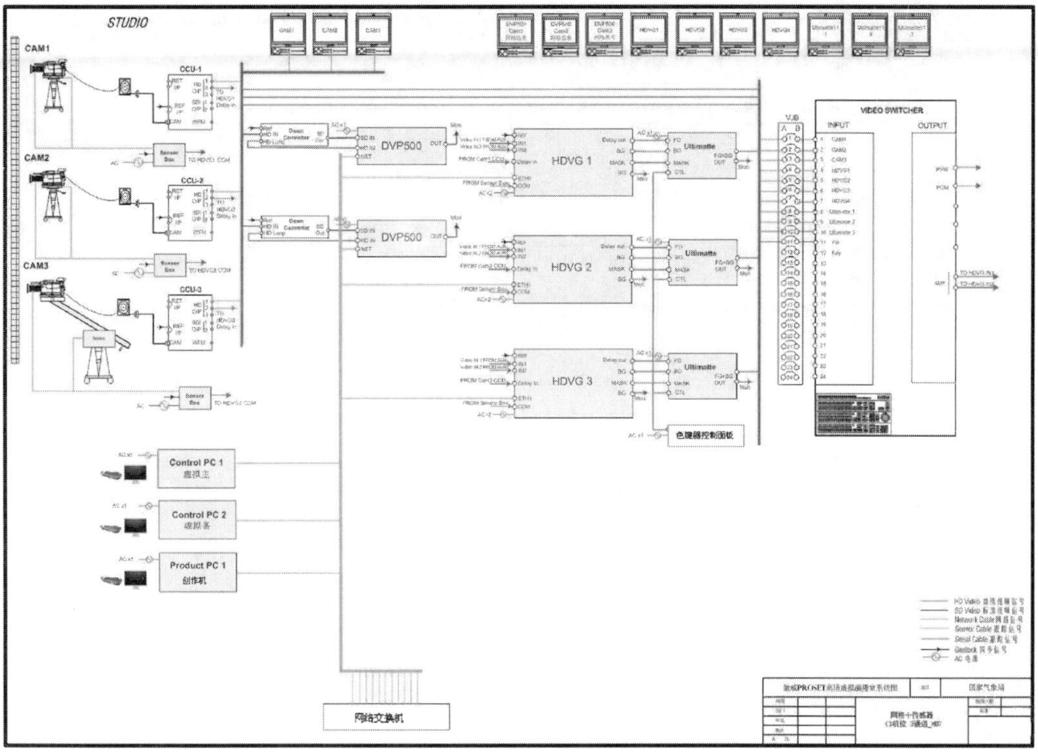

图 3　虚拟演播室系统图

4.1.1　系统配置

首先，将系统跟踪定位方式、摄像机数量、摄像机 ID、摄像机镜头参数、网格大小、跟踪设备 IP 等信息写入配置文件。

图 4 显示为 2 号机配置文件，我们可以看到，系统采用网格加传感定位，配置有 2 个通道摄像机、摄像机的 ID 信息、镜头文件、CCD 宽高比、网格尺寸、网格号码、传感器的 IP 地址。

4.1.2　系统开机

首先运行 HDVG 自检程序，测试渲染服务器的板卡状态、同步状态，BNC 接口信号状态。然后开启 HDVG 渲染引擎。渲染引擎正常启动后，接下来启动 DVP。最后开启跟踪，读入系统配置文件，检测系统设备。窗口的最后一行能看到有个杠转动，后面的数据为 50 代表系统场频，此时系统是正常的，摄像机可以正常定位。若数据为零，要确认传感盒 ASB 是否加电；若数据在 40 左右也是不正常的，可能由于摄像机信号没有同步所致，打开摄像机可以解决。

4.1.3　定位

全部启动完成后，运行定位软件。在界面的上方是描述每个通道的跟踪设备的基本信息。选择相应的摄像机 ID，记录在系统配置文件中的相关信息将在表格相应区域显示。选择网格定位模式。将摄像机斜对网格，保持网格画面占到整个画面的三分之一以上。点击运算，完成摄像机定位操作，定位数据传输到渲染引擎。

4.1.4　跟踪

当定位操作完成后，将跟踪模式切换到传感跟踪模式。由安装在镜头和云台上的传感器将镜头运动参数和机身运动参数传输到传感盒 ASB9，然后传入渲染引擎。系统跟踪过程不需要人工操作，数据处理需要 2 帧时间。

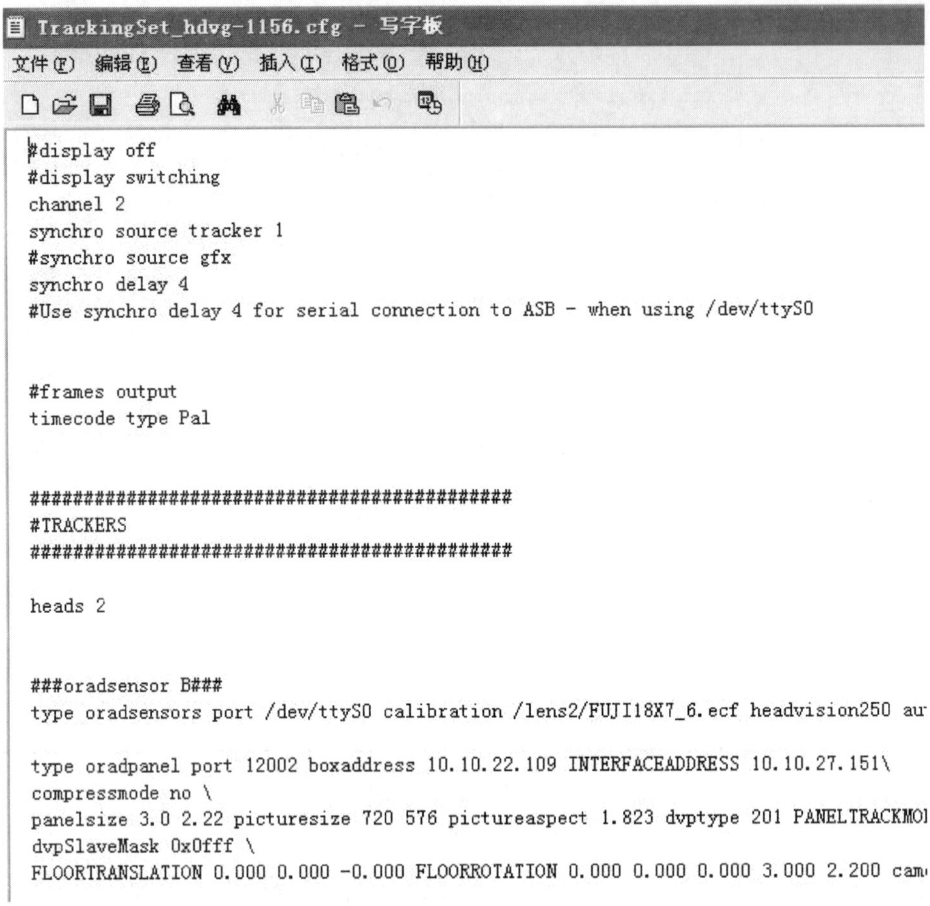
TrackingSet_hdvg-1156.cfg - 写字板
文件(F) 编辑(E) 查看(V) 插入(I) 格式(O) 帮助(H)

```
#display off
#display switching
channel 2
synchro source tracker 1
#synchro source gfx
synchro delay 4
#Use synchro delay 4 for serial connection to ASB - when using /dev/ttyS0


#frames output
timecode type Pal


################################################
#TRACKERS
################################################

heads 2


###oradsensor B###
type oradsensors port /dev/ttyS0 calibration /lens2/FUJI18X7_6.ecf headvision250 au

type oradpanel port 12002 boxaddress 10.10.22.109 INTERFACEADDRESS 10.10.27.151\
compressmode no \
panelsize 3.0 2.22 picturesize 720 576 pictureaspect 1.823 dvptype 201 PANELTRACKMO
dvpSlaveMask 0x0fff \
FLOORTRANSLATION 0.000 0.000 -0.000 FLOORROTATION 0.000 0.000 0.000 3.000 2.200 cam
```

图4　系统配置文件

4.1.5　效果测试

我们以 2 号机为例进行了定位精度测试。由于演播区没有其他实物参照，因此我们设定虚拟坐标系原点(0,0,0)为网格左下角。在 2 号机位置确定后，用皮尺测量摄像机镜头中心位置为(2.38,6.52,1.15)，经过网格定位计算，Tracker data 区域中显示结果为(2.35,6.57,1.18)，误差在 1%左右，符合傲威公司技术指标。在 2 号机进行推拉、平摇、俯仰操作时，虚拟场景与前景画面自然联动，无漂移现象。延时时间的测试采用对音频信号做延时，观察声画对位情况。经过对音频信号延时 5 帧(系统下变换占用 3 帧)，声画对位，由此，我们判断网格加传感跟踪方式延时为 2 帧，符合傲威公司技术指标。

4.2　摇臂机位跟踪定位的实现

我们为摇臂机位选择的是日本的 SHOTOKU 公司的 TK－53(L)VR(Ⅱ)产品。TK－53(L)VR(Ⅱ)具备独立跟踪系统，不需任何其他辅助设备。包括设置参考点、安装红外设备，定位操作简单，可在 1 毫秒内完成跟踪数据处理。该系统信号流程如图 5 所示。

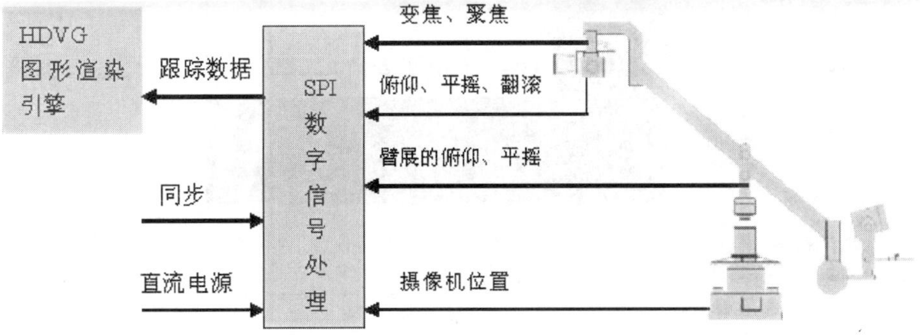

图5　摇臂跟踪系统示意图

4.2.1　初始化

在定位前要先进行独特的初始化操作，初始化的实质是对系统内的传感器进行校准。初始化操作相对复杂，但是在不关闭传感盒的情况下，初始化并不需要每天操作。

首先，将传感盒、电源依次关闭，再依次打开，重启传感设备。

然后对臂身进行初始化。将臂身上下活动，使臂身经过俯仰初始化点(零度水平线)，传感盒会相应的有红灯闪红。将臂身左右摆动，使臂身经过水平初始化点，当两个白色标记点重合时，同样会有传感盒红灯闪红。接着对摄像机机头初始化。用遥控手柄上下移动摄像机，使摄像机经过俯仰初始化点，当两个白色标记点重合时，传感盒相应指示灯闪红。左右摆动摄像机，使摄像机经过水平初始化点，当两个白色标记点重合时，传感盒相应指示灯闪红。

然后进行镜头初始化。分别完成全程推拉变焦操作、全程聚焦操作。

最后对初始化基座操作。旋转底座方向转盘，当转盘通过底座初始化点时，两个红色箭头上下重合。

4.2.2　定位

摇臂的定位方式很独特，俗称“走板”。“板”就是由黑色和白色胶布按照要求拼接，并粘贴在演播室地板上。摇臂基座按照一定方式经过黑白板，通过基座底部的光电传感器完成对黑白区域的识别，以确定摇臂的坐标原点。

首先，将基座推至黑板上，光电传感器接收黑色胶布的反射信号。将摇臂基座推上白板，光电传感器接收到白色胶布的发射信号，并确定黑白区域水平分界线。再将基座横向从黑板移出，光电传感器再次接收黑色胶布的反射信号，并确定黑白区域垂直分界线。水平分界线与垂直分界线的交点就是摇臂原点(图6)。

4.2.3　跟踪

摇臂原点被传入摇臂传感盒SPI，SPI结合安装在基座脚轮的机械传感器传回的运动数据，确定摄像机的位置信息，安装在其他地方的机械传感器将跟踪到摇臂的机身运动参数和镜头运动参数。

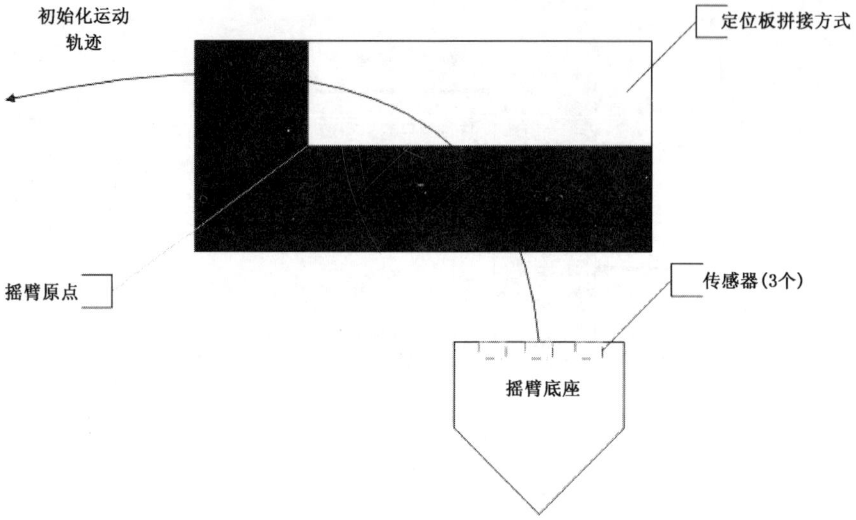

图 6　摇臂定位系统示意图

4.3　虚拟演播室跟踪定位常见问题与解决

4.3.1　网格识别问题

在进行网格定位时，经常发生无法正常计算的问题，主要有以下原因造成。

摄像机拍摄的网格不够多。可以通过调整摄像机构图简单解决。

网格画面过亮或过暗也会影响 DVP 对网格的识别效果。因为网格是由绿色的线条组成，色调与绿箱一致(如果选用不一致的色调将影响抠像效果)，只是亮度偏暗，DVP 也就是依据这一差别将网格线条从绿背景中提取。当画面过亮或过暗时，将减少这一反差，使得 DVP 无法识别网格线条。因此，可以通过调整摄像机光圈，或调整网格区域的灯光照度解决这一问题。

4.3.2　画面漂移问题

在系统测试阶段，摇臂摄像机平摇时存在画面漂移的问题。此问题往往出在摇臂摄像机机身的同步接口损坏上，只要将同步信号换个接口，问题就解决了。有时看上去是虚拟系统的问题，但问题不一定出在虚拟系统本身。

4.3.3　轴向偏差问题

由于镜头本身特性并不一定完全符合厂家提供的镜头文件的参数，或者定位系统问题，经常造成同一系统中不同通道的渲染引擎输出的画面产生轴向偏差。

镜头文件产生的问题需要由傲威工程师配合解决，对镜头进行重新校准。

当重新校准后不能解决问题时，应以摇臂机位所在通道为基准，对另外两个通道的 Axes Offsets 进行微调。结合虚拟场景与实景和三台机位取景的空间位置关系对 X、Y、Z 进行微调，直至位置关系正常。

4.3.4　变焦时跟踪丢失问题

在完成摄像机定位后，发现摄像机俯仰和摇跟踪正常，但推拉时虚拟场景没有跟踪，此时需要做 Ranges。就是对镜头的变焦、聚焦范围进行重新校准。

5 结语

在虚拟演播室技术中，还有很多关键技术本文没有研究，如虚拟植入技术等在天气节目制作中的应用。利用虚拟植入技术可以将三维雷达产品立体效果展示在节目中，并可通过主持人的互动完成更加生动的表现。今后我们会在本文研究的基础上，深入研究虚拟演播室技术，将更多更好的虚拟产品应用到电视天气预报节目的制作中。

浅谈硬盘录像机在气象频道直播节目中的应用

鲁　静　康　庄　马　毅　李孟峋

（华风气象传媒集团，北京 100081）

摘　要

为了推进无带化节目制作的进程，为了提高灾害性天气报道现场直播的安全性、时效性、灵活性，为了更好地应变现场直播中的各种突发状况，硬盘录像机已在气象频道的直播节目制作中使用。硬盘录像机是视频技术与计算机技术相融的完美的结合。硬盘录像机的使用，大大提高了直播节目制作的安全性、灵活性，简单的操作界面可以实现一人同时控制多通道的操作，大大节省了人力，提高了效率。本文主要介绍了硬盘录像机较传统磁带录像机的优势以及硬盘录像机在灾害性天气报道中的应用实例等。

关键词：EVS 硬盘录像机系统　灾害性天气直播节目制作　硬盘录像机的优势

以磁带为介质的电视节目制作模式已经在电视领域应用了数十年，在演播室的直播节目制作中，传统的磁带录像机也一直是作为影片播放以及节目录制的主要设备。而传统的基于磁带的新闻节目制作方式已经难以适应高效、低成本的节目制作，更无法满足灾害性天气报道对时效性和突发性的要求。随着电视数字技术以及计算机技术的高速发展，数字硬盘录像机也随之产生，它既可实现传统磁带录像机的功能，又兼顾了节目制作安全性、灵活性以及高效性等特点。

1　数字硬盘录像机简述

数字硬盘录像机 DVR(Digital Video Recorder)，由于存储介质基于硬盘而非传统的磁带，我们简单地称之为“硬盘录像机”。它是一套进行图像存储处理的计算机系统，具有对图像/语音进行长时间录像、录音、远程监视和控制的功能。

数字硬盘录像机最早由美国 TiVo 与 Replay Network 两家公司于 1999 年开发成功。它以硬盘作为音视频信息存储媒介最初应用于金融、交通等安防监控领域，摄像头等影像采集设备将所需监控内容以特定格式保存在硬盘中，从而可以在任意时间选择任意内容进行编辑。通过配置，数字硬盘录像机可以轻松地实现数据的格式转换、加密存储、远程控制、码率控制及多通道同时录制和回放。这些基于近年来电子及通信行业新技术的特性使它在监控领域完全取代了基于传统磁带介质的传统录像手段。这些新特性，尤其是其高可靠性和重用性，对于电视制播行业而言同样非常诱人。

但是，和电子监控领域不同，电视行业对于录像机的要求不仅仅是要“有”录放功能，而是要求达到“高质量”的录放功能。换句话说，要求录像机的图像质量必须达到或接近广播级，即达到 CCIR601(ITU601)文件所规定的演播室数字视频标准，诸如取样率为 13.5MHz、量化比特至少为 8 比特、取样比 4∶2∶2、标准数据码流 27MB/s 等等。同时，由于应用范畴的不同，电视行业对于录像机的运用要求更高的可靠性、更长的平均无故障时间，更好的可维护性。因此，电视节目制播行业所用的硬盘录像机在结构上有很多不同于普通硬盘录像机的特点。

2 EVS XS 演播室智能化制作服务器及 IP Director 集成制作系统简介

目前硬盘录像机已经广泛应用于体育以及新闻的节目的现场直播中。经过前期系统方案的可行性研究，出于对系统的成熟度、安全性以及易操作性等多方面考虑，在气象频道新闻演播室中我们选用的是比利时 EVS 公司的 XS 演播室智能化制作服务器以及 IP Director 集成制作系统的解决方案。如图 1 所示：

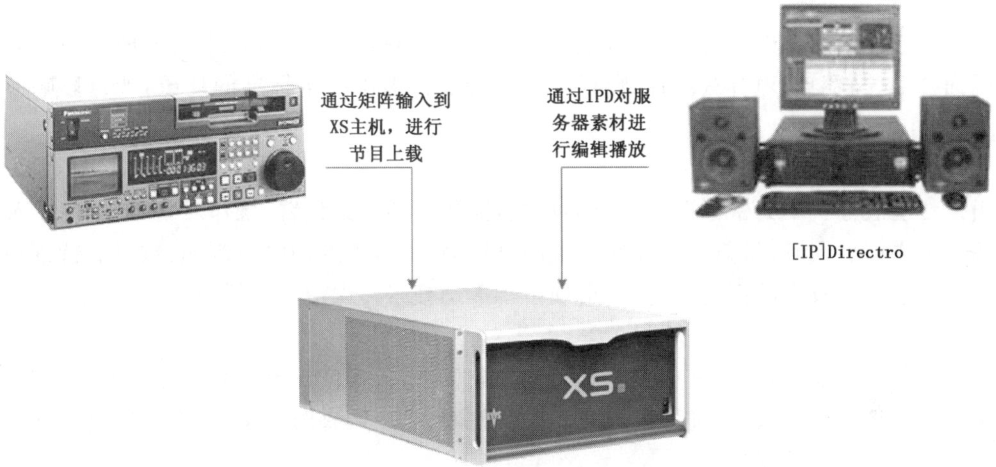

图 1　气象频道硬盘录像机系统解决方案

XS 是新一代专门为演播室应用而设计的智能化制作服务器。XS 为无磁带制作提供了可靠、灵活的保障。基于 EVS 独特的循环录制，XS 为多路视音频信号录制、控制和回放等操作提供了无法比拟的解决方案。不仅可以实现多通道高/标清上载，同步与即时回放以及边录边传边控制，而且提供双网络配置并原生支持多种编解码格式。

XS 具备强大的网络功能，每台服务器最大支持同时 6 个以太网链路，录制的内容可以快速通过网络进行传输，以便进行同步预览、粗编、归档、回放或后期制作。为了保持高品质的内容和快速传输，该服务器(仅限于 4 通道)提供本地支持的多路高标清编解码配置。除此之外，XS 还能够与第三方工具完美结合，文件可以在各种类型的制作流程中自由交换。

IP Director 是一个集成的视频制作管理工具包，可以通过它来控制 EVS 的制作服务器，从而实现对任意制作流程的全面控制。利用 IP Director 工具包的单一界面，就可以实现上载控制、元数据管理、飞行编辑以及播出安排。

3 数字硬盘录像机替换传统磁带录像机的可行性研究

随着广播电视技术的不断革新，传统录像机已经开始陆续停产，无带化制作、传输已经发展成熟并被广泛应用。目前数字硬盘录像机作为无带化制作的关键，相比于传统磁带录像机，具有播出更为安全可靠，调整编播顺序更为灵活方便，集成程度高、节约人力等优势，已经在央视各频道以及各大省级卫视的新闻直播、体育转播、文艺晚会转播中广泛使用。

为了改变传统的磁带化节目制作模式，我们对于数字硬盘录像机的使用进行了以下几个方面的可行性研究。

3.1 原有新闻演播室放像机使用情况

承担气象频道节目制作的新闻演播室配备了5台放像机和1台录像机，主要应用在气象频道大时段直播、《风云进行时》直播、《气象今日谈》三档栏目。

3.2 使用传统放像机存在问题影响节目制作的情况

3.2.1 磁带问题

由于传统磁带即将停产，目前磁带生产质量有所下降，多次在节目中出现由于磁带问题造成的画面拉毛、马赛克、声音有杂音、噪音等不符合节目播出技术标准的现象，严重影响节目制作安全。

3.2.2 找点有误

由于传统放像机不具备标记关键点的功能，需要手动搜索设置，操作较复杂，容易出现找点错误等人为失误。同时，目前频道直播放带岗设置为一人，需要同时控制四台放机，特别在大时段直播播放素材带较多的情况下，多次出现由于手动搜索失误造成的错情。

3.2.3 突发状况应对能力不强

如果节目在直播过程中，出现临时调整的现象，放带人员就需要找到所需要的素材带，放到录像机中手动搜索素材入点，过程繁琐。如果调整较大、或调整时间紧急，有可能会出现放带人员无法及时完成调整的现象。

3.3 使用EVS数字硬盘录像机替换传统磁带录像机使用方案设计

EVS数字硬盘录像机具有四通道可逆的功能，同时每个通道的播出采用播放列表的方式，操作简单、调整快捷。

结合气象频道新闻演播室现有节目对于录像机的使用情况，对EVS硬盘录像机的具体使用方案如下：

使用一台EVS XS服务器替换三台放像机。XS服务器共有4个通道，按照节目制作需求，目前配置为1录3放。其中play通道中，PGM1为播放列表通道，PGM2为编辑通道，PGM3为播放备播通道。日常节目中上载小片及素材编辑主要在PGM2通道中进行。播放列表的编辑及播放在PGM1中进行。而REC通道通过矩阵选择信号，进行24小时不间断录制。

4 气象频道新闻演播室EVS硬盘录像机的系统配置

目前，新闻演播室投入使用的是一套EVS XS演播室智能化制作服务器以及IP Director集成制作系统的解决方案。

我们采用的具体解决方案如下：

- 1＊4通道XS服务器，1入3出，通过矩阵给录制通道选择信号源。
- 配备1台上下载录像机。

• 1 * IP Director 制作管理工作站，访问编辑素材，进行播放列表的编辑等。

• IP Director 配备了一个控制手柄 Shuttle PRO v2，与 IPD 主机连接，可以快捷的选择通道，并且进行编辑的相关操作。

• 3 * 17 寸监视器分别监看 3 个录制通道的信号，操作台布局如图 2 所示。

图 2　新闻演播室 EVS 硬盘录像机操作台

一台 EVS XS 硬盘录像机，具有 4 个通道(codec)，支持 4∶2∶2 10b 270MHz SDI 信号，可自由设置输入和输出。每个 codec 上有一路视频输入(j8)；2 路自适应的高标清输出(j7 和 j6)；1 路标清输出(j3)；1 路带字符的标清输出(j4)；1 路带字符的标清/模拟输出(j1)；16 路 AES/EBU 和 8 路 ANOLOG 音频输入/输出口。

盘阵由 6 块 300G 硬盘组成 RAID3. 盘阵设置为 RAID4＋1＋1 的模式，4 块盘做数据盘，1 块盘做校验盘，1 块做热盘。总数据存储为 1.2T。可录制标清节目 66 小时，高清节目 33 小时。

原生支持 M-JPEG、Avid DNxHD® codec、VC-3、Apple ProRes®、MPEG-2 intra、Panasonic DVCPRO HD 以及 AVC-Intra Class 100 高清编解码格式。原生支持 M-JPEG、IMX D-10 以及 DVCPRO 50 标清编解码格式。

XS 服务器的每个通道都有四路输出，分别是送屏幕墙监看，操作台监看，视频切换台和矩阵。从矩阵我们还设计了三路输出，一路给录像机，另两路输出送给录制通道和备播通道。这样 EVS 便可以灵活的录制来自矩阵的各路信号。

IP Director 是基于 Windows 工作站来运行的，因此不仅制作团队中的每一个成员能够轻松地掌握它，而且网络中的每一个人也都能够实时共享内容、编辑素材和元数据，促使工作流程向真正的无带化转变。IP Director 界面简单，便于操作(如图 3 所示)。一人可以同时对于多个通道进行操作，实时录制实时编辑。同时配备了控制手柄(如图 4 所示)，可以通过搜索轮、面板快捷键等对于硬盘中的素材进行编辑操作。同时可以通过编辑播放列表进行播出，对于播放列表可以设置多种播出模式，还可以对每条 CLIP 之间进行简单的转场设置。IP Director 集合了线性编辑与非线性编辑的优点，可以实现对于不同用户的权限管理，有效地管理媒资素材，并且对于播出所用素材进行良好的加密和保护。

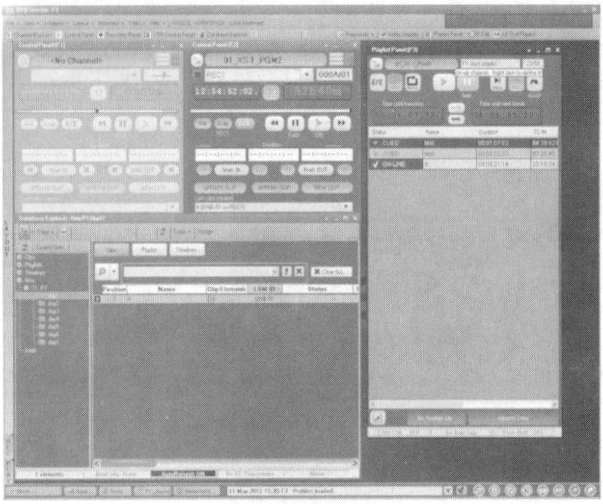

图 3　IP Director 素材管理工作站操作界面

图 4　IP Director 控制手柄 Shuttle PRO v2

5　EVS 硬盘录像机在气象频道直播节目中的应用及其优势

EVS 硬盘录像机在直播中的应用从“7・21”北京暴雨开始，随后在台风韦斯特、苏拉、达维、海葵等直播中也相继使用。其灵活性、安全性以及高效性在节目制作中得到了充分的体现。

在气象频道灾害性天气直播报道中，外派记者在做现场报道时，由于天气条件十分恶劣，无论采用转播车、海事卫星还是应急车等方式，卫星传输都严重受限，经常会在直播过程中出现信号闪断的现象，错过了最佳连线时机，因此在直播中经常出现临时无法进行视频连线或者将视频连线改为电话连线等情况。另外，遇到突发状况时，由于节目编排无法及时连线，错过将最有冲击力的画面呈献给观众的机会；或者在主持人描述灾害现场情况时，导播希望将现场画面切出，给观众直观印象，可是由于传统磁带录像机需要线性找画面，有可能无法在第一时间满足需求。而 XS 制作服务器由于它的四通道实时录制、编辑、播出的功能，完全可以解决上述问题。

XS 制作服务器就好比是我们现有的三台放机和一台录机，IPD 就相当于我们的编控器。因此就不再需要回放设备和编控录像机了。经过多次灾害天气直播报道节目中的应用，硬盘录像机的优势显而易见，主要体现在以下几个方面。

5.1　操作便捷 节省人力

EVS 通过一个 IPD 简便快捷的操作界面，一人即可实现对于多个通道的操作，不再需要两个人来控制多台录像机操作，节省了人力。

5.2　连续录制 即编即播

硬盘录像机不间断的进行录制，编辑人员随时打点生成所需素材，随时编单播出。XS 服务器可以通过矩阵切换不同线路，将现场信号及时进行录制，并且边录制边编辑，当导播需要现场画面时随时作为实时画面切入，不错过任何一个有意义的镜头。在“7・21”北京暴雨直播报道中，赶赴重灾区房山的记者连线，就是采用的此种方式，让观众第一时间看到灾区群众自救互救的画面，播出反响热烈。

同时 EVS 也可以对于播出画面进行录制，在后面的节目中如果需要重复使用前方连线的画面，可以对于录制画面进行编辑，生成片段，加到播放列表中随时进行播出。

5.3 突发状况 灵活应对

由于 EVS 硬盘录像机是采用播放列表的形式进行播出的，如果在直播过程中导播进行临时的调整应对突发状况，EVS 调整速度快，应对灵活，同时避免了由于调整过多带来的错情风险。

5.4 提前录制 保证播出

除此之外，对于现场报道的画面，可以提前录制备播，并且不占用演播室的资源。如果在直播过程中出现信号中断的情况，可以及时将提前录制的备播进行播放，保证现场记者的情况得到有效的播出。

5.5 一次采集 永久使用

只需要将全部片头、片花、备播等素材进行一次采集，就可以在以后的直播中重复调取使用，不会出现使用磁带时出现的由于带伤造成的视音频技术指标不达标的现象。

5.6 一键重放 减少错情

硬盘录像机的使用彻底告别了搜索轮找素材的时代，一键即可实现素材的重复播放。同时也规避了因为录像机分配问题，不能及时播放小片的问题。任何一条素材，通过鼠标拖入播出通道即可实现播出，同时减少了由于磁带倒换、搜索过程中造成的错情。

5.7 系统稳定 安全制播

盘阵由 6 块 300G 硬盘组成，专用的硬件和为硬盘提供 RAID3 保护可以保证播出安全，使得 XS 具有完美的稳定性。由于现场直播需要无风险系统，XS 配备了热交换冗余备份电源，在设置有输出通道的情况下，录像和播放可以同时进行而且不相互影响，保证节目录制的连续性而且不会丢失任何珍贵的画面。

6 结语

EVS 硬盘录像机的投入使用大大提高了气象频道灾害性天气直播节目制作的时效性，安全性以及灵活性。硬盘录像机更加符合灾害性天气报道时效性和特殊性的要求。

EVS 硬盘录像机在播出应用方面，具有高质量、高可靠、多通道同步、实时编辑修改、循环播出、实时响应的受控能力。

EVS 硬盘录像机在编辑应用方面，可以完成线性编辑及非线性编辑。可以实时地对于收录素材进行编辑，同时不影响节目的正常播出。

EVS 硬盘录像机在后期制作方面，可与非编网络无缝连接，交换元数据和音视频文件，支持与 AVID 和苹果系统的流式传输和互操作。

EVS 硬盘录像机的投入使用，标志着华风集团无带化节目制作进入到了一个新的阶段。随着 EVS 硬盘录像机的深入开发，它将在气象频道灾害性天气直播节目中发挥更大的作用。

浅析网络安全摆渡技术在气象影视素材交互中的应用

郑　巍　杨新霞

（华风气象传媒集团，北京 100081）

摘　要

网络安全摆渡技术是气象影视行业素材交互共享的先决条件，如何在物理隔离的条件下建设基于数据库摆渡系统也是华风和各省（区、市）和地（市）影视中心的一个难题，利用网络安全摆渡技术进行业务网、办公网、互联网之间的文件交互共享应用是一种最有效的方法。本文从网络安全摆渡技术的开发与应用对华风影视素材和气象节目制作的交互过程进行阐述。

关键词：网络安全　摆渡技术　素材交互　高效快捷

近年来，华风先后完成了高标清新闻制播网、媒体资产管理系统、高标清非线性编辑制作网、高标硬盘播出系统、气象产品共享平台、省级新闻素材存储系统的网络建设，初步实现节目制、播、存网络化，一体化。但随着业务全台网的深入建设，业务私有网络要与业务数据网和办公网实现文件交互越来越成为气象节目制作的一个难题。首先，业务私有网物理隔离与文件信息交互之间存在矛盾。因为网络物理隔离的原因，给新闻素材文件的传输带来了很大的麻烦，制作人员只能通过 U 盘、光盘等移动储存或者安全岛的方式进行文件的拷贝迁移。这种把文件从互联网导入办公网，再由办公网迁入业务网的过程，给文件信息的传递带来很大的安全隐患。计算机病毒可以利用系统存在的漏洞和缺陷，在网络中大肆传播。一旦病毒侵入业务系统内部，会借助网络共享迅速蔓延整个内部系统，严重占用网络带宽，造成网络堵塞、重要数据丢失，给网络正常运行带来极大的危害，使业务系统无法得到有效的保障、甚至系统瘫痪。因此在网络业务日益成熟的今天，建立自由安全高效的信息传输交互通道是当务之急。

所以，网络安全摆渡技术的开发应用给影视素材的交互建立了双向传输通道，这种信息共享的传输方式极大地丰富了影视新闻节目资源库，提高了节目制作的工作效率，同时为业务系统网络安全提供可靠的技术保障。

1　网络安全摆渡的原理

网络安全摆渡是基于网络物理隔离条件下文件交互的一种安全方式。在现有的业务私有网、数据业务网、办公网之间再建一个摆渡网，使摆渡网与业务私有网、数据业务网、办公网之间通过摆渡处理单元进行切换网络连接。网络安全摆渡服务器设置在摆渡网，它的功能如同渡船，可以把货物（新闻素材文件）从河的左岸（私有业务网）运送到右岸（办公网）或者私有网之间传输，也可以进行反向运输。

摆渡处理单元是网络间切换的交互处理软件模块。其运作方式与普通电子开关相似，最简单的理解就是双向摆渡电源开关(图 1)。摆渡处理单元在某一时刻只能自动扫描发现获取连通,为保证交互业务的可执行性也可采用手动处理模式。

通用的网络安全摆渡模型设计一般分三个基本部分:

a)内网摆渡处理单元

b)外网摆渡处理单元

c)摆渡交互控制单元

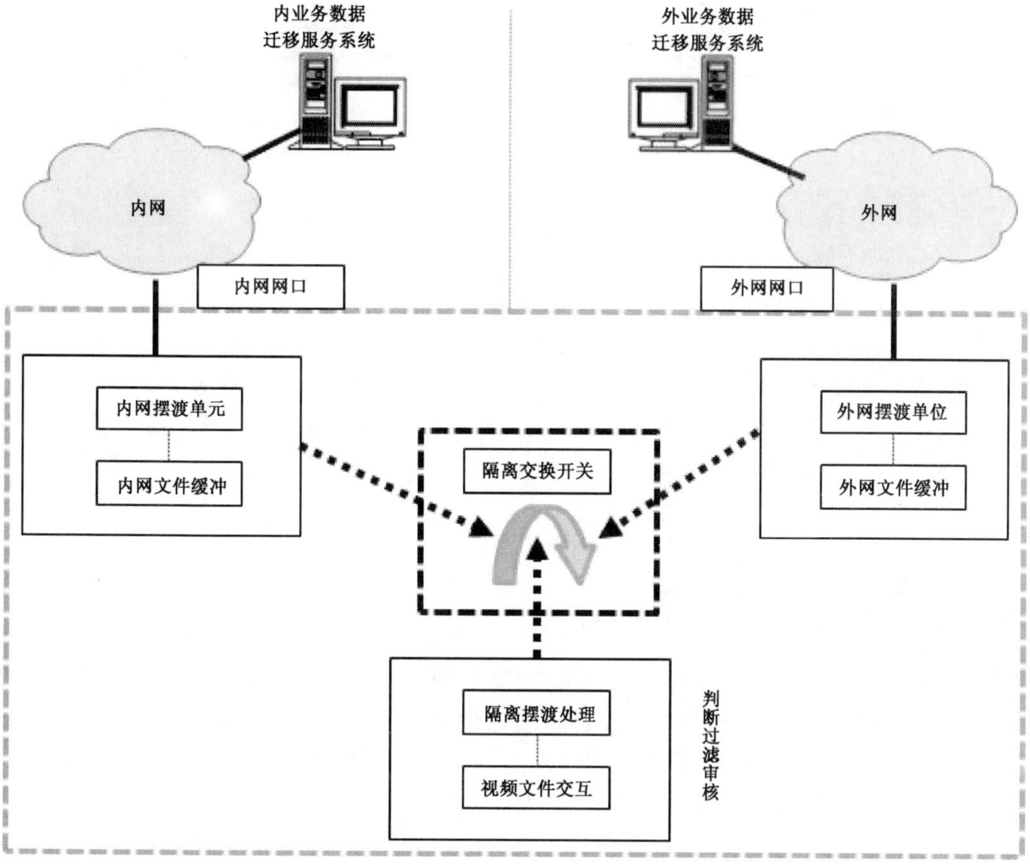

图 1　摆渡处理单元的内部结构示意图

三个单元都要求其软件的操作系统是安全的,也就是采用非通用的操作系统。一般为 Unix BSD、Centos Linux、Redhat Linux 或 Linux 的变种版本等,但都要对底层不需要的协议、服务删除,使用的协议要优化改造,以增加安全性,同时提高交互传输效率。

2　网络安全摆渡逻辑架构

传统的人工摆渡只能提供数据文件的点到点交换(图 2),这对于支持内外网大量数据传输交互的应用显然是不够的,并且安全性不高,如何实现业务网内的应用交互呢?

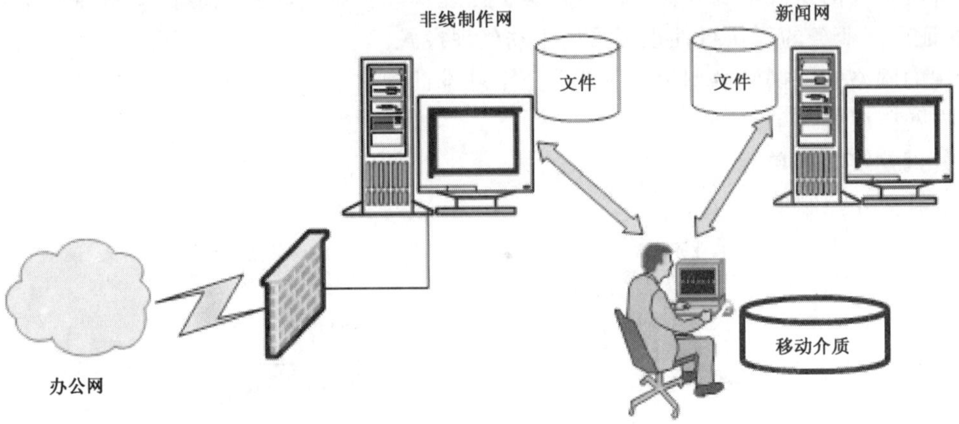

图 2　传统人工摆渡

根据业务系统搭建的环境，要在内外网设置两台同等配置的数据交互服务器，目的是在内网往外网建立业务访问时的逻辑交互连接摆渡代理。这种服务器把获取到的业务数据转换成可以交换的数据文件，并且指定交换的发送区与接收区为内外网的摆渡服务器。

交互摆渡的设计目标：保证业务通讯隔离的基础上，实现数据交换，其关键是安全性的延续，所以摆渡的设计重点不仅是隔离与交换的控制逻辑设计，而且包括业务代理的实现模式。从业务应用的角度看，这种业务数据摆渡方式与人工通过 USB 协议建立安全岛实现数据传输有些相似，都实现了业务访问的内外网互通。但从整个网络的安全角度上看，是有根本区别的：通过安全隔离摆渡设有应用协议，业务应用在内外网中间是中断的。业务数据交互是针对需要内外网大量数据交换的业务开发的，业务针对性强，认证、加密、过滤等方式各不相同，由于业务开发的认证、加密属于私密处理，每个应用都不相同，被攻击的可能比较小。即使有攻击，也只能针对本业务，不会扩展到内网的其他业务。与进行协议解析相比，网络摆渡解析协议开通的是一类协议的所有应用。一般的网络协议原理比较公开，被利用攻击的可能性较高，即使使用安全的用户身份确认技术，也不能因应用不同而改变，当应用增多时，危险增大。而安全摆渡服务的数据转换是业务本身开发的，根据业务本身的安全级别要求，建立文件入口方向和出口方向的交互隔离区（图 3），通过网络共享服务和特殊文件系统进行数据交互传输（如：Samba、Nfs）。在文件交换区采取身份确认机制，内外网之间的用户访问权限根据安全级别进行设置，在访问时各个隔离区域之间是互不可见的。如图 3 所示，在 B 网到 A 网的文件交互过程中，B 网利用 Samba 挂载交换区把视频文件自动放在交换出口位置，在安全设置中指定 A 网只对 B 网的交换出口区可见，摆渡后台在自动扫描后获取文件交换时自动启用安全过滤和防杀毒保护策略，同时对比安全摆渡过滤的数据库文件类型检测文件头和文件扩展名，符合自动摆渡的文件时系统会自动放行，不符合要求的文件会自动删除，然后启动执行程序迁移至 A 网的交换入口，这样整个安全摆渡过程结束。同样反向的安全摆渡也是如此。

综上所述即使安全摆渡方式出现问题，也方便问题的定位。避免恶意冒充、截获信息重放等攻击的发生。上述采用文件级交换，而不是数据包级交换，是因为文件相对信息完整，避免蠕虫式的分片隐藏。交换的摆渡单元之间没有关联，只是在交换区选择文件交换，内外网没有直接网络通讯的连接，来自外网的攻击难以实现，对内网的业务进行攻击只有发自内网本身的病毒、蠕虫，这就实现了和人工数据摆渡同样的安全效果。文件附着的病毒、蠕虫、木马等的检测

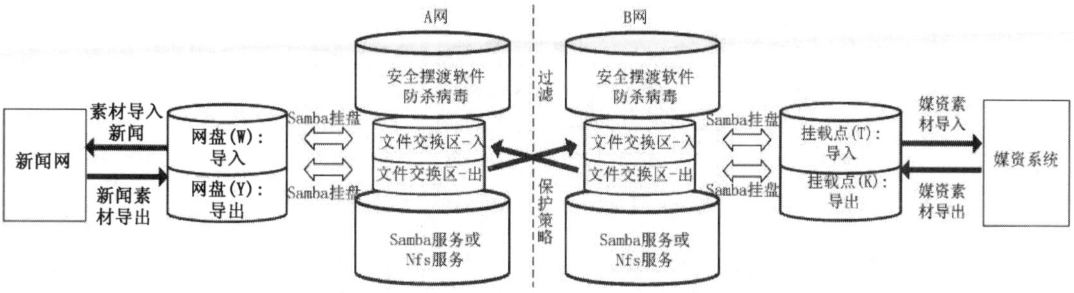

图 3　网络安全摆渡文件传递逻辑架构

是静态检测，可以通过摆渡系统对交换文件格式进行规范，避免无格式文本文件、Word 等有格式的文档文件、压缩文件、可执行文件等交换文件的侵入。

3　安全摆渡系统的应用

以下对安全摆渡系统在华风节目制作过程中交互应用来进行分析说明。

目前华风影视素材的来源较为广泛，外来素材主要是省级业务系统、新华社、央视、记者外拍等，内部素材主要是媒资网、制作网、新闻网、产品库等，按照广电行业发展要求和华风业务制作流程，节目制作要实现无带化，所以就要实现跨平台、跨网络素材交互，因此网络安全摆渡系统应用是非常关键的。

中国气象频道在日常直播中使用的素材量较大，要使这些新闻素材能够及时地应用在气象节目中就要依靠安全摆渡系统来支撑，华风的安全摆渡系统见图 4。

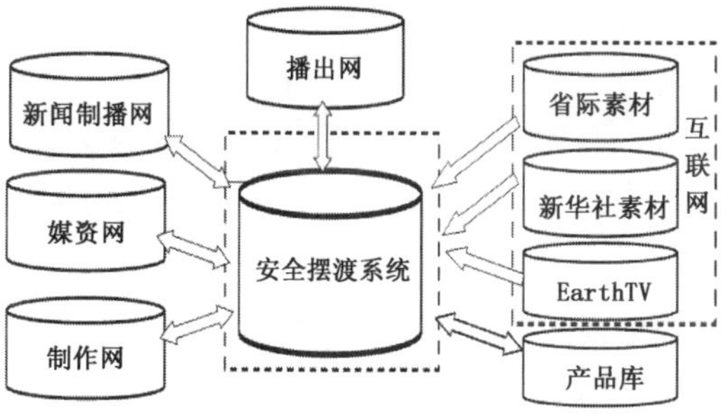

图 4　华风影视素材交互摆渡示意图

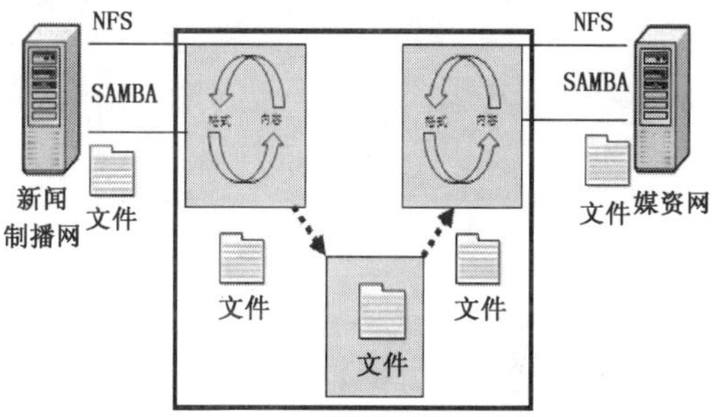

图 5　华风素材摆渡交互过程示意图

中国气象频道的新闻制播网与媒资网的素材交互实现了影视素材的共享，素材安全交互的过程如图 5 所示。

素材安全摆渡流程如图 6 所示：

(1)媒资网把导入的素材摆渡到 Mam_DirS 文件夹。

(2)DemoFileMam2News 摆渡软件自动扫描 Mam_DirS 文件夹，把 Mam_DirS 文件夹中的文件传送到 News_DirD 文件夹中。

(3)、新闻制播网转码系统自动扫描 News_DirD 文件夹，把素材摆渡到新闻制播网存储。

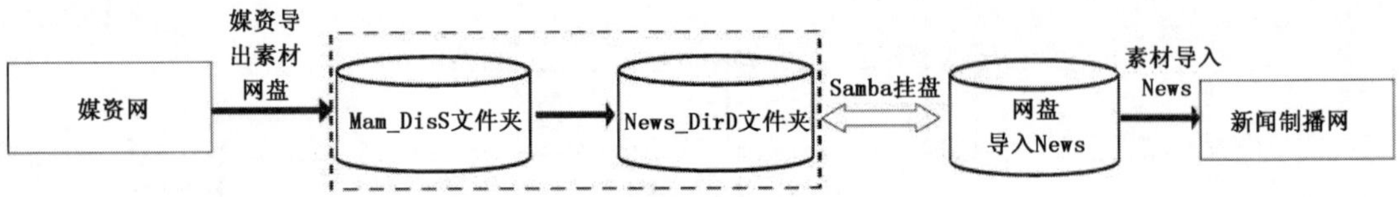

图 6　媒资网与新闻制播网摆渡流程

影视素材摆渡到新闻制播网后，编辑人员利用后期非编软件进行加工成小片，最终在新闻制播网上播出。

4　结束语

网络安全摆渡技术有效解决了物理隔离条件下的业务私有网、数据业务网和办公网之间的文件交互，这种双机摆渡的系统架构是一种高效、安全的解决方案，它为全台网的整合提供了可靠的技术支撑。

三维粒子特效技术在气象影视节目中的应用

胡荣辰　朱　宝　凌　洋

（江苏省气象服务中心，南京 210008）

摘　要

本文叙述了三维粒子特效技术在气象影视节目中的应用，详细描述了利用该技术制作台风和龙卷风三维动画的过程，并对其中的难点和创新进行了总结，对从事气象影视三维动画创作的同行具有一定的借鉴价值和参考作用。

关键词：三维粒子特效　台风　龙卷风　动画

引言

为了更好的传递气象信息，普及气象知识，越来越多的三维动画技术应用在气象影视节目当中。对于日常节目来说，通过三维动画可以使普通的天气图形变得生动形象，从而更好地传递气象信息。对于气象科普专题而言，一些难以表述和解释的气象专业知识及现象通过三维动画可以变得直观易懂，有助于公众防御这些天气灾害或者减少灾害带来的损失。但是有些天气现象或原理制作成三维动画具有一定的难度，比如说台风、龙卷、泥石流等等。笔者通过实践操作，发现三维粒子特效技术可以很好地将这些天气现象变成三维动画，并找到其中的几个关键技术，在此抛砖引玉，与大家共同探讨。

1　知识描述

我们以制作台风和龙卷风的三维动画为例。要想设计制作出优秀的台风和龙卷三维动画，首先要对于这两种天气现象的形成以及结构进行全面的了解。

1.1　台风

1.1.1　台风形成条件

热带海面受太阳直射而使海水温度升高，海水蒸发提供了充足的水汽。而水汽在抬升中发生凝结，释放大量潜热，促使对流运动的进一步发展，令海平面气压下降，造成周围的暖湿空气流入补充，然后再抬升。如此循环，形成正反馈，即第二类条件不稳定（CISK）机制。在条件合适的广阔海面上，循环的影响范围将不断扩大，可达数百至上千千米。由于地球由西向东高速自转，致使气流柱和地球表面产生摩擦，这就引导气流柱逆时针旋转（南半球为顺时针旋转）。

1.1.2　台风结构

台风是一个强大而深厚的气旋性漩涡，发展成熟的台风，其底层按辐合气流速度大小分为三个区域：

外圈，又称为大风区，自台风边缘到涡旋区外缘，半径约 200～300 km，其主要特点是风速向中心急增，风力可达 6 级以上；

中圈，又称涡旋区，从大风区边缘到台风眼壁，半径约在 100 km，是台风中对流和风、雨最强烈区域，破坏力最大；

内圈，又称台风眼区，半径约 5～30 km。多呈圆形，风速迅速减小或静风。

1.2 龙卷风

龙卷风是在极不稳定天气下，由两股空气强烈对流而产生的一种伴随着高速旋转的漏斗状云柱的强风涡旋。龙卷风的形成可以分为四个阶段：

大气的不稳定性产生强烈的上升气流，由于急流中的最大过境气流的影响，它被进一步加强；

由于与在垂直方向上速度和方向均有切变的风相互作用，上升气流在对流层的中部开始旋转，形成中尺度气旋；

随着中尺度气旋向地面发展和向上伸展，它本身变细并增强。同时，一个小面积的增强辐合，即初生的龙卷在气旋内部形成，成为龙卷核心；

龙卷核心中的旋转与气旋中的不同，它的强度足以使龙卷一直伸展到地面。当发展的涡旋到达地面高度时，地面气压急剧下降，地面风速急剧加大，形成龙卷。

2 三维动画的制作

2.1 三维动画软件的选择

通常我们所使用最多的专业三维动画软件是 3ds max 和 MAYA 这两种，笔者通过实践对比发现，运用 MAYA 来制作这些天气现象，动画效果逼真，而且步骤更加简单。我们还可以更加容易地根据自己的需要改变台风和龙卷风形状、路线等。因此，本文中探讨的三维动画制作均以 MAYA 为例。

2.2 具体制作过程

2.2.1 台风的制作过程

第一步：在 MAYA 中创建粒子发射器。在动力学 Dynamics 模块下创建手绘粒子发射器 Particles→Particle Tool，调整 Number of particles 和 Maxmum radius 属性，按回车键确定（图 1）。其次，在 TOP 视图绘制一个米字形状（图 2）。

第二步：这个米字型就是我们创建的一个粒子发射器，台风也就是通过它来实现的，按 CTRL＋A 把粒子属性设置（图 3）。然后将粒子形状设置为 MultiStreak. ，Streak 粒子适合用来制作雨、火花等，见图 4。

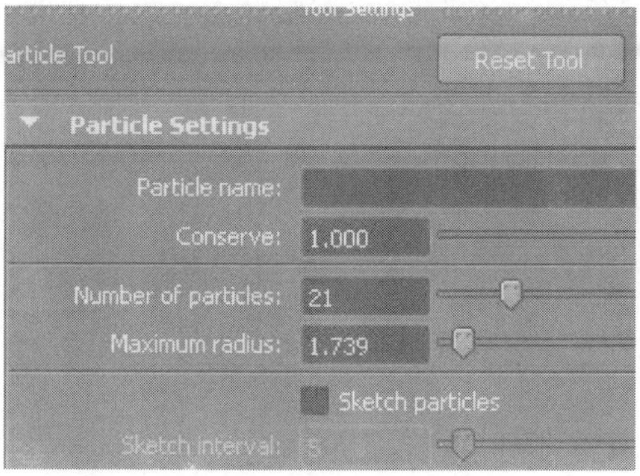

图 1　创建手绘粒子发射器

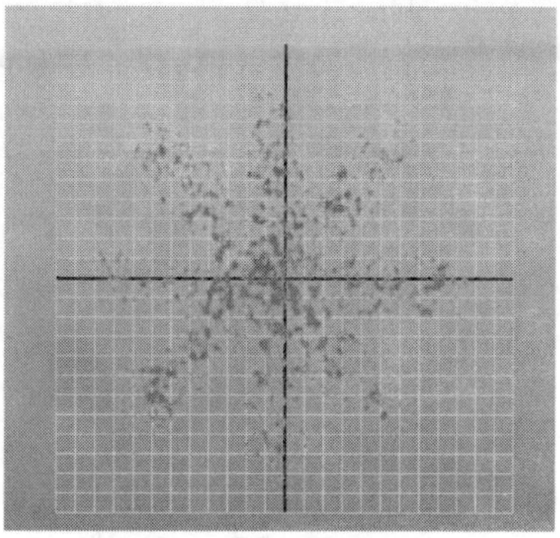

图 2 绘制一个米字

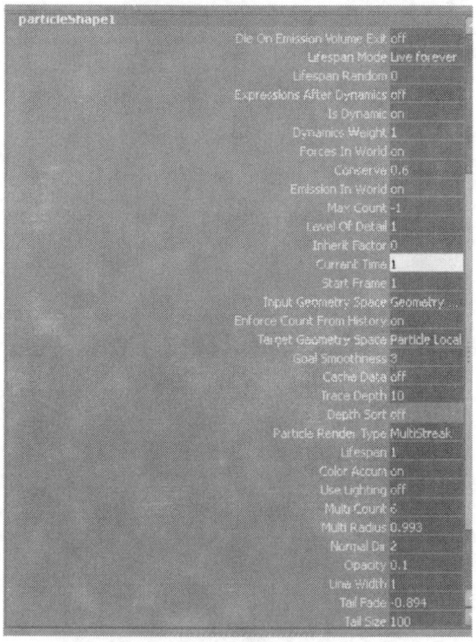

图 3　粒子属性设置

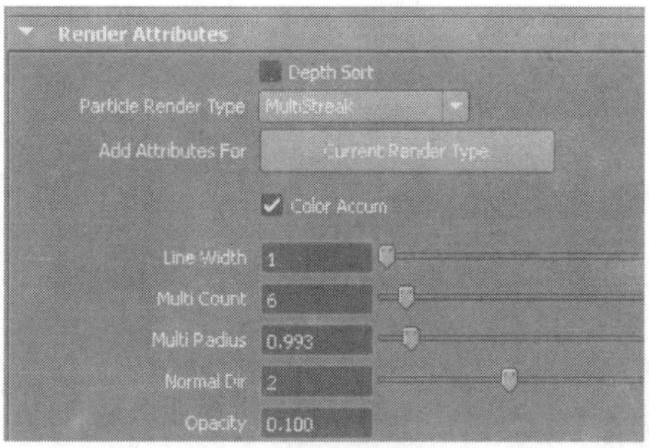

图 4 制作雨、火花

第三步：设置完粒子属性后，还需要给粒子添加颜色，这里，我们需要给粒子添加表达式，分别给 Rgb VPP 和 Rgb PP 添加属性，右键单击 Rgb VPP 在出现的窗口右键单击 Creation Expression，弹出的窗口中输入表达式，右键单击 Rgb PP，选择 outColorPP，Edit Ramp，调整色彩渐变，见图 5 和图 6。

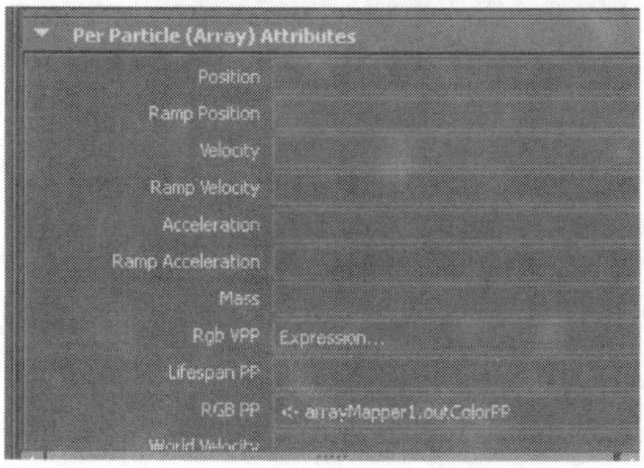

图 5　添加表达式

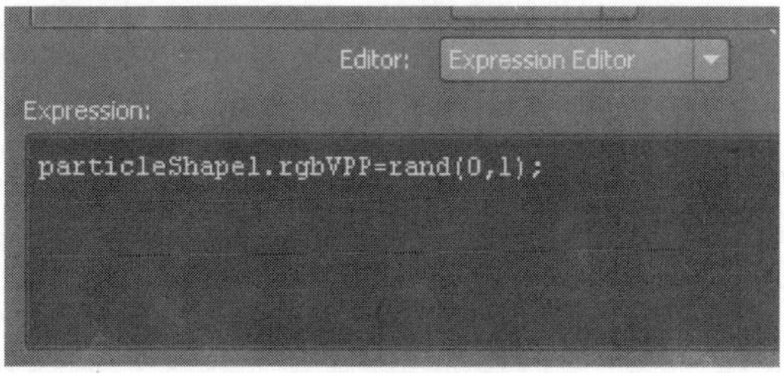

图 6　调整色彩

第四步：调整完这些后，给粒子添加场，Fields→Vortex，使粒子旋转起来。最后根据自己需求，进行调整各参数，以达到比较好的效果，见图 7。

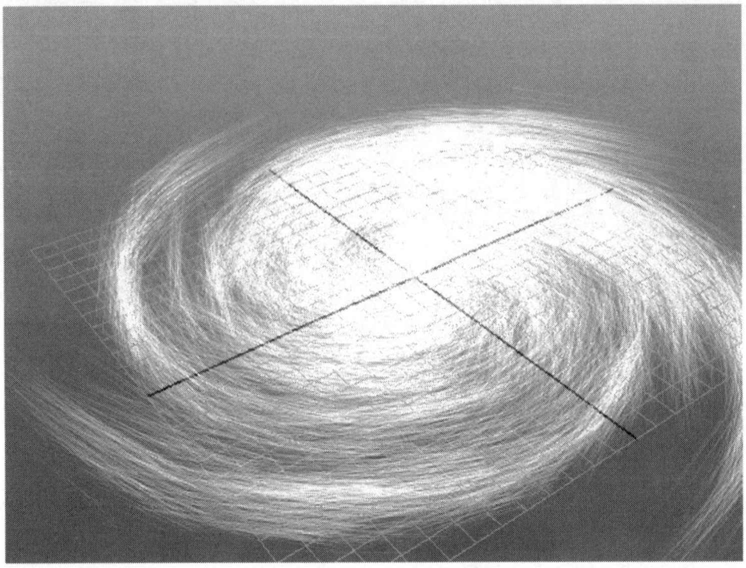

图 7　粒子旋转

2.2.2　龙卷风的制作过程

第一步：先创建一个 nurbs 物体，再复制一个，压缩成一个平面，见图 8。然后两个物体进行 blendshape。给 blendshape K 帧，让模型形成一个龙卷风的主体形态，给模型加晶格，并对晶格进行 K 帧，让模型扭曲运动，见图 9。

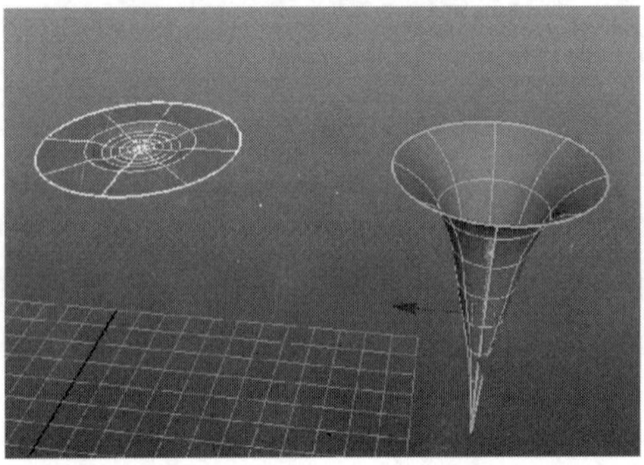

图 8　创建 nurbs 物体

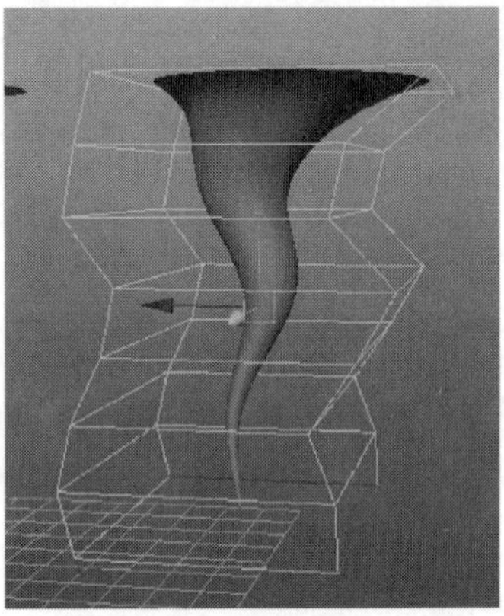

图 9　模型扭曲运动

第二步：创建粒子，选择模型，进行面发射，勾选 parentU parentV，见图 10。选择粒子，选择模型 创建 goal，然后给粒子属性添加 goalU，goalV，进行表达式的编辑，写表达式控制粒子旋转，见图 11。

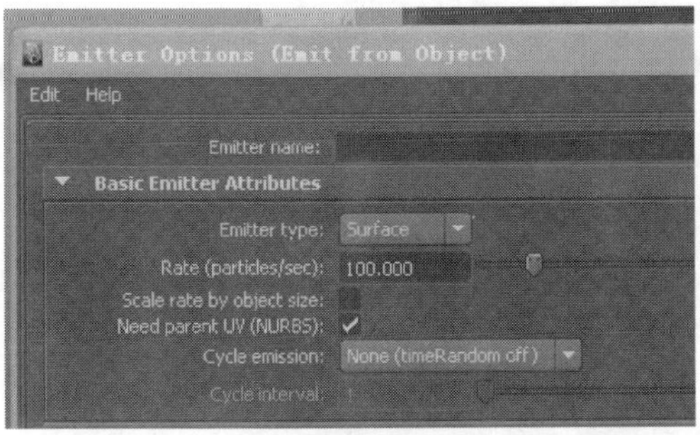

图 10　创建粒子

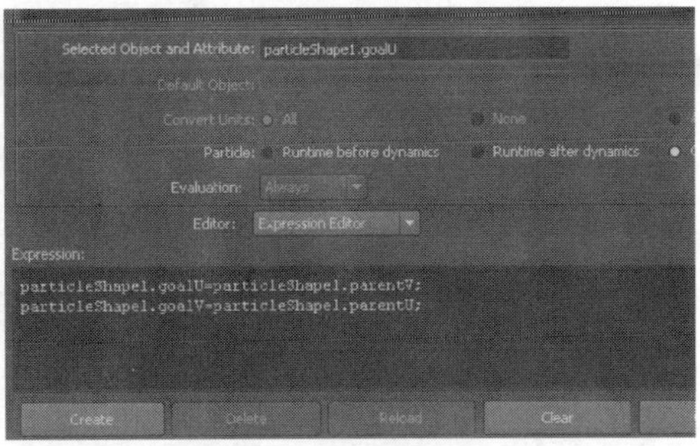

图 11　粒子旋转

第三步：将粒子转换成粒子云形态，赋予粒子云的材质(图 12)。材质方面，水滴贴图那个选项，使用 noise 或者 cloud 就可以了(图 13)。

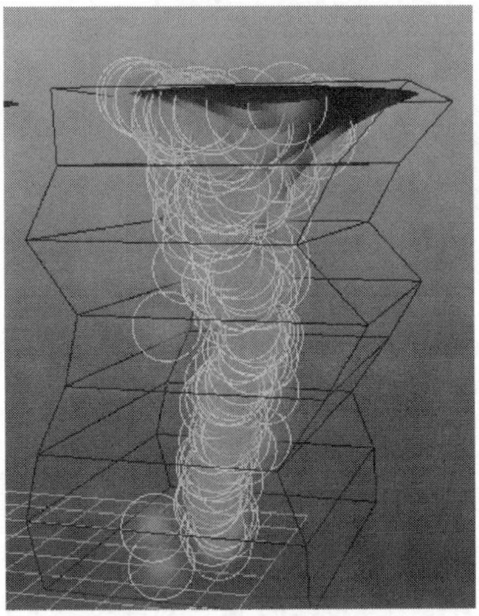

图 12　转换粒子云形态

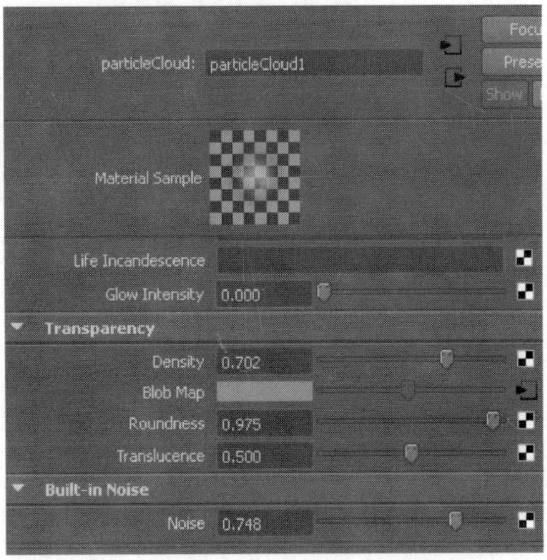

图 13　赋予粒子云的材质

第四步：给粒子添加 Vortex Field 和 Turbulence Field 设置。

因为一层单独的粒子产生不了效果，所以我们需要以同样的方法多建立几个粒子云作为底部的尘土和空中的外围灰尘，打灯渲染，最终形态见图 14。

3　解决的关键技术

三维粒子特效的运用并不难，但是运用 MAYA 粒子系统制作模拟龙卷风漏斗状云柱的强风涡旋确实有一定的难度。笔者想到的办法是，在制作龙卷风的过程中，运用 blendshape 表情工具，制作融合动画，创建出龙卷风旋转的过程，并且运用粒子模拟龙卷风主体形态和外围烟尘，这样难题就迎刃而解了。此外，在台风制作过程中应用绘制粒子作为发射器和漩涡场，这也是三维粒子特效使用过程中的一个关键问题。

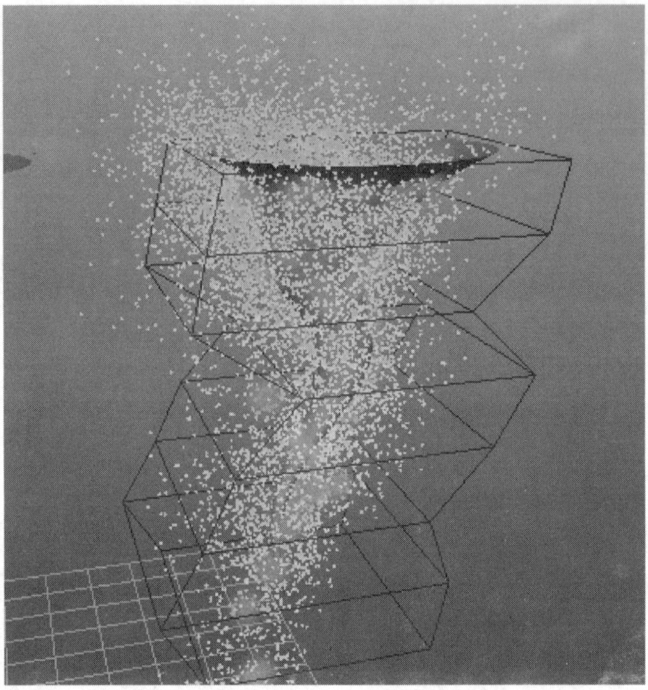

图 14　龙卷风最终形态

结语

目前,三维动画技术日新月异,每天都在创新和发展。也许台风、龙卷风的三维动画制作还有更好的办法,但是需要在实践中摸索和验证。笔者希望自己以及从事和热爱这项工作的同行们,在今后的工作中能寻找出更多实用的三维动画制作技术,为提高气象节目的水平,更好地传递气象信息,普及气象科普知识做出贡献。

网络化高清新闻制播系统的设计

郑 巍 凌 柏 周 杰

（华风气象传媒集团，北京 100081）

摘 要

为了提高中国气象频道高清节目制播水平，实现资源共享，优化制作流程，实现气象新闻采、编、播、存、管的全面高清化、网络化，突出节目发布的时效性。针对当前制播系统的高清化的飞速发展和气象资讯节目制播高时效、高稳定、高安全、高管控的要求，结合中国气象频道的实际情况，建设网络化高清新闻制播系统是提高频道整体制播能力最有效的途径。本文结合网络化高清新闻制播系统的建设需求分析，对系统的设计原则、设计目的及设计思路进行了重点阐述。

关键词：网络化 高清化 设计原则 设计目的 设计思路 实效性

引言

中国气象频道自 2006 年 5 月开播以来，立足于提供本地化、精细化和特色化的全方位气象服务，为各级政府和社会公众提供及时、权威的气象预报预警信息；为政府决策，尤其是突发事件的应急响应提供快速、有效的依据；为各级党政领导组织防灾、减灾和抗灾工作提供科技支撑，充分发挥"防灾减灾、服务大众"的功能。频道全天 24 小时不间断为社会公众和各行业提供天气预报、突发性自然灾害新闻、预警信息发布、气象及相关生态环境科学知识等信息服务，它是国家突发公共事件预警信息发布平台的重要组成部分。

为了进一步及时有效地发布预报预警信息，提高气象服务发布效率，中国气象频道必须在新闻制播平台上，充分发挥网络集约化制作优势，提高气象信息及气象新闻等气象内容的管理、制作、发布效率。如何实现上述节目制作需求呢？目前网络化高清新闻制播系统已是支撑高清节目大规模生产的重要基础，新闻制播技术的网络化、高清化是节目制作发展方向，近年来节目制作系统的网络化应用也在普及。伴随着国内高清频道的播出，高清节目制作系统的网络化应用需求也日益明显。中国气象频道作为防灾减灾信息发布平台，它扮演着对公众提供实时天气信息的一个快速应变角色，怎么能够把天气预警预报信息和应急措施第一时间发布出去，同时体现节目制作的实时联动性呢？网络化高清新闻制播系统在这里起到了关键性作用。网络化、高清化、数字化高清新闻制播系统的应用是频道发展的主流方向，是实现网与网之间灵活、快捷、高效的资源共享的有力措施。下面从网络化高清新闻制播系统的设计原则、设计目标、设计思路三个方面进行探讨。

1 系统设计原则

建设一个针对高清新闻节目制作，高效新闻创作、兼顾传统发布与网络发布的数字媒体一体化平台是网络化高清新闻制播系统的总体目标。针对这个目标设计了基于纯以太网单网链路架构的平台。在设计时考虑了以下因素。

1.1 系统完整性

在设计的过程中为整个高清制作系统配置了各种功能的系统子模块，主要包括：

核心网络共享存储系统；在线生产媒体资产管理系统；新闻文稿编辑系统；高清播出服务系统；高清新闻精编系统；集中采集上下载站点；集中配音系统；审核系统。

通过以上配置的高清新闻网络制播系统，频道可以从容应对从标清范围的 720×576 到全高清的 1920×1080i 解析度，以及从 PAL 制式到 NTSC 制式这些广电专业领域所有的新闻节目制作播出的标准。设计的高清新闻制播系统能够满足不同质量要求的新闻创作、网络管理、共享存储、播控等需求。通过将各系统以最佳的方式组合在一起，满足频道节目制作和系统管理的综合需求。

1.2 可靠性

作为网络化高清新闻节目制播系统，在整个新闻节目生产业务中担当着非常重要的角色。该系统要承担整个新闻节目后期制作和播出任务，如果平台的可靠性没有办法保证，那么在新闻节目生产过程中很可能出现影响极大的生产事故，因此在设计阶段就要选用安全性极高的核心网络存储系统作为主干网络与存储管理设备。要具备检错、纠错能力，并具备完善的应急方案，且应急操作安全、快捷。备份系统（包括通道）要有独立性，防止主系统出故障时对备份系统造成影响。同时，系统运行过程中的各关键因素要有严格的监控和管理手段。

1.3 技术先进性

系统的先进性，贯穿于高清新闻制播平台的设计理念、设备选型及工程施工的全过程。系统整体采用了包括 DX 总线技术、万兆以太网核心存储技术、12GB 级串联技术、内置交换模块技术、双路技术等具备先进理念与高效工作能力的技术产品。

1.4 系统平台开放性

系统支持主流的文件格式、压缩格式和相关的高标清主流设备，完全满足节目制作所涉及的各方面细节需求。网络结构则采用非常成熟稳定的以太网作为链路基础，用户可以在此基础上添加其他第三方厂家的数字媒体制作产品，可方便地接入到核心存储平台中，提高数据管理能力与保障能力。

1.5 可扩展性

网络化高清新闻制播系统建设要考虑对现有业务规模的支持，同时当业务量和系统存储量需要扩充时，在不影响节目制作、播出的情况下，系统可通过增加适量的设备进行系统的平滑升级。

1.6 易维护性

设计核心系统具有良好的检错、纠错能力，具有完善的备份修复措施，操作简单、直观、维护管理方便；所有日常维护工作要求能实现在线式操作，主要设备都支持在线热插拔。

2 系统总体设计目标

建设网络化高清新闻制播系统的目标是，能够完成中国气象频道业务所需的气象新闻素材上载、外拍回传、新闻文稿管理、新闻节目编辑制作、新闻演播室播出、网络管理、新闻资料管理和共享功能，主要实现气象新闻节目直播制作的要求，能应对变化无常的新闻直播实时调整，凸显新闻制播技术快速响应及应变能力。

根据上述总体目标，所设计的网络化高清新闻制播系统架构图如图 1 所示。

3 系统设计思路

系统的设计根据中国气象频道新闻实时节目制作的各方面的要求，以及广电行业高清化、网络化的技术标准，对中国气象频道制播系统网络化建设进行总体规划设计。

伴随新闻时事节目制作的更高要求，以及广播电视行业逐步进入高清化、网络化的技术高度，根据节目制播要求，系统设计遵循以下几个重要的技术要求：

(1)高清新闻制播系统必须兼容高清格式(1920×1080,50i)XDCAM HD 50 同时兼具制作与播出标清(720×576,25i)DV50 格式的能力；

(2)高清新闻制播系统需涵盖现有的各个工作环节：文稿制作、精编、配音、审片、自动化播出等，并且工作流程基于标准的 IT 以太网络环境，既能提高工作效率又降低使用部门对系统维护的难度；

(3)高清新闻制播系统采用通用的 MXF 文件格式。MXF 可以把视频、音频和节目数据(如文本)等组合为一体，合成一个单独的文件。这种文件格式的设计可实现视频文件与压缩格式的无关性，有利于不同系统间素材文件的交换。

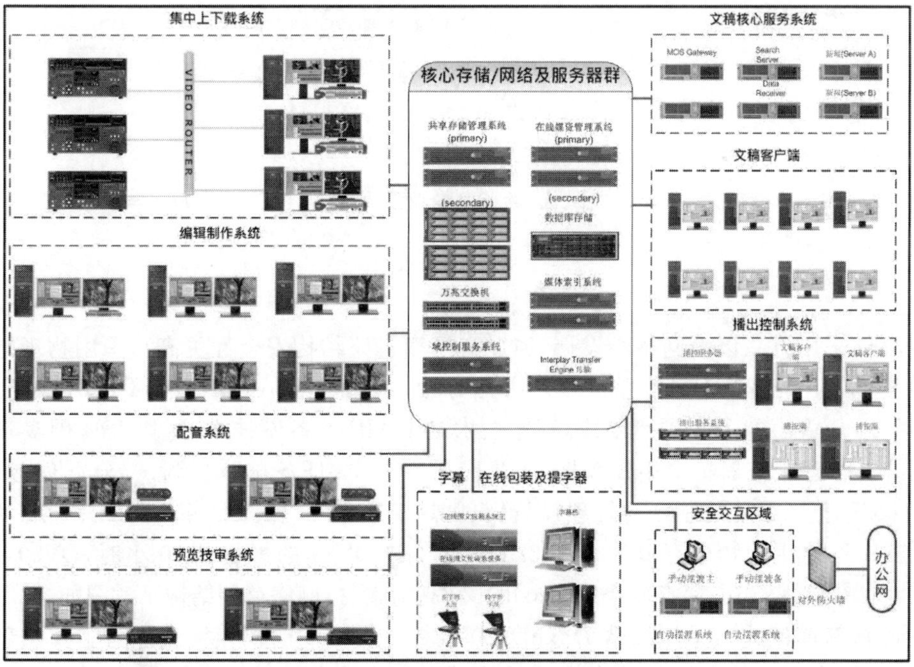

图 1 网络化高清新闻制播系统架构图

(4)高清新闻制播系统需要建立共享媒体核心存储平台，根据业务流程能够按照用户定义的标准去进行新闻素材的调用、编辑、协同工作等；

(5)系统中的产品均需采用标准化设计的部件，并具有优秀的稳定性、可靠性、通用性，并且保留一定的用户个性化设置范围。从而在系统运行期间遇到任何问题都可以由用户方自行地、自主地进行最大程度的系统修复工作，保障系统良好的运行状况，避免出现受制于厂商或集成商的情况；

(6)完善的设计流程，考虑到新闻制播平台的协同工作能力，应根据具体的需求配置适合使用的工作流程，并且在未来业务发展的情况下，可平滑升级并重新定制业务流程。

3.1 业务流程设计

按照中国气象频道现有节目制作流程，网络化高清新闻制播系统的业务流程设计主要包括新闻图像编辑、文稿编辑、串播编辑、字幕制作等环节的设计。制播流程是指在文稿编辑和串联单、视频编辑完成后，所有文稿进入文稿服务器，每日播出串联单进入文稿播控服务器待播，所有素材需首先调入网络主存储内，元数据信息进待播数据库；应用编辑进行节目精编、包装加工，编辑过程中串联单中的文稿与视频自动链接在一起。在完成节目制作和审片后，直接发送到视频播出服务器，通过在播服务器编制播出串联单，将串联单自动链接到视频和其他相应内容进行播出，从而完成新闻现场直播任务。新闻制播业务流程如图 2 所示。

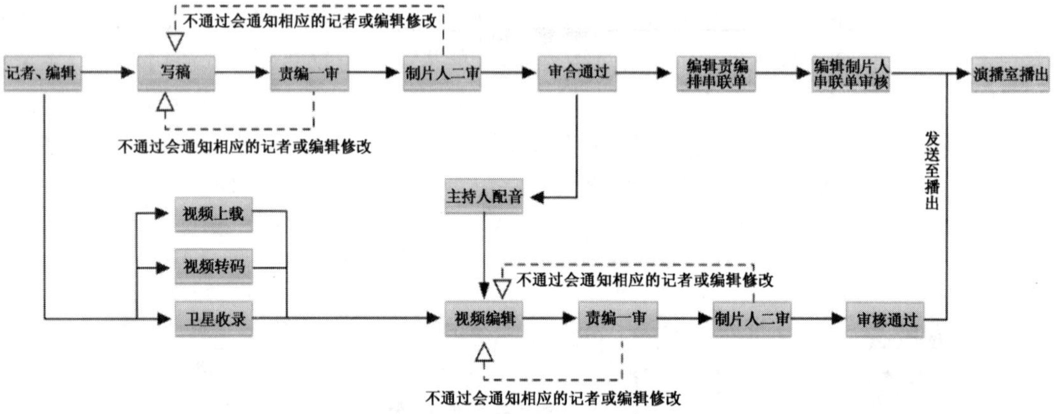

图 2 新闻制播业务流程

3.2 网络存储设计

网络存储采用万兆以太网核心设计(纯以太网双链路结构安全性更高)，采用物理链路冗余双链路结构，Vlan 网络技术。在磁盘阵列存储方面，采用的是 AVID UNITY ISIS 存储方式，它由 64 块 1TB 大小的 ISB 硬盘组成，存储技术是 RAID 1 备份技术，每块 ISB 硬盘都运行着 Linux 系统。管理服务器负责接收数据、接收应用端请求、任务排队与调试、分派任务、反馈相关的各种状态信息、系统控制台的处理，配置双机热备服务器，保障服务不间断。存储引擎物理容量为 64TB，可使用的物理存储容量为 32TB，可存储 DV25 的素材 2400 小时，DV50(XDCAM HD50)素材可存储 1200 小时，500 小时 DnxhD120 高清素材，网络存储结构示意图如图 3 所示。

针对高清新闻制作可采用高清 DnxhD120 或标清 DV50 的视频格式作为主要的新闻节目编码格式，可提供高清晰度的视频质量，完全可满足目前电视台高清新闻网高质量新闻制作和

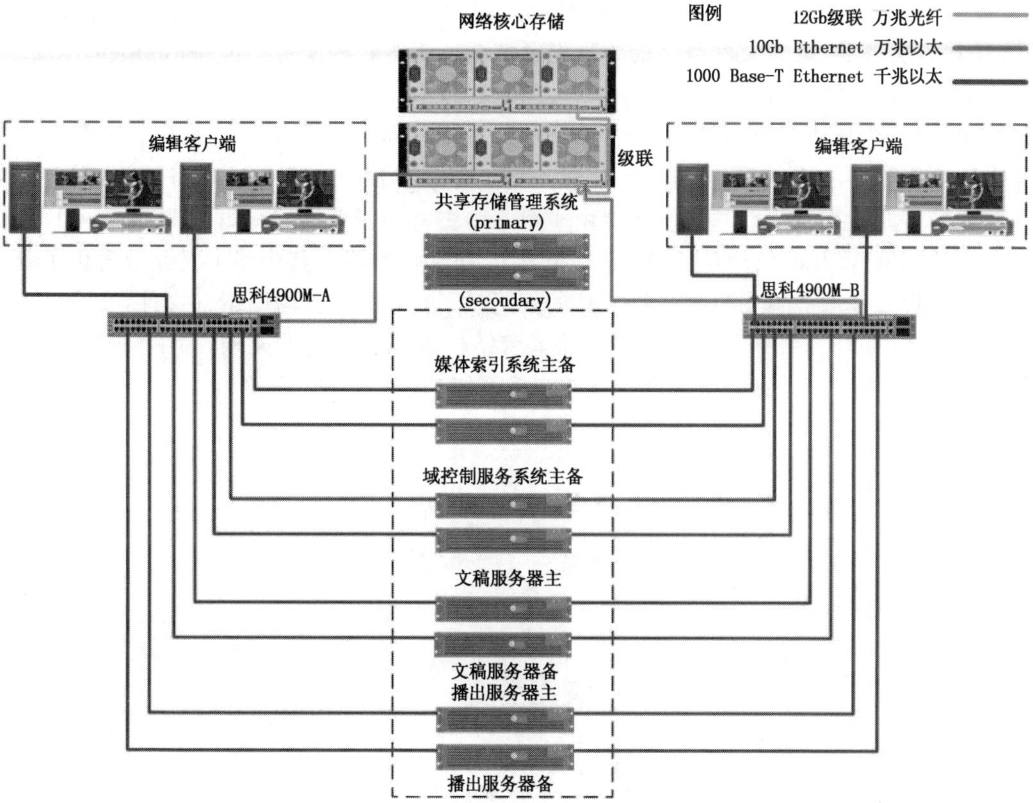

图 3 网络存储结构示意图

播出的要求。网络化高清新闻制播存储系统由存储管理服务器与存储体构成,存储引擎通过分布式存储进行管理。通过 MI 进行索引,所有的工作都由分工明确的多个服务器来协调合作完成,减小了单个服务器的负担。若出现问题,就可做到实时定位和处理。存储模块主要由智能单网架构及 64 位分布式虚拟文件系统的存储系统构成,核心共享存储是该存储架构设计的重点。该设计为系统运行提供了高安全、高效率、高管控的生产环境,可以承载中国气象频道短时间增加大量的节目,同时它的性能可智能化分配。另外存储容错机制也是保障制播的关键技术,当存储管理服务器与 ISIS 的硬盘模块上的 CPU 进行通讯时,可以实时监测硬盘的健康状况。如果一旦发现某一块硬盘工作状态不正常,控制服务器会把该硬盘的数据快速迁移到周围其他硬盘去,这种迁移不是点对点,而是一个点对很多个点,所以它的速度会很快。在整个高清网的存储系统里最重要的是数据的安全保存,必须确保在发生任何不可抗拒原因的数据损坏时,系统都必须存有备份数据,保证素材的正常使用。该系统在数据存储方面主要采用的是类似于 RAID 1 的技术,即镜像结构。RAID 1 技术设计目的是打造一个安全性极高的存储系统,即把相同的数据备份存放在两个驱动器,当一个驱动器出现故障,另一个仍然可以维持系统的正常运转。

3.3 系统功能设计

网络化高清新闻制播系统设计配置有 8 台精编站点,17 台文稿编辑站点,2 台配音站点,3 台数字高标清上下载站点, 2 台技审站点,2 台文稿服务器,2 台播控控制端。与此同时,每台高标清上下载站点还配备加速箱 NITRIS DX,采用的是惠普 Z400 工作站,AVID 接口箱型由 Newscutter 软件进行操控。站点上分别配备标清的录像机、高清蓝光盘、HDCAM 高清录像机、

P2 卡读卡器。根据系统需求，在服务器端，设计规划 14 台服务器提供网络存储管理、媒体索引、文稿检索服务器、指针文件数据的管理以及域名解析等各种服务。配备 Juniper ISG1000 硬件防火墙以保证整个网络的安全性、稳定性。在整个网中，一共有两个工作组。其中一个是编辑制作组，另一个是播出控制组。包括播出服务器、播控服务器及播控客户端。高清新闻制播网就在这些服务器的作用下相互连接，形成一个整体。数据个体存储在服务器中，需要同时支持多路高清实时数据访问。系统服务器由 4 组互为主备的服务器组成，即 SD(SystemDirector)服务器、MI (Media Indexer)服务器、IE 服务器和 IFS 服务器。其中 SD 服务器简化了管理员对硬盘的管理；MI 服务器负责对指针文件的索引；IE 服务器负责调用指针文件，在线媒体管理服务器调用素材；IFS 服务器将诸多服务器紧密结合成一个完整的架构，为中国气象频道实时制播提供了安全保障，详见网络化高清新闻制播系统功能示意图(图 4)。

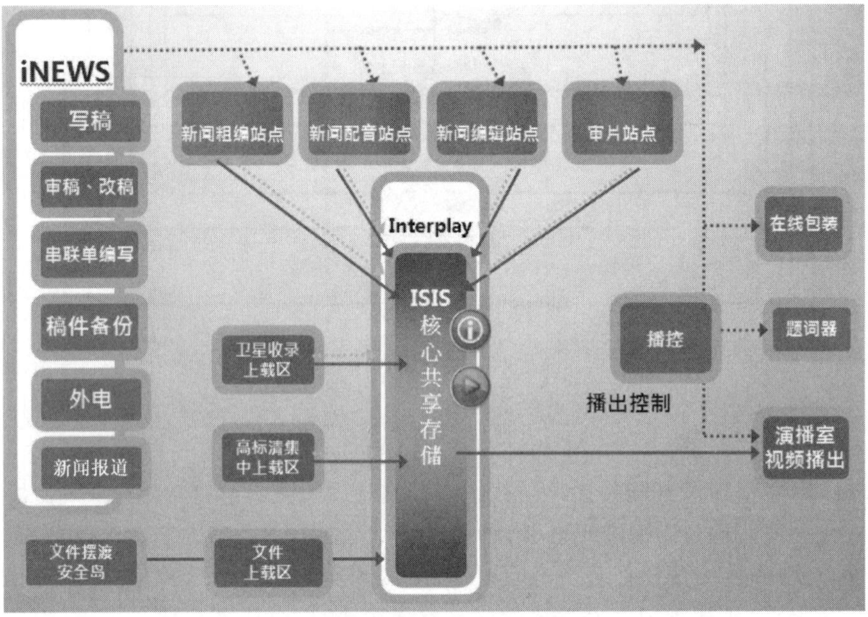

图 4　网络化高清新闻制播系统功能示意图

通过共享存储管理服务器管理媒体素材、用户账户、存储空间和监控存储系统各组件状态，媒体资源管理系统可以对存储素材元数据信息、用户账户信息进行管理，域控可以对整个网络域控进行管理和提供整个系统基准时间。

4　系统设计总结

网络化高清新闻制播系统设计的重点在于系统的“稳定可靠性、合理性、实用性、先进性”，在整个系统的设计过程中，必须更多地考虑“网络化”这个概念的真正含义，使整个系统表现为一个真正意义上的新闻制播一体平台，而不是一个简单的“素材共享”。

网络化高清新闻制播系统的搭建，更多是多媒体信息优势的进一步发挥，是技术水平和信息服务水平的又一次大的飞跃。通过启用先进数字的媒体技术、合理的设计工作流程、充分整合新闻资源，在保证新闻制播安全的前提下，提高新闻生产的质量和效率，真正意义上的实现“高安全、高质量、高效率”的目标。

新媒体深度气象信息服务系统构建及功能

司 研

（华风气象传媒集团，北京 100081）

摘 要

本文论述了新媒体深度气象信息服务的理念，并结合防灾减灾工作进一步对该理念如何实现进行了详细诠释。首先，对新媒体深度气象信息服务提出的背景、范围和目标、与传统气象服务的比较、发展现状做了清晰的阐释。进而，结合新媒体技术在位置气象服务、用户订阅服务、消息推送服务、气象微博服务等具体几种服务进行了详细论述。最后，介绍了基于云计算技术的新媒体深度气象信息服务系统的构建及功能。

关键词：新媒体　深度气象信息服务　防灾减灾　灾害预警

1 引言

伴随着国民经济的发展、社会的进步、科技的提升，在防灾教育、防灾减灾、抢险救灾、灾害监控、灾后重建等诸多方面，对气象信息服务信息的准确性、获取的方便性、可交互性等诸多方面提出了更高的要求。传统的气象信息服务形式，已难以快速全面地满足应对灾害的需求，因此，深度气象信息服务应运而生。深度气象信息服务，是一种以气象信息数据共享为基础、可随时随地获取、支持气象信息精准发布、能与服务人群有效互动的新型气象服务产品。

2 新媒体深度气象信息服务的理念

2.1 背景

伴随技术的进步，尤其是移动通信技术的发展和用户的快速增长，以及“四屏一云”（电脑、汽车、手机、电视、云计算）技术的发展，气象信息的获取、存储、使用、发布将发生根本的变革。

由于中国是世界上自然灾害最为严重的国家之一，在全球气候变化和中国经济社会快速发展的背景下，中国面临的自然灾害形势严峻复杂、灾害风险进一步加剧、灾害损失日趋严重。面对各种自然灾害和突发天气状况，如何利用新的技术手段，把灾害对生产、生活的负面影响进一步减小，一直备受社会的关注。

2.2 范围和目标

深度气象信息服务，旨在为社会全体成员提供随时随地的气象信息及与气象相关的生产生活信息服务。它是任何人、任何时间、任何地点、任何气象信息产品、任何智能终端都可定制接受、按需使用、快速更新的一种服务产品。

2.3 与传统气象服务的比较

2.3.1 两者区别

从信息内容上看，深度气息信息服务包括气象信息及与气象信息相关的生产生活方方面面的信息集合。传统气象信息服务只包括气象信息。

从产品形式上看，深度气象信息服务包括智能手机客户端、智能终端、互联网终端、车载终端在内的多种终端产品。传统气象信息服务只包括广播电视节目。

从受众用户上看，深度气象信息服务包括广播电视用户、手机用户、互联网用户、移动互联网用户、平板电脑用户、汽车用户等。传统气象信息服务只包括广播电视用户和2G手机用户。

从发布方式上看，深度气象信息服务包括基于位置信息的信息发布、用户按需订阅形式的发布、主动发布到终端的推送服务等。传统气象信息服务只包括广播电视播放一种发布形式。

从信息流动上看，深度气象信息服务将全部信息统一存储，用户不但是信息的接受者也是信息的提供者。服务商和用户，用户和用户，都有双向的信息交流。传统气象信息服务只包括从服务商到用户的单向信息流。

2.3.2 两者联系

传统气象信息服务是深度气象信息服务的前身和基础、依然有着大量用户、是深度气象信息服务不可或缺的重要组成部分。没有传统气象信息服务，深度气象信息服务就无从谈起。做好传统气象信息服务，是做好深度气象信息服务的必须保障。

3 新媒体深度气象信息服务应用

3.1 预警精确发布——位置气象服务

基于位置的服务(Location Based Service，LBS)，是通过电信移动运营商的无线电通讯网络(如GSM网、CDMA网)或外部定位方式(如GPS)获取移动终端用户的位置信息(地理坐标，或大地坐标)，在GIS(Geographic Information System，地理信息系统)平台的支持下，为用户提供相应服务的一种增值业务。

以LBS为基础的深度气象信息服务是位置气象服务。通过采集用户的位置信息，搜索与用户位置信息相匹配的深度气象信息，然后提供所在位置范围内的气象服务产品。这样提供的预警信息是针对位置用户的，可以大大提高预警信息发布的准确性和获取预警信息的及时性，避免以往由用户自行在众多预警信息中搜索与己有关信息的繁琐和费时，为采取有效防灾措施赢取了宝贵的时间。

3.2 预警信息定制——用户订阅服务

用户订阅是用户根据自身需求，为自己选取定制各类深度气象服务信息，以便及时满足用户个性化信息的需求。

不同企业或人群对各种天气灾害的敏感度是不同的，通过预警信息的定制发布，可以在用户关注的地区发生特定灾害现象时，给予充分的深度气象信息支持。这样可以很好提升用户体验，增加用户对信息的易用性，同样避免了用户每次都去识别和过滤哪些是适合预警风险的麻烦。

3.3 预警快速发布——消息推送服务

消息推送服务，保证了预警信息快速发送到用户，用户可以及时接收到最新的、与其有关的或已定制的深度气象信息产品。

消息推送服务，是在用户身边带有预先安装好的手持或其他深度气象服务软件产品的终端（例如：气象频道手机客户端），但用户不必启动气象服务软件程序，就可以实现预警信息获取。大大提高了用户接受信息的方便性，并防止由于程序关闭，造成信息未及时送达所可能带来的风险。

3.4 灾害播报——实况信息服务

通过多媒体形式发布的灾害，可以在灾害发生时为用户提供实况。与以往播报形式最大的不同是：播报节目的视频来源不但包含官方工作人员摄制的，也可能是亲临现场的普通用户通过手机视频方式上传的。这样，信息来源更加丰富，更加及时。

灾害实况信息服务也可以通过上述几种方式（位置气象服务、用户订阅服务、消息推送服务）提供给用户。

3.5 灾害舆情监控——气象微博服务

舆情是“舆论情况”的简称，是指在一定的社会空间内围绕社会事件的发生、发展和变化，作为主体的民众对作为客体的社会管理者及其政治取向产生和持有的社会政治态度。它是较多群众对社会各种现象、问题所表达的信念、态度、意见和情绪等等表现的总和。

由于灾害的涉及面广、涉及人数多、对生产生活负面影响大，往往造成严重的经济损失和危及生命安全，受到全社会的普遍关注，因此，是舆情监控的重点。

通过气象微博产品，用户可以将对各种预警信息、灾害的体会、感受与其他人分享和讨论。对微博言论中相关的舆情分析和监控，可以及时发现工作中的不足和漏洞。

3.6 防灾科普教育——气象节目服务

平时做好防灾减灾的科普教育，在灾难来临时，才可以冷静、理智、从容地应对突发状况，减少人员伤亡和经济损失。

通过对防灾减灾科普教育的节目定制和点播，用户可以随时随地通过身边的设备（手持智能终端、电视、电脑、车载智能设备），轻而易举地获取防灾减灾科普节目。

4 新媒体深度气象信息服务系统的构建及功能

在深度气象信息服务系统建设中，采用云计算技术，结合 SOA 对平台进行系统架构，无论从系统高可用性、业务需求满足、先进性、扩展性上都胜过传统系统架构方式。业务系统架构层次划分如图 1 所示。系统架构各层说明见表 1。

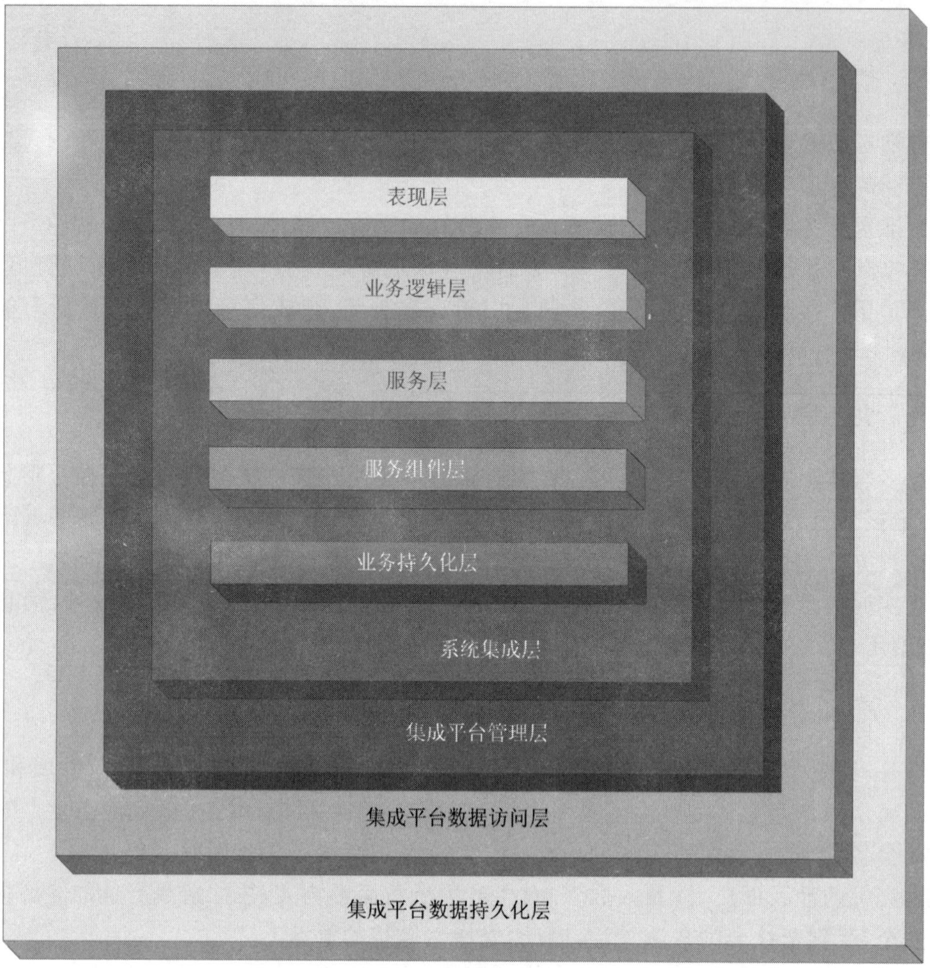

图 1 业务系统架构层次划分

表 1 系统架构各层说明

层级	名称	编号	说明
第一层	表现层	AST1	UI 展现、用户体验、富媒体交互。
第二层	业务逻辑层	AST2	处理各种业务逻辑关系与服务调用。
第三层	服务层	AST3	提供特定的业务处理服务。
第四层	服务组件层	AST4	提供组件级业务处理服务。
第五层	业务持久化层	AST5	业务系统和数据库实现及部署。
第六层	系统集成层	AST6	采用企业服务总线，提供各个业务系统的统一消息路由、数据传递、服务接入及系统集成。
第七层	集成平台管理层	AST7	对集成平台共用资源进行统一管理。
第八层	集成平台数据访问层	AST8	实现各种数据的持久化，包括：集成平台数据规则、文件、数据库数据等。
第九层	集成平台数据持久化层	AST9	完成集成平台各个部分部署和运行支撑。

4.1 数据平台共享

以云存储为技术基础，通过集群应用、网格技术或分布式文件系统等，将网络中大量各种不同类型的存储设备通过应用软件集合起来，共同对外提供数据存储和业务访问的一个系统。

4.2 发布终端多样

通过智能手机(Android、iOS、Brew、Windows Mobile)、车载设备、数字电视、普通电脑都可以接入，获取气象深度信息。

4.3 服务获取便捷

通过任何可连接网络的终端，就可以接入获得深度气象信息服务。包括：GSM 网、CDMA 网、3G 网在内的移动互联网、互联网、有限电视网等。

4.4 服务按需使用和付费

以 SaaS(Software－as－a－service，软件即服务)提供方式，用户可定制按需使用，对于付费产品仅需月租的方式付费即可，不用不付费。减少了对于用户冗余信息的传输，降低了网络带宽的开销，不但节省了产品使用费用、降低了使用的门槛，同样也节省了用户和服务运营商基础设施的成本开销。

4.5 用户自服务配置

用户对于产品的使用，可以完全以自助方式完成，包括软件安装、信息定制等等，增加了用户使用系统的自主性。

5 结束语

在未来 3－5 年，伴随移动互联网的崛起、三网合一的深入、车联网的壮大、物联网的发展，新媒体深度气象信息服务将获得井喷式的发展，从用户覆盖人数、产品种类、市场规模等都将远远超过现有的规模。

参考文献

[1] 和凌志，郭世平. 2009. 手机软件平台架构解析，北京：电子工业出版社.
[2] 曹田泉，龙全. 2010. 新媒体研发与设计，长沙：湖南出版社.
[3] 聂明. 2009. 移动增值应用开发技术导论，长沙：电子工业出版社.

构想虚拟艺术在天气预报类节目中的作用

徐 扬 罗 嘉
（黑龙江省气象服务中心，哈尔滨 150036）

摘 要

现代人们生存在视觉文化主导的世界，传统艺术与虚拟艺术同在。认知开始转变，虚拟艺术在新媒体的推波助澜下，早已悄悄地渗入到现代人的意识形态。天气预报节目的制作也同样面临着挑战。作为收视关注度最高的电视节目，如何与时俱进将最新的科技成果应用到天气类节目制作中，注入虚拟现实元素的天气预报类节目，能给观众带来怎样的心理感受呢？这是我们应该思考的问题。

关键词：天气预报　虚拟现实技术　虚拟艺术

天气与人类的发展和生活息息相关。许多行业，比如交通、旅游，、农业、日常出行等对天气的变化都很敏感。电视天气预报节目是气象部门向社会公众和各行业提供气象服务的主要窗口。它的固有因素相对其他栏目要多，在这样短的时间内表达大量的信息。目前天气预报类节目存在一些不足，首先专业术语过多，使观众对节目不容易接受。其次节目制作形式单一，如果把枯燥呆板的数据转换为人们容易理解的图形图像形式，特别是使用虚拟现实技术将其量化，增加其“可视化”，就能增加节目的观赏性，也能使观众更直观、更容易的体验天气的变化。本文构想把虚拟现实技术应用于天气预报中，对气象数据进行可视化，把通过传统方式获取气象信息转化为通过身临其境直观感受获取，这将会给观众带来一些全新的心理感受。

1 虚拟现实的表征

1.1 技术与艺术的整合

虚拟现实是人们通过计算机对复杂数据进行可视化操作与交互的一种全新方式，与传统的人机界面以及流行的视窗操作相比，虚拟现实在技术思想上有了质的飞跃。

虚拟艺术作为数字媒体技术与艺术相整合所产生的全新的艺术形态，从传统艺术的平面化、静态化向动态化、综合化方向转变，从单一媒体跨越到多媒体，从二维平面延伸到三维立体空间，媒体语言得到了极大丰富。虚拟艺术以数字多媒体技术为支撑，在创作、承载与传播等艺术行为方式上全面出新，进而在艺术审美的感觉、体验和思维等方面产生深刻的变革。它不仅带给观众全新的视觉感受，还导致了观众不同于以前的心理状态、价值取向、审美意识以及时空观念等。一种新型的虚拟性的审美体验也随之产生。

1.2 虚拟现实的建构

虚拟现实的建构就是利用计算机去模拟人的感觉，对感官和神经都进行刺激。用计算机生成一个逼真的三维视觉、听觉、触觉等的感觉世界，将观众置身于图像的虚幻空间中，力图通过虚拟现实的图像和仿真技术，吸引观者的眼睛和其他感官，为观者提供一种可能存在的最真实的印象，而这些印象又都源自于虚幻世界。虚拟现实系统利用了幻觉信息，最大限度地激活人的多种感官，使观众有一种临场感，进而得到视觉、听觉、味觉、嗅觉、触觉等全方位的沉浸式的审美感受。虚拟现实利用最新的成像技术来模糊、否定或消除现实和虚拟世界之间的差异，其目标就是要创造一个让人难辨真假的场景，让感觉器官接收到一个与真实发出的同样的信号，来诱使大脑相信自己处于一个真实的环境中。虚拟艺术把真实的影像进行改造以达到另外一种"真实"。

1.3 虚拟现实的重要特征

浸没感(Immersion)又称临场感，指受众作为主角存在于模拟环境中的真实程度。理想的模拟环境应该使用户难以分辨真假，使受众全身心地投入到三维虚拟环境中，该环境中的一切看上去是真的，听上去是真的，动起来是真的，甚至闻起来、尝起来等一切感觉都是真的，如同在现实世界中的感觉一样。

交互性(Interactivity)指受众对模拟环境内物体的可操作程度和从环境得到反馈的自然程度(包括实时性)。在天气预报类节目制作中达到交互性的特征还需要一些辅助手段，对于普通观众来说，实现起来还有一段距离。但是应用于气象科普宣传等领域，却是再好不过的教学手段。

构想性(Imagination)强调虚拟现实技术应具有广阔的可想象空间，可拓宽人类认知范围，不仅可再现真实存在的环境，也可以随意构想客观不存在的甚至是不可能发生的环境。

在这类虚拟现实的世界中，观众不再是被动的观看者，而能够利用各种感官控制和参与作品，由传统的欣赏者和观看者变为参与者和体验者。数字技术建构的虚拟现实在某种程度上比现实还要生动，观众的自我认同也在不断发生着变化。真实的存在和虚拟场景的相交，激发出缤纷奇妙的想象，丰富了每一个人的角色扮演，将观众引领入一个虚拟的"现实"世界。

2 天气预报节目的现状和问题

随着社会的发展，电视天气预报类节目逐渐成为具有科学品质、生活情趣和人文关怀的电视节目，也成为气象为公众服务的主要手段和窗口。从北京到各地方省市县电视台每天播出的天气类节目从几套到十几套不等，可以说覆盖面以及覆盖时段达到空前的紧密。当今的天气预报类节目，虽然在服务的方向上、内容、分类以及解读方面不断更新、挖掘，与以往的电视天气预报节目相比更加细化、更加专业。但是对于非气象专业的观众来说，如何将复杂难懂且枯燥无味的天气预测与分析、实况与预报等内容能深入浅出、直观易懂、富有观赏性、有进一步的参与感，才是最需要的表达方式。目前其电视表现手法也不外乎传统的方式，虽然在色彩上、内容上极尽其力，但是天气现象的解读与分析、实况的回顾等专业内容的表现手法上还是一直延续着以往的制作手法，画面配文字，多采用图表、文字、填色等形式，城市预报多采用图片配文字，表现形式单一。视觉表现手法没有什么不同，无法将天气现象、天气演变过程、原理用直观量化的方式表现给普通观众。

3 天气预报中应用虚拟现实技术的必要性

3.1 注入虚拟艺术的表现形式

注入虚拟艺术的表现形式,使观众直观感受天气、气候的变化,有身临其境之感,为天气预报类节目增添全新活力。

在虚拟空间里,当观众的感官沉浸在虚拟性空间里,就会出现了视像仿真的趋势。人们所面对的已经不再是真实的物体,而是一个虚拟现实技术构筑的五光十色、气象万千,瞬息万变的数字信号世界。人们沉浸于这样的类像世界中,把虚拟场景当作了第一自然,这种以假乱真的“逼真效果”使气象信息原本符号化的事物变成真实地存在,而这种感知本身越真实,观众对虚拟性的兴趣也就越大。

“临场”审美体验是一种全身心的介入方式,在大脑中枢神经的协调下,多感官的体验方式共同运行,整个身心的进入是参与式的沉浸,不是旁观式的品评。当观众全身心地进入虚拟空间,身在其中也就促成心在其中的真实,身临其境的意境氛围因此也被营造。在虚拟的现实中,界面是虚拟艺术的关键,它规定了人机交互和感知的特点。“沉浸”是一种强烈的临场感,它通过音乐、画面进一步提升了感知的程度。当虚拟空间中展示阴晴雨雪这些仿真的场景时,观众同样会有身临其境之感,直观地感受到天气的变化就真实地存在身边,自己仿佛就是参与者。

在虚拟的天气变化空间中,“沉浸”在两个层面得以明显体现:第一,有趣的、自觉服从的幻觉功能,能够带来审美的享受,当营造的天气变化虚拟空间强烈地带给人真实感,观众会自然而然地投入到虚拟场景中,跟随场景的阴晴雨雪变换转换着心情与情绪。虚拟现实技术适应受众日益丰富的心理需求,虚拟艺术给观众带来感官上的满足。使观众在通过虚拟现实技术营造的空间中,体验着心理感受上的冲击。

第二,通过虚拟现实技术将符号与文字转换成仿真的场景,加强潜在的影像效果穿越表象,从而拉近观众与虚拟空间的距离。观众自身会产生参与感,将自己置身于天气变化的环境中,仿佛是天气变化仿真环境中的体验者。虚拟现实技术旨在营造一种有高度沉浸感和存在感的环境,在虚拟现实技术营造的“现实”环境中沉浸交互作用下,这些身临其境与参与感可以得到进一步的强化。

虚拟现实技术的出现消除了传统审美的心理距离,将有距离的静观审美转化为无距离的审美沉浸。这种与身体各感官密切相关的沉浸体验也正是制作者所强调的观众的存在。如果将“沉浸”的虚拟空间看作一个时空的舞台,无论是精神模型或者是世界的抽象结构都能得到三维的虚拟体现,观众可以通过全身心地沉浸进行探索体验。

3.2 适应受众日益丰富的审美需求,带来感官上的满足

虚拟现实的出现扩大了艺术的范围,同时也不断地满足受众日益提升的审美需求。从传统艺术到数字虚拟艺术,从最初的、狭窄的特定艺术种类,扩张到人类所有的精神领域和意识领域,甚至是单纯的欲望领域,审美随之表现出泛化的态势。受众已经不满足于以往的观赏角度,而是更多的、更积极地寻求参与性,以求达到各个感官以及心理上的满足感。例如:虚拟现实技术建构的古建筑的复原场景,当参与者置身在虚拟空间中,很快就会和周围的事物融为一体,体会到自己在虚拟环境中的存在。

虚拟现实已经应用在城市规划、军事航天、应急演练、旅游、医学、游戏等各个领域，对于受众来说已不算新鲜事物。以往的天气预报类节目把观众定位在观赏者的角度，参与性、体验性的节目表现形式几乎没有，如今虚拟现实技术的出现为观众提供了这样的空间。如果将虚拟现实技术应用于天气预报制作中，既可升华了观众对天气变化的逻辑思维，又可满足积极参与和体验的心理感受。虚拟现实的仿真场景、虚拟空间可以是虚拟现实技术与天气预报信息相结合的具体体现。虚拟仿真场景、虚拟空间的主要优点是它能够更有效地、更直观地表达天气预报信息，增强天气信息的感染力，从而增加了节目的真实感和体验感，提升观众的参与度。

3.3 推动气象知识普及与推广，使观众对防灾减灾有更深刻的认知

我国地域辽阔灾害频发，气象灾害是自然灾害中最为频繁而又严重的灾害。中国是世界上自然灾害发生十分频繁、灾害种类甚多。每年由于干旱、洪涝、台风、暴雨、冰雹等灾害危及到人民生命和财产的安全，国民经济也受到了极大的损失。而且，随着经济的高速发展，自然灾害造成的损失呈上升趋势，直接影响着社会和经济的发展。因此，了解气象灾害及其危害性，正确认识气象灾害的发生发展规律，并做到预测预防气象灾害，已经成为现代社会广泛关注的环境问题。

气象灾害有着自身客观、不以人意志为转移的特性以及科学的客观规则。虽然天气预报信息是生活中不可缺少的内容，在各行各业中发挥着不可替代的作用。但是天气预测分析、灾害回顾分析是颇具专业性的科学，难以直观的表述给观众，以往多采用图表、文字、播报的形式表达。如果使用虚拟现实技术将繁琐而复杂的气象科学知识转化为普通大众都能接受理解的表现形式，将天气变化、灾害发生前后的关联信息，不同观测系统得到的各种气象信息以可视化的场景复原、演示天气过程，把预报可能得出的天气状况和各种气象要素变化可视化的演绎，使之成为观众能直观接受的信息，对于观众了解天气演变过程、科普宣传、提高防灾减灾意识会有一定的帮助。

4 虚拟现实技术与虚拟艺术在天气预报类节目中推广面临的问题和可能

虚拟现实技术在天气预报类节目制作实践中，还不能完全应用。这主要因为真正的虚拟现实需要一些设备工具的辅助才能实现，而这些工具在寻常观众家是没有的。退而求其次，在制作中建立虚拟场景以及虚拟天气现象场景，首先实现视觉、听觉等感受的沉浸，也是天气预报类节目的一个进步。

虚拟现实技术应用在气象科普宣传、教学科研中还是极有优势的。正如，虚拟现实技术应用于航天科技一样，对于研究、实验、过程演示等方面，既节约了资金，又便于参与等等。

虚拟现实技术，在很多方面突破了传统艺术所受到的限制，成为当今最受青睐的艺术样式之一。它完全突破了特定时空的约束，它完全突破了特定物质条件的约束，必能为天气预报类节目营造“身临其境”感。受众不仅可以通过各种感觉器官介入虚拟环境，而且能够以完整的生物个体融入虚拟的世界。在天气预报类节目的制作中，实现了从形式到内容的极大拓展，为传统天气预报类节目适应时代与需求的数字化生存提供了借鉴。

虚拟演播室技术在电视气象科普中的应用与思考

刘亚玲　陈　瑾

（华风气象传媒集团，北京 100081）

摘　要

根据 2011 年央视索福瑞公司调查显示，在气象节目附加信息方面，观众对“气象科普知识”提及率达到 39.26%，高于往年。提高公众防灾减灾能力，提升全民应对气候变化的意识已经成为电视天气预报节目新的使命。目前虚拟演播室的使用，在三维立体模型、在线包装、虚拟道具等方面还有很大的发展空间，而以上虚拟演播室效果对于短时间展现气象科普细节、体现气象科普内容精髓方面将起到画龙点睛的作用。

关键词：气象科普　虚拟演播室　天气预报

1　引言

国家统计局 2010 年全国公众气象满意度调查显示，在公众关注的气象信息中，气象科普知识居首。但这次调查也反映出公众对气象科普信息传播的满意度在各类气象信息中最低。这两个数据充分表明，在现有气象信息传播中，公众对专业的气象知识的普及和理解的需求十分迫切，对气象科普工作有着较高的期待。进一步分析以上调查数据，不难发现，在影响公众对气象科普满意度的评价因素中，气象知识的趣味性满意度最低，而趣味性不足也成了当前气象科普传播的一大瓶颈，亟待解决。

作为大众媒体，电视在气象科普传播中具有覆盖面广、可读性强、动态直观等优势。但目前的气象科普类节目主要以长时段的专题和纪录片等形式为主，而天气预报类节目在气象科普方面始终难有突破。究其原因，主要有四个方面的制约因素：

其一，电视天气预报类节目一般时间都很紧张，难以在主要天气信息的传播过程中穿插过多气象科普知识。

其二，一些节目制作者片面地认为，只要将主要天气预报信息准确地传播出去，科普信息作为次要信息可有可无。

其三，由于天气预报类电视节目普遍弱化气象科普在信息传播中的重要性，气象科普传播的技术、手段、方式方法的研究和探索相对滞后。

此外，从具体技术性因素看，以抠像技术为主要制作方式所表现出来的天气预报类节目“平面化”“单向性”现状也难以充分地表现气象科普知识丰富的内涵。

让科普顺其自然地融入电视天气预报节目，在轻松、有趣、富有美感的氛围中了解天气背后的科学知识成为电视天气预报节目亟待解决的问题。

2 技术分析

从技术条件来看，目前国外电视天气预报节目的形式以实景演播室配合视频墙或者等离子平板电视居多，而国内电视天气预报节目以传统抠像技术为主，从技术手段上来看，目前无论以实景还是抠像技术，都存在着以下几种缺陷：

第一，效率低。在播出节目种类需求日益增长的今天，即使是一个利用率再高的实景演播室，也不可能同时期为多过 4 个节目服务。

第二，效果单一。一个成型的实景演播室，栏目的场景几乎无法变动。只能依靠视频设备中素材的变化来增加观众收看的新鲜感。

第三，实现手段受限制。在向观众描述某些节目细节的时候，主持人的表现形式单一或者受限制。导致观众对一些专业知识难以理解或者理解起来不直观，因而失去收看兴趣。

目前国内播出的电视天气预报节目，1.5 分钟或者 2 分钟的主持人口播中，科普信息的融入，多是以生活提示为主。例如讲到秋冬季节多雾，主持人常用的语言就是，某某地方出现能见度小于 1000 米的雾，开车注意安全，或者是提醒早上不要到户外进行锻炼；在形式上主要是搭配一张雾区分布图，即使如此往往由于图形配色的问题，电视观众也无法准确、明了地得到雾区的具体信息。这条关于雾天气科普信息，从传播效果上讲，最终仅仅停留在简单"是什么"的层面上。针对以上问题，一方面，电视气象科普在节目形式、内容设计上亟需融入新的思路和理念。另外一方面在表现形式上必须让科普寓教于乐，在轻松且富有美感的氛围中了解气象信息的精髓。

2011 年虚拟演播室技术正式在《凤凰气象站》节目中开始使用，其开阔的三维场景、立体灵动的场景模块设计、主持人和场景之间的无缝互动，给气象科普形式以及内容的研发提供了很好的平台和思路。例如在一个只有 100 平方米的蓝箱中，虚拟场景可以做到一个 1000 平方米的环境，甚至是完全开放的全三维 360 度全景的外景效果，电视观众置身于一个亦真亦幻的场景中。主持人在走动的同时，摄像机所拍摄到的主持人前景画面可以天衣无缝地和主持人背景场景相结合。随着摄像机推拉摇移的镜头运用和构图，虚拟场景会完成实时跟踪，其实现的效果就跟主持人在虚拟的场景中挖成的一样。在虚拟演播室气象节目《凤凰气象站》中，风车、远山、浮岛、蓝天白云，不仅让节目有了强烈的视觉美感，同时，这样一个空间让天气科普的辅助手段柱状图、饼状图等有了立体展示空间，而不用只是通过一个平面的视频窗展现出来。例如，汛

期讲到某地降雨量的时候，两个在演播室瞬间升起的柱状图，冒着水泡的水量慢慢在柱中涨起，鲜活地表现了降水量的多少以及数据对比所产生的视觉冲击。

3 虚拟演播室的使用空间

尽管《凤凰气象站》在使用虚拟演播室技术制作天气预报节目方面已经达到了国际一流水平，但是，目前虚拟演播室的使用，在三维立体模型、在线包装、虚拟道具等方面还有很大的发展空间。而以上效果对于短时间展现科普细节、体现科普内容精髓方面有画龙点睛的作用。

电视天气预报节目科普形式的进一步研发，国外虚拟演播室相关节目例如国外领导人大选以及一些军事、科技和竞技类的节目可以有很好的借鉴意义。例如在国外军事节目中，三维地理图形以及道具的使用；在竞技类节目中，大量互动图形和互动方式的融入；在国外领导人大选中，大量柱状图和折线图的使用，这些方式都为电视天气预报节目科普形式提供了借鉴思路。

4 气象科普与虚拟演播室的应用思考

首先在节目内容和定位上，将气象科普知识与实时预报信息巧妙融合。以内容带动气象科普表现形式的研发。

电视天气预报类节目中气象科普信息虽然只能是“点到为止”，但一定是“一针见血”地体现气象信息的科学精髓。例如，关于雾的科普知识，电视观众可能不会想知道雾的种类、每一类的形成原因，而且解释起来，它的信息容量也不是一档3、5分钟的天气预报节目所能承载的。编导在组织稿件的时候要找准一个“知识点”然后精准表现，比如结合当天的天气信息，向电视观众介绍一天当中哪个时间段雾是最多的，1000米、800米、500米的能见度是什么概念。一旦知识点缩小、精准了，表现形式上就更加有针对性，更易于表达。

其一、可以利用虚拟场景的修改渐变的特点，让每天的场景随天气变化而改变。例如讲到雾天气，我们的演播室中可以是雾气蒙蒙，通过雾气的多少来显示能见度1000米和800甚至是500米的区别；

其二、主持人在虚拟场景之间自由穿梭的效果。使用线性键通道开关，可以让物体时而遮挡主持人，时而被主持人遮挡。增强主持人对于科普细节的讲解，从而达到一种游刃有余的现场控制效果。

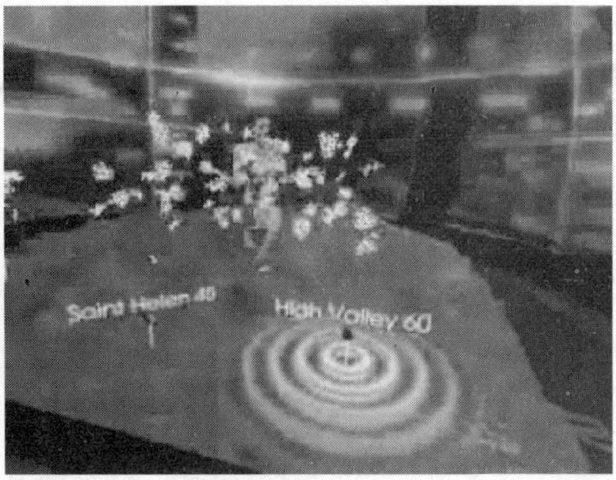

其三、根据当天的气象数据所生成的画面可以通过一路视频，叠加到虚拟演播室中的任意开窗载体上实时展示。

其四、节目由实景演播室替换成虚拟演播室以后，可以在场景中设置大量虚拟道具来辅助解说气象信息，用动态、立体饼状图表示百分比；通过颜色渐变或者饼块动态展现的方式凸显百分比的效果；

其五、多种数据的比较可以设计立体动态柱状图、折线图来表示。尤其是折线图(目前折线图都比较单一且是二维平面图)可以设计成立体和动态，例如讲到“一天中降雪量的变化”，可以在一定的空间中一边雪花飞舞，表现降雪量的折线一边弯曲前行。

其六、用大屏幕开窗来展示图片、视频，甚至是与台外记者嘉宾进行连线；

其七、局部地区地形地貌和气象成因可以用虚拟三维沙盘来展示；

其八、用虚拟地球来展示全球的云图变化等气象信息；这些虚拟道具可以根据节目需要显示和消失，而不是始终存在于虚拟场景中。这样可以增加节目的动感、节奏感和新鲜感。

其九、尝试使用三维地图方式将一些气象数据，例如冷空气动态形式、沙尘动态、风向、风力等形象地展现出来。

5　结论

目前，虚拟演播室技术正逐渐应用在电视天气预报节目当中，可以预见的是此项技术立体空间感以及动态形象的模型设计将对电视天气预报科普节目的表现力带来很大的改观。我们愿意在实践中不断摸索，以期让气象科普能够更加直观、更加可信，从而让气象防灾减灾深入人心。

欲穷千里目 更上一层楼

罗 嘉 徐 扬

(黑龙江省气象影视宣传中心,哈尔滨 150000)

摘 要

高清节目已经成为电视发展前进方向,高清气象纪录片也将成为未来气象纪录片的主流,本文从高清节目的拍摄和后期制作为切入点,着重记录了编导制作高清气象纪录片的经验。

关键词:高清气象纪录片 前期拍摄 后期制作

1 引言

高清电视节目已经成为未来电视发展道路的主要方向。前不久,黑龙江省气象服务中心专题部拍摄制作的首部高清气象纪录片《中国地理探奇——拯救东北虎》系列已经完成。在前期拍摄和后期制作中,高清相对标清无论是创作理念还是制作方法上都有极大差异,如画面构图,图像聚焦,镜头曝光,后期调色,立体声制作等。笔者从编导的角度出发,就高清纪录片的拍摄和后期制作过程中需要注意的问题和制作经验进行论述。

2 高清气象纪录片拍摄需要注意的问题

2.1 画面构图要兼顾艺术性及技术性

高清主要采用的画幅比为16∶9,而标清主要采用的画幅比是4∶3。所以高清摄像机呈现给观众的视角很宽,16∶9的构图方式显得十分大气,同时包含了更多的信息量,所以在拍摄大场面或大全景时非常有表现力,更接近电影的视觉效果。镜头的选择方面,高清镜头是以电影镜头为参考,画面不仅柔和,而且清晰度高,景深小,立体感强;对镜头的透光率要求也高,所以要注意高清与标清构图方面的差别。

由于目前4∶3画幅比的标清电视还是主流,所以拍摄时要注意构图画幅结构的问题,不仅要关注16∶9的取景模式,还要兼顾到4∶3的成像情况。为了方便摄像师的操作,摄像机寻像器中分别设置了中心十字标和4∶3标识线框,能帮助摄像师更加精确的把握和校准图像。从电视画面的角度看,构图就是镜头语言,通过画面讲述拍摄者要表达的内容。在16∶9的构图中,由于水平视角的增大,需要留意线条在画面上的延伸感,形成视觉上的透视感;形状上要注意主体和陪衬体的合理位置,既要有对比、又不失平衡,虚实的比例也要控制恰当;在色调处理上,要根据色彩的特性、变化、位置及色彩间的相互关系,发挥自己的创意;影调的处理也将直接关系到画面的层次。在《拯救东北虎·繁育》中,为了表现野生动物栖息的森林,不用传统的摇镜头，而是采用广角静止镜头，采用由近及远的空间纵深静态构图，并加入流云，河流等次要动态因素，以全新的视角展现了山脉森林的广袤无垠，获得了特殊的视觉效果。另外，由于高清水平视角的变宽，镜头在水平方向上摇移时，被摄景物在画面停留的时间相应变长。所以在实际操作时，要注意观众的审美感受，用镜头的节奏感与合理的镜头运动速度保持画面对观众的吸引。

2.2 画面聚焦关系到高清纪录片的成败

使用标清摄像机拍摄时，通常是先固定镜头、校准后焦，再将镜头推到最远端并聚实焦点，然后拉回到所需要的景别，从而实现了焦点聚实。但是，在使用高清摄像机进行拍摄时，如果还是使用这种方法，往往达不到最佳的效果，原因在于不能准确聚焦，结果导致图像模糊。其实这个问题是由高清的高清晰度引起的，因为高清的分辨率高，水平视场角比标清大，画面包容的景物多，尤其是景深比标清要小很多，所以聚焦时必须格外小心，否则对焦不准，也就失去了"高清"的真正意义。

由于高清摄像机的寻像器与标清的一样，拍摄远景时尚不明显，而拍摄近景甚至特写的时候，想找到准确清晰的焦点要比标清困难。摄像时，建议尽量同时使用高清晰监视器，而且尺寸越大越好。

我们在拍摄《拯救东北虎》时，为了获得最佳清晰影像，经常采用这样的调焦方法：拍摄静态镜头时，把变焦摄影镜头变焦至某一档焦距处，做一常量（即适当景别），当作定焦距镜头使用，直接在这一常量焦距状态下精确调焦，直到寻像器中被摄主体的影像最清晰时为止，或直至调焦基线所指示的刻度值刚好等于用皮尺所直接测量出的调焦距离值时为止。否则画面的焦点将变软而影响画面的清晰度。

另外，摄像师的寻像器和编导的监视器密切配合；拍摄脚本设计中尽量少使用推拉摇移，尽量全部使用定焦，这些都是画面清晰度的保证。

除此之外，还可以使用一些聚焦的辅助工具。比如富士能公司已经研发出精确辅助聚焦的镜头，被称之为自动聚焦镜头（Precision Focus）。从结构上说，它是在 ENG 镜头部分装入了两组 CCD，根据这两组 CCD 成像重合的偏差，达到最佳焦点，实现精确辅助聚焦功能。

2.3 正确曝光是决定画面成像质量的关键

在一定的光线照明条件下，根据被摄景物所反映的明亮程度以及明亮程度分布的范围，确定曝光量。曝光量直接影响到画面的层次、细节、色彩饱和度等，所以只有准确把握曝光量，才能得到更完美的图像。

我们暂不考虑冷色调和暖色调的情况，先从中间色调的画面来说明高清摄像机光圈的调整。因为高清摄像机水平清晰度提高，其画面宽容度更接近电影胶片，层次比标清更加丰富。在拍摄景物时，需认真观察被摄景物的明暗程度及明暗部分的分布范围，根据亮部和暗部的取舍及与拍摄主体的关系，确定曝光量并调整光圈的大小。在实际拍摄中，景物亮度范围有时比较大，超过了 CCD 所能容纳的亮度范围，曝光过度画面反映泛白甚至限幅，导致高光部分层次和细节丢失。当被摄景物处于比较暗的环境中，如果超过 CCD 的最低照度范围，图像暗部就会层次减少甚至丢失，表现为画面一片漆黑。通过拍摄《拯救东北虎》的实践，我们认为正确的曝光量应该控制在± 0.5档光圈的范围内。同时可以通过调整拐点、伽玛曲线和黑伽玛曲线进行画面的补偿和修饰。形成色度饱和、明暗适中的视频图像。另外在实际工作中我们发现，摄像